QUELLEN UND FORSCHUNGEN
ZUR GESCHICHTE SCHLESWIG-HOLSTEINS

Herausgegeben
von der Gesellschaft für Schleswig-Holsteinische Geschichte

Band 101

Wilhelm Koops

Südtondern in der Zeit der Weimarer Republik (1918–1933)

Ein Landkreis zwischen Obrigkeitsstaat und Diktatur

1993

KARL WACHHOLTZ VERLAG NEUMÜNSTER

ISSN 0173-0940

ISBN 3 529 02201 2

MEINEN ELTERN

„Die Vergangenheit ist
immer gegenwärtig."

Maurice Maeterlinck

VORWORT

Die beklagenswerten Ereignisse der jüngsten Zeit – die Gewalt gegen Ausländer und andere (Rand-)Gruppen der Gesellschaft sowie das Wiedererscheinen der geistigen Erben des Nationalsozialismus in etlichen Parlamenten der Bundesrepublik – machen auf erschreckende Weise deutlich, daß es ein „Genug" an Auseinandersetzung mit der (Vor-)Geschichte des Nationalsozialismus kaum geben wird. Dieses Buch soll einen Beitrag zur Aufarbeitung dieser Vergangenheit leisten, und es mag darüber hinaus Anlaß bieten, über die gegenwärtige Entwicklung nachzudenken.

Bei der vorliegenden Studie handelt es sich um meine im Sommersemester 1990 von der Philosophischen Fakultät der Christian-Albrechts-Universität zu Kiel angenommenen Dissertation. Sie ist an einzelnen Stellen geringfügig überarbeitet und um wenige Literaturhinweise ergänzt worden.

Vielen ist an dieser Stelle mein Dank auszusprechen. Prof. Dr. Erich Hoffmann hat das Werden dieser Arbeit mit zahlreichen Hinweisen und kritischen Anmerkungen begleitet, bei auftretenden Schwierigkeiten Mut gemacht und mir die Möglichkeit zur Verwirklichung meiner eigenen Vorstellungen bei der Gestaltung der Arbeit gegeben. Prof. Dr. Peter Wulf danke ich für die Übernahme des Korreferats. Ferner möchte ich mich für die Hilfsbereitschaft der im Quellenteil genannten Archive, Bibliotheken, Institute und Einzelpersonen bedanken. Hervorheben möchte ich an dieser Stelle das Landesarchiv Schleswig-Holstein und das Kreisarchiv Nordfriesland. Dr. Harald Voigt half bei der Manuskriptkorrektur und förderte meine Bemühungen durch etliche Gespräche zum Thema. Herrn Hans Clausen danke ich für die Erstellung der Karten, Herrn Rainer Kühnast für die Gestaltung des Umschlags.

Ein besonderer Dank geht ferner an das Nordfriisk Instituut und seinen Direktor Dr. Thomas Steensen. Ohne die Anregung Steensens zur Beschäftigung mit dem Thema und ohne die Vergabe des Ferring-Stipendiums als finanzieller Grundlage hätte die vorliegende Arbeit nicht entstehen können.

Für die Aufnahme der Arbeit in die Reihe „Quellen und Forschungen zur Geschichte Schleswig-Holsteins" danke ich der Gesellschaft für Schleswig-Holsteinische Geschichte, namentlich Herrn Dr. Manfred Jessen-Klingenberg für die gute Zusammenarbeit. Die Ferring-Stiftung, der Kulturausschuß des Kreises Nordfriesland, die Ministerin für Bildung, Wissenschaft, Jugend und Kultur des Landes Schleswig-Holstein förderten die Herausgabe dieser Arbeit durch großzügige Druckkostenzuschüsse.

Der innigste Dank gebührt indessen meiner Frau, die das Entstehen des Buches durch tatkräftige Mithilfe, Zuspruch und viel Geduld begleitet hat.

Schleswig, im Frühjahr 1993   *Wilhelm Koops*

Inhaltsverzeichnis

I. Einleitung

Die Literatur zum Themenkomplex Weimarer Republik – Aufstieg des Nationalsozialismus – „Drittes Reich" hat in den vergangenen Jahren einen kaum mehr überschaubaren Umfang angenommen. Allenthalben sind detaillierte Einzeluntersuchungen zu den verschiedenen Fragen dieses Sachgebietes erschienen, was zur Folge hat, daß insbesondere hinsichtlich des komplexen Ursachengeflechts des nationalsozialistischen Massenerfolges vor 1933 bei allen unterschiedlichen Gewichtungen mittlerweile ein weitgehender Konsens besteht und grundlegende Korrekturen an dem bislang gewonnenen Bild kaum mehr zu erwarten sind.[1] Im Gegensatz dazu wird über die Bewertung der Verbrechen nach 1933 heftig debattiert, wie der um die Singularität der nationalsozialistischen Gewalttaten kreisende „Historikerstreit" belegt.

Auch auf regionaler Ebene hat die Erforschung der Weimarer Republik und des Siegeszuges der NSDAP beachtliche Fortschritte gemacht.[2] Publikationen dieser Art sind ungemein wichtig und befruchtend für die überregionale Betrachtung, da sie den ganzen Facettenreichtum des politischen, sozialen und ökonomischen Klimas dieser Jahre wesentlich intensiver zu berücksichtigen in der Lage sind als übergreifende Gesamtdarstellungen. Die Studien, welche die Entwicklung begrenzter Teilgebiete beschreiben, ermöglichen somit eine immer differenziertere Sicht des deutschen Weges in die Katastrophe, wie auch umgekehrt die Regionalforschung von den Untersuchungen auf überregionaler Ebene wertvolle Anstöße erhält, so daß insgesamt von einer positiven Wechselwirkung die Rede sein kann. Die vorliegende Studie möchte einen weiteren Beitrag zu diesem Prozeß leisten.

Erfreulicherweise hat auch in Schleswig-Holstein die Beschäftigung mit der Weimarer Republik und dem Aufstieg des Nationalsozialismus in den letzten Jahren merklich zugenommen. Zahlreiche Arbeiten hierzu sind in den vergangenen Jahren erschienen.[3] Alle basieren dabei in ganz erheblichem Maße nach

---

1 Vgl. z. B. als Gesamtdarstellung Hans Mommsen, Die verspielte Freiheit. Der Weg der Republik von Weimar in den Untertergang 1918–1933, Frankfurt am Main/Berlin 1989.

2 Vgl. Bibliographie zur Zeitgeschichte 1953–1980. Im Auftrag des Instituts für Zeitgeschichte München hrsg. von Thilo Vogelsang und Helmut Auerbach, Bde 1–3, München 1981–1983; siehe ferner die jährlich erscheinende Bibliographie zur Zeitgeschichte. Beilage der Vierteljahrshefte für Zeitgeschichte, Jge 1980 ff.

3 Siehe dazu Margot Knäuper/Detlev Korte, Bibliographie zum Nationalsozialismus in Schleswig-Holstein, Kiel 1987; siehe ferner die regelmäßigen bibliographischen Beiträge in den Informationen zur Schleswig-Holsteinischen Zeitgeschichte, hrsg. vom Arbeitskreis zur Erforschung des Nationalsozialismus in Schleswig-Holstein (AKENS).

wie vor auf den wegweisenden Untersuchungen Rudolf Heberles[4] aus den dreißiger Jahren. Heberles methodischer Ansatz kann noch immer als beispielhaft gelten. Zu Heberles soziologisch ausgerichteter Studie schuf Gerhard Stoltenberg[5] mit seiner Habilitationsschrift „Politische Strömungen im schleswig-holsteinischen Landvolk 1918–1933" das historische Pendant. Er beschreibt hierbei besonders den Werdegang der bäuerlichen Interessenvertretungen und verweist nachdrücklich auf deren politisch-ideologische Ausrichtung, die dem Eindringen des Nationalsozialismus sehr entgegenkam. Peter Wulf[6] ergänzte später die genannten primär landwirtschaftlich orientierten Arbeiten durch seine Dissertation, die den politischen Weg der schleswig-holsteinischen Handwerkerschaft beschreibt.

Der Hamburger Historiker Rudolf Rietzler[7] verlieh der regionalen Forschung mit seiner 1982 erschienenen Untersuchung zu den Ursachen des frühen Erfolges der NSDAP in Schleswig-Holstein – hier erreichte die Partei bereits 1930 einen Stimmenanteil von 27 % – wichtige neue Aspekte. Kurz gefaßt führt Rietzler die Vorreiterrolle der ehemals preußischen Provinz auf das Vorhandensein von bis in die Kaiserzeit zurückreichende Denktraditionen zurück, an die das nationalsozialistische Weltbild nahtlos anknüpfen konnte. Geradezu provozierend rückt er dabei ideologische Gesichtspunkte in den Vordergrund. Diese Sichtweise führt wegen der These von einem weitverbreiteten Kryptofaschismus vor dem Ersten Weltkrieg zwar zu gewissen Verzerrungen[8], dennoch ist es das Verdienst Rietzlers, auf bis dahin nicht oder zu wenig beachtete Ursachen für das breite Echo der Hitlerbewegung in Schleswig-Holstein aufmerksam gemacht zu haben. Der Hamburger Historiker bezieht somit die Gegenposition zu jenen, die das Aufkommen des Nationalsozialismus nach wie vor aus der wirtschaftlich desolaten Lage am Ende der zwanziger Jahre erklären und den auch von ihnen festgestellten antidemokratischen Ressentiments der Kaiserzeit allenfalls nachgeordnete Bedeutung beimessen.[9]

---

4 Rudolf Heberle, Landbevölkerung und Nationalsozialismus. Eine soziologische Untersuchung der politischen Willensbildung in Schleswig-Holstein 1918–1933, Stuttgart 1963.

5 Gerhard Stoltenberg, Politische Strömungen im schleswig-holsteinischen Landvolk 1918–1933, Düsseldorf 1962.

6 Peter Wulf, Die politische Haltung des schleswig-holsteinischen Handwerks 1928–1933, Kiel 1967.

7 Rudolf Rietzler, „Kampf in der Nordmark". Das Aufkommen des Nationalsozialismus in Schleswig-Holstein, Neumünster 1982.

8 Dies trifft einerseits etwa für die in bestimmter Hinsicht ungerechtfertigte Kritik am Linksliberalismus der Zeit vor 1914 sowie für den bisweilen unkritischen Umgang mit den propagandistischen Erfolgsmeldungen der NSDAP vor 1930 zu; vgl. Kap. III.3. und XIII.2.

9 So z. B. Peter Heinacher, Der Aufstieg der NSDAP im Stadt- und Landkreis Flensburg (1919–1933), Flensburg 1986.

Zu den Landkreisen Schleswig-Holsteins, die bisher nicht Gegenstand einer umfassenderen Untersuchung der Zeit zwischen 1918 und 1933 waren, gehört auch der ehemalige Landkreis Südtondern. Lediglich Harald Voigt[10] befaßte sich in seiner Studie „Der Sylter Weg ins Dritte Reich" näher mit den Geschehnissen im Vorfeld der „Machtergreifung" auf der größten deutschen Nordseeinsel. Ansonsten streift die vorhandene Literatur die Zeit der Weimarer Republik und des „Dritten Reiches" bestenfalls oder läßt sie ganz außer acht. So bricht etwa die 750jährige Geschichte der Gemeinde Leck 1918 mehr oder minder unvermittelt ab, um mit dem Erscheinen der britischen Besatzungstruppen 1945 wieder einzusetzen.[11] Dabei gibt es einen ganz besonderen Grund, sich intensiver mit der jüngeren Vergangenheit Südtonderns zu befassen: Der Kreis zählte noch bei der Reichstagswahl vom 6. November 1932, d. h. gut vier Monate nach Hitlers Wahlerfolg vom Juli, zu den Gebieten im Deutschen Reich, welche den höchsten nationalsozialistischen Stimmenanteil aufwiesen. Das Votum für die Hitlerpartei fiel mit 68,2 % aller abgegebenen Stimmen aus und übertraf damit alle anderen Landkreise der Provinz Schleswig-Holstein z. T. deutlich. Einzig in wenigen anderen, weiter im Süden des Reiches gelegenen Kreisen bekannten sich die Bewohner bei der letzten freien Wahl vor dem 30. Januar 1933 noch geschlossener zur NSDAP.[12] Die vorliegende Arbeit will daher den Versuch unternehmen, zu ergründen, weshalb sich die Bevölkerung Südtonderns schon vor 1933 so einmütig zu Adolf Hitler bekannte und warum der demokratisch verfaßten Weimarer Republik ein letztlich so vernichtendes Urteil von Seiten der Bewohner des Gebietes an der Grenze zu Dänemark zuteil wurde.

Methodisch ist die Untersuchung so aufgebaut, daß nach einer genaueren Betrachtung der Wirtschafts- und Sozialstruktur zunächst die sozio-ökonomische und politische Entwicklung des Raumes Südtondern im Verlauf des Kaiserreiches näher analysiert werden. Die stärkere Berücksichtigung der Zeit vor dem Ersten Weltkrieg rechtfertigt sich dadurch, daß hier bereits Denktraditionen ihre Ausprägung erfuhren oder sich verfestigten, die auch nach 1918 von eminenter Bedeutung waren und das politische Klima entscheidend mitbestimmten. Erst im Anschluß an diese Aufarbeitung der „Vorgeschichte" erscheint es sinnvoll, auf das eigentliche Thema einzugehen, wobei die Wegmarkierungen durch das Erleben des Umsturzes von 1918, die Volksabstimmungen des Jahres 1920 und deren Folgen, durch das Wirken einer Reihe antirepublikanischer Organisationen, die Radikalisierung innerhalb des Bauerntums und durch den Aufstieg des Nationalsozialismus vorgegeben sind. Eingerahmt wird die Studie dabei durch die Analyse der zahlreichen Wahlen zwischen 1918 und 1933 sowie durch die Berücksichtigung der wirtschaftlichen Entwicklung in dieser Zeitspanne. Es darf in diesem Zusammenhang allerdings nicht bei einer oberflächlichen Betrachtung der bloßen Auf- und Abwärtsbewegung der Preise bleiben, vielmehr

10 Harald Voigt, Der Sylter Weg ins Dritte Reich, Münsterdorf 1977.
11 Herbert G. Hegedo (Doll)/Georg Koester, 750 Jahre Leck. Zahlen – Daten – Fakten, Husum 1981.
12 Siehe S. 390, Anm. 325.

ist zu überprüfen, ob insbesondere die schwankende Agrarkonjunktur der zwanziger Jahre nicht auch auf strukturellen Defiziten beruhte, die schon vor 1914 ihre Ausprägung erfahren hatten. In enger Verbindung hierzu steht die Frage, ob nicht die bäuerliche Traditionsverhaftung, ein nicht mehr zeitgemäßes, aus der Kaiserzeit herübergerettetes Selbstwertgefühl, entscheidenden Anteil daran hatte, daß der Agrarsektor sich den Bedingungen völlig veränderter Lebensverhältnisse nach 1918 nicht anzupassen vermochte und so früh und tief in die Krise geriet. Insofern ist zu ergründen, ob nicht – im Sinne Rietzlers – den ideologischen Gesichtspunkten als maßgeblichen Impulsgebern wirtschaftlichen Denkens eine erheblich höhere Bedeutung für die Radikalisierung beigemessen werden muß als dies in einigen Arbeiten zum Thema „Aufstieg des Nationalsozialismus" geschieht.[13] Überspitzt ließe sich dieser Komplex auf die Frage bringen: Figurierte die wirtschaftliche Not als Ursache für die Radikalisierung oder wirkte die schwere Depression ähnlich den Schüssen von Sarajewo im Juni 1914 lediglich als auslösendes Moment für eine Entwicklung, die über die Landvolkbewegung zu Hitler führte, im Kern jedoch schon sehr viel früher angelegt war? Festzustellen ist in jedem Fall, daß gerade im Bereich der Landwirtschaft eine bloße Betrachtung der konjunkturellen Fieberkurve ohne Berücksichtigung eventueller struktureller Entwicklungsdefizite zur Beurteilung der Lage nicht ausreicht. Ohnehin sind die allein ökonomisch ausgerichteten Erklärungsansätze für den Erfolg Hitlers längst von der Forschung überholt.

Als Quellengrundlage dienten neben der für den Landkreis relativ großen Zahl an Presseorganen vor allem die im Landesarchiv in Schleswig verwahrten Aktenbestände des schleswig-holsteinischen Ober- und Regierungspräsidenten. Die ebenfalls hier vorhandenen Akten des Landratsamtes Niebüll erwiesen sich leider als fast völlig unbrauchbar. Ähnlich verhielt es sich mit dem entsprechenden Material im Kreisarchiv Nordfriesland in Husum. Auch hier waren fast keine Schriftstücke vorhanden, die nähere Auskünfte speziell hinsichtlich des politischen Geschehens zwischen 1918 und 1933 hätten geben können. Nicht viel besser gestaltete sich die Lage im Sylter Archiv in Westerland, wo ebenfalls nur ein recht kleiner Aktenbestand Informationen zum Thema enthielt. U. a. aus diesen Gründen sah ich mich dazu genötigt, die Recherchen auf die überregionale Ebene auszudehnen. Zu diesem Zweck wurden verschiedene Aktenbestände des Bundesarchivs in Koblenz, des Geheimen Staatsarchivs Preußischer Kulturbesitz in Berlin, des Berlin Document Center, der ehemaligen Zentralen Staatsarchive der DDR in Potsdam und Merseburg, des Landsarkiv Åbenrå und des Rigsarkiv in Kopenhagen ausgewertet. Dennoch blieb die Quellenlage bezüglich diverser Organisationen und Personen unbefriedigend.

---

13 So z. B. Christian M. Sörensen, Die NSDAP im Kreis Husum bis 1933, in: NfJb 1982/83, S. 55–108 (Eine umfangreichere Studie Sörensens befindet sich in Vorbereitung). Ähnlich auch Heinacher, der zwar die Wirtschafts- und Sozialstruktur des Landkreises Flensburg ausführlich beschreibt, jedoch leider nicht auf die strukturelle Entwicklung gerade der Vorkriegszeit eingeht.

II. Zahlen – Fakten – Beschreibung
Südtonderns

Das Anliegen dieser Regional- bzw. Lokalstudie, die Geschichte Südtonderns in der Zeit der Weimarer Republik eingehend zu untersuchen, macht es erforderlich, speziell die wirtschaftlichen und sozialen Strukturen zu beschreiben. Sie sind wesentliche, wenn auch nicht die ausschließlichen Gradmesser für die Beurteilung insbesondere der Präferenz für bestimmte politische Parteien, begreift man diese als Interessenvertretungen der einzelnen sozialen Schichten.[1] Es werden daher in den folgenden Abschnitten nach einer kurzen geographisch-geomorphologischen Übersicht die Landwirtschaft und der Fremdenverkehr als die maßgebenden Wirtschaftsbereiche und die soziale und konfessionelle Zusammensetzung der Bevölkerung in den zwanziger Jahren behandelt. Einem späteren Kapitel bleibt es vorbehalten, die Entwicklung der sozio-ökonomischen und politischen Verhältnisse bis zum Jahre 1914 zu analysieren.

1. GEOGRAPHIE – GEOMORPHOLOGIE

Ein wesentliches Merkmal für das Gebiet des ehemaligen Landkreises Südtondern als dem seit 1920 bei Deutschland verbliebenen Rest des früheren Kreises Tondern ist die periphere Lage in dem ohnehin schon vom übrigen Deutschland durch eine gewisse Abgeschlossenheit gekennzeichneten Schleswig-Holstein.[2] In der Zeit zwischen 1920 und 1937 war dieses Gebiet neben dem Nordteil Ostpreußens das nördlichst gelegene des gesamten damaligen Deutschen Reiches.

Mit einer Fläche von etwa 840 km² nahm Südtondern 1925 innerhalb der Größenrangfolge der schleswig-holsteinischen Landkreise eine mittlere Stellung, der Bevölkerungszahl nach nur einen der hinteren Ränge ein.[3] Begrenzt wurde der festländische Teil des Untersuchungsraumes nach Norden seit 1920 durch die neue deutsch-dänische Grenze entlang der „Clausenlinie", die im wesentlichen dem Lauf der drei kleinen Küstenflüsse Wiedau, Süderau und Scheidebek folgt. Nach Osten und Süden grenzte Südtondern an die Landkreise Flensburg bzw. Husum. Hier bildete die Soholmer Au größtenteils die Trennungslinie zu

---

1 Hansjörg Zimmermann, Wählerverhalten und Sozialstruktur im Kreis Herzogtum Lauenburg 1918–1933. Ein Landkreis zwischen Obrigkeitsstaat und Demokratie, Neumünster 1978, S. 17.
2 Seit der Kreisreform des Jahres 1970 bilden die ehemaligen Landkreise Husum und Eiderstedt mit dem größten Teil des ehemaligen Kreises Südtondern den Kreis Nordfriesland.
3 Vgl. Statistik des Deutschen Reiches, Bde 374 (1930) und 401 (1928)

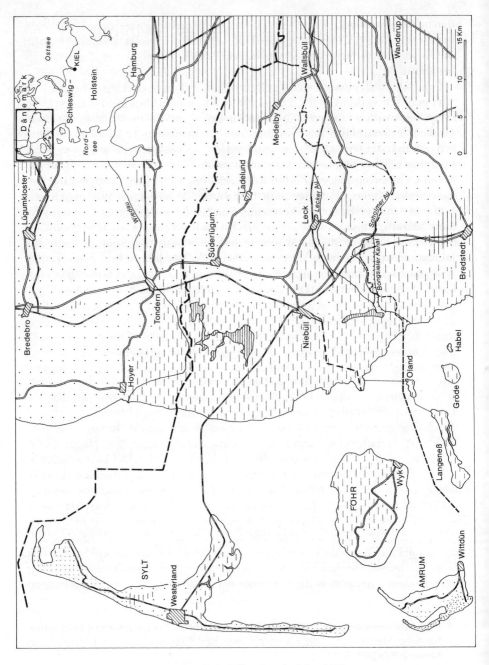

Karte 1: Der Kreis Südtondern im Jahre 1928

den beiden Nachbarkreisen. Legte das Wasser kleinerer Flüsse bereits die Kreis-
grenze im Norden, Osten und Süden fest, so galt dies in weit stärkerem Maße für
die Ausdehnung nach Westen, wo seit jeher die Nordsee die natürliche Grenze
bestimmt.

Landschaftlich gliedert sich der Raum Südtondern in drei Bereiche, die – etwas poetisch verklärt – als „Dreiklang" von „Meer, Marsch und Geest"[4] beschrieben werden können. Die Geest nimmt mit reichlich 332 qkm die etwas
größere, östliche Hälfte des festländischen Kreisteiles ein. Es handelt sich dabei
um relativ leichten, sandigen Boden, den die vorletzte Eiszeit zurückließ.
Hauptort dieses Gebietes der Karrharde ist seit Jahrhunderten der alte, am früheren Ochsenweg gelegene Marktort Leck. Westlich einer Linie entlang den
Gemeinden Böglum, Wimmersbüll, Uphusum, Klixbüll, Leck, Wester-Schnate-
büll und Sande erstreckt sich bis zu den Deichen die weite und z. T. sehr frucht-
bare Marsch. Kennzeichnend für diese Landschaftsform an der Westküste
Schleswig-Holsteins ist die Aufgliederung in etliche Köge, die im Laufe der
Jahrhunderte der Nordsee abgerungen wurden. Merkmal dieser Entwicklung
sind die noch erhaltenen alten Koogdeiche sowie z. T. auf Warften errichtete
Gebäude.[5] Zentraler Ort für die Bewohner der Marsch ist – besonders seit 1920 –
die Gemeinde Niebüll. Als drittes Landschaftsmerkmal Südtonderns sind die
drei nordfriesischen Inseln Sylt, Föhr und Amrum zu erwähnen, die allein schon
durch ihre Lage vor der Festlandsküste zu deren Schutz beitragen. Geprägt sind
insbesondere Sylt und Amrum von einem bedeutenden Dünenareal; die Insel
Föhr zeichnet sich demgegenüber durch einen größeren Anteil Marschlandes
aus.

2. DIE WIRTSCHAFTSSTRUKTUR SÜDTONDERS

a) Die Landwirtschaft

Schleswig-Holstein war auch in der Zeit der Weimarer Republik noch eine größ-
tenteils von der Landwirtschaft geprägte Provinz, trotz der wenigen größeren
Städte der Region mit bedeutenderer Industrieansiedlung wie Kiel, Altona,
Flensburg, Neumünster und Wandsbek.[6] Die übrigen mehr oder minder kleinen

---

4 Felix Schmeißer, Die Landschaft unserer Westküste, in: Lorenz C. Peters (Hg.), Nordfriesland. Heimatbuch für die Kreise Husum und Südtondern, Husum 1929, S. 1–38,
hier S. 1.
5 Vgl. hierzu Die Christian-Albrechts-Köge 1682–1982 (hrsg. vom Sielverband der Christian-Albrechts-Köge), Galmsbüll 1982; Heinrich Kraft, Der Kleiseerkoog 1727–1977,
Rendsburg 1978².
6 Vgl. etwa Rietzler, „Kampf in der Nordmark", S. 24.

Städte mit bis zu 20000 Einwohnern hatten im Gegensatz dazu die Funktion als Handels- bzw. Verwaltungszentren der ländlichen Umgebung.[7]

In ganz besonderem Maße war (und ist) Südtondern von der Landwirtschaft geprägt. So weist die landwirtschaftliche Betriebszählung aus dem Jahre 1925[8] von den rund 84000 ha Gesamtfläche des Kreises annähernd 70000 ha als zur Landwirtschaft gehörig aus, d. h. etwa 83% der Fläche des Untersuchungsraumes. Damit lag das Gebiet zwischen Wiedau und Soholmer Au bezüglich der zum Agrarbereich gezählten Fläche ein wenig über dem Durchschnitt in der gesamten Provinz.[9] Gemessen an der tatsächlichen Nutzfläche nahm Südtondern jedoch nur einen der hinteren Plätze in der Rangfolge der Kreise ein.[10] Lediglich gut 52300 ha dienten direkt der Erzeugung landwirtschaftlicher Produkte auf den Feldern. Knapp 18000 ha entfielen demzufolge auf die Bauernhöfe selbst sowie landwirtschaftlich nicht nutzbare Ödlandgebiete.[11]

Von großer Bedeutung für die Struktur der Landwirtschaft einer Region sind neben der Art der Produktion und der Beschäftigungsstruktur die Größenverhältnisse der Betriebe. In dieser Hinsicht bildete Südtondern ein typisches Beispiel für eine von klein- und mittelbäuerlichen Betrieben dominierten Region. Der Betriebszählung von 1925[12] zufolge existierten 4642 bäuerliche Wirtschaften, die zusammen die Fläche von 52322 ha bearbeiteten. In dieser Übersicht fanden auch die Kleinstbetriebe bis zu 5 ha Aufnahme, die mit 2127 Betrieben nahezu die Hälfte aller bäuerlichen Wirtschaften stellten. Zwei Faktoren belegen, daß diese reichlich 2000 Kleinstbetriebe weit überwiegend dem Nebenerwerb dienten: Zum einen wurden mit ihnen gerade 4043 ha (=7,7 % der landwirtschaftlich genutzten Fläche des Kreises) bewirtschaftet, zum anderen waren in Betrieben dieser Größenordnung jedoch 3036 Personen tätig. Es ist demnach davon auszugehen, daß erst ab einer Größe von 5 ha von Haupterwerbsbetrieben gesprochen werden kann. So ergibt sich für den Kreis Südtondern bezüglich der Haupterwerbsbetriebe folgendes Bild:

7 Siehe hierzu das Material in Statistik des Deutschen Reiches, Bd 404 (1928).
8 Statistik des Deutschen Reiches, Bd 374 (1930).
9 Nur die Kreise Husum (84 %), Eiderstedt (93 %), Norder- und Süderdithmarschen (88 und 84 %) und Oldenburg (85 %) wiesen einen geringfügig höheren Prozentanteil auf. Der Provinzdurchschnitt lag bei 78,55 % der Gesamtfläche.
10 Statistik des Deutschen Reiches, Bd 412 I (1929).
11 Hierzu zählten u. a. die ausgedehnten Dünengebiete auf Sylt und Amrum.
12 Statistik des Deutschen Reiches, Bd 412 I (1929).

Tabelle 1: Landwirtschaftliche Betriebsgrößen nach der Zählung von 1925[13]
(Flächenangaben in ha)

Größenklasse	5–10 ha	10–20 ha	20–50 ha	50–100 ha	üb. 100 ha	Summe
Zahl der Betriebe	922	786	662	135	10	2515
%	36,7	31,2	26,3	5,4	0,4	100
Gesamtfläche	8643	16110	23771	10412	1704	60640
ldw. genutzte Fläche	6573	11350	20119	8914	1323	48279
% der im Kreis genutzten Fläche	12,6	21,7	38,4	17,1	2,5	92,3*
Anzahl der in der Ldw. Tätigen Pers.	2311	2604	2947	865	107	8834
% der in der Ldw. tätigen Pers.	19,5	21,9	24,8	7,3	0,9	74,4*

* Die Differenz zur 100-Prozentmarke machen die Betriebe unter 5 ha aus.

Die Aufstellung zeigt deutlich, daß der weit überwiegende Teil der Südtonderaner Bauern Höfe bis zu einer Größe von 50 ha besaß. Sie gehörten damit zur bäuerlichen Klein- und Mittelschicht. Bildeten die großbäuerlichen Betriebe von 50–100 ha Grundbesitz schon eine Ausnahme, so gilt dies ganz besonders für die Großbetriebe mit über 100 ha Grundbesitz.[14] Sie spielten für die Besitzstruktur faktisch keine Rolle und können daher für die weiteren Überlegungen unberücksichtigt bleiben. Als Durchschnittsgröße für die Haupterwerbsbetriebe ergibt sich ein Wert von 23,5 ha, die bäuerliche Mittelschicht stellte demzufolge den eindeutig dominierenden Faktor in der Landwirtschaft.[15]

Die Verteilung der bäuerlichen Betriebe über das Kreisgebiet weist ein spürbares Ost-West-Gefälle auf. Die größeren Höfe mit über 50 ha Landbesitz verteilten sich fast ausschließlich auf den festländischen Teil des Kreises, und hier verfügten die Geestbetriebe durchschnittlich über umfangreichere Ländereien als die im Bereich der Marsch gelegenen Höfe.[16] Auf den Inseln waren die Bauern-

13 Zusammengestellt nach Statistik des Deutschen Reiches, Bd 412 I (1929).
14 Zu diesen zählten auch die wenigen Güter auf Kreisebene.
15 Mit einem Anteil von 84,3 % der Hofgrößen zwischen 5 und 100 ha lag Südtondern über dem Provinzdurchschnitt von 78 %.
16 Siehe Karte 2.

21

Karte 2: Zahl der Betriebe mit Grundbesitz über 50 ha (zusammengestellt nach Handbuch des Grundbesitzes im Deutschen Reich, Provinz Schleswig-Holstein, Berlin 1912 und Niekammers Landwirtschaftliche Adreßbücher, Bd. 21, Leipzig 1927)

stellen deutlich kleiner – im wesentlichen sicher die Folge der hier praktizierten Realteilung im Erbfall.[17] Auf dem Festland resultierte die Größendifferenz zwischen Marsch- und Geestbetrieben vor allem aus der Bonität des Bodens: Die Fluren der Marsch waren aufgrund ihrer Fruchtbarkeit um ein vielfaches teurer in der Anschaffung als im Bereich der Geest. Erreichte der Grundsteuer-Reinertrag im Christian-Albrechts-Koog pro ha einen Betrag von 72,22 Reichsmark, so waren es im Gegensatz dazu in der Gemeinde Klintum bei Leck nur 3,18 RM.[18] Diese Zahlen verdeutlichen, daß die Landwirtschaft der Marsch merklich höhere Einnahmen versprach als jene im Bereich der Geest.

Hinsichtlich der Erwerbstätigenstatistik kommt ebenfalls die große Bedeutung zum Ausdruck, welche die Landwirtschaft für den Kreis Südtondern spielte. Waren 1925 in Schleswig-Holstein nurmehr 26,2 % bzw. im gesamten Reich 27,2 % der Erwerbstätigen in der Landwirtschaft tätig, so lag diese Quote für den Bereich Südtondern bei 45,7 % und damit gemessen am Provinz- bzw. Reichsdurchschnitt sehr hoch.[19] Wichtig in diesem Zusammenhang ist neben der bloßen Feststellung der hohen Bedeutung der Landwirtschaft für den Arbeitsmarkt des Untersuchungsraumes die Antwort auf die Frage nach der sozialen Zugehörigkeit dieser Arbeitskräfte, läßt sie doch bereits Rückschlüsse auf Präferenzen für bestimmte politische Gruppierungen zu. So ist etwa anzunehmen, daß ein Gutsherr, der in seinem Betrieb zahlreiche Landarbeiter beschäftigte, im Gegensatz zu diesen Lohnabhängigen eher einer konservativen Partei zugeneigt haben dürfte, wohingegen sich die Arbeiter mutmaßlich stärker der Sozialdemokratie verpflichtet wähnten.[20] Demgegenüber ist in Gebieten mit weniger stark zugespitzten sozialen Spannungen, wie sie z. B. in Regionen mit einem Übergewicht mittelständischer Familienbetriebe darstellen, mit einem größeren Anteil der bürgerlichen Mittelparteien zu rechnen. Die soziale Homogenität wirkt sich dabei in erhöhtem Maße auch konsensbildend auf das Wahlverhalten der Bevölkerung aus: Weder Sozialdemokraten noch dezidiert konservativen Kräften dürften in derart geprägten Regionen besondere Erfolgschancen zugekommen sein.[21]

---

17 Vgl. für Föhr Brar C. Roeloffs, Von der Seefahrt zur Landwirtschaft. Ein Beitrag zur Geschichte der Insel Föhr, Neumünster 1984, S. 168; allgemein siehe Max Sering, Erbrecht und Agrarverfassung in Schleswig-Holstein auf geschichtlicher Grundlage, Berlin 1908, besonders S. 423 ff.

18 Vgl. Gemeindelexikon für den Freistaat Preußen, Bd IX: Provinz Schleswig-Holstein, Berlin 1930, S. 58 f.

19 Südtondern nahm in dieser Hinsicht allerdings nicht die Spitzenposition aller Kreise der Provinz ein, lag jedoch in der Spitzengruppe; vgl. Statistik des Deutschen Reiches, Bd 404 (1928).

20 Heberle, S. 113 ff.

21 Vgl. hierzu Zimmermann, Wählerverhalten, S. 50.

Die Ergebnisse der Berufszählung in Verbindung mit der Agrarstatistik aus dem Jahre 1925 vermitteln auch für den Kreis Südtondern ein detaillierteres Bild der sozialen Struktur innerhalb der Landwirtschaft:

Tabelle 2: Beschäftigte nach Betriebsgrößen[22]

Betriebsgr. in ha	Zahl der Betriebe	Beschäftigte insgesamt	Beschäftigte im Schnitt	Selbstän- dige	mithelf. Familien- angeh.	Arbeiter
5– 10	922	2311	2,5			
10– 20	786	2604	3,3	zus.	zus.	zus.
20– 50	662	2947	4,5	3018*	4575*	2016*
50–100	135	865	6,4			
üb. 100	10	107	10,7			

* Diese Zahlen erstrecken sich auch auf die Betriebe unter 5 ha.

Auch diese Tabelle belegt, daß die klein- und mittelbäuerlichen Betriebe im Kreis Südtondern die bedeutendste Rolle spielten. Nicht weniger als 66,2 % aller hauptberuflich in der Landwirtschaft tätigen Personen verdienten sich ihren Lebensunterhalt auf Höfen bis zu einer Größe von 50 ha, wobei im Durchschnitt in jedem Betrieb 3–4 Personen beschäftigt waren. Es ist sicher davon auszugehen, daß bis zu einer Größenordnung von 20 ha die Arbeitskraft der Familie ausreichte, um die anfallenden Tätigkeiten auszuführen. Diese Feststellung findet ihren Nachweis vor allem in der Tatsache, daß 79 % der Beschäftigten zum Bereich der Selbständigen und ihrer mithelfenden Familienangehörigen zählten. Die flächenmäßig größeren Betriebe hingegen verlangten einen stärkeren Einsatz fremder Hilfskräfte, was durch die höhere Zahl der durchschnittlich je Hof beschäftigten Personen dokumentiert wird. Insgesamt gesehen kam den Landarbeitern jedoch nur eine untergeordnete Rolle innerhalb der Landwirtschaft zu, lediglich 21 % gehörten zu dieser sozialen Schicht.[23]

Neben der Betriebsgröße und der Sozialstruktur kommt der Nutzungsart der Agrarflächen eine maßgebliche Bedeutung zu. In dieser Hinsicht ist vor allem zwischen solchen Gebieten mit einer vielseitigen Produktion und solchen mit vorherrschenden Monokulturen zu unterscheiden. Eine vielseitigere Produkt-

22 Zusammengestellt nach Statistik des Deutschen Reiches, Bde 404 (1928) und 412 I (1929).

23 In der Marsch des Kreises Tondern herrschte vor 1914 zur Zeit der Ernte daher ein spürbarer Arbeitermangel, der durch Wanderarbeiter ausgeglichen wurde; vgl. dazu Ernst Thomsen, Landwirtschaftliche Wanderarbeiter und Gesinde in Schleswig-Holstein 1880–1914, Kiel 1982, S. 34.

palette birgt weniger Risiken für den Erzeuger, da Preiseinbrüche in dem einen Sektor zumeist durch höhere Erlöse in anderen Bereichen ausgeglichen werden können. Demgegenüber befindet sich der einseitig auf ein landwirtschaftliches Produkt spezialisierte Landwirt deutlich im Nachteil, da ein drastischer Preisverfall für dieses Erzeugnis imstande ist, den gesamten Betrieb zu ruinieren. Zugleich wird in derartig geprägten Gebieten der Ruf nach staatlicher Hilfe in Krisenzeiten schneller laut als in vielfältiger strukturierten Regionen. Ausbleibende Interventionsmaßnahmen lösen dann im politischen Bereich leichter eine Hinwendung zu radikalen Parteien aus, wodurch sich Mißstimmung und Unmut der Betroffenen Luft machen. In weniger monostrukturell ausgerichteten Regionen ist im Unterschied dazu mit einem beständigeren politischen Meinungsbildungsprozeß zu rechnen, der sich in einer geringeren Schwankung des Wahlverhaltens zeigt.[24]

Die Übersicht über die Ergebnisse der statistisch erfaßten Bodennutzung zeigt für den Kreis Südtondern das folgende Bild:

Tabelle 3: Art der Bodennutzung in Südtondern 1927[25]

Fruchtart	Anbaufläche in ha	Anteil an der genutzten Fläche in Prozent
Weizen	123	0,2
Roggen	2810	5,3
Sommergerste	1224	2,3
Hafer	5076	9,6
Ackerbohnen	148	0,3
Kartoffeln	810	1,6
Runkelrüben	160	0,3
Kohlrüben	690	1,3
Futterbau (Wiesen, Weiden, Futterpflanzen)	41449	78,4
Insgesamt	52879	100,0

Aus der Tabelle wird zunächst ersichtlich, daß die Südtonderaner Landwirtschaft in sehr geringem Maße vom Getreideanbau geprägt war. Lediglich Hafer und Roggen spielten für den Ackerbau eine gewisse Rolle. Der weit überwiegende Teil der genutzten Fläche war demgegenüber durch die Grünlandwirtschaft bestimmt, d. h. die Tierhaltung dominierte. Innerhalb dieses Bereiches wiederum kamen der nur wenig personalintensiven Rinderzucht sowie der

24 Zimmermann, Wählerverhalten, S. 35.
25 Zusammengestellt nach Statistik des Deutschen Reiches, Bd 374 (1930).

Fettviehgräsung die größte Bedeutung zu. Nach dem Kreis Eiderstedt war der Untersuchungsraum das Gebiet mit dem höchsten Rinderbesatz in Schleswig-Holstein und im gesamten Reich.[26] Die Verteilung gestaltete sich im wesentlichen derart, daß im Geestgebiet Jungvieh aufgezogen wurde, welches dann im Frühjahr an die Marschbauern verkauft, von diesen gemästet und im Herbst auf den Märkten der Westküste veräußert wurde. Die Hauptabsatzgebiete für das Mastvieh lagen in erster Linie in den großen industriellen Zentren des Deutschen Reiches, im Ruhrgebiet, in Berlin, Hamburg und Sachsen.[27] Die übrige Tierhaltung rangierte deutlich hinter der Rinderzucht. So stand Südtondern etwa hinsichtlich der Schweinehaltung an letzter Stelle aller Kreise in Schleswig-Holstein.[28] Die folgende Statistik weist insgesamt die Einkommensverteilung aus der Landwirtschaft für das Wirtschaftsjahr 1927/28 nach:

Tabelle 4: Einnahmen der bäuerlichen Betriebe Südtonderns bis 100 ha[29] (Angaben in %)

Ackerbau	Rindvieh	Milch u. Milcherz.	Pferde u. Fohlen	Schweine	Schafe	Vieh insges.
4,3	56,2	15,7	6,0	7,5	6,0	91,9

Als Fazit dieser Strukturuntersuchung der Südtonderaner Landwirtschaft bleibt festzustellen, daß eine starke Abhängigkeit von den Rinderpreisen vorlag. Allein im Kreis Eiderstedt hing der bäuerliche Wohlstand noch stärker von den Rinderpreisen ab. Zudem zählte die Rindermast zu den kapitalintensivsten und risikoreichsten Formen der Landwirtschaft, da bei Kauf bzw. Veräußerung von Rindern erhebliche Beträge umgesetzt wurden. Ein kurzfristiges Ausweichen auf andere Produkte war im Grunde nicht möglich, da dieses eine völlige Umstrukturierung der Betriebe voraussetzte. Somit muß die landwirtschaftliche Struktur des Untersuchungsraumes als überaus krisenanfällig bewertet werden – ein wichtiger Faktor vor allem für die politische Meinungsbildung.

26 Vgl. Statistik des Deutschen Reiches, Bd 412 I (1929).
27 Vgl. zur Verteilung Konrad Langenheim, Das Absatzproblem der Fettweidewirtschaft der schleswig-holsteinischen Marschen, Berlin 1931, S. 48.
28 Vgl. Wirtschaftsergebnisse von 741 bäuerlichen Betrieben der Rechnungsjahre 1928–1933, hrsg. von der Buchführungs- und Steuerberatungsstelle der Landwirtschaftskammer für die Provinz Schleswig-Holstein, Kiel 1928–1933.
29 ebd., Jg 1928.

b) Der Fremdenverkehr

Das Fremdenverkehrsgewerbe bildete auf den drei nordfriesischen Inseln Sylt, Föhr und Amrum neben der Landwirtschaft bereits in den zwanziger Jahren den Haupterwerbszweig der Bevölkerung, wohingegen der festländische Kreisteil so gut wie gar nicht davon beeinflußt wurde.[30] Auf den Inseln selbst beschränkte sich der Tourismus gleichfalls nahezu ausschließlich auf die Hauptorte, das dörfliche Umfeld blieb demgegenüber noch weitgehend unberührt. Die wichtigsten Orte der „weißen Industrie" waren Westerland und Wenningstedt auf Sylt, Wyk auf Föhr sowie die Gemeinden Wittdün und Norddorf auf Amrum.

Es bedarf sicher keiner detaillierten Begründung, daß das Fremdenverkehrsgewerbe mit einer Reihe von Problemen konfrontiert ist, die es in anderen Wirtschaftsbereichen nicht oder doch nur in sehr begrenztem Maße gibt. Da ist zunächst die starke Saisonabhängigkeit zu nennen, d. h. innerhalb weniger Monate muß der gesamte Jahresverdienst erwirtschaftet werden. Verteilt sich heute der Gästestrom in größerem Maße über das gesamte Jahr, so konzentrierte sich der Urlauberandrang in den zwanziger Jahren nahezu ausschließlich auf die Sommermonate Juni, Juli und August. Diese Tatsache belegt, daß Nachfrageschwankungen in diesem Bereich nicht auszugleichen sind, eine Vorratsproduktion wie etwa in der Industrie unmöglich ist.[31] Als weiterer Risikofaktor der Tourismusbranche ist die Witterung zu nennen. So wirkt sich schlechtes Wetter nicht nur in der Weise aus, daß zahlreiche Urlauber zur vorzeitigen Abreise in die Heimat veranlaßt werden; andere Gäste fahren gar nicht erst in die Sommerfrische bzw. wenden sich anderen, witterungsbeständigeren Orten zu. Verbunden damit ist die Notwendigkeit für die Betreiber saisonaler Geschäfte, ihre Unterkünfte, Restaurationsbetriebe u.ä. trotzdem für das anwesende Badepublikum bzw. für potentielle neue Gäste betriebsbereit zu halten – auch zu Zeiten geringeren Umsatzes. Hier tut sich gleichzeitig die große Belastung durch hohe Fixkosten auf: Einmal muß genügend Personal beschäftigt werden, dann verlangen Einrichtung und Gebäude ständige Instandhaltung bzw. Anpassung an den sich wandelnden Geschmack der Urlauber und den wachsenden Komfort, der in den Häusern erwartet wird.[32]

Besonders der letzte Punkt verweist darauf, daß es sich beim Badepublikum der zwanziger Jahre vor allem um die kleine Schicht wohlhabender Personen – vornehmlich aus Wirtschaftskreisen handelte. Daneben waren jedoch auch

---

30 Lediglich Niebüll als Umsteigebahnhof und der Hafen in Dagebüll spielten eine gewisse Rolle.
31 Herbert Hoffmann, Untersuchung über Umfang, Struktur, Bedeutung und Entwicklung des Fremdenverkehrs in Schleswig-Holstein, München 1970, S. 10; ferner Klaus Jaenicke, Die Saisonabhängigkeit des Fremdenverkehrs in den Seebädern, Frankfurt/M. 1955, S. 20.
32 Werner Hunziker/Karl Krapf, Grundriss der allgemeinen Fremdenverkehrslehre, Zürich 1942, S. 61.

höhere Beamte, Militärs, Mediziner, Juristen und weitere Berufsgruppen höheren sozialen Standes vertreten.[33] Glücksmann[34] zufolge begann 1928 die Möglichkeit eines längeren Erholungsurlaubes erst bei einem jährlichen Einkommen von 5000 RM und mehr, und das bei einem Durchschnittsverdienst von gerade bis zu 3000 RM pro Jahr in der Zeit nach der Inflation.[35]

War bislang nur von den Problemen des Fremdenverkehrsgewerbes die Rede, so darf doch nicht geleugnet werden, daß in dieser Branche sehr gute Verdienstspannen zu erzielen waren. Anders läßt es sich nicht erklären, daß sich im Zeitraum zwischen 1870 und 1910 die Häuserzahl Westerlands z. B. nahezu vervierfachte.[36] In diesem Zusammenhang ist festzustellen, daß besonders die großen Beherbergungsbetriebe nicht von Seiten der einheimischen Bevölkerung errichtet wurden, sondern vielmehr kapitalkräftige Unternehmer großstädtischer Herkunft diesen Erwerbszweig beherrschten.[37] Allerdings profitierten auch die eigentlichen Insulaner vom Tourismus, bot sich hier doch ein großer, zusätzlicher Absatzmarkt für die auf den Inseln produzierten Agrarerzeugnisse.[38] Daneben schuf der Badebetrieb zahlreiche Arbeitsplätze in den verschiedensten Bereichen, die jedoch nur z. T. von den Einheimischen besetzt werden konnten. Vor jeder Saison wurde zahlreiches Restaurant- und Hotelpersonal aus den größeren Städten angeworben, um dem Mangel an Fachkräften abzuhelfen.

Es versteht sich von selbst, daß die Tourismusbranche besonders in früherer Zeit zu den sensibelsten Wirtschaftsbereichen überhaupt zählte. Die konjunkturunabhängigen Probleme wie etwa die Witterung wurden bereits erwähnt, doch wog die Bedeutung einer gesamtwirtschaftlich krisenhaften Entwicklung für den Fremdenverkehr ungleich schwerer. Der Urlaub in fremder Umgebung gehörte eindeutig zu den luxuriösen Errungenschaften der modernen Gesellschaften und damit gleichzeitig zu jenen Dingen, auf die der Berufstätige als erstes verzichtete, noch bevor tiefgreifende Einschränkungen in der alltäglichen Lebensführung hingenommen wurden. Die Folgen für das Urlaubsgeschäft waren klar vorgegeben: In diesem Bereich zeigten sich Krisensymptome vergleichsweise sehr früh. Somit bot der Fremdenverkehr ebenfalls keine stabile Stütze für die Wirtschaftsstruktur Südtonderns.

33 Hans Oestreich, Der Fremdenverkehr der Insel Sylt, Bredstedt 1976, S. 166.

34   Robert Glücksmann, Fremdenverkehrskunde, Bern 1935, S. 36.

35 Errechnet nach Carl-Ludwig Holtfrerich, Die Deutsche Inflation 1914–1923, Berlin/ New York 1980, S. 270. Demzufolge verfügten 1928 über 90 % der Bevölkerung über ein Einkommen von bis zu 3000 RM im Jahr, weitere 6,4 % über ein Einkommen von 3000 bis 5000 RM p. a.

36 Julius Christiansen, Sylt in agrarhistorischer Sicht, mss. Diss., Hamburg 1923, S. 133; vgl. ebenfalls Kap. III. 1.

37 Ludwig Haverkamp, Die Nordseeinsel Sylt. Ihr Erwerbsleben und ihre sozialen Verhältnisse historisch betrachtet, Berlin 1908, S. 44; vgl. ebenfalls die Namen der Besitzer der großen Betriebe in den Badeführern dieser frühen Jahre.

38 Christiansen, S. 116.

c) Die übrigen Gewerbezweige

Bereits die zusammenfassende Kapitelüberschrift läßt den Schluß darauf zu, daß die nicht agrarischen und nicht primär touristischen Berufsstände im Kreis Südtondern nur schwach vertreten waren. Insgesamt gab es 1925 2455 gewerbliche Betriebe, in denen 7545 Personen beschäftigt waren.[39] Annähernd ein Drittel dieser Berufstätigen (2106) war im Bereich des Gast- und Schankwirtschaftsgewerbes (620 Betriebe) tätig. Ein großer Teil davon entfiel natürlich auf die Fremdenverkehrsorte der Inseln, doch auch in den kleinen Landgemeinden waren die Gastwirtschaften vertreten und bildeten hier oft den „kulturellen Mittelpunkt" für die Ortseinwohner. Bemerkenswerterweise umfaßte der in diesem Geschäftsbereich tätige Personenkreis mit 1187 Arbeitern noch vor dem Baugewerbe die größte Zahl an Beschäftigten aus dieser sozialen Schicht – ein Beleg für die z. T. geringe berufliche Qualifikation, die erforderlich war.

Mit 555 Betrieben und reichlich 1000 Beschäftigten stellte das Handelsgewerbe – gemessen an der Zahl der Niederlassungen – den nächstgrößten Anteil. Hierzu zählten vor allem die vielen kleinen Einzelhandelsgeschäfte, die es damals in jedem kleinen Ort gab und die zumeist vom Geschäftsinhaber und einem Gehilfen betrieben wurden. Diese zahlreichen Krämerläden sorgten im wesentlichen für die Versorgung der Landbevölkerung mit allen notwendigen Waren für den täglichen Bedarf.

Als weitere Gewerbegruppe kam dem Bauwesen noch eine erhebliche Bedeutung zu, das mit 1343 Beschäftigten nach dem Gast- und Schankwirtschaftsgewerbe den größten Personenkreis an sich band. Doch auch für dieses Gewerbe galt offensichtlich eine starke Abhängigkeit vom Tourismus: Die Baubranche stellte zwar nur 10,7 % aller gewerblichen Niederlassungen und mit 17,8 % der im gewerblichen Bereich beschäftigten Personen einen lediglich durchschnittlichen Anteil an der Gesamtzahl der in Handel und Gewerbe Berufstätigen, doch sind die absoluten Zahlen von 263 Betrieben mit 1343 Beschäftigten als hoch zu veranschlagen.[40]

Die bislang noch nicht aufgeführten Berufstätigen verteilten sich auf die übrigen Gewerbezweige, die im wesentlichen das Bild der Landgemeinden mitbestimmten. Zu ihnen zählten der Bereich Nahrungs- und Genußmittel mit 83 Bäckereien, 52 Fleischereien, 34 Mühlen sowie 34 Molkereibetriebe. Ferner waren Schmiede, Stellmacher, Tischler, Zimmerleute, Schuhmacher und Schneidereien in fast jedem Dorf vertreten, doch bildeten diese Gewerbe zumeist in Verbindung mit einer kleinen Landwirtschaft – nur einen verschwindend geringen Anteil gemessen an Agrarbereich und Fremdenverkehr.

---

39 Vgl. hierzu und zum Folgenden Statistik des Deutschen Reiches, Bd 416 (1929).
40 Beispielsweise existierten im merklich gößeren Landkreis Flensburg 206 Betriebe der Baubranche mit zusammen gerade 879 Beschäftigten.

3. DIE BEVÖLKERUNG

Die primär landwirtschaftlich geprägte Struktur Südtonderns spiegelt sich besonders auch in der Siedlungsweise der Bewohner wider. Nachdem 1920 mit der Stadt Tondern das bisherige Zentrum der Region an Dänemark gefallen war, kennzeichnete ein dörflicher Charakter das Bild der Landschaft südlich der neuen Grenze. Die 35813 Personen umfassende Bevölkerung des Kreises lebte weit überwiegend in Landgemeinden mit einer Einwohnerzahl von unter 1000.[41] Städtische Siedlungen bestanden lediglich auf den Inseln Sylt und Föhr, doch konnten Westerland[42] und Wyk ob ihrer Lage keineswegs die Funktion als Mittelpunkte des Untersuchungsraumes übernehmen. Dies tat nach 1920 die Gemeinde Niebüll, das mit 2695 Einwohnern größte Dorf des festländischen Kreisteils.[43] Es kann anhand dieser Zahlen also nicht verwundern, daß Südtondern mit einer Einwohnerdichte von 42,5 Personen je km^2 zu den am dünnsten besiedelten Gebieten der gesamten Provinz zählte.[44]

Von zentraler Bedeutung für das Sozialgefüge eines Siedlungsraumes ist die Hauptberufszugehörigkeit sowie die Stellung innerhalb des jeweiligen Tätigkeitsfeldes. In dieser Hinsicht bot sich für Südtondern im Jahre 1925 folgendes Bild:

Tabelle 5: Die Bevölkerung Südtonderns nach ihrem Hauptberuf[45]

Abteilungen	Stellung im Beruf	Erwerbstätige überhaupt	Erwerbstätige darunter weibl.	Berufszugehörige (= Erwerbstätige + Angehörige)
A Land- und	a	3029	409	7526
Forstwirt-	b	107	3	123
schaft,	c	2034	697	2790
Fischerei	m	4578	3407	4730
	Zus.	9748	4516	15179

41 Vgl. Gemeindelexikon für den Freistaat Preußen, S. 58f.
42 Westerland war mit 3642 Einwohnern der größte Ort des Kreisgebiets.
43 Stadtrechte erhielt Niebüll erst 1960. Leck vefügte mit 1444 Einwohnern über die nächstgrößere Einwohnerzahl auf dem Festland. Die für die Gemeinde Rodenäs angegebene 1100köpfige Einwohnerschaft umfaßte zahlreiche am Bau des Hindenburgdammes beschäftigte, auswärtige Arbeiter, die offensichtlich mitgezählt wurden.
44 Vgl. Statistik des Deutschen Reiches, Bd 374 (1930).
45 Zusammengestellt nach Statistik des Deutschen Reiches, Bd 404 (1928) Erklärungen: a = Eigentümer und Miteigentümer, Besitzer, Inhaber, Handwerksmeister, Unternehmer; b = Angestellte, Beamte, Fachpersonal; c = Arbeiter; m = mithelfende Familienangehörige.

Abteilungen	Stellung im Beruf	Erwerbstätige überhaupt	darunter weibl.	Berufszugehörige (= Erwerbstätige + Angehörige)
B Industrie,	a	982	115	2916
Handwerk	b	150	31	282
	c	2450	109	3818
	m	111	93	126
	Zus.	3693	348	7142
C Handel,	a	813	248	2045
Verkehr	b	779	153	1688
	c	1494	813	2335
	m	295	260	303
	Zus.	3381	1474	6371
D Verwaltung,	a	81	5	235
Heer, Kirche,	b	558	78	1329
freie Berufe	c	111	6	291
	m	6	5	6
	Zus.	756	94	1861
E Gesundheits-	a	111	27	261
wesen, hygie-	b	270	229	297
nisches Gewerbe,	c	240	181	29
Wohlfahrts-	m	9	8	9
pflege	Zus.	630	445	864
F Häusl. Dienste,	a	4	3	8
Erwerbstätgkt.	b	42	18	53
o. feste An-	c	292	54	70
stellg., ohne	Hausangest.	1119	1110	1137
Angabe d. Betriebs-	m	–	–	–
zugehörigkeit	Zus.	1457	1185	1907
Summe A–F	a	5020	807	12991
	b	1906	512	3782
	c	6621	1860	10240
	m	4999	3773	5174
	Hausangest.	1119	1110	1137
	Zus.	19665	8066	33317
Ohne Beruf und Berufsangabe		1577	870	2489
Wohnbevölkerung		21242	8932	35813

Die Übersicht bringt nochmals die Dominanz der Landwirtschaft zum Ausdruck, die nahezu die Hälfte aller Erwerbstätigen umfaßte. Demgegenüber waren die Bereiche Industrie/Handwerk mit 18,8 % sowie Handel/Verkehr mit 17,2 % der Beschäftigten von merklich geringerer Bedeutung. Letzterer spielte jedoch gemessen am Provinz- und Reichsdurchschnitt von 20,4 % bzw. 16,5 %

immerhin noch eine relativ große Rolle, was auf die Relevanz des Fremdenverkehrs in diesem Wirtschaftszweig schließen läßt. Die übrigen Berufsfelder fielen demgegenüber kaum ins Gewicht.

Mit 25,5 % war der Anteil der Selbständigen an den Berufstätigen überproportional hoch (Provinzdurchschnitt 18,5 %); das gleiche gilt für die Gruppe der mithelfenden Familienangehörigen, die mit 25,4 % genauso stark vertreten war, aber nahezu ausschließlich in der Landwirtschaft Beschäftigung fand. Die wichtigste Gruppe stellten mit 6621 Zugehörigen (=33,7 %) jedoch die Arbeiter, von denen allerdings nur 2034 im Agrarsektor tätig waren. 2450 dagegen verdienten ihren Lebensunterhalt in Industrie und Handwerk, fast 1500 in Handel und Verkehr. Angesichts der bereits geschilderten Wirtschaftsstruktur muß dieser relativ hohe Arbeiteranteil überraschen, jedoch erklärt er sich vor allem aus dem Termin der Zählung (16.6.1925). Zu diesem Zeitpunkt wurde fieberhaft an der Fertigstellung des späteren Hindenburgdammes gearbeitet, wodurch zahlreichen andernorts beheimateten Arbeitskräften vorübergehend Verdienstmöglichkeiten geboten wurden; ferner hatte das Saisonpersonal in den Badeorten die Arbeit aufgenommen. Diese beiden Gruppen wurden ebenfalls in der Zählung erfaßt, so daß ein unkorrektes Bild der dauerhaft ansässigen erwerbstätigen Bevölkerung die Folge ist.[46] Zu vermuten ist demnach, daß die absolute Zahl der Arbeiter einer deutlichen Korrektur nach unten bedarf.

In konfessioneller Hinsicht waren die Einwohner Südtonderns nahezu ausschließlich protestantisch, 97,6 % zählten zu den evangelischen Christen. Lediglich kaum 1 % gehörten der katholischen Kirche an, und mit 0,17 % (= 20 Personen) spielte der Anteil jüdischer Mitbürger faktisch keine Rolle. Diese Tatsache sollte allerdings nicht darüber hinwegtäuschen, daß vermutlich ein beträchtlicher Teil der Badegäste auf den Inseln jüdischer Provenienz war[47], und daß sich Juden maßgeblich am Rinderhandel auf den Viehmärkten der Westküste beteiligten.[48] Weiterhin waren Juden in den Reihen der fliegenden Händler vertreten, die auch im Bereich Südtonderns von einem Dorf zum anderen zogen.[49] Es bot sich demnach ebenfalls im Untersuchungsraum die Möglichkeit zu Kontakten mit Bürgern zumindest jüdischer Abstammung.

Als weiteres wichtiges Merkmal für das Gebiet südlich der deutsch-dänischen Grenze ist das Aufeinandertreffen dreier Sprachen und der hinter diesen stehenden Bevölkerungsteile zu erwähnen. So waren neben der deutschen in starken Maße die friesische und – in geringerem Umfang – die dänische Sprache vertreten. Es bezeichneten 1925 in Südtondern reichlich 6000 Personen Friesisch als ihre Muttersprache, 2355 nannten das Dänische. Die Verteilung der Idiome gestaltete sich derart, daß die Marschgemeinden und die Inseldörfer ganz über-

46 S. o. S. 30, Anm. 43.
47 Siehe unten, Kap. III. 1.
48 Vgl. Kap. IX.
49 So Hans C. Davidsen (Bramstedtlund) in einem Gespräch mit dem Verfasser vom 24. 2. 1988.

wiegend von der friesischen Bevölkerungsgruppe bewohnt wurde, wohingegen die Gemeinden mit starker dänischer bzw. plattdänischer Sprachverbreitung unmittelbar südlich der Grenze lagen.[50]

Die Nordfriesen stellen noch heute zusammen mit den Ostfriesen neben den Sorben die einzige „Eigengruppe" auf dem Territorium Deutschlands dar; „d. h. ihr Siedlungsgebiet bildet das Kernland ihrer Sprache und Kultur, und nirgendwo steht ihnen ein Nationalstaat zur Verfügung."[51] Sie standen seit jeher in Auseinandersetzung mit dem Meer. Dies gilt sowohl für die lange Seefahrertradition speziell der Inselbevölkerung als auch für die Sicherung des Siedlungsgebietes durch den Deichbau, der bis in die jüngste Zeit hinein weitgehend bäuerlicher Selbstverwaltung unterworfen blieb. Gerade dieser Kampf gegen die Gewalt des Meeres trug entscheidend zur Entwicklung eines starken Selbstbewußtseins bei. Als Zeugnis dieses Wesenszuges ist jene Lebensweisheit „Lewer duad üs Slaaw!" zu begreifen, die gezielt auf die Abwehr außenstehenden Einflusses auf die Selbstverwaltung der Nordfriesen gerichtet war.[52] Nicht zuletzt hieraus dürfte auch die Neigung eines großen Teils der nordfriesischen Landbevölkerung – insbesondere der besitzenden Schichten – zu erklären sein, an althergebrachten Traditionen festzuhalten und sich Neuerungen gegenüber eher abwartend und mißtrauisch zu verhalten.[53] Im Gegensatz dazu gelten die Geestbewohner gemeinhin als wesentlich aufgeschlossener und zugänglicher.[54]

Weiterhin unterschieden sich die friesischen Bewohner der festländischen Marsch von den übrigen Einwohnern Südtonderns hinsichtlich des Sozialgefüges und der Siedlungsweise. Auf den zumeist großen, weit voneinander entfernt liegenden Marschhöfen in den Kögen herrschte ein spürbar stärkeres soziales Gefälle. Hier arbeitete der Betriebsleiter nur selten mit; er war mehr als Koordinator auf seinem Hof tätig. Anders als etwa im Bereich der Geest oder auf den Inseln, wo die Bewohner in enger Dorfgemeinschaft lebten, wahrte der wohlhabende Marschbauer auch im täglichen Umgang Distanz zu seinen Arbeitskräften, indem er beispielsweise nicht zusammen mit ihnen an einem Tisch die

---

50 Vgl. dazu das statistische Material in LAS 309 / 35244.

51 Thomas Steensen, Die friesische Bewegung in Nordfriesland im 19. und 20. Jahrhundert, Neumünster 1986, S. 13. Der Begriff der „Eigengruppe" geht auf den Nationalitätenforscher Heinz Kloss zurück; Heinz Kloss, Grundfragen der Ethnopolitik im 20. Jahrhundert, Wien / Stuttgart 1969, S. 62. Allgemein zum Selbstverständnis der Nordfriesen und ihren Bestrebungen in den zwanziger Jahren Steensen, Die friesische Bewegung, S. 116ff.

52 Steensen, Die friesische Bewegung, S. 18.

53 Diese Grundhaltung reicht weit in die Vergangenheit zurück; vgl. dazu etwa Johannes Jensen, Nordfriesland in den geistigen und politischen Strömungen des 19. Jahrhunderts (1797–1864), Neumünster 1961, S. 11.

54 Heberle, S. 96. Diese Erfahrung wurde auch vom Verfasser im Laufe seiner Recherchen gemacht. Im Vergleich zu den Marschbewohnern erwiesen sich die Gesprächspartner in den Dörfern der Geest als spürbar zugänglicher.

Mahlzeiten einnahm.[55] Insofern lag auf den Inseln und im östlichen Kreisteil eine sozial ausgeglichenere Struktur vor.

4. ZUSAMMENFASSUNG

Den Kreis Südtondern kennzeichnete in den zwanziger Jahren in besonderem Maße die Landwirtschaft, innerhalb derer klein- und mittelbäuerliche Betriebe dominierten. Die Agrarproduktion wurde überwiegend von der Rinderaufzucht bzw. der Fettweidemast bestimmt und wies somit eine ausgesprochene Einseitigkeit auf. Das Ausweichen auf andere Produkte war kurzfristig kaum möglich. Neben dem Agrarsektor spielte der Fremdenverkehr auf den drei nordfriesischen Inseln eine große Rolle für den Lebensunterhalt der dort ansässigen Bevölkerung, doch zählte gerade dieser Wirtschaftsfaktor zu den sensibelsten ökonomischen Bereichen überhaupt. Anderweitige größere gewerbliche Betriebe gab es nicht; ein städtisches Zentrum für das Kreisgebiet war seit der Abtretung Nordschleswigs 1920 gleichfalls nicht mehr vorhanden, so daß es angemessen erscheint, von einem strukturschwachen Gebiet zu sprechen – eine Situation, an der sich bis in die Gegenwart hinein nichts Entscheidendes geändert hat. Die nahezu ausschließlich protestantische Bevölkerung gehörte entsprechend der wirtschaftlichen Struktur des Gebietes im wesentlichen zu den mittleren und unteren sozialen Schichten.[56] Dies gilt sowohl für den friesisch besiedelten Teil Südtonderns als auch für die übrigen Bewohner. Die Arbeiterschaft war nur relativ schwach vertreten, das Großbürgertum überhaupt nicht; schärfere soziale Gegensätze bestanden höchstens in den von großbäuerlichen Betrieben geprägten Kögen der Marsch und auf der Insel Sylt.

---

55 Dazu allgemein Heberle, S. 92ff; speziell für Südtondern Niels Bøgh Andersen, Fiskersøn fra Aventoft, København 1975[2], S. 15; ferner bestätigten diesen Eindruck Gespräche mit Margot Melfsen (Christian-Albrechts-Koog) am 28. 1. 1988, mit Emil Kufallt (Emmelsbüll) am 4. 12. 1987 und Anna Hasselbrink (Hesbüll) am 27. 1. 1988.

56 Auf die Benutzung des Begriffs „Kleinbürgertum" wurde an dieser Stelle bewußt verzichtet. Eine sehr differenzierte Betrachtung des Begriffes „Kleinbürgertum" sowie dessen politische und ideologische Ausrichtung findet sich bei Berthold Franke, Die Kleinbürger. Begriff, Ideologie, Politik, Frankfurt/New York 1987.

III. (Süd-) Tondern in der Zeit vor 1914

1. DIE SOZIO-ÖKONOMISCHE ENTWICKLUNG

Wie in weiten Teilen der Herzogtümer Schleswig und Holstein begrüßte auch die Bevölkerung Südtonderns 1864 den Sieg der preußisch-österreichischen Koalition über Dänemark und die damit verbundene Befreiung von dänischer Herrschaft. Die meisten Bewohner lehnten allerdings eine längerfristige Unterordnung unter preußische Oberhoheit ab. Sie hofften vielmehr auf ein selbständiges Schleswig-Holstein unter dem Augustenburger Herzog Friedrich VIII.[1] Dieser Traum von der Eigenstaatlichkeit Schleswig-Holsteins ging jedoch nicht in Erfüllung, zu Beginn des Jahres 1867 erfolgte die endgültige verwaltungsmäßige Annexion durch Preußen. Diese zwangsweise Inkorporation führte alsbald zur Herausbildung und Verstärkung eines Sonderbewußtseins in der Provinz und zu einer Oppositionshaltung gegenüber den Berliner Zentralbehörden, die wiederholt spezifische Interessen und Traditionen der Schleswig-Holsteiner übergingen. Zwar büßte die anti-preußische Haltung im Laufe der Jahre aufgrund der guten wirtschaftlichen Entwicklung an Bedeutung ein, doch hielten sich antizentralistische Tendenzen noch weit über den Ersten Weltkrieg hinaus.[2]

Als sehr bedrückend empfanden die Schleswig-Holsteiner die Einführung der dreijährigen Militärdienstpflicht, die besonders auf den nordfriesischen Inseln und in den verschiedenen „Landschaften" der Provinz als rigoroser Eingriff in bis dato gültige Privilegien gewertet wurde: Seit dem ausgehenden 18. Jahrhundert war die Inselbevölkerung vom Dienst im Landheer befreit. Ferner stieß die Auflösung der privaten Navigationsschulen auf den Inseln auf Widerwillen. Fortan mußten staatlich anerkannte Institute auf dem Festland besucht werden, um eine Karriere in der Seefahrt zu ermöglichen. Diese Maßnahme verhinderte im wesentlichen die Fortsetzung der Seefahrertradition auf den Inseln, die seit Jahrhunderten für nicht unbeträchtlichen Wohlstand gesorgt hatte. Nur die wenigsten indes verfügten über die notwendigen finanziellen Mittel, ihre Söhne über längere Zeit auf dem Festland ausbilden zu lassen.[3]

Als Folge der ohnehin schlechten konjunkturellen Lage in Verbindung mit den geschilderten staatlichen Eingriffen ergab sich ein überaus starker Drang zur Abwanderung. Wuchs die Einwohnerzahl der Provinz Schleswig-Holstein zwischen 1867 und 1910 um reichlich 50 % von 1,07 auf 1,62 Millionen, so stagnierte die demographische Entwicklung Südtonderns demgegenüber mit

---

1 Vgl. z. B. Christian P. Hansen, Chronik der friesischen Uthlande, Garding 1877, S. 299 ff.

2 Vgl. dazu insbesondere Kap. XII.5. betr. die Landvolkbewegung.

3 Für Föhr siehe etwa Ocke C. Nerong, Die Insel Föhr, (Selbstverlag) 1903, S. 71.

einem Plus von gerade 7 %.[4] Weit wichtiger als das bloße Faktum der Abwanderung ist in diesem Zusammenhang allerdings die Zielrichtung der Migration. Entgegen der allgemeinen Tendenz des Abzugs in die expandierenden Industrieregionen zog es zahlreiche Bewohner des Kreises Tondern ins Ausland, vor allem in die USA.[5] Am stärksten war der Drang in die Ferne auf den nordfriesischen Inseln Föhr und Amrum ausgeprägt, sicherlich gefördert durch die lange Seefahrertradition und die damit erworbene Weltgewandtheit.[6] Noch heute hat nahezu jede Familie auf Föhr Verwandte in Amerika.

Den amtlichen Statistiken zufolge waren es in erster Linie die „kleinen" Leute[7], welche die „Hoffnung auf ein besseres Fortkommen"[8] in der Ferne hegten. Offensichtlich sahen sie einzig in der Emigration die Möglichkeit zum Erhalt bzw. zum Erwerb der Selbständigkeit, d.h. nicht zuletzt die Furcht vor sozialem Abstieg trieb viele in die Ferne.[9] Die Verbindungen zur Heimat blieben allerdings trotz der großen räumlichen Distanz sehr eng; viele Auswanderer pen-

4 Für den Zeitraum zwischen 1871 und 1925 betrug das Wachstum der Gemeinden Südtonderns ebenfalls nur rund 20 %; errechnet nach: Die Bevölkerung der Gemeinden Schleswig-Holsteins 1867–1970, hrsg. vom Statistischen Landesamt Schleswig-Holstein, Kiel 1972.

5 Vgl. allgemein zur Auswanderung Kai Detlev Sievers (Hg.), Die deutsche und skandinavische Amerikaauswanderung im 19. und 20. Jahrhundert, Neumünster 1981; speziell betr. Föhr und Amrum: H. C. Hinrichsen, Beiträge zur Auswanderung von Föhr und Amrum nach Amerika, in: JbNfI 1961, S. 225–243; Kai Detlev Sievers, Fünf Jahrhunderte Wanderungsbewegungen der Föhringer, in: Zeitschrift für Volkskunde 68 (1972), S. 217 ff. – Zu den Motiven siehe bes. Christine Hansen, Die deutsche Auswanderung im 19. Jahrhundert – ein Mittel zur Lösung sozialer und sozialpolitischer Probleme?, in: Günter Moltmann (Hg.), Deutsche Amerikaauswanderung im 19. Jahrhundert – Sozialgeschichtliche Beiträge, Stuttgart 1976, S. 9–61. – Die Auswanderung nach Dänemark betraf in erster Linie den nördlichen Teil des Kreises Tondern, daneben auch die ehedem reichsdänischen Enklaven, in denen ein großer Teil der Bevölkerung dänisch wählte. Insgesamt lag die tatsächliche Zahl der Emigranten noch sehr viel höher als es das amtliche Material vermuten läßt: Viele wanderten ohne Genehmigung aus. Zielraum war vor allem New York; vgl. dazu Gerhard Kortum, Sozialgeographische Aspekte der Auswanderung von den nordfriesischen Inseln in die USA unter besonderer Berücksichtigung des Zielraumes New York, in: NfJb 1977, S. 9–48.

6 Steensen, Die friesische Bewegung, S. 18.

7 LAS 301/152, Ldr. an RP vom 14. 9. 1882. Dem Bericht zufolge handelte es sich primär um kleine Grundbesitzer, Handwerker und Landarbeiter.

8 So der Tenor in zahlreichen Anträgen zur Auswanderung; vgl. das Material in LAS 309/33013, 33014, 33015, 33029.

9 Vgl. LAS 301/151ª, Schreiben des OP vom 27. 10. 1882. Demnach war unmittelbare soziale Not nur im Bereich des östlichen Hügellandes der Grund für die Emigration. Ansonsten gab es Verdienstmöglichkeiten. Dafür spricht ebenfalls, daß eine Vielzahl von Menschen vom Festland auf die Insel Föhr zog, um hier u. a. in der Landwirtschaft zu arbeiten; vgl. Nerong, S. 72.

delten regelrecht zwischen alter und neuer Heimat hin und her und kehrten nicht selten nach erfolgreichem Berufsleben in die Inseldörfer zurück.[10] Weiterhin blieb das soziale Umfeld auch in den Vereinigten Staaten erhalten, da vornehmlich der private Kontakt zu ebenfalls ausgewanderten Insulanern gepflegt wurde.[11] Es ist somit ein starkes Heimatbewußtsein gerade auch in demjenigen Personenkreis festzustellen, der oftmals nur auf Zeit zur Trennung von seiner gewohnten Umgebung bereit war. Die enge Bindung fand dabei eine wesentliche Stütze im Gebrauch der friesischen Sprache.[12]

Die „bodenständige" Bevölkerung widmete sich zum überwiegenden Teil der Landwirtschaft, deren Schwerpunkt sich nunmehr in Richtung auf die Rinderzucht und Weidemast verlagerte.[13] Wurde um die Mitte des 19. Jahrhunderts selbst in den Kögen hauptsächlich Ackerbau betrieben[14], so setzte sich seit den sechziger Jahren die Fleischproduktion stärker durch. Ursache dieser Entwicklung war die rasche Industrialisierung Englands und der damit verbundene Nahrungsmittelbedarf in den expandierenden städtischen Zentren. Nachdem die Briten im Jahre 1889 die Einfuhr von Mastochsen gestoppt hatten, brach der Export über die Nordsee zusammen, jedoch bot sich der deutsche Markt mit der Ausdehnung der industriellen Ballungsräumen nunmehr als gleichwertiger Ersatz an.[15] Im Verlauf der Jahre erwuchs den Mästern allerdings internationale Konkurrenz, speziell bedrohten Fleischimporte aus Übersee (USA) infolge der laufend geringer werdenden Transportkostenbelastung sowie besserer Kühlmöglichkeiten zunehmend die Stellung der deutschen Bauern.[16] Konsequenterweise gehörten diese daher auch zu denjenigen Interessenten, die für Schutzzölle in der Viehwirtschaft eintraten, um den Absatz ihrer eigenen Produkte sicherzustellen und die ausländischen Erzeugnisse von den deutschen Märkten zu verdrängen.[17] Die Viehzüchter waren somit die Protagonisten einer Wirtschaftspolitik, die auch vom Staat zur Sicherstellung der Ernährung im Kriegsfall verfolgt wurde.[18] Geschützt durch die Grenzabgaben, die in keinem anderen

10 Vgl. dazu Gerhard Kortum, Migrationstheoretische und bevölkerungsgeographische Probleme der nordfriesischen Amerikarückwanderung, in: Sievers, Amerikaauswanderung, S. 111–201.

11 Gerhard Kortum, Untersuchungen zur Integration und Rückwanderung nordfriesischer Amerikaauswanderer, in: NfJb 1978, S. 45–91.

12 ebd., S. 64.

13 Siehe etwa Johannes Schätzel, Die Landwirtschaft, in: Peters, Nordfriesland, S. 603–644, hier S. 622.

14 Die Christian-Albrechts-Köge, S. 102; ferner Sering, Erbrecht, S. 455.

15 Heberle, S. 28; Die Christian-Albrechts-Köge, S. 104.

16 Friedrich Aereboe, Der Einfluß des Krieges auf die landwirtschaftliche Produktion, Stuttgart/Berlin/Leipzig 1927, S. 26.

17 Thyge Thyssen, Bauer und Standesvertretung. Werden und Wirken des Bauerntums in Schleswig-Holstein, Neumünster 1958, S. 165; Heberle, S. 28.

18 Friedrich Lütge, Deutsche Wirtschafts- und Sozialgeschichte. Ein Überblick, Berlin/Heidelberg/New York 1979³, S. 513.

Industriestaat ähnlich hoch lagen wie im Deutschen Reich[19], war es auch den Südtonderaner Landwirten möglich, beträchtliche Renditen zu erwirtschaften und weitgehend schuldenfrei zu bleiben, da die Fleischpreise mit Ausnahme weniger Jahre beständig anstiegen.[20] Geradezu zwangsläufig entwickelte sich die Mast daher zu einem Spekulationsgeschäft, an dem sich neben Geestbauern auch branchenfremde Glücksritter beteiligten, die auf schnellen Geldverdienst hofften.[21] In besonderem Maße zeigte sich der Wohlstand im Bereich der Marschen entsprechend der Größe und des Grundsteuerreinertrages der Betriebe.[22]

Der fehlende Wettbewerb sowie das wirtschaftliche Wohlergehen in weiten Teilen der Bauernschaft bewirkten in verschiedener Hinsicht aber auch negative Entwicklungen, da das Florieren des Fleischmarktes vor dem Ersten Weltkrieg durch den fehlenden Anpassungsdruck notwendige Strukturreformen verhinderte.[23] So machte der Wegebau nur geringe Fortschritte; zahlreiche Verbindungen waren im Winter bzw. bei Regen kaum zu passieren.[24] Ferner

19 Jürgen Schneider, Die Auswirkungen von Zöllen und Handelsverträgen sowie Handelshemmnissen auf Staat, Wirtschaft und Gesellschaft zwischen 1890 und 1914, in: Hans Pohl (Hg.), Die Auswirkungen von Zöllen und anderen Handelshemmnissen auf Wirtschaft und Gesellschaft vom Mittelalter bis zur Gegenwart (Vierteljahrsschrift für Sozial- und Wirtschaftsgeschichte, Beiheft Nr. 80), Stuttgart 1987, S. 293–327, hier S. 327.

20 Kosteten Ochsen bester Qualität 1913 in Köln 193 RM/dz Schlachtgewicht, so war die vergleichbare Qualität in London mit umgerechnet 124 RM/dz Fleischgewicht wesentlich billiger; Quelle: Vierteljahrshefte zur Statistik des Deutschen Reichs, 23. Jg., 1, 1914. Max Sering zufolge war Fleisch zweiter Qualität zwischen 1911 und 1913 in Berlin annähernd doppelt so teuer wie in London; vgl. Max Sering, Agrarkrisen und Agrarzölle, Berlin/Leipzig 1925, S. 97. Der Kreis Tondern gehörte bezüglich der Verschuldung zu den Kreisen mit der geringsten Hektarbelastung innerhalb der gesamten Provinz. Siehe dazu Erwin Danker, Die Verschuldung der schleswig-holsteinischen Landwirtschaft in ihrer regionalen Bedingtheit unter besonderer Berücksichtigung der bäuerlichen Bezirke, Diss., Kiel 1931, S. 8.

21 Sering, Erbrecht, S. 445 ff.

22 Entsprechend urteilt Sering: „Die reichen Marschhöfe haben mit ihren gut gehaltenen Gärten und ihrer geschmackvollen Einrichtung den Vergleich mit den typischen Rittergütern des deutschen Ostens nicht zu scheuen"; Sering, Erbrecht, S. 439.

23 Jürgen Schneider urteilt treffend, wenn er von der Konservierung der Agrarstruktur spricht und auf die den veränderten Außenhandelsbedingungen nicht angepaßte Zollpolitik hinweist; Schneider, Auswirkungen, S. 316.

24 So berichtet etwa Niels Bøgh Andersen, daß es früher einfacher war, mit dem Boot von Aventoft nach Niebüll zu gelangen als mit der Kutsche; Andersen, S. 58. Als Fortschritt erwies sich allerdings der Bau der Eisenbahn entlang der Westküste, die jedoch vermutlich primär aus strategischen Erwägungen (mögliche Invasion englischer Truppen an der Nordseeküste) und nicht in erster Linie aus Gründen der Wirtschaftsförderung gebaut worden war. Dafür spricht besonders die Bahnanbindung der schleswig-holsteinischen Garnisonstädte an die „Marschbahn" sowie der schon vor

unterblieben Flurbereinigungsmaßnahmen, die eine ökonomischere Bewirtschaftung der Ländereien zur Folge gehabt hätten. Oft lagen die Felder weit voneinander entfernt oder waren zu klein, um eine kostengünstige Nutzung zu erlauben. Diese Bodenzersplitterung war in erster Linie die Folge der geltenden Erbrechtstraditionen. Auf den Inseln sorgte die Realteilung für eine immer weitreichendere Parzellierung des Besitzes, im Bereich des Festlandes fanden entweder Realteilung oder Anerbenrecht Anwendung. Letzteres forcierte gleichfalls die Streuung der Flurstücke, da nicht selten hohe Abfindungssummen auf dem Erbnehmer lasteten, welche dieser nur durch den Verkauf von Landbesitz zu tragen imstande war.[25] Folglich nahm die Zahl derjenigen Betriebe zu, die unter den Bedingungen schärferer Konkurrenz nicht mehr lebensfähig gewesen wären.[26] Schließlich sind in diesem Zusammenhang auch die Entwicklungsdefizite bezüglich des betriebswirtschaftlichen Denkens zu erwähnen, speziell der rationelle Einsatz der zur Verfügung stehenden Mittel. Zwar hielten die technischen Errungenschaften des Industriezeitalters ebenfalls Einzug in die Landwirtschaft Südtonderns, doch erscheint es zumindest fraglich, ob solcher Modernisierung nach außen eine gewandelte Einstellung gegenüber der sich grundlegend veränderten Welt korrespondierte.[27] Die bisher genannten Merkmale, das Festhalten am Bestehenden, sprechen eher gegen eine „innere" Modernisierung. Dies belegt nicht zuletzt das weitgehende Fehlen der Buchführung als Kennzeichen ökonomischen Denkens.[28] So ist es nicht weiter überraschend bzw. geradezu paradigmatisch, wenn Julius Momsen (Marienhof) in seinen Lebenserinnerungen über seine Zeit als Landwirt (bis 1920) berichtet[29]:

> „Ich habe meinen Beruf schlecht und recht im
> ganzen nach der alten überkommenen Weise ausgeübt."

1914 konzipierte Bau eines Dammes nach Sylt, ein Projekt, daß betriebswirtschaftlich unsinnig war, aber dennoch aufgrund der militärischen Interessen verwirklicht werden sollte; vgl. dazu das Aktenmaterial in LAS 309/23489, 18899, 18900. Asmus und Nagel schenken diesen Gesichtspunkten leider fast keine Beachtung; Walter Asmus, Die verkehrs- und wirtschaftsräumliche Entwicklung Schleswig-Holsteins 1840–1914. Ein Beitrag zur Industrialisierung agrarischer Räume, in: Ingwer E. Momsen (Hg.), SchleswigHolsteins Weg in die Moderne, Neumünster 1988, S. 43 ff; Frank N. Nagel, Die Entwicklung des Eisenbahnnetzes in SchleswigHolstein und Hamburg unter besonderer Berücksichtigung der stillgelegten Strecken, Wiesbaden 1981, erwähnt auf S. 33 immerhin die strategisch wichtige Anbindung des Marinehafens Kiel an die Reichshauptstadt.

25 Sering, Erbrecht, S. 454 ff.
26 Für Föhr z. B. Roeloffs, S. 169. Fehlentwicklungen dieser Art lassen sich auch auf andere Gebiete des Reiches übertragen; vgl. Kap. III.2.e) und etwa Ernst August Roloff, Braunschweig und der Staat von Weimar, Braunschweig 1964, S. 174.
27 Steensen, Die friesische Bewegung, S. 42.
28 Dies beklagte ein Vortragsredner bereits im Januar 1912; „Friesen-Courier" vom 13. 1. 1912.
29 Julius Momsen, Aus meinem Leben (handschriftliches Manuskript), Teil 2, S. 4.

Eine im Vergleich zur Stagnation auf dem Agrarsektor konträre Entwicklung nahm hingegen der Fremdenverkehr. Seit den siebziger Jahren des 19. Jahrhunderts gewann diese Branche für die Inseln in wachsendem Maße an Bedeutung, besonders seit sich 1887 die Fahrtzeit zu den Bädern durch den Bau der Marschbahn entlang der Westküste Schleswig-Holsteins erheblich verkürzt hatte. Die Gästezahlen stiegen von Jahr zu Jahr kontinuierlich, Zuwachsraten von 25 % p. a. waren keine Seltenheit.[30] Die zur Beherbergung dieses wachsenden Gästezustromes erforderlichen Bettenkapazitäten schufen im wesentlichen auswärtige, kapitalstarke Investoren, die etwa dafür sorgten, daß aus der einstigen verschlafenen Fischersiedlung Westerland binnen weniger Jahre ein international renommierter Badeort hervorging.[31] Daneben profitierten auch weniger vermögende Kreise durch den Bau einfacher Logierhäuser vom wachsenden Freizeitwohnbedarf.[32] Folge des Kapazitätenausbaus war das immense Wachstum der Badeorte – besonders Westerlands. So stieg die Häuserzahl hier von 125 (1871) auf 478 (1910) bei gleichzeitiger Verfünffachung der Bevölkerung im Zeitraum zwischen 1867 (464) und 1910 (2397).[33] Es versteht sich in diesem Zusammenhang von selbst, daß die Fremdenverkehrskonjunktur zwischen 1871 und 1914 auch zahlreiche Spekulanten und Glücksritter anlockte, die besonders durch Grundstückserwerb in Strandnähe schnell zu Vermögen zu kommen trachteten.[34] Insgesamt war ohnehin relativ wenig Eigenkapital nötig, um ein kleines Vermietungsgewerbe aufzubauen. Die Wachstumsraten in der expandierenden Tourismusbranche versprachen sichere Einnahmen, mit deren Hilfe die aufgenommenen Hypothekenzinsen leicht zu tilgen waren. Potentielle krisenhafte Entwicklungen – vor allem auch bedingt durch die ständig vermehrte Fremdenbettenzahl – gelangten in der Wachstumseuphorie vermutlich nur den allerwenigsten ins Bewußtsein.

Die ursprüngliche friesische Inselbevölkerung reagierte sehr skeptisch, zurückhaltend und bisweilen auch gänzlich ablehnend auf den einsetzenden Touristenstrom und die damit verbundene Veränderung ihrer äußeren Lebens-

30	Gästezahlen	Westerland	Wyk
	1871	1373	
	1880	2017	
	1890	7139	
	1900	12801	5184
	1910	23887	7469
	1913	29255	10541

Zahlenangaben lt. Christiansen, S. 133, Oestreich, S. 487, Angaben der Kurverwaltung Wyk. Für Amrum liegen leider aus dem gesamten Zeitraum bis 1933 mit Ausnahme des Jahres 1928 keine Informationen vor (lt. Nachfrage bei den Kurverwaltungen der Insel und dem Amt Amrum vom 10. 9. 1989).

31 Haverkamp, S. 44.

32 ebd., S. 42.

33 Christiansen, S. 133; Die Bevölkerung der Gemeinden Schleswig-Holsteins, S. 104 f.

34 Haverkamp, S. 42; Oestreich, S. 165.

umstände. Auf Amrum wurde 1885 zunächst die Gründung eines Seebades unter Hinweis auf den drohenden Sittenverfall abgelehnt[35] – trotz besserer Verdienstmöglichkeiten für die Einheimischen. Ähnliche antizivilisatorische, kulturpessimistische Stimmen äußerten sich auf den übrigen Inseln[36]: Allenthalben fürchtete man das Herausgerissenwerden aus den gewohnten Lebensverhältnissen sowie das Nachlassen der Moral, obwohl der neue Wirtschaftszweig den Bewohnern zusätzlichen Broterwerb bot.[37] Nicht zuletzt das über den wachsenden Touristenstrom in den friesischen Sprachraum eindringende Hochdeutsch war denn auch dafür verantwortlich, daß die ersten friesischen Vereine entstanden.[38]

Gingen zahllose Einheimische den vielen Erholungssuchenden gegenüber schon auf Distanz, so läßt sich nachweisen, daß einzelne Vermieter sich ihrerseits darum bemühten, Juden den Besuch der Bäder zu verleiden. Dies traf speziell für die Insel Sylt zu, wo sich einzelne Pensionsbetriebe die „Anfragen von Gästen nichtchristlichn Glaubens" verbaten.[39] Noch deutlicher klang die judenfeindliche Einstellung in der Werbeanzeige eines Hotels an[40]:

„NUR FÜR CHRISTEN. Unsere Pension ist das einzige Haus Westerlands, in welchem christliche Herrschaften einen Aufenthalt finden, in dem ein gewisser, ihren Neigungen nicht entsprechender Verkehr ausgeschlossen ist und wird daher von der vornehmsten Gesellschaft aufgesucht."

Der Versuch des Westerländer Bürgermeisters Dr. Bahrfeldt, diese betont antisemitischen Werbezeilen aus dem Badeführer des Jahres 1908 zu eliminieren, scheiterte offenkundig bzw. wurde vom Betreiber umgangen.[41] Für die bevorstehende Saison lag dem Badeführer ein Extrablatt mit dem zitierten Zusatz bei, in den Jahren 1913 und 1914 tauchte der Vermerk wieder unbehindert im allgemeinen Badeführer auf.[42] Damit stellte sich Westerland im Gegensatz etwa zur Nordseeinsel Norderney nicht als betont judenfreundliches Bad dar[43], doch wäre es überzogen, von einer allgemein auf der Insel verbreiteten Judenfeindlichkeit zu sprechen. Dennoch mutet die Tatsache bedenklich an, daß sich nie-

---

35 Johannes Jensen, Die Geschichte der Insel Amrum, in: Nico Hansen (Hg.), Amrum, Geschichte und Gestalt einer Insel, Itzehoe 1964, S. 55–106, hier S. 97.

36 So bezeichnete Friedrich Riewerts den Tourismus auf Sylt im NfJb 1906/07, S. 60 als „Flut fremden Wesens", die „in gewaltiger Woge" alljährlich die Insel heimsuche; weitere Zeugnisse dieser Art siehe Steensen, Die friesische Bewegung, S. 83.

37 Haverkamp stellte bereits 1908 den Sittenverfall mit Hilfe der Zunahme der unehelichen Kinder auf Sylt fest; Haverkamp, S. 61 und 65.

38 Steensen, Die friesische Bewegung, S. 83 ff.

39 Vgl. dazu Manfred Wedemeyer, „Nichtchristliche Gäste verbeten". Der Antisemitismus auf Sylt, in: Die Heimat (1983), S. 9–11.

40 Sylter Archiv, Badeführer Sylt 1908, 1912, 1913, 1914.

41 Sylter Archiv, Sammelmappe NS-Zeit, Judentum. Schreiben Dr. Bahrfeldts an den Betreiber vom 19. 3. 1908.

42 Sylter Archiv, Badeführer Sylt 1913 und 1914.

43 Wedemeyer, S. 9.

mand öffentlich gegen solcherlei Werbung wandte, so daß die entsprechenden Floskeln auch 1913 und 1914 unbehindert den Weg in den gemeinsamen Badeführer aller Beherbergungsbetriebe finden konnten. Dieser Umstand läßt auf jeden Fall den Schluß zu, daß die Toleranzschwelle in dieser Hinsicht scheinbar sehr hoch war.

2. PARTEIEN UND VERBÄNDE DER KAISERZEIT

Der Vergleich zwischen den Reichstagswahlen der Kaiserzeit von 1871 bis 1914 und denen der Weimarer Republik ist aus mehreren Gründen nur bedingt möglich. Ein wesentlicher Unterschied bestand bereits hinsichtlich des Wahlrechts, das sich vor dem Ersten Weltkrieg nur auf die männlichen deutschen Staatsbürger erstreckte, die das 25. Lebensjahr vollendet hatten.[44] Ferner fand das Mehrheitswahlrecht in den Wahlkreisen Anwendung, welches die dicht bevölkerten Gebiete in ihrer Repräsentation stark benachteiligte, umgekehrt den dünn besiedelten Räumen ein weitaus stärkeres Gewicht verlieh.[45] So entsprach der prozentuale Stimmanteil der einzelnen Parteien bis zur Reichstagswahl des Jahres 1912 in immer geringerem Maße der tatsächlichen Mandatszahl im Parlament, was in erster Linie dadurch bedingt war, daß es zu keiner Wahlkreisreform kam, die den großen demographischen Veränderungen Rechnung getragen hätte.[46]

Den bedeutendsten Unterschied hinsichtlich Funktion und Bedeutung der Parteien vor 1914 und nach 1918 machte ihr Verhältnis zur Gestaltung der Politik im Reich und in den Ländern aus.[47] In dieser Hinsicht beschränkte sich ihre von der Verfassung ohnehin nicht erwähnte Rolle im Parlament letztlich nur auf die Annahme bzw. Ablehnung von Regierungsvorlagen. Der Spielraum für eigenverantwortliche Politik der Volksvertretungen blieb eng begrenzt. Die Regierungsgewalt lag nicht in den Händen des Parlaments, die Kabinette standen vielmehr in Abhängigkeit vom Kaiser bzw. von den Landesfürsten. Aus diesem Grund lastete auch nicht der Druck auf den Parteien, untereinander um Kompromisse bezüglich etwa einer Regierungsbildung ringen zu müssen. Gerade dieser Aspekt aber macht die Problematik der Beurteilung der Vorkriegswahlen insofern deutlich, als die Wähler für Gruppierungen votierten, die nicht zum

44 Ausgeschlossen blieben neben den Frauen auch Soldaten sowie diejenigen, die die bürgerlichen Ehrenrechte verloren hatten.
45 Während z. B. die dünn besiedelten Wahlkreise Ostpreußens nur wenige tausend Wahlberechtigte umfaßten, waren es in den Industrierevieren Hunderttausende. Große Unterschiede waren auch in Schleswig-Holstein festzustellen; vgl. Rietzler, „Kampf in der Nordmark", S. 46.
46 Vgl. Alfred Milatz, Wahlrecht, Wahlergebnisse und Parteien des Reichstages, in: Ernst Deuerlein (Hg.), Der Reichstag, Bonn 1963, S. 33–53, hier S. 35.
47 Vgl. allgemein hierzu Thomas Nipperdey, Die Organisation der deutschen Parteien vor 1918, Düsseldorf 1961; ferner Gerhard A. Ritter (Hg.), Die deutschen Parteien vor 1918, Köln 1973; ders., Die deutschen Parteien 1830–1914, Göttingen 1985; Walter

aktiven Handeln verpflichtet waren, sich weder als flexibel erweisen mußten noch dem Erfolgsdruck echter Regierungsparteien unterlagen. Das Wort vom „Staat über den Parteien" kennzeichnet den Sachverhalt des politischen Kräftespiels nur zu treffend und diente den meisten Parteien als Maxime, da der Verzicht auf das parlamentarische Regierungssystem vor inneren Zerreißproben und Konflikten wirksamen Schutz bot.[48]

a) Die Nationalliberalen[49]

Die Nationalliberale Partei, die sich 1866 im Verlauf des preußischen Verfassungskonflikts um die Indemnitätsvorlage zunächst als eigenständige Landtagsfraktion von der Deutschen Fortschrittspartei abgespalten hatte, zählte bis Ende der siebziger Jahre zu den einflußreichsten politischen Gruppierungen im neuen Reich und den maßgeblichen Stützen der Regierungsarbeit Bismarcks. Ihre Anhängerschaft rekrutierte sich im wesentlichen aus den Kreisen des „protestantischen Bildungsbürgertums und des industriellen Großbürgertums"[50]. In programmatischer Hinsicht befürworteten die Nationalliberalen den nationalen Machtstaat, was seinen Ausdruck in der Forderung nach einem starken Heer sowie nach Festigung und Fortführung der Kolonial- und Germanisierungspolitik fand[51], wobei letztere sich in erster Linie gegen die nationalen Minderheiten im Reichsgebiet richtete. Das Eintreten für die Schutzzollpolitik Bismarcks – der bedeutsamste Kurswechsel der Regierungspolitik seit der Wirtschaftskrise 1873 – führte die Partei in eine überaus schwere Krise und schließlich 1880 zur Abspaltung des linken Flügels, der sich nach dieser Sezession in der „liberalen Vereinigung" eine neue politische Heimat schuf.[52] Gaben die Nationalliberalen mit der Abkehr vom Freihandel schon ein genuin liberales Ziel auf, so galt dies in weit stärkerem Maße für das Prinzip der Rechtsstaatlichkeit im Zusammenhang mit dem Sozialistengesetz von 1878: Nach zwei Attentatsversuchen auf den Kaiser, die sozialdemokratischen Kreisen zugeschrieben wurden, stimmte die Partei geschlossen mit den Konservativen für die Annahme des Gesetzes „wider

Tormin, Geschichte der deutschen Parteien seit 1848, Stuttgart 1968[3]; Karl Erich Born, Von der Reichsgründung bis zum Ersten Weltkrieg: Gebhardt. Handbuch der deutschen Geschichte, Bd 16, München 1983[8], S. 12 ff.

48 Gerhard A. Ritter, Die deutschen Parteien, S. 16.
49 Einen kurzen Überblick über die Geschichte der Nationalliberalen Partei vermitteln Born, S. 27 f; Ludwig Bergsträsser, Geschichte der politischen Parteien in Deutschland, München 1965, S. 105 ff.; Nipperdey, S. 42 ff.; ferner Gustav Seeber/Claudia Hohberg, Nationalliberale Partei, in: Lexikon zur Parteiengeschichte, Bd 3, Leipzig 1985, S. 405–436.
50 Born, S. 27.
51 Siehe hierzu das Programm von 1907, abgedruckt bei Wilhelm Mommsen, Deutsche Parteiprogramme, München 1964[2], S. 168 ff.
52 Dazu etwa Seeber/Hohberg, S.416 f.

die gemeingefährlichen Bestrebungen der Sozialdemokratie", welches die parteipolitische Arbeiterbewegung kriminalisierte und zugleich den Riß innerhalb
der deutschen Gesellschaft zementierte.[53] Als logische Konsequenz der Negie-
rung fundamentaler liberaler Programmpunkte ergab sich eine kontinuierliche
Annäherung an die rechtsstehenden Gruppierungen, indem die Nationalliberalen
len u.a. wichtige agrar-konservative Zielsetzungen übernahmen.[54] Am Vorabend des Ersten Weltkrieges gehörte die Partei „zu den entschlossensten und
unbedingtesten Trägern des deutschen Imperialismus"[55], hingegen nurmehr
sehr begrenzt zu den Verfechtern originär liberaler Ziele.[56]

Der schleswig-holsteinische Landesverband der Nationalliberalen Partei, der
zum rechten Flügel der Gesamtpartei rechnete[57], rangierte in der Gunst der Wähler seit 1893 nurmehr hinter anderen Parteien. Die größten Erfolge erzielte er bis
zur Spaltung sowie zwischen 1884 und 1890, als stets mindestens 20 % der Wähler für die Nationalliberalen votierten. Danach wurden kaum mehr 15 % erreicht.[58]

Im Gegensatz zur gesamten Provinz errangen die Nationalliberalen an der
Westküste stets große Wahlerfolge, speziell im Wahlkreis IV (Tondern–Husum–Eiderstedt), wo gleichzeitig auch ihre organisatorischen Schwerpunkte in
Schleswig-Holstein lagen. So verfügte der Kreisverband Tondern im Jahre 1914
mit einer Mitgliederzahl von 579 Personen nächst Husum (584) über die zweit-
stärkste Kreisorganisation in der gesamten Provinz.[59] Mit Ausnahme der
Reichstagswahlen 1903 und 1907 erhielt der nationalliberale Kandidat im

53 Rainer M. Lepsius, Parteiensystem und Sozialstruktur. Zum Problem der Demokrati-
    sierung der deutschen Gesellschaft, in: Gerhard A. Ritter, Die deutschen Parteien,
    S. 56–80, hier S. 73.

54 Dirk Stegmann, Die Erben Bismarcks. Parteien und Verbände in der Spätphase des
    Wilhelminischen Deutschlands. Sammlungspolitik 1897–1918, Köln/Berlin 1970,
    S. 26.

55 Karl Holl, Krieg und Frieden und die liberalen Parteien, in: ders./Günther List (Hg.),
    Liberalismus und imperialistischer Staat. Der Imperialismus als Problem liberaler
    Parteien in Deutschland 1890–1914, Göttingen 1975, S. 72–88, hier S. 73.

56 Tormin bemerkt zu Recht kritisch: „Der Liberalismus der Vorkriegszeit beschränkte
    sich darauf, die Rechte des Reichstages (und das geheime Stimmrecht) zu verteidigen,
    während man auf jede Weiterentwicklung der Verfassung verzichtete"; Tormin,
    S. 83. Auch der Nationalismus der Vorkriegszeit war keineswegs mehr identisch mit
    dem liberalen Nationalismus der 48er Revolution; vgl. dazu etwa Heinrich A. Wink-
    ler, Vom linken zum rechten Nationalismus. Der deutsche Liberalismus in der Krise
    von 1878/79, in: GG 4 (1978), S. 5–28; ferner Wolfgang J. Mommsen, Wandlungen der
    liberalen Idee im Zeitalter des Imperialismus, in: Holl/List, S. 109–147.

57 Tormin, S. 110.

58 Siehe Beiträge zur historischen Statistik Schleswig-Holsteins, Kiel 1967, S. 73.

59 Vertraulich. Geschäftsbericht 1919 und Organisationsverzeichnis der Deutschen
    Volkspartei Schleswig-Holstein [Bordesholm 1920]. Danach existierten bis 1914 Orts-
    gruppen in Niebüll, Leck, Klixbüll, Humptrup, Süderlügum, Risum, Emmelsbüll,
    Horsbüll, Rodenäs, auf Sylt, in Wyk, in Oldsum/F.; nördlich der späteren Grenze exi-
    stierten Wahlvereine in Tondern, Tingleff und Lügumkloster.

ersten Wahlgang stets die relative Mehrheit im Bereich Südtonderns, Stimmanteile von über 70 % waren bis zum Jahre 1898 eher die Regel als die Ausnahme – bei allerdings oft nur geringer Wahlbeteiligung. Diese Erfolge, die speziell in den kleineren Gemeinden des Untersuchungsraumes erzielt wurden, reichten jedoch nicht immer aus, um einen nationalliberalen Sieg im gesamten Wahlkreis zu garantieren. In den Stichwahlen setzte sich seit 1903 stets der linksliberale Kandidat durch.

Tabelle 6: Ergebnisse der Reichstagswahlen von 1874 bis 1912 im Bereich Südtondern[*] (Angaben in Prozent)

Reichstagswahl	Wahlbeteiligung	Konservative	Nationalliberale	Linksliberale	Sozialdemokratie	Dänen	Sonstige
1874	25,8		72,3	7,6[a]		8,1	12,0[b]
1877	39,1**	19,9[c]	76,5		1,4	1,3	0,7
1878	31,9	17,2[c]	82,2			0,5	0,1
1881	42,5	10,4[c] 46,7[d]		43,0[a]			0,1
1887	58,3		84,3	15,7[e]			–
1890	52,2		67,5	31,4[e]	2,2	0,8	–
1893	50,1		74,1	16,5[f] 4,9[g]	3,6	0,8	0,1
1898	34,9***		70,1	22,9[f]	4,7	1,0	–
1903	45,9	12,4[h]	33,2	44,5[f]	8,8	0,4	0,5
1907	69,7		42,6	50,8[f]	5,6	0,8	0,1
1912	75,1	13,8[h]	40,0	38,3[i]	6,9	1,0	–

Zusammengestellt nach LAÅ, Tønder Landrådsarkiv, Avdlg. C, Nr. 20–35
Erklärungen:　　　[*] Für die Wahlen der Jahre 1871 und 1884 lag kein Zahlenmaterial vor.
　　　　　　　** Die Angaben aus Wyk/F. fehlen.
　　　　　　　*** Die Angaben aus Westerland/S. fehlen.
　　　　　　　[a] Deutsche Fortschrittspartei; [b] Landespartei; [c] Deutsch-Konservative;
　　　　　　　[d] Reichspartei; [e] Deutschfreisinnige Partei; [f] Freisinnige Volkspartei;
　　　　　　　[g] Freisinnige Vereinigung; [h]Bund der Landwirte; [i] Fortschrittliche Volkspartei.

Die Ursachen des Erfolges in Südtondern lagen u.a. in dem spürbaren ökonomischen Aufschwung seit Eingliederung der Provinz ins Deutsche Reich begründet, der vermutlich den Nationalliberalen als anfänglich wichtigster Regierungspartei zugute gehalten wurde.[60] Die Hinwendung der Partei zur Schutzzollpolitik nahmen die Wähler – zumeist Landwirte – gerne in Kauf, da

60 Stoltenberg, S. 17 ff.
61 Julius Momsen bemerkt dazu: „Die meisten Bauern wählten in der Marsch nationalliberal. Konservativ wählten früher nur der Pastor und einige höhere Beamte"; Momsen, Lebenserinnerungen, Teil 1, S. 86 f. Die Wahlergebnisse belegen indes, daß das Wahlverhalten auf der Geest dem in der Marsch weitgehend entsprach.

hierdurch die Existenzgrundlage der Bauern gesichert schien.[61] Weiter wirkte sich auch die konservative[62] Grundstimmung der Bevölkerung aus, die der gleichfalls konservativen Ausrichtung der schleswig-holsteinischen Nationalliberalen entgegenkam. So schrieb der Tonderaner Landrat Hansen in Bezug auf die Reichstagswahl 1884[63]:

„Ein conservativer Candidat hat hier bekanntlich keine Chancen; die meisten hiesigen 'Nationalliberalen' sind in Wahrheit gute Conservative, aber man wagt nicht, dies so zu nennen – die leidige Idee, daß ein ächter deutscher Mann auch Opposition machen muß, daß conservativ und reactionär identisch seien, steht noch zu sehr in Blüthe."

Neben den wirtschaftspolitischen Interessen, wirkte sich die entschieden antisozialdemokratische Haltung der Partei förderlich auf ihre Wahlresultate aus. Die 1878 ganz unter dem Eindruck des Sozialistengesetzes stehende Reichstagswahl erbrachte einen Stimmenanteil von rund 82 %, bei einer Wahlbeteiligung von allerdings gerade 32 %. Der antisozialdemokratische Tenor kam anläßlich jeder Wahl in der Propaganda zum Tragen und beherrschte neben den wirtschaftspolitischen Themen den Wahlkampf.[64] Der Vorwurf der Sozialistenabhängigkeit traf dabei auch die Linksliberalen, denen vorgehalten wurde, ihre Erfolge im 4. Wahlkreis hingen nur von sozialdemokratischen und dänischen Wählern ab.[65]

b) Die Linksliberalen[66]

War die Spaltung in einen nationalen und einen linken Flügel bereits kennzeichnend für die Geschichte des deutschen Liberalismus insgesamt, so gliederte sich der Linksliberalismus wiederum über lange Zeit hinweg in verschiedene Gruppierungen, die sich nur vorübergehend zu Zusammenschlüssen bereitfanden.[67] Erst 1910 gelang die Bildung einer gemeinsamen, die unterschiedlichen Richtungen umfassenden linksliberalen Partei. Diese „Fortschrittliche Volkspartei" erzielte bei der letzten Reichstagswahl vor dem Ersten Weltkrieg (1912) in

---

62 Es sei an dieser Stelle angemerkt, daß sich die Bezeichnung „konservativ" in diesem Kontext stets auf die deutsch- bzw. freikonservative Richtung bezieht. Die altkonservative bzw. preußisch-partikularistische Richtung spielte in Schleswig-Holstein keine Rolle.

63 LAS 301/307, Ldr. an OP vom 30. 6. 1884.

64 Siehe etwa „Sylter Intelligenzblatt" (SI) vom 10.6. und 24.6. 1903.

65 Vgl. z. B. die Ausführungen des linksliberalen Kandidaten Dr. Andreas Blunck anläßlich einer Wahlkampfveranstaltung in Husum; „Husumer Nachrichten" vom 12. 1. 1912.

66 Zur Parteiengeschichte der Linksliberalen siehe Nipperdey, S. 176–232; Tormin, S. 87 ff.

67 Vgl. hierzu Tormin, S. 87 ff.

Schleswig-Holstein 29,2 % der Stimmen und rangierte damit nach den Sozialdemokraten an zweiter Stelle in der Gunst der Wähler.

Die Linksliberalen, deren Wählerschaft wie im Reich auch in Schleswig-Holstein zumeist den Reihen des Kleinbürgertums, der gebildeten Mittelschichten sowie des kleinen und mittleren Bauerntums entstammte[68], standen zumeist in Opposition zur Regierung, die sich im wesentlichen auf die nationalliberal-konservativen Abgeordneten stützte. Diese anti-gouvernementale Haltung, die nur in der Zeit des Bülow-Blocks unterbrochen wurde, rührte in erster Linie aus dem Gegensatz zu den staatlichen Interventionsmaßnahmen im wirtschafts- und sozialpolitischen Bereich her. Demgegenüber vertraten Regierungsgegner wie die Deutsche Fortschrittspartei und deren Nachfolgeorganisationen durchgängig freihändlerische Interessen und lehnten die staatliche Schutzzollpolitik ab, bzw. setzten sich zumindest für eine deutliche Senkung der Zolltarife ein. Auf scharfen Widerspruch stieß gleichfalls die Sozialgesetzgebung, die der Regierung den Vorwurf des „Staatssozialismus" einbrachte.[69] Auf linksliberaler Seite hoffte man, die soziale Frage durch die Selbstheilungskräfte der Wirtschaft zu lösen.

In staatspolitischer Hinsicht traten die Linksliberalen im Gegensatz zur Reichsführung immer stärker für die Schaffung einer konstitutionellen Monarchie nach britischem Vorbild ein. Mit dieser Zielsetzung verband sich zugleich die Forderung nach einer Wahlkreisreform auf Reichsebene und Abschaffung des als ungerecht empfundenen preußischen Dreiklassenwahlrechts. Dem entsprach auch die Zurückweisung der repressiven Maßnahmen gegen die politische Arbeiterbewegung, insbesondere des Sozialistengesetzes, dem die Linksliberalen ihre Zustimmung verweigerten. Dies geschah allerdings nicht aus Sympathie für die Sozialdemokratie, sondern weil solche Kriminalisierung dem liberalen Rechtsstaatsideal zuwiderlief. Daß sich der politische Gegner für weite Teile der linksliberalen Parteien trotzdem auf der linken Seite befand, belegt u. a. eine Äußerung des Fortschrittlers Rudolf Virchow, der erklärte[70]: „Der Sozialdemokrat, der mit Bewußtsein seine Ziele verfolgt, ist unser direkter Gegner... Ja, er ist noch mehr unser Gegner als ein Konservativer."
Im Sinne dieser Haltung handelten auch etliche Abgeordnete des Fortschritts, als sie für die Verlängerung des Sozialistengesetzes votierten. Erst nach der Jahrhundertwende entkrampfte sich das Verhältnis zur Sozialdemokratie etwas, jedoch vermögen auch gelegentliche Wahlbündnisse den grundsätzlich antisozialdemokratischen Kurs der Linksliberalen nicht zu verschleiern.[71]

---

68 Heberle, S. 25 ff.
69 Tormin, S. 89.
70 Zitiert nach James Sheehan, Der deutsche Liberalismus, München 1983, S. 242.
71 Dafür spricht etwa der Unwille zahlreicher Wähler in Bezug auf die Stichwahlabkommen von 1912; vgl. Tormin, S. 115. In 21 von 25 Wahlkreisen, in denen es um die Alternative SPD-Konservative ging, stimmten die Anhänger des Fortschritts mehrheitlich für den konservativen Kandidaten. Auch die SPD war nur widerwillig zur Zusammenarbeit mit den Linksliberalen bereit; vgl. dazu Susanne Miller, Sozial-

Anders als auf Reichsebene, wo die Deutsche Fortschrittspartei 1912 mit 12,5 % der Stimmen einen relativ achtbaren Wahlerfolg erzielten, spielten die Linksliberalen in Schleswig-Holstein eine merklich gewichtigere Rolle. Maßgeblichen Anteil an den guten Ergebnissen, die zwischen 1871 und 1912 nur selten 20 % unterschritten, hatte der Kieler Rechtsgelehrte Albert Hänel[72], der bis 1893 zusammen mit Eugen Richter die Deutsche Fortschrittspartei führte und danach an der Seite der Freisinnigen Vereinigung stand. Gleichzeitig war er seit Gründung der „Schleswig-Holsteinischen Liberalen Partei" (1867) bis 1903 der unbestrittene spiritus rector des Linksliberalismus in Schleswig-Holstein. Nachhaltig setzte sich Hänel für die Überwindung jener weitverbreiteten antipreußischen Ressentiments ein, welche die Eingliederung der Provinz in den preußischen Staatsverband begleitet hatten und befürwortete zugleich die Entwicklung des Reiches in Richtung einer konstitutionellen Monarchie.[73] Er scheute sich nicht, das Sozialistengesetz zu verwerfen und für eine bessere Behandlung der Minderheiten im Reich einzutreten, wobei letzteres insbesondere auf ein gerechteres Verhalten gegenüber den Dänen in Nordschleswig abzielte, die unter den repressiven Maßnahmen der sog. „Köller-Politik"[74] litten. Trotzdem blieben Dänen, Sozialdemokraten und Konservative auch für Hänel die entschiedenen Gegner des Liberalismus, denen er durch den Aufbau einer breiten liberalen Mitte in der Provinz ein starkes Gegengewicht zu schaffen versuchte.[75] Konsequenterweise zwang diese Einstellung wiederholt zu Wahlabsprachen mit den Nationalliberalen, um Wahlsiege der drei genannten Gruppen zu verhindern.[76]

Im Bereich Südtonderns entwickelten sich die Linksliberalen im Laufe der Jahre trotz nur schwacher organisatorischer Basis zum mächtigsten Widerpart der Nationalliberalen.[77] Zwar errangen sie lediglich anläßlich der Reichtagswahlen 1903 und 1907 die relative Mehrheit im ersten Wahlgang, doch ging

demokratie und Liberalismus – ein historisches Bündnis? In: Manfred Funke/Hans Adolf Jacobsen/Hans-Helmuth Knütter/Hans-Peter Schwarz (Hg.), Demokratie und Diktatur. Geist und Gestalt politischer Herrschaft in Deutschland und Europa. Festschrift für Karl Dietrich Bracher, Düsseldorf 1987, S. 60–79, hier S. 66 f.

72 Zur Person Hänels (1833–1918) siehe Hans-Georg Kiehl, Albert Hänel und der Linksliberalismus im Reichstagswahlkreis Kiel-Rendsburg-Plön 1867–1884. Ein Beitrag zur politischen Parteiengeschichte Schleswig-Holsteins im 19.Jahrhundert, Diss., Kiel 1966.

73 ebd., S. 123.

74 Siehe hierzu Kai Detlev Sievers, Die Köllerpolitik und ihr Echo in der deutschen Presse 1897–1901, Neumünster 1964.

75 Kiehl, S. 124. Zur moderaten Haltung Hänels gegenüber der dänischen Minderheit Walter Jellinek, Albert Hänel und Schleswig-Holstein, in: ZSHG 49 (1919), S. 344–355, hier S. 350 ff.

76 Dazu Rietzler, „Kampf in der Nordmark", S. 51; Stephan Graf Vitzthum, Linksliberale Politik und materielle Staatsrechtslehre – Albert Hänel 1833–1918, Freiburg 1971, S. 60 ff.

77 Wahlvereine existierten auf Sylt, in Wyk und in Niebüll.

der ganze Wahlkreis seit der Jahrhundertwende dennoch stets an den linksliberalen Kandidaten[78], der bei Stichwahlen auch auf sozialdemokratische und dänische Wähler zählen konnte, denen es darum ging, einen nationalliberalen Sieg
zu verhindern.[79]

Die eigentliche soziale Basis stellten auch in Südtondern offenkundig die zur
unteren Mittelschicht zählenden Handwerker, Kätner, Kaufleute und Beamten[80]; hinzu kam ein großer Teil der Bevölkerung auf den Inseln, die zumeist aus
ihrer antipreußischen und antizentralistischen Einstellung heraus in Opposition
zur Regierung stand und in stärkerem Maße einem auf die Heimatinsel fixierten
Lokalpatriotismus anhing.[81] Wesentlicher Beweggrund für die Wahl des fortschrittlichen bzw. freisinnigen Bewerbers waren die wirtschaftspolitischen Forderungen, speziell die nach Herabsetzung der Zölle, und gerechterer Besteue-
rung sowie das Engagement gegen die Einführung neuer Abgaben.[82] Im Vergleich dazu fanden die staatspolitisch relevanten Themen in die Wahlversammlungen fast keinen Eingang, es sei denn, es handelte sich um die Abgrenzung gegenüber der Sozialdemokratie.[83]

Angesichts der skizzierten Interessenlage der Wählerschaft erscheint es fraglich, inwieweit dem Votum für die Linksliberalen genuin liberales Gedanken-

78 Vor der Jahrhundertwende gelang ein solcher Erfolg nur 1881 nach der Spaltung der
   Nationalliberalen.
79 So rief z. B. die SPD ihre Anhänger 1903 anläßlich der Stichwahl zur Stimmabgabe zugunsten des linksliberalen Kandidaten als dem geringeren Übel auf; SI vom 24. 6.
   1903. Landrat Rogge wies in einem Schreiben vom 2. 1. 1912 an die Regierung in
   Schleswig darauf hin, daß der Fortschritt bei der Stichwahl auf die Zustimmung der
   SPD und der Dänen hoffen könne; LAS 301/808⁴.
80 In einer Wahlzeitung des Jahres 1912 charakterisierte sich die Partei nachdrücklich als
   Vertreterin dieser sozialen Gruppen; Beilage zum „Friesen-Courier" vom 11. 1. 1912.
81 Steensen, Die friesische Bewegung, S. 89. Der Süderender Pastor Dankleff charakterisierte die Westerlandföhrer Friesen wie folgt: „Dann ist er [gemeint ist der Friese, d.
   Verf.] Inselfriese mit Leib und Seele, vorbildlich in der Liebe zur engsten Heimat . . .
   ‚Sein Föhr' über alles in der Welt"; Chronik der Kirchengemeinde St. Laurentii, Eintragung 1923/24.
82 Dies galt insbesondere für den Wahlkampf des Jahres 1911/12; vgl. dazu die Berichte
   in der Lokalpresse von Dezember 1911 und Januar 1912.
83 So hieß es etwa in einer Wahlzeitung des Fortschritts 1912: „Wir sind grundsätzliche
   und entschiedene Gegner der Sozialdemokratie, . . . deren Endziele auf die
   Beseitigung des Privateigentums an Grund und Boden gerichtet sind . . ."; Beilage zur
   „Föhrer Zeitung" (FZ) vom 5. 1. 1912, (Hervorhebung im Original). Dr. Johannes Leonhart, 1903 und 1907 gewählter Kandidat der Freisinnigen Volkspartei zählte 1903
   zu den Mitunterzeichnern einer Resolution, die sich gegen Wahlbündnisse mit der
   Sozialdemokratie als einer nicht auf dem Boden der Verfassung stehenden Organisation wandte; Volker Clausen, Der Linksliberalismus in Schleswig-Holstein 1890–1910
   mit besonderer Berücksichtigung der Stadt Kiel, mss. Examensarbeit, Kiel 1967, S. 23.
   1906 stellte Leonhart in der „Kieler Zeitung" vom 30. 12. fest: „Die Pflicht der Selbst-
   verteidigung aber richtet sich in Schleswig-Holstein gerade gegen die Sozialdemokratie."

gut zugrunde lag. Diese Skepsis bezieht sich besonders auf die 1893 erstmalig von der Freisinnigen Volkspartei programmatisch formulierten Forderung nach Einführung der parlamentarischen Regierungsform und der Neueinteilung der Wahlkreise, die einerseits zwangsläufig zu einer spürbar stärkeren Partizipation des Volkes an der politischen Willensbildung, damit andererseits gleichzeitig zu einer Stärkung der Arbeiterpartei hätte führen müssen. Gerade aber diese Grundpfeiler liberaldemokratischen Selbstverständnisses stießen offenkundig nur auf ein geringes Interesse in den Reihen des linksliberalen Wahlvolks. Statt dessen kreisten die Diskussionen primär um materielle Belange und um die Abgrenzung vor allem gegenüber der SPD. Eine derartige Haltung läßt darauf schließen, daß im wesentlichen das persönliche Wohlergehen innerhalb der bestehenden Regierungsform den Ausschlag für die Wahlentscheidung gab: Kostengünstigere Lebensbedingungen etwa waren den meisten linksliberalen Wählern wichtiger als mehr Demokratie, von der ihrer Ansicht nach in erster Linie doch einzig und allein die Sozialdemokraten profitiert hätten.[84]

c) Die Konservativen[85]

Auf eine bemerkenswert geringe Resonanz stießen die ausgesprochen konservativen Parteien in Schleswig-Holstein. Lediglich etwa 10 % der Stimmen konnten sie in den 25 Jahren vor dem Ersten Weltkrieg erzielen, wobei sie allenfalls auf dem flachen Lande zu Erfolgen kamen. In den Orten mit weniger als 2000 Einwohnern lag das Hauptwählerreservoir, aus diesen Gebieten stammten ca. 80 % der 1912 für die Konservativen abgegebenen Stimmen. Den regionalen Schwerpunkt bildeten dabei die Bereiche mit einem starken Anteil an Großgrundbesitz, d.h. in erster Linie die Wahlkreise Oldenburg-Plön und Herzogtum Lauenburg.[86]

Den Konservatismus der Kaiserzeit auf Reichsebene repräsentierte in erster Linie die Deutsch-Konservative Partei, die 1876 aus dem Zusammenschluß der preußisch-partikularistisch orientierten Fraktion der „Altkonservativen" mit den die Reichsgründung von vornherein bejahenden „Neukonservativen" entstanden war. Diese Partei, die ihre Wahlerfolge nahezu ausschließlich in den großagrarisch geprägten Gebieten Ostelbiens erzielte[87], gehörte bis zum Ende

---

84 Vor diesem Hintergrund erscheint denn auch die unterschiedliche Bewertung der politischen Stellung Hänels in den Arbeiten Rietzlers und Heinachers als sekundäres Problem, da die materiellen Motive und die Person des Wahlkandidaten für die Wahlentscheidung eine immer wichtigere Rolle spielten; Rietzler, „Kampf in der Nordmark", S. 50 f. und Heinacher, S. 49 f.; vgl. dazu Sheehan, S. 198 und S. 207.
85 Allgemein über die Konservativen Nipperdey, S. 241ff; Tormin, S. 93; ferner Dirk Stegmann/Bernd Jürgen Wendt/Peter Christian Witt (Hg.), Deutscher Konservatismus im 19. und 20. Jahrhundert, Bonn 1983.
86 Rietzler, „Kampf in der Nordmark", S. 53 f.
87 Nipperdey, S. 241 f.

der Reichskanzlerschaft Bismarcks zu den regierungstreuen Gruppierungen und zeichnete sich durch ihre Feindseligkeit gegenüber der Sozialdemokratie wie durch ihre antidemokratisch-antiliberalen Zielsetzungen besonders hinsichtlich des Wahlrechts aus. War ihr schon das geltende Reichstagswahlrecht ein Dorn im Auge, so sah sie sich geradezu als Gralshüterin des preußischen Dreiklassenwahlrechts, auf dem sich ihre Machtstellung im preußischen Abgeordnetenhaus gründete. Seit Beginn der 90er Jahre begab sich die Partei in immer stärkere Abhängigkeit agrarischer Interessen, so daß sie seit Gründung des Bundes der Landwirte (1893) mehr und mehr zum Handlanger dieser landwirtschaftlichen Organisation wurde.[88] Wichtiges Merkmal dieses Wandels, der nicht zuletzt unter dem Eindruck der schwindenden Wählerbasis geschah, war der sich im Tivoli-Programm 1892 erstmals programmatisch artikulierende Antisemitismus.[89]

Im Gegensatz zu den Deutsch-Konservativen vertrat die Reichspartei (vor 1871 Freikonservative) den mehr industriell orientierten Flügel des Konservatismus. Zugleich nahm sie eine Mittelstellung zwischen den Nationalliberalen und den Ultrakonservativen ein und zählte zu den bedingungslosen Befürwortern bismarckscher Politik.[90] Neben Vertretern der Wirtschaft umfaßte die Reichspartei auch weniger agrarkonservativ gesinnte Landwirte sowie bürgerliche Kreise. Obwohl grundsätzlich von konstitutionellen Vorstellungen geprägt, widersetzte sich die Partei jeder Parlamentarisierung. Statt dessen trat sie für einen starken deutschen Staat, die Abwehr insbesondere sozialistischer Bestrebungen und den Ausbau der Kolonien ein.[91]

Im Wahlkreis IV standen konservative Bewerber vor der Jahrhundertwende nur anläßlich der Reichstagswahlen von 1877–1882[92] zur Wahl. Dabei gelang dem für die Deutsch-Konservativen kandidierenden, von der Insel Sylt stammenden Landrat Bleicken zumindest ein Achtungserfolg, indem er 1877 und

---

88 Die zunehmende Abhängigkeit der Partei von einer gesellschaftlichen Interessengruppe war indes kein spezifisches Problem der Konservativen, sie betraf gleichfalls die anderen Parteien; vgl. dazu Gerhard A. Ritter, Die deutschen Parteien, S. 16; Sheehan, S. 205 f. Zum Verhältnis Konservative – Bund der Landwirte siehe Hans-Jürgen Puhle, Radikalisierung und Wandel des deutschen Konservatismus vor dem Ersten Weltkrieg, in: Gerhard A.Ritter, die deutschen Parteien, S. 165–186; ferner Dirk Stegmann, Vom Neokonservatismus zum Proto-Faschismus: Faschismus, Konservative Partei, Vereine und Verbände 18951920 in: ders./Wendt/Witt, S. 199–231.

89 Unter Punkt 1 des Programms heißt es: „Wir bekämpfen den vielfach sich vordrängenden und zersetzenden jüdischen Einfluß auf unser Volksleben"; zitiert nach Wilhelm Mommsen, S. 32 f.

90 Born, S. 32 f.

91 Wilhelm Mommsen, S.78 f.

92 LAS 301/807[1] Schreiben des OP vom 20. 9. 1881. Zur Kandidatur des Arztes heißt es in einem Bericht des Landrats vom 9. 7. 1878: „Dr. Wachs wurde nahezu einstimmig vom Wahlkreiskommitee ausgewählt, nachdem er sich positiv zu den Zielen der Regierung in Bezug auf das Sozialistengesetz, sowie die Wirtschafts- und Finanzpolitik geäußert hatte"; LAS 309/8342.

1878 im Bereich Südtonderns immerhin annähernd 20 % der abgegebenen
Stimmen auf sich vereinigen konnte. 1882 entfielen auf den deutsch-konservativen Kandidaten Edding immerhin 10 % der Stimmen, auf den Vertreter der
Reichspartei, den Eiderstedter Landwirt Ingwersen hingegen 46,7 %, so daß es
bei dieser Nachwahl zu einer konservativen Mehrheit im Untersuchungsraum
kam. Zweifellos hatte die Kandidatenauswahl großen Einfluß auf die Entscheidung, doch wird anhand dieser Konstellation zugleich die fließende Grenze
zwischen deutsch-konservativem und nationalliberalem Gedankengut deutlich. Dafür sprechen ebenfalls die überaus guten nationalliberalen Wahlergebnisse des Hademarscher Gutsbesitzers und Arztes Dr. Hans Heinrich Wachs
zwischen 1874 und 1878. Er durfte sich konservativer Unterstützung sicher sein,
da er ohnehin zu den Rechtsaußen seiner Partei gehörte.[93]

In den Wahlen zwischen 1884 und 1898 verzichteten die Konservativen auf
weitere Kandidaturen und begnügten sich mit der Wahlhilfe für die Nationalliberalen.[94] Erst 1903 begann mit dem Auftreten eines Bewerbers des Bundes der
Landwirte erneut das Ringen um die Gunst der rechtsliberal-konservativen
Wählerschaft.[95]

d) Die Sozialdemokratie[96]

Der Tod Ferdinand Lasalles im Jahre 1864, der mit dem „Allgemeinen Deutschen Arbeiterverein" 1863 im Zuge der Industrialisierung die erste politische
Vertretung der Arbeiterschaft gegründet hatte, bedeutete einen schweren
Schlag für die aufstrebende Organisation. Aus den nachfolgenden innerparteilichen Richtungskämpfen resultierte zunächst die Spaltung der Arbeiterbewegung in einen reformistischen, lassalleanisch geprägten und einen marxistisch-
revolutionären Flügel unter der Führung Friedrich Bebels und Karl Liebknechts.
Der Gothaer Einigungsparteitag, der die beiden Richtungen unter dem Namen
„Sozialistische Arbeiterpartei Deutschlands" 1875 (wieder) vereinte, war indes
zugleich der Beginn einer Entwicklung, der die Partei seit 1878 in die Illegalität
zwang. Bis 1890 unterlagen die sozialdemokratischen Vereine einem strikten
Verbot; einzig die Reichstagsfraktion blieb von den repressiven Maßnahmen
unberührt und durfte die Arbeit im Sinne ihrer Anhänger fortsetzen. Nach Aufhebung des Sozialistengesetzes entschärfte sich der Gegensatz zwischen Staat

---

93 Bei der Wahl des Jahres 1882 handelte es sich um eine Nachwahl, da der 1881 gewählte
Linksliberale das Mandat wegen seiner gleichzeitigen Wahl in einem anderen Wahlkreis ablehnte.
94 So einigten sich Nationalliberale und Konservative vor der Reichstagswahl des Jahres
1898 auf die Kandidatur des Eiderstedter Hofbesitzers Johannes G. Tönnies; LAS
301/808⁴, Ldr. an RP vom 12. 5. 1898.
95 Siehe Kap. III.2.d).
96 Einen guten und kurzen Überblick über die Entwicklung der gesamten Arbeiterbewegung gibt Helga Grebing, Arbeiterbewegung. Sozialer Protest und kollektive Interessenvertretung bis 1914, München 1985.

Sozialdemokratie etwas[97], doch wurde der Arbeiterpartei und ihren Sympathisanten auch weiterhin eine krasse Außenseiterrolle im kaiserlichen Obrigkeitsstaat zugewiesen. Die strikt antisozialdemokratische Haltung, die nahezu quer durch alle bürgerlichen Parteien ging, hielt sich im wesentlichen nicht nur bis hin zum Ersten Weltkrieg, sondern bestimmte das Bild von den „Vaterlandsverrätern" auch maßgeblich in der Zeit der Weimarer Republik und gehörte zu den großen Belastungsfaktoren der Jahre nach 1918.[98]

In Schleswig-Holstein[99] konnten die Sozialdemokraten bis zum Ersten Weltkrieg stets ausgesprochen gute Wahlergebnisse erzielen, unterbrochen nur zur Zeit des Sozialistengesetzes. 1912 stellten sie mit 40,4 % der Stimmen den entscheidenden politischen Faktor in der Provinz, allerdings korrespondierte diesem Resultat aufgrund der Wahlkreiseinteilung und der Wahlbündnisse bei den Stichwahlen keine entsprechende parlamentarische Vertretung. Lediglich zwei der zehn zwischen Elbe und Königsau zu vergebenden Mandate entfielen auf die SPD.

Waren die ersten Wahlerfolge der Lassalleaner nach der preußischen Annexion noch Ausdruck antipreußischer Ressentiments – dokumentiert durch einen vergleichsweise hohen Stimmenanteil auf dem flachen Lande –, so verlagerte sich das Schwergewicht mit der auch in Schleswig-Holstein voranschreitenden Industrialisierung und der Aussöhnung mit Preußen immer mehr auf die Städte.[100] Hier verfügte die Sozialdemokratie zugleich über ein gut ausgebautes organisatorisches Netz, das die Mitglieder sehr eng an die Partei band. In dieser Hinsicht war die Sozialdemokratie deutlich stärker politische Heimat ihrer Anhänger als die bürgerlichen Gruppierungen für ihre Mitglieder.[101]

Bis zum Beginn des Ersten Weltkrieges spielte die Sozialdemokratie im 4. schleswig-holsteinischen Wahlkreis insgesamt und speziell im Kreis Tondern nur eine untergeordnete Rolle. Ursache der bescheidenen Wahlresultate in Südtondern, die bis 1912 nie 10 % erreichten, war neben der fehlenden Industrialisierung und der relativen sozialen Homogenität die ausgesprochen anti-sozialdemokratische Einstellung des überwiegenden Teiles der Bevölkerung. Die revolutionären Bestrebungen der Arbeiterpartei sowie deren Verständnis für

---

97 So stimmte die Reichstagsfraktion der SPD 1893 erstmals einer Gesetzesvorlage zu, 1913 beteiligte sie sich erstmals an der Bewilligung neuer Steuern zugunsten der Heeresausgaben; vgl. Tormin, S. 117. Zur Revisionismusdebatte in der SPD vor 1914 Grebing, S. 112 ff., Tormin, S. 119.

98 Karl Dietrich Bracher, Deutschland zwischen Demokratie und Diktatur, Bern/München/Wien 1984, S. 12.

99 Zur Entwicklung der Sozialdemokratie in Schleswig-Holstein siehe Heinz Volkmar Regling, Die Anfänge des Sozialismus in Schleswig-Holstein, Neumünster 1965; ferner Franz Osterroth, 100 Jahre Sozialdemokratie in Schleswig-Holstein, Kiel 1963.

100 Trotzdem kamen 1912 56 % der für die SPD abgegebenen Stimmen aus Orten mit weniger als 10000 Einwohnern; Rietzler, „Kampf in der Nordmark", S. 52 f.

101 Das galt wie für die liberalen Gruppierungen (vgl. Sheehan, S. 179) so auch für die Konservativen (vgl. Nipperdey, S. 241).

die dänische Minderheit und die daraus resultierende Zusammenarbeit trugen dazu bei, jenes Bild von den „Vaterlandsverrätern", „Gottlosen" oder „Umstürzlern" zu verfestigen, das gemeinhin das Weltbild der Bürger und Bauern kennzeichnete.[102] Im Vorfeld von Reichtagswahlen würden sozialdemokratischen Rednern wiederholt von Seiten der Wirte Lokale verweigert, infolgedessen der Propaganda enge Grenzen gesetzt blieben.[103] Gleichfalls litt die organisatorische Zusammenfassung der wenigen Anhänger unter den gegebenen Bedingungen, so daß sich vor 1914 lediglich zwei Wahlvereine in Tondern[104] und Westerland[105] zu konstituieren vermochten. Damit gehörte besonders die Tonderner Region zu den „Schmerzenskindern" der sozialdemokratischen Bewegung in der Provinz.[106]

102 Zum Themenkomplex SPD und nationale Frage in Nordschleswig siehe Gerd Callesen, Sozialdemokratie und nationale Frage in Nordschleswig um die Jahrhundertwende, in: AfS 9 (1969), S. 267–320; ferner ders., Die Schleswig-Frage in den Beziehungen zwischen dänischer und deutscher Sozialdemokratie von 1912–1924. Ein Beitrag zum sozialdemokratischen Internationalismus, Apenrade 1970. Die dänischen Kandidaten spielten nur in den ersten Wahlen nach 1871 eine gewisse Rolle im Wahlkreis IV. Kurze Zeit später wurde jedoch fast keine dänische Stimme südlich der späteren Grenze mehr abgegeben.

103 Es lassen sich mehrere Lokalverweigerungen nachweisen: Leck (LAS 309/238, Ldr. an RP vom 19. 6. 1893); Westerland (LÅA, Tønder landřadsarkiv, Afdlg L, Nr 245, Amtsvorsteher Westerland vom 5. 8. 1896); Föhr (FZ vom 2. 1. 1912). In der Tonderner Harde wurden 1876 sogar Besitzbürger zur Teilnahme an sozialdemokratischen Veranstaltungen aufgefordert, um die Partei auf diese Weise unschädlich zu machen; Regling, S. 225.

104 Der Arbeiter-Bildungsverein Tondern wurde 1893 gegründet. Aus ihm ging später der SPD-Wahlverein hervor; vgl. LAS 309/237 und LÅA, Tønder landřadsarkiv, Afdlg L, Nr. 249,15. Callesen zufolge existierte bereits 1876 eine Niederlage des Allgemeinen Deutschen Arbeiter-Vereins in Tondern und vor 1914 auch schon ein SPD-Ortsverein in Leck; Callesen, Die Schleswig-Frage, S. 16 und S. 76. Dies widerspricht allerdings den Meldungen des Landrats, der wenige Jahre vor 1914 lediglich die Existenz sozialdemokratischer Ortsgruppen in Tondern und Westerland verzeichnete; LAS 309/12530, Ldr. an RP vom 28.8. 1905; LÅA, Tønder landřadsarkiv, Afdelg L, Nr. 249, 15, Polizeiverwaltung Tondern an Ldr. vom 25. 7. 1913.

105 In Westerland wurde Ende 1896 ein Arbeiter-Ilese- und Diskutierclub gegründet, der allerdings spätestens 1900 aufgrund mangelnder Resonanz einschlief; LAS 309/443, Ldr. an RP vom 25.2. 1897 und LAS 309/12522, Ldr. an RP vom 27. 8. 1900. So die Bezeichnung in einem Bericht über den Neumünsteraner SPD-Parteitag 1899; vgl. LAS 301/2251. Besonderes Indiz hierfür ist auch die Tatsache, daß im Kreis Tondern als einzigem Verwaltungsbezirk der Provinz zur Landtagswahl 1908 kein Sozialdemokrat kandidierte. Selbst auf eine Zählkandidatur wurde verzichtet; vgl. Osterroth, S. 42.

106 So die Bezeichnung in einem Bericht über den Neumünsteraner SPD-Parteitag 1899; vgl. LAS 301/2251. Besonderes Indiz hierfür ist auch die Tatsache, daß im Kreis Tondern als einzigem Verwaltungsbezirk der Provinz zur Landtagswahl 1908 kein Sozialdemokrat kandidierte. Selbst auf eine Zählkandidatur wurde verzichtet; vgl. Osterroth, S. 42.

e) Der Bund der Landwirte (BdL)

Zu den Interessenverbänden, die am Ende des 19. Jahrhunderts ins Leben gerufen wurden und sich sehr energisch für die materiellen und politischen Belange ihrer Mitglieder einsetzten, zählte u.a. der 1893 gegründete „Bund der Landwirte", der in engster Verflechtung mit den Deutsch-Konservativen und anderen rechtsstehenden Gruppierungen die Verbreitung u.a. völkischer Ideologie vorantrieb. Damit gehörte diese Organisation in die Reihen derer, die entscheidend mit dazu beitrugen, antidemokratische Ressentiments zu evozieren bzw. zu verfestigen und auf diese Weise dem Aufkommen des Nationalsozialismus vorzuarbeiten.[107]

Bereits zur Zeit der Reichsgründung hatten sich verschiedene Vertreter der Landwirtschaft fatalistisch über die Zukunftsperspektiven ihres Berufsstandes geäußert und den Niedergang des Agrarsektors zugunsten der industriellen Entwicklung prophezeit.[108] Die Schutzzollpolitik des Reichs bewahrte dann jedoch seit den achtziger Jahren insbesondere die ostelbischen Getreideproduzenten vor internationaler Konkurrenz; dennoch verstrich diese Ruhepause, ohne einen nachhaltigen Modernisierungsschub hinsichtlich der notwendigen Rentabilitätssteigerung auszulösen.[109] Die wirtschaftspolitische Kehrtwendung unter Reichskanzler Caprivi, der seit 1890 die Umgestaltung Deutschlands in einen modernen Industriestaat zu beschleunigen suchte und damit auf die Anforderungen der Zeit reagierte, rief zwangsläufig den geharnischten Protest der Agrarlobby hervor, die um ihre gesamtgesellschaftliche Position fürchtete. Nichtsdestoweniger hielt die Reichsregierung an ihrem Kurs konsequent fest und setzte in den neuen industriefreundlichen Handelsverträgen die Lockerung der Getreidezölle durch, in deren Folge sich die andauernde Agrarkrise weiter zu verschärfen drohte. Dieser Affront gegenüber dem ostelbischen Großgrundbesitz, der daraufhin bis zur Wiederherstellung eines wirksamen Schutzzollniveaus im Jahre 1902 in Opposition zur Regierung verharrte, gab schließlich

---

107 Vgl. allgemein zum BdL Hans Jürgen Puhle, Agrarische Interessenpolitik und preußischer Konservatismus im wilhelminischen Reich (1893–1914), Hannover 1966; ders., Von der Agrarkrise zum Präfaschismus. Thesen zum Stellenwert der agrarischen Interessenverbände in der deutschen Politik am Ende des 19. Jahrhunderts, Wiesbaden 1972; Jens Flemming, Landwirtschaftliche Interessen und Demokratie. Ländliche Gesellschaft, Agrarverbände und Staat 1890–1925, Bonn 1978.

108 Vgl. Willi A. Boelcke, Wandlungen der deutschen Agrarwirtschaft in der Folge des Ersten Weltkrieges, in: Francia 3 (1973), S. 498 ff., hier S. 498.

109 Puhle, Von der Agrarkrise, S. 17. Neben Deutschland führte auch Frankreich in den 70er und 80er Jahren Schutzzölle ein. Die Niederlande und Dänemark förderten hingegen die strukturelle und technische Modernisierung, um die Konkurrenzfähigkeit ihrer Landwirtschaft zu erhalten. Vgl. dazu Hans Jürgen Puhle, Aspekte der Agrarpolitik im „organisierten Kapitalismus". Fragen und Probleme vergleichender Forschung, in: Hans Ulrich Wehler (Hg.), Sozialgeschichte heute. Festschrift für Hans Rosenberg zum 70. Geburtstag, Göttingen 1974, S. 543–564, besonders 547 ff.

den Anstoß zur Gründung des BdL, der binnen kurzer Zeit zur schlagkräftigsten Vertretung landwirtschaftlicher Interessen avancierte.[110]

Das Programm des Bundes, der zu den eifrigsten Befürwortern einer imperialistischen Politik Deutschlands zählte[111], basierte im wesentlichen auf den vorindustriellen und agrar-konservativen Vorstellungen, die seit dem verstärkten Einsetzen der Urbanisierung in den Kreisen des „alten" Mittelstandes Verbreitung fanden.[112] Die Landwirtschaft galt für sie nach wie vor als der maßgebende Faktor innerhalb der Gesamtwirtschaft, eine Auffassung, die zugleich den Forderungskatalog des BdL mitbestimmte[113]:

> „Die deutsche Landwirtschaft ist das erste und bedeutendste Gewerbe, die festeste Stütze des Reiches und der Einzelstaaten. Dieselbe zu stützen und zu kräftigen, ist unsere erste und ernsteste Aufgabe, weil durch das Blühen und Gedeihen der Landwirtschaft die Wohlfahrt aller anderen Berufszweige gesichert ist."

Spätestens seit der Jahrhundertwende entsprach eine derartige Selbsteinschätzung indes nicht mehr der tatsächlichen Gewichtung zwischen Industrie und Agrarsektor, da die Fabrikproduktion der Landwirtschaft in volkswirtschaftlicher Bedeutung den Rang abgelaufen hatte.[114] Den wahren Hintergrund für diese Selbsttäuschung bildete die mangelnde Bereitschaft zur Hinnahme der gewaltigen innergesellschaftlichen Umschichtung, die den Verlauf der Industrialisierung begleitete. Konträr dazu richtete sich das Ansinnen der Bündler im Verein mit den Deutsch-Konservativen darauf, die im Reich und speziell in Preußen errungenen Machtpositionen vor dem Ansturm der neuen gesellschaftlichen Kräfte zu verteidigen.[115] Unter diesem Aspekt sind denn auch die Forderungen des Bundes nach wirtschaftlicher Absicherung des politischen Hegemonieanspruchs einerseits und einseitiger Privilegierung des Agrarsektors andererseits zu sehen. Das Verlangen nach „genügenden" Schutzzöllen und steuerlicher Begünstigung für die von der Landwirtschaft abhängigen Bevölkerungskreise stand im Vordergrund. Dabei handelte es sich nicht um den

---

110 Flemming, Landwirtschaftliche Interessen, S. 43.

111 Puhle, Agrarische Interessenpolitik, S. 148 f.

112 Dazu zählen Bauern, Handwerk und Kleinhandel; vgl. Puhle, Von der Agrarkrise, S. 41 f.

113 Zitiert nach Wilhelm Mommsen, S. 88.

114 Boelcke, S. 499. Landwirtschaft und Forsten erwirtschafteten 1913 nurmehr 13 % des Volkseinkommens, 20 % dagegen Handel und Gewerbe und 45 % die Bereiche Lohn und Gehalt; Angaben lt. Holtfrerich, Die deutsche Inflation, S. 267.

115 Dem Urteil Puhles über den BdL als Versuch, den Einbruch der Industriegesellschaft in die „politisch rückständige, sozial vorwiegend traditionelle Gesellschaft und die damit vebundenen Veränderungen der ökonomischen Grundlagen und der sozialen Strukturen" zu kompensieren, ist vorbehaltlos zuzustimmen; Hans Jürgen Puhle, Der Bund der Landwirte im Wilhelminischen Reich. Struktur, Ideologie und politische Wirksamkeit eines Interessenverbandes in der konstitutionellen Monarchie (1893–1914), in: Walter Rüegg / Otto Neuloh (Hg.), Zur sozialen Theorie und Analyse des 19. Jahrhunderts, Göttingen 1971, S. 145–162, hier S. 145.

Wunsch nach temporärem Schutz als flankierender Maßnahme zur Umstrukturierung der größtenteils maroden Güterwirtschaften, sondern allein um die Forderung nach Barsubventionen, die am Ende vom Verbraucher aufzubringen waren.[116] Mit diesen Bestrebungen, die letztlich die Abkopplung des Reiches vom Welthandel ins Auge faßten, befand sich der Bund der Landwirte in radikaler Opposition gegenüber sämtlichen liberal-demokratischen Tendenzen und der Sozialdemokratie. Kennzeichnend dafür war das unnachgiebige Festhalten am preußischen Dreiklassenwahlrecht, das den konservativen Agrariern ihre Vormachtstellung im Abgeordnetenhaus sicherte.

Neben dem extremen Nationalismus und der ausgesprochenen Industrie-, Großstadt- und Kapitalismusfeindlichkeit spielte der Antisemitismus eine zentrale Rolle im Weltbild des BdL, obwohl dieses Gedankengut programmatisch nicht formuliert wurde.[117] Die Feindschaft gegenüber den Juden, die zusammen mit den Sozialdemokraten als größte Gefahr für die Landwirtschaft galten, beschränkte sich jedoch nicht nur auf eine Art Sündenbocktheorie, wonach die Bürger jüdischen Glaubens die Schuld an der gesamtgesellschaftlichen Entwicklung trugen; vielmehr gründete sie sich gleichfalls auf rassistisch ausgerichtete Vorstellungen[118], die u. a. von agrophilen Theoretikern seit dem ausgehenden 19. Jahrhundert verbreitet wurden.[119] Aus der engen ideologischen Nähe zu den dezidierten Antisemitenparteien resultierte nach anfänglichen Differenzen eine fortwährend enge Zusammenarbeit, die etwa in der von beiden Seiten erhobenen Forderung nach Ausschaltung der Juden aus dem öffentlichen Leben gipfelte.[120] Die maßgebende Funktion des Antisemitismus in der Propaganda hatte allerdings zugleich großen Anteil daran, daß der Bund die judenfeindlichen Gruppierungen rasch an Bedeutung überflügelte und deren Niedergang seit der Jahrhundertwende beschleunigte.[121] Insgesamt wirkte der agrar-konservative Verband somit in der Vorkriegsära als Multiplikator rechtsradikalen Gedankenguts, wobei er sich besonders negative Verdienste durch die Popularisierung des Antisemitismus erwarb.[122]

116 Puhle, Von der Agrarkrise, S. 51.
117 Zur Funktion des Antisemitismus im BdL Puhle, Agrarische Interessenpolitik, S. 111 ff.
118 ebd., S.92.
119 Vgl. dazu besonders Klaus Bergmann, Agrarromantik und Großstadtfeindlichkeit, Meisenheim am Glan 1970, S. 33 ff. Zu den profiliertesten Vertretern dieser agrophilen Theoretiker gehörte Theodor Fritsch; vgl. zu seiner Person z. B. Rietzler, „Kampf in der Nordmark", S. 58; Puhle, Agrarische Interessenpolitik, S. 132 f. Zum Aufkommen des Antisemitismus in Deutschland als notwendiger Vorbedingung für die späteren Erfolge Hitlers siehe besonders Hannah Arendt, Elemente und Ursprünge totaler Herrschaft, Frankfurt/M. 1962²; ferner als Überblick Hermann Greive, Geschichte des modernen Antisemitismus in Deutschland, Darmstadt 1983.
120 Puhle, Agrarische Interessenpolitik, S. 128.
121 Flemming, S. 30.
122 Puhle, Agrarische Interessenpolitik, S. 125 ff. Demzufolge war der BdL die einzige bereits in den 90er Jahren schlagkräftige antisemitische Organisation.

Obwohl die Vertreter des BdL darum bemüht waren, die Organisation als Vertretung aller landwirtschaftlichen Interessen erscheinen zu lassen, repräsentierte diese pressure group im wesentlichen doch nur die Großagrarier, besonders die ostelbischen. Wenngleich sie kaum 1 % der Mitglieder stellten, dominierten sie in der Führung und bestimmten den Kurs des Bundes.[123] Weit gespannte Verbindungen, die straffe Gliederung, eine energische Verbandspresse und zahlreiche Wanderredner ermöglichten ein rasches Umsichgreifen der bündlerischen Leitmotive.[124] Zur Durchsetzung prinzipieller Forderungen, die vom Kampf gegen die Sozialdemokratie angeführt wurden, ergab sich allerdings besonders in den Regionen mit schwachem organisatorischen Fundament die Notwendigkeit zur Zusammenarbeit mit den anderen nichtsozialistischen und nichtkatholischen Gruppierungen. Dabei erhielten die rechtsbürgerlichen Parteien stets den Vorzug vor Allianzen mit den Linksliberalen, doch bestand durchaus auch die Möglichkeit einer gesamtbürgerlichen Koalition, um etwa den Wahlsieg eines Sozialdemokraten zu verhindern.[125]

Im Gegensatz zu den am heftigsten von der Agrarkrise in Mitleidenschaft gezogenen Gebieten östlich der Elbe war der Bund der Landwirte in Schleswig-Holstein vor 1914 nicht in der Lage, entscheidenden Einfluß auf die Geschicke der Landwirtschaft der nördlichsten Provinz zu gewinnen.[126] Ursache hierfür war zum einen, daß der Agrarsektor zwischen Nord- und Ostsee weniger unter den wirtschaftlichen Schwierigkeiten der Zeit litt, zum anderen die im wesentlichen mittel- und großbäuerliche Struktur.[127] Ferner verhinderte die befürchtete Politisierung der Standesorganisationen und eine damit verbundene mögliche Spaltung ein umfassendes Vordringen des BdL in Schleswig-Holstein. Dennoch erreichte der Bund bis zum Jahre 1902 eine Mitgliederzahl von 8470[128], die sich vor allem aus Kreisen des Großbauerntums bzw. der Gutsbesitzer im Ostteil der Provinz rekrutierte und die Agrar-Konservativen nichtsdestoweniger zu einer der bedeutendsten Interessenverbände im Norden aufsteigen ließ.[129] In der Hauptsache hatte der BdL dies den beiden Provinzialvorsitzenden Milberg und Graf Ludwig Reventlow (Wulfshagen) zu verdanken, die energisch gegen SPD und Liberalismus Front machten. Besonders letzterer tat sich durch seine Mitarbeit in der antisemitischen „Deutsch-sozialen Reformpartei" hervor und war

---

123 Puhle, Von der Agrarkrise, S. 38 ff.
124 Thyssen, S. 332.
125 So etwa im Wahlkreis Flensburg – Apenrade, wo um die Jahrhundertwende Allianzen der bürgerlichen Gruppierungen u.a. mit dem BdL geschlossen wurden, um einen dänischen oder sozialdemokratischen Sieg zu verhindern; dazu Heinacher, S. 55 ff.
126 Zur Entwicklung des BdL in Schleswig-Holstein siehe Thyssen, S. 308 ff., Rietzler, „Kampf in der Nordmark", S. 59f.
127 Stoltenberg zufolge waren nur 10 % der schleswig-holsteinischen Landwirte im BdL organisiert; Stoltenberg, S. 22.
128 Thyssen, S. 338.
129 ebd., S. 332 ff.; Rietzler, „Kampf in der Normark", S. 34.

durch seine Rednertätigkeit maßgeblich åm Erfolg Friedrich Raabs im Wahlkreis Flensburg-Apenrade anläßlich der Reichstagswahl von 1898 beteiligt.[130] In noch sehr viel stärkerem Maße verdeutlichte das Beispiel des seinem Bruder im Provinzialvorsitz nachfolgenden Ernst Graf Reventlow[131], wie fließend die Grenzen im rechtsbürgerlichen Lager gezogen waren und wie bruchlos bestimmte Denkkategorien die tiefen Zäsuren von 1914 und 1918 überdauerten. Auch er gehörte der Deutsch-sozialen Reformpartei als Mitglied an und kandidierte für diese Gruppierung 1907 und 1912 erfolglos im Flensburger Wahlkreis. Zwischen 1908 und 1914 Schriftleiter der „Alldeutschen Blätter", verfaßte er darüber hinaus diverse Bücher, die den nationalsozialistischen Ideologismen vorgriffen. Vom Mai 1924 bis zu seinem Tod im Jahre 1943 war er Reichstagsabgeordneter der NSDAP.

Im Kreise Tondern kam den Bündlern wie an der gesamten Westküste in organisatorischer Hinsicht nur eine Außenseiterrolle zu[132], doch zählten namhafte landwirtschaftliche Interessenvertreter des Untersuchungsraumes zu den Parteigängern des Agrarverbandes. Neben dem 1912 im Wahlkreis IV kandidierenden Landwirt Andreas Jessen aus Soholm engagierte sich gleichfalls der Karlumer Großbauer Ernst Bossen (geb. 1876) für die Belange des BdL.[133] Er trat im Februar 1912 die Nachfolge des fortziehenden Jessen als Vorsitzender des landwirtschaftlichen Vereins für Leck und Umgebung an[134] und wurde 1914 als Vertreter des Kreises in die Landwirtschaftskammer gewählt, ein Amt, das er allerdings nicht annahm.[135] Bezeichnenderweise spielte Bossen Ende der zwanziger Jahre auf Kreisebene die tragende Rolle im Zusammenhang mit dem Aufkommen der Landvolkbewegung.[136]

Entgegen den Entfremdungstendenzen und der offenen Gegnerschaft zwischen Nationalliberalen und Agrar-Konservativen auf Reichsebene[137] herrschte im Bereich Tondern–Husum–Eiderstedt ein relativ gutes und enges Miteinander. Zeichen dieser einvernehmlichen Koexistenz war die vor jeder Wahl seit 1903 erfolgte gemeinsame Nominierung eines nationalliberalen Kandidaten[138], doch ließen die Bündler die 1903 und 1912 bereits getroffenen Absprachen aufgrund schärferer wirtschaftspolitischer Forderungen kurzfristig platzen und schickten jeweils eigene Bewerber ins Rennen um die Gunst der Wähler.[139]

---

130 Heinacher, S. 58.
131 Über Ernst Graf Reventlows siehe SHBL 7, S. 221 ff.; ferner Rietzler, „Kampf in der Nordmark", S. 222 f.
132 Thyssen, S. 344. Immerhin existierte mit dem „Friesen-Courier" in Bredstedt auch an der Westküste ein bündlerfreundliches Lokalblatt, das allerdings nicht weiter in den Kreis Tondern hineinreichte; vgl. LAS 301/2568.
133 Bossen leitete im Wahlkampf des Jahres 1912 eine BdL-Versammlung in Leck; „Lekker Anzeiger" (LA) vom 13. 1. 1912.
134 LA vom 17. 12. 1912.
135 LA vom 14. 3. 1914.
136 Vgl. Kap. XII.5.
137 Stegmann, Die Erben Bismarcks, S. 26.
138 LA vom 16. 5. 1903; LA vom 3. 1. 1907.

Trotz der Aussichtslosigkeit eines Alleinganges errang der BdL mit seinen Vertretern Wommelsdorf (1903) und Jessen (1912) im Gebiet der Geestgemeinden beträchtliche Stimmenanteile und ging aus den Hauptwahlen in zahlreichen Dörfern als stärkste Gruppierung hervor.[140] Die notwendigen Stichwahlen führten den Agrarverband wieder an die Seite der Nationalliberalen.[141]

Zu verdanken hatte der Bund die Erfolge, die ihm 1912 auf der Geest Südtonderns immerhin ca. 40 % der Stimmen einbrachten, mehreren Umständen. Zum einen wirkte sich der Bekanntheitsgrad und die gesellschaftliche Stellung der Kandidaten gewiß förderlich aus[142], des weiteren beschränkte sich die Propaganda nahezu ausschließlich auf die Geestgemeinden, was immerhin dazu führen konnte, daß den bündlerischen Ideen hier größere Popularität zuteil wurde. Als drittes Moment trugen sicher auch die allgemein ungünstigere Ertragslage auf den minderwertigen Böden sowie die ständig die Geestlandwirtschaft bedrohende Gefahr der vorübergehenden Einfuhr billigen Magerviehs aus Dänemark dazu bei, dem BdL den Rücken zu stärken.[143] Diese Furcht vor einer konsumentenfreundlicheren Handelspolitik zu ungunsten des Agrarsektors und der hierin wurzelnde Wunsch nach Stärkung des Landes gegenüber den Städten gingen auch im Kreise Tondern einher mit jenen antizivilisatorischen und antisemitischen Affekten, denen zufolge die Juden für den kulturellen und materiellen Niedergang verantwortlich waren.[144] Zwar verneinte Andreas Jessen auf

139 Puhle spricht irrtümlich von einer gemeinsamen Kandidatur anläßlich der Reichstagswahl von 1912; Puhle, Agrarische Interessenpolitik, S. 199.

140 In zahlreichen Geestdörfern verfügte der BdL sogar über die absolute Mehrheit, so in Karlum, Enge, Soholm und Weesby; vgl. die Ergebnisse im LA vom 13. 1. 1912.

141 Zur Stichwahl traten Nationalliberale und BdL 1912 unter dem Motto „Gegen die Sozialdemokratie" gemeinsam an; vgl. LA vom 13. 1. 1912.

142 Der persönliche Aspekt der Wahlentscheidung darf sicher nicht überbewertet werden. Dafür spricht insbesondere das schlechte Abschneiden Jessens in den anliegenden Marschgemeinden, in denen seine Person gewiß kaum weniger bekannt war. Zu beachten ist ferner, daß die Stimmabgabe aus bloßer Sympathie für Jessen einen direkten Wahlerfolg der dem BdL am nächsten stehenden Nationalliberalen zu verhindern drohte; vgl. LAS 301/808⁴, Ldr. an OP vom 2. 1. 1912. Insofern wohnte der Entscheidung zugunsten des BdL ein erhebliches Maß an grundsätzlicher Überzeugung inne.

143 Vgl. dazu LAS 301/4146, Landwirtschaftskammer an RP vom 26. 11. 1911. Demzufolge drückte der vorübergehende Import dänischen Viehs den Preis für inländische Erzeugnisse. Im Gegensatz zu den Aufzuchtgebieten der Geest hatten die Mäster begreiflicherweise ein großes Interesse an der Einfuhr kostengünstigen Magerviehs. Insofern richteten sich ihre Vorbehalte gegen die Einfuhr von schlachtreifem Vieh bzw. billigem Gefrierfleisch.

144 BdL-Redner v. Lewetzow im Dezember 1912 auf der Generalversammlung des Bundes in Tondern: „Täglich mehren sich die Anzeichen davon, daß das Judentum an Einfluß gewinnt . . . Kunst und Wissenschaft, Theater und Universitäten, alle diese Gebiete sind in Gefahr, ganz in jüdische Hände zu gelangen . . . Die jüdische Presse wirke zerstörend . . ."; „Tondernsche Zeitung" (TZ) vom 27. 10. 1912.

einer Wahlveranstaltung die Frage, ob er Antisemit sei[145], doch stellte andererseits wiederum Ernst Bossen die Verbindung zum Antisemitismus der Nachkriegszeit her, indem er seit 1928/29 als Wortführer des antisemitischen „Tannenbergbundes" im Kreise auftrat.[146] Keineswegs soll damit der Schluß nahegelegt werden, die Wähler des Bundes seien primär judenfeindlich motiviert gewesen, wohl aber läßt das Votum vorhandene Ängste und Vorurteile erkennen, die radikalen Anschauungen später als Bodensatz dienen konnten.[147]

f) Kriegervereine in Südtondern

Abgesehen von den Parteien und politischen Interessenverbänden dokumentierten gleichfalls eine Reihe anderer Organisationen bestimmte Grundüberzeugungen, die für einen großen Teil der kaiserzeitlichen Gesellschaft als typisch anzusehen sind. Zu den einflußreichsten dieser Art zählten in der Vorkriegsära die im Kyffhäuserbund zusammengeschlossenen Kriegervereine.[148] Sie begriffen sich zwar als „unpolitisch", doch nahmen sie Funktionen wahr, deren Wirkungen dem Selbstverständnis von politischer Neutralität klar widersprachen.

Schon Ende des 18. Jahrhunderts entstanden Vereinigungen, die sich der Pflege militärischer Tradition und dem Zusammengehörigkeitsgefühl altge-

145 „Nordfriesisches Wochenblatt" (NfWb) vom 29. 11. 1911.
146 Vgl. Kap. XII.6.
147 Es ist in dieser Hinsicht ein Verdienst der Arbeit Rietzlers, mit Nachdruck auf all jene antidemokratisch-antisemitischen Ressentiments und ideologischen Strömungen aufmerksam gemacht zu haben, die letztlich der Weimarer Republik von Beginn an in weiten Teilen des schleswig-holsteinischen Bauern- und Bürgertums das Fundament entzogen. In diesem Zusammenhang ist auch der 1893 gegründete, antisemitisch orientierte „Deutschnationale Handlungsgehilfen-Verband" (DHV) zu erwähnen, ein Angestelltenverband, der politisch weit rechts stand und gleichfalls dazu beitrug, jenes Klima zu schaffen, in dem der Nationalsozialismus wachsen konnte; vgl. allgemein zu Entwicklung und Programm des DHV Iris Hamel, Völkischer Verband und nationale Gewerkschaft. Der Deutschnationale Handlungsgehilfenverband 1893–1933, Frankfurt/M. 1967. Im Bereich Südtondern existierte vor 1914 lediglich auf Sylt eine kleine Gruppe, nach 1918 kamen Ortsverbände in Wyk/F., Niebüll und Leck hinzu. Die spärlichen Informationen lassen es geraten erscheinen, auf eine detaillierte Schilderung zu verzichten. Zur Existenz: Sylter Archiv, Akte Sylter Vereine (demnach umfaßte die 1900 gegründete Ortsgruppe zunächst 10 Personen). Die Niebüller Ortsgruppe wurde Anfang 1930 gegründet und zählte ein Jahr später ca. 50 Mitglieder („Nordfriesische Rundschau" (NfR) vom 8. 1. 1930 und vom 2. 1. 1931). Die Existenz von Ortsgruppen in Wyk und Leck belegen FZ vom 3. 2. 1930 und LA vom 22. 2. 1930.
148 Zur Entwicklung des Kriegervereinswesens siehe Thomas Rohrkrämer, Der Militarismus der „kleinen Leute". Die Kriegervereine im Deutschen Kaiserreich 1871–1914, München 1990; als kurzen Überblick siehe Dieter Fricke/Werner Bramke, Kyffhäuserbund der deutschen Landeskriegerverbände, in: Lexikon zur Parteiengeschichte 1789–1945, Bd 3, Leipzig 1985, S. 325–344.

dienter Soldaten widmeten. Großen Aufschwung nahm das Kriegervereinswesen indes erst seit der Reichsgründung 1871 und der damit einhergehenden Steigerung des Machtbewußtseins sowie der positiven ökonomischen Entwicklung. Innerhalb Preußens wuchs die Zahl der Traditionsvereine binnen zweier Dezennien von 814 (1878) auf 11663 (1898) mit einem Mitgliederbestand von 67410 bzw. 1011999. Auf Reichsebene erhöhte sich die Zahl der Kriegervereine von 21864 (1900) auf reichlich 32000 unmittelbar vor dem Ersten Weltkrieg. Insgesamt hatten sich bis zu diesem Zeitpunkt annähernd 2,9 Millionen ehemaliger Soldaten dem 1900 als Dachverband gegründeten Kyffhäuserbund angeschlossen, womit dieser zu den größten und weitverbreitetsten Organisationen des Kaiserreiches gehörte.[149]

Ziel und Sinn der Kriegervereine war es, „Die Liebe und Treue für Kaiser und Reich, Landesfürst und Vaterland bei seinen Mitgliedern zu pflegen, zu betätigen und zu stärken, das Nationalbewußtsein zu beleben und zu stärken, das Band der Kameradschaft auch im bürgerlichen Leben unter seinen Mitgliedern zu erhalten und zu pflegen."[150] In Durchsetzung dieser Programmatik, die bereits nachdrücklich auf den antisozialdemokratischen Tenor innerhalb des Kriegervereinswesens hinweist, befleißigten sich die Mitglieder der Pflege eines unkritischen Patriotismus, wie er in den jährlich stattfindenden „Kaisergeburtstagsfeiern" und dem festlichen Begehen der „nationalen" Gedenktage („Sedantag", Jahrestag der Völkerschlacht) zum Ausdruck gebracht wurde. Ferner spielten die „Reichsgründungsfeiern", Schießübungen und damit verbunden der allgemeine militärische Drill eine große Rolle im Repertoire des Kyffhäuserbundes.[151] Auf diese Weise wirkten die Kriegervereine nicht zuletzt ebenfalls als gesellschaftliche Klammern, da sie besonders im ländlichen Raum auch die weniger Begüterten erfaßten und ihnen das Gefühl vermittelten, Gleiche unter Gleichen zu sein, eine Einbildung, die mittels der Uniformierung zusätzlich verstärkt wurde.

Das Bekenntnis zu parteipolitischer Neutralität bedeutete lediglich, daß sich der Kyffhäuserbund nicht zum Büttel einer bürgerlichen Gruppierung erniedrigen lassen wollte, doch wußte er sich mit allen diesen Richtungen einig in der Gegnerschaft zur Sozialdemokratie und im Bekenntnis zum bestehenden obrigkeitsstaatlichen System. Diese Frontstellung markierten etwa die Beschlüsse, wonach jedes Mitglied ausgeschlossen werden mußte, das der Sozialdemokratie angehörte oder sich in irgendeiner Form für die Arbeiterbewegung einsetzte.[152]

---

149 Zahlenangaben lt. Fricke/Bramke, S. 326 f.

150 Zitiert nach Alfred Westphal, Das deutsche Kriegervereinswesen, Berlin 1892, S. 1.

151 Zu den Aktivitäten siehe Fricke/Bramke, ferner Harm Peer Zimmermann, „Der feste Wall gegen die rote Flut". Kriegervereine in Schleswig-Holstein 1864–1914, Neumünster 1989, S. 445 ff.

152 So beschloß der Kyffhäuserbund 1903 folgende Resolution: „Die Vertreter der im Kyffhäuserbund vereinigten deutschen Landeskriegerverbände erkennen einmütig

Umgekehrt verwies etwa das Protektorat des Kaisers für den preußischen Landeskriegerverband, an dessen Spitze als Ehrenvorsitzender der Kronprinz stand[153], darauf, daß die Traditionalisten für das Bestehenbleiben der gegebenen Verhältnisse eintraten.

Wie im gesamten Schleswig-Holstein[154], so setzte auch im Raum Tondern nach der Reichsgründung die Konjunktur des Kriegervereinswesens ein. Schon im Jahre 1890 existierten 23 Vereinigungen mit zusammen 885 Mitgliedern.[155] 1905 zählten bereits die 27 Kriegervereine im Bereich Südtondern mehr als 1600 Mitglieder.[156] Im Jahre 1914 gab es 37 Vereine im Untersuchungsraum[157], die sich – gleichmäßig über das ganze Gebiet verteilt – der nationalen Propaganda verschrieben und sich als Gegengewicht gegenüber den Dänen betrachteten.[158] Ähnlich dem übrigen Reich begingen ebenfalls die ehemaligen Soldaten des Gebietes zwischen Lecker Au und Wiedau die nationalen Gedenktage „in würdiger Weise"[159], wobei besonders die Kaisergeburtstage im Vordergrund standen, die bei gutem Essen zelebriert wurden. Daneben fand zugleich auch die antisozialdemokratische Haltung ihren Niederschlag, als nach der Reichstagswahl 1898 der Dagebüller Kriegerverein den Ausschluß eines Mitgliedes verfügte, das angeblich „im sozialdemokratischen Sinne auf die Dagebüller Arbeiter eingewirkt haben" [soll, d. Verf.][160] Des weiteren beabsichtigte der Verein zugleich den Ausschluß all jener, die anläßlich der Wahl nachweislich für die Sozialdemokratie votiert hatten.[161] Zwar stellte diese Entscheidung im Bereich Südtondern einen Einzelfall dar, doch repräsentierte ein solcher Beschluß die Überzeugung auch der übrigen Kriegervereine, da das Vorgehen ganz und gar den Richtlinien der Verbandsführung entsprach. An dem spannungsgeladenen

als ihre Pflicht und als ihre Aufgabe an, im Kampf gegen die Sozialdemokratie sich nicht auf die Abwehr und auf den Ausschluß sozialdemokratischer Elemente zu beschränken, vielmehr vornehmlich auch in diesem Kampfe durch Aufklärung und Belehrung ihrer Kameraden der Sozialdemokratie entgegenzuarbeiten und nach innen sowie nach außen mit allen geeigneten Mitteln darauf hinzuwirken, daß die Ausübung der staatsbürgerlichen Rechte durch die Kameraden im Sinne der staatserhaltenden Ideen gefestigt und gefördert wird." (Zitiert nach Wilhelm Susemihl, 25 Jahre Provinzial-Kriegerverband Schleswig-Holstein, Kiel 1926, S. 41).

153 Fricke / Bramke, S.328.
154 Zur Entwicklung des Kriegervereinswesens in Schleswig-Holstein siehe Zimmermann, „Der feste Wall . . .".
155 LÅA, Tønder landřadsarkiv, Afdlg F, Nr 232, 10.
156 KANF A3, Nr 4898.
157 LÅA, Tønder landřadsarkiv, Afdlg K, Nr 235, 19.
158 So bat der Kriegerverein Hoyer am 24. 8. 1887 um die Gewährung einer Vereinsfahne mit dem Hinweis darauf, daß eine Nichtgewährung nur den Dänen in die Hände spielen würde; LAS 309 / 16856.
159 So etwa der Amtsvorsteher von Westerlandföhr am 24. 3. 1897 über die 100jährige Geburtstagsfeier zu Ehren Kaiser Wilhelms I.; LÅA, Tønder landřadsarkiv, Afdlg A spec., Nr 8.8.
160 LAS 309 / 12521, Amtsvorsteher Melfsen-Gottesgabe an Ldr. vom 1. 8. 1898.
161 ebd.

Verhältnis der Kriegervereine zur Sozialdemokratie änderte sich insgesamt nach 1918 nichts Wesentliches; auch weiterhin galten ihre Anhänger für zahllose Vorstände und Mitglieder als „Vaterlandsverräter".[162]

3. RESÜMEE: DIE POLITISCHE WILLENSBILDUNG VOR 1914

Signifikant für die anfangs zögernde Aussöhnung der Südtonderaner wie der übrigen Schleswig-Holsteiner mit den neuen staatlichen Verhältnissen nach 1867 war die zunächst nur geringe Beteiligung an den Reichstagswahlentscheidungen. 1874 erreichte sie erst 25,8 %, doch stieg sie bis 1887 bereits auf 58,3 % und lag seit 1907 (69,7 %) bzw. 1912 (75,1 %) auf repräsentativem Niveau. Einerseits offenbarte sich in diesem Verhalten eine gewisse Gleichgültigkeit gegenüber der Möglichkeit zu begrenzter politischer Mitgestaltung, andererseits bot die Wahlabstinenz eine Gelegenheit zum stillen Protest gegen die Eingliederung der Provinz ins Königreich Preußen und die damit verbundenen Eingriffe der Verwaltung in die bis dato weitgehend sich selbst überlassenen Gebiete der Westküste. Besonders deutlich zeigte sich die antipreußische Stimmung auf den Inseln sowie allgemein anläßlich der Landtagswahlen, die stets nur wenige Wähler an die Urnen brachten. Insgesamt söhnte sich die Bevölkerung bis 1914 unter dem Eindruck des wirtschaftlichen Wohlergehens mit den veränderten politischen Verhältnissen aus.

In der gesamten Phase bis hin zum Ersten Weltkrieg dominierten die liberalen Parteien bei den Wahlen, wobei die Nationalliberalen, die im Kreise Tondern über einen ihrer organisatorischen Schwerpunkte innerhalb der Provinz

---

162 Seit 1915 waren die Kriegervereine infolge des „Burgfriedens" verpflichtet, auch Sozialdemokraten in ihre Reihen aufzunehmen. Nach 1918 fehlte zwar eine Ausschlußklausel, doch blieb das Verhältnis überaus spannungsreich; siehe Kap. VII.1. Neben dem Kyffhäuserbund spielte gleichfalls der „Deutsche Flottenverein" eine gewisse, indes kaum einzuordnende Rolle im gesellschaftlichen Leben des Kreises Tondern vor 1914. Dieser Verein, der sich mit ganzer Kraft für die Weltgeltung des Reiches einsetzte, gehörte zu den eifrigsten Vorkämpfern für ein imperialistisches Deutschland. Durch die Herausstellung der Flotte als das vermeintlich entscheidende Problem der Politik lenkte der in alldeutschem Sinne tätige Verein von den zentralen Fragen bezüglich einer gerechteren Gesellschaftsordnung ab; vgl. zum Wirken des Flottenvereins Dieter Fricke/Edgar Hartwig, Deutscher Flottenverein (DFV) 1898–1934), in: Lexikon zur Parteiengeschichte 1789–1945, Bd 2, S. 67–89; ferner Stegmann, Die Erben Bismarcks, S. 50f; Fritz Fischer, Krieg der Illusionen. Die deutsche Politik von 1911 bis 1914, Düsseldorf 1969, S. 169 ff. – Im Kreis Tondern schrieben sich bis zum Jahresanfang 1914 373 Personen in die Mitgliederlisten ein. Amtsvorsteher Melfsen-Gottesgabe (Christian-Albrechts-Koog), Bürgermeister Petersen (Wyk) gehörten dem Provinzialvorstand an; LAS 301/1626. Auf Sylt läßt sich eine eigene Ortsgruppe nachweisen; SI vom 28. 1. 1916.

verfügten, mit Ausnahme dreier Wahlen immer als stärkste politische Kraft aus dem ersten Wahlgang hervorgingen. Im Gegensatz dazu rangierten Fortschritt bzw. Freisinn nahezu ständig nur auf Platz zwei in der Gunst der Wähler, doch profitierten die Linksliberalen bei den Stichwahlen von den sozialdemokratisch und dänisch orientierten Wählern, denen es um die Verhinderung eines rechtsliberalen Erfolges zu tun war und die durch ihre Stimmabgabe dem linksliberalen Kandidaten oft zum Sieg verhalfen. Eigene Bewerber der SPD oder der Dänen kamen demgegenüber höchstens Zählkandidaten gleich, reale Chancen zum Mandatsgewinn bestanden nicht, da es weder eine größere organisierte Arbeiterschaft gab noch sich bedeutendere dänische Sympathien südlich der späteren Grenze artikulierten. Nennenswerte dänische Stimmenanteile erbrachten zeitweilig einzig die ehedem dänischen Enklaven im Bereich der Inseln, und auch diese beruhten eher auf traditionell königstreuer Gesinnung als auf dem Gefühl dänischer Volkszugehörigkeit.[163]

Die Erfolge ausgesprochen konservativer Parteien reichstreuer Richtung fielen gemessen am Abschneiden der Liberalen relativ bescheiden aus, doch bewegten sie sich im Falle einer Kandidatur stets im zweistelligen Bereich. Bei der Reichstagsnachwahl 1882 gelang der Reichspartei und den Deutsch-Konservativen ein einmaliger, deutlicher Einbruch in die liberale Hegemonie. Ursache dieses Stimmengewinns von zusammen über 50 %, der zugleich die Nähe konservativer und nationalliberaler Grundüberzeugungen dokumentierte, war allerdings nur der Verzicht der krisengeschüttelten Nationalliberalen Partei auf einen eigenen Bewerber. 1903 und 1912 erzielten Vertreter des Bundes der Landwirte speziell auf der Geest bemerkenswerte Ergebnisse, und es übernahm damit der konservative Agrarverband die führende politische Rolle im Osten Südtonderns.

Das merkliche Übergewicht der liberalen Parteien bei den Reichstagswahlen lassen es als sinnvoll erscheinen, nach den Motiven ihrer Wähler zu fragen. Dies gilt in besonderem Maße für die Linksliberalen, die in Südtondern bei allen Stichwahlen seit 1903 die Mehrheit auf sich vereinigen konnten und damit den Schluß auf ein fest verankertes liberales Bewußtsein nahelegen. Handelte es sich nur um ein liberales Lippenbekenntnis oder waren weite Bevölkerungskreise durchdrungen vom Willen nach gesellschaftlichem Fortschritt in Richtung zunehmender Demokratisierung? In der Beantwortung dieser Fragen, die zugleich die konträren Positionen des Hamburger Historikers Rudolf Rietzler[164] und des Soziologen Rudolf Heberle[165] kennzeichnen, liegt einer der Schlüssel zur Erklärung des weit überdurchschnittlichen NS-Erfolges vor 1933, dem 1919 ein klares Votum für die liberalen und staatstragenden Parteien vorausging.

---

163 Steensen, die friesische Bewegung, S. 23; Aksel Lassen, Valg mellem tysk og dansk, °Abenrå 1976, S. 53 ff.
164 Rietzler bestreitet energisch das Vorhandensein liberalen Geistes auf faktisch allen Ebenen; Rietzler, „Kampf in der Nordmark", S. 50 ff.
165 Heberle verweist auf die geistige Verwurzelung des Liberalismus in Schleswig-Holstein; Heberle, S. 26 ff.

Wie bereits mehrfach angedeutet, spielte das Bekenntnis zu einem mächtigen und starken deutschen Staat eine gewichtige Rolle im Denken nicht nur der Bevölkerung Südtonderns. Diese Überzeugung verstärkte sich noch seit dem raschen wirtschaftlichen Aufstieg, der der Annexion Schleswig-Holsteins durch Preußen gefolgt war. Allerdings lagen dem sich stetig zu nationaler Überheblichkeit und Chauvinismus steigernden Nationalgefühl der Kaiserzeit in immer geringerem Umfange jene Ideale der Revolution von 1848/49 zugrunde, auf denen der liberale Nationalismus ursprünglich beruhte: War der Nationalismus vom Vormärz bis zur Reichsgründung noch Zeichen bürgerlicher Emanzipationsbestrebungen gewesen, so geriet er danach mehr und mehr in deutsch-konservatives Fahrwasser, indem er seither als Instrument zur Abgrenzung gegenüber Partikularisten, Ultramontanen und besonders der Sozialdemokratie diente und somit eine Entwicklung vom Artikulationsmoment des Aufbegehrens hin zu einem Vehikel der Absicherung des bürgerlichen Herrschaftsanspruchs nahm.[166] Gerade die Nationalliberalen propagierten diese Spielart des Nationalismus, die sich im wesentlichen mit der konservativen Auffassung deckte, doch blieb ebenfalls der Linksliberalismus keineswegs unberührt von der Wandlung des nationalen Gedankens. Ähnlich den übrigen rechtsbürgerlichen Parteien befleißigten sich auch die freisinnigen bzw. fortschrittlichen Wahlredner eines Tones, der keinen Zweifel an ihrer national zuverlässigen Gesinnung ließ. An diesem Eindruck vermochte auch die nationalliberale Kritik in bezug auf die Abhängigkeit der Linksliberalen von SPD und Dänen nichts zu ändern. Neben dem überaus populären Nationalismus fungierte ferner der strikte Antisozialdemokratismus als grundlegendes Movens für die Wahlentscheidung in der ländlichen, vom kleinbürgerlichen und bäuerlichen Mittelstand geprägten Umgebung. Diesem Tatbestand trugen beide liberalen Parteien Rechnung, indem sie sich klar und eindeutig von den verbalrevolutionären Propagandaformeln der „Vaterlandsverräter" distanzierten und ihre antisozialdemokratische Einstellung beständig zu den Kernaussagen ihrer Wahlpropaganda zählte. Insofern erscheint es mehr als fraglich, ob sich speziell die Masse der linksliberalen Wähler die Forderungen des Fortschritts nach verstärkter Demokratisierung der Gesellschaft aneigneten, die nach erfolgter Wahlreform in Preußen sowie gerechterer Zirkelung der Reichstagswahlkreise notwendig zu einer Stärkung der Sozialdemokratie hätte führen müssen. Gerade daran aber war den überwiegend kleinbürgerlichen linksliberalen Wählern sicher nicht gelegen.

Auf der Basis der nationalen und einer von Furcht vor sozialistischen Umsturzversuchen geprägten Grundhaltung – und diesen Schwerpunkten nach-

166 Vgl. als kurzen und prägnanten Überblick über den Bedeutungswandel des Nationalismus Peter Alter, Nationalismus, Frankfurt/M. 1985, bes. S. 29 ff.; ferner Winkler, Vom linken zum rechten Nationalismus, passim; Alexander Schwan, Deutscher Liberalismus und nationale Frage im 19. Jahrhundert, in: Funke/Jacobsen/Knütter/Schwarz, S. 46–59.

geordnet[167] – orientierte sich das Wahlverhalten weitgehend an materiellen Belangen. Im Vordergrund standen dabei für die Anhänger des Fortschritts das Verlangen nach geringerer steuerlicher Belastung und die Herabsetzung der Industrie- und Agrarzölle zwecks Erzielung günstigerer Verbraucherpreise. Darüber hinaus profitierten die Linksliberalen gleichfalls durch ihr Eintreten für eine Reduzierung der Militärdienstpflicht sowie durch das Vorhandensein eines nicht quantifizierbaren Protestpotentials, das sich gegen den Berliner Zentralismus wehrte. Lediglich ein kleiner Teil der Wähler votierte dagegen vermutlich aus einer bewußt liberalen Haltung heraus und tat mit seiner Stimmabgabe den Willen zu fundamentalen verfassungspolitischen Änderungen im Reich kund.

Die von Heberle[168] begründete These, wonach sich bereits vor dem Ersten Weltkrieg ein auf die grundlegende Veränderung des Staatswesens in Richtung Parlamentarisierung abzielender Liberalismus in Schleswig-Holstein durchgesetzt habe, greift sicher zu weit und unterschätzt die wirtschaftspolitischen Erwägungen, die nach Antisozialismus und Nationalismus das ausschlaggebende Motiv der linksliberalen Wähler bildete. Umgekehrt ist allerdings auch der Kritik Rietzlers an der schleswig-holsteinischen Parteiorganisation der Linksliberalen zu widersprechen, die seiner Ansicht nach stärker von konservativen denn von fortschrittlichem Ideengut geprägt war.[169] Die in diesem Zusammenhang als entscheidender Beleg angeführten taktischen Wahlabsprachen mit weiter rechts im Parteienspektrum stehenden Gruppierungen reichen kaum aus, der regionalen Parteiführung eine im Kern illiberale Haltung nachzuweisen.[170] Tatsächlich zeichnete sich jedoch der überwiegende Teil der Wähler durch eine Interessenlage aus, die keineswegs den eigentlichen fortschrittlichen Zielen korrespondierte.[171]

Einen Sonderfall in der Wahlentwicklung der Kaiserzeit bedeutete das Auftreten des Bundes der Landwirte, der 1903 und 1912 im Wahlkreis kandidierte und im Bereich der Geest 1912 als relativ stärkste politische Kraft aus der Hauptwahl hervorging. Die Betrachtung dieses Erfolges ist deshalb so wichtig, da der BdL Positionen vertrat, die zahlreiche Übereinstimmungen mit den Ideologismen des Nationalsozialismus aufweisen und damit Rückschlüsse auf das Vorhandensein von Ressentiments erlauben, die der NS-Propaganda am Ende der Weimarer Republik entgegenkamen. Indes wird man dem Bund nicht die

167 Heinacher wertet im Gegensatz dazu die wirtschaftspolitischen Grundauffassungen als gleichrangig mit dem nationalen und antisozialdemokratischen Bekenntnis; Heinacher, S. 74.
168 Heberle, S. 29.
169 Rietzler, „Kampf in der Nordmark", S. 50 ff.
170 So diente der 1912 im Wahlkreis IV gewählte Abgeordnete des Fortschritts, der Hamburger Rechtsanwalt Dr. Andreas Blunck, in der sozialdemokratisch geführten Reichsregierung unter dem Reichskanzler Hermann Müller bis zum Juni 1920 als Reichsjustizminister.
171 So auch Timothy A. Tilton, Nazism, Democracy and the Peasantry: Nazi-Success and Nazi-Failure in rural Schleswig-Holstein, mss. Diss., Cambridge / Mass. 1972, S. 11.

Rolle einer direkten Vorläuferorganisation der NSDAP zuschreiben können, da er sich hauptsächlich als Speerspitze des ostelbischen Großagrariertums hervortat und sich de facto primär für dessen Belange einsetzte. Nichtsdestoweniger repräsentierte der Bund insgesamt ein Weltbild, das u.a. auch von Seiten derjenigen ländlichen Bevölkerungskreise geteilt wurde, die ansonsten die wirtschaftspolitischen Forderungen ablehnten und daher dem Agrarverband ihre Stimme verweigerten. Die Suche nach geistigen Verbindungen zu den Wurzeln des Nationalsozialismus wird sich deshalb weitgehend auf den ideologischen Grundgehalt zu beschränken haben, ohne die detaillierten wirtschaftspolitischen Forderungen zu berücksichtigen, die doch nur einem eng begrenzten Bevölkerungsanteil zugute kommen konnten.[172]

Das Gemeingut des Denkens definierte sich durch das Zusammenspiel verschiedener als antimodernistisch zu begreifende Leitmotive, die sich auch in den Gebieten zeigten, in denen der BdL nahezu keine Stimme erhielt. Als Beispiel hierfür lassen sich die Gründungen friesischer Vereine anführen, die ihre Entstehung nicht zuletzt der Furcht vor Identitätsverlust angesichts des raschen Zeitwandels verdankten.[173] Ebenfalls die zumindest innerlich überwiegend ablehnende Haltung der inselfriesischen Bevölkerung gegenüber dem sich im Laufe der Zeit beständig verstärkenden Tourismusstrom speziell aus den industriellen Ballungsräumen sind als Indizien für den Versuch zu werten, der mit der Industrialisierung und der kapitalistischen Wirtschaftsweise verbundenen Auflösung der althergebrachten statischen gesellschaftlichen Strukturen in Richtung der Dynamisierung des Lebens entgegenzuwirken. In hohem Maße entsprang sicher auch die entschieden antisozialdemokratische Haltung der Reaktion auf den fortschreitenden Urbanisierungsprozeß, den man mehrheitlich als Symbol des Niederganges auffaßte.[174]

---

172 Anders dagegen Peter Heinacher in seiner Arbeit über den Stadt- und Landkreis Flensburg. H. vergleicht den BdL inklusive aller wirtschaftspolitischen Forderungen mit dem Nationalsozialismus und gelangt zu der zweifelhaften Schlußfolgerung, daß der „Präfaschismustheorie" entsprechend die NSDAP gerade dort die ersten größeren Erfolge hätte erringen müssen, wo ehedem die vom BdL massiv unterstützte Deutsch-soziale Reformpartei 1898 den Hauptteil ihrer Wähler hatte mobilisieren können. Das aber war der von einem relativ gut situierten Großbauerntum beherrschte Angeliter Raum, innerhalb dessen der Agrarverband über eine große Mitgliederzahl verfügte. Hier nun besonders erste spektakuläre Stimmengewinne der NSDAP erwarten zu wollen, hieße, der Hitlerbewegung primär den Charakter einer Interessenvertretung großagrarischer bzw. großbäuerlicher Kreise beimessen zu wollen, eine Argumentation, die jeden Sinnes entbehrte; Heinacher, S. 77 und S. 332.

173 In einem Aufruf zu einer Kunstausstellung hieß es: „Auch an unserer Westküste droht die gegenwärtige, unter dem Zeichen des Verkehrs stehende Zeit durch Verwischung und Vernichtung alter Sitte, ehrwürdigen Brauches, nationaler Trachten und eigentümlicher Wohn- und Lebenseinrichtungen ihr ausgleichendes Werk zu vollenden"; zitiert nach Steensen, Die friesische Bewegung, S. 59 f.

174 Bergmann urteilt sicher richtig, wenn er feststellt: „Die radikale Umformung der Wirtschaft und Gesellschaft, sowie aller althergebrachten Institutionen, Normen und

Aus diesen antizivilisatorischen und kulturpessimistischen Stimmungen, die allerdings angesichts der positiven ökonomischen Gesamtentwicklung nur unterschwellig zum Ausdruck kamen, resultierte zwangsläufig eine Anfälligkeit für agrophile Tendenzen, die das „gesunde" Landleben idealisierten und zugleich in der zunehmenden Verstädterung eine „krankhafte", dem Volksganzen schädliche Entwicklung sahen. Als typisch für diese Ausrichtung sind im Bereich Südtonderns z.B. die idyllisierenden Darstellungen längst vergangenen friesischen Dorflebens in den Arbeiten des Deezbüller Malers Carl Ludwig Jessen[175] zu sehen, der zum Vorstand des Nordfriesischen Vereins für Heimatkunde und Heimatliebe gehörte und weit über die engen Grenzen seiner Heimat hinaus Anerkennung genoß. Erst sein Neffe Momme Nissen jedoch läßt die gefährliche Nähe überzogenen ländlichen Heimatbewußtseins zum völkisch-faschistoiden Denken der Vorkriegszeit erkennen. Als enger Mitarbeiter und Vertrauter Julius Langbehns[176] war er überzeugter Verfechter völkischer Irrationalismen, die von „krasser Deutschtümelei"[177] über wirre Volkstumsideologie bis hin zum radikalen Antisemitismus das komplette Arsenal rechtsradikaler Ideologie umfaßten. Zwar dachten sicherlich nur einzelne Personen der Landbevölkerung Südtonderns in derartig extremen Kategorien, doch kristallisierte sich besonders im Umgang mit dem Heimat- und Volkstumsbegriff die fließende Grenze zwischen unbefangenem und romantisierend-völkischem Heimatverständnis heraus. Der Hang zur Übernahme des rechtsextremen Interpretationsmusters nahm dabei immer mehr zu, verursacht durch das die bisherigen Lebensformen grundlegend zu verändern drohende Eindringen der modernen Industriegesellschaft auch in die dörfliche Atmosphäre.[178]

Der überaus große Erfolg des BdL auf der ohnehin wirtschaftlich schlechter gestellten Geest und die mit diesem Votum einhergehende vorbehaltlose Inkaufnahme antisemitischer Zielvorstellungen erlauben gewiß nicht notwendig die Schlußfolgerung bezüglich der weiten Verbreitung eines Weltbildes, welches dem nationalsozialistischen glich. Dennoch läßt sich nicht leugnen, daß ein Teil der Bevölkerung entsprechenden Ideen überaus aufgeschlossen gegenüberstand. Die meisten Bewohner traten für den Erhalt des gesellschaftlichen

Werte, führte . . . zu einer Krise des Geistes, der sich inmitten all dieser Erschütterungen in einem jahrhundertelangen Prozeß neu zu orientieren suchen mußte"; Bergmann, S.20.

175 Über den Maler SHBL 3, S. 200–203; ferner Steensen, Die friesische Bewegung, S. 67 und S. 431 mit weiteren Literaturangaben.

176 Zur Person Langbehns als einem der wichtigsten Vordenker nationalsozialistischer Ideologeme vgl. SHBL 8, S. 200 ff.; ferner Rietzler, „Kampf in der Nordmark", S. 37 ff.; Bergmann, S. 105 ff.

177 Steensen, Die friesische Bewegung, S. 107.

178 Bergmann, passim; für den Untersuchungsraum Steensen, Die friesische Bewegung, S. 59 ff., 87 ff.; vgl. ebenfalls Christian Degn, Südschleswig als Problemregion, in: ZSHG 104 (1979), S. 287–297, hier S. 288 f.

Status quo ein. Insofern stellt Rietzler[179] auch zu Recht die Stärke und Qualität des schleswig-holsteinischen Liberalismus vor 1914 bezüglich der Bereitschaft zur Demokratisierung in Frage, wenngleich es angemessen erscheint, zwischen Wählermotiven und liberalem Programm zu differenzieren. Diese Unterscheidung bedarf um so schärferer Betonung, als speziell der Linksliberalismus seiner parlamentarischen Feuertaufe noch harrte und damit zugleich die Festigkeit des „liberalen" Bewußtseins der Bevölkerung auf noch keinerlei echte Bewährungsprobe gestellt war. Aus der bloßen prozentualen Stärke der liberalen Gruppierungen auf eine entsprechende Einstellung der Wähler schließen zu wollen, führt unweigerlich zu Fehleinschätzungen und Mißinterpretationen. Gerade das Beispiel der Nationalliberalen verdeutlicht, daß ein liberales Etikett nur sehr wenig mit liberalen Forderungen gemein haben mußte.

179 Rietzler, „Kampf in der Nordmark", S. 46 ff.

IV. (Süd-) Tondern im Ersten Weltkrieg

Der Beginn des Ersten Weltkrieges entfachte wie bei allen anderen kriegführenden Nationen so auch im Deutschen Reich ein bis dahin unerreichtes Maß an nationalistisch überschäumender Begeisterung, welche durch die anfänglichen militärischen Erfolge zusätzliche Nahrung erhielt und rasch den Charakter „einer kollektiven Gefühlsorgie von Selbstüberschätzung und Haß"[1] annahm. Mit einem Male schienen sämtliche innergesellschaftlichen und innenpolitischen Probleme ihre drohende Sprengkraft eingebüßt zu haben zugunsten der Wogen patriotischen Enthusiasmus, die alle auch noch so heterogenen sozialen Schichten erfaßten.[2] Darüber hinaus erleichterte die gemeinhin nie in Zweifel gezogene Überzeugung von der völligen Unschuld Deutschlands am Ausbruch des Krieges und die damit einhergehende These, derzufolge das Reich überfallen worden sei, den nationalen Schulterschluß der divergierenden gesellschaftlichen Kräfte. Die Motive, welche seit der Mobilmachung zum innenpolitischen Burgfrieden führten, unterlagen allerdings verschiedenen Zielvorstellungen. Durch die Mitbewilligung der Kriegskredite und das damit verbundene Bekenntnis zu positiver Mitarbeit erhoffte die Sozialdemokratie als Gegenleistung Zugeständnisse verfassungspolitischer Art, an deren Spitze grundlegende Wahlreformen standen.[3] Auf der anderen Seite trachteten die alldeutsch-konservativen Kreise danach, das durch den Krieg neu geschaffene Gemeinschaftsgefühl zu benutzen, um den tiefen Riß innerhalb der Gesellschaft zuzuschütten und die überkommenen Machtstrukturen neu zu festigen.[4] Zu diesem Zweck wurde eine Propagandamaschinerie in Gang gesetzt, die einerseits auf bereits populärem Gedankengut aufbaute, sich andererseits den im Zuge der ersten Kriegswochen noch steigenden nationalen Taumel dienstbar machte und beide Komponenten im Sinne jener „Ideen von 1914"[5] zusammenfaßte, die bald zum tragenden Bewußtseinsgerüst weiter Bevölkerungskreise gehörten. Die Hauptmerkmale dieser Vorstellungswelt bestanden im wesentlichen aus Kriegsverherrlichung und der Betonung einer Sonderstellung Deutschlands im bewußten Gegensatz zu den als verderblich erachteten Ideen der Französischen Revolution. Sie orientierten sich statt dessen an den Idealen Fichtescher Prägung, die erstmalig die

---

1 Rietzler, „Kampf in der Nordmark", S. 64.
2 Allgemein zur Kriegsbegeisterung 1914 siehe etwa Gunther Mai, Das Ende des Kaiserreiches. Politik und Kriegführung im Ersten Weltkrieg, München 1987, S. 9 ff.
3 Gundlegend zum Verhalten der Sozialdemokratie im Kriege Susanne Miller, Burgfrieden und Klassenkampf. Die deutsche Sozialdemokratie im Ersten Weltkrieg, Düsseldorf 1974.
4 Stegmann, Die Erben Bismarcks, S. 277 ff.; Fischer, Krieg der Illusionen, S. 13, S. 131, S. 355 ff.
5 Vgl. dazu etwa die bei Rietzler, „Kampf in der Nordmark", S. 64, Anm. 4 zitierte Literatur.

deutsche Sonderstellung ins Bewußtsein gerufen hatten.[6] Auf schleswig-hol-steinischem Boden war es besonders ein Veranstaltungszyklus in der Stadt Flensburg im September/Oktober 1914, der geradezu als ein Paradebeispiel für die zusätzliche Aufheizung des nationalistisch-chauvinistischen Klimas gelten konnte.[7] Zu den Hauptakteuren dieser „Deutschen Abende", die von diversen bürgerlichen Verbänden und Parteien organisiert wurden, zählten neben zwei weiteren Rednern die Flensburger Pastoren Friedrich Andersen[8] und Heinrich Kähler[9]. Beide gehörten in die Reihe der großen Zahl protestantischer Theolo-gen, die mit Leib und Seele jene Kriegspropaganda vertraten, hinter die alle kirchlichen Maximen von christlicher Nächstenliebe und Demut zurücktraten.[10] Statt dessen stilisierte Andersen etwa das deutsche Volk „zum göttlichen Heils-träger"[11], wenn er meinte, es sähe so aus," ... als sollten wir Deutsche nach Gottes Bestimmung fortan der Kanal sein für die neue Ideenfülle, die sich ausschütten soll nicht zum Verderben der Völker, sondern zum Heile der ganzen Mensch-heit, für die wir uns verantwortlich zu fühlen haben."[12]

Ähnlich gab auch Pastor Kähler seine Überzeugung von einer deutschen Sen-dung Ausdruck, indem er sagte[13]:

„Wir haben die gesündesten Verhältnisse im Staatsleben, eine einzig dastehende Armee, die kühnste stoßkräftigste Flotte – mit einem Worte: Wir haben eben von Haus aus die tief-ste Kultur, die geordnetste Macht und das betriebskräftigste Wirtschaftsleben."

---

6 So wurden in diesem Kontext auf Fichtes „Reden an die deutsche Nation" zurückge-griffen; Heinacher, S. 81.

7 Über die „Deutschen Abende" Kurt Jürgensen, „Deutsche Abende – Flensburg 1914". Ein Beitrag zum Verhältnis von Volk, Staat und evangelischer Kirche nach Ausbruch des Ersten Weltkrieges, in: GWU 20 (1969), S.1–16.

8 Über Friedrich Andersen, 1925 Mitbegründer der Flensburger NSDAP, Giesela Siems, Friedrich Andersen, Bund für Deutsche Kirche – ein Wegbereiter des Nationalsozia-lismus in der Stadt Flensburg, in: Klauspeter Reumann (Hg.), Kirche und Nationalso-zialismus. Beiträge zur Geschichte des Kirchenkampfes in Schleswig-Holstein, Neu-münster 1988, S. 13–34.

9 Über Heinrich Kähler, der zwar nie der NSDAP angehörte, obwohl er in den Katego-rien des Nationalsozialismus dachte und unzweideutige Bekenntnisse zu Hitler ab-legte, siehe Gabriele Romig, Pastor Heinrich Kähler. Ein schleswig-holsteinischer Theologe im Spannungsfeld zwischen nationaler und kirchlicher Erneuerung wäh-rend der Zeit des Ersten Weltkrieges, der Weimarer Republik und des Nationalsozia-lismus, Diss., Kiel 1988.

10 Jürgensen urteilt gewiß richtig, wenn er feststellt:„Die evangelische Kirche hat da, wo sie sich zu politischen Fragen äußerte, durchweg den übersteigerten, machtpolitisch ausgerichteten Nationalismus mitgetragen, ja ihm geradezu christliche Weihe verlie-hen"; Jürgensen, S. 14. Allgemein zur Kriegstheologie Wilhelm Pressel, Die Kriegspre-digt 1914–1918 in der evangelischen Kirche, Göttingen 1967.

11 Zitiert nach Jürgensen, S. 7.

12 ebd.

13 Zitiert nach Rietzler,„Kampf in der Nordmark", S. 66. Weitere Äußerungen ähnlicher Art bei Romig, S. 45 ff.

72

Anläßlich des Vortragsabends mit Pastor Kähler erhielt der Krieg ebenfalls seine kirchliche Weihe, als er verkündete[14]: „Dies ist für uns Deutsche ein heiliger Krieg. Gott gab uns ihn."
Mit derartig pathetischen Phrasen suchten die Redner die Kriegsgegner moralisch zu diskreditieren und stellten demgegenüber die guten „deutschen Tugenden" wie „strenge Ordnung, Pflichterfüllung und Unterordnung" heraus.[15] Gleichzeitig schürten sie im völkischen Sinne die Furcht vor einer Aufweichung deutscher Kultur und priesen vielmehr das gängige Bild vom „Krieg als sittlichem Gesundbrunnen" bzw. „Stahlbad der Nation".[16]
Wenngleich es im Bereich des Kreises Tondern zu Beginn des Krieges zu einer der Flensburger Veranstaltung vergleichbaren Kundgebung nicht kam, so darf aus diesem Umstand doch nicht die Schlußfolgerung gezogen werden, die Bevölkerung habe auf die Kriegserklärungen mit Gleichgültigkeit oder gar Ablehnung reagiert. Die „Föhrer Zeitung" wußte etwa über die Stimmung in Wyk zu berichten[17]: „Ueberall machte sich helle Kriegsbegeisterung bemerkbar; wen nicht die Kriegsbeorderung auf seinen Posten rief, wollte sich freiwillig zum Heeresdienste melden." In Niebüll zogen junge Leute mit dem Deutschlandlied auf den Lippen durch den Ort und allenthalben zeigte sich die Bevölkerung ergriffen in Bezug auf den „nationalen Aufbruch"[18]. So fanden die „herrlichen Worte unseres Kaisers ... in allen Herzen begeisterten Widerhall", wie der Niebüller Pastor Ove Göttsche zu den Vorgängen an den ersten Augusttagen feststellte.[19]
Damit reihte sich das dörfliche Umfeld des Untersuchungsraumes nahtlos in die allgemeine Kriegseuphorie der ersten Wochen ein, obwohl der anfänglich zur Schau getragene Begeisterungssturm insgesamt von geringerer Intensität geprägt war als z.B. in den mehr „großstädtisch-national" orientierten Kreisen.[20] Die rege Beteiligung an den seit dem Herbst 1914 nun auch in den Gemeinden Südtonderns stattfindenden „Vaterländischen Abenden"[21], die letztlich nur dem Wachhalten der nationalen Euphorie und des Zusammengehörigkeitsgefühls dienten, verdeutlicht, daß der Traum von deutscher Weltmachtstellung, vom „Platz an der Sonne" einen festen Bestandteil im Bewußtsein eines Groß-

---

14 ebd.
15 ebd.
16 Vgl. zu diesen zeittypischen Ideologismen z. B. Klaus Wernecke, Der Wille zur Weltgeltung. Außenpolitische Öffentlichkeit im Kaiserreich am Vorabend des Ersten Weltkrieges, Düsseldorf 1970, S. 160 ff.; ferner Fischer, Krieg der Illusionen, S. 131 und 273 f.
17 FZ vom 3. 8. 1914.
18 Chronik der Kirchengemeinde Nieblum/F., Eintragung 1914–1918; ähnlich auch Chronik der Kirchengemeinde Braderup/Uphusum, Eintragung 1914.
19 Chronik der Kirchengemeinde Niebüll, Eintragung 1914.
20 Rietzler, „Kampf in der Nordmark", S. 68.
21 Allein in Nieblum/F. fanden sich zu den Veranstaltungen dieser Art rund 250 Personen ein; Chronik der Kirchengemeinde Nieblum/F., Eintragung 1914–1918.

teils der Bevölkerung bildete. Somit trifft sicher auch das Urteil Rietzlers[22] über die allgemeine Empfänglichkeit bezüglich der extremen, bis in die Reihen der Sozialdemokratie hineinreichende Kriegsbegeisterung für den Untersuchungsraum uneingeschränkt zu. Dennoch muß auch an dieser Stelle hinzugefügt werden, daß dieser Taumel keine spezifisch deutsche Angelegenheit war.

Unter dem Eindruck des sich hinziehenden Krieges flaute der Siegesenthusiasmus der Augusttage 1914 jedoch mehr und mehr ab und wich einer gewissen Ernüchterung angesichts der Tatsache, daß die deutschen Truppen nicht siegreich heimkehrten, obwohl sie den Heeresberichten zufolge alle Gefechte für sich entschieden. Zwar dachte kaum jemand ernsthaft an die Möglichkeit einer militärischen Niederlage, doch äußerte sich der Unmut über die zunehmenden kriegsbedingten Mißstände im Alltag immer lauter, speziell im Hinblick auf die sich andauernd verschlechternde Versorgungslage.[23] Diese Entwicklung offenbarte die gänzlich verfehlte Kriegsvorbereitung seitens der militärischen und zivilen Führung, die auf der Illusion basierte, daß ein möglicher Waffengang binnen kürzester Frist entschieden sein dürfte. Eine länger andauernde bewaffnete Auseinandersetzung hatte der Generalstab nicht einkalkuliert, da die Ressourcen der Mittelmächte ohnehin nur für einen begrenzten Zeitraum ausreichten.[24]

Im Raume Südtondern machten sich Unzufriedenheit und Not zwangsläufig im Bereich des Fremdenverkehrsgewerbes zuerst bemerkbar. Noch am Tage der Mobilmachungserklärung hatten die meisten Gäste überstürzt die Ferienorte der nordfriesischen Inseln verlassen, um das weitere Geschehen in der Heimat abzuwarten. Wenig später wurde der Badeverkehr in allen Nordseebädern aus militärischen Gründen untersagt, ein Verbot, welches die bis zu diesem Zeitpunkt stark expandierende Tourismusbranche vor existentielle Probleme stellte.[25] Das abrupte Ende des Urlauberandrangs sorgte zunächst für ein rasches Ansteigen der Arbeitslosigkeit, da die Saisonkräfte ebenso wie die einheimischen Arbeitnehmer bald ihre Beschäftigung verloren. Doch auch die Selbständigen blieben von dem plötzlichen Konjunktursturz nicht verschont, ja, gerade die Eigentümer von Beherbergungsbetrieben mußten erstmalig die Erfahrung finanzieller Auszehrung machen, die mit dem Fortbleiben der Feriengäste verbunden war.[26] Auf Sylt verschärfte sich die Lage noch dadurch, daß Truppen gegen geringes Entgelt in leerstehenden Fremdenzimmern einquar-

---

22 Rietzler,„Kampf in der Nordmark", S. 68.
23 Zur allgemeinen Stimmungslage im Verlauf des Krieges siehe z. B. Mai, Das Ende des Kaiserreiches, S. 105 ff.
24 ebd., S. 88 ff.
25 Eine Ausnahme bildete lediglich das Nordseebad Wyk, wo das Urlaubsgeschäft auch während der Kriegsjahre weitergeführt werden durfte. Die Frequenz blieb jedoch weit hinter der Friedenszeit zurück: Kamen 1913 noch über 10000 Gäste nach Föhr, so waren es 1915 gerade noch 3420; Angaben lt. Kurverwaltung Wyk.
26 Landrat Böhme beschrieb die Lage der Nordseebäder bereits im November 1914 als „traurig"; LAS 309/17348, Ldr. an RP vom 24. 11. 1914.

tiert wurden, was eine zusätzliche Minderung der Wohnqualität zur Folge hatte, da in Ermangelung von Einnahmen notwendige bauliche Instandhaltungs- und Modernisierungsmaßnahmen ohnehin ausblieben. Als Folge des völligen Zusammenbruchs der Fremdenverkehrswirtschaft ergaben sich große finanzielle Schwierigkeiten für die Betreiber des Hotel- und Gaststättengewerbes sowie aller davon abhängigen Branchen, da vorerst auch weiterhin zahlreiche Besitzer Hypothekenzinsen abzutragen hatten.[27] In besonderem Maße litten in dieser Hinsicht die weniger vermögenden Logierhausinhaber sowie jene Spekulanten Not, die in der Hoffnung auf schnelle Amortisierung ihrer Investitionen Kredite aufgenommen hatten und nur zu bald in Zahlungsrückstand gerieten. Weil überdies die staatlichen Mittel zur Unterstützung der Betroffenen kaum ausreichten, war am Ende des Krieges eine beträchtliche Zahl von Vermietern zur Aufgabe ihrer Betriebe genötigt.[28]

Die Landwirtschaft des Untersuchungsraumes vermochte zumindest im ersten Kriegsjahr den allgemein auftretenden Mangelerscheinungen zu widerstehen[29], doch wuchs auch innerhalb dieses Sektors die Unzufriedenheit mit zunehmender Dauer des Krieges und den immer tieferen Eingriffen der Zwangswirtschaft in die bäuerliche Betriebsführung, in deren Folge große Substanzverluste und eine allgemeine Stagnation in der Wirtschaftsführung auftraten.[30] Als sehr bedrückend wurde die zunehmende Benachteiligung des Agrarbereichs im Verhältnis zur Industrie empfunden, besonders weil sich die Preisschere zwischen landwirtschaftlichen Produkten und Industrieerzeugnissen im Verlauf des Krieges weiter öffnete.[31]

Andererseits profitierten die Landwirte jedoch auch von der Verknappung der Lebensmittel, was eine beschleunigte Ausweitung des Schleichhandels zur Folge hatte, der den Bauern einen gewissen Ersatz für die vergleichsweise nied-

27 In einem Schreiben vom 28. 6. 1915 warnte der „Verband deutscher Nordseebäder" eindringlich vor den möglichen Konsequenzen des Krieges, die notwendig zu Zwangsversteigerungen führen müßten, sollte staatliche Hilfe ausbleiben; LAS 301/1722.
28 Für Sylt Harald Voigt, Geschichte der Insel Sylt, in: Nico Hansen (Hg.), Sylt. Geschichte und Gestalt einer Insel, Itzehoe 1967, S. 34–81, hier S. 78. Zur allgemeinen wirtschaftlichen Lage der ersten Nachkriegsjahre vgl. Kap. VII.2.
29 LAS 309/17348, Ldr. an RP vom 24. 11. 1914.
30 Dies galt für alle Bereiche der Landwirtschaft; vgl. dazu Martin Schumacher, Land und Politik. Eine Untersuchung über politische Parteien und agrarische Interessen 1914–1923, Düsseldorf 1978, S. 69 ff. Im Kreis Tondern ging die Zahl der Rinder von 104228 (1. 12. 1912) über 93796 (1. 12. 1917) auf 78567 am Ende des Krieges (1. 12. 1918) zurück; LAS 309/8004.
31 Zur allgemeinen sozialen Entwicklung während des Krieges siehe Jürgen Kocka, Klassengesellschaft im Krieg. Deutsche Sozialgeschichte 1914–1918, Göttingen 1973. Zum Auseinanderdriften von Stadt und Land in dieser Zeit Schumacher, Land und Politik, S. 74.

rigen Erlöse aus den Ablieferungen an die kriegswirtschaftlichen Stellen bot.[32] Schwarzmarktgeschäfte dieser Art trafen vor allem die Lohn- und Gehaltsempfänger, wodurch die Auswirkungen der Inflation noch verschärft wurden, die bereits bald nach Kriegsbeginn als Zeichen verfehlter Kriegsfinanzierungspolitik eingesetzt hatte und den entscheidenden Grundstock für jene völlige Entwertung des Geldes lieferte, die in der Hyperinflation des Jahres 1923 ihren Höhepunkt erleben sollte.[33]

Die im Verlaufe des Krieges sich mehrende Unzufriedenheit in der Bevölkerung, erste Streikaktionen in Rüstungsbetrieben, die parlamentarische Auseinandersetzung um verfassungspolitische Reformen und vor allem die interfraktionelle Zusammenarbeit von SPD, Fortschritt und Zentrum hinsichtlich der Friedensresolution des Reichstages vom Juli 1917 veranlaßten die entschiedenen Verfechter eines unnachgiebigen Siegfriedengedankens im September 1917 zur Gründung der „Vaterlandspartei".[34] Diese Organisation, die sich selbst als überparteilich bezeichnete, wurde weitgehend von rechtsbürgerlichen, konservativen und alldeutschen Kräften getragen und stand vorbehaltlos hinter den annexionistischen Forderungen der militärischen wie de facto zugleich politischen Führung unter Ludendorff und Hindenburg. In verfassungspolitischer Hinsicht zeichnete sich die Neugründung weiterhin durch einen strikt antidemokratischen Kurs aus, der letztlich auf die Stabilisierung der bestehenden gesellschaftlichen Kräfteverteilung abzielte.[35] Zu diesem Zweck bediente sich die Vaterlandspartei der irreführenden Propaganda des Generalstabes, der die

32 So setzten bald Klagen über das Steigen der Lebensmittelpreise ein; vgl. dazu etwa Johann Mordhorst, Eine kleine Kriegschronik des Kirchspiels Medelby, Leck o. J. [1919], S. 3; Chronik der Kirchengemeinde Braderup/Uphusum, Eintragung 1917. Der Nieblumer Pastor Hansen beklagte sich darüber, daß die Bauern die schwere Lage ausnutzten: „Sie bekommen für ihre Produkte unglaubliche Summen bezahlt"; zitiert nach Chronik der Kirchengemeinde Nieblum/F., Eintragung 1914–1918.

33 Dies ist eine ungemein wichtige Tatsache, die in der Diskussion um die Ursachen der völligen Geldentwertung 1923 lange Jahre kaum berücksichtigt wurde; zur Inflation siehe Kap. VII.2.

34 Zur politischen Situation des Krisenjahres 1917 siehe Gerhard Ritter, Staatskunst und Kriegshandwerk. Das Problem des „Militarismus" in Deutschland, Bd 3, München 1964, S. 251 ff. Über die Vaterlandspartei Stegmann, Die Erben Bismarcks, S. 400 ff; Fritz Fischer, Griff nach der Weltmacht, Düsseldorf 1964³, S. 565 ff; das Programm ist abgedruckt bei Wilhelm Mommsen S. 417 ff. Über den Alldeutschen Verband als Träger der Vaterlandspartei vgl. Kap. VII.1.b).

35 Wörtlich heißt es im Programm: „Wir leben nicht, wie unsere Feinde lügen, unter autokratischem Absolutismus, sondern unter den Segnungen eines konstitutionellen Staates, dessen soziales Wirken alle Demokratien der Welt beschämt und dem deutschen Volk die Kraft gegeben hat, der ungeheuren Übermacht seiner Feinde zu trotzen. *Deutsche Freiheit steht himmelhoch über der unechten Demokratie mit allen ihren angeblichen Segnungen,* welche englische Heuchelei und ein Wilson dem deutschen Volke aufschwatzen wollen, um das so in seinen Waffen unüberwindliche Deutschland zu vernichten"; zitiert nach Wilhelm Mommsen, S. 419 (Hervorhebung im Original).

76

deutsche Öffentlichkeit über die tatsächliche militärische Lage im Unklaren ließ. Ferner verzichtete sie darüber hinaus auf kein demagogisches Mittel, das seine Tauglichkeit zur Bewerkstelligung einer neuerlichen nationalen Sammlung erwies. Insofern trug die von Admiral v. Tirpitz geführte „Partei" bereits Züge, die in diversen rechtsextremen Gruppierungen der Weimarer Republik wiederkehrten und schließlich in der NSDAP ihren Kristallisationskern erreichten.[36]

Im Kreis Tondern begann bereits zu Beginn des Jahres 1917 eine neuerliche Versammlungswelle allgemein gut besuchter „Vaterländischer Abende", die der „Aufrechterhaltung der zuversichtlichen Stimmung in der Bevölkerung"[37] dienten. Zwar stand diese patriotische Propaganda nicht im Zeichen vaterlandsparteilicher Agitation, doch bewies die Resonanz, daß ein beträchtlicher Teil der Bevölkerung nach wie vor die Politik der Reichsführung befürwortete. Diese Gedanken vertraten ebenfalls zahlreiche „patriotische" Gedichte, welche im Verlaufe des Krieges nicht nur in Deutschland entstanden. Sie trugen oftmals Charakterzüge biologistischer und rassistischer Stimmungsmache und waren gleichzeitig integrale Bestandteile im Repertoire vaterlandsparteilicher Wanderredner. Ein derartiges Machwerk erschien 1916 in der „Sylter Zeitung" und hatte folgenden Wortlaut[38]:

„Deutschland, Vaterland!

Deutschland, Vaterland, wie leidest du!
Streiter der See, des Landes, der Luft, wie kämpfest du!
Zahllos die Feinde, vergiftet ihr Pfeil –
Hinterlist und Neid ihr vornehmster Teil.
Sie fühlten die Peitsche der Deutschen – den Sieg,
Seit dem ersten Tage in diesem Krieg.
Die Schwarzen, die Gelben und all die Wilden,
Die mußten dann ihr Elite-Korps bilden!
Die wie es auch endet in aller Zeit
Wie nahe der Friede, der Friede wie weit –
Was die Zukunft noch fordert in aller Not,
Wir halten aus – unsere Hoffnung ist Gott.
Im Feuer geläutert, veredelt im Leid,
Bis zum letzten Ende opferbereit,
Deutschland Vaterland, groß war dein Tun,
Trotz aller Lügen, bleibt ewig dein Ruhm!"

36 Stegmann, Vom Neo-Konservatismus zum Proto-Faschismus, S. 220.
37 LAS 309/8309, Ldr. an RP vom 7. 2. 1917. Als Redner traten u. a. Landrat Böhme selbst sowie der Tonderner Seminarlehrer Richard Ortmann auf, der im Abstimmungskampf 1920 für die deutschen Belange eintrat und seit 1927 die Niebüller Ortsgruppe des Schleswig-Holsteiner-Bundes leitete; vgl. Kap. V.4.a) und X.
38 „Sylter Zeitung" (SZ) vom 29. 9. 1916. Die Verfasserin, Ottilie Wichers, war interessanterweise 1918/19 für die Linksliberalen auf der Insel tätig; vgl. Kap. V.3.

Zum Vergleich ein Auszug aus einem Aufruf der Vaterlandspartei[39]:

„Unsere Feinde haben das große Verbrechen dieses Krieges begonnen zu dem Zweck, das deutsche Reich zu zertrümmern. Sie schrecken vor keinen Mitteln zurück, sich den Sieg zu sichern, auch vor den verwerflichsten nicht: Sie haben farbiges Gesindel aus der ganzen Welt zusammengefegt, um es gegen unsere Frauen und Kinder loszulassen . . ."

Die ersten Aktivitäten der Vaterlandspartei auf Kreisebene setzten im November 1917 ein. Im Mittelpunkt stand die zentrale Kundgebung in Tondern mit Vizeadmiral Dähnhardt als Redner.[40] Unter dem Beifall der etliche hundert Personen umfassenden Zuhörerschaft rechnete der Admiral scharf mit der SPD ab und forderte energisch „ein Deutschland hoch in Ehren, frei und groß"[41]. Zum Abschluß der Veranstaltung, die der seit Mitte November existierenden, 40–50 Mitglieder umfassenden Ortsgruppe weiteren zahlreichen Zulauf verschaffte[42], wurde eine Resolution verabschiedet, die ein einmütiges Bekenntnis zu den imperialen Zielen der Vaterlandspartei ablegte[43]:

„Mehrere hundert deutsche Männer und Frauen, die zu einem Vortrag Sr. Excellenz des Herrn Vizeadmirals Dähnhardt hier versammelt sind, gedenken dankbar und stolz der unvergleichlichen Heldentaten ihrer Söhne, Männer und Brüder und geloben alles zu tun, um den Siegeswillen des deutschen Volkes zu stärken, mit allen Kräften für eine Einigung aller Deutschen zu wirken, damit ein Friede erkämpft werde, der eine richtige Lösung der belgischen Frage und greifbare Sicherheiten für das Emporarbeiten Deutschlands bietet, der eine gedeihliche Weiterentwicklung des Deutschen Volkes gewährleistet, der mit einem Worte den Lebensnotwendigkeiten des deutschen Volkes entspricht."

Binnen kurzer Zeit verfügte die Vaterlandspartei im Kreis Tondern über einige Ortsgruppen[44], ein Erfolg, der in starkem Maße auf dem Einsatz angesehener Persönlichkeiten beruhte. So zählte der frühere Landrat Friedrich Rogge[45] ebenso zu den Parteigängern Tirpitzscher Prägung wie der als Vertreter bei der Landwirtschaftskammer weithin Respekt genießende Julius Momsen.[46] Darüber hinaus engagierten sich weitere Amtsträger im Sinne der annexionisti-

---

39 TZ vom 5. 12. 1917.
40 Siehe hierzu die Berichte in der TZ vom 3. und 4. 12. 1917.
41 TZ vom 4. 12. 1917.
42 TZ vom 3. und 5. 12. 1917.
43 Zitiert nach TZ vom 4. 12. 1917.
44 Allein auf Föhr schlossen sich Pressemeldungen zufolge etwa 100 Personen der Partei an; FZ vom 6. 12. 1917. Nachweislich existierten weitere Ortsgruppen in Niebüll und Braderup; „Nordfriesische Rundschau" (NfR) vom 2. 1. 1918.
45 Friedrich Rogge war bis 1914 Landrat des Kreises Tondern. Nach dem Krieg führte er bis zum Jahre 1929 den Provinzialverband der konservativen Deutschnationalen Volkspartei an; zu seiner Person SHBL 2, S. 210 ff.
46 In einer Annonce rief Momsen zur Gründung einer Ortsgruppe in Emmelsbüll auf; NfR vom 16. 1. 1918. Ob dieser Aufruf Erfolg hatte, läßt sich indes nicht mehr feststellen.

schen Politik, unter denen der Pastor Karl Reuter[47] besonders hervorragte. Ganz der gängigen Kriegstheologie folgend wirkte der ohnehin in völkischem Denken befangene Seelsorger der kleinen Kirchengemeinde Braderup/Uphusum als stellvertretender Kreisvorsitzender und sorgte gleichfalls innerhalb seines Amtsbezirks für die Entstehung einer Ortsgruppe.[48]

Das Erscheinen der Vaterlandspartei blieb schließlich nur eine Episode, wenngleich die Propaganda wesentlich dazu beitrug, jene primitiven und rassistisch geprägten Feindbilder aufzubauen und zu verankern, die sich in die Nachkriegsjahre hinüberretteten und entscheidend an der Vergiftung der politischen Atmosphäre beteiligt waren. Selbst die sich im letzten Kriegsjahr weiter drastisch verschärfende Versorgungslage und die damit steigende Friedenssehnsucht zeigten sich außerstande, den Weg zu einer nüchterneren Betrachtungsweise der Situation zu ebnen. Als zu stark erwies sich noch in der Endphase des Krieges die Überzeugungskraft der offiziellen Verlautbarungen, die selbst dann noch die Möglichkeit eines deutschen Sieges suggerierten, als die Niederlage schon feststand.[49] War die Hoffnung auf einen großen deutschen Erfolg am Ende auch kaum noch verbreitet, so gingen die Erwartungen der Bevölkerung doch zumindest in die Richtung eines ehrenvollen Friedens, der den status quo ante wiederherstellte. Letztlich erwiesen sich derartige Spekulationen aber als verfehlt, da sie auf Annahmen beruhten, deren Haltlosigkeit allerdings erst nach dem Abtritt der militärischen Führung deutlich wurde.

Obwohl der Krieg mannigfaches Leid und materielle Not über die Menschen gebracht hatte, entwickelte er sich nichtsdestoweniger nach 1918 zu einem der wichtigsten Orientierungspunkte im öffentlichen Bewußtsein. Das Erlebnis der standesübergreifenden Schützengrabengemeinschaft und die hierin wurzelnde Idee „echter Volksgemeinschaft", innerhalb derer der einzelne lediglich ein kleiner Teil des großen Ganzen war, fungierten unmittelbar nach Kriegsende als Beweggründe für den Zusammenschluß in jenen zahlreichen nationalen Verbänden und Organisationen, die in bewußter Verachtung des als Verrat empfundenen demokratischen Neubeginns die Ideale militärischer Ordnung hochhielten. Diese Flucht in einen Mythos, die Leugnung der Niederlage und der Traum von einem starken, nach militärischem Vorbild aufgebauten Zukunfts-

---

47 Über Karl Reuter siehe Kap. VII.1.b).
48 Chronik der Kirchengemeinde Braderup/Uphusum, Eintragung 1917/18. Demnach zählte die Vaterlandspartei in Braderup 21 Mitglieder, weitere 12 traten ihr nach einer Veranstaltung in Süderlügum bei.
49 Signifikant hierfür war nicht zuletzt das geringe Echo in der Bevölkerung auf den „Volksbund für Freiheit und Vaterland", der als Gegengründung zur Vaterlandspartei konzipiert war und für einen Verständigungsfrieden eintrat; vgl. zu der von Linksliberalen, Zentrum und Sozialdemokratie ins Leben gerufenen Organisation, die im Raume Tondern keinerlei sichtbare Spuren hinterließ Herbert Gottwald, Volksbund für Freiheit und Vaterland (VfFV) 1917–1920, in: Lexikon zur Parteiengeschichte 1789–1945, Bd 4, S. 414–419.

staat, schuf von vornherein eine tiefe Distanz zwischen zahlreichen Kriegsteilnehmern und der Weimarer Republik, eine Distanz, die nie hat überbrückt werden können. Die Hauptverantwortung für diesen Umstand trug die mangelhafte innere Bewältigung der Kriegsereignisse, die sich in der verzweifelten Suche nach einem Sinn der Jahre 1914–1918 niederschlug. Als Phase elenden und
unnützen Sterbens empfanden nur die allerwenigsten diese Zeitspanne. Gerade
aber das Unvermögen zur kritischen Bestandsaufnahme des Krieges, wie sie
etwa Remarque in seinem Roman „Im Westen nichts Neues" vornahm und die
Erklärung aller Nachkriegsmißstände aus der Revolution und deren Folgen hatten entscheidenden Anteil daran, daß der erste demokratische Staat auf deutschem Boden vom Beginn seiner Existenz an so überaus hart um Anerkennung
ringen mußte.

Wie im übrigen Reich erlangten auch in Südtondern in den zwanziger Jahren
eine Reihe von Organisationen Bedeutung und Einfluß auf die politische Willensbildung, die dem Gedeihen antidemokratischer Anschauungen wirksam
Vorschub leisteten und sich an Idealen orientierten, die einer ruhigen und sachlichen Betrachtungsweise der Verhältnisse diametral entgegenstanden. Ferner
wirkten Kriegervereine und andere militante Verbände südlich der neuen
Staatsgrenze in einer Weise, daß sich der Weimarer Staat auch hier von vornherein großen Problemen gegenübergestellt sah.

V. Der Kreis (Süd-) Tondern in der Anfangsphase der Weimarer Republik

1. DER UMSTURZ VOM NOVEMBER 1918

Nach dem Friedensschluß von Brest-Litowsk im März 1918, der den Krieg im Osten beendete, und unter dem Druck der sich von Tag zu Tag verschlechternden Versorgungslage der Bevölkerung sowie um dem drohenden Einsatz verstärkter amerikanischer Waffenhilfe für die Alliierten zuvorzukommen, entschloß sich die deutsche militärische Führung im Frühjahr 1918 zu einem letzten Versuch, die Gegner im Westen entscheidend zu schlagen. Das klägliche Scheitern der Offensive, in noch höherem Maße aber der „Schwarze Tag des deutschen Heeres" am 8. August 1918, als die Front nach einem Angriff der Westmächte ins Wanken geriet, nahm den Truppen den letzten Rest an Siegeszuversicht und offenbarte der Obersten Heeresleitung (OHL) zugleich schonungslos die Aussichtslosigkeit weiteren Widerstandes und die eigenen Fehlkalkulationen. Fortan vermochte das ausgezehrte Heer bei ständiger Rückverlegung der Stellungen bis zum Waffenstillstand lediglich die nachdrängenden Alliierten aufzuhalten. Die Truppe arbeitete damit selbst dem Trugbild von der im Felde unbesiegten Armee vor, jener Legende also, derzufolge das Heer nicht an der Übermacht der Gegner, sondern am revolutionären Verrat in der Heimat gescheitert sei, und die nach 1918 zur Überzeugung eines Großteils der deutschen Öffentlichkeit gehörte und maßgeblich zur Destabilisierung des neuen demokratischen Systems beitrug.[1]

Die nicht mehr haltbare Situation, die nach wie vor in ihrer ganzen Tragweite nur dem kleinen Kreis führender Militärs bekannt war, nahm Ludendorff Ende September zum Anlaß, nun seinerseits auf der von der Reichstagsmehrheit immer nachdrücklicher geforderten Parlamentarisierung des Reiches und der Beseitigung des Dreiklassenwahlrechts in Preußen zu bestehen.[2] Diese plötzliche Abkehr von der bis dahin faktisch praktizierten Militärdiktatur sollte den Weg zur Bildung einer zivilen Regierung ebnen und so die Möglichkeit für einen milden Frieden schaffen, einem Ziel, das die militärische Führung als möglicher Verhandlungspartner der Siegermächte nicht erreichen zu können glaubte. In Wahrheit handelte es sich bei diesem Sinneswandel jedoch einzig um die Bankrotterklärung der ratlosen OHL, die sich auf derartige Weise mit (in)direkter

---

1 Zur militärischen und politischen Entwicklung am Ende des Krieges siehe Gerhard Ritter, Staatskunst und Kriegshandwerk, Bd 4, München 1968, S. 281 ff.

2 Zur Parlamentarisierung und dem Verhalten der Militärs im September 1918 Gerhard Ritter, Die Niederlage der Militärs, in: Eberhard Kolb (Hg.), Vom Kaiserreich zur Weimarer Republik, Köln 1972, S. 44–64; Eberhard Kolb, Die Weimarer Republik, München/Wien 1984, S. 4 ff.; Helmut Heiber, Die Republik von Weimar, München 1977[10], S. 12.

Hilfe des Reichstags schlichtweg der Verantwortung für die Niederlage entzog und den Mehrheitsparteien aus SPD, Fortschritt und Zentrum die Bürde der Liquidierung des Krieges überließ. Der ganze Zynismus dieses Aktes kam in folgenden Worten zum Ausdruck, mit denen Ludendorff vor Offizieren der Obersten Heeresleitung der Heimat die Schuld für das militärische Desaster zuschob[3]:

„Ich habe S. M. gebeten, jetzt auch diejenigen Kreise an die Regierung zu bringen, denen wir es in der Hauptsache zu verdanken haben, daß wir soweit gekommen sind. Wir werden also diese Herren jetzt in die Ministerien einziehen sehen. Die sollen die Suppe jetzt essen, die sie uns eingebrockt haben."

Damit war den Mehrheitsparteien die Regierungsverantwortung förmlich aufgenötigt worden, obgleich sie jeder Vorbereitung auf diese Rolle ermangelten und über die hoffnungslose militärische Lage nicht ausreichend orientiert waren. Insofern begann die parlamentarische Regierungsform unter dem Reichskanzler Prinz Max von Baden zu einem denkbar ungünstigen Zeitpunkt und hatte in diesem Moment kaum eine Chance, Spuren im Bewußtsein der Bevölkerung zu hinterlassen.[4] Weite Teile der Öffentlichkeit sahen die Parlamentarisierung bald in engem Zusammenhang mit dem Ende des Krieges. Gemeinsam mit der fehlenden Einsicht in das Faktum des verlorenen Krieges bildete dieses Vorurteil den zentralen Belastungsfaktor am Beginn der Weimarer Republik[5], deren Entstehung erst durch den nach der Matrosenrebellion erfolgten endgültigen Sturz der Monarchie möglich wurde.

Im Gegensatz zum Landheer war die kaiserliche Hochseeflotte im Verlauf des Krieges nur wenig in Erscheinung getreten, sieht man von der für den Ablauf des Krieges letztlich bedeutungslosen Skagerakschlacht im Jahre 1916 ab. Die aus der aufgezwungenen Untätigkeit der Marinesoldaten resultierende Unzufriedenheit hatte sich bereits 1917 in kleineren Meutereien niedergeschlagen, größeren Umfang nahm der Widerstand gegen die Marineleitung allerdings erst an, als es den Matrosen darum ging, die Opferung der Flotte „auf dem Felde der Ehre" zu verhindern. In diese Richtung zielten nämlich die Absichten der Seekriegsleitung, die angesichts der bevorstehenden unabwendbaren Niederlage

---

3 Zitiert nach Hagen Schulze, Weimar – Deutschland 1917–1933, Berlin 1982, S. 182. Die Rolle des Reichstages gegen Ende September 1918 wird heute allerdings nicht mehr in der Weise als bloße Marionette der militärischen Führung gesehen, sondern gleichfalls als treibende Kraft im Konflikt um die Erweiterung der Rechte. Trotzdem blieb das Ergebnis dasselbe: Die Oberste Heeresleitung konnte sich auf einfache Art ihrer Verantwortung entziehen; Kolb, Die Weimarer Republik, S. 3 f.; ferner Mai, Das Ende des Kaiserreiches, S. 158 ff.

4 Dazu Horst Möller, Parlamentarismus-Diskussion in der Weimarer Republik. Die Frage des „besonderen Weges" zum parlamentarischen Regierungssystem, in: Funke/Jacobsen/Knütter/Schwarz, S. 140–157, hier S. 143.

5 Zum Problem der kaum begriffenen Niederlage Ulrich Heinemann, Die verdrängte Niederlage. Politische Öffentlichkeit und Kriegsschuldfrage in der Weimarer Republik, Göttingen 1983.

den ehrenvollen Untergang des Stolzes der Marine gegenüber einer vermutlich kampflosen Auslieferung der Schlachtschiffe an die Siegermächte den Vorzug gab.[6] Der am 24. Oktober erfolgte Befehl zum Auslaufen der Flotte wurde jedoch durch die Befehlsverweigerung einer größeren Gruppe der kriegsmüden Matrosen verhindert, und auch die Eindämmung der Rebellion mittels Isolierung einzelner Flottenverbände scheiterte. Mit dem nach Kiel detachierten III. Geschwader steuerte zugleich der Matrosenaufstand auf die Provinzhauptstadt zu, wo es im Zuge des Versuchs zur Befreiung inhaftierter Kameraden zu bewaffneten Auseinandersetzungen zwischen offizierstreuen Soldaten und rebellierenden Marineeinheiten kam. Erste Todesopfer waren die Folge. Am 4. November befand sich Kiel dann fest in der Hand der aufständischen Matrosen, die indes (noch) keine konkreten politischen Zielsetzungen vertraten, geschweige denn von revolutionärem Elan getrieben wurden.[7] Die Sozialdemokratie war nicht als Initiator der Bewegung aufgetreten und hielt sich zunächst merklich zurück.[8] Erst im weiteren Verlauf der Ereignisse übernahm die politische Linke die Verantwortung in jenen Arbeiter- und Soldatenräten, die sich von Kiel aus binnen weniger Tage über das gesamte Reichsgebiet ausbreiteten.

Im Kreise Tondern zeigte sich die Lage zum Ende des Krieges nach außen hin ruhig, doch wuchs der Unmut über die kriegswirtschaftlichen Probleme auch hier und trug maßgeblich zur Steigerung der Kriegsmüdigkeit bei.[9] Trotzdem überraschte viele die Plötzlichkeit der sich abzeichnenden Niederlage, da die noch auf französischem Boden stehenden Truppen das Gefühl militärischer Stärke suggerierten. An der äußerlichen Ruhe änderte sich auch bei Bekanntwerden der ersten Nachrichten über die Kieler Ereignisse nichts, doch nutzte die Lokalpresse bereits die einlaufenden Meldungen, um ihre Leser über den vermeintlichen „Verrat" an den deutschen Soldaten zu informieren bzw. sie vor der

---

6 Zur Politik der Admiralität am Ende des Krieges Wilhelm Deist, Die Politik der Seekriegsleitung und die Rebellion der Flotte Ende Oktober 1918, in: VfZ 14 (1966), S. 341–368. Demzufolge (S. 355) blieb die Opferung der Flotte „Ehrensache".
7 Siehe zu den Vorgängen in Kiel besonders Dirk Dähnhardt, Revolution in Kiel. Der Übergang vom Kaiserreich zur Weimarer Republik 1918/19, Neumünster 1978.
8 ebd., S. 90f.
9 Der Pastor der Gemeinde Neukirchen schrieb über die Lage im Herbst 1918: „Der Opfer, welche der Krieg gekostet hatte, waren genug. Alle vaterländische Begeisterung war dahin, die Kriegsmüdigkeit groß. Zwangs- und Mißwirtschaften in der Heimat und im Felde erbitterten die Herzen überall. – Mit Bangen sah man das Ende kommen, aber ein so jähes und so trostloses Zusammenbrechen hatten auch die Pessimisten nicht erwartet . . .."; Chronik der Kirchengemeinde Neukirchen, Eintragung 1918.

angeblich drohenden Bolschewismusgefahr zu warnen. So war z. B. in der „Föhrer Zeitung" zu lesen[10]:

„Absichtlich halten unsere Feinde mit ihren Waffenstillstandsbedingungen zurück und warten schadenfroh, daß Deutschland sich durch Aufstände selbst vernichte und unsere Truppen an der Westfront, die bisher noch unüberwindlich waren, durch die Nachrichten aus der Heimat gelähmt werden und ihre Widerstandskraft verlieren ... Wenn unsere Feinde sich darauf freuen, daß wir am Bolschewismus zugrunde gehen, so übersehen sie, daß sie dieselbe Bewegung wahrscheinlich bald selbst haben werden. Der Bolschewismus breitet sich aus wie die Grippe, er führt zur Zersetzung und zur Verelendung des von ihm ergriffenen Volkes ..."

Ferner enthielten die Berichte deutliche Spitzen gegen die urbanen Zentren, die schließlich den Hort der Revolution und des Verrats bildeten.[11] Auf diese Weise wurde der zunehmenden Distanz zwischen Stadt und Land vorgearbeitet, die sich im Verlaufe des Krieges immer stärker herauskristallisiert hatte und innerhalb der Weimarer Republik nie hat überwunden werden können.[12]

Am 7. November sprang dann der Funke der Revolution auch auf die Kreishauptstadt Tondern über, wo sich unter Führung der in der Stadt stationierten Marine-Luftschiff-Truppen ein vorläufiger Arbeiter- und Soldatenrat gebildet hatte, der noch am gleichen Tage bei Landrat Böhme erschien und ihm erklärte, der Rat habe die öffentliche Gewalt übernommen.[13] Angesichts der militärischen Überlegenheit verzichtete Böhme auf Anraten des Garnisonskommandos

10 FZ vom 8. 11. 1918. Daß die Gefahr einer Entwicklung wie in Sowjetrußland in Deutschland um die Jahreswende 1918 / 19 nicht bestand, wird heute kaum mehr bestritten; vgl. z.B. Eberhard Kolb, Internationale Rahmenbedingungen einer demokratischen Neuordnung in Deutschland 1918 / 19, in: Karl Dietrich Bracher / Manfred Funke / Hans-Adolf Jacobsen (Hg.), Die Weimarer Republik 1918–1933. Politik, Wirtschaft, Gesellschaft, Düsseldorf 1987, S. 257–288, besonders S. 259, Anm. 6; vgl. auch Kap. V.3.

11 So warf die „Sylter Zeitung" vom 8. 11. 1918 den Städtern vor, die Truppen verraten zu haben: Die Stadtbevölkerung habe zwar schwer gelitten, doch sei dies noch lange kein Grund dafür, „dem Vaterlande und den schwer kämpfenden Brüdern in den Rücken zu fallen ..."

12 Siehe etwa Jonathan Osmond, Peasant Farming in South and West Germany during War and Inflation 1914 to 1924: Stability or Stagnation? In: Gerald D. Feldman (Hg.), Die deutsche Inflation. Eine Zwischenbilanz, Berlin / New York 1982, S. 289–307, hier S. 305.

13 Die Schilderung der Tonderner Ereignisse folgt im wesentlichen einem Bericht des Landrats an den Regierungspräsidenten vom 8. 11. 1918 (LAS 309 / 8306) sowie den Pressemeldungen in der „Nordfriesischen Rundschau" vom 11. 11. und dem „Lecker Anzeiger" vom 12. 11. 1918. Die „Tondernsche Zeitung" lag für das Jahr 1918 leider nicht vor. Bedauerlicherweise konnte in diesem Zusammenhang auch nicht auf die in der Anfangsphase der Weimarer Republik in Tondern erschienene, links gerichtete Zeitung „Der freie Arbeiter" zurückgegriffen werden, die nur in wenigen Einzelexemplaren überliefert ist.

auf Gegenwehr, zu der er offenkundig bereitgewesen wäre und beschränkte sich auf einen formellen Protest gegen die Aktion. Auf Bitten des Soldatenrates sowie aus Pflichtgefühl erklärte sich der Landrat jedoch zur Fortführung seiner Geschäfte bereit. Der am folgenden Tag stattfindende Umzug der Soldaten, die unter dem Vorantragen einer roten Fahne und selbst mit roten Bändern geschmückt durch die Straßen Tonderns marschierten, signalisierte auch nach außen hin den Sieg der „Revolution", der ohne einen Schuß errungen worden war.[14]

Am 9. November konstituierte sich in Hoyer ein Soldatenrat[15], und auch in Westerland schritt die dortige Inselwache am Tage der Ausrufung der Republik zur Tat. Mit einem Hoch auf die revolutionäre Bewegung sowie der Bekräftigung des Willens zur Zusammenarbeit mit der bisherigen Verwaltung wurde die Gründungsversammlung des Soldatenrates beendet.[16] Ein bis dahin auf der Insel nie gesehener Demonstrationszug am nächsten Tage sowie eine abschließende Kundgebung, die ironischerweise im „Deutschen Kaiser" stattfand, beendeten dann auf Sylt den „Umsturz", der auch hier ohne jegliche Gewaltanwendung verlief. Statt dessen kennzeichneten „Ruhe und Ordnung"[17] das Bild.

Die friedlich verlaufene Übernahme der öffentlichen Gewalt, besonders aber der Verbleib des Landrats in seinem Amt, dokumentiert, daß dem Umsturz kein wirklich revolutionärer Charakter innewohnte. Insofern glichen die Ereignisse in Tondern durchaus denen in Kiel, die anfänglich ebenfalls nur dem Wunsch nach Beendigung des Krieges um jeden Preis Ausdruck verliehen hatten, ohne zunächst politisch motiviert, geschweige denn von der Sozialdemokratie getragen gewesen zu sein.[18] Entsprechend beschränkten sich die ersten Maßnahmen des Tonderner Arbeiter- und Soldatenrates auf grundlegende Änderungen des Militärdienstes: Fast alle Offiziere wurden entlassen; Mannschaften sowie Unteroffiziere übernahmen an deren Stelle die militärische Leitung.[19] Politische Forderungen wurden demgegenüber im unmittelbaren Zusammenhang mit den Geschehnissen nicht laut, vielmehr richteten sich die Bestrebungen der neuen Machthaber in Verbindung mit dem weiter amtierenden Landrat auf die allgemeine Aufrechterhaltung von Ruhe und Ordnung, die Sicherstellung der Ernährung und die damit verbundene Ablieferungspflicht.[20] Erst kurz nach der „Revolution" äußerten sich einzelne Redner über die politische Zukunft, doch

---

14 Landrat Böhme schloß seinen Bericht mit den Worten: „Im übrigen ist die Bewegung hier ruhig verlaufen." Vgl. Auch Karl Alnor, Handbuch zur schleswigschen Frage, Bd. III/1, Neumünster 1930, S. 208 f.

15 LA vom 12. 11. 1918.

16 SZ vom 11. 11. 1918; siehe ferner Voigt, Der Sylter Weg, S. 19.

17 SZ vom 11. 11. 1918.

18 Es sei daran erinnert, daß außerhalb Tonderns nur in Westerland ein sozialdemokratischer Wahlverein existierte. Weitere Ortsvereine der SPD entstanden erst kurz vor der Wahl zur Nationalversammlung; vgl. Kap. V.3.

19 LA vom 12. 11. 1918.

20 Aufruf des Landrats vom 11. 11. 1918 in LA vom 14. 11. 1918.

zeigten sie sich gemäßigt und vertraten keine radikaldemokratischen Positionen.[21] Signifikant dafür war das Bekenntnis des Tonderner Rates zur mehrheitssozialdemokratischen Politik Eberts kurz vor der Wahl zur Nationalversammlung, womit weitergehenden sozialistischen Bestrebungen eine mehr als deutliche Absage erteilt und der bis dahin vorangetriebenen staatlichen Neuordnung zugestimmt wurde.[22]

Der überwiegende Teil der Bevölkerung verhielt sich in der Umbruchsphase still abwartend. Diese Haltung entsprang allerdings keiner verhaltenen Zustimmung zu den sich anbahnenden Neuerungen, sondern sie repräsentierte im wesentlichen das Gefühl der Ohnmacht in den bürgerlichen Kreisen. Das offene Bedauern über den in seinen Konsequenzen noch kaum abzusehenden Bruch mit dem Kaiserreich war zwar ebenso selten wie das ausdrückliche Bekenntnis zur staatlichen Neuordnung[23], doch deuten die Reaktionen in Wyk und Niebüll bezüglich der Revolution auf die fehlende Bereitschaft zur Akzeptanz durchgreifender Neuerungen hin. In Wyk kam es erst infolge behördlicher Anordnung zur Bildung eines „Bürger- und Arbeiterrates", nachdem sich die Stadtvertretung zuvor gegen die Schaffung eines derartigen Gremiums ausgesprochen hatte und die Verwaltung eigentlich in der bisherigen Form hätte weiterarbeiten sollen.[24] Ähnlich reserviert zeigten sich auch die Niebüller, als sie in großer Zahl zu einer ohnehin von außen einberufenen Versammlung zusammenkamen, auf der sie ihrerseits einen Arbeiter- und Soldatenrat wählen sollten. Es konnte zwar ein Rat mit bürgerlicher Mehrheit gebildet werden, doch bekundete bereits die aus den Reihen der Zuhörer geäußerte Frage nach der Notwendigkeit eines Arbeiter- und Soldatenrates auch für Niebüll die spürbare Skepsis, mit der der

21 Die Vertreter des Arbeiterrates in Westerland sprachen sich für die Wahl zu einer Nationalversammlung aus. Ähnlich wandten sich auch Redner in Niebüll gegen revolutionäre Bestrebungen; SZ vom 13. 11. 1918 und NfR vom 11. 11. 1918.

22 NfR vom 6. 1. 1919. Bereits am 31. 12. 1918 hatte die Tonderner Garnison ihre Bereitschaft erklärt, die gegenwärtige Regierung zu stützen und den Bolschewismus „bis zur vollkommenen Beseitigung" zu bekämpfen; LAS 309/22990, Garnisonskommando Tondern an RP vom 31. 12. 1918.

23 Lediglich aus der Wiedingharde gelangte ein Treuebekenntnis zum Kaiser in die Presse; NfR vom 8. 11. 1918. Der Westerländer Amtsgerichtsrat Beyer forderte in einem Leserbrief zu tatkräftiger Mitarbeit am Neuen auf und warnte gleichzeitig vor dem Festhalten am Alten; SZ vom 22. 11. 1918.

24 KANF A3, Nr 4511, Bericht über die Stadtverordnetensitzung vom 13. 11. 1918. In Wyk kam es anläßlich der „Revolution" zu einer regelrechten „Köpenickiade", als drei auswärtige Matrosen den Wyker Polizisten entwaffneten und sich kurzfristig als Machthaber aufspielten. Von revolutionärem Elan konnte auf der Insel keine Rede sein; vgl. zu diesen Vorgängen KANF A3, Nr 4019, Bürgermeister Bergmann an Ldr. vom 13. 11. und 16. 12. 1918, FZ vom 12. 11. 1918. Zusammenfassend urteilt Tholund gewiß richtig, wenn er bezüglich der Wyker Ereignisse feststellt, daß Föhr keinen Platz für Revolutionen biete; Jakob Tholund, Wyk. Die Stadt auf der grünen Insel Föhr, St. Peter-Ording 1985, S. 78.

Entwicklung von vornherein begegnet wurde.[25] Es sollte schließlich nicht allzulange dauern, bis die anfängliche Skepsis in offene Ablehnung der revolutionären Bestrebungen umschlug.

Die Mitte November erfolgte Wahl von Beiräten für die Verwaltungsgremien des Kreises leitete eine Phase der Zusammenarbeit von Mitgliedern des Arbeiter- und Soldatenrates Tondern auf der einen, sowie den alten, aus der Kaiserzeit stammenden Mandatsträgern auf der anderen Seite ein. Von Beginn an jedoch stand die Kooperation unter keinem guten Stern; sie verschlechterte sich im Zuge der Konsolidierung der Machtverhältnisse sogar noch weiter.[26] Die extremen Gegenpole bildeten zum einen der weiter amtierende Landrat Böhme, der aus seiner grundsätzlichen Ablehnung des Umsturzes bereits am 7. November keinen Hehl gemacht und gleichzeitig dem Arbeiterrat schon zu diesem Zeitpunkt alle Verantwortung für mögliche spätere Versorgungsengpässe angelastet hatte, ohne dafür die Mängel der Kriegswirtschaft zu benennen.[27] Die Seite der „Revolution" vertrat als Beigeordneter des Landrats der Vorsitzende des Tonderner Arbeiter- und Soldatenrats, der Maurer Heinrich Wienecke[28], der sich insbesondere für die Fortführung der Zwangswirtschaft im Agrarsektor einsetzte.[29] Dies war nötig, um die Ernährung auch der ärmeren Schichten in den Städten zu gewährleisten, die bei einer vorzeitigen Freigabe des Handels nicht sichergestellt werden konnte.[30] Gerade aber an dieser eminent wichtigen Frage der Zwangswirtschaft entspann sich ein dauernder Streit zwischen Räten und Amtsträgern. Noch Jahre später zeigte er Wirkung, indem speziell die Probleme der Landwirtschaft vor allem auf die viel zu lang ausgedehnte Zwangswirtschaft zurückgeführt wurden.[31] Gleichzeitig erschwerten die Auseinandersetzungen um dieses wirtschaftliche Erfordernis und die Furcht vor Sozialisierungsmaßnahmen den Aussöhnungsprozeß weiter Teile des Bauerntums mit dem neuen Staat von vornherein.[32]

---

25 Siehe hierzu den Bericht in der NfR vom 18. 11. 1918.

26 Staatskommissar Koester berichtete am 30. 11. 1919 an den Präsidenten des preußischen Staatsministeriums: „Der Arbeiterrat Tondern liegt mit dem Landrat Böhme seit seinem Bestehen in Konflikt"; GStAPK I / Rep. 77, Nr 5491.

27 LAS 309 / 8306, Ldr. an RP vom 8. 11. 1918; Böhme verweigerte später einem mehrheitssozialdemokratisch eingestellten Lehrer die Bestätigung zum Beigeordneten beim Amtvorsteher in Lindholm; GStAPK I / Rep. 77, Nr 5491.

28 Über Heinrich Wienecke (1881–1959), der zunächst als Redakteur des „freien Arbeiters" der Mehrheitssozialdemokratie angehörte, später zur USPD übertrat und schließlich KPD-Funktionär wurde, siehe den Beitrag von Gerd Callesen im Jahrbuch zur Arbeiterbewegung und Demokratie in Schleswig-Holstein, Bd III, Kiel 1988, S. 464 ff.

29 Siehe etwa LA vom 28. 11. 1918; ferner die Aufrufe in der lokalen Presse der Monate November und Dezember 1918 zur Aufrechterhaltung von Ruhe und Ordnung.

30 In diesem Sinne schon Aereboe, Der Einfluß des Krieges, S. 107.

31 So der Geschäftsführer des Kreisbauernvereins, Dr. August Fröbe, in einem Beitrag für die Presse; LA vom 13. 1. 1928.

32 Vgl. z.B. Thyssen, S. 234 ff.

Ihren Höhepunkt erreichten die Streitigkeiten um die Zwangsbewirtschaftung, als Bevorzugungen der Marschbauern durch den Landrat ruchbar wurden und der Kreistag auf Kosten der Verbraucher eine Erhöhung der Erzeugerpreise durchsetzte, um die Landwirte zu vermehrter Kornablieferung zu animieren. Zwar mußte der Kreistag diesen Beschluß auf Druck der Regierung in Schleswig zurückziehen, doch verschärfte sich das ohnehin gespannte Verhältnis zwischen Bauerntum und Revolution dadurch noch mehr.[33] Bereits im Januar hatten führende Landwirte der Geest Wienecke ob seines Kurses scharf angegriffen, ihm insbesondere vorgeworfen, er sei Staatenloser, daher national nicht zuverlässig und als Beigeordneter ungeeignet.[34] Im Februar 1919 erfolgte aufgrund der Anzeige des Bürgerausschusses in Tondern eine kurzfristige Verhaftung Wieneckes wegen Hochverrats[35], und im Juni scheiterte der Versuch des Kreises, den Beigeordneten Wienecke loszuwerden, am Widerstand der Tonderner Arbeiterschaft, die weiterhin an ihm festhalten wollte.[36]

Im Gegensatz zu den Arbeiter- und Soldatenräten, deren Bewegungsraum aufgrund von Entscheidungen in Berlin zusehends eingeengt wurde und die nach 1919 durch den aus der Kaiserzeit übernommenen Verwaltungsapparat gänzlich ersetzt wurden, war den Arbeiter- und Bauernräten eine etwas längere Lebensdauer beschieden.[37] In diesen seit November 1918 als lokale Fundamente der Rätebewegung projektierten Organisationen setzten sich jedoch nur zu rasch jene restaurativen, häufig rechtsgerichteten Kommunalpolitiker durch, welche der Neuordnung mit tiefer Skepsis bzw. offener Ablehnung gegenüberstanden und die dörflichen Räte einzig zur Artikulation eigener Ansprüche oder als Verbindungsinstrumente zu höheren Verwaltungsstellen nutzten. Die Hauptaufgaben der Bauernräte bestanden im wesentlichen in der Sicherstellung der Ernährung bei gleichzeitiger Bekämpfung des Schleichhandels, dem Erhalt der landwirtschaftlichen Betriebe und der Steigerung der Produktion sowie der Förderung des Genossenschaftswesens, der Demobilmachung und dem Schutz

---

33 Zu den Vorgängen siehe das unter Anm. 26 dieses Kapitels zitierte Schreiben.
34 LA vom 21. 1. 1919. Zu den Unterzeichnern gehörten Amtsvorsteher Chr. Jessen (Tinningstedt), D. Lüthje (Holzacker), Andreas Nielsen (Klintum) und Peter Hansen (Ladelund).
35 „Flensburger Volkszeitung" (FVz) vom 12. 2. 1919 und FZ vom 18. 2. 1918.
36 FVz vom 30. 6. 1918 und LA vom 1. 7. 1918.
37 Zu Entwicklung und Bedeutung der Arbeiter- und Bauernräte siehe Heinrich Muth, Die Entstehung der Bauern- und Landarbeiterräte im November 1918 und die Politik des Bundes der Landwirte, in: VfZ 21 (1973), S. 1–31. Zu Recht kritischer, wenngleich stärker auf die ostelbischen Gebiete fixiert Jens Flemming, Landarbeiter zwischen Gewerkschaften und „Werkgemeinschaft". Zum Verhältnis von Agrarunternehmern und Landarbeiterbewegung im Übergang vom Kaiserreich zur Weimarer Republik, in: AfS 14 (1974), S. 351–418. Zur Bedeutung der Räte in Schleswig-Holstein Rietzler, „Kampf in der Nordmark", S. 85 f.

von Personen und Eigentum.[38] Solch unpolitischer, auf die rein administrative Ebene beschränkter Aufgabenkreis erleichterte wie in Schleswig-Holstein insgesamt auch den Landwirten des Kreises Tondern die Mitarbeit in den Räten. Bis zum April 1919 konstituierten sich 176 derartige Gremien in den Gemeinden des Kreises[39], in denen wie überall die bürgerlichbäuerlichen Kräfte dominierten. In der Gemeinde Leck z.B. stand der spätere Vorsitzende des Kreisbauernvereins Südtondern an der Spitze des örtlichen Rates[40], in Niebüll leitete ein führender Funktionär des Kreiskriegerverbandes den Rat der Gemeinde.[41]

Wie wenig aufgeschlossen sich die Bauernräte Tonderns gegenüber Denkanstößen in Richtung struktureller Veränderung bzw. Modernisierung zeigten, macht die Reaktion auf ein unter Leitung Wieneckes erarbeitetes „Agrarprogramm" deutlich[42], in welchem im Frühjahr 1919 bereits auf zahlreiche Strukturprobleme hingewiesen wurde: die Notwendigkeit zur Aufsiedlung des unrentablen Großgrundbesitzes, der vor allem wegen der niedrigen Löhne die Zeit überdauert hatte, ferner das mangelnde betriebswirtschaftliche Denken der Landwirte sowie die eine rentable Nutzung der Ländereien verhindernde Flurzersplitterung. Diese Vorschläge, die nebenbei auch noch eine Garantie des bäuerlichen Eigentums enthielten, stießen, sofern sie überhaupt zur Kenntnis genommen wurden, auf einhellige Ablehnung.[43] Darin spiegelt sich einmal die unversöhnliche Haltung des Bauerntums gegenüber allen Ideen sozialistischer Provenienz wider, zum anderen belegt die Einstellung zugleich den Willen, die überkommenen Strukturen sowie die althergebrachten Denkmuster in die neue Zeit hinüberzuretten. Spätestens mit dem Aufkommen der Landvolkbewegung am Ende der zwanziger Jahre rächten sich die Versäumnisse in der Agrarpolitik, die bis weit in die Kaiserzeit zurückreichten.

Als zumindest sehr problematisch für den staatlichen Neuaufbau muß in der Phase des Übergangs vom Kaiserreich zur Weimarer Republik auch die personelle Kontinuität in der Verwaltung beurteilt werden. Die Notwendigkeit zur Aufrechterhaltung einer funktionstüchtigen Bürokratie machte es jedoch auf allen Ebenen erforderlich, die Fachleute der Verwaltung weiterzubeschäftigen. So überdauerte der Landrat als höchster Verwaltungsbeamter des Kreises den

38 Der Arbeiter- und Soldatenrat Tondern umriß die Aufgaben in einem Rundschreiben vom 16. 1. 1919; KANF A3, Nr 5041.
39 LAS 309/21048. Die Übersicht stammt vom April 1919.
40 LA vom 26. 11. 1918.
41 NfR vom 18. 11. 1918 und LA vom 15. 7. 1920.
42 Das Programm entstand vermutlich im Januar/Februar 1919, wie aus einem Artikel der ultrarechten „Deutschen Tageszeitung" vom 26. 2. 1919 hervorgeht, in dem die Vorschläge scharf kritisiert wurden; LAS 309/6993.
43 LAS 309/6993, Ldr. an RP vom 26. 3. 1919. Gleichzeitig enthält dieses Schreiben eine Warnung an den Arbeiterrat in Tondern, keine ähnlichen Vorschläge an die Arbeiter- und Bauernräte zu verschicken, da solche Programmentwürfe nicht zum Aufgabenbereich der Arbeiter- und Soldatenräte gehörten.

Novemberumsturz genauso wie die Amtsvorsteher, Bürgermeister, Richter und sonstigen Verwaltungsträger. Vorbehaltlos demokratische Kräfte innerhalb der Bürokratie gab es fast gar nicht, demgegenüber allerdings sehr wohl die zahlreichen Amtsinhaber, die den überlebten Idealen einer nun untergegangenen Epoche verpflichtet blieben, und die in diesem Geist ihr Amt in der Republik versahen.[44] An der Spitze dieser Beamtenschaft bzw. Amtsträger rangierte Landrat Böhme, der seit dem Umsturz in Tondern keinen Zweifel an seiner Haltung gegenüber den neuen Machtverhältnissen gelassen hatte. Ebenso verblieb auch der später führende Kopf der Landvolkbewegung, Ernst Bossen, in seinem Aufgabenkreis als Vertreter des Amtsvorstehers.

Besorgte Kritik an der personellen Kontinuität in der Verwaltung wurde insgesamt kaum laut. Umso erstaunlicher ist es, daß ausgerechnet ein Pastor von der Insel Föhr jene Problematik bereits in ihrer Frühzeit aufgriff. In einem Brief vom 22. Juli 1922[45], d. h. kurze Zeit nach dem Mord an Reichsaußenminister Rathenau durch Mitglieder der rechtsgerichteten Organisation Consul, beklagte sich der Süderender Pastor Johann Dankleff[46] in einem Schreiben an den Oberpräsidenten der Provinz über die mangelhafte demokratische Gesinnung von Amtsträgern, die in keiner Weise demokratischen Vorstellungen anhingen. Mit Blick auf einen Lehrer der Gemeinde und den bereits in der Kaiserzeit amtierenden Amtsvorsteher Roeloffs, der zu den Gründungsmitgliedern der DNVP auf der Insel zu Beginn des Jahres 1919 gehört hatte, schrieb der Seelsorger in dunkler Vorahnung kommender Ereignisse:

„Echt demokratische Gesinnung – ob bürgerlich oder sozialistisch orientiert lasse ich dahingestellt – fehlt bei Beamten meistens, so bei Amtsvorstehern, Lehrern usw., bei ihnen wohnt noch ausschließlich der Geist, der uns ins Unglück brachte und auch weiterhin durch seine Kriegs- und Rachegelüste unser nationales Unglück bescheiden wird."

Der fehlenden Demokratisierung des Verwaltungsapparates wird zwar kaum die Rolle als direkter Wegbereiter des späteren NS-Erfolges zuzuschreiben sein, doch war sie sicher eine allgemeine, unabdingbare Voraussetzung zur Destabilisierung der nur formalen demokratischen Ordnung. Insofern konnte schon die wenig einvernehmliche Zusammenarbeit von Arbeiter- und Soldatenrat mit der

---

44 Die Problematik der mangelhaften Demokratisierung von Verwaltung, Militär und Justiz nach 1918 und ihre Bedeutung für die Destabilisierung der Nachkriegsordnung und den Aufstieg des Nationalsozialismus ist bis in die jüngste Vergangenheit Thema kontroverser Diskussionen geblieben. Fest steht bislang auf jeden Fall, daß sich speziell die Bürokratie der Weimarer Republik nicht an demokratischen Idealen orientierte und somit den Erfolgen Hitlers zumindest nicht massiv wehrte; vgl. dazu allgemein Hans Hattenhauer, Geschichte des Beamtentums, Köln/Berlin/Bonn/München 1980, S. 295–368; einen kurzen Überblick gibt Hans Fenske, Bürokratie in Deutschland. Vom späten Kaiserreich bis zur Gegenwart, Berlin 1985, S. 26 ff.

45 LAS 301/4501.

46 Über Johann Dankleff siehe Kap. V.4.a).

Verwaltung in der Umbruchsphase als ungünstiges Omen für das verkrampfte Verhältnis der agrarisch geprägten Bevölkerung zur Sozialdemokratie bzw. zur späteren Demokratie insgesamt gelten. Zwar entschärfte sich der Gegensatz vorübergehend angesichts der bevorstehenden Abstimmung[47], die mehr und mehr das Bewußtsein für Gemeinsamkeit der deutschgesinnten Kreise im Untersuchungsraum ergriff, doch resultierte auch diese Zusammenarbeit eher aus nationaler denn aus demokratischer Überzeugung. Festzuhalten bleibt, daß die staatliche Neuordnung insgesamt mit tiefer Skepsis aufgenommen wurde. Dies machte sich vor allem in den wirtschaftlich motivierten Protesten bemerkbar, die der jungen Republik bald alle Schuld an den mißlichen Zuständen anlastete. Die Befürworter des Neuen standen von vornherein in der Defensive, die wenigsten Bewohner des Kreises wie des Deutschen Reiches insgesamt begriffen die staatspolitische und ideelle Zäsur des November 1918, wohingegen ein großer Teil der Bevölkerung rasch den Weg zu einfachsten Erklärungsmustern fand, wie sie von den Republikgegnern alsbald angeboten wurden.

2. DIE WEIMARER PARTEIEN[48]

Die Neuordnung des deutschen Staatswesens nach der „Novemberrevolution" 1918 veränderte die Rolle und Funktion der Parteien bzw. der Parlamentsfraktionen aufs nachhaltigste.[49] In der Vorkriegszeit im wesentlichen darauf beschränkt, Regierungsvorlagen im Reichstag anzunehmen oder abzulehnen, standen sie nunmehr unvorbereitet vor der schweren Aufgabe, die Geschicke der Politik selbst bestimmen zu müssen. Die Probleme, die sich mit dem fundamentalen Bedeutungswandel der Parteien verbanden, waren vielschichtiger Natur und belasteten die Weimarer Demokratie von Beginn an. So existierte fortan jener „Staat über den Parteien" nicht mehr, in dessen Schatten sie egoistisch und einseitig ihre Interessen verfolgen konnten, ohne dem Zwang zum Kompromiß mit anderen Gruppierungen ausgesetzt zu sein. Gerade aber diese kaum eingeübte Grundregel demokratischen Miteinanders in Verbindung mit der weitgehend personellen Kontinuität der Reichstage über 1918 hinaus wirk-

47 Vgl. Kap. V.4. Die Agitation hatte bereits vor der Jahreswende 1918/19 eingesetzt.
48 Es erscheint dem Verfasser notwendig, nachfolgend kurz auf die grundsätzlichen Veränderungen des Parlamentarismus sowie die wichtigsten Parteien einzugehen. Dabei werden jedoch nur die politischen Gruppierungen erwähnt, die eine nennenswerte Rolle im Raume Südtondern spielten.
49 Zum Bedeutungswandel der Parteien in der Umbruchsphase Gerhard A. Ritter, Kontinuität und Umformung des deutschen Parteiensystems 1918–1920, in: Kolb, Vom Kaiserreich zu Weimarer Republik, S. 244–278; ferner Alfred Milatz, Wähler und Wahlen in der Weimarer Republik, Bonn 1965, S. 29 ff.; Martin Vogt, Parteien in der Weimarer Republik, in: Bracher/Funke/Jacobsen, S. 134–157.

ten sich sehr nachteilig aus. Sie führte zu mangelhaftem Verantwortungsbewußtsein und trug schließlich mitentscheidend zum Niedergang der Republik bei.[50] Überdies hatte die sich immer stärker abzeichnende Koalitionsunfähigkeit bzw. -willigkeit gleichzeitig schwerwiegende Konsequenzen für den innerparteilichen Zusammenhalt zur Folge, wie die Erosion besonders der bürgerlichen Parteien im Verlauf der zwanziger und frühen dreißiger Jahre eindrucksvoll belegt.

Zur Parlamentarisierung des Reiches kam ferner ein völlig neues Wahlrecht[51], das nunmehr für eine gerechtere Verteilung der Mandate bei stärkerer Berücksichtigung der urbanen Zentren sorgte und zudem einen weit größeren Bevölkerungskreis an der politischen Willensbildung partizipieren ließ. Das Mehrheitswahlrecht wurde vom reinen Verhältniswahlrecht abgelöst, das ab sofort auch den kleinsten Parteien die Chance auf Beteiligung an der politischen Macht einräumte, zugleich aber den parteipolitischen Zersplitterungsprozeß begünstigte. Die Herabsetzung des Wahlalters auf 20 Jahre und die Ausdehnung des Wahlrechts auf die Frauen sollten dem Reichstag eine größere Legitimierung seiner Entscheidungen verleihen, doch blieb den aktiven Soldaten die Teilnahme an den Wahlen weiterhin verwehrt. U. a. diese Verweigerung eines wesentlichen staatsbürgerlichen Rechts, die eigentlich als Mittel zur Neutralisierung der Armee konzipiert war, hatte zur Folge, daß das Band zwischen dem Militär und dem Weimarer Staat insgesamt äußerst brüchig blieb und daß das 1000000-Mann-Heer gewissermaßen ein Eigenleben innerhalb der Republik führte.[52]

Den größten Wandel in der Umbruchsphase erlebte zweifelsohne die Sozialdemokratie.[53] Vor dem Ersten Weltkrieg in eine absolute Außenseiterrolle gedrängt, von allen Hebeln der Macht ferngehalten und somit am wenigsten unter allen Vorkriegsparteien auf die Übernahme der Regierungsgewalt vorbereitet, rückte sie im Verlauf der Revolution ins Zentrum der politischen Verantwor-

50 Nach wie vor grundlegend zum Problem des Parlamentarismus in der Weimarer Republik Ernst Fraenkel, Historische Vorbelastungen des deutschen Parlamentarismus, in: Burghard Freudenfeld (Hg.), Stationen der deutschen Geschichte 1919–1945. Internationaler Kongreß zur Zeitgeschichte, München 1962, S. 93–113.
51 Vgl. zum Wahlrecht besonders die umfangreiche Materialsammlung und Darstellung von Jürgen Falter / Thomas Lindenberger / Siegfried Schumann, Wahlen und Abstimmungen in der Weimarer Republik, München 1986.
52 Zum Verhältnis Reichswehr – staatliche Neuordnung 1918/19 siehe z.B. Ulrich Kluge, Die deutsche Revolution 1918/19. Staat, Politik und Gesellschaft zwischen Weltkrieg und Kapp-Putsch, Frankfurt/M. 1985, S. 138 ff.
53 Zur Rolle der Sozialdemokratie bzw. der Arbeiterbewegung insgesamt in der Weimarer Republik siehe Heinrich A. Winkler, Von der Revolution zur Stabilisierung. Arbeiter und Arbeiterbewegung in der Weimarer Republik 1918–1924, Berlin/Bonn 1984; ders., Der Schein der Normalität. Arbeiter und Arbeiterbewegung in der Weimarer Republik 1924–1930, Berlin/Bonn 1985; ders., Der Weg in die Katastrophe. Arbeiter und Arbeiterbewegung in der Weimarer Republik 1930–1933, Berlin/Bonn 1987.

tung, ohne allerdings an den Ereignissen Anfang November 1918 als Urheber beteiligt gewesen zu sein. Ganz im Gegenteil wandte sich Friedrich Ebert als Parteiführer entschieden gegen die Revolution, womit er dem um die Jahrhundertwende durch Eduard Bernstein begründeten Revisionismus innerhalb der Partei zum endgültigen Durchbruch verhalf.

Als schwerste und dauerhafte Hypothek für die Sozialdemokratie entpuppte sich seit dem November die enge Verbindung der Partei zur neuen staatlichen Ordnung. Von der radikalen Linken des Verrats an der Revolution bezichtigt, von der extremen Rechten durch die vermeintliche Teilhabe an der Revolution zum eigentlichen Verursacher der militärischen Niederlage gestempelt, gelang es in keiner Phase der Jahre nach 1918, speziell der „Dolchstoßlegende" ihre verheerende Wirkung zu nehmen. Insbesondere kam es nicht zu der notwendigen Namhaftmachung der für die Niederlage verantwortlichen Kräfte.[54] Der Siegeszug der demagogischen Propaganda des rechtsbürgerlichen Lagers konnte somit fast ungehindert weitergehen. Der Vorwurf „nationaler Unzuverlässigkeit" vermochte insofern bruchlos an jene Tradition der Ausgrenzung im Kaiserreich anzuknüpfen, die nur kurzfristig und oberflächlich zu Beginn des Krieges durch den „Burgfrieden" unterbrochen worden war. Die psychologischen Auswirkungen des „Sozialistengesetzes" entfalteten erst jetzt ihre verhängnisvolle Wirkung und trugen maßgeblich zur raschen Isolierung bzw. gar Kriminalisierung derjenigen Partei bei, die sich als eine der wenigen unbedingt republiktreuen Stützen erwies.[55]

Im Gegensatz zu SPD und Zentrum war die dritte Kraft innerhalb der Weimarer Koalition, die „Deutsche Demokratische Partei" (DDP), eine Neugründung.[56] Sie bekannte sich als einzige Partei des protestantisch-bürgerlichen Lagers von vornherein zum neuen Staat und suchte die Fortschrittspartei sowie die Nationalliberalen in einer einzigen, alle liberalen Strömungen umfassenden Partei zusammenzuschließen. In programmatischer Hinsicht verfocht sie einen Kurs, der auf die Eingrenzung der Revolution abzielte und einer rätestaatlichen Entwicklung eine klare Absage erteilte. Statt dessen verlangte die DDP die Einberufung einer Nationalversammlung und die Beschränkung von Sozialisierungsmaßnahmen auf Monopolbetriebe. Insofern war es kein Wunder, daß sie sich selbst

54 Siehe zur ungenügenden Auseinandersetzung der SPD mit der wilhelminischen Ära nach 1918 Heinrich A. Winkler, Die verdrängte Schuld. Angst vor dem „Wahrheitsfimmel": Das Versagen von 1914 blieb unbewältigt, in: „Die Zeit" vom 17. 3. 1989.

55 Bracher, Deutschland zwischen Demokratie und Diktatur, S. 12.

56 Vgl. zur DDP Jürgen C. Heß, „Das ganze Deutschland soll es sein". Demokratischer Nationalismus in der Weimarer Republik am Beispiel der Deutschen Demokratischen Partei, Stuttgart 1978; Ludwig Luckemeyer, Die Deutsche Demokratische Partei, Marburg/L. 1975; als kurzen Überblick Siegmund Neumann, Die Parteien der Weimarer Republik, Stuttgart 1977[4], S. 48 ff. Allgemein zum Liberalismus der Nachkriegszeit Lothar Albertin, Liberalismus und Demokratie am Anfang der Weimarer Republik, Düsseldorf 1972.

als Korrektiv zu weitergehenden sozialistischen Plänen begriff.[57] Nur der linke Flügel der neuen linksliberalen Partei um Theodor Wolff rechnete scharf mit der wilhelminischen Ära ab[58], doch deutete die demokratische Federführung bei Entwurf und Gestaltung der Verfassung[59] auf die Bereitschaft hin, sich den neuen Verhältnissen bereitwillig anzupassen und aktiv handelnd an der Neugestaltung des Staates mitzuarbeiten.

Ebenso wie die DDP war die „Deutsche Volkspartei" (DVP)[60] eine Neugründung in der Anfangsphase der Weimarer Republik. Sie bildete den rechten Flügel des Liberalismus und umfaßte unter der Führung Stresemanns im wesentlichen den größeren Teil der Nationalliberalen. Dem sich aus dem Namen der Partei herleitenden Anspruch, eine Volkspartei sein zu wollen und damit die Interessen breiter Bevölkerungsschichten zu repräsentieren, widersprachen allerdings schon in der Frühzeit die Betonung des bürgerlichen Moments und scharf antisozialdemokratische Akzente in der Tagespolitik. Insofern gehörte die DVP in die Reihe anderer „Volksparteien", die mit dieser Bezeichnung zumindest verbal den Anschein von Volksverbundenheit suggerierten, ohne in diesem Sinne zu wirken.[61] Spätestens seit dem Tod Stresemanns 1929 geriet die Partei immer stärker ins industrielle Fahrwasser und nahm mehr und mehr den Charakter einer „Partei der Schlotbarone"[62] an.

Dem neuen Staat stand die Partei zwiespältig gegenüber. Im Parteiprogramm fehlte zwar ein ausgesprochenes Bekenntnis zur Monarchie, doch wurde anläßlich vieler Gelegenheiten deutlich, was die Volkspartei von der „würdelosen Abkehr von den hohen Idealen des deutschen Kaisertums und preußischen Königtums"[63] hielt.

Stresemanns Wandlung vom annexionistisch orientierten Politiker der Kriegszeit hin zum „Republikaner aus Vernunft" konnte allerdings nicht über die innerparteilichen Spannungen hinwegtäuschen, die es im Verlauf der Zeit seines Parteivorsitzes zwischen ihm als Aushängeschild der DVP und der Partei gab. Kennzeichnend für diesen Zustand war der Rechtsruck nach dem Tode des

---

57 Bereits im Gründungsaufruf der Partei hieß es: „Sollen Männer und Frauen, überrascht und erschreckt durch das revolutionäre Schauspiel furchtsam sich in die Ecke drücken und tatenlos zusehen, wie die Ereignisse vorüberziehen? Das darf nicht sein"; zitiert nach Anton Erkelenz, Zehn Jahre deutsche Republik. Ein Handbuch für republikanische Politik, Berlin 1928, S. 25.

58 Luckemeyer, S. 71

59 Hugo Preuß und Friedrich Naumann waren maßgeblich an der Ausarbeitung der Weimarer Verfassung beteiligt.

60 Zur DVP siehe besonders Wolfgang Hartenstein, Die Anfänge der Deutschen Volkspartei, Düsseldorf 1962; Neumann, S. 54 ff.

61 Heiber urteilt zu Recht: „. . . je weiter man vom Volk entfernt war, desto mehr empfahlen die neuen Zeitumstände wenigstens eine verbale Dokumentation von Volksverbundenheit"; Heiber, S. 35.

62 Neumann, S. 55.

63 Heiber, S. 35.

Außenministers und der von der DVP mitzuverantwortende Bruch der letzten parlamentarischen Koalitionsregierung unter Führung des Reichskanzlers Hermann Müller (SPD) im März 1930.

Auf dem vorerst äußersten rechten Rand des Parteienspektrums fanden sich Ende November 1918 in der „Deutschnationalen Volkspartei" (DNVP)[64] all jene restaurativ orientierten Kräfte zusammen, „die nach dem Sturz der Monarchie im November 1918 versuchten, an konservativen Staats- und Kulturtraditionen zu retten, was zu retten war."[65] Von Teilen der ehemaligen Nationalliberalen bis zu den radikalen Vertretern alldeutschen und antisemitischen[66] Gedankenguts war in der DNVP alles vertreten, was die „Revolution" und deren mögliche Folgen – Enteignung des Großgrundbesitzes, Verstaatlichung der Schwerindustrie und die Demokratisierung der Gesellschaft als wichtigste Momente – entschieden ablehnte. Dementsprechend begriffen sich die Deutschnationalen denn auch als die Repräsentanten derjenigen, die vorbehaltlos gegen die Neuordnung des November 1918 vorzugehen bereit waren. Wenngleich die rechtsstehende „Volkspartei" ihren Willen bekundete, „auf dem Boden jeder Staatsform mitzuarbeiten, in der Recht und Ordnung herrschen"[67], so diente dieses Bekenntnis doch lediglich dazu, die eigentlichen Absichten zu verschleiern. Wie sich bald herausstellte, legte es die DNVP nur darauf an, sich nicht von vornherein zu diskreditieren, um auch zukünftig ihre gegen die Weimarer Republik gerichtete Aktionsfähigkeit bewahren zu können. Insofern blieben die Deutschnationalen während der gesamten Zeit bis 1933 „staatsfeindlich"[68], auch wenn sich die Partei zwischenzeitlich an der Regierung beteiligte, ein Verhalten, das ihre ambivalente Haltung zum Parlamentarismus nur unterstrich. Den Hauptgegner sahen die Rechtskonservativen von Beginn an in der Sozialdemokratie, die ihrer Ansicht nach für nahezu alle Übelstände der Gesellschaft verantwortlich war. Die Reihe der Beschuldigungen reichte von den „Novemberverbrechern" über den Vorwurf der Verantwortlichkeit für den Frieden, den vermeintlichen Internationalismus der Arbeiterbewegung bis hin zum „Bolschewismus", mit dem die gesamte Linke undifferenziert unter einen Begriff subsumiert wurde. Für diese Diffamierungskampagne, von der auch die DDP nicht verschont blieb, nutzte die Rechtspartei ihre guten Verbindungen zu einflußreichen Kräften in Land-

---

64 Allgemein zur DNVP siehe Werner Liebe, Die Deutschnationale Volkspartei von 1918 bis 1924, Düsseldorf 1956; Jan Striesow, Die deutschnationale Volkspartei und die Völkisch-Radikalen 1918–1922, Diss., Hamburg 1981; Anneliese Thimme, Flucht in den Mythos. Die deutschnationale Volkspartei und die Niederlage von 1918, Göttingen 1969.

65 Liebe, S. 7.

66 Über die DNVP als Verbreiterin des Antisemitismus Werner Jochmann, Die Ausbreitung des Antisemitismus, in: Werner Eugen Mosse (Hg.), Deutsches Judentum in Krieg und Revolution 1916–1923, Tübingen 1971, S. 409–510, hier S. 487 ff.

67 Aus dem Gründungsaufruf der Partei vom 24. 11. 1918, zitiert nach Liebe, S. 107.

68 Vogt, Parteien in der Weimarer Republik, S. 144.

wirtschaft, Industrie und vor allem auch in der Presse, die wertvollste Dienste zu Verbreitung antidemokratischer Ideen leistete.[69]

Mit der „Schleswig-Holsteinischen Bauern- und Landarbeiterdemokratie" (SHBLD)[70] betrat im Dezember 1918 eine Partei die Bühne der Provinz, der zwar nur für kurze Zeit Bedeutung zukam, die allerdings schon Züge aufwies, die auf die spätere politische Entwicklung im Land zwischen Nord- und Ostsee hindeuteten. An der Gründung maßgeblich beteiligt waren führende Vertreter des seinerseits erst im Frühjahr 1918 entstandenen Bauernvereins, denen die Berücksichtigung der bäuerlichen Interessen in den übrigen bürgerlichen Parteien zu gering erschien. Mit der „Landarbeiterdemokratie" baute die junge Standesvertretung statt dessen eine eigene politische Vertretung der mittleren und kleineren Landwirte auf, die darüber hinaus auch die anderen Berufsgruppen primär des ländlichen Teils der Provinz repräsentieren sollte.

In programmatischer Hinsicht vertrat die „Landespartei" – so nannte sich die Landarbeiterdemokratie bald nach der Wahl zur Nationalversammlung – Positionen, die von einer stark konservativ-romantisierenden Staats- und Gesellschaftsauffassung geprägt waren und kaum mit dem liberalen Gedankengut der Deutschen Demokraten in Einklang standen, an die sich die gewählten Abgeordneten im Parlament anschlossen. Schon das nebelhafte Demokratieverständnis, das sich auf den diffusen Begriff eines schleswig-holsteinischen Liberalismus zurückführte, sowie ein klares antisemitisches Bekenntnis offenbarten den tiefen Graben, der die Landespartei von der DDP trennte[71] :

> „Wir von der Landespartei nehmen in Anspruch, die Vertreter des alten schleswig-holsteinischen Liberalismus zu sein. Demokratie in Verbindung mit dem Begriff des Schleswig-Holsteinertums ist etwas anderes als die Demokratie, wie sie etwa vertreten wird von dem Berliner Tageblatt und der Frankfurter Zeitung. Die schleswig-holsteinische Demokratie ... ist eine grüne Demokratie gegenüber der goldenen Demokratie."

Diese Äußerungen eines führenden Mitgliedes wiesen bereits auf das agrarisch-ständische Denken hin, das den Kurs der Regionalpartei im wesentlichen bestimmte und das der gesellschaftlichen Fortentwicklung diametral zuwiderlief. Entsprechend ging das Bestreben dahin, den sich anbahnenden grundlegenden Wandel in allen Lebensbereichen Einhalt zu gebieten und statt dessen einer im Kern vorindustriellen, illiberalen ökonomischen Ordnung den Weg zu ebnen, in welcher etwa der kaufmännische bzw. handwerkliche Mittelstand vor den durch Kapitalismus und Sozialismus drohenden Gefahren sicher war. In ähnlich antimodernistischer Tendenz wurde das Ideal eines Bauerntums favorisiert, das sich weniger am materiellen Gewinn als an der engen Verbindung zwischen

---

69 Liebe, S. 42 ff.

70 Eine Monographie der Regionalpartei gibt es noch immer nicht. Zur Orientierung siehe Heberle, S. 139 ff.; Stoltenberg, S. 33 ff.; Rietzler, „Kampf in der Nordmark", S. 93 ff.; Tilton, S. 15 ff.

71 Zitiert nach Heberle, S. 142. Der Antisemitismus trug schließlich auch entscheidend zum Bruch mit der DDP im Herbst 1919 bei; Stoltenberg, S. 36; ferner Rietzler, „Kampf in der Nordmark", S. 99.

Mensch und Grundeigentum orientierte. Ebenso deutlich gelangte in den Zielsetzungen die Ablehnung des gesamten modernen Staatswesens überhaupt zum Ausdruck. Der bürokratisch verwaltete und zentralistisch geleitete Staat modernen Zuschnitts, als dessen Musterbeispiel Preußen erachtet wurde, galt in den Kreisen der Landespartei weithin als Symbol der Industrialisierung, der Urbanisierung, der kulturellen Verflachung, des allgemeinen Niederganges schlechthin.[72] Dieser mit pointiert antipreußischer Stoßrichtung verbundenen Auffassung stand der Entwurf einer staatlichen Ordnung gegenüber, die auf einer mehr oder minder statischen, ständisch gegliederten gesellschaftlichen Struktur aufbauend den ländlichen Raum in seiner gesamtgesellschaftlichen Bedeutung wieder hervorzuheben trachtete.[73]

In der generellen Absage an den modernen Staat sowie in den diese Haltung begleitenden und bereits aus der Vorkriegszeit übernommenen kulturpessimistischen Irrationalismen, die noch um den von der Landespartei vertretenen Antisemitismus bereichert wurden, fanden jene ideologischen Grundmuster ihren Niederschlag, die ebenfalls der Gedankenwelt anderer Organisationen der Weimarer Zeit das Gepräge gaben. Ihre volle Wirkung entfalteten sie allerdings erst im Aufkommen der Landvolkbewegung und des nachfolgenden Nationalsozialismus. Die zahlreichen Überlappungen, welche insbesondere das landesparteiliche Weltbild mit dem nationalsozialistischen verband – Antisozialismus, Antikapitalismus, Antisemitismus, Antiliberalismus und Antidemokratismus sowie die Idee der Verwurzelung des Staates im Volkstum – hatten denn auch zur Folge, daß etliche führende Kräfte später in der NSDAP eine neue politische Heimat fanden. So war der spätere Gauleiter und eifrige Förderer der nationalsozialistischen Sache in der Provinz, Hinrich Lohse, bis zu seinem Austritt im Sommer 1921 für die Landespartei als Geschäftsführer tätig. In diesem Amt lernte er den organisatorischen Parteibetrieb kennen; ferner verhalf ihm seine Arbeit zu zahlreichen Kontakten, die ihrerseits den Auf- und Ausbau des nationalsozialistischen Parteiapparates maßgeblich erleichterten.[74] Dennoch führte der Weg von der Landespartei nicht notwendig zur NSDAP, wie etwa das Beispiel des in den zwanziger Jahren der DVP angehörenden Landwirts und langjährigen Vorsitzenden des Schleswig-Holsteiner-Bundes, Willy Iversen, verdeutlicht, der in scharfem Gegensatz zur Hitlerbewegung stand. Trotzdem kann aber die ideologische Nähe in den Grundzügen des Programms beider Parteien

---

72 In diesem Sinne auch Degn, S. 288.
73 Dem entsprach auch die Ablehnung der parlamentarischen Demokratie als Symbol der Herrschaft der anonymen Masse; Rietzler, „Kampf in der Nordmark", S. 98, Bergmann, S. 277 ff.
74 Über Lohses Tätigkeit in der Landespartei besonders Rietzler, „Kampf in der Nordmark", S. 96. Weiterhin waren der spätere NS-Bischof Adalbert Paulsen und der Dithmarscher Landwirt Hans Beeck vor ihrem Beitritt zur NSDAP als Funktionäre in der Landespartei tätig.

nicht geleugnet werden, eine Tatsache, die Rudolf Heberle im Rahmen seiner treffenden Bemerkungen mit folgenden Worten charakterisierte[75]:

„Die Landespartei war somit nur Übergangserscheinung, und historisch lag ihre Bedeutung schließlich darin, daß sie unmittelbar nach 1918 dazu beigetragen hat, die 'rote Welle' abzufangen und statt dessen ideologisch im Bauerntum und ländlichen Kleinbürgertum den Boden bereiten half, auf dem später die nationalsozialistische Bewegung wachsen konnte."

3. DIE WAHL ZUR NATIONALVERSAMMLUNG AM 19. 1. 1919

Die revolutionären Unruhen, die in Kiel ihren Ausgang genommen hatten, griffen binnen weniger Tage auch auf das übrige Reichsgebiet über.[76] Am 8. November erfolgte die Etablierung einer Räterepublik in München, am 9. rief der Mehrheitssozialist Philipp Scheidemann die deutsche Republik aus. Gleichzeitig übertrug der amtierende Reichskanzler Max v. Baden die Amtsgeschäfte an den MSPD-Vorsitzenden Friedrich Ebert, womit die Nachfolgeregierung ihre Legitimierung de facto noch aus der Hand des Kaiserreiches erhielt. Im Bündnis mit der Obersten Heeresleitung richtete sich die Politik Eberts von Anbeginn auf die Eindämmung der revolutionären Bestrebungen, die Vermeidung des Chaos, die Erhaltung des Rechtsstaates sowie die Ebnung des demokratischen Wegs zur Wahl einer verfassunggebenden Nationalversammlung. Unter dem Druck des starken Berliner Arbeiter- und Soldatenrates scheiterte allerdings der Plan Eberts, die Regierung treuhänderisch unter Beteiligung auch der bürgerlichen Parteien bis zur Einberufung der Nationalversammlung fortzuführen. Statt dessen kam es zur Bildung des „Rates der Volksbeauftragten" als offizieller Regierung unter Beteiligung auch der USPD, doch gewannen die Mehrheitssozialisten in diesem Gremium schnell das Übergewicht, so daß den Plänen Eberts keine Hemmnisse mehr entgegenstanden. Auf dem ersten Rätekongreß kurz vor Weihnachten 1918 fiel mit großer Mehrheit die Entscheidung zugunsten der Wahl einer Nationalversammlung; als Wahltermin wurde der 19. Januar 1919 festgelegt. Damit war endgültig der Weg frei zu einer parlamentarischen Demokratie, die allerdings durch das Bündnis Eberts mit den früheren Machteliten und den sich formierenden Freikorps teuer erkauft war.

Das eindeutige Votum für die Wahlen am 19. Januar machte gleichzeitig die Isolation der radikalen Linken sichtbar. Die Möglichkeit einer Rätediktatur hatte von Beginn an keine Aussicht auf Verwirklichung, da den hieran interessierten Kreisen – Spartakusbund und „revolutionäre Obleute" – die notwendige Mas-

---

75 Heberle, S. 147.
76 Zum überregionalen Geschehen vom November 1918 bis zum Januar 1919 siehe Kolb, Die Weimarer Republik, S. 13 ff.

senbasis fehlte, wie etwa der gescheiterte Januaraufstand 1919 bewies. Auch von russischer Seite war für einen radikalen Umbruch außer verbaler Unterstützung keine Hilfe zu erwarten, da die Revolutionäre in Moskau selbst mit dem Rücken zur Wand standen. Das Gespenst einer bolschewistischen Entwicklung wurde somit am Ende primär von jenen heraufbeschworen, die dem Neubeginn von vornherein den Boden zu entziehen trachteten.[77]

Im Raume Tondern kennzeichnete die Lage zur Jahreswende eine Atmosphäre gespannter Ruhe. Vom radikalen revolutionären Aktivismus war die Bevölkerung zwar verschont geblieben, doch berichtete die Lokalpresse ausführlich über die Ereignisse im Reich und vermittelte den Bewohnern auf diese Weise das Gefühl einer explosiven Lage. Obwohl sich das Interesse bereits immer stärker auf die sich anbahnende Grenzauseinandersetzung mit Dänemark konzentrierte, war der Andrang zu den Wahlveranstaltungen der einzelnen Parteien sehr groß, wie die Presseberichte belegen.[78]

Der Wahlkampf der SPD im Bereich Südtonderns zeigte den Zuhörern, daß die Partei im Gegensatz zu den übrigen linken Gruppierungen bar jeden echten revolutionären Elans war. Die Redner bekannten sich stets deutlich zu den bis dahin errungenen Freiheiten und Rechten, wagten allerdings vor der Öffentlichkeit keine grundsätzliche Abrechnung mit dem kaiserlichen Obrigkeitsstaat.[79] In den Wochen vor der Wahl entstanden neue Wahlvereine in Wyk auf Föhr, in Niebüll, in Risum-Lindholm und in Leck, deren Mitgliederzahl schnell anwuchs.[80]

Mit dem Hamburger Rechtsanwalt Andreas Blunck kandidierte für die Deutschen Demokraten der bisherige Reichstagsabgeordnete des Wahlkreises an zweiter und damit aussichtsreicher Stelle auf der Landesliste Schleswig-Holstein. Im Gegensatz zu seinem Parteikollegen Theodor Wolff hielt sich Blunck mit kritischen Äußerungen über die Vergangenheit ganz und gar zurück, obwohl er zu den überzeugten Demokraten innerhalb seiner Partei zählte.[81] Statt dessen war er darum bemüht, die DDP von der SPD abzugrenzen, besonders hinsichtlich der Sozialisierungsbestrebungen[82], denen die Demokraten bereits

---

77 In diesem Sinne Kolb, Internationale Rahmenbedingungen, passim. Zur Entwicklung der Forschungspositionen im Rahmen der Diskussion um den Handlungsspielraum der politischen Führung nach dem 9. November Kluge, S. 10 ff.

78 Demnach waren Veranstaltungen mit rund 1000 Personen keine Seltenheit.

79 S. Anm. 54 dieses Kapitels.

80 Die Wyker SPD umfaßte bis zur Wahl bereits über 200 Mitglieder, die Ende 1918 gegründete Niebüller Ortsgruppe ca. 70. Die neugegründete Risum-Lindholmer SPD hatte Ende 1918 rd. 30 Mitglieder, die Westerländer SPD zählte bis zum April 1919 286 Mitglieder. In Leck läßt sich zumindest die Existenz eines Ortsvereins nachweisen; FZ vom 17. 1. 1919, FVz vom 31. 12. 1918, NfWb vom 28. 12. 1918, SZ vom 29. 4. 1919, FVz vom 25. 4. 1919.

81 Luckemeyer, S. 136.

82 In der Presse hieß es wie folgt: „Mit den Sozialdemokraten hat die Partei des Redners das demokratische Programm inhaltlich gemeinsam, eine große Kluft trennt sie aber in der wirtschaftlichen Anschauung . . ."; LA vom 14. 1. 1919.

vor der Wahl entgegen ersten Plänen eine weitgehende Absage erteilt hatten.[83] Daß gerade diese Ablehnung bei den Veranstaltungsbesuchern auf besondere Zustimmung stieß, weisen verschiedene Umstände nach, die allerdings gleichzeitig die Qualität der liberalen Vorstellungen der Wähler höchst fragwürdig erscheinen lassen. Vor allem ist der regelrecht panikartige Ansturm auf die Mitgliedsbücher und der damit verbundene rasante Anstieg der Mitgliederzahlen zu erwähnen. So wuchs etwa die Ortsgruppe Tondern innerhalb weniger Wochen von 40 Köpfen auf über 1000 an, hohe Zuwachsraten vermeldeten gleichfalls die Wyker Demokraten.[84] Ferner lassen insbesondere die Wahlaufrufe der Sylter DDP den Schluß zu, daß die Anhänger der Demokraten sich maßgeblich an den antisozialistischen und nationalen Zielsetzungen der Partei orientierten.[85] Dafür spricht ebenfalls die Tatsache, daß sich mit der Sylterin Ottilie Wichers eine Frau in der DDP engagierte, die noch 1917 Gedichte veröffentlicht hatte, die nicht nur jedem liberalen Geist widersprachen, sondern ganz im Sinne vaterlandsparteilicher Ideologie und damit letztlich antiparlamentarischer Tendenz wirkten.[86] Überdies sollte besonders die Zukunft der Sylter Ortsgruppe zeigen, wie wenig die „liberalen" Vorstellungen der Wähler mit dem Programm der DDP übereinstimmten.[87]

Die DVP beschränkte sich in ihrem Wahlkampf auf nur einige wenige Veranstaltungen. Es war dies die Folge der kurzen Vorbereitungszeit, welche der Partei Stresemanns nach ihrer Gründung bis zum 19. Januar zur Verfügung stand.[88] Insofern mußten Zeitungsanzeigen den Wahlkampf zusätzlich stützen, der sich im wesentlichen auf nur zwei Versammlungen in Leck und Niebüll beschränkte. Zeichen dieser Schwäche war es sicherlich, daß in Niebüll die ehemaligen Nationalliberalen vorerst den Anschluß an die Demokraten suchten.[89] In Wyk dagegen und zunächst auch auf Sylt gingen die früheren Nationalliberalen Ver-

83 Werner Fritsch, Deutsche Demokratische Partei (DDP) 1918–1933, in: Lexikon zur Parteiengeschichte, Bd 1, S. 574–622, hier S. 577f.

84 TZ vom 23. 1. 1919. Die Wyker DDP umfaßte schon Anfang Dezember über 300 Mitglieder; FZ vom 3. 12. 1918. Das sprunghafte Ansteigen der Mitgliederzahlen überstieg damit z.T. noch die auf Reichs- und Provinzebene; Luckemeyer, S. 266; Stoltenberg, S. 32.

85 Im Wahlaufruf der Inselortsgruppe hieß es u.a.: „Der 19. Januar entscheidet über Deutschlands Zukunft; ob die sozialdemokratische Partei, die in den großen Städten und in den Fabrikgegenden ihre meisten Anhänger hat **allein** den Neuaufbau unseres Vaterlandes vornehmen soll oder ob das deutsche Bürgertum und das deutsche Bauerntum werden mitarbeiten dürfen . . ."; SZ vom 8. 1. 1919 (Hervorhebung im Original).

86 O. Wichers gehörte zu denjenigen Personen, die Mitgliedsanmeldungen für die DDP entgegennahmen; SZ vom 24. 1. 1919.

87 Vgl. Kap. VI.

88 Hartenstein, S. 59.

89 Der Gründungsaufruf der DDP für Niebüll war neben dem fortschrittlichen auch vom Nationalliberalen Wahlverein unterzeichnet; NfR vom 11. 12. 1918.

bindungen mit den Deutschnationalen ein, ehe in Niebüll und auf Sylt eigenständige Ortsverbände der Volkspartei entstanden.[90]

Die DNVP trug mit ihrer Propaganda auch im Raume Tondern bereits all jene Verlogenheit und Schärfe in die politische Auseinandersetzung, die auch im überregionalen Rahmen das Gesamtklima der Republik nachhaltig vergifteten. So schob etwa der spätere Fraktionsvorsitzende im Reichstag, der Kieler Studienrat Dr. Ernst Oberfohren[91], anläßlich einer Wahlkundgebung seiner Partei in Leck den Mehrheitsparteien die alleinige Schuld an der Niederlage zu, da sie mit ihrer Friedensresolution vom Sommer 1917 den Siegeswillen „untergraben" hätten.[92] Unfähig zur Kritik an der verfehlten Militärpolitik war dies der Versuch, schon jetzt auch im Norden Schleswig-Holsteins die Legende vom Dolchstoß unters Wahlvolk zu bringen und alle demokratisch orientierten Kräfte zu diffamieren. Am schwersten aber wog zweifelsohne, daß mit den Deutschnationalen der Antisemitismus auf breiter Front Einzug in die politische Auseinandersetzung des Untersuchungsraumes hielt. Dabei richteten sich die antijüdischen Verbalinjurien besonders gegen die demokratischen Parteien SPD und DDP, denen jegliche Kompetenz abgesprochen wurde.[93] Anläßlich einer Veranstaltung mit dem ehemaligen Tonderner Landrat und Provinzialvorsitzenden der DNVP in Wyk warnte der Ortsvorsitzende der DDP, Dr. Moritz Edel, ein Arzt jüdischer Abstammung, in bezug auf die Deutschnationalen vor einer möglichen Fortsetzung der Junkerherrschaft. Offensichtlich mit Blick auf Dr. Edel rief daraufhin ein Wyker Bürger eine Warnung vor den Juden in den Saal, woraufhin sich dem Pressebericht zufolge ein großer Beifallssturm unter den Zuhörern entlud.[94] Es war dies allerdings nur der vorläufige Gipfel verleumderischer und entwürdigender Angriffe seitens der Rechten. Attacken ähnlicher Art, z.T. noch radikaler vorgetragen, bestimmten auch in den weiteren Jahren das Vokabular der Rechtspartei und erleichterten die Einbürgerung des Antisemitismus in den Alltag maßgeblich.[95]

90 FZ vom 7. 1. 1919 und SZ vom 6. 1. 1919. Die Sylter DVP entstand im Mai 1919; SZ vom 19. 5. 1919. In Leck entstand ebenfalls eine Ortsgruppe; LA vom 18. 1. 1919.
91 Über seine Person vgl. Peter Wulf, Ernst Oberfohren und die DNVP am Ende der Weimarer Republik, in: Erich Hoffmann/Peter Wulf (Hg.), „Wir bauen das Reich". Aufstieg und erste Herrschaftsjahre des Nationalsozialismus in Schleswig-Holstein, Neumünster 1983, S. 165–188.
92 LA vom 6. 1. 1919.
93 Im Bericht über die Gründung der Wyker DNVP heißt es: „. . . ihr Eintreten für Christentum, Kirche und Religion in Staat, Schule und Haus, für deutschnationales Wesen, für den Schutz der Ldw. usw. sichert dieser Partei im Gegensatz zu der vom Judentum beherrschten demokratischen und sozialdemokratischen Partei in unserer Provinz einen starken Anhang"; FZ vom 7. 1. 1919.
94 Vgl. die Berichterstattung in der FZ vom 14. 1. 1919.
95 Vgl. etwa Kap. IX.

Bemerkenswerterweise erreichten die Deutschnationalen bereits in der Früh-
phase der Weimarer Republik schon einige organisatorische Erfolge. Noch vor
der Wahl am 19. Januar existierten bereits Ortsgruppen der Partei in Westerland,
Wyk und Leck, bald nach der Wahl auch in Niebüll.[96] Es überrascht in diesem
Zusammenhang kaum, daß etliche im rechten Spektrum tätige Personen schon
unmittelbar nach dem Kriege in der DNVP ihre erste politische Heimat fanden.
So leitete der spätere erste NSDAP-Ortsgruppenleiter Wyks, der Apotheker
Heinrich Diercks (geb. 1879, Pg. 1.1.1931)[97] beispielsweise schon 1919 die Wyker
DNVP, zu deren Vorstand von Beginn an auch der bereits erwähnte Amtsvor-
steher Brar C. Roeloffs zählte.[98]

Ganz und gar ohne Wahlkampf auskommen mußte die Landarbeiterdemokratie, da ihr Redner und Vorstandsmitglied im Bauernverein Koch (Mandberg)
erkrankte und alle angekündigten Versammlungen ausfielen. Folglich redu-
zierte sich die Reklame der Regionalpartei auf Anzeigen in der Presse bzw. auf
Mund-zu-Mund-Propaganda der Bauernvereinsmitglieder. Erst anläßlich der
eine Woche später stattfindenden Wahl zur preußischen Landesversammlung
stellte sich ein Redner den Zuhörern.[99]

Angesichts der tiefgreifenden Wandlungen in Deutschland seit dem Oktober
1918 zeigte das Wahlergebnis vom 19. Januar eine überraschende Kontinuität
gegenüber der Reichstagswahl von 1912. Das auf den ersten Blick augenfälligste
Resultat dabei war die Tatsache, daß die deutsche Bevölkerung offenkundig gegen sozialistische Politik eingestellt war. Mit zusammen 45,5 % der Stimmen
verfehlten die Linksparteien SPD und USPD die absolute Mehrheit, die – wie
schon in der Kaiserzeit – von den bürgerlichen Parteien gehalten wurde. Mit annähernd 20 % stellte das Zentrum – nun noch stärker als vor dem Krieg – den
größten Block der Bürgerlichen, gefolgt von den Deutschen Demokraten, die mit
18,6 % der Stimmen weit besser abschnitten als die Fortschrittspartei 1912. Stresemanns DVP blieb mit reichsweiten 4,4 % relativ schwach, und auch die konservative DNVP verharrte bei eben über 10 %.

96 Auf Sylt trat der Nationalliberale Wahlverein geschlossen zur DNVP über; SZ vom
   6. 1. 1919; für Wyk FZ vom 7. 1. 1919; für Leck LA vom 6. 1. 1919. In Niebüll scheiterte
   die Gründung zunächst, doch entstand auch hier noch im Jahre 1919 eine Ortsgruppe;
   NfR vom 13. 1., 27. und 28. 11. 1919.
97 BDC, Personalakte Diercks. Weitere Beispiele werden in den folgenden Kapiteln genannt.
98 FZ vom 7. 1. 1919.
99 Diese Veranstaltungen litten dann allerdings unter schlechtem Besuch; vgl. z.B. LA
   vom 28. 1. 1919.

Tabelle 7: Die Wahl zur Nationalversammlung am 19. 1. 1919[100]
(Angaben in %)

	USPD	SPD	DDP	SHBLD	DVP	DNVP	Zentrum	Sonst.
Südtondern	–	21,6	45.1	10,9	13,2	9,2	–	–
Schl.-Holst.	3,3	45,9	27,2	7,2	7,8	7,6	1,0	–
Dt. Reich	7,6	37,9	18,6	0,2	4,4	10,3	19,7	1,3

Der Vergleich der Wahlergebnisse im Raume Südtondern von 1912 und 1919 läßt auch hier deutliche Kontinuitätslinien erkennen. Das liberale Lager blieb mit knapp 60 % der Stimmen der dominierende politische Faktor im Untersuchungsgebiet, und ebenfalls die DNVP vermochte annähernd an das Ergebnis des Bundes der Landwirte von 1912 heranzureichen. Indessen verschob sich mit einem Mal das Gewicht zwischen den liberalen Blöcken völlig. Hatten die Nationalliberalen 1912 noch 40 % der Stimmen erzielt und damit die führende Stellung unter den Parteien eingenommen, so rangierte die DVP nurmehr auf Rang drei in der Gunst der Wähler. Den größten Sprung nach vorn tat demgegenüber die SPD, die ihren Stimmenanteil in etwa verdreifachen konnte.

Der Vergleich mit den überregionalen Resultaten macht allerdings deutlich, daß sich das Südtoneraner Ergebnis doch klar von dem auf Provinz- bzw. Reichsebene unterschied. Besonders auffällig erscheint dabei das trotz des beträchtlichen Zugewinns weit unterdurchschnittliche Abschneiden der Linksparteien. Lag das Stimmpotential schon für die Mehrheitssozialisten nur auf halber Höhe des Provinzdurchschnitts, so erreichte die USPD im gesamten Kreis Tondern nicht eine einzige (!) Stimme. Dieser Sachverhalt unterstreicht nochmals nachdrücklich, daß im Kreise kein Verlangen nach durchgreifenderen Veränderungen vorhanden war. Der Bevölkerung insgesamt und gerade auch den Arbeitern als dem Hauptwählerreservoir der SPD[101] schien offensichtlich das Erreichte genug; überdies hatte auch der Arbeiter- und Soldatenrat sich für die Mehrheitssozialisten eingesetzt und revolutionären Tendenzen damit eine Absage erteilt.

Neben den starken Unterschieden des SPD-Anteils fallen auch die merklichen Divergenzen des liberalen Lagers im Verhältnis von Südtondern zur Provinz-

---

100 Zusammengestellt nach Falter/Lindenberger/Schumann und TZ vom 20. und 21. 1. 1919. Bezüglich der Wahlbeteiligung fehlen amtliche Zahlen. Im Kreis Tondern war die Beteiligung insgesamt relativ niedrig, was sich dadurch erklärt, daß der an die dänisch gesinnte Bevölkerung gerichtete Appell zur Wahlenthaltung weitgehend befolgt wurde; Lassen, S. 157 ff. Pressemitteilungen zufolge war die Beteiligung im Bereich Südtonderns hingegen sehr hoch.
101 Annähernd zwei Drittel der SPD-Stimmen stammten aus Gemeinden mit einem beträchtlichen Arbeiteranteil: Westerland, Wyk, Niebüll, Risum-Lindholm und Boldixum/F.

und Reichsebene auf. Die Demokraten figurierten hier – wie die SPD in Schleswig-Holstein – als die beherrschende politische Kraft und übertrafen das Provinz- und Reichsergebnis der DDP mehr als deutlich. Ursache des Erfolges war mit Sicherheit einmal die durch den Kandidaten Blunck symbolisierte Kontinuität sowie die nachhaltig zum Ausdruck gebrachte antisozialdemokratische Einstellung der Demokraten, die für die zumeist kleinbürgerlichen Wähler als Hoffnungsträger für eine stabile Entwicklung galten. Darüber hinaus wirkte sich gerade in dem zum Westen gelegenen Teil Südtonderns die Kandidatur des Marschbauern und betonten Schleswigers Cornelius Petersen aus, der zu den führenden Kreisen des Bauernvereins zählte.[102] Im Gegensatz dazu vermochte sich die DVP (noch) nicht als maßgeblicher Faktor zu etablieren, wenngleich der Stimmanteil in Südtondern um ein mehrfaches höher lag als im übrigen Deutschland.

SPD und DDP als Parteien der späteren „Weimarer Koalition" hatten somit insgesamt im Untersuchungsgebiet mit 2/3 aller abgegebenen Stimmen eine deutliche Mehrheit erhalten, doch lag dieser Anteil mit zusammen 74,1 % in Schleswig-Holstein noch um ein beträchtliches höher. Im Reich errangen SPD, DDP und Zentrum sogar reichlich 3/4 aller abgegebenen Stimmen, so daß die vorgebliche Zustimmungsquote zur Neuordnung im Deutschen Reich in Südtondern von Anfang an niedriger ausfiel.

Die Deutschnationalen bewegten sich mit einem Stimmenanteil von 9,2 % zwar leicht über dem Anteil der Provinz, lagen jedoch geringfügig unter dem Reichsniveau. Konservative Schwerpunkte lassen sich anhand der Lokalergebnisse nicht feststellen. Die Resultate schwankten von Ort zu Ort beträchtlich und nur im kleinen Horsbüll ging die DNVP als relativer Sieger aus der Wahl hervor. Selbst in den Gemeinden, in denen es bereits zu Ortsgruppengründungen gekommen war, gelangen zumeist lediglich unbedeutende Stimmengewinne.[103] Die Gegner des Umsturzes verharrten zu diesem Zeitpunkt offenkundig noch in einer moderateren Opposition und wählten die Demokraten.[104] Eine Ausnahme bildete nur die Stadt Wyk, wo die Partei der Konservativen und Reaktionäre trotz antisemitischer Diffamierungen immerhin bereits nahezu 20 % der abgegebenen Stimmen auf sich vereinigen konnte.

Angesichts des fehlenden Wahlkampfes erzielte die SchleswigHolsteinische Bauern- und Landarbeiterdemokratie mit annähernd 11 % der Stimmen ein

---

102 An einer Wahlveranstaltung der DDP mit Cornelius Petersen in Wyk nahmen rund 1000 Personen teil; FZ vom 17. 1. 1919. Zur Person Petersens und den von ihm vertretenen „liberalen" Ideen vgl. Kap. V.4.b).

103 In Westerland waren es 5,5 %, in Niebüll 2,3 % und in Leck 9,9 %.

104 Im Wahlaufruf der Sylter DDP hieß es bezeichnenderweise: „Wer deutschnational wählt verkennt die Nöte der Gegenwart und schließt sich selber von der Mitarbeit an der Zukunft aus"; SZ vom 8. 1. 1919.

überraschend gutes und zugleich überproportionales Ergebnis[105] , wenngleich sich der Erfolg fast ausschließlich auf die Geestgebiete Südtonderns konzentrierte. In den kleinen Landgemeinden Achtrup, Medelby, Jardelund und Stadum votierte die Bevölkerung fast geschlossen für die Regionalpartei, die sich somit ebenfalls im Untersuchungsraum vordergründig als Partei der Geest erwies.[106] Die scheinbar scharfe Trennlinie im unterschiedlichen Wahlverhalten anläßlich der Wahl zur Nationalversammlung zwischen Marsch und Inseln auf der einen und der Geest auf der anderen Seite rührte nicht zuletzt aus der ökonomisch merklich schwierigeren Situation der Geestbauern her, die eine engere Anlehnung an den Bauernverein zur Folge hatte. Weit wichtiger aber wog wohl die Tatsache, daß mit Cornelius Petersen ein einflußreicher Marschbauer – er gehörte u. a. zum Vorstand des Bauernvereins – aus der näheren Umgebung für die Demokraten kandidierte, der jedoch nur sehr bedingt als Protagonist moderner liberal-demokratischer Ziele gelten konnte. Daß das Wahlverhalten in den Marsch- und Geestgemeinden keineswegs so unterschiedlich war, wie es das Ergebnis vom 19. Januar andeutete, zeigte sich bereits eine Woche später anläßlich der Wahl zur preußischen Landesversammlung. Es trat eine spürbare Nivellierung des Wählervotums zugunsten der Landarbeiterdemokratie ein, die nunmehr auch in der Marsch sowie auf den Inseln einen beträchtlichen Stimmenzuwachs verzeichnen konnte und mit 19,3 % der Stimmen ein wesentlich besseres Ergebnis erreichte – auf Kosten vor allem der Demokraten, die schon jetzt z.T. erhebliche Verluste hinnehmen mußten.[107]

Als Fazit der ersten Wahlentscheidung in der Weimarer Republik bleibt festzuhalten, daß die staatliche Neuordnung von den Wählern insgesamt einen beachtlichen Vertrauensvorschuß erhielt. Der Ansturm auf die Mitgliedsbücher der DDP und die sich darin offenbarende Furcht vor einem sozialistischen Übergewicht in der Staatsführung lassen allerdings bereits zu diesem Zeitpunkt große Zweifel an der Qualität der liberalen Überzeugung aufkommen. Im Moment setzte das gesamte Votum vor allem die Vorkriegstradition des Antisozialdemokratismus fort und fungierte speziell in den Insel- und Marschgemeinden ebenso als Damm gegenüber der „roten Flut" wie es die Landarbeiterdemokratie auf der Geest tat. Dieser Ähnlichkeit in der Funktion korrespondierte zugleich eine enge Verwandtschaft im Denken der Wähler. In gewisser Hinsicht bildete Cornelius Petersen als Kandidat der DDP mit seinem Weltbild einer ständisch gegliederten Gesellschaft geradezu das Bindeglied zwischen Demo-

---

105 Diese Tatsache und die demokratische Konkurrenz durch Cornelius Petersen findet bei Stoltenberg keine Berücksichtigung. Er stellt lapidar die Bedeutungslosigkeit der Landarbeiterdemokratie im Bereich Südtonderns fest; Stoltenberg, S. 36.
106 Heberle, S. 98.
107 Allein in Niebüll verlor die DDP am 26. 1. 1919 rund ein Viertel ihrer Wähler, was in etwa dem Durchschnitt im Raum Südtondern entsprach; vgl. die Ergebnisse lt. TZ vom 28. 1. 1919.

kraten und der Regionalpartei und symbolisierte auf diese Weise jenes diffuse Demokratieverständnis, das zwar offenkundig weit verbreitet war, mit liberalen Vorstellungen indes kaum etwas gemein hatte.[108]

4. DIE ABSTIMMUNG VON 1920 UND IHRE FOLGEN

Bis zum Ersten Weltkrieg hatte der nationale Gegensatz zwischen Deutschland und Dänemark in Südtondern faktisch keine Rolle gespielt. Die Auseinandersetzungen in dieser Hinsicht fanden weiter nördlich statt. Erst in der Abstimmungszeit[109] nach Ende des Krieges drang der Nationalitätenkampf auch nach Süden vor. Das Erlebnis der Jahre 1919/20 prägte das politische Klima im Untersuchungsraum nachhaltig und verhalf einer scharfen nationalen Polarisierung zum Durchbruch, die fortan nicht nur das Verhältnis zwischen Deutschen und Dänen bestimmte, sondern gleichzeitig das Verhältnis der deutschgesinnten Bevölkerung zur Republik von Weimar zusätzlich belastete.[110]

108 Vgl. Kap. V.4.b).
109 Im Rahmen dieser Darstellung kann auf die Abstimmungen nur insoweit eingegangen werden, wie sie sich auf die politische und wirtschaftliche Situation Südtonderns auswirkten. Eine umfassenden Untersuchung aus dänischer Sicht liefert Troels Fink, Da Sønderjylland blev delt 1918–1920, 3 Bind, Åbenrå 1978/79. Ein vergleichbares Werk aus deutscher Sicht existiert nicht. Als Überblick siehe Karl Dietrich Erdmann, Die Frage des 14. März 1920: Volksabstimmungen im Landesteil Schleswig 1920–1970. Ansprachen bei der Gedenkstunde . . ., Neumünster 1970, S. 13–31; Troels Fink, Nach 60 Jahren – Die Teilung Schleswigs 1920, in: GFH 2 (1980), S. 79–85; Anton Golecki, Der Vertrag von Versailles und die Entstehung der deutsch-dänischen Grenze 1918–1920. Karl Dietrich Erdmann zum 80. Geburtstag am 29. April 1990, in: ZSHG 115 (1990), S. 255–285; Erich Hoffmann, Die Abstimmung 1920 – und wo stehen wir heute? In: GFH 2 (1980), S. 63–67; ders., Ein Lösungsversuch des Nationalitätenproblems in Schleswig, in: GFH 4 (1980), S. 179–186 und 1 (1981), S. 24–32; Gert Vaagt, Die Volksabstimmungen im Landesteil Schleswig. Weg und Wandel deutsch-dänischen Ringens um die Grenze 1920–1970, Neumünster o. J. [1970], S. 9–72. Speziell bezogen auf den Bereich Südtondern Steensen, Die friesische Bewegung, S. 116 ff.; ders., Die Insel Föhr in der Abstimmungszeit, in: NfJb 1984, S. 111–142; Voigt, Der Sylter Weg, S. 27 ff. Die zeitgenössischen Darstellungen sind demgegenüber noch stark vom nationale[n] Standpunkt der Verfasser geprägt, etwa Karl Alnors Handbuch zur schleswigschen Frage, Neumünster 1926 ff.; ferner Franz v. Jessen, Haandbog i det Slesvigske Spørgsmåls Historie 1900–1937, 5 Bde, København 1938; Adolf Köster, Der Kampf um Schleswig, Berlin 1921; Eduard Thorn, Die erste Teilung Schleswigs 1918–1920, Kiel 1921.
110 Vgl. Kap. X.

a) Für Deutschland

Die Bekanntgabe der Friedensbedingungen am 7. Mai 1919 übertraf die schlimmsten Befürchtungen der deutschen Öffentlichkeit und veranlaßte einen Proteststurm der Entrüstung. Presse und Bevölkerung quittierten die Forderungen der Siegermächte mit Empörung, eine Auffassung, die ihren Grund vor allem in der weit verbreiteten Überzeugung von den vermeintlich unbesiegt gebliebenen deutschen Truppen fand.[111] Das am Ende verhängnisvolle Verhalten der deutschen Regierung, die darauf verzichtete, die wahrhaft Schuldigen an der Niederlage zu benennen, erleichterte der politischen Rechten die Belegung des Begriffes „Versailles", der zusammen mit der demagogischen Formel von den „Novemberverbrechern" die entscheidenden Schlagworte der antirepublikanischen Propaganda stellte.[112] Ohne eine Alternative zur Vertragsunterzeichnung anzubieten lasteten die republikfeindlichen Kräfte alle Fehlentwicklungen sowie Mängel der Demokratie von Beginn an diesen wegweisenden Ereignissen an. Zweifelsohne war der Friede hart, doch enthielt er schon durch den Verzicht auf die Zerschlagung der Reichseinheit die Grundbedingung zum Wiederaufstieg.[113] Insgesamt wogen gerade die psychologischen Wirkungen des Friedens weit schwerer als die eigentlichen Vertragsbestimmungen, die zwar keine gute Grundlage für einen glücklichen demokratischen Neuanfang boten, indes keineswegs die Hauptschuld am Scheitern der Weimarer Demokratie trugen.[114]

---

111 Treffend Horst Möller: „Tatsächlich hätte Versailles verkraftet werden können. Im Bewußtsein der Bevölkerung wurde es aber nicht verarbeitet, weil die Niederlage nicht akzeptiert und in ihren tatsächlichen Ursachen begriffen wurde"; Diskussionsbeitrag in Martin Broszat et al. (Hg.), Deutschlands Weg in die Diktatur. Internationale Konferenz zur nationalsozialistischen Machtübernahme im Reichstagsgebäude zu Berlin. Referate und Diskussionen. Ein Protokoll, Berlin 1983, S. 109.

112 Siehe dazu Ulrich Heinemann, Die Last der Vergangenheit. Zur politischen Bedeutung der Kriegsschuld- und Dolchstoßdiskussion, in: Bracher/Funke/Jacobsen, S. 371–386. Zur Problematik der Vertragsunterzeichnung durch Teile der DDP Albertin, S. 324.

113 Zu Recht wertet Andreas Hillgruber den Versailler Frieden als zu milde für einen karthagischen Frieden und zu hart für einen Versöhnungsfrieden; Andreas Hillgruber, Unter dem Schatten von Versailles – Die außenpolitische Belastung der Weimarer Republik: Realität und Perzeption bei den Deutschen, in: Karl Dietrich Erdmann/Hagen Schulze (Hg.), Weimar – Selbstpreisgabe einer Demokratie, Düsseldorf 1980, S. 51–67, hier S. 57.

114 So das Urteil Winfried Baumgarts: „Der Anteil des Versailler Vertrages und seiner unmittelbaren Folgen am Aufkommen der Hitler-Diktatur wird exakt nie zu bestimmen sein. Als entscheidend wird er heute allgemein nicht mehr angesehen. Versailles war schon in zentralen Punkten revidiert, als Hitler an die Macht kam"; Winfried Baumgart, Vom Europäischen Konzert zum Völkerbund. Friedensschlüsse und Friedenssicherung von Wien bis Versailles, Darmstadt 1987, S. 134.

Die Artikel 109 bis 114 des Versailler Vertrages betrafen die geplante Abstimmung im Norden Schleswigs. In einer nördlichen ersten Zone, die von der Königsau bis zur heutigen Staatsgrenze, der sog. „Clausenlinie"[115], reichte, sahen die Siegermächte eine en-bloc-Abstimmung der Bevölkerung über ihre zukünftige staatliche Zugehörigkeit vor. In der südlicher gelegenen zweiten Zone, die den Rest des Kreises Tondern, vier Gemeinden des Kreises Husum sowie einen großen Teil des Landkreises Flensburg sowie die Stadt Flensburg umfaßte, sollte demgegenüber gemeindeweise abgestimmt werden. Angesichts der nationalen Mehrheitsverhältnisse in erster und zweiter Zone drohte dem Kreis Tondern somit von vornherein die Teilung.[116]

Auf deutscher Seite lag die Koordination der Interessen und Agitation in Händen des „Deutschen Ausschusses"[117]. Im Kreis Tondern bestimmten neben Landrat Böhme der Seminarlehrer Richard Ortmann und der Pastor Johannes Schmidt-Wodder[118] den Kurs des Ausschusses, der sich im Gegensatz zum Führungsgremium durch eine realitätsbezogenere Auffasung der Lage auszeichnete. Dies galt besonders hinsichtlich der Absage an schleswig-holsteinische Autonomiebestrebungen.[119] In diesem Sinne betätigte sich auch Julius Momsen, der als Gegner Preußens ebenfalls der Landespartei nahestand. Dennoch hatte für ihn das deutsche Nationalbewußtsein Vorrang vor einer weiterreichenden Selbständigkeit Schleswig-Holsteins.[120]

Julius Momsen[121] wurde im Laufe der Zeit „zum wohl wichtigsten friesischen Abstimmungsredner auf deutscher Seite."[122] Er genoß schon in der Kaiserzeit ein hohes Ansehen in der Bevölkerung. Als Vertreter des Kreises im Provinziallandtag, als Vorsitzender des landwirtschaftlichen Kreisvereins, als Mitglied der Landwirtschaftskammer und durch weitere kommunalpolitische Tätigkeit hatte er sich den Ruf einer überaus kompetenten Persönlichkeit erworben.[123] Nach dem Kriege setzte er seine Tätigkeit im Kreistag fort und engagierte sich auch weiterhin im politischen Bereich: Zeitweilig Vorsitzender der Kreisgruppe Südtondern der DVP und zugleich eine Zeitlang Leiter der Niebüller Orts-

---

115 Zur Entwicklung der „Clausenlinie" Erich Hoffmann, Historische Voraussetzungen für die Herausbildung der heutigen deutsch-dänischen Staatsgrenze, in: ZSHG 106 (1981), S. 9–29.

116 Der Plan einer Abstimmung in einer dritten, bis zur Eider reichenden Zone wurde fallengelassen.

117 Über die Arbeit des deutschen Ausschusses vgl. Hans-Dietrich Lehmann, Der „Deutsche Ausschuß" und die Abstimmungen in Schleswig 1920, Neumünster 1969.

118 Über Johannes Schmidt-Wodder (1869–1959) SHBL 2, S. 243 ff.

119 Lehmann, S. 312 ff.

120 In diesem Sinne äußerte sich Momsen in einem Artikel für die „Husumer Nachrichten" vom 1. 12. 1920, in dem er sich gleichzeitig von der „Landespartei" distanzierte.

121 Allgemein zur Person Momsens (1866–1940) SHBL 3, S. 194 f.

122 Steensen, Die friesische Bewegung, S. 117.

123 Bis 1933 war Momsen zudem Mitglied des Kreistages. Nach dem Tod Böhmes übernahm Momsen 1921 zunächst kommissarisch das Amt des Landrats.

gruppe, stand er für die Reichstagswahl 1921 sogar auf der schleswig-holsteinischen Kandidatenliste. Er zog sich schließlich aber noch vor der Wahl aus Krankheitsgründen zurück.[124] Daneben bekleidete er weitere Ehrenämter wie das des Vorsitzenden des Nordfriesischen Vereins und des Schleswig-Holsteiner-Bundes in Niebüll. Ende der zwanziger Jahre schließlich gehörte der „Rentier" Julius Momsen zu den Kritikern der Landvolkbewegung[125] und zu den Gegnern des Nationalsozialismus.[126] Im Abstimmungskampf galt sein Einsatz in diversen Presseartikeln sowie als Redner auf zahlreichen deutschen wie dänischen Versammlungen der deutschen Sache. Eifrig trug Momsen dazu bei, das angeschlagene Nationalbewußtsein seiner Landsleute wiederzubeleben sowie die Hoffnung auf eine bessere Zukunft zu verbreiten.[127] Er selbst wertete den Abstimmungskampf denn auch als die „schönste und erhebendste Zeit" seines Lebens.[128]

Mehr im Hintergrund wirkte Landrat Emilio Böhme[129] auf deutscher Seite. Er gehörte zu jenen konservativ orientierten Landräten der Provinz, die den Umbruch 1918 politisch überlebt hatten. Seine national zuverlässige Gesinnung hatte er bereits zu Beginn des Krieges mit der übereifrigen und willkürlichen Festnahme vermeintlich dänischer Spione bewiesen.[130] Noch vor Kriegsende zählte er zu den maßgeblichen deutschen Verhandlungspartnern bei den Gesprächen mit der dänischen Regierung um die sich abzeichnende Grenzrevision.[131] Zwar war er im Gegensatz zum Deutschen Ausschuß zu Zugeständnissen an den nördlichen Nachbarstaat bereit[132], doch stießen seine halb-

---

124 DVP-Kreisvorsitz lt. LA vom 7. 4. 1921; DVP-Ehrenvorsitz lt. NfR vom 2. 10. 1922; Verzicht auf Reichstagskandidatur lt. NfWb vom 26. 1. 1920; vgl. ebenfalls seine Lebenserinnerungen, Teil I, S. 88 ff.

125 Vgl. Kap. XII.7.

126 In seinen Lebenserinnerungen heißt es diesbezüglich: „Übrigens erscheint es mir eines freien friesischen Bauern würdiger zu sein, einer freieren Weltanschauung zu huldigen als alles gut zu heißen und in sklavischer Weise zu bejubeln, was unter dem gegenwärtigen Zwangsregime steht"; Momsen, Lebenserinnerungen, Teil I, S. 88.

127 Steensen, Die friesische Bewegung, S. 117.

128 Momsen, Lebenserinnerungen, Teil I, S. 94.

129 Über Emilio Böhme (1877–1921) siehe „Der Schleswig-Holsteiner" 2 (1921), S. 201–204; ferner Emil Ewald, Um den Kreis Südtonern verdiente Männer, in: Kreis an Grenze und Meer. Chronik von Südtondern 1969, S. 78 f. Die Erinnerungen Böhmes an die Abstimmungszeit befinden sich in der Schleswig-Holsteinischen Landesbibliothek, Nachlaß Karl Alnor, A 14.

130 Alnor, Handbuch, Bd II, S. 675f und S. 690. Demnach hatte Böhme 42 Personen wegen Spionageverdachts „unter zum Teil rigorosen Formen" festnehmen lassen. Die Betroffenen wurden jedoch von den Militärbehörden in Altona sogleich wieder auf freien Fuß gesetzt.

131 Über seine Tätigkeit Köster, S. 153f, Lehmann, S. 27 ff., 64 f.

132 Zu seinen Vorschlägen im einzelnen Alnor, Handbuch, Bd 3, 1, S. 201 ff.; Lehmann, S. 65.

herzigen Vorschläge zu Korrekturen an der Grenze sowohl bei Dänen als auch auf deutscher Seite auf kein Entgegenkommen.[133]

In der Person Böhmes zeigte sich zugleich die Brüchigkeit der parteiübergreifenden Allianz in der Abstimmungsfrage. Die nach außen dokumentierte Eintracht, wie sie etwa in der Presse zum Ausdruck gebracht wurde[134], erwies sich nach innen durchaus rissig, wie etwa die starken Spannungen zwischen Staatskommissar Köster (SPD) und Böhme belegen. Grundsätzlich trennten die beiden ihre unterschiedlichen parteipolitischen Standpunkte[135], und letztlich verdankte Böhme es in erster Linie dem Zwang zu geschlossenem Auftreten gegenüber Dänemark, daß an ihm als Verhandlungspartner festgehalten wurde.[136] Zugleich signalisierte dieses gespannte Verhältnis, daß vor allem das „Revisionssyndrom" als „dauerhaftester Kitt" die Weimarer Republik zusammenhielt.[137]

Die Auseinandersetzung um eine mögliche Grenzverschiebung im Norden der Provinz begann noch vor der Jahreswende 1918/19 und überlagerte rasch das Bewußtwerden der staatlichen Neuordnung. Ähnlich den Wahlkundgebungen zur Nationalversammlung und ohne Rücksicht auf die veranstaltende Seite beteiligte sich die Bevölkerung in großer Zahl an den Veranstaltungen zu dem nunmehr alles beherrschenden Thema[138], die zumeist einem festen Ordnungsprinzip folgten. Im Anschluß an in dieser Situation typische markige, der nationalen Erregung gerecht werdende Worte des jeweiligen Redners gleich welcher politischer Provenienz[139] bekundeten die Zuhörer durch das Absingen des Deutschland- bzw. Schleswig-Holstein-Liedes und gegebenenfalls auch

133 Zur Realitätsferne Fink, Da Sønderjylland blev delt, Bd 1, S. 110 ff.

134 Gemeinsam riefen die Parteien von DNVP bis zur SPD zur Beteiligung an den deutschen Versammlungen auf; vgl. z.B. LA vom 12. und 14. 6. 1919.

135 Deutlich wird dies besonders anhand der Erinnerungen Böhmes, innerhalb derer er kaum ein gutes Haar an Sozialdemokratie und Köster ließ. Energisch widersetzt er sich darin dem von sozialdemokratischer Seite erhobenen Vorwurf, der „Deutsche Ausschuß" sei eine „Horde von Reaktionären". Weiter heißt es: „In dasselbe Horn gestossen hat auch der damalige Staatskommissar Köster . . ."; Böhme, Erinnerungen, S. 15. In Kösters Darstellung fehlt jeder Hinweis in dieser Richtung.

136 GStAPK I./Rep.77, Nr 5491, Staatskommissar Köster an Präsident d. preuß. Staatsministeriums vom 30. 10. 1919. Anfang Mai 1920, d.h. nach der Abstimmung, büßte Böhme schließlich seine Stellung als „Abwicklungskommissar" aus „außenpolitischen" Gründen ein; BAK, R 43 I/384, Bl. 178.

137 Michael Salewski, Das Weimarer Revisionssyndrom, in: Aus Politik und Zeitgeschichte 32 (1980), S. 14–25, hier S. 15.

138 In der Presse erschienen nahezu täglich Berichte über „Deutsche Abende" bzw. die Sprengung dänischer Versammlungen und deren Umwandlung in deutsche Kundgebungen.

139 Mehrfach trat auch der Flensburger SPD-Stadtverordnete Haberlandt als Redner auf; vgl. z.B. FZ vom 8. 3. 1920.

durch Unterschriftensammlungen ihre deutsche Gesinnung.[140] Nach Bekanntwerden der Friedensbestimmungen erfuhr die Versammlungstätigkeit eine weitere Intensitätssteigerung, so daß bis zum endgültigen Tage der Abstimmung an jeden Ort zumindest eine deutsche Kundgebung stattgefunden hatte.[141] Einen ersten Höhepunkt der Auseinandersetzung erlebte die Gemeinde Niebüll am 1. Juni 1919, als sich ca. 2000[142] Menschen zu einer „Kundgebung der Nordfriesen gegen den Gewaltfrieden und für ein ungeteiltes Deutschland und Schleswig-Holstein . . ."[143] zusammenfanden. Die Veranstaltung gehörte in die Reihe all jener Anti-Versailles-Demonstrationen, die in ähnlicher Weise im gesamten Reich stattfanden und dem Widerwillen der Bevölkerung gegen die „Vergewaltigung" durch die Siegermächte Ausdruck verliehen. Als Redner trat neben Julius Momsen u. a. auch der Niebüller Amtsrichter Dr. Ohlsen auf, der noch in der Abstimmungszeit die Führung des antirepublikanischen Lagers im Bereich Südtonderns übernahm und seinen Einsatz im Abstimmungskampf zu weiterer Profilierung nutzte.[144]

Der „Friesentag"[145] bzw. „Schleswig-Holsteiner-Tag" am 10. August 1919 in Niebüll bildete den zentralen Höhepunkt der nationalen Auseinandersetzung für den gesamten Bereich Nordfrieslands. Mehrere tausend Personen[146] nahmen an dieser bis dahin größten Kundgebung im Untersuchungsraum teil, die vom Niebüller Rektor Alwin Lensch[147] und Landrat Böhme initiiert und vom Deutschen Ausschuß finanziert wurde. Zu Recht begriffen die Veranstalter den Tag als Fortsetzung der Tradition des Festes der Nordfriesen im Jahre 1844, das

---

140 Die Resolutionen folgten stets dem gleichen Schema. Als Beispiel sei folgende zitiert: „Wir am 8. Januar 1919 in Niebüll versammelten 6–700 Männer und Frauen aus Niebüll, Deezbüll und Emmelsbüll wehren uns mit aller Schärfe gegen die Abtretung Schleswigs oder auch nur irgendeines Teiles unserer schleswig-holsteinischen Heimat und fordern als unser Recht, daß Schleswig-Holstein soll bleiben up ewig ungedeelt"; NfR vom 10. 1. 1919.

141 Steensen, Die friesische Bewegung, S. 118.

142 So NfR vom 2. 6. 1919. Die Zuverlässigkeit der Zahlenangabe ist jedoch wie bei dem späteren „Friesentag" zweifelhaft.

143 So der Titel der Kundgebung lt. NfR vom 26. 5. 1919.

144 Vor dem Krieg war Ohlsen schon Leiter der Niebüller Ortsgruppe des „Deutschen Vereins für das nördliche Schleswig" gewesen; LAS 399.41 Nachlaß Ortmann, Nr 3. Noch vor Kriegsende spielte er mit dem Gedanken, „gegen das immer frecher werdende Dänentum einen Damm zu errichten"; zitiert nach Lehmann, S. 15. Zu Ohlsens weiteren Aktivitäten vgl. Kap. VII.1.a).

145 Die Darstellung folgt im wesentlichen der NfR vom 11. und 13. 8. 1919 und Steensen, Die friesische Bewegung, S. 118 ff. Als Pendant zur friesischen Kundgebung fand am 21. 9. 1919 in Leck ein „plattdeutscher Tag" statt; vgl. dazu LA vom 23. 9. 1919.

146 Die Angaben über die Teilnehmerzahl schwanken zwischen 6000 und 10000; vgl. Steensen, Die friesische Bewegung, S. 118.

147 Über Alwin Lensch (1880–1938), bis 1933 DVP-Vorsitzender in Niebüll, vgl. Südtondern Aktuell, Juni/Juli 1973.

seinerzeit ebenfalls primär der schleswig-holsteinischen Sache im aufbrechenden Nationalitätenkonflikt gedient hatte.[148]

Die Besucher wurden festlich empfangen. Mädchen in friesischer Tracht verkauften schleswig-holsteinische Fähnchen, so daß die Gesinnung der Teilnehmer bald ihren Niederschlag an der Kleidung fand. An drei parallel abgehaltene plattdeutsche Gottesdienste schloß sich ein großer Umzug unter Mitführung vieler Fahnen[149] und Protestplakate an, ehe der erste Teil der Veranstaltung auf dem Sportplatz mit dem gemeinsamen Lied „Ich hab' mich ergeben", Verabschiedung einer Resolution[150] und einem Militärkonzert zu Ende ging. Am Abend fanden in verschiedenen Lokalitäten des Ortes noch „Volksabende" statt, auf denen Ansprachen gehalten und Lieder gesungen wurden. Den Rahmen bildeten volkstümliche Vorträge sowie Tanzvorführungen friesischer Mädchen.

Die Bedeutung des Friesentages[151] lag vor allem darin, daß er die Deutschgesinnten in Zeiten wirtschaftlicher Not und politischer Wirren sammelte und ihnen das Gefühl von Gemeinschaft vermittelte. Dies galt den Veranstaltern als umso notwendiger, da die kaum begriffene Niederlage den größten Teil der Bevölkerung völlig verunsichert hatte. Der mit einem Mal drohende Verlust Nordschleswigs wirkte wie ein Schock auf die in dieser Hinsicht gänzlich unvorbereiteten Bewohner der künftigen Grenzregion. Mit Fassungslosigkeit reagierte man auf die Pläne, wonach auch als rein deutsch empfundenen Teile Schleswigs in die Abstimmung miteinbezogen werden sollten. Insofern war es das Ziel der Kundgebung, die national Zweifelnden angesichts der bevorstehenden Abstimmung zurückzugewinnen und allgemein das Gefühl von Zuversicht zu stärken.

148 Steensen, Die friesische Bewegung, S. 118.
149 Es beteiligten sich zahlreiche Kriegervereine mit ihren Fahnen an dem Umzug. Insgesamt wurden rund 90 Fahnen mitgeführt; NfR vom 11. 8. 1919.
150 Die Resolution hatte folgenden Wortlaut: „Die am Sonntag den 10. August 1919 in Niebüll versammelten 10000 Männer und Frauen aus allen Harden Nordfrieslands protestieren wie einst ihre Väter aufs kräftigste gegen die Einverleibung altschleswigschen Bodens in das Königreich Dänemark. Sollte gar auch ein Teil unseres nordfriesischen Heimatlandes mit von der Abstimmung betroffen werden, so würde unser kleiner durch Meeresarme und Wasserläufe geteilter Volksstamm noch weiter auseinandergerissen und unsere alte Sprache und unser kerniges Volkstum einem schnellen Untergange preisgegeben werden. Wir wehren uns deshalb gegen die uns drohende Vergewaltigung. In bewegter Stunde erneuern wir das Bekenntnis zu Schleswig-Holstein und zum deutschen Vaterlande. Wir wollen beim deutschen Reiche und Volke verbleiben, dessen geistiges und wirtschaftliches Leben für uns unentbehrlich ist, und mag kommen was da wolle, in Treue pflegen 'das Herzband' das uns knüpft ans größere Vaterland"; zitiert nach Predigt'n un Red'n hol'n op'n Freesendag in Niebüll-Deezbüll an'n 10. August 1919, Flensburg 1919, S. 41.
151 Es beteiligten sich auch viele Nicht-Friesen an der Kundgebung. Die meisten Reden wurden im übrigen in plattdeutscher Sprache vorgetragen, da etliche Redner einerseits des Friesischen nicht mächtig waren und die einzelnen Mundarten nicht allgemein zu verstehen waren.

Gleichzeitig aber wurden an diesem Sommertag all jene bezeichnenden und für alle übrigen Abstimmungsgebiete typischen Erscheinungen sichtbar, die den sich bis zum Chauvinismus hin steigernden Nationalitätenstreit begleiteten, wenngleich Gewaltanwendung kaum vorkam.[152] „Versailles" war schon jetzt für viele das Symbol einer ungerechten, die Deutschen drangsalierenden Friedensordnung, die den Frontverlauf am Ende des Krieges nicht berücksichtigte und überdies dem Kaiserreich die Alleinschuld am Kriegsausbruch anlastete.[153] Als Reaktion flüchtete man in einen weit übersteigerten Nationalismus, der bereits frühzeitig die Chancen eines Erfolges rechtsextremer Propaganda andeutete.[154] Der Wiederherstellung „nationaler Ehre" als höchstes Ziel ordneten sich sämtliche Bestrebungen im Rahmen der Auseinandersetzung unter, die sich mehr und mehr jedweden rationalen Erwägungen entzog und gleichsam in den Bereich des Religiösen hineingerissen wurde. Die eigentlich entscheidende Problematik, daß es sich bei den bevorstehenden Plebisziten nicht um ein Bekenntnis zu dänischer bzw. deutscher Volkszugehörigkeit drehte, sondern einzig und allein um die Frage, in welchem Staate man leben wollte, konnte den Betroffenen in dieser Situation allerdings kaum bewußt werden, da die undifferenzierte Gegenüberstellung von deutsch oder dänisch einer nüchterneren Beurteilung der anstehenden Entscheidung im Wege stand.[155] Die unausgewogene Betrachtungsweise kennzeichnete auch alle Reden, die anläßlich des Friesentages gehalten wurden.[156]

Obwohl Julius Momsen in seiner Ansprache betonte, die Kundgebung solle „keinen agitatorischen Charakter mit Bezug auf die Abstimmung tragen"[157], sprach diese Aussage dem tatsächlichen Verlauf der Kundgebung Hohn, die vielmehr schlaglichtartig den von beiden Seiten verbissen geführten Grenzkampf beleuchtete. Die meisten Redner sahen in Dänemark den „alten Erbfeind, ... der wiederum seine gierigen Krallen nach unserem Lande streckt."[158] Landrat Böhme warf dem nördlichen Nachbarstaat vor, sich zum „Henkers-

152 Zu massiven Handgreiflichkeiten mit Personenschäden kam es nur gelegentlich einer Versammlung in Leck; LA vom 22. 1. 1920. Vgl. ebenfalls Köster, S. 126, betr. eines solchen Vorfalles im angrenzenden Schafflund.
153 Der „Kriegsschuldartikel" 231 des Versailler Vertrages erregte die Gemüter besonders, da er eine moralische Disqualifikation enthielt; vgl. dazu Heinemann, Die verdrängte Niederlage, besonders S. 18 und S. 68.
154 Siehe z.B. einen Leserbrief, in dem bezüglich der bevorstehenden Abstimmung die wirklichkeitsfremde Behauptung von „reinem Bolschewismus" aufgestellt wurde; LA vom 4. 1. 1919.
155 Vgl. Steensen Die friesische Bewegung, S. 148.
156 Die Reden sind abgedruckt in: Predigt'n un Red'n.
157 ebd., S. 34.
158 So etwa der Wyker Kaufmann und Ortsvorsitzende des „Deutschen Ausschusses" Simon Jacobs, der überdies Deutschland zu einem von seinen Feinden „zu Tode gehetzten Edelhirsch" hochstilisierte; Predigt'n un Red'n, S. 50.

knechte an den Rechten Schleswig-Holsteins"[159] erniedrigt und nicht direkt mit dem Deutschen Reich über eine Friedensregelung verhandelt zu haben. Er sprach in diesem Zusammenhang von einem „Schuldkonto", welches „niemals" getilgt werden könne.[160] In der aufgeheizten Atmosphäre übersah der Landrat offensichtlich, daß für die Kopenhagener Regierung keine andere Möglichkeit bestand, um zu einer Verwirklichung des Selbstbestimmungsrechts der Völker zu gelangen, wie es von Seiten des amerikanischen Präsidenten Wilson vorgeschlagen worden war.[161] Realistische Beurteilungen der Lage waren insgesamt für die meisten Beteiligten zu diesem Zeitpunkt ein Ding der Unmöglichkeit.

Auf kaum ein Klischee wurde in der Auseinandersetzung verzichtet, wenn es nur dazu dienen konnte, die Zuhörer für Deutschland zu gewinnen. Ergebenheitsadressen an die Friesen, die zu „Vorposten des Deutschtums"[162] stilisiert wurden, reihten sich ein in die Rückgriffe auf friesische Wahlsprüche, die zwar nicht mit der aktuellen Tagespolitik in Verbindung standen, wohl aber erstmalig ihre Eignung in dieser Beziehung demonstrierten. Fast jeder Redner bemühte das Wort „Lewer duad üs slaw", um den deutschen Interessen nachhaltig Eindruck zu verschaffen, doch zeigte insbesondere die der Sachlage unangemessene Inanspruchnahme der Lebensweisheit „Rüm hart – klaar kimming"[163], zu welch inhaltslosen Phrasen derartige Redewendungen herabgesunken waren.[164] Seine religiöse Weihe erhielt der Abstimmungskampf durch die plattdeutschen Predigten, mit denen der Friesentag eingeleitet worden war. Es zeigte sich hier die zeitgemäße gefährliche Vermischung von „Nation und Altar"[165], die die deutsche Nation in eine gottähnliche Sphäre transferierte und mit dieser Verabsolutierung einer Entwicklung Vorschub leistete, die insbesondere den antidemokratischen Kräften im rechten Spektrum entgegenkam.[166] So setzte etwa der Flensburger Pastor Johannes Lensch die Stimmabgabe zugunsten Dänemarks mit dem Verrat Judas Ischarioths an Christus gleich, zeichnete vor den Zuhörern die freilich nie existierende Gefahr eines militärischen Zugriffs Dänemarks an die Wand und rief die Bevölkerung in diesem Falle zum gewalttätigen Widerstand auf. Die diese demagogischen Sätze begleitende Versicherung, er wolle

159 Predigt'n un Red'n, S. 43.
160 ebd.
161 Fink, Da Sønderjylland blev delt, Bd 1, S. 76 f.
162 So Julius Momsen in seiner Rede; Predigt'n un Red'n, S. 34
163 Die Übersetzung lautet sinngemäß: Weites Herz – klarer Blick.
164 Dazu Voigt, Der Sylter Weg, S. 115 ff.; vgl. ferner Kap. XIV.3. a), XV.3.a) und XV.5.
165 Vgl. Karl-Wilhelm Dahm, Pfarrer und Politik, Köln/Opladen 1965, besonders S. 184 ff. Zum Verhätnis Pastorenschaft – Weimarer Republik siehe Kap. VII. 1.b). Das Auftreten von Pastoren im Grenzkampf entsprach insgesamt den Vorstellungen der protestantischen Kirche; dazu Kurt Nowak, Evangelische Kirche und Weimarer Republik. Zum politischen Weg des deutschen Protestantismus zwischen 1918 und 1932, Weimar 1981, S. 110 ff
166 Nowak, Evangelische Kirche und Weimarer Republik, S. 38 ff.

keinen Haß predigen, war völlig widersinnig.[167] Seine Worte deuteten zugleich aber auch schon auf das verkrampfte Verhältnis der protestantischen Kirche zur jungen Republik hin, die für viele evangelische Pastoren verantwortlich für Niederlage und Friedensschluß war.[168]

Stimmen der Mäßigung in der emotionsgeladenen Auseinandersetzung waren zu dieser Zeit begreiflicherweise die große Ausnahme. Im Sinne der Glättung der nationalistischen Wogen wirkte der in der Kirchengemeinde St. Laurentii auf Föhr tätige Pastor Johann Dankleff[169], der überdies zu den wenigen Kritikern der Kaiserzeit in seiner Umgebung zählte.[170] Sein Einsatz für eine nüchternere Betrachtungsweise der politischen Lage wurde allerdings nicht honoriert, sie brachte ihm vielmehr den Vorwurf der Dänenfreundlichkeit ein[171], ein Umstand, der ihn weithin isolierte und sicherlich mit dazu beitrug, daß er im Jahre 1925 seines Amtes enthoben wurde.[172] Sein Schicksal machte drastisch klar, daß es zum Bekenntnis deutsch oder dänisch keine Alternative gab, und daß alle, die sich nicht vorbehaltlos für die jeweilige nationale Mehrheit einsetzten, automatisch für Parteigänger der anderen Seite erachtet wurden.

b) Für Dänemark

Die Propaganda derjenigen Kreise, die sich nach 1918 für den Anschluß an Dänemark aussprachen, war im Raume (Süd-) Tondern untrennbar mit dem Namen Cornelius Petersen[173] verbunden. Der 1882 in Eiderstedt geborene Volksschullehrersohn gelangte über seinen Vater und durch ein intensives Selbststudium zu einer profunden Kenntnis der Schleswigschen Geschichte, auf die er später in seinen Schriften[174] zurückgriff. In seiner Jugendzeit lernte er die friesische sowie die plattdänische Sprache kennen. Um 1905 erwarb er den in

---

167 Predigt'n un Red'n, S. 20 f. Am Friesentag nahm auch der spätere NS-Bischof Paulsen teil.

168 Nowak, Evangelische Kirche und Weimarer Republik S. 53; vgl. ebenfalls Kap. VII.1.b).

169 Johann Dankleff (1875–1955) war nach seinem Fortzug von der Insel für den „Christlich-sozialen Volksdienst" tätig. Er war ein scharfer Gegner des Dritten Reiches und wurde deshalb wiederholt inhaftiert; vgl. Heinrich Koops, Kirchengeschichte der Insel Föhr, Husum 1987, S. 75.

170 Steensen, Die Insel Föhr, S. 123; siehe dazu auch Joachim Hinrichsen, Ein Föhrer blickt zurück (hrsg. von Volkert Faltings), Bredstedt und Insel Amrum 1988, S. 112 ff.

171 FLA vom 10. und 17. 12. 1919; Joachim Hinrichsen, S. 112. In der Chronik der Kirchengemeinde St. Laurentii beschrieb Dankleff die nationale Auseinandersetzung als „widerlich"; Chronik der Kirchengemeinde St. Laurentii, Eintragung 1920.

172 Die genauen Umstände der Versetzung sind unklar, doch spielte die „nationale Unzuverlässigkeit" sicherlich eine nicht unerhebliche Rolle dabei; Joachim Hinrichsen, S. 113.

173 Zur Person Petersens Steensen, Die friesische Bewegung, S. 127 ff. und die dort in Anm. 48 zitierte Literatur.

der Nähe Mögeltonderns gelegenen Hof Westeranflod und betätigte sich kommunalpolitisch.[175] Die Germanisierungsbestrebungen gegenüber der dänischen Bevölkerung in Nordschleswig lehnte er ab, eine Haltung, die ihn zur Unterstützung des von Pastor Johannes Schmidt-Wodder geleiteten „Vereins für deutsche Friedensarbeit in der Nordmark" führte, der sich für eine gerechtere Behandlung der dänisch orientierten Bewohner einsetzte. 1918 gehörte „C. P.", wie er allgemein genannt wurde, zu den Mitbegründern des bereits erwähnten „Schleswigschen Bauernvereins", der sich gegen die kriegswirtschaftliche Bevorzugung der Industrie zu Lasten der Landwirtschaft wandte und den Behörden gleich zu Beginn als Ausdruck nationaler Unzuverlässigkeit erschien.[176] Tatsächlich hatte Petersen dem deutschen Nationalismus bereits vor dem Krieg überaus skeptisch gegenübergestanden, eine Position, die er durch den Ausgang des Krieges gerechtfertigt sah. Statt dessen orientierte er sich am „Schleswigschen Volk", das für ihn von der Königsau bis zur Eider reichte.[177] Sein Ziel blieb es fortan, die Einheit Schleswigs zu bewahren und allen Versuchen zur Teilung entgegenzutreten[178]:

„Schleswig steht vor der Schicksalsstunde! . . . Über Nacht wird mitten durch Schleswig, Flensburg-Fahretoft oder Flensburg-Tondern, eine Kluft sein. Der Deutsche Ausschuß für Nordschleswig stellt sich auf den Standpunkt: Schleswig ungeteilt bei Deutschland. Wenn es ihm in erster Linie um Schleswig zu tun ist und um die ansässige Bevölkerung, müßte er auch den zweiten Schritt machen – die Umkehrung in sein Programm aufnehmen. Wenn größere Teile nach Dänemark sollen, dann das ganze . . . Ich stelle das Wohl unseres ungeteilten Schleswig unserer Heimat, voran, erst dann kommt das Ferner liegende."

Als Petersen klar wurde, daß der Verlust eines Teiles von Schleswig unausweichlich sein würde, setzte er sich schließlich für den Anschluß Gesamtschleswigs an den nördlichen Nachbarstaat ein, ohne deshalb Nationaldäne zu sein.[179] Nichtsdestoweniger hinderte ihn diese Auffassung, die sich etwa um die Jahreswende 1918/19 bildete, nicht, anläßlich der Wahl zur Nationalversammlung

---

174 Die Titel der Schriften Petersens sind bei Steensen, Die friesische Bewegung, S. 491 aufgeführt.

175 Er war Kooginspektor und Gemeindevorsteher in Mögeltondern.

176 LAS 301/2400, RP an OP vom 16. 8. 1918. Zur Gründung des Bauernvereins vgl. Kap. XII. 1.a).

177 Zum Typus des „Schleswigers" Erich Hoffmann, Der „Schleswiger" und sein Heimatbewußtsein, in: Wolfgang Riedel (Hg.), Heimatbewußtsein, Husum 1981, S. 185–195.

178 Cornelius Petersen, Die Schleswigsche Frage vom Standpunkt eines Bauern, Flensburg 1919, S. 12.

179 Dieser wichtige Aspekt bei der Beurteilung Petersens wurde in der Vergangenheit zumeist übersehen. Steensen bemerkt zu Recht: „Es beruht auf einem völligen Mißverständnis zu meinen, durch seine prodänische Arbeit habe er sich als nationaler Däne bekannt. Sein Vorgehen ist im Gegenteil nicht mit nationalen Maßstäben zu beurteilen"; Steensen, Die friesische Bewegung, S. 137.

auf dem sechsten Platz der DDP-Liste in Schleswig-Holstein zu kandidieren.[180] Die „liberalen" Vorstellungen, die er dabei vertrat, wiesen allerdings auf ein Demokratieverständnis hin, das in keinem Falle den Erfordernissen einer modernen und liberalen Massendemokratie entsprach. Modellcharakter trug für ihn vor allem die Eiderstedter Landschaftsverfassung aus dem 19. Jahrhundert, die am ehesten seinem Ideal eines demokratischen Staatsaufbaus entsprach.[181] Seine bäuerlich-romantischen Vorstellungen gingen von einer statischen, überschaubaren Lebensordnung aus und orientierten sich nicht an den Bedürfnissen einer industriellen Massengesellschaft.[182] Klangen hierin bereits Übereinstimmungen mit der Ideologie der Landespartei an, so verstärkt sich der Eindruck noch angesichts des Volkstumsverständnisses, innerhalb dessen er dem „Landvolk" als dem „Kern der Rasse" die Funktion des „Fundamentes der menschlichen Gesellschaft"[183] zumaß. Deutlich zeigen sich in diesen Auffassungen die Elemente einer Blut- und Bodenideologie, die der Akzeptanz modernen gesellschaftlichen Miteinanders diametral zuwiderlaufen und mehr an völkische Ideologeme erinnern, wie sie etwa von der „Landespartei" und später auch vom Nationalsozialismus vertreten wurden. Es kann auch kaum bezweifelt werden, daß ein großer Teil der ländlichen Bevölkerung des Untersuchungsraumes in diesen stark agrarzentrierten Kategorien dachte und im Gesellschaftsverständnis ähnlichen Leitmotiven folgte. Der tiefe Graben, der die Auffassungen schließlich trennte, war „lediglich" der nationale Aspekt: Hoffte Cornelius Petersen seine Vorstellungen im Rahmen der staatlichen Zugehörigkeit zum nördlichen Nachbarn durchsetzen zu können, so orientierte sich der weit überwiegende Bevölkerungsteil Südtonderns an Deutschland. Die Ähnlichkeit der weiteren Entwicklungen nördlich und südlich der neuen Grenze hinsichtlich des bäuerlichen Aufbegehrens sowie der Forderungen, die den Belangen moderner Massendemokratie widersprachen, sollten beredtes Zeugnis von den gemeinsamen ideologischen Wurzeln der Überzeugung ablegen.[184]

C. P. verschreckte durch seine derbe Ausdrucksweise in Versammlungen wiederholt seine Zuhörer, wenngleich er durchaus das Talent eines Redners besaß.[185] Die Reaktion bei seinen Auftritten blieb auf deutscher Seite begreiflicher-

---

180 Gewählt wurden jedoch nur die ersten vier Kandidaten.
181 So Petersen, Die Schleswigsche Frage, S. 26.
182 ebd. Wörtlich heißt es: „Da wählte die Gemeinde nach gleichem Wahlrecht ihre Beamten, diese wählten wieder aus sich die Landschaftsverwaltung, ohne Beeinflussung von oben. So bildete die Gemeinde die unterste Stufe des Staates, die besten des Kreises die Provinz und schließlich wieder die besten den Staat. So denke ich Demokratie."
183 Cornelius Petersen, Entgegnung . . . auf die Flugschrift des Herrn Dr. Tedsen, Flensburg: Uwe Jens Lornsen ein Däne?" Tondern 1920, S. 7 f.
184 Bezeichnend für Petersens weiteren Weg war sein Einsatz für die „Selvstyrebevægelse", die als nordschleswigsches Pendant zur Landvolkbewegung begriffen werden kann. Symptomatisch für seine von völkischen Ideen geprägte Einstellung war am Ende seine Mitarbeit bei den dänischen Nationalsozialisten.
185 Momsen, Lebenserinnerungen, Teil I, S. 122.

weise ablehnend. Zumeist befanden sich ohnehin weitaus mehr Deutschgesinnte unter der Zuhörerschaft, die aus dänisch initiierten Veranstaltungen zumeist deutsche Kundgebungen werden ließen.[186] Heftige Angriffe richteten sich dabei gegen den „nationalen Verräter", die an den folgenden Tagen zudem ihren Niederschlag in der Presse fanden.[187] Die Erbitterung über sein Verhalten ging so weit, daß sich seine deutschen Verwandten von ihm lossagten[188], ein Phänomen, das allerdings auch zahlreiche andere Familien betraf, die sich ob ihrer unterschiedlichen nationalen Gesinnung überwarfen.[189]

Neben Petersen als dem spiritus rector der dänischen Propaganda im Raume Tondern wirkten auch der Sylter Nann Mungard[190] sowie der auf der Insel Föhr beheimatete Joachim Hinrichsen[191] für den Anschluß an Dänemark. Gerade auf den Bereich der nordfriesischen Inseln zielten ohnehin die verstärkten Bemühungen Petersens ab, der hier in den früheren reichsdänischen Enklaven auf ein größeres Stimmenpotential hoffte.[192] Zur Mobilisierung weiterer Bevölkerungskreise sowie zur Festigung der vorhandenen dänischen Sympathien wurden auf Initiative Petersens Wählervereine ins Leben gerufen, die jedoch zur Vermeidung brüsker Zurückweisung unter dem Namen „Friesischer Wählerverein" an die Öffentlichkeit traten.[193] Großen Anhang vermochten diese einzigen erfolgreichen dänischen Vereinsgründungen allerdings nicht zu erreichen, vor allem deshalb, weil die deutsche Gegenbewegung auch auf den Inseln am Ende zu mächtig war.[194] Sowohl Hinrichsen als auch Mungard mußten ob ihrer Haltung, die ähnlich der Petersens nicht nationaldänisch fundiert war, sondern

186 Die Beispiele hierfür sind sehr zahlreich und betrafen fast jede dänische Versammlung südlich der späteren Grenze.
187 Die deutsche Presse berichtete stets mit Häme über die dänischen Versammlungen und die vermeintlichen „Speckdänen", die für den Anschluß an Dänemark kämpften. Auf dänischer Seite wirkte vor allem die im Sommer 1919 von Cornelius Petersen gekaufte „Tondernsche Zeitung" als Abstimmungsplattform.
188 Steensen, Die friesische Bewegung, S. 136.
189 Vgl. z.B. Steensen, Die Insel Föhr, S. 126.
190 Über Nann Mungard (1849–1935) siehe dessen eigene Lebenserinnerungen; Nann Peter Mungard, Der Friese Jan. Lebenserinnerungen eines Sylter Kapitäns (hrsg. von Hans Hoeg), Amrum 1989; ferner Steensen, Die friesische Bewegung, S. 87 und S. 138 ff. sowie die S. 87, Anm. 270 zitierte Literatur.
191 Über Joachim Hinrichsen (1846–1930), allgemein „Juchem" genannt, siehe seine eigenen, unter Anm. 170 dieses Kapitels zitierten Lebenserinnerungen.
192 Staatskommissar Köster berichtete wiederholt über die Unzufriedenheit auf den Inseln, wo der Immobilienverkauf an Dänen wenig Gutes hoffen ließ; GStAPK Abt. Merseburg, Rep. 77, Tit. 4030 Nr 70, Bl. 15, Staatskommissar Köster an die preußische Staatsregierung vom 11. 2. 1920; ferner Politisches Archiv des Auswärtigen Amts, Friedensabteilung, Schleswig a, Politische Fragen allgemein, Bd 6, fol. 42735.
193 Steensen, Die friesische Bewegung, S. 139; Joachim Hinrichsen, S. 116 ff.
194 Joachim Hinrichsen, S. 136.

mehr utilitaristischen[195] und antipreußischen[196] Tendenzen folgte, zahlreiche Diffamierungen über sich ergehen lassen.[197] In dieser Hinsicht litt Nann Mungard allerdings schwerer als sein Föhringer Freund, wie aus einem Bericht der „Föhrer Zeitung"[198] hervorgeht, der den Verlauf des traditionellen Biikebrennens auf Sylt am 21. Februar 1920, d. h. wenige Tage vor dem Zeitpunkt der Abstimmung in der zweiten Zone, schilderte. Demzufolge warfen Deutschgesinnte unter dem Beifall der Zuschauer eine Strohpuppe in die lodernden Flammen, der man zuvor ein auf den Namen Nann Mungard lautendes Schild umgehängt hatte. Kaum ein Jahr später ging der Hof seines Sohnes in Keitum in Flammen auf – aus dem „Scherz" war bitterer Ernst geworden. Mungard verließ daraufhin seine Heimatinsel, ohne sie je wiederzusehen und siedelte sich in der Nähe Mögeltonderns nördlich der neuen Grenze an.

c) Ergebnis und Folgen

Als das Abstimmungsergebnis der ersten Zone am Abend des 10. Februar bekannt wurde, bot es keine Überraschung mehr. Zwar hatten Tondern, Hoyer und Uberg – unmittelbar nördlich der neuen Grenze gelegen – eine klare deutsche Mehrheit erbracht[199], jedoch bedeutete die Zugehörigkeit zur nördlichen Zone, in der 75 % für Dänemark votierten, daß diese Gemeinden zukünftig zu Dänemark gehören würden. Die eingesessene Bevölkerung reagierte auf das Ergebnis mit Verbitterung, besonders auch deshalb, weil sich die Hoffnung auf eine Grenzziehung den Vorschlägen Johannes Tiedjes gemäß nicht erfüllten, die das Gebiet um die Stadt Tondern noch zu Deutschland geschlagen hätte.[200] Der Zorn über die mit der „Clausenlinie" identischen neuen Staatsgrenze prägte dementsprechend auch die Haltung weiter Bevölkerungskreise nach 1920[201], wenngleich zu konstatieren ist, daß die Entscheidung des 10. Februar 1920 eine

---

195 Steensen, Die friesische Bewegung, S. 138. Demzufolge erwartete besonders Mungard günstigere Lebensbedingungen in politischer, kultureller und wirtschaftlicher Hinsicht.

196 Das antipreußische Argument war gerade auch für Joachim Hinrichsen maßgeblicher Anlaß, für den Anschluß an Dänemark zu kämpfen; Joachim Hinrichsen, S. 67 ff.

197 Steensen, Die friesische Bewegung, S. 138; in der FZ vom 17. 6. 1919 fiel der Vorwurf des „Speckdänentums".

198 FZ vom 27. 2. 1920.

199 Der deutsche Stimmenanteil betrug in Tondern 77 %, in Hoyer 73 %, im Bereich Hoyer-Land 62 % und in Uberg 83 %.

200 Die sog. „Tiedje-Linie" spielte auch nach den Abstimmungen noch eine große Rolle in der Grenzdiskussion. Ihre Realisierung hätte allerdings umgekehrt Gebiete mit dänischer Mehrheit ins Deutsche Reich einverleibt. Zur Diskussion um diese Problematik Fink, Da Sønderjylland blev delt, Bd III, S. 47 ff.

201 Vgl. Kap. X.

den nationalen Gegebenheiten im Großen durchaus Rechnung tragende Grenze schuf[202], wie die Schleswiger Plebiszite insgesamt – gemessen an den übrigen Volksabstimmungen aufgrund des Versailler Friedensvertrages „in Vorbereitung und Durchführung zu den korrektesten Bekundungen des nationalen Selbstbestimmungsrechtes"[203] gehörten.

Mit sehr viel mehr Spannung sah man deutscherseits der Entscheidung in der zweiten Zone am 14. März entgegen, vor allen Dingen aufgrund der materiellen Werbung, mit denen private Kreise aus Dänemark um Zustimmung warben.[204] Die aufgestaute bange Erwartung löste sich dann allerdings rasch in Erleichterung auf, als bekannt wurde, daß einzig drei kleine Gemeinden auf Föhr mehrheitlich für Dänemark votiert hatten.[205] Im übrigen entschieden sich knapp 80 % der Bevölkerung für den Verbleib bei Deutschland.

In materieller Hinsicht hatte die Abstimmung den Verlust von rund 4000 km^2 mit ca. 170 000 Menschen zur Folge.[206] Die Konsequenzen der beiderseitig verbissen geführten Auseinandersetzung um die staatliche Zugehörigkeit wogen im psychischen Bereich mindestens ebenso schwer, hatte sich doch gezeigt, in welch extremem Maße sich die Bewohner beiderseits der neuen Grenze von den nationalen Emotionen erfassen ließen. Die Einseitigkeit der Überzeugung, die Intoleranz gegenüber dem Andersdenkenden, die fehlende Bereitschaft zu einer nüchterneren Betrachtungsweise – sichtbar besonders in der fälschlichen Stilisierung des Votums zu einem Bekenntnis deutscher bzw. dänischer Volkszugehörigkeit – erfuhr mit dem Plebiszit einen ersten Höhepunkt. Dennoch sei an dieser Stelle nochmals hervorgehoben, daß sich die Schleswiger Plebiszite gemessen am Abstimmungskampf in Oberschlesien etwa vergleichsweise harmlos ausnahmen.

Den Raum Tondern trafen die Folgen der umstrittenen Grenzziehung besonders schwer. Die neue Staatsgrenze schnitt quer durch das Kreisgebiet und trennte die nunmehr ehemalige Kreishauptstadt von ihrer südlichen Umgebung. Zu-

---

202 Steensen, Die friesische Bewegung, S. 145.

203 Erdmann, S. 22.

204 Hier rührte der Vorwurf des „Speckdänentums" her. Zu beachten ist allerdings, daß sich der dänische Staat an der materiellen Propaganda nicht beteiligte.

205 Er waren dies die Gemeinden Utersum – von Deutschgesinnten schon vorher als „Jütersum" bezeichnet, Hedehusum und Goting. Insgesamt lag der dänische Stimmenanteil höher als auf dem Festland. Der Nieblumer Pastor Hansen vermerkte zu den Ergebnissen in den drei Gemeinden mit dänischer Mehrheit: „Diese Schmach bleibt auf ihnen haften"; Chronik der Kirchengemeinde Nieblum, Eintragung 1920.

206 Zu den materiellen Folgen der Abstimmung und dem Bemühen um Abhilfe Hanno Jochimsen, Wirtschaftspolitik im Grenzland. Vergleich der deutschen und dänischen wirtschaftspolitischen Maßnahmen in Schleswig seit 1920. Grundlagen ihrer Orientierung und Alternativen für die Zukunft, Meisenheim am Glan 1964; Jürgen Heuer, Zur politischen, sozialen und ökonomischen Problematik der Volksabstimmungen in Schleswig 1920, Kiel 1973.

sammen gingen rund die Hälfte der Kreisfläche und der Bevölkerung verloren.[207] Am nachhaltigsten zog die Grenzverschiebung die Insel Sylt in Mitleidenschaft, die fortan zunächst nur mehr über den jetzt zu Dänemark gehörenden Hafen Hoyerschleuse zu erreichen war. Eine direkte Anbindung an Deutschland fehlte vorerst. Das bereits vor der Abstimmung von Regierungsseite den Syltern gemachte Versprechen, die Insel werde eine Dammverbindung zum Festland erhalten, wurde 1927 mit der Einweihung des Hindenburgdammes eingelöst.[208] Relativ schnell entschied sich die Zukunft des bei Deutschland verbleibenden Teiles des Kreisgebietes. Pläne zur Zusammenlegung mit anderen Kreisen wurden bald verworfen; statt dessen setzte sich das Vorhaben durch, den Restkreis als selbständige Gebietskörperschaft bestehen zu lassen und eine neue Kreisverwaltung aufzubauen.[209] Als Hauptort des neu zu bildenden Kreises kam auf Grund ihrer Rolle als Verkehrsknotenpunkt einzig und allein die Gemeinde Niebüll im Bereich des späteren Verwaltungsbezirks Südtondern in Frage. Die kleine Landgemeinde mit rund 2000 Einwohnern (1919) war zu diesem Zeitpunkt jedoch in keiner Weise mit der Stadt Tondern zu vergleichen, schon die Wirtschaftskraft reichte bei weitem nicht an die der ehemaligen Kreishauptstadt heran. Darüber hinaus fehlte es zunächst an öffentlichen Einrichtungen wie z.B. einer höheren Schule und einem Krankenhaus.[210]

All dies warf Probleme auf, die erst im Laufe von Jahren gelöst werden konnten, und so dauerte es eine gewisse Zeitspanne, ehe Niebüll die Leistungsfähigkeit eines Verwaltungs- und Handelszentrums erwarb.

Schwierig gestaltete sich zunächst die Namengebung für den südlichen Teil des alten Kreises Tondern. Offensichtlich war man deutscherseits zunächst darauf bedacht, den nationalen Gegensatz zu Dänemark nicht noch durch einen unklug gewählten Namen für den Restkreis zu verschärfen. Dementsprechend entstand der Vorschlag, die neu entstandene Gebietskörperschaft „Nordfriesland" zu nennen.[211] Es setzte sich dann aber die Überzeugung im Lande durch, die Erinnerung an die Vergangenheit wachzuhalten und den Kreis „Südton-

---

207 LAS 301/4521, Rede Landrat Skalweits auf der Tagung der Grenzreferenten 1928.
208 Gerade in bezug auf díe Insel Sylt trifft die Feststellung Rietzlers bezüglich lediglich einiger formaler Härten infolge der Abstimmung nicht zu; Rietzler, „Kampf in der Nordmark", S. 117. Die Wirtschaftskraft der Insel wurde erheblich in Mitleidenschaft gezogen; vgl. Kap. VII.2.
209 Steensen, Die friesische Bewegung, S. 156.
210 Die 1928 eingeweihte Friedrich-Paulsen-Schule galt gemeinhin als „Zeichen deutscher Lebenskraft"; LAS 301/4521. Das Krankenhaus wurde 1929 eingeweiht.
211 Diese Bezeichnung findet sich in einem Schreiben an den Regierungspräsidenten vom 7. 5. 1950; LAS 301/4521. Andere Vorschläge lauteten Deutsch-Tondern bzw. Tondern; LA vom 25. 6. 1920.

dern" zu nennen.[212] Dagegen erhob allerdings das Auswärtige Amt in Berlin ernste Bedenken, weil es im Falle der Beibehaltung der Bezeichnung „Tondern" in irgendeiner Form diplomatische Komplikationen befürchtete.[213] Am Ende entschied sich der preußische Innenminister dafür, den Wünschen der Bevölkerung entgegenzukommen. So erhielt das Gebiet südlich der „Clausenlinie" am 19. November 1920 endgültig den Namen „Südtondern"[214], womit das „Revisionssyndrom" als einigendem Band der Weimarer Republik seinen Niederschlag bereits in der Benennung fand. Der spätere Landrat Hans Skalweit drückte diese Auffassung in einer 1928 gehaltenen Rede folgendermaßen aus[215]: „Der Name Südtondern, den der Restkreis dankenswerterweise erhalten hat, bewahrt die Erinnerung an die Vergangenheit und enthält eine Forderung an die Zukunft."

212 Lt. Schreiben des preußischen Innenministeriums vom 5. 11. 1920 hatte sich der Kreisausschuß auch gegen die Bezeichnung „Niebüll" gewandt. In gleichlautenden Schreiben aus 61 Gemeinden des Restkreises hieß es: „Der Kreis Tondern ist fast völlig deutsch, darum darf der Kreis nicht verschwinden. Er muß bleiben, bis er einst wieder mit Recht den Namen Tondern trägt"; GStAPK Abt. Merseburg, Rep. 151, Nr 7467.
213 LAS 301/4921, Telegramm des Auswärtigen Amtes an OP vom 15. 10. 1920.
214 LAS 301/4921.
215 LAS 301/4521, Rede Skalweits vor den Grenzreferenten 1928.

VI. Die Reichstagswahl 1921

Die Wahl zur Nationalversammlung hatte ähnlich dem Resultat auf Reichs- und Provinzebene auch in Südtondern den staatstragenden Parteien SPD und DDP eine überaus große Mehrheit in der Gunst der Wähler beschert. Daß dieses Ergebnis dem tatsächlichen Meinungsbild der meisten bürgerlichen Wähler nicht entsprach, hatte bereits der Wahlkampf angedeutet, in welchem die nichtsozialistischen Parteien sich nachdrücklich von der Sozialdemokratie distanziert hatten. Profitiert hatten dabei in Südtondern am stärksten die Demokraten, die für den überwiegenden Teil der Bevölkerung den sichersten Schutz vor möglichen sozialistischen Experimenten zu bieten schienen. Zudem hatten viele von einer gemäßigten deutschen Regierung ein Entgegenkommen der Siegermächte bei den anstehenden Friedensverhandlungen erwartet. Insofern war das Bekenntnis zum Linksliberalismus von vornherein in seiner Qualität fragwürdig. Nicht einmal eineinhalb Jahre später zeigte sich in den Reichstagswahlen von 1920/21, welch geringen Rückhalt die junge Republik nurmehr in den Reihen der Wähler besaß.

Das verheerende Wahldebakel der Regierungsparteien am 6. Juni 1920[1] – sichtbar anhand des Anschwellens der extremen Rechten und Linken – war im wesentlichen die Reaktion auf den als „Schmachfrieden" empfundenen Versailler Vertrag sowie die bürgerkriegsähnlichen Unruhen im Reichsgebiet seit der Revolution. Mit aller Schärfe machte das Resultat zudem deutlich, daß das Ergebnis vom 19. Januar 1919 keinesfalls das wahre Empfinden der Wähler wiedergegeben hatte, es vielmehr eine Ausnahmeerscheinung gewesen war. Jetzt, da die befürchtete sozialistische „Bartholomäusnacht" ausgeblieben war, erfolgte eine radikale Korrektur in Richtung des „traditionellen politischen Systems".[2] Die für die Aushandlung und Annahme des Friedens wie für die Gesamtpolitik der ersten Zeit verantwortlichen Parteien der „Weimarer Koalition" (SPD, DDP, Zentrum) errangen nurmehr 43,6 % der abgegebenen Stimmen, 1919 waren es noch rund 75 % gewesen. Diesem Verlust, der SPD und Demokraten am härtesten traf[3], standen merkliche Gewinne der rechten Parteien DVP und DNVP gegenüber; die Deutschnationalen wurden mit 15,1 % gar zur stärksten Partei im bürgerlichen Lager.[4] Auf der Linken profitierten Kommunisten und vor allem die Unabhängigen Sozialisten vom Substanzverlust der Mehr-

---

1 Zur Bewertung des Wahlergebnisses Milatz, S. 114 ff., Kolb, Die Weimarer Republik, S. 41, Heiber, S. 83 ff.
2 Diskussiosbeitrag G. Kotowski in Broszat et al., S. 136.
3 Der Stimmenanteil der SPD sank von 37,9 % auf 21,7 %, der der DDP von 18,5 % auf 8,3 %; Ergebnisse lt. Statistik des Deutschen Reichs, Bd 291 (1922).
4 Der DVP-Anteil stieg von 4,4 % auf 13,9 %.

heitssozialdemokratie.[5] Deutlich zeichnete sich jetzt bereits die starke Polarisierung im Parteienspektrum ab, die jede künftige Koalitionsregierung von vornherein vor die allergrößten Probleme stellen sollte. Mit der „Weimarer Koalition" verlor die Republik ihre einzige Regierung, die sich fest auf eine parlamentarische Mehrheit hatte stützen können.[6]

Wie im Reich, so wurde auch in Schleswig-Holstein, wo die Reichstagswahl aufgrund der Abstimmungen erst im Februar 1921 stattfand, der allgemeine Trend sichtbar. Die DDP büßte zwei Drittel ihrer Wählerschaft ein und erreichte noch 9,3 % der Stimmen.[7] Es war dies die klare Absage an eine Fortsetzung der Zusammenarbeit mit der Sozialdemokratie. In Scharen wanderten die ehemaligen DDP-Anhänger zu DVP und DNVP ab.[8] Beide rechtsbürgerlichen Gruppierungen zogen gleichzeitig großen Nutzen aus dem Niedergang der Landespartei, die im Parlament ohne jede Wirkung geblieben war.[9] Ebenfalls die SPD mußte Verluste hinnehmen, die, wenn auch nicht der Höhe auf Reichsebene entsprachen, dennoch ein beträchtliches Ausmaß erreichten. Rund 100 000 Stimmen gab sie an USPD und KPD ab, doch blieb sie selbst in den ländlichen Gebieten nahe industrieller Ballungsräume sowie in Ostholstein vergleichsweise stark vertreten.[10]

Eine spürbar stärkere Rechtsorientierung der Südtonderaner Bevölkerung hatte sich bereits lange vor dem 21. Februar 1921 abgezeichnet. Noch im weiteren Verlauf des Jahres 1919 wußte die Presse vom Wachsen der DNVP- und DVP-Ortsgruppen zu berichten[11], eine Entwicklung, die mit Sicherheit zu Lasten der Deutschen Demokraten ging. Insbesondere bot der Übertritt Cornelius Petersens ins dänische Lager Anlaß, die nationale Zuverlässigkeit der DDP in Zweifel zu ziehen[12], wie generell die Unterzeichnung des Versailler Vertrages als Symbol nationalen Verrates galt. Daß grundsätzlich alle Parteien den Frieden ablehnten, und auch die Regierung nur gezwungenermaßen unterzeichnet

---

5 Der Stimmenanteil der Linken (USPD und KPD) stieg von 7,6 % auf 20 %.

6 Zu diesem Grundproblem der Weimarer Republik etwa Karl Dietrich Bracher, Die Auflösung der Weimarer Republik, Villingen 1971[5], S. 58 ff.

7 Ergebnisse in Schleswig-Holstein lt. Beiträge zur historischen Statistik.

8 Der DVP-Anteil stieg von 7,8 % auf 18,4 7%. Besonders in den Städten legte sie stark zu; Wulf, Die politische Haltung, S. 38. Die DNVP verdreifachte gar ihren Stimmenanteil von 7,3 % (1919) und kam auf 20,2 %. Die Gewinne kamen besonders vom flachen Land; Stoltenberg, S. 53.

9 Der Anteil der Landespartei ging von 7,2 % auf bedeutungslose 3,8 % zurück. Fortan führte die Partei nurmehr ein Schattendasein, bis sie sich 1924 endgültig auflöste.

10 Der Anteil der SPD ging von 45,7 % auf 37,8 % zurück, d. h. gemessen am Reichsdurchschnitt waren die Verluste gering.

11 Berichte über Ortsgruppengründungen bzw. Mitgliederzuwachs: SZ vom 26. 5. 1919; NfWb vom 15. 4. 1919; NfR vom 27. und 28. 11. 1919.

12 Petersen wurde im Mai 1919 aus der DDP ausgeschlossen.

hatte, geriet dabei genauso aus dem Blickfeld wie die Tatsache, daß bei weitem nicht alle Abgeordneten der DDP für die Annahme gestimmt hatten.[13]

Neben dem Trauma Versailles beherrschte weitgehend der traditionelle Antisozialdemokratismus die Diskussion vor der Wahl, eine Debatte, die ohne Zweifel noch dadurch zusätzliche Brisanz erhielt, daß der ehemalige Reichstagsabgeordnete Blunck unter der Kanzlerschaft Hermann Müllers (SPD) das Amt des Justizministers übernommen hatte. Geradezu zwangsläufig mußte daher der Wahlslogan der DVP „Von roten Ketten macht uns frei allein die Deutsche Volkspartei!" eine große Anziehungskraft auf die Wähler ausüben, zumal sich mit Julius Momsen ein überaus geschätzter Politiker aus Südtondern zur Kandidatur an aussichtsreicher Stelle bereiterklärt hatte.

Auch die DNVP prangerte den vermeintlichen Verrat des Bürgertums durch die DDP an und sparte dabei nicht mit antisemitischer Hetze. Im Beisein des Kreisvorsitzenden, des bereits erwähnten Amtsrichters Dr. Ohlsen, fiel anläßlich einer DDP-Wahlversammlung der Vorwurf der „Judenpartei"[14], womit die rechtsstehenden Kreise den späteren Erfolgen der Landvolkbewegung und der NSDAP auch im Propagandastil massiv vorarbeiteten.[15] Gegenstimmen drangen nahezu gar nicht in die Öffentlichkeit.[16]

Die SPD-feindliche Haltung äußerte sich vor allem aber in den berufsständischen Vertretungen des Kreises. Der Bauernverein erteilte mit seiner Direktive, einen sozialdemokratischen Erfolg zu verhindern, gleichzeitig einer möglichen Wahl der Demokraten eine deutliche Absage. Dr. Thyssen als Provinzialgeschäftsführer prangerte auf einer Versammlung insbesondere die Zwangswirtschaft an und zeichnete ferner das Gespenst drohender Sozialisierung auch des bäuerlichen Besitzes an die Wand[17], eine Haltung, die zwar jeder Grundlage entbehrte, allerdings auf die geradezu manische Sozialistenfurcht hindeutet, die den Mittelstand insgesamt seit jeher beherrschte.[18] Auch der Kreishandwerker-

---

13 Zur Problematik DDP – Versailler Vertrag Albertin, S. 324 ff.

14 NfR vom 3. 2. 1921. Allgemein zur antisemitischen Hetze gegen die DDP Hermann Balle, Die propagandistische Auseinandersetzung des Nationalsozialismus mit der Weimarer Republik und ihre Bedeutung für den Aufstieg des Nationalsozialismus, Diss., Stuttgart 1963, S. 101 ff.

15 Die „Judenfrage" war in dieser Zeit noch mehrfach Gegenstand der Diskussion gewesen; NfR vom 27. und 28. 11. 1919, NfR vom 3. 12. 1919, LA vom 16. 9. 1920, LA vom 14. 12. 1920.

16 Als sichtbares Zeichen der Kritik an der antisemitischen Hetze der DNVP liegt lediglich der Bericht über eine Versammlung vor, auf welcher der sozialdemokratisch orientierte Lindholmer Lehrer Ernemann den Judenhaß scharfer Kritik unterzog; „Der Schleswiger" (DSchl) vom 20. 1. 1921. Ernemann war in der Revolutionszeit die Bestätigung als Beigeordneter beim Amtsvorsteher von Landrat Böhme versagt worden; vgl. Kap. V.1, Anm. 27.

17 Siehe die gleichlautenden Berichte in LA vom 19. 6. 1920 und NfR vom 21. 6. 1920.

18 Heinrich A. Winkler, Mittelstand, Demokratie und Nationalsozialismus, Köln 1972, S. 128 ff.

bund appellierte in dieser Weise an seine Mitglieder, doch steckte er seine Grenzen gleichzeitig gegenüber der Großindustrie ab[19] und bezog damit offen jene doppelte Frontstellung, wie sie in der Weimarer Zeit für den gesamten Mittelstand typisch war.[20]

Am deutlichsten entlarvte das Verhalten der Sylter DDP die mangelhafte Substanz liberaler Überzeugung. Sie verwandelte sich kurz vor der Wahl in eine Ortsgruppe der Landespartei und bekannte sich damit zu Grundsätzen, die liberalen Positionen prinzipiell widersprachen.[21] Dazu gehörte insbesondere auch der seitens der Landespartei vertretene Antisemitismus, der den Wahlkampf der Regionalpartei neben antisozialistischem Tenor maßgeblich mitprägte[22]:

> „Wer nicht will, daß wir zu Tode sozialisiert werden, wer nicht will, daß wir vom Berliner Judentum regiert werden, wer einseitige Klassenherrschaft ablehnt und Ordnung, Ruhe und Sicherheit für die Arbeit zum Wiederaufbau für unser Volk will, wer will, daß die Entwicklung des Wiederaufbaues aus der engeren Heimat heraus erfolgt, der bekenne sich zum Wahlspruch der Landespartei: ‚Für Heimat und Reich!‘ "

Die Wahl selbst bescherte der „Weimarer Koalition" schließlich auch im Kreis Südtondern eine Niederlage, die zwar keineswegs überraschend kam, in ihrem Ausmaß allerdings einem politischen Erdrutsch glich. Die Regierungsparteien SPD und DDP, die 1919 noch etwa zwei Drittel aller Wählerstimmen auf sich hatten vereinigen können, erreichten nurmehr gerade noch 30 % aller Stimmen. Vergleichsweise glimpflich kam die Sozialdemokratie davon, die von ihren ehemals 3000 Wählern nur ca. 500 verlor und mit 22,9 % sogar noch ein relativ besseres Ergebnis zu erzielen vermochte als zwei Jahre zuvor. Es deutete sich damit auch hier wie im überregionalen Bereich jene Standhaftigkeit der sozialdemokratischen Wähler an, die sich auch später zum großen Teil den massiven Angriffen von links und rechts widersetzten und nicht den Weg zur Radikalität einschlugen. Nachgerade symptomatisch für diese Haltung war es schon jetzt, daß die weiter links stehenden Gruppierungen insgesamt über einzelne Stimmen nicht hinauskamen, was allerdings ebenfalls auf die fehlende Propaganda der extremen Linken zurückzuführen ist.[23]

---

19 In einem Bericht über eine Handwerkerversammlung in Leck heißt es: „Der schlimmste Feind des deutschen Handwerks sei der Sozialismus, der darauf hinstrebe, ihn direkt verschwinden zu lassen. Weiter werde das Handwerk von der Großindustrie bedroht"; LA vom 28. 8. 1920. Vor der Wahl erklärten die Wirtschaftsverbände des Kreises es zur „Ehrenpflicht", gegen die Sozialdemokratie zu stimmen; NfR vom 11. 2. 1921.

20 Dazu Winkler, Mittelstand, Demokratie und Nationalsozialismus, S. 117 ff.

21 In einer Wahlanzeige der Landespartei-Ortsgruppe hieß es am Ende kurz: „. . . früher deutsch-demokratischer Wahlverein . . ."; SI vom 16. 2. 1921.

22 Wahlaufruf der Landespartei; NfR vom 18. 2. 1921.

23 Lt. Veranstaltungsanzeigen existierten zwar Ortsgruppen der USPD und der KPD in Niebüll, doch ließ sich nichts über irgendwelche Aktivitäten feststellen; DSchl vom 27./28. 1. 1921 und vom 14. 2. 1922.

Den größten Verlust anläßlich der Wahl mußten die Demokraten hinnehmen. Hatten 1919 im Raume Südtondern noch fast die Hälfte der Wähler (6361 Stimmen = 45,1%) für die DDP gestimmt, so schmolz das Votum für die linksbürgerliche Partei auf ganze 830 Stimmen (= 7,5 %) zusammen – weniger als die Tonderner Ortsgruppe 1919 an Mitgliedern gezählt hatte. Damit hatten die Linksliberalen annähernd sieben Achtel ihrer Wählerschaft eingebüßt und eine Abfuhr von Seiten der Bevölkerung erhalten, die in ihrem Ausmaß vermutlich die größten Pessimisten aus den eigenen Reihen nicht prognostiziert hatten. Binnen zweier Jahre war der Linksliberalismus faktisch ausgelöscht worden und nahm kaum mehr als den Rang einer Splitterpartei ein. In kleineren Landgemeinden wie Emmelsbüll (Marsch), wo 1919 noch über zwei Drittel der Wähler für die DDP gestimmt hatten, entschied sich zwei Jahre später niemand (!) mehr für die Linksbürgerlichen. Derartig vernichtende Ergebnisse waren generell im dörflichen Umfeld eher die Regel als die Ausnahme.[24] Etwas geringer fielen die Verluste einzig in den größeren Orten aus, in denen Parteiorganisationen bestanden; doch waren selbst hier die Einbußen über alle Erwarten hoch.[25]

Zu den Gewinnern der ersten Reichstagswahl gehörte die Deutsche Volkspartei, die sich gegenüber 1919 (= 13,2 %) auf 27,6 % verbessern konnte. Relativ gleichmäßig legte die Partei Stresemanns im gesamten Kreis zu, in zahlreichen Gemeinden ging sie als verhältnismäßig stärkste politische Kraft aus den Wahlen hervor. Der Erfolg wäre vermutlich noch deutlicher ausgefallen, hätte nicht Julius Momsen im Vorfeld der Wahl auf seine Kandidatur verzichtet. Dennoch bedeutete das Ergebnis für die unter antisozialistischem Tenor zur Wahl angetretenen Volkspartei einen herausragenden Erfolg, gelang es ihr doch dieses eine Mal, Rang eins in der Gunst der Wähler zu erobern.

Der bedeutendste politische Gewinn gelang indes der DNVP, die ihrem „demagogischen Gewinn"[26] aus der Kriegsniederlage nun auch einen zählbaren Erfolg hinzufügen konnte. Um mehr als 100 % stieg die Zahl der deutschnationalen Wähler gegenüber 1919 (1295) auf jetzt 3007. Damit stellte die Rechtspartei mit 26,3 % die zweitstärkste politische Kraft nach der DVP. In dreizehn über den ganzen Kreis verstreuten Gemeinden errangen die Rechtskonservativen die absolute Mehrheit der Stimmen, in weiteren fünfzehn die relative Majorität. Auffällig ist dabei, daß sich einerseits die Erfolge im ländlichen Bereich der Insel Föhr sowie im nordwestlichen Teil der Festlandsmarsch häuften. Die guten Ergebnisse Westerland-Föhrs können sicher einmal als Reaktion der überwiegend kleinbäuerlichen Wähler auf das vergleichsweise schlechte Abstimmungsergebnis 1920 interpretiert werden, hatten sich seinerzeit doch drei Inselgemeinden mehrheitlich für den Anschluß an Dänemark entschieden. Offensichtlich um diesen Schein nationaler Unzuverlässigkeit zu kompensieren, wählten viele

24 Einzelergebnisse lt. NfR vom 22. 2. 1921. In 28 von insgesamt 64 Stimmbezirken entfiel auf die DDP keine einzige Stimme mehr.
25 In Wyk erreichte die Partei noch 15,9 %, in Niebüll 20,6 %, in Risum-Lindholm 19,6 %. In Leck waren es gerade noch 6,1 %.
26 Reinhard Kühnl, Die Weimarer Republik, Reinbek 1985, S. 32.

die Konservativen. Darüberhinaus besaß auch das deutschnationale Parteibuch des angesehenen Süderender Amtsvorstehers und Mitbegründers der Insel-DNVP, Roeloffs, wahrscheinlich eine gewisse Vorbildfunktion. Die Föhrer Landbevölkerung reagierte damit ähnlich ablehnend auf die gesamte Umwälzung wie die ebenfalls friesischen Bewohner der Festlandsmarsch.[27] Die Traditionsverhaftung zeigte sich damit gerade bei den Friesen schon frühzeitig mehr als deutlich.

Überraschenderweise und ganz entgegen dem regionalen Trend vermochte die Landespartei ihren 1919 errungenen Anteil von elf Prozent im Raume Südtondern sogar noch auf reichlich 13 % zu steigern – bei lediglich geringen absoluten Verlusten. Allerdings hatte sich die Herkunft der Stimmen gegenüber 1919 grundlegend verändert. Damals ungemein stark in den Dörfern der Geest, verteilte sich die Zustimmung zum ideologischen Fundament der Landespartei weit gleichmäßiger über das Kreisgebiet, ohne daß sich spezifische Schwerpunkte ausmachen ließen. Das gute Abschneiden resultierte vor allen Dingen aus einer spürbar intensiveren Werbekampagne im Vorfeld der Wahl her, die u. a. auch den späteren NS-Gauleiter Hinrich Lohse erstmalig als politischen Propagandisten nach Südtondern geführt hatte, wo er auf einer Veranstaltung in Leck insbesondere für die Stärkung des schleswig-holsteinischen Heimatbewußtseins eingetreten war.[28] Außerdem profitierte die Partei gleichfalls von dem Ansehen, das der im Kreise beheimatete Landeshistoriker Dr. Hagenah genoß[29] sowie speziell auf Sylt vom Übertritt der Demokraten zur Landespartei.

Das Wahlresultat offenbarte neben der eigentlichen Stimmenverteilung ein weiteres wichtiges, oftmals zu wenig berücksichtigtes Beurteilungskriterium: die Wahlbeteiligung. Sie lag mit gerade noch 66,6 % (= 11400 Stimmen) weit unter der des Jahres 1919, als immerhin über 14000 Bürger die Wahllokale aufsuchten. Diese Feststellung ist umso wichtiger, als die bloße Betrachtung der prozentualen Resultate die eigentlichen Wählerwanderungen verdeckt. Im zu untersuchenden Falle heißt das primär, daß die Rechtsparteien zwar generell aus der eklatanten Niederlage der Demokraten ihren Nutzen zogen, daß indes der Gewinn von DVP und DNVP mit zusammen etwa 3300 Stimmen merklich geringer ausfiel als umgekehrt der Substanzverlust der Linksliberalen in Höhe von gut 5500 Stimmen. Geht man davon aus, daß die Sozialdemokraten nicht von einstigen demokratischen Wählern unterstützt wurden, so ist festzustellen, daß ein erheblicher Teil derjenigen, die noch 1919 für die Demokraten votiert hatten, nun

27 Zu erinnern ist an dieser Stelle an das gute Einvernehmen zwischen den Landwirten der Marsch und Landrat Böhme in der Revolutioszeit; vgl. Kap. V.1.
28 Siehe den Bericht im LA vom 15. 2. 1921.
29 Degn, S. 289.
30 So auch Jürgen Falter, Wahlen und Wählerverhalten unter besonderer Berücksichtigung des Aufstiegs der NSDAP nach 1928, in: Bracher/Funke/Jacobsen, S. 484 ff., hier S. 488 f. Die von Falter getroffene Feststellung, die DDP habe 1920 auch erheblich an die SPD abgegeben, läßt sich für den Raum Südtondern nicht verifizieren; Falter, Wahlen und Wählerverhalten, S. 489.

die Flucht in die parteipolitische Abstinenz antraten.[30] Wenngleich dieses Verhalten nicht unbedingt als Votum für eine stärkere Rechtsorientierung zu begreifen ist, so entzog es dem demokratischen Regierungsteil trotzdem eindeutig den Kredit, den die DDP 1919 vor allem ob ihrer prononciert antisozialistischen Versprechungen erhalten hatte.[31] Daß gerade dieser Aspekt dem Gros der ehemals demokratischen Wähler als wichtigstes Kriterium für die Wahlentscheidung diente, belegen einmal die Appelle der Berufsverbände als auch die Festigkeit der sozialdemokratischen Anteile bei der Wahl. „Versailles" als dem ausschließlichen Motiv der Wähler hätte zweifelsohne auch der traditionellen Arbeiterpartei als Mitunterzeichnerin des Friedens höhere Verluste bescheren müssen, waren es doch gerade die unteren sozialen Schichten, welche die Auswirkungen der Friedensbestimmungen am härtesten trafen.[32] Es zeigte sich somit in dieser Situation, daß die enge Bindung zwischen der SPD und ihren Anhängern auch in Krisenzeiten wesentlich stabiler blieb als im bürgerlich-liberalen Lager.[33] Demgegenüber hatte die einzig als „Versicherungspolice" empfundene Mitgliedschaft in der Demokratischen Partei ihre Schuldigkeit getan – ohne die meisten inhaltlich an den Linksliberalismus zu binden, wie die Sylter Demokraten es mit ihrem Übertritt zur Landespartei nachdrücklich unter Beweis gestellt hatten. Treffend kommentiert Susanne Miller[34] das Wahlergebnis:

„Ausschlaggebend für diese Abwanderung des bürgerlichen Wählerpotentials nach rechts – auch die Deutschnationalen legten gewaltig zu – dürfte die Koalition der DDP mit der SPD gewesen sein, hatte doch die DVP ihren Wahlkampf mit der Parole geführt: ‚Von roten Ketten macht uns frei allein die Deutsche Volkspartei!'"

Als Fazit der ersten Reichstagswahl bleibt festzuhalten, daß schon zu diesem frühen Zeitpunkt jene Kräfte gestärkt wurden, die der staatlichen Neuordnung skeptisch bzw. ablehnend gegenüberstanden. Diese Bewegung ist umso bemerkenswerter, berücksichtigt man die Tatsache, daß der Kapp-Putsch vom März 1920 gerade aus den Reihen Unterstützung erfahren hatte, die sich nun als Sieger der Wahl feiern konnten. Weit mehr noch als für die DVP[35] galt dies für die DNVP. Zahllose ihrer Anhänger und Funktionäre waren dem gewaltsamen Aufbegehren des DNVP-Mitglieds und früheren „Vaterlandspartei"-Aktivisten Kapp mit offener Unterstützung beigesprungen.[36] Insofern läßt sich feststellen, daß die junge Republik im Bereich Südtonderns gleich bei der ersten Wahlentscheidung nach 1919 einen ganz entscheidenden Schlag hinnehmen mußte, einen Schlag, von dem sie sich nicht wieder erholen sollte.

---

31 Zum Problem der Wahlenthaltung als politischem Standpunkt siehe Ralf Rainer Lavies, Nichtwählen als Kategorie des Wahlverhaltens, Düsseldorf 1973.
32 Vgl. Kap. VII.2.
33 Vgl. etwa Kühnl, S. 83.
34 Miller, Sozialdemokratie und Liberalismus, S. 72.
35 Zur Rolle der DVP im Verlauf des Kapp-Putsches siehe Hartenstein, S. 149 ff.
36 Zur Rolle der DNVP während des Putsches Liebe, S. 51 ff.; Striesow, S. 163 ff.

VII. Kritische Jahre – Die Zeit bis zum Ende der Inflation

1. ERSTE BEWEGUNGEN IM RECHTEN SPEKTRUM

a) Einwohnerwehren und privater Selbstschutz

Charakteristisch für die unmittelbare und krisenhafte Zeit nach Ende des Krieges war die Entstehung zahlreicher paramilitärischer Vereinigungen und Verbände, die – zur Bekämpfung des Weitertreibens der Revolution angetreten – in ihrer überwiegenden Mehrheit antidemokratischen Leitmotiven folgten.[1] Neben den Freikorps als frühesten Repräsentanten rechtsorientierter militärischer Einheiten spielten in der Anfangsphase der Republik zugleich die staatlicherseits geförderten Einwohnerwehren eine z. T. recht bedeutende Rolle.[2]

Die Idee staatlich sanktionierter Hilfspolizei war keineswegs neu, konnte sie sich doch auf Erfahrungen aus der Vergangenheit stützen.[3] Angesichts der Bedrohung durch die Spartakusunruhen in Berlin in den ersten Monaten des Jahres 1919 griff der preußische Innenminister auf den Gedanken ehrenamtlicher Bürgerwehren zurück und rief zur Aufstellung von Einwohnerwehren auf, um den Gefahren des linksextremen Ansturms auf die ungefestigte Republik zu begegnen. Der einseitig gegen die Linke gerichtete Gründungsaufruf ignorierte die Gefährdung von rechtsextremer Seite jedoch völlig.[4] Ferner blieb den programmatischen Zielsetzungen zufolge den alten Machteliten die Verteidigung der staatlichen Neuordnung überlassen.[5] Der daraus resultierende Proteststurm der verschiedenen Arbeiterorganisationen hatte am Ende eine Neufassung des Gründungsaufrufs zur Folge. Der neue Aufruf sah schließlich die Einbeziehung aller Bevölkerungskreise unter Mitwirkung der lokalen Gemeindebehörden und Räte vor, eine Regelung, die dem Übergewicht der alten Obrigkeiten innerhalb der Hilfspolizeiformationen vorbeugen sollte.[6] Die Mitglieder der vom Staate zu bewaffnenden Wehren mußten sich zur Treue gegenüber der vom

---

1 Vgl. etwa Heiber, S. 29 f.
2 Zu den Einwohnerwehren siehe Michael Salewski, Entwaffnung und Militärkontrolle in Deutschland 1919–1927, München 1967, S. 81 ff.; Thilo Vogelsang, Reichswehr, Staat und NSDAP. Beiträge zur deutschen Geschichte 1930–1932, Stuttgart 1962, S. 23ff.
3 So war z. B. zu Beginn des Weltkrieges eine Hilfspolizei gegründet worden.
4 Zu denken ist an die Ermordung Karl Liebknechts, Rosa Luxemburgs und Kurt Eisners zu Beginn des Jahres 1919.
5 Der Aufruf ist abgedruckt bei Erwin Könnemann, Einwohnerwehren und Zeitfreiwilligenverbände. Ihre Funktion beim Aufbau eines neuen imperialistischen Militärsystems (November 1918 bis 1920), Berlin-O 1971, S. 357.
6 Der Aufruf ist abgedruckt bei Könnemann, Einwohnerwehren und Zeitfreiwilligenverbände, S. 358.

Volke legitimierten Regierung verpflichten, doch bewiesen die Verhältnisse in den von starken sozialen Spannungen geprägten Ostgebieten, in welch geringem Maße die Behörden die Entwicklung zu kontrollieren vermochten bzw. gedachten. Hier gerieten die Einwohnerwehren rasch in die Einflußsphäre antidemokratischer, rechtsbürgerlicher Kräfte, die ihrerseits wiederum z. T. Unterstützung aus Kreisen der Regierung erhielten.[7] Die Integration der verschiedenen sozialen Schichten scheiterte zumeist, da sich einerseits die führenden Kräfte weigerten, die Landarbeiter in die Formationen einzugliedern, und andererseits, weil letztere die Notwendigkeit bewaffneter Einheiten nicht einsahen.[8]

In Schleswig-Holstein unterschieden sich die Einwohnerwehren von denen im Osten des Reiches insgesamt recht deutlich, wenngleich es ebenfalls in der Provinz unübersehbare Bestrebungen gab, die Organisationen im Sinne antirevolutionärer, restaurativer Kräfte zu nutzen.[9] Großen Anteil daran, daß es in der Frühzeit der Republik nicht zu schärferen Auseinandersetzungen zwischen Bürgertum und Arbeitern kam, hatte der Oberpräsident Schleswig-Holsteins, Heinrich Kürbis.[10] Durch seine eigenwillige Interpretation der ministerialen Anweisung machte er die Gründung von Wehren von der völligen Einmütigkeit der Beschlüsse der Arbeiterräte wie der Bauern- und Landarbeiterräte abhängig.[11] Dem einseitigen Vorgehen eines Teils der Bevölkerung sollte damit ein Riegel vorgeschoben werden.

Die überaus schwierige Versorgungslage, die sich bereits im Verlaufe des Krieges abgezeichnet hatte, führte nach der Niederlage auch im Raume Südtondern zu einem sprunghaften Anstieg der Kriminalität. Die Presse berichtete über zahlreiche Diebstähle, die sich angesichts des Hungers sowie der für viele nicht mehr finanzierbaren Schwarzmarktpreise häuften.[12] Den Höhepunkt in dieser Hinsicht bildete ein Raubmord ins Büllsbüll[13], welcher zum einen die Not, zum anderen allerdings auch das aufgestaute Gewaltpotential eindringlich vor Augen führte. In erster Linie um derartigen Gewalttaten Einhalt zu gebieten, entstand in Teilen der Bevölkerung der Wunsch, sich gegen solche Übergriffe zu schützen. Noch im Januar 1919 kam es zur Gründung einer Einwohnerwehr in Risum-Lindholm, an der sich Mitglieder des Jagdvereins und „gediente" Bürger beteiligten.[14] Demgegenüber scheiterte die Bildung einer solchen Formation in

---

7 Dazu Jens Flemming, Die Bewaffnung des „Landvolks". Ländliche Schutzwehren und agrarischer Konservatismus in der Anfangsphase der Weimarer Republik, in: Militärgeschichtliche Mitteilungen 2, Freiburg 1979, S. 7–36.

8 Eberhard Kolb, Die Arbeiterräte in der deutschen Innenpolitik 1918 bis 1919, Düsseldorf 1962, S. 388.

9 Jochen Bracker, Einwohnerwehren in Schleswig-Holstein, in: ZSHG 96 (1974), S. 255–269; Rietzler, „Kampf in der Nordmark", S. 133 f.

10 Über den SPD-Politiker Heinrich Kürbis Jahrbuch zur Arbeiterbewegung, S. 451 ff.

11 Rietzler, „Kampf in der Nordmark", S. 133.

12 Vgl. z. B. NfR vom 4. 11. 1919. Die Zeitung forderte darin ob der unsicheren Zeiten zur Bildung einer Schutzwehr auf.

13 NfR vom 6. 1. 1919.

14 NfWb vom 4. 1. 1919.

Niebüll vermutlich an der mangelnden Einigkeit über Sinn und Zweck.[15] Am Ende des Jahres konstituierten sich weitere Wehren in Medelby und Leck. Gerade in Leck erhielt die „Hilfspolizei" auch den größten bekanntgewordenen Zulauf: Nicht weniger als 150 Personen schlossen sich ihr an und sorgten für den ruhigen Schlaf ihrer Mitbürger.[16] Inwieweit dieser Personenkreis mit Waffen versehen war bzw. welche sozialen Schichten die Wehren trugen, läßt sich anhand des spärlichen Materials nicht mehr nachweisen, doch überwog das bürgerlich-bäuerliche Element das der unterern Schichten sicherlich bei weitem, wie es die Gesamtstruktur der Bevölkerung nahelegt.

Die zwangsweise Auflösung der Einwohnerwehren im Abstimmungsgebiet kurz vor den Plebisziten lassen zwar keinen Rückschluß auf deren Verhältnis zum Kapp-Putsch zu, der am Abstimmungstag in der zweiten Zone bekannt und insgesamt von zahlreichen Wehren bereitwillig unterstützt wurde, doch signalisiert ein an der Grenze zur Lächerlichkeit scheinender Vorgang von der Insel Föhr aus dem Sommer 1919 das Stimmungsbild, wie es für die Landbevölkerung in dieser Zeit keineswegs untypisch war. In einem Schreiben vom 2. August rief der Osterlandföhrer Amtsvorsteher Nahmen Bohn die Bürgermeister seines Bezirkes in Anbetracht der „in Wyk stattgefundenen spartakistischen Umtriebe" (!) zur Bildung von Einwohnerwehren auf[17], woraufhin sich zumindest die Nieblumer Gemeindevertretung zur Aufstellung einer derartigen Einheit unter Einbeziehung der Feuerwehr (!) als bereits vorhandener Organisation einverstanden erklärte.[18] Letztlich geschah dann aber offensichtlich nichts, um den vermeintlich revolutionären Geschehnissen im Inselhauptort ihre Wirkung zu nehmen[19] – es handelte sich anscheinend nur um ein extremes Beispiel geradezu manischer Sozialistenfurcht, die sich jeder nüchternen Betrachtungsweise entzog.

Den Einwohnerwehren war in ihrer vom preußischen Innenminister projektierten Form jedoch keine lange Lebensdauer beschieden. Auf Druck der Alliierten fielen sie wegen ihrer weit verbreiteten Sympathien für den Kapp-Putsch noch im April 1920 der Auflösung anheim. Im Bereich Südtonderns lebte der Gedanke allerdings insofern weiter, als es auch in den folgenden Wintern wegen zahlreicher krimineller Delikte zur Zeit der Inflation in einzelnen Orten zur Bildung von Schutzwehren kam.[20] In der von der Landvolkbewegung getragenen „Wachvereinigung" lebte der Wehrgedanke am Ende der zwanziger Jahre erneut auf. Er sollte dann nurmehr der Verteidigung vor dem vermeintlichen Ansturm des Linksradikalismus dienen.[21]

---

15 Das vorliegende Material reicht zur genauen Erklärung des Scheiterns nicht aus, es liegt nur die bloße Meldung vor; NfR vom 8. 1. 1919.

16 LA vom 18. 11., 5. 12. und 13. 12. 1919.

17 KANF C 3, Nr 223.

18 ebd., Gemeindevorsteher Nieblum an Amtsvorsteher vom 8. 8. 1919.

19 Weder aufgrund von Presseberichten noch auf Basis des vorliegenden Aktenmaterials läßt sich ergründen, welche Umstände die übersteigerte Furcht hervorgerufen hatte.

20 Leck: LA vom 7. 12. 1922, LA vom 8.2.1923 und LA vom 13. 11. 1923; Risum-Lindholm: LA vom 9. 10. 1923.

Abgesehen von den Einwohnerwehren verfügten 1919/20 gleichzeitig etliche private Selbstschutzverbände in Schleswig-Holstein über einen beträchtlichen Mitgliederbestand, der sich im wesentlichen aus den restaurativ-antirevolutionären Kräften des Bürgertums rekrutierte. Nach der zwangsweisen Auflösung der Einwohnerwehren fanden deren Mitglieder in der im Mai 1920 von dem bayerischen Forstrat Escherich gegründeten „Organisation Escherich" (Orgesch) ein neues Betätigungsfeld.[22] Bekanntgewordene Waffenschiebereien und die Anlage illegaler Depots führten noch im Jahre 1920 zum Verbot auch dieser Organisation, die durch ihre antidemokratische Einstellung maßgeblichen Anteil daran hatte, jene politischen Feindbilder zu verankern, die das Gesamtgefüge der Demokratie seit ihrem Beginn belasteten. Trotz des Verbots vom 7. August 1920 operierte die Orgesch noch bis ins Jahr 1921 im Reichsgebiet, ehe die Androhung verschärfter Strafbestimmungen für die endgültige Auflösung sorgte.[23]

In Schleswig-Holstein konnte sich die Orgesch insgesamt auf eine beträchtliche Mitgliederzahl stützen. Den regionalen Schwerpunkt bildete der Dithmarscher Raum[24], doch wurde auch in Südtondern selbst nach dem Verbot der Rechtsorganisation auf einer als Schafzüchterversammlung getarnten Zusammenkunft in Lindholm für die Sache Escherichs geworben. Zu verdanken ist der Bericht über das Bekanntwerden der Versammlung einem Redakteur der dänisch orientierten Zeitung „Der Schleswiger". Er war zufällig bei der von den Initiatoren als geschlossene Versammlung einberaumten Veranstaltung anwesend und gedachte eigentlich über eine landwirtschaftlichen Interessen dienende Besprechung zu berichten. Statt dessen wurde er Zeuge des Bestrebens, die Anwesenden für die Orgesch zu werben.[25]

In seinen Ausführungen pries der Niebüller Amtsrichter Dr. Erich Ohlsen die antirevolutionären Verdienste des von Escherich geführten Verbandes, besonders die Mithilfe bei der Beseitigung der Räte-Regierung in München und bedauerte gleichzeitig, daß die Orgesch im Norden des Reiches nicht so verankert sei wie im Süden, wo sie sogar gesetzlich anerkannt sei. Den Kernpunkt der Rede bildete allerdings die Beschwörung der sozialistischen Gefahr für das Reich, die unmittelbar drohende Errichtung eines Schreckensregiments durch unabhängige Sozialisten unter Beteiligung bolschewistischer Kreise aus Moskau. An deren Ende stehe, so warnte Ohlsen, unweigerlich die Verstaatlichung allen Privateigentums. Wer dies verhindern wolle, sei gerade dazu verpflichtet, sich dem Selbstschutz anzuschließen, da die gegenwärtige Regierung für den

21 Vgl. Kap. XII.5.
22 Allgemein zur Orgesch Horst G. Nußer, Konservative Wehrverbände in Bayern, Preußen und Österreich 1918–1933 mit einer Biographie von Forstrat Escherich (1871–1940), München 1973; Erwin Könnemann, Organisation Escherich, in: Lexikon zur Parteiengeschichte 1789–1945, Bd 3, S. 555 ff.
23 Heiber, S. 91; Rietzler, „Kampf in der Nordmark", S. 136.
24 Allgemein zur Orgesch in der Provinz Stoltenberg, S. 49ff; Rietzler, „Kampf in der Nordmark", S. 134 ff.
25 Zum Folgenden DSchl vom 19.10. 1920. Es liegt allerdings keine Teilnehmerzahl vor.

Schutz der Bevölkerung keinerlei Garantie übernehmen könne. Dabei sei die Orgesch in erster Linie eine Vertretung wirtschaftlicher (!) Interessen, da sie sich für den Erhalt des Eigentums einsetze und u. a. preisregulierend in der Wirtschaft einzugreifen imstande sei. Zudem trage eine bewaffnete Orgesch gleichfalls dazu bei, nach Überwindung der linken Umtriebe im Reich, Deutschlands Verhandlungsposition gegenüber den Siegermächten zu stärken. Zulauf erhalte sie in ihrem Bestreben von allen bürgerlichen und rechten Parteien mit Ausnahme der Sozialdemokratie, die grundsätzlich die gleichen Ziele verfolge wie die Bolschewisten, einzig die Wahl der Mittel unterscheide sie: während die Radikalen den Umsturz mit Gewalt zu erreichen suchten, setze die Sozialdemokratie auf die gesetzlichen Möglichkeiten.

Nach Ende seiner demagogischen Rede, die in ihrer sich auf wenige Feindbilder reduzierenden Art nationalsozialistischen Propagandaformeln glich[26], entdeckte Ohlsen unter den Anwesenden den Redakteur des „Schleswiger", der seiner Ansicht nach widerrechtlich an der geschlossenen Versammlung teilgenommen hatte, und verlangte die Herausgabe des von Hugo Andresen angefertigten Berichts. Sollte sich dieser weigern, drohte Ohlsen damit, ihn vor aller Öffentlichkeit bloßzustellen.[27] Der sich darin äußernde Versuch zur Knebelung der Presse, über den sogar der „Vorwärts" berichtete[28], blieb jedoch erfolglos. Wenige Tage später erschien lediglich ein Leserbrief in der „Nordfriesischen Rundschau", in dem sich Ohlsen – wohl wissend um die Unrechtmäßigkeit der Veranstaltung und daher nicht auf die näheren Umstände eingehend – von der Berichterstattung im „Schleswiger" in allgemeiner Form distanzierte[29]:

„In Nr. 41 der dänischen Zeitung 'Der Schleswiger' vom 19. d. M. erscheint ein Bericht über eine in Lindholm von Vereinen abgehaltene Versammlung und eine darin von mir gehaltene Rede, die in vielen Punkten den Tatsachen nicht entspricht. Ich enthalte mich jedoch, darauf näher einzugehen, weil die Zeitung durch einen Vertrauensbruch zu diesem Bericht gelangt ist. Der Vertreter der Zeitung hat unerkannt der Versammlung beigewohnt, obwohl er in ihrem Verlauf dauernd erkennen mußte, daß es sich um eine vertrauliche Vereinsversammlung handelte. Ich übergebe diesen Tatbestand der gebührenden Beurteilung durch die Öffentlichkeit.

Niebüll, den 20. Oktober 1920
Dr. Ohlsen"

Die sich in dem Brief offenbarende Hilflosigkeit Ohlsens weist darauf hin, daß der Bericht im „Schleswiger" im wesentlichen den Tatsachen entsprach und keineswegs dem freien Erfindungsgeist Andresens entsprang. Auch Landrat Böhme mußte in seiner Stellungnahme[30] zu dem Vorfall einräumen, daß Ohlsen

---

26 Dies galt besonders hinsichtlich der undifferenzierten Subsumierung von SPD und KPD unter den Begriff „Marxismus"; vgl. Balle, S. 129 und S.208 ff.
27 DSchl vom 19. 10. 1920.
28 Der Bericht ist unter dieser Quellenangabe auch in der "Schleswig-Holsteinischen Volkszeitung" vom 22. 10. 1920 abgedruckt.
29 NfR vom 23. 10. 1920.
30 LAS 309/22678, Ldr. an RP vom 20. 11. 1920.

bereits vorher Versuche zur Gründung von Orgesch-Gruppen unternommen hatte, verwies aber entschuldigend darauf, „daß es sich um ein aus einer dänischgesinnten Zeitung übernommene Berichterstattung" handele, die in vielen Punkten entstellt sei. Im Gegensatz dazu verzichtete die deutsche Presse gänzlich darauf, den Lindholmer Vorfall zu kommentieren, die Parteinahme wurde allerdings nicht zuletzt durch die Aufnahme des Ohlsenschen Leserbriefes mehr als deutlich.[31]

Am Ende blieben die Versuche zur Gründung von Orgesch-Verbänden erfolglos[32], doch war der Lindholmer Vorfall in doppelter Hinsicht von Bedeutung: Einmal verwies er auf das auch nach der Abstimmung überaus gespannte Verhältnis zwischen Deutschen und dänischer Minderheit an der Grenze, was u. a. in den allgemein abfälligen Bemerkungen über die Berichterstattung im „Schleswiger" einerseits und dem Ignorieren solcher Tatbestände in der deutschen Presse zum Ausdruck kam.[33] Zum anderen, und von weit größerer Bedeutung war die Person des Amtsrichters Ohlsen, in dessen Händen bis zu seiner Versetzung nach Blankenese zum 1. Januar 1922[34] die Fäden der antirepublikanischen Opposition auf Kreisebene zusammenliefen. Insofern bot er das extreme Beispiel für die dem Weimarer Staat insgesamt wenig loyale Justiz, die sich prinzipiell in ihren Urteilen gegenüber der politischen Linken auch nach 1918 unnachgiebiger zeigte als vergleichbaren Straftaten von rechtsgerichteter Seite und damit zur Zerstörung der demokratischen Fundamente einen erheblichen Beitrag leistete.[35]

Schon vor dem Krieg hatte Ohlsen einen übersteigerten Nationalismus vertreten, eine Haltung, die ihn zum Vorsitz der Niebüller Ortsgruppe des „Vereins für das Deutschtum im nördlichen Schleswig" als nachdrücklichster Vertretung der Germanisierungsversuche durch die „Köllerpolitik" führte.[36] Der Abstimmungskampf sah ihn dann auch als eifrigen Verfechter deutscher Interessen, der zu keinerlei Kompromissen bezüglich einer möglichen Grenzkorrektur bereit

31 Zur politischen Haltung der deutschen Presse gegenüber Dänemark und dem „Schleswiger" siehe Kap. X.– Die „Nordfriesische Rundschau" berichtete am 27. 10. 1920 in einer kurzen 8-Zeilen-Meldung von einer weiteren Orgesch-Versammlung, die jedoch von Seiten der Niebüller Arbeiterschaft gesprengt wurde.

32 Im Bericht des Landrats vom 24. 11. 1921 an den Regierungspräsidenten heißt es: „Im Kreis Tondern sind vereinzelt einzelne Personen, die für die Orgesch eingetreten sind, aufgetreten. Besondere Vereine, die zur Orgesch gehören oder mit ihr in Verbindung stehen, sind im Kreis Tondern nicht vorhanden"; LAS 309/22678.

33 Vgl. dazu Kap. X.

34 NfR vom 26. 10. 1921. Die Gründe für die Versetzung sind unklar. Als Indiz für einen Zusammenhang von Versetzung und Orgesch-Tätigkeit ist allenfalls der Kommentar der „Schleswig-Holsteinischen Volkszeitung" vom 22. 10. 1920 zu werten. Darin wurden personelle Konsequenzen gefordert.

35 Bracher, Die Auflösung der Weimarer Republik, S. 172 ff. Zu beziehen ist die Kritik besonders auf die milden Urteile in den Prozessen um den Kapp- und den Hitlerputsch.

36 LAS 399.41 Nachlaß R. Ortmann, Nr 3.

war.[37] Sein extremer Nationalismus wies ihn unmittelbar nach Kriegsende folgerichtig zur DNVP als politischer Heimat. Schon im Wahlkampf 1919 setzte er sich massiv für die Deutschnationalen ein und half mit, die Dolchstoßlegende sowie antidemokratisches Gedankengut auch in Südtondern zu verbreiten.[38] Bald übernahm er neben dem Niebüller Ortsvorsitz auch die Leitung des Kreisverbandes der rechtskonservativen Partei[39] und beteiligte sich darüber hinaus zugleich in herausgehobener Stellung an der Popularisierung radikal antisemitischer Ideologie: Noch im Entstehungsjahr der Niebüller Ortsgruppe des Alldeutschen Verbandes (1921) wurde er zu deren Vorsitzenden gewählt.[40]

Das deutlichste Zeichen seines Renomees in weiten Teilen der Bevölkerung bedeutete allerdings seine Wahl an die Spitze des relativ großen Kreiskriegerverbandes als Nachfolger des aus dem Amt geschiedenen Anton Schifferer.[41] Sicher erfolgte dieser weitere „Karrieresprung" Ohlsens nicht aufgrund seines judenfeindlichen Weltbildes, entscheidend war wohl vielmehr sein Einsatz während der Abstimmungszeit sowie die öffentliche Autorität, die ihm sein Richteramt verlieh. Gerade aber das an dieser Stelle entscheidend hervortretende Beurteilungskriterium, wonach jeder auf breite Zustimmung rechnen konnte, solange er sich nur im Rahmen des bürgerlich-nationalen Lagers bewegte, mußte das Eindringen bzw. Hoffähigwerden antisemitischer bzw. antidemokratischer Ressentiments zumindest sehr erleichtern, gerade innerhalb einer Bevölkerung, die sich ohnehin größtenteils durch ihre antisozialdemokratische Einstellung auszeichnete. Insofern war Ohlsen kein Einzelfall, sondern allenfalls ein negatives Extremum hinsichtlich der Bereitschaft zur Akzeptanz von Gedankengut, das einem friedlichen gesamtgesellschaftlichen Miteinander entgegenstand.

b) Alldeutscher Verband und evangelische Kirche

Von den diversen schon vor 1918 existierenden Rechtsverbänden vermochte einzig der „Alldeutsche Verband" die Zeit des Umbruchs in Deutschland vergleichsweise ungeschoren zu überstehen. Insofern stellte er eine große Ausnahme dar, speziell auch hinsichtlich jenes radikal parteipolitischen Antisemitismuspotentials, welches um die Jahrhundertwende kurzzeitig zu größeren Erfolgen gelangt war, aber schon vor Kriegsbeginn seine Bedeutung auf Kosten

---

37 Vgl. Kap. V.4.a).
38 Bereits Anfang Januar 1919 hatte er eine Wahlveranstaltung mit dem ehemaligen Landrat Rogge geleitet; NfR vom 13. 1. 1919.
39 NfR vom 26. 10. 1921; wann er das Amt des Niebüller DNVP-Ortsvorsitzes bzw. des Kreisvorsitzenden übernahm, läßt sich nicht mit Sicherheit sagen. – Bei der Dezemberwahl 1924 kandidierte Ohlsen noch auf dem 8. Listenplatz der schleswig-holsteinischen DNVP für den Reichstag.
40 DSchl vom 6. 5. 1922. Zum Alldeutschen Verband das folgende Kapitel.
41 DSchl vom 14. 6. 1921.

anderer, mit umfassenderer Konzeption ausgestatteter Organisationen einge-büßt hatte.

Der 1894 unter Mitwirkung des späteren Vorsitzenden der DNVP, Alfred Hugenberg, als Nachfolgeorganisation des 1891 ins Leben gerufenen „Allgemeinen Deutschen Verbandes" gegründete Alldeutsche Verband[42] begriff sich von Anfang an als unabhängiger Verfechter einer imperialistischen Außenpolitik und eines scharfen antidemokratischen Kurses in Fragen der inneren Politik. Bereits vor dem Weltkrieg rückte die völkische Einstellung neben dem imperialistischen Tenor mehr und mehr in den Mittelpunkt alldeutscher Zukunftsvorstellungen. Der Verband war nicht dazu bereit, den sich immer deutlicher abzeichnenden gesellschaftlichen Wandlungsprozeß und die zunehmende Polarität und Pluralität in der Öffentlichkeit hinzunehmen.[43] Konsequenterweise führte diese Auffassung die Alldeutschen zu schonungsloser Kritik an den „Reichsfeinden" Sozialdemokratie, Zentrum und Fortschritt. Dennoch blieb selbst die Regierungspolitik bei aller kaisertreuen Gesinnung nicht von Beanstandungen ob ihrer bisweilen zu Zugeständnissen bereiten Politik unbehelligt.

Besonders massiven Ausdruck alldeutscher Bestrebungen verlieh der Vorsitzende Heinrich Claß in der von ihm unter dem Pseudonym Daniel Frymann verfaßten programmatischen Schrift „Wenn ich der Kaiser wär"[44], die bei Erscheinen überaus große Resonanz erzielt hatte.[45] Neben dem Verlangen nach Vereinigung aller Deutschen in einem Reich sowie der Forderung in Bezug auf ein großes Kolonialreich spielten in dem Weltbild Claß' besonders radikal antisemitische sowie antidemokratische Ideologeme die größte Rolle. Der Verfasser propagierte den weitgehenden Ausschluß der Juden aus dem öffentlichen Leben resp. deren Ausweisung aus Deutschland[46] und wollte ein mögliches Wahlrecht im Staate allein auf die Besitzenden und Steuerzahler beschränkt wissen.[47] Es war dies die Schlußfolgerung aus dem Wahlergebnis des Jahres 1912, das der „anonymen Masse" der Industriearbeiterschaft mit dem sozialistischen Wahlsieg ein spürbar stärkeres Gewicht erbracht und das bestehende System in Frage gestellt hatte. Claß trat demgegenüber für die Stärkung des bürgerlich-mittelständischen Elements und – ähnlich dem BdL – für die Förderung agrarischer Interessen ein, sah er in der Stützung der ländlichen Gesellschaft doch einen Bei-

---

42 Zum Alldeutschen Verband siehe Alfred Kruck, Geschichte des Alldeutschen Verbandes 1890–1939, Wiesbaden 1954; Edgar Harwig, Alldeutscher Verband (ADV) 1891–1939, in: Lexikon zur Parteiengeschichte 1789–1945, Bd 1, S. 13–47.

43 In dieser Hinsicht glich der Alldeutsche Verband ganz und gar dem Bund der Landwirte; vgl. Kap. III.2.e).

44 Daniel Frymann [d.i. Heinrich Claß],'Wenn ich der Kaiser wär'. Politische Wahrheiten und Notwendigkeiten, Leipzig 1912.

45 Bis 1925 erlebte das Buch bereits fünf Auflagen; zur Breitenwirkung Stegmann, Die Erben Bismarcks, S. 293 ff.

46 Frymann (Claß), S. 74 ff.

47 ebd., S. 47.

trag zur Erhaltung des „Gesundbrunnens des deutschen Volkstums"[48], eine Konzeption, die in ihrer Hofierung des Agrarsektors nur zu sehr an die spätere Propaganda des Nationalsozialismus erinnert und der Landwirtschaft eine materielle wie ideelle Bedeutung zumaß, die mittlerweile rasant im Schwinden begriffen war.

Während des Krieges gehörten die Alldeutschen zu den extremen Befürwortern der Siegfriedensparolen und damit gleichzeitig zu den erklärten Gegnern jedweder Verständigungsbemühungen. Zwangsläufig ergab sich daraus eine enge Zusammenarbeit mit der Vaterlandspartei im Kampf gegen jene parlamentarische Mehrheit, die für die Demokratisierung der Gesellschaft eintrat.[49] Diese Frontstellung bestimmte denn auch nach 1918 den Kurs des Verbandes, doch gesellte sich zu der prinzipiell antidemokratischen Haltung eine im Vergleich zur Vorkriegszeit deutlich stärkere Betonung der Judenfeindlichkeit hinzu.[50] Als wirksames Propagandainstrument zu diesem Zweck entpuppte sich der 1919 als antisemitische Kampforganisation konzipierte und von alldeutscher Seite gegründete „Deutschvölkische Schutz- und Trutzbund" (DSchTB)[51], der unter der Führung Konstantin Frhr. v. Gebsattels bis zu seinem Verbot 1922 maßgeblich an der Popularisierung gerade auch des rassisch begründeten Antisemitismus beteiligt war[52] und eine Brücke zwischen den Alldeutschen und den Nationalsozialisten bildete.[53]

Wenngleich der organisatorische Schwerpunkt des DSchTB in den weiter südlich gelegenen Gebieten des Reiches lag, so gewann die Organisation doch auch eine gewisse Stärke in schleswig-holsteinischen Städten.[54] Wie Altona und Kiel verfügte gleichfalls Flensburg über eine Organisation, die von dem Arzt Dr. Martin Link[55] geführt wurde, der gleichzeitig als „Gauwart" des Bundes fungierte. Link war es auch, der im Oktober 1920 auf einer Versammlung in Leck

---

48 Kruck, S. 62.
49 Neben dem Vorsitzenden Claß waren zahlreiche weitere Alldeutsche in der Vaterlandspartei aktiv; Hartwig, S. 32.
50 Die „Bamberger Erklärung" ist abgedruckt bei Werner Jochmann (Hg.), Nationalsozialismus und Revolution. Dokumente, Frankfurt/M. 1963, S. 10 ff.
51 Allgemein zum DSchTB Uwe Lohalm, Völkischer Radikalismus. Die Geschichte des Deutschvölkischen Schutz- und Trutzbundes 1919–1923, Hamburg 1970; Jochmann, Die Ausbreitung des Antisemitismus S. 455 ff.
52 Kruck, S. 128 ff.
53 Zur engen Verbindung Alldeutsche-NSDAP vgl. Kap. VIII.3. Parallel zählten Alldeutscher Verband und DSchTB zu maßgeblichen Mitgliedern der „Vereinigten Vaterländischen Verbänden Deutschlands" (VVVD), der Dachgemeinschaft völkisch orientierter Verbände in der Weimarer Republik; vgl. dazu James H. Diehl, Von der „Vaterlandspartei" zur „nationalen Revolution": Die „Vereinigten Vaterländischen Verbände Deutschlands (VVVD)" 1922-1932, in: VfZ 1985, S. 617–639.
54 Zur Bedeutung des DSchTB in Schleswig-Holstein Rietzler,"Kampf in der Nordmark", 144ff; für Flensburg Heinacher, S. 145 ff.
55 Über Martin Link Heinacher, S. 148. Link gehörte 1925 zu den Mitbegründern der Flensburger NSDAP.

über das Thema „Bolschewismus und Judentum" sprach und in Südtondern für die Verbreitung spezifisch völkischer Ideen sorgte.[56] Sein Vortrag beschränkte sich der kurzen Notiz im „Lecker Anzeiger" zufolge auf wüste Verunglimpfungen der Juden insgesamt, doch lag der Schwerpunkt auf dem „Nachweis", daß die russische Revolution in Wahrheit eine „Judenrevolution" gewesen sei, wie die überproportionale Beteiligung von Juden in den Führungsgremien zeige. Gestärkt durch diesen Erfolg würde das Judentum nun auch auf die übrige Welt übergreifen, wo ohnehin schon 80 % des mobilen Kapitals in jüdischen Händen liege. Gegen diese „Bedrohung" helfe nur ein enger Zusammenschluß im DSchTB, eine Aufforderung, der „eine große Anzahl Versammlungsteilnehmer" nachkam. Trotz dieser – nicht überprüfbaren – Meldung blieb den Deutschvölkischen vorerst ein organisatorischer Erfolg auf Kreisebene versagt, wenngleich Link sicher die Möglichkeit zu Kontaktaufnahme mit Einheimischen nutzte und Beziehungen anknüpfte, die ihm in Zusammenhang mit seinem späteren Engagement für den Aufbau des „Völkisch-sozialen Blocks" in Südtondern zugute kamen.[57] Das Auftreten des Deutschvölkischen Schutz- und Trutzbundes blieb jedoch einmalig im Untersuchungsraum.

Im Gegensatz zu dem am Ende vergeblichen Bemühen der Deutschvölkischen war dem Alldeutschen Verband selbst merklich größere Resonanz beschieden. Einen nicht unbeträchtlichen Anteil daran hatte der ursprünglich in Niebüll beheimatete Langbehn-Biograph Momme Nissen[58], der in Zeitungsartikeln für die Sache der Alldeutschen warb und auf geplante Veranstaltungen des Verbandes aufmerksam machte. So erschienen am 17. Mai und 1. Juni 1921 in der „Nordfriesischen Rundschau" Artikel, die in ihrer völkischen und antisemitischen Zielrichtung ein deutliches Zeugnis alldeutscher Propaganda lieferten. Jessen erhob die alle Schichten übergreifende, die tatsächlichen Risse in der Gesellschaft ignorierende Idee „echter Volksgemeinschaft" zum Leitmotiv staatlicher Ordnung und verurteilte gleichzeitig den vermeintlichen „Internationalismus", der Deutschlands Untergang eingeleitet habe und gegenwärtig weiterhin von der überwiegend jüdisch geleiteten Presse lanciert werde. Wie erfolgreich sich die demagogischen Ausführungen auf den Besuch der alldeutschen Versammlung Anfang Juni 1921 auswirkte, bewies die Teilnahme von immerhin rund 100 Personen an einem Vortragsabend in Niebüll mit dem Wanderredner Karl Grube, der schon wenige Tage zuvor anläßlich eines „Deutschen Abends" in Wyk etliche Besucher zum Beitritt veranlaßt hatte.[59] Zwar berichtete die Presse lediglich in einer sehr kurzen Notiz über die Veranstaltung in Niebüll, doch kam es den übereinstimmenden Berichten der Niebüller Lokalzeitung[60] wie des „Schleswiger"[61] zufolge zur Gründung einer Ortsgruppe des Alldeutschen Verbandes –

---

56 Siehe hierzu den Bericht im LA vom 26. 10. 1920.
57 Vgl. Kap. VIII.3.
58 Vgl. Kap. III.3. Jessen trat ansonsten jedoch nicht öffentlich in Erscheinung.
59 FZ vom 7. 6. 1921.
60 NfR vom 8. 6. 1921.
61 DSchl vom 14. 6. 1921.

dem ersten bemerkenswerten Erfolg völkischer Gruppierungen in Südtondern. Bis zum Jahre 1924 entstanden – vermutlich von Niebüll[62] ausgehend – weitere Ortsgruppen in Risum[63], Leck[64] und mutmaßlich auch in Ladelund[65], so daß die Alldeutschen gerade auch in dem für revanchistische Parolen besonders anfälligen Grenzkreis über einen gewissen Mitgliederbestand verfügten.[66]

Die Aktivitäten der Ortsgruppen beschränkten sich auf insgesamt nur wenige Veranstaltungen im Zeitraum zwischen 1921 und 1924, von denen auch die Zeitungen allenfalls in geringem Umfang Notiz nahmen.[67] Dennoch gelangten mitunter knappe Reportagen an die Öffentlichkeit, welche die Leser über die scharfe Gegenwartskritik informierten, die sich nicht allein auf antisemitisch fundierte Frontalangriffe gegen die politischen Verhältnisse beschränkte, sondern gleichzeitig Verbalinjurien gegen die gesamte Kultur der Gegenwart enthielt. Diese Attacken brachten einerseits das völlige Unverständnis zeitgenössischer Kunst zum Ausdruck und andererseits den Drang nach straffer und autoritärer Ordnung, wie sie etwa die Zeit vor dem Krieg geboten hatte.[68] Diese generelle Absage an die zeitgenössischen Strömungen, die sich mit der Sehnsucht nach einer klar gegliederten Gesellschaftsordnung verband, beherrschte allerdings nicht nur den Alldeutschen Verband, sondern übte auch in anderen Organisationen großen Einfluß aus[69], doch sollte sich erst der Nationalsozialismus als Meister der Instrumentalisierung der pauschalen Gegenwartskritik erweisen. Wenig verwunderlich ist angesichts dieser gemeinsamen Wurzeln, daß es zwischen Alldeutschem Verband und anderen Organisationen relativ enge personelle Verflechtungen gab. Obwohl allgemein nur spärliche Informationen bezüglich der Mitgliederzusammensetzung vorliegen, lassen sich bestimmte Verbindungen nachweisen, wie etwa zum Jungdeutschen Orden, der in der Zeit nach der Inflation eine geradezu dominierende Stellung im Kreisgebiet einnahm

---

62 Zu den Mitgliedern zählte auch der Dagebüller Pastor Hermann Petersen, der 1920 Vertrauensmann seiner Gemeinde im Deutschen Ausschuß gewesen war; NfR vom 30. 10. 1924.

63 NfR vom 30. 10. 1924.

64 LA vom 6. 5. 1922.

65 Dem „Schleswiger" vom 25. 4. 1922 zufolge sollte die Ortsgruppe am 10. 5. 1922 gegründet werden. Ob es dazu kam, läßt sich nicht mehr feststellen.

66 Über die Zahl der Mitglieder lassen sich aufgrund des Fehlens einschägiger Quellen keine Angaben machen. Die Lecker Ortsgruppe soll jedoch eine beträchtliche Stärke gehabt haben; so Otto Johannson (Leck) in einem Gespräch mit dem Verfasser vom 20. 11. 1987.

67 So berichtete die NfR nicht über eine Versammlung mit Dietrich Klagges in Niebüll im Januar 1922; einen kurzen Bericht brachte lediglich „Der Schleswiger" vom 14. 1. 1922.

68 In diesem Sinne sprach der Geschäftsführer des Verbandes, Munnicke, auf einer Versammlung in Leck; LA vom 10. 5. 1922.

69 Vgl. dazu Karl Ludwig Ay, Die deutsche Revolution 1914–1948. Bemerkungen über gesellschaftlichen Wandel und Epochenbegriff, in: Zeitschrift für bayerische Landesgeschichte 36 (1973), S. 877–896, hier S. 881.

und den Alldeutschen in gewisser Hinsicht das Wasser abgrub. So gehörte eines der Lecker Gründungsmitglieder des Ordens, der Tierarzt Heinrich Petersen, gleichzeitig dem Alldeutschen Verband an[70], wie umgekehrt der Dagebüller Pastor Hermann Petersen als Redner auf einer jungdeutschen Vortragsveranstaltung sprach.[71] Insofern fügten sich die engen personellen Überlappungen im Untersuchungsraum harmonisch in die Reihe anderer, besonders ländlicher, Gebiete ein, in denen ebenfalls führende Persönlichkeiten parallel in unterschiedlichen Verbänden tätig waren.[72]

Die wohl schillerndste Kraft im Dienste alldeutscher Bestrebungen auf Kreisebene war der Pastor der Kirchengemeinde Braderup, Karl Reuter (1867–1935), der hier zwischen 1911 und 1924 die seelsorgerischen Aufgaben wahrnahm. Er hing einem Weltbild an, das zwar keineswegs untypisch für protestantische Geistliche war[73], jedoch dem versöhnenden Moment der christlichen Nächstenliebe ganz und gar nicht entsprach. Schon vor dem Kriege hatte er sich als Bewunderer wilhelminischer Machtentfaltung gezeigt.[74] Nach 1914 trat er als eifriger Verfechter jener Siegfriedensparolen auf, die jedwede Verständigung mit den Gegnern ebenso generell ablehnte wie einen demokratisierenden Kurs in der Innenpolitik. Scharf kritisierte er die Zusammenarbeit der Reichstagsmehrheit bezüglich der Friedensresolution des Jahres 1917, wobei er weder mit Angriffen auf die Mehrheitsparteien noch mit antisemitischen Phrasen zurückhielt: Der Zentrumspolitiker Matthias Erzberger war für ihn nur ein „ergebener Papstschleppenträger"[75], SPD, Zentrum und Juden faßte er in den schlagkräftigen Begriffen von „roter", „schwarzer" und „goldener Internationale"[76] zusammen, die es insgesamt zu bekämpfen gelte. Sein Engagement führte ihn dann, wie bereits erwähnt, ins Fahrwasser der Vaterlandspartei, innerhalb derer er den stellvertretenden Vorsitz auf Kreisebene übernahm und in der eigenen Gemeinde für den Aufbau einer Ortsgruppe Sorge trug.[77] Angesichts dieser Grundauffassung vermag auch seine Beurteilung der Kriegsniederlage wenig überraschen, die in ihrer Verblendung und Hetze ein Beispiel für das Nichtbegreifenkönnen und -wollen des militärischen Versagens bot[78]:

---

70 Mdl. Auskunft von Otto Johannson (Leck) vom 20. 11. 1987. Petersen trat so im Dezember 1924 als Redner einer Versammlung in Bramstedt auf und referierte über das Thema „Wie stellen wir uns zum völkischen Gedanken?"; LA vm 1. 12. 1924. Über seine antisemitische Einstellung vgl. Kap. VIII.2.

71 Petersen hielt einen Vortrag über Galizien; LA vom 26. 2. 1925.

72 So trat z. B. Dr. Link auf Versammlungen des Jungdeutschen Ordens auf, wenngleich er nicht Mitglied war; Heinacher, S. 213; Rietzler, „Kampf in der Nordmark", S. 272.

73 Verwiesen sei an dieser Stelle auf das Wirken des Flensburger Hauptpastors Friedrich Andersen; vgl. Kap. IV.

74 Die folgenden Ausführungen beziehen sich auf die von Reuter in der Chronik der Kirchengemeinde Braderup / Uphusum hinterlassenen Notizen.

75 Eintragung 1917.

76 ebd.

77 Vgl. Kap. 3.

78 Chronik der Kirchengemeinde Braderup / Uphusum, Eintragung 1918.

„Das deutsche Volk . . . konnte nur durch sich selbst besiegt werden . . ." Dazu trugen bei „die Lügenkunst der Feinde", „russisches Gold", „50jährige sozialdemokratische Wühlarbeit" sowie „jüdisches Kapital und Gesinnung".

Unmittelbar nach Kriegsende war Reuter an der Gründung eines Vereins „Rettet die Ehre" beteiligt, der in seiner Gemeinde bald 159 Mitglieder umfaßte und all jene sammelte, die sich gegen eine Auslieferung des Kaisers an die Alliierten wandten.[79] Des Pastors Einsatz für Recht und Ordnung gipfelte 1920 zunächst in seiner Fürsprache zugunsten des Kapp-Putsches. Reuter kommentierte die Reaktion auf die Nachricht von den Ereignissen in Berlin wie folgt[80]:

„In politischer Hinsicht erweckte der Kapp-Putsch, welcher gerade am Abstimmungstage, dem 14.3.1920 hier bekannt wurde, vielfach Freude und neue Hoffnungen, die aber leider durch das Mißlingen desselben bald zu Grabe getragen werden mußten."

Es läßt sich zwar nicht konkret feststellen, inwieweit diese von Reuter beschriebene Breitenwirkung im engeren Umkreis seiner Gemeinde den Tatsachen entsprach, doch deuten die Parteinahme maßgeblicher Persönlichkeiten wie u .a. auch verschiedener Berufsverbände in der Provinz darauf hin, daß der Putsch zumindest von einem Teil der Bevölkerung Südtonderns als Versuch wahrhaft patriotischer· Männer zur „Rettung" Deutschlands Ehre gebilligt wurde.[81] Dies ist umso wahrscheinlicher, als sich die Bewohner im Moment des Versuchs zur Übernahme der vollziehenden Gewalt im Reich durch Kapp in ganz besonderem Maße von der legitimen Regierung im Stich gelassen fühlten. Insofern war auch der Rechtsruck bei der Reichstagswahl 1921 zu einem Teil das nachträgliche Placet für den Ansturm auf die Republik, da einzig diejenigen Parteien zulegten, die der Kapp-Regierung zunächst abwartend bzw. befürwortend gegenübergestanden hatten.[82] Die eindeutige Haltung des Braderuper Gemeindepastors, der diese Machtverschiebung dankbar zur Kenntnis nahm[83], läßt im mindesten eine mögliche Verbindung auch zwischen Kapp-Putsch und Reichstagswahl offen, wenngleich dieses Ereignis sicher nicht das primäre Motiv der Wähler darstellte.[84]

Im Juni 1921 war Reuter auf der Gründungsversammlung der Niebüller Ortsgruppe des Alldeutschen Verbandes zugegen und bekundete damit nachdrücklich sein Interesse an der Popularisierung antidemokratischer und antisemiti-

79 Eintragung 1919.
80 Eintragung 1920. Das Fehlen weiterer Quellen macht es unmöglich, näher auf die Wirkung des Putsches in Südtondern einzugehen.
81 In diesem Sinne bekannte sich Pastor Johannes Schmidt-Wodder zu den Putschisten; Johannes Schmidt, Von Wodder nach Kopenhagen von Deutschland zu Europa, Flensburg 1951, S. 79. Daneben stellten sich neben anderen Verbänden auch Provinzialbauernverein und BdL auf die Seite Kapps; zu den Auswirkungen des Putsches in Schleswig-Holstein Stoltenberg, S. 49 und S. 61; Rietzler, „Kampf in der Nordmark", S. 122ff; allgemein zum Kapp-Putsch Johannes Erger, Der Kapp-Lüttwitz-Putsch. Ein Beitrag zur deutschen Innenpolitik 1919/20, Düsseldorf 1967.
82 Vgl. Kap. VI.
83 Chronik der Kirchengemeinde Braderup/Uphusum, Eintragung 1921.
84 Vgl. Kap. VI.

scher Vorurteile.[85] Zwar verlautete nichts bezüglich einer Amtsübernahme im Rahmen der Organisation, doch muß besonders aufgrund der bis dahin vertretenen Auffassungen davon ausgegangen werden, daß der Braderuper Pastor wie sein Dagebüller Amtsbruder dem Verband als zahlendes Mitglied angehörte. Diese Tatsache läßt es zudem gerechtfertigt erscheinen, im Folgenden etwas näher auf das gesamte Verhältnis evangelischer Pastoren und Weimarer Republik in Südtondern einzugehen, da die Kirche auch nach dem Ersten Weltkrieg zu den maßgebenden gesellschaftlichen Kräften zählte, die weiterhin über einen keineswegs unbeträchtlichen Einfluß auf ihre Gemeindemitglieder verfügte.

Der Novembersturz 1918 brachte wie für andere Institutionen auch für die evangelische Kirche einschneidende Veränderungen.[86] Das Band zwischen Thron und Altar zerriß, die Trennung von Staat und Kirche wurde vollzogen, was einen nicht unerheblichen Privilegienverlust für den protestantischen Klerus bedeutete. Insofern war es kein Wunder, daß gerade in Kirchenkreisen die Furcht vor massiver Deprivilegierung durch eine linksstehende Regierung weite Verbreitung fand.[87] Rasch vermochte sich die DNVP als Bewahrerin alter Ordnungsprinzipien den Ruf besonderer Kirchenfreundlichkeit zu erwerben, ein Umstand, der zudem die Aufnahmebereitschaft für die Dolchstoßlegende nachhaltig förderte.[88] Obwohl insgesamt nur ein kleiner Teil der kirchlichen DNVP-Aktivisten zu dem ausgesprochen republikfeindlichen Flügel der Gesamtpartei gehörte, war und blieb das Verhältnis der Pastoren zu den republiktragenden Parteien DDP und SPD distanziert bzw. überaus gespannt[89]; die liberal-demokratischen Stimmen gingen im Chor derjenigen unter, die nach der Stärkung der politischen Rechten riefen.[90] Am Ende der Republik waren es dann viele, die sich auf die Seite Hitlers und des leeren Begriffs vom „positiven Christentum" schlugen.[91]

Ähnlich der Tendenz im Reich und in der Provinz[92] lehnte der weit überwiegende Teil der Südtonderaner Seelsorger die durch den Novemberumsturz

85 NfR vom 8. 6. 1921.
86 Zum Verhältnis evangelische Kirche – Weimarer Republik siehe neben der in Kap. V. 4.a), Anm. 165 zitierten Literatur auch Kurt Nowak, Protestantismus und Weimarer Republik. Politische Wegmarken in der evangelischen Kirche 1918–1932, in: Bracher / Funke / Jacobsen, S. 218–237 sowie die dort, S. 219, Anm. 6 zitierte Literatur; besonders auch Klaus Scholder, Die Kirchen und das Dritte Reich, Bd 1: Vorgeschichte und Zeit der Illusionen 1918–1934, Berlin 1977.
87 Nowak, Evangelische Kirche und Weimarer Republik, S. 221.
88 ebd., S. 29 und S. 225.
89 ebd., S. 32; S. 88ff und S. 104.
90 ebd., S. 224.
91 Es ginge völlig an der Sache vorbei, wollte man die evangelische Kirche insgesamt zu einem Wegbereiter des Nationalsozialismus stempeln. Der Anteil der Parteigänger Hitlers innerhalb der Pastorenschaft war zwar beträchtlich, jedoch läßt er sich nicht exakt quantifizieren; Nowak, Evangelische Kirche und Weimarer Republik, S. 236.
92 Zum Verhältnis von evangelischer Kirche und Nationalsozialismus auf Provinzebene Johann Bielfeldt, Der Kirchenkampf in Schleswig-Holstein 1933-1945, Göttingen 1964;

geschaffene Neuordnung ab. Dies zeigte sich bereits im Januar 1919, als wie andernorts auch in den Gemeinden des Untersuchungsraumes Unterschriftensammlungen mit dem Ziel gestartet wurden, die Trennung von Staat und Kirche zu verhindern. Die Resolution stieß insgesamt auf ein breites Echo. Zahllose Bewohner sprachen sich für die Beibehaltung des traditionellen Zustandes der Einheit aus[93], was als zusätzliches Zeichen für die geringe Bereitschaft der Bevölkerung zu grundlegenden Veränderungen gewertet werden muß. In der Abstimmungszeit griffen etliche Pastoren direkt in die Auseinandersetzung ein und verschärften die Spannungen in den Gemeinden zusätzlich – eine ausgleichende Wirkung blieb die Ausnahme.[94]

In ideeller Hinsicht versuchten die Pastoren die sich nach den Entbehrungen des Krieges rasant ausbreitende Vergnügungssucht einzudämmen und die Position als Hüter von Moral und Ordnung zurückzugewinnen. Als besonders akute Probleme galten dabei der z. T. unmäßige Alkoholgenuß gerade unter den jüngeren Männern sowie der rapide Rückgang der Besucherzahlen in den Gottesdiensten.[95] Der sich darin äußernde Autoritätsverlust der traditionellen Ordnungsprinzipien und die sich auch hier immer stärker Bahn brechende Überzeugung von der Unwiederbringlichkeit der alten Herrschaftsstrukturen hatten eine Neuorientierung hinsichtlich der Ausbildung von Gemeinschaftsidealen zur Folge. Diese Suche nach neuen Formen gemeinschaftlichen Lebens erfaßte ebenfalls den protestantischen Klerus. Gleich anderen Bevölkerungskreisen fand er den Geist von Gemeinschaft u .a. in den zahlreichen „nationalen Verbänden" der Weimarer Republik.[96] Auch im Untersuchungsraum zeigte sich solche Idealisierung „volksgemeinschaftlicher" Sammlung, die alle Klassenschranken

Jens Motschmann, Kreuz und Hakenkreuz, Kirchenkampf in Schleswig-Holstein 1933–1945, in: ders. (Hg.), Kirche zwischen den Meeren. Beiträge zur Geschichte und Gestalt der Nordelbischen Kirche, Heide 1981; Rudolf Rietzler, Von der „politischen Neutralität" zur "Braunen Synode". Evangelische Kirche und Nationalsozialismus in Schleswig-Holstein, in: ZSHG 107 (1982), S. 139–153; Klauspeter Reumann, Kirche und Nationalsozialismus, Klauspeter Reumann (Hg.), Kirche und Nationalsozialismus. Beiträge zur Geschichte des Kirchenkampfes in Schleswig-Holstein, Neumünster 1988.

93 In Nieblum / F. erhielt die Resolution für die Beibehaltung der Einheit von Staat und Kirche 830 Unterschriften, in Aventoft wurde sie gar einstimmig angenommen; Chronik der Kirchengemeinde Nieblum / F. und Chronik der Kirchengemeinde Aventoft.

94 Insgesamt sechs Pastoren fungierten in der Abstimmungszeit als Vertrauensleute des Deutschen Ausschusses in ihren Gemeinden und traten damit auf Gemeindeebene an die Spitze der deutschen Sache; Übersicht über die Vertrauensleute des Deutschen Ausschusses im Kreis Tondern (in Privatbesitz).

95 Verhandlungen der 31. ordentlichen Versammlung der Propsteisynode Südtondern in Niebüll, den 10. August 1921, Leck 1921, S. 9.; ferner Bericht des Synodalausschusses zur 31. ordentlichen Versammlung der Propstei Südtondern am 30. Juni 1926 in Leck, Leck 1926, S. 6. Beide Druckschriften befinden sich im Propsteiarchiv Südtondern, S I, 2 (Propsteisynode 1926).

96 Vgl. zum Problem des Verhältnisses von Gemeinde und „Volksgemeinschaft" Scholder, S. 124 ff, bes. S. 127.

und Gegensätze einem übergreifenden Zusammenschluß zuliebe ignorierte. Beteiligten sich Pastoren nicht selbst organisatorisch an den neu entstandenen nationalen Verbänden wie Jungdeutschem Orden oder Stahlhelm, so unterließen sie es doch nie, ihnen ihre Reverenz zu erweisen bzw. ihnen anläßlich von Fahnenweihen den religiösen Segen zu verleihen.[97] Deutlich zeigte sich in diesem Verhalten die gefährliche Nähe zum Volksgemeinschaftsideal nationalsozialistischer Prägung, eine geistige Nachbarschaft, die auch innerhalb der Provinz schon vor 1933 viele Pastoren ins Lager der NSDAP führte.[98] Zwar versuchte das Konsistorium in Kiel 1931 durch die Verfügung von „Richtlinien für die politische Betätigung" auf die Pastoren einzuwirken und den Seelsorgern eine in jeder Form parteipolitische Neutralität aufzuerlegen, doch kam die Maßnahme zu spät, um noch gezielt wirken zu können.[99]

In Südtondern bekannten sich vor 1933 zwar nur einzelne Pastoren offen zum Nationalsozialismus[100], doch legte die auf der Propsteisynode in Leck vom 27. September 1932 bekundete Genugtuung über das „neue Erwachen eines starken vaterländischen Sinnes, vornehmlich unserer Jugend"[101] ein klares Zeugnis vom wenig verwurzelten demokratischen Bewußtsein unter den Pastoren südlich der Grenze ab. Gegenwehr regte sich fast ausschließlich gegen die radikal antichristlichen Tannenbergbündler[102]; die antisemitische Hetze der Nationalsozialisten konnten sich demgegenüber nahezu widerstandslos ausbreiten. Selbst der Westerländer Pastor Reinhard Wester, nach dem Zweiten Weltkrieg Bischof in Schleswig und während der NS-Zeit führendes Mitglied der Bekennenden Kirche in der Provinz, stand dem Nationalsozialismus zu Beginn aufgeschlossen

97 Der frühere Propst Nissen etwa war Mitglied im Jungdeutschen Orden, ebenso der Niebüller Pastor Ove Göttsche; der Neugalmsbüller Pastor E. Dittmann war Mitglied der DNVP und gleichzeitig für den Stahlhelm aktiv; LA 1. 12. 1924; Chronik der Kirchengemeinde Niebüll; NfR vom 24. 1. 1925.

98 Zu den bekanntesten gehörte neben dem Flensburger Friedrich Andersen auch der Viöler Pastor Johann Peperkorn (geb. 1890, Pg. 1. 9. 1928), von 1935–1944 als Kreisleiter der NSDAP in Südtondern tätig; BDC, Personalakte Peperkorn). Vor diesem Zeitpunkt spielte er für den Auf- und Ausbau des NS-Parteiapparates im Untersuchungsraum keine herausragende Rolle. Über ihn Sörensen (in Vorbereitung).

99 Scholder, S. 183; Rietzler, Von der „politischen Neutralität", S. 142 ff.

100 Ein Pastor aus der Wiedingharde bezeichnete sich selbst als eines der ältesten NSDAP-Mitglieder dieses Gebietes (Pg. September 1930); Propsteiarchiv Südtondern, Abtlg. C. Kirchengemeinde N.N., Schreiben vom 28. 11. 1933 an den Propst. Der Klixbüller Pastor Marxen bekannte sich durch seinen Auftritt bei der Niebüller NS-Weihnachtsfeier 1932 offen zu Hitler; NfR vom 20. 12. 1932. Über beide liegen im BDC keine Akten vor, ebenfalls fehlt die Personalakte des späteren Propstes Gottfriedsen. Zum Kirchenkampf in Südtondern nach 1933 siehe Judith Jensen, Zum Kirchenkampf der evangelischen Kirche dargestellt am Beispiel der Propstei Südtondern, mss. Examensarbeit, Flensburg 1984.

101 Bericht des Synodalausschusses erstattet zur 5. ordentlichen Synode der Propstei Südtondern am 27. September 1932 in Leck, Leck 1932, S. 8.

102 Vgl. Kap. XII.6.

gegenüber, wie insbesondere seine kurze Zeit währende Mitgliedschaft in der SA nach der „Machtergreifung" belegt.[103] Doch schon bald zählte er im Gegensatz zu vielen anderen Pastoren des Kreises, die die drohenden Gefahren nicht erkannten, bewußt in Kauf nahmen oder hilflos duldeten, zu den energischsten Gegnern der Hitler-Diktatur.[104]

Karl Reuter und Reinhard Wester bzw. Johann Dankleff können sicher als die beiden extremen Pole des geistlichen Standes gelten, doch neigte vor dem 30. Januar 1933 der weit überwiegende Teil merklich stärker dem national-nationalistischen Flügel zu und trug damit bewußt-unbewußt in erheblichem Maße zur Beseitigung von Recht und Demokratie bei[105], ein Verhalten, das sich insbesondere am ehemaligen Neugalmsbüller Pastor Ewald Dittmann grausam rächte, der mit seinem nationalistisch-antidemokratischem Einsatz als DNVP-Mitglied und Stahlhelm-Aktivist[106] vor 1933 die Republik zu zerstören half und – nach 1933 geläutert – am 20. April 1945 wegen seines Widerstandes gegen das NS-Regime hingerichtet wurde.[107]

2. DIE WIRTSCHAFTLICHE ENTWICKLUNG BIS ZUM ENDE DER INFLATION

Mit Ausnahme des Versailler Friedens prägte in den ersten Jahren der Weimarer Republik das Verhältnis der Bevölkerung zum Staat nichts so entscheidend wie die Hyperinflation des Jahres 1923. Trotzdem ist sie bis in die jüngere Vergangenheit hinein aufgrund des komplexen Ursachengeflechts und anderweitiger Schwerpunktsetzung nur marginal Gegenstand der Forschung gewesen. Erst in den letzten Jahren wurde dem dramatischen Geldwertverfall größere Aufmerksamkeit zuteil.[108] Nachfolgend sollen nun Reaktion der Bevölkerung Südton-

103 Dazu Gerd Dannenberg, Schicksal hinter goldenen Lettern. Pastor Reinhard Wester 1932–1947, mss. Manuskript, Westerland 1987, S. 3.
104 Bereits im März 1933 griff der Sylter Ortsgruppenleiter Schemmel in einem Beitrag für das NS-Gauorgan „Schleswig-Holsteinischen Tageszeitung" (SHT) die Versöhnung predigenden Geistlichen scharf an und warf ihnen „stille Sabotage" am Neuaufbau des Reiches vor. Wenngleich sich in diesem Zusammenhang kein direkter Bezug zum Wirken Westers nachweisen läßt, so liegt der Verdacht doch zumindest nahe. – Über Westers Tätigkeit in der Bekennenden Kirche siehe das umfangreiche Material im NEKA, Archiv der Bekennenden Kirche in Schleswig-Holstein.
105 Nowak, Evangelische Kirche und Weimarer Republik, S. 310; Rietzler, Von der „politischen Neutraltiät", S. 147 ff.
106 NfR vom 19. 1. 1925 und 14.9. 1925. Über die Jahre 1922–1932 hielt er in der Chronik der Kirchengemeinde Galmsbüll fest:"Ich stand hier in den Jahren an den Brennpunkten des politischen Kampfes als Deutschnationaler gegen den Marxismus."
107 Die Christian-Albrechts-Köge, S. 209.
108 Vgl. besonders Feldman, Die deutsche Inflation; ders., Vom Weltkrieg zur Weltwirtschaftskrise, Göttingen 1984; Andreas Kunz, Inflation als Verteilungskampf? Eine

derns auf die rapide Geldentwertung sowie deren Auswirkung auf die wirtschaftliche Entwicklung betrachtet werden.

Der Weltkrieg hatte 1914 alle gewachsenen Handelsbeziehungen gekappt und stellte sämtliche Nationen – selbst die am Krieg nicht beteiligten – nach 1918 vor große Schwierigkeiten, den Normalzustand wiederherzustellen. Insofern war das Deutsche Reich keineswegs allein mit Problemen konfrontiert. Im Gegensatz zu Frankreich war es sogar von unmittelbaren Kriegseinwirkungen verschont geblieben, doch erschwerten die andauernde See-Blockade durch die Alliierten sowie vor allem die Folgen falscher Kriegswirtschaftspolitik die Lage in Deutschland zusätzlich. Neben einer verfehlten Kriegsfinanzierung, welche das Reich schnell überschuldet und den Inflationsprozeß in Gang gesetzt hatte, belastete gleichfalls die ruinöse Mobilisierung der Wirtschaft durch die Oberste Heeresleitung den Wiederaufbau nach 1918. Erst 1924 erreichten die Handelsbeziehungen wieder einen gewissen Normalzustand, so daß heute zu Recht von einer wirtschaftspolitischen Einheit der Jahre von 1914 bis 1923 gesprochen wird.[109] Die Inflation nach 1918 kann eben nicht isoliert betrachtet werden, da sie im Kern letztlich nur die Konsequenz einer Entwicklung bildete, die 1914 eingeleitet und bis 1918 künstlich aufgestaut worden war.[110] Die Nachkriegsregierungen als politische Erben des Kaiserreichs standen somit von Beginn an vor großen wirtschaftlichen Problemen. Eine Verschlimmerung ergab sich noch dadurch, daß die Sozialdemokratie als größte Regierungspartei über kein Wirtschaftsprogramm verfügte[111] und auch die übrigen Regierungspartner keine klaren, den wirtschaftspolitischen Erfordernissen angemessene Konzeptionen vorweisen konnten.[112] Aus den Reihen der für den Scherbenhaufen verantwortlichen Kräfte auf der Rechten erklang – unfähig zur Selbstkritik – lediglich Wutgeheul und die illusionäre Forderung nach Widerstand gegenüber den Siegermächten, ein Appell, der einzig zur weiteren Aufpeitschung der Emotionen beitrug.[113]

Die Ursachen des bald nach Kriegsende einsetzenden Währungsverfalls[114] lagen zum einen in dem Mißverhältnis zwischen den verfügbaren Waren und der

Bilanz der neueren Forschung, in: Werner Abelshauser (Hg.), Die Weimarer Republik als Wohlfahrtsstaat, Stuttgart 1987, S. 171–184.

109 So etwa schon der Titel der Arbeit von Carl Ludwig Holtfrerich, Die deutsche Inflation von 1914–1923, Berlin/New York 1980.

110 ebd., S. 99 ff.

111 Peter Christian Witt, Staatliche Wirtschaftspolitik in Deutschland 1918–1923: Entwicklung und Zerstörung einer modernen wirtschaftspolitischen Strategie, in: Feldman, Die deutsche Inflation, S. 151–179, hier S. 159.

112 ebd.

113 Exemplarisch hierfür der damalige Fraktionsvorsitzende im Reichstag, Karl Helfferich, der in einer mit dem bezeichnenden Titel „Die Politik der Erfüllung" versehenen Kampfschrift ausschließlich die Nachkriegsregierungen für den rapiden Wertverfall der deutschen Währung verantwortlich machte, ohne in irgendeiner Form realistische Ansätze zur Lösung der Probleme zu machen; Karl Helfferich, Die Politik der Erfüllung, München/Berlin/Leipzig 1922.

114 Zu den Ursachen der Inflation Holtfrerich, Die deutsche Inflation S. 93 ff.

umlaufenden großen Geldmenge, dem erschütterten Vertrauen in die Reichsmark und der notwendigen staatlichen Fürsorge für die Kriegsopfer, wodurch die Geldschöpfung weiter angeheizt wurde. Die Wiedergutmachungsleistungen spielten demgegenüber eine weit geringere Rolle.[115] Ihren Höhepunkt erreichte die Inflation im Jahre 1923, als es im Zuge der Ruhrbesetzung durch französische Truppen darum ging, der Weltöffentlichkeit die Haltlosigkeit der Reparationsforderungen vor Augen zu führen. Binnen eines Dreivierteljahres fiel der Wert der Reichsmark ins Bodenlose und erreichte im November 1923 einen Gegenwert von 4,2 Billiarden Mark pro Dollar.

Zu Beginn wirkte die Geldentwertung durchaus stimulierend auf die Gesamtkonjunktur.[116] Zwischen 1919 und 1921/22 übernahm die deutsche Wirtschaft aufgrund ihres ungemein hohen Investitionsbedarfs geradezu die Funktion eines Konjunkturmotors, der für eine vergleichsweise schnelle Absorbierung der kriegsbedingten Arbeitslosigkeit sorgte und die Umstellung auf die Friedensproduktion erleichterte.[117] Erst seit dem Sommer 1923 vermehrte sich die Zahl der Arbeitslosen wieder deutlich, doch blieb die Zeit bis 1924 von einem beträchtlichen Wachstum der Industrie gekennzeichnet. So verfügte die Reichsbahn 1924 bereits wieder über den Transportraum von 1914, obwohl zwei Drittel der Lokomotiven und ein Drittel der Waggons im Kriege zerstört bzw. als Reparationsleistungen abgeliefert worden waren.[118] Andere Länder vermochten hingegen mit dieser Entwicklung nicht Schritt zu halten, und selbst in den Siegerstaaten erholte sich die Wirtschaft trotz deutscher Wiedergutmachungsleistungen nicht in gleichem Maße; Staaten wie Großbritannien und Frankreich hatten bis in die dreißiger Jahre hinein mit schweren ökonomischen Problemen zu kämpfen.[119]

Die negativen Wirkungen der Inflation bestanden vor allem in dem völligen Wertverlust aller Geldrücklagen. Besonders die kleinen Sparer, Rentner, Bezieher fester Einkommen (Beamte, Angestellte, Arbeiter) litten unter den Auswirkungen der Geldentwertung, wohingegen Sachwertbesitzer die Inflation vergleichsweise glimpflich überstanden und erst nach 1924 durch Ausgleichsabgaben belastet wurden. Letztlich fühlten sich jedoch beide Gruppen geprellt, die einen durch die unmittelbaren Wirkungen der Inflation, die anderen durch die Maßnahmen nach der Währungsstabilisierung. Die Folge war, daß der Zeitraum bis zum Ende des Jahres 1923 aufgrund der schweren Durchschaubarkeit der komplexen Vorgänge zu einer allgemeinen Verunsicherung führte, das Ver-

---

115 Mommsen, Die verspielte Freiheit, S. 129.
116 Carl Ludwig Holtfrerich, Die konjunkturanregenden Wirkungen der deutschen Inflation auf die US-Wirtschaft in der Wirtschaftskrise 1920/21 in: Feldman, Die deutsche Inflation, S. 207–234. Demzufolge verhinderte der Inflationsprozeß 1920/21 geradezu eine Entwicklung wie die vom Herbst 1929.
117 Holtfrerich, Die deutsche Inflation, S. 132.
118 Fritz Blaich, Der Schwarze Freitag. Inflation und Wirtschaftskrise, München 1985, S. 52.
119 Charles P. Kindleberger, Die Weltwirtschaftskrise 1929–1939, München 1984³, S. 252 und S. 257 ff.

trauen in das Wohlwollen des Staates untergrub und den Ablösungsbestrebungen von der Demokratie neuen Auftrieb verlieh.[120]

Ähnlich wie im übrigen Reich hatte der Krieg auch in (Süd-)Tonderns Agrarsektor zu erheblichen Substanzverlusten geführt. Der Rinderbestand war infolge der Zwangswirtschaft besonders im letzten Kriegsjahr spürbar zurückgegangen, eine Entwicklung, welche die Viehzüchter auf der Geest am härtesten traf, da sich die Zahl der Jungtiere um ein Viertel auf ca. 33000 verringerte[121]. Daneben war auch das tote Inventar in Mitleidenschaft gezogen worden, und die Felder der Geest litten im Unterschied zu denen der Marsch seit 1914 an mangelnder Düngung.[122] Die bäuerlichen Proteste, die sich ob der Mißstände gegen die Fortführung der Zwangswirtschaft wandten, hatten insofern Erfolg, als am 1. September 1920 die Beschränkungen für den Handel mit Vieh und Fleisch zumindest auf Provinzebene aufgehoben wurden. In der folgenden Zeit gelang dann rasch die Ergänzung der kriegsbedingten Verluste.[123] Die große Nachfrage nach Agrarprodukten und entsprechend gute Erlöse, die höher waren als die Kosten für Industrieerzeugnisse, bescherten auch den Südtonderaner Bauern rasch wachsende Einnahmen.[124] Wie gut in dieser Phase nach September 1920 verdient wurde, belegen u. a. Aussagen des Geschäftsführers des Provinzialbauernverbandes Thyssen, der auf einer Versammlung in Niebüll Ende Oktober 1920 vor Preistreiberei nach Aufhebung der Zwangswirtschaft warnte, da überhöhte Teuerungen wieder zu dirigistischen Eingriffen des Staates zurückführen würden.[125]

Der sich immer schneller drehenden Preisspirale paßte sich die Bevölkerung des Kreises wie im gesamten Reichsgebiet rasch an[126], indem sich etwa auf dem Festland die dänische Krone zusehends zu einer Art Ersatzwährung entwickelte. Nahezu täglich informierte die Presse über den aktuellen Kursstand, so daß auch hier jeder in die Lage versetzt wurde, in fester Währung zu rechnen.[127]

---

120 Dazu Thomas Childers, Interest and Ideology: Anti System Politics in the Era of Stabilization 1924–1928, in: Gerald D. Feldman (Hg.), Die Nachwirkungen der Inflation auf die deutsche Geschichte 1924–1933, München 1985, S. 1–18.
121 LAS 309/8004, Viehzählungen vom 1.12.1917 und 1.12.1918.
122 Vgl. Hermann Traulsen, Wirtschaftserfolg und Intensitätsgrenzen bäuerlicher Veredelungsbetriebe in Schleswig-Holstein, Kiel 1931, Tafel 10. Demnach gaben die Südtonderaner Bauern gemessen am Provinzdurchschnitt nur sehr wenig Geld für Maschinen und Dünger aus.
123 Chronik der Kirchengemeinde Neukirchen, Eintragung 1920.
124 In der Chronik der Kirchengemeinde Neukirchen heißt über das Jahr 1920 diesbezüglich: „Geld ist reichlich unter den Leuten. Das Punschen [das Punschtrinken, d. Verf.] bei den Bauern nimmt wieder zu."
125 NfR vom 21.10.1920.
126 Zum Anpassungsprozeß im Verlauf des Währungsverfalls Gerald D. Feldman/Carl Ludwig Holtfrerich/Gerhard A. Ritter/Peter Christian Witt (Hg.), Die Anpassung an die Inflation, Berlin/New York 1986.
127 Dies galt auch für andere Gebiete des Reiches. An der Ruhr etwa fungierte der Franc als „Leitwährung"; Osmond, S. 298.

Dabei konnte die finanzielle Beziehung zu Dänemark bereits auf eine gewisse Tradition verweisen: Schon im Vorfeld der Abstimmung war es aus Mißtrauen in die wirtschaftliche Zukunft des Reiches zu beträchtlichen Kapitalverschiebungen nach Norden gekommen.[128] Jetzt versuchten all jene, die die Möglichkeit dazu hatten, ihr Geld in Kronen anzulegen, um es dem Inflationsschwund zu entziehen. Selbst öffentliche Institutionen wie die Kirche richteten sich auf die wertbeständigen Zahlungsmittel ein, wie das Beispiel der Gemeinde Aventoft zeigt, in der 1923 die Kirchenländereien gegen Kronen verpachtet wurden.[129]

Weiterhin wich man soweit wie möglich auf geldlosen Zahlungsverkehr aus und griff auf die Möglichkeit der Tauschwirtschaft zurück. Diese Wirtschaftsform schützte insbesondere das ländliche Handwerk und den Handel vor dem finanziellen Ruin. Dienstleistungen wurden gegen Naturalien erbracht, wie auch Ware z. T. nur gegen Ware zu haben war.[130] In Lütjenhorn etwa erhielten Arbeiter genau wie der Möbelhändler die ihnen zustehenden Beträge in Form von Lebensmitteln und anderen Gütern.[131]

Neben der dänischen Krone als fester Leitwährung und dem Tauschhandel spielten auf Föhr und Amrum die guten Verbindungen nach den Vereinigten Staaten eine spürbar lindernde Rolle. Abgesehen von zahlreichen Paketen aus Übersee gelangte auch ein nicht unbeträchtlicher Dollarregen auf die Inseln. Die US-Währung etablierte sich besonders auf Föhr als Zweitwährung und trug dazu bei, die katastrophalen Folgen der Geldentwertung und später auch der Wirtschaftskrise zumindest teilweise abzufedern.[132] Den Insulanern ging es demzufolge auf jeden Fall nicht schlechter als den Bewohnern des Festlandes – eine hinsichtlich der späteren politischen Entwicklung ungemein wichtige Tatsache.

Obwohl sich auch bzw. gerade südlich der neuen Grenze diverse Möglichkeiten zur Umgehung der wertlosen deutschen Papiermark ergaben, kann dies

128 Siehe dazu etwa den Bericht im LA vom 17.6.1919.

129 Chronik der Kirchengemeinde Aventoft, Eintragung 1923.

130 So etwa Peter Jacobsen (Klixbüll) in einem Gespräch mit dem Verfasser vom 27. 11. 1987; allgemein dazu Jens Flemming et al., Sozialverhalten und politische Reaktionen von Gruppen und Institutionen im Inflationsprozeß, in: Otto Büsch/Gerald D. Feldman (Hg.), Historische Prozesse der deutschen Inflation 1914–1924, Berlin 1978, S. 230–263, hier S. 252.

131 Carsten Ingwersen, Die Gemeinde Lütjenhorn, in: JbSG 1980, S. 76–86, hier S. 77.

132 In der Chronik der Kirchengemeinde Nieblum/F. heißt es hinsichtlich der Inflation:"Außergewöhnlich günstig waren uns die vielen Beziehungen zu Amerika." Ähnlich auch die Chroniken der anderen beiden Kirchengemeinden der Insel. In einem Schreiben des Westerlandföhrer Amtvorstehers Roeloffs an den Landrat vom 11.1.1927 heißt es:"... wie schon jetzt nach dem Kriege die Beträge, die von drüben zu den Angehörigen in der Heimat gesandt worden sind, recht wesentliche gewesen sind, die manchem wirtschaftlichen Notstand abgeholfen haben, [so sind, d. Verf.] von drüben erhebliche Beträge nach hier gekommen zur Linderung der allgemeinen Not, wodurch die Gemeinden sehr entlastet worden sind"; KANF C 5, Nr 118; vgl. auch Kortum, Migrationstheoretische und bevölkerungsgeographische Probleme, S. 150.

doch nicht darüber hinwegtäuschen, daß sich besonders während des Jahres 1923 eine Zweiklassengesellschaft herausschälte, auf deren einer Seite jene standen, die über beträchtlichen Sachwertbesitz verfügten und davon zehren konnten, auf der anderen Seite diejenigen, die z. B. als Bezieher fester Einkommen ihren Lebensunterhalt bestreiten mußten. All jene, die ihre Ersparnisse in nunmehr wertlose Kriegsanleihen und andere staatliche Schuldverschreibungen investiert hatten, standen vor dem finanziellen Nichts. Dies traf in besonderem Maße für Rentner zu, die mittels dieser Anlagen ihren Lebensabend hatten bestreiten wollen und mit einem Mal mittellos einer unsicheren Zukunft entgegensahen. Daneben traf die Inflation gleichfalls die Beamten und Arbeiter hart[133], wohingegen sich die Landwirte als weitgehende Selbstversorger wesentlich günstiger standen, zumal die Inflation das Reich vor Agrarimporten wirksamer schützte als jede Zollschranke.[134] Allen gemeinsam war allerdings die Tatsache, daß Steuerschulden, Hypothekenschulden und Kredite mühelos abgestoßen werden konnten, und daß dem, der sich jetzt zu investieren und zu verschulden traute, leichte Rendite winkte. Zwar fehlt es diesbezüglich an einschlägigem Material, um die Risikobereitschaft der Landbevölkerung zu Investitionen ermitteln zu können, doch war sie im Raum Südtondern sicher nicht größer als anderwärts, wo die Landwirtschaft letzten Endes keinen Nutzen aus der Geldentwertung zog.[135]

Die materielle Not, die im Gefolge des rasanten Währungsverfalls auftrat und besonders die unteren sozialen Schichten mit voller Wucht traf, verschärfte sich noch dadurch, daß Grenzgänger aus dem Norden angesichts der für sie günstigen Preise in den Landgemeinden Südtonderns einkauften und der Preisspirale eine noch schnellere Umdrehung verliehen.[136] Führte dies schon zu Unmut in der Bevölkerung, so erst recht der Umstand, daß etliche Bewohner der Grenzgemeinden dänische Hilfe in Anspruch nahmen. Eine neuerliche Zuspitzung des nationalen Gegensatzes war die Folge.[137] U. a. Um einem weiteren Zulauf zur dänischen Minderheit zu wehren, wurden in Niebüll und Leck Wohlfahrtseinrichtungen bzw. eine Volksküche gegründet, die in den Wintern 1922/23 und 1923/24 die sozial Minderbemittelten beköstigten.[138]

Bot die Umgehung der Reichswährung zumindest im täglichen Zahlungsverkehr die Chance, sich dem rapiden Wertverlust des Papiergeldes zu entziehen, so schützte sie doch nicht vor dem Dahinschmelzen der baren Geldreserven. Es

133 Vgl. dazu Merith Niehuss, Lebensweise und Familie in der Inflationszeit, in: Feldman et al., Die Anpassung an die Inflation, S. 237–264. Die Verfasserin verweist auf S. 256 bezeichnenderweise auf die Ausbreitung von Mangelkrankheiten als Inflationswirkung bei den vielfach unterernährten Stadtkindern.

134 Robert G. Moeller, Winners and Loosers in the German Inflation: Peasant Protest over the Controlled Economy 1920–1923, in: Feldman, Die deutsche Inflation, S. 255–288, hier S. 256.

135 Flemming et al., S. 253.

136 LAS 309/22560, Polizeiposten Süderlügum an Ldr. vom 29.9.1921.

137 Vgl. Kap. X.

138 Meldungen darüber im LA vom 21.11.1922 und vom 4.10.1923.

ist daher kein Wunder, daß bald nach dem Kriege der Drang zur Auswanderung nach Übersee[139] erneut auflebte. Dieser Ausweg zur Bewältigung der wirtschaftlichen Nachkriegsprobleme war allerdings an zwei Bedingungen geknüpft, die auf Kreisebene nur ein begrenzter Personenkreis erfüllte. Zum einen bedurfte es größerer finanzieller Mittel, um die Überfahrt zu ermöglichen[140], andererseits waren gute Verbindungen in die USA notwendig, um dort Fuß fassen zu können.[141] Die sich im Zuge des Geldwertverfalls verringernden Barreserven erschwerten eine ins Auge gefaßte Auswanderung immer mehr, so daß statt dessen den engen Beziehungen zu Verwandten und Freunden jenseits des Atlantiks immer größere Bedeutung zukam, ein Umstand, der erneut auf die Insel Föhr als Zentrum eines Emigrantenstromes verweist. Oftmals von bereits früher ausgewanderten Insulanern vorfinanziert[142], konnten sich zahlreiche, in erster Linie jüngere Bewohner nach 1918 auf die Reise machen, um sich jenseits des Atlantiks mit der Hilfe von Landsleuten eine neue, vielfach allerdings auch nur vorübergehende Existenz aufzubauen, um nach Erwerb eines Vermögens wieder in die Heimat zurückzukehren.[143]

Die Zahl der Auswanderer nahm bis zur Hyperinflation beständig zu, und selbst in den nachfolgenden Jahren blieb sie relativ hoch, ehe verschärfte Einreisebestimmungen um 1929/30 den Strom erheblich drosselten, ihn aber im Vergleich zum Reichsdurchschnitt[144] nicht völlig zum Erliegen brachten. Mit der Föhrer Quote, die – gemessen an der Bevölkerungszahl – weit höher lag als auf Provinzebene[145], vermochten auch die übrigen Teile des Kreises nicht mitzuhalten. So stammten noch 1929 von den insgesamt 114 aus Südtondern emigrierten Personen allein 96 von der Insel Föhr[146]; insgesamt verließen zwischen 1920 und 1929 mehrere hundert Personen zeitweilig oder auf Dauer ihre angestammte Heimat[147], so daß dem Phänomen Emigration hier die Funktion eines sozialen Ventils zukam, von dem in ihrer Rückwirkung zumindest die gesamte Landbevölkerung der Insel auch in der Zeit der Weltwirtschaftskrise profitierte. Deutliches Beispiel hierfür waren die vergleichsweise hohen Rücklagen, über welche die Nieblumer Sparkasse 1933 vor Zusammenlegung zur Kreissparkasse ver-

139 Allgemein zur Auswanderung in der Weimarer Zeit Hartmut Bickelmann, Die deutsche Überseeauswanderung in der Weimarer Zeit, Wiesbaden 1980.
140 Insofern war es kein Wunder, daß sich nur relativ wenige Arbeitslose unter den Auswanderern befanden; Bickelmann, S. 22.
141 Daraus erklärt sich der insgesamt starke Nachzug von Schleswig-Holsteinern in den zwanziger Jahren; Bickelmann, S. 36.
142 Kortum, Migrationstheoretische und bevölkerungsgeographische Probleme, S. 147.
143 ebd., S. 142ff; H. C. Hinrichsen, S. 230 ff.
144 Bickelmann, S. 36 ff.
145 So Andreas Brauer, Studien zur Auswanderung von der Insel Föhr nach Nordamerika unter besonderer Berücksichtigung des Zielraumes Kalifornien, in: NfJb 1979, S. 47–70, hier S. 48.
146 Zahlenangaben lt. Verwaltungsbericht des Kreises Südtondern 1929, Niebüll 1930.
147 Kortum, Sozialgeographische Aspekte, S. 16.

fügte. Den Angaben Dr. Fröbes[148] zufolge war die Nieblumer Sparkasse die vermögendste im ganzen Kreis, ein Umstand, dem angesichts des frühen und hohen Erfolges der NSDAP im Bereich der Dörfer der Insel eine nicht unwesentliche Bedeutung beizumessen ist.[149]

Ungemein schwierig gestaltete sich die wirtschaftliche Nachkriegsentwicklung für den Fremdenverkehrssektor auf den Inseln. Der Krieg hatte hier insoweit verhängnisvolle Folgen, als durch die Einnahmeausfälle auf Amrum, Sylt und Föhr, die nur teilweise mittels staatlicher Hilfe aufgefangen worden waren, die Tourismusbranche in ihren Grundfesten erschüttert worden war.[150] So stand dieser Wirtschaftszweig am Ende des Krieges vor dem Problem, einerseits die angewachsene Schuldenlast tilgen und andererseits die u. a. durch Truppeneinquartierungen verwohnten Gästezimmer wieder herrichten zu müssen. Die Erwartungen, die in die erste Nachkriegssaison 1919 gesetzt wurden, erfüllten sich jedoch nicht. Auf Amrum und Sylt blieben die Gästezahlen weit hinter den gesteckten Hoffnungen zurück. Hatten 1913 noch mehr als 30000 Gäste ihre Sommerfrische auf Deutschlands berühmtester Nordseeinsel verlebt, so waren es im ersten Jahre nach Kriegsende gerade noch 14000, d. h. nicht einmal mehr die Hälfte der Urlauber reiste an.[151] Auch in Wyk, wo die Verluste aufgrund der Weiterführung des Badebetriebes im Kriege nicht ganz so dramatisch waren, blieben die Gästezahlen deutlich hinter dem Vorkriegsstand zurück, wenngleich sich die Badeverwaltung mit dem Ergebnis einigermaßen zufrieden zeigte.[152]

Die Konsequenz aus dem wirtschaftlichen Mißerfolg des ersten Sommers nach dem Kriege war, daß eine ganze Reihe an Betreibern von Fremdenverkehrsbetrieben sich zur Aufgabe ihrer Unternehmungen gezwungen sah, u. a. auch veranlaßt durch eine eventuell drohende Abtretung der Inseln nach der Abstimmung. Ein Großteil der Immobilien ging dabei vorübergehend in dänischen Besitz über, was von behördlicher Seite mit Argwohn zur Kenntnis genommen wurde.[153]   Besonders die Insel Sylt war hiervon betroffen[154], weil viele Investoren in Anbetracht der drohenden Verkehrsschwierigkeiten im Falle eines Verbleibs bei Deutschland an einen dänischen Abstimmungssieg glaubten. Die weitere Zugehörigkeit zum Reich wirkte sich dann zunächst auch in extremem Maße nachteilig für die Insel aus. Seit 1920 zwang die Grenzziehung –

148 Gespräch mit dem Verfasser vom 24.8.1987.
149 Vgl. Kap. XIV.3.
150 Vgl. Kap. IV.
151 Angabe lt. Manfred Wedemeyer/Harald Voigt, Westerland. Bad und Stadt im Wandel der Zeit, Westerland 1980, S. 144.
152 In einem Bericht der Badeverwaltung heißt es über die Saison 1919: „Im allgemeinen war der Besuch gut zu nennen"; KANF A 3, Nr 5155.
153 Staatskommissar Köster meldete einen Monat vor der Abstimmung, daß die meisten Hotels und Pensionen auf den Inseln Sylt, Föhr und Amrum in dänischen Besitz gelangt seien; GStAPK Abt. Merseburg, Ministerium d. Innern, Rep. 77 Tit. 4030 Nr 70, Bl. 15, Staatskommissar Köster an PMI vom 11.2.1920.
154 LAS 309/22810, Ldr. an RP vom 8.9.1922. Demzufolge befanden sich noch immer 52 Häuser Westerlands in dänischer Hand.

ähnlich dem „Korridor" zwischen Pommern und Ostpreußen – zu einer Fahrt durch fremdes Territorium, was den Gästestrom nachhaltig störte. Noch erbitterter waren die Insulaner allerdings darüber, daß deutscherseits (!) zunächst ein Paßzwang eingeführt wurde, um illegale Kapitalverschiebungen ins Nachbarland zu erschweren.[155] Die Einführung des paßfreien Reiseverkehrs in Verbindung mit der Verplombung der Eisenbahnwaggons während der Fahrt durch Dänemark schuf schließlich klarere Verhältnisse, doch beseitigte erst die Einweihung des Hindenburgdammes 1927 die Verkehrsprobleme endgültig, wenngleich das Reisen dadurch besonders im Nahverkehr, d. h. für die Sylter, teurer wurde.[156]

Die unmittelbaren Auswirkungen der Inflation auf den Tourismus waren teilweise verheerend. Zwar konnte das Nordseebad Wyk schon 1920 annähernd wieder das Ergebnis von 1913 erreichen, welches 1921 sogar mit 11161 Gästen – Zeichen der im Vorfeld der Hyperinflation florierenden Gesamtkonjunktur – geringfügig übertroffen wurde, doch war damit bereits der Spitzenwert in der Weimarer Zeit erreicht. Auch 1922 und selbst 1923 noch kamen annähernd soviele Urlauber nach Wyk wie vor dem Kriege[157], doch verschlang die zunehmende Geldentwertung die Einnahmen der Sommermonate, was besonders die sozial schwächeren Schichten traf. Besitzer von Saisonbetrieben konnten sich demgegenüber immerhin ihrer Hypothekenschulden entledigen: Kredite waren mühelos zu tilgen.

Am härtesten zog der völlige Wertverlust der Reichsmark die Insel Sylt in Mitleidenschaft, weil auch die der ersten Friedenssaison folgenden Sommer keine spürbare wirtschaftliche Erholung brachten. Zwar stiegen wie in Wyk für Westerland und Wenningstedt die Gästezahlen von 14202 (1919) auf 19301 (1921) an, doch begann bereits 1922 ein drastischer Rückgang, der mit nurmehr 12857 Besuchern 1923[158] seinen absoluten Tiefpunkt erreichte und in diesem Jahr kurz vor dem offiziellen Ende der Saison gar zum vorzeitigen Abbruch der Badezeit führte[159]: Die Preise waren einfach nicht mehr kalkulierbar und zwangen zahlreiche Besucher zur vorzeitigen Abreise, sofern nicht wertbeständige Zah-

---

155 In einem Telegramm vom 23.6.1920 protestierten die Westerländer Hotel- und Gaststättenbesitzer beim preußischen Innenministerium gegen den als Schikane empfundenen Paßzwang. Im Antwortschreiben des Ministeriums wurde auf die Notwendigkeit dieser Maßnahme zur Eindämmung der Kapitalflucht verwiesen; GStAPK Abt. Merseburg, Ministerium d. Innern, Rep. 77 Tit. 4030 Nr 60, Bll. 19 ff.

156 Der Dammzuschlag geriet bald nach 1927 in die Diskussion, da er auch von den Insulanern für die kurzen Fahrten zum Festland zu entrichten war und die Waren auf der Insel verteuerte. Auch nach 1933 wurde an dem Zuschlag vorerst festgehalten. Erst 1940 entfiel die Belastung endgültig. Zum Dammbau Harald Voigt, 50 Jahre Hindenburgdamm, Münsterdorf 1977.

157 Gästezahlen des Nordseebades Wyk: 1920: 10439; 1921: 11161; 1922: 10301; 1923: 9500; Angaben lt. Kurverwaltung Wyk.

158 Zahlenangaben lt. Wedemeyer / Voigt, S. 114.

159 SZ vom 8.9.1923.

lungsmittel mitgeführt wurden.[160] Die Folge der Inflation war eine überaus große materielle Not auf der Insel, die sich bereits vor der Saison 1923 bemerkbar gemacht hatte.[161] So heißt es etwa in einem Leserbrief des SPD-Stadtverordneten Andreas Nielsen[162]:

„Infolge der allgemeinen, durch den Krieg entstandenen und durch Grenzführung und Verkehrsnot verschärften Wirtschaftsnot ist fast die ganze Stadtbevölkerung mit Ausnahme der Festbesoldeten und Inhaber noch gut gehender Geschäfte vor die nackte Existenzfrage gestellt. Die Mehrzahl der Arbeiter (rund 200 Familien) leidet unter fast ununterbrochener Arbeitslosigkeit. Das Handwerk, besonders das Bauhandwerk mit den daran angelehnten Berufen liegt fast still . . . Die Steuerkraft erlahmt fast vollkommen."

Fragt man am Ende nach den Gewinnern und Verlierern der Inflation auf Kreisebene, so ist zu festzustellen, daß auch hier ganz offensichtlich die „kleinen Leute" die größten materiellen Schäden davontrugen.[163] Ohne über nennenswerten Sachwert- oder Devisenbesitz zu verfügen standen viele nach der Währungsstabilisierung vor dem Nichts, wohingegen sich insbesondere die Landwirte wie die Betreiber des Vermietungsgewerbes auf leichte Art entschuldeten, so daß auch hier der Mittelstand die kritischen Jahre überstand, ohne in der Zahl abzunehmen.[164] Doch hatte dies auch zwei wichtige Nebenaspekte: Zum einen kam die Währungsstabilisierung zu einem für die Südtonderaner Wirtschaft ungünstigen Zeitpunkt, da sowohl die Einnahmen der Saisonbetriebe auf den Inseln als auch die Verkaufserlöse der Bauern aus dem Herbst durch die Einführung der Rentenmark wertlos wurden. Zum anderen sanierte die Geldentwertung vordergründig neben den tüchtigen und leistungsfähigen Hoteliers und Landwirten auch jene, die nicht zeitgemäß zu wirtschaften in der Lage waren und die auch vor dem Krieg nur durch die Schutzzollpolitik im Agrarsektor bzw. die Hochkonjunktur in der Tourismusbranche wirtschaftlich am Leben erhalten worden waren.[165] Gerade auch aus diesem Umstand erwuchs in den Jahren nach 1923 ein großes Problem, das von den Zeitgenossen so gut wie nicht wahrgenommen bzw. verdrängt wurde: die Notwendigkeit struktureller Anpassung an völlig veränderte Marktbedingungen, an grundlegend veränderte Gegebenheiten in Wirtschaft und Gesellschaft schlechthin. Gerade das fehlende

160 Siehe dazu etwa den Bericht eines Kurgastes aus dem Inflationssommer 1923; Wedemeyer/Voigt, S. 143.
161 Vgl. dazu besonders Harald Voigt, Die Ausübung des Strandrechts auf Sylt als Spiegelbild der wirtschaftlichen Verhältnisse, in: NfJb 1975, S. 65–71.
162 SZ vom 2.3.1923.
163 So Holtfrerich bezüglich der Wirkung auf Reichsebene; Holtfrerich, Die deutsche Inflation, S. 219
164 Zahlenmaterial existiert zwar nicht, doch lassen sich keinerlei grundlegenden Verschiebungen feststellen. Die Besitzstrukturen blieben gerade im Agrarsektor unangetastet.
165 Willi A. Boelcke, Diskussionsbeitrag in Büsch/Feldman, S. 221. Die hier getroffene Feststellung bezieht sich zwar nur auf die Landwirtschaft, doch läßt sie sich zweifelsohne direkt auf den Bereich Tourismus übertragen.

Verständnis für die immer komplexeren Mechanismen der gesamten Lebenswelt war die Basis für die verheerenden sozialpsychischen Folgen der Inflationszeit.[166] Kaum jemand begriff die Geldentwertung in ihren tatsächlichen Ursachen. Besonders im (klein)bürgerlichen Lager war die Zahl derer riesengroß, die sich vom Weimarer Staat betrogen fühlten und in der Hyperinflation einen Anschlag bestimmter Kreise witterten, die es primär auf die Zerschlagung des Mittelstandes anlegten, wiewohl eine solche Deutung den Tatsachen nicht entsprach.[167] Die schwere Durchschaubarkeit der finanzpolitischen Vorgänge nach 1918 schuf somit eine stabile Grundlage für die Aufnahmebereitschaft jener einfachen, unsachlichen und alle möglichen Irrationalismen miteinbeziehenden Erklärungsmuster wie sie später von der radikalen Rechten, Landvolkbewegung und NSDAP vertreten wurden.[168]

166 Dazu neuerdings Jürgen Frhr. v. Kruedener, Die Entstehung des Inflationstraumas. Zur Sozialpsychologie der deutschen Hyperinflation 1922/23, in: Gerald D. Feldman/Carl Ludwig Holtfrerich/Gerhard A. Ritter/Peter Christian Witt (Hg.), Konsequenzen der Inflation, Berlin 1989, S. 213–286.

167 Die These von der Vernichtung des Mittelstandes durch die Inflation ist mittlerweile längst überholt. Die sozialpsychischen Folgen wogen in ihrem Ausmaß sehr viel schwerer; Holtfrerich, Die deutsche Inflation, S. 272. Zu Recht urteilt daher auch Feldman: „Die Annahme, daß bestimmte Gruppen in der deutschen Gesellschaft die Inflation konsequent und nachhaltig manipulierten, ist mit Sicherheit falsch"; Gerald D. Feldman, Gegenwärtiger Forschungsstand und künftige Forschungsprobleme, in: Büsch/Feldman, S. 3–21, hier S. 12.

168 Childers, Interest and Ideology, S. 5 ff.

156

VIII. Antirepublikanische Organisationen im Kreis Südtondern

An Niedergang der demokratischen Ordnung und Aufstieg des Nationalsozialismus waren in Schleswig-Holstein wie im Reich eine Reihe militanter, nationalistischer und überwiegend antisemitisch ausgerichteter Organisationen in erheblichem Maß beteiligt. Deren Mitglieder hatten der staatlichen Neuordnung von Anbeginn schon zumeist ablehnend gegenübergestanden. Ihnen allen schwebte der Traum von deutscher Macht und Größe der Kaiserzeit vor, doch wog die Erfahrung des Kriegserlebnisses weit schwerer. Es vermittelte den überwiegend bürgerlichen Mitgliedern ein Gefühl standesübergreifender Zusammengehörigkeit, eine Idee, die als absoluter Gegenpol zur gesellschaftlichen und politischen Ordnung der Weimarer Republik empfunden wurde.[1] Im Verlauf der zwanziger Jahre erhielten diese Rechtsverbände einen beträchtlichen Zulauf, der ihre Reihen im Kampf gegen den Pluralismus und für ein festes, autokratisch orientiertes System stützte.[2] Gemeinsam u. a. mit Deutschnationalen und seit 1930 mehr und mehr in enger Verbindung mit der NSDAP führten Stahlhelm, Kriegervereine, Tannenbergbund[3], mit Einschränkung auch der Jungdeutsche Orden und – im Wahljahr 1924 – der Völkisch-soziale Block als Vorläuferorganisation der NSDAP einen letztlich erfolgreichen Feldzug gegen den Weimarer Staat.

1. STAHLHELM, BUND DER FRONTSOLDATEN UND KRIEGERVEREINE

Mit dem „Stahlhelm"[4] betrat im Spätherbst 1918 eine Organisation die Bühne des neuen Staates, die mit zu den wichtigsten Wegbereitern des „Dritten Reiches" außerhalb der NSDAP gehören sollte. Eine dem Nationalsozialismus in

1 Kurt Sontheimer wertet die Gründung der Verbände zu Recht als „Versuch direkter Umsetzung der Idee der Frontgemeinschaft in das politische Kraftfeld der Zeit"; Kurt Sontheimer, Antidemokratisches Denken in der Weimarer Republik, München 1968, S. 108. Zur ideologischen Basis siehe Hans-Joachim Mauch, Nationalistische Wehrorganisationen in der Weimarer Republik. Zu Entwicklung und Ideologie des „Paramilitarismus", Frankfurt/M. 1982, bes. S. 79 ff.; Armin Mohler, Die konservative Revolution in Deutschland 1918–1932, Darmstadt 1989[3], passim.
2 Die Zahl der Mitglieder überstieg insgesamt die Millionengrenze bei weitem; Zahlenangaben lt. Lexikon zur Parteiengeschichte 1789–1945.
3 Der Tannenbergbund wird aufgrund der engen Verbindung zur Landvolkbewegung an anderer Stelle behandelt; vgl. Kap. XII.6.
4 Allgemein zum Stahlhelm Volker R. Berghahn, Der Stahlhelm. Bund der Frontsoldaten 1918–1935, Düsseldorf 1966; Bracher, Die Auflösung der Weimarer Republik,

ihrer negativen Einstellung gegenüber der Demokratie durchaus verwandte Programmatik führte denn auch am Ende der zwanziger Jahre in eine „Negations-Koalition", die sich in der Absage an das bestehende „System" zusammenfand. Freilich stärkte die von DNVP, Stahlhelm und der NSDAP gemeinsam entfachte Anti-Young-Plan-Kampagne einzig die Nationalsozialisten in ihrer politischen Bedeutung.[5]

Der Stahlhelm wurde genau vier Tage nach dem 9. November 1918 in Magdeburg durch Franz Seldte gegründet. Bereits das Entstehungsdatum signalisiert, daß die Organisation als Reaktion auf die Novemberunruhen konzipiert war. In dieser Hinsicht entsprach die Neugründung jedoch nur den übrigen Wehrverbänden konservativ-nationalistischer Prägung, wie sie im ganzen Reich in Bildung begriffen waren. Ähnlich den Einwohnerwehren, Selbstschutzverbänden und Freikorps sahen die Mitglieder des Stahlhelms in der Wiederherstellung von Ruhe und Ordnung sowie der Niederschlagung revolutionärer Aufstände damals zunächst ihre Hauptaufgabe, womit sie sich gleichfalls an die Seite der Reichsregierung stellten. Aufgrund dieses 1918/19 gemeinsam geführten Kampfes gegen die revolutionären Bestrebungen war das Verhältnis der Stahlhelmer gegenüber der jungen Republik zu Beginn nicht gleich feindselig. Die Stimmung wandelte sich erst, als sich abzeichnete, daß dem Stahlhelm und anderen vergleichbaren Verbänden keine Funktion innerhalb des Staatsaufbaus zugewiesen würde.[6] Mit Bekanntwerden und Annahme der Friedensbedingungen schlug die Einstellung gegenüber dem Weimarer Staat endgültig in offene Ablehnung um, eine Grundauffassung, die fortan den Kurs des Frontsoldatenbundes bestimmte. Als Hauptgegner galt neben den linksradikalen Kräften vor allem die Sozialdemokratie, die für die Anhänger Seldtes die „rote Republik" schlechthin verkörperte.[7] Zur Bekämpfung der politischen Linken kooperierte der Stahlhelm häufig mit anderen Rechtsverbänden, ein Verhalten, das ihm im Zusammenhang mit dem Mord an Außenminister Rathenau 1922 ein vorübergehendes Verbot in Preußen bescherte. Namhafte Mitglieder ließen sich im Jahr darauf auf einen „Flirt mit den Rechtsputschisten"[8] vom November 1923 ein und sympathisierten mit den Kreisen um Hitler und Ludendorff, wenngleich die Organisation selbst unbeteiligt blieb.

Nach der Konsolidierung der allgemeinen Verhältnisse verstärkte der Stahlhelm seine organisatorische Arbeit, um auf diesem Wege zu einer tieferen Verankerung seines Gedankenguts vornehmlich in den Kreisen des Bürgertums zu

S. 121 ff.; Bernhard Mahlke, Stahlhelm Bund der Frontsoldaten (Stahlhelm) 1918–1935, in: Lexikon zur Parteiengeschichte 1789–1945, Bd 4, S. 145–158.

5 Vgl. etwa Kolb, Die Weimarer Republik, S. 116; zum Volksbegehren gegen den Young-Plan siehe Kap. XIII. 3.b).

6 Die Nichteinbindung der antirevolutionär orientierten Wehrverbände in den staatlichen Neuaufbau trug ganz wesentlich zu deren Kehrtwendung gegen die Republik bei; vgl. dazu Bracher, Die Auflösung der Weimarer Republik, S. 122.

7 Berghahn, S. 18 f.

8 ebd., S. 39.

gelangen.[9] Dabei stand der Zutritt allen Kriegsteilnehmern offen, jedoch blieb Juden der Beitritt verwehrt. Als programmatische Ziele der Organisation wurden denn auch neben der „Pflege deutscher vaterländischer Gesinnung und alte Frontkameradschaft, Wehrhaftmachung des deutschen Volkes", die „sittliche Ertüchtigung und Bekämpfung des jüdischen Geistes" genannt.[10]

In Schleswig-Holstein existierten bis 1923 lediglich in Kiel und Dithmarschen Stahlhelmabteilungen.[11] Erst nach Aufhebung des Stahlhelmverbotes im Januar 1923 betrieben die führenden Vertreter der Organisation eine intensivere Mitgliederwerbung, die rasch Erfolge zeitigte.[12]

Im März 1924 erfolgte die erste Stahlhelm-Ortsgruppengründung auf dem Boden Südtonderns, in Niebüll. Auf Einladung des Kaufmanns Walter Bockelmann versammelten sich Mitte des Monats Interessierte, um über die Gründung einer Lokalformation zu verhandeln. Wenige Tage später bereits wurde das Vorhaben in die Tat umgesetzt. Sofort erklärten 21 Kriegsteilnehmer ihren Beitritt zur Ortsgruppe[13], die bis zum Sommer des Jahres reichlich 50 Mitglieder umfaßte[14] und von Bockelmann geleitet wurde. Mit dem Chefredakteur der Lokalzeitung, Dr. Langendorf, als Schriftführer[15] verfügte der Niebüller Stahlhelm einerseits über gute Kontakte zur Presse, wie umgekehrt die Mitgliedschaft des Hauptschriftleiters die politische Ausrichtung des Blattes kennzeichnete.[16] Ferner gehörten mit dem Vorsitzenden des Kreisbauernvereins, Ludolph Jessen (Emmelsbüll), sowie dem Vorsitzenden des Kreiskriegerverbandes, Rechtsanwalt Karl Feddersen (Niebüll)[17], auf Kreisebene bekannte Persönlichkeiten dem Stahlhelm an, die ihrerseits Rückschlüsse auf die politischen Standpunkte der von ihnen geführten Organisationen und die engen Querverbindungen zu anderen Verbänden zulassen. So war bereits auf der Besprechung im Vorfeld der Gründung die Absicht geäußert worden, man wolle mit Kriegervereinen und Jungdeutschem Orden gleichermaßen zusammenarbeiten, ein Vorhaben, welches bald realisiert werden sollte.[18]

9 ebd., S. 276.
10 Aus der Satzung des Stahlhelms, zitiert nach Rietzler, „Kampf in der Nordmark", S. 212.
11 In Kiel existierte seit 1919 eine Ortsgruppe. In Dithmarschen entstand nach der Auflösung der Orgesch-Verbände 1922 der „Frontkämpferbund Westküste", der sich dem Stahlhelm zurechnete; allgemein zum Stahlhelm in Schleswig-Holstein Stoltenberg, S. 80, S. 97 sowie Rietzler, „Kampf in der Nordmark", S. 260 ff.
12 Bis 1927 stieg die Zahl der Mitglieder in der Provinz auf rund 20000; Stoltenberg, S. 97.
13 NfR vom 25. 3. 1924.
14 NfR vom 30. 7. 1924.
15 NfR vom 25. 3. 1925.
16 Zur politischen Haltung der Presse vgl. Kap. X und XV.4.
17 Feddersen trat z. B. als Redner anläßlich der Fahnenweihe des Niebüller Stahlhelms auf; NfR vom 21. 10. 1924.
18 Vgl. NfR vom 18. 3. 1924. In der Satzung des Provinzialverbandes heißt es diesbezüglich: „Die Gauleitung legt Wert darauf, daß das Verhältnis zu anderen Verbänden, die dasselbe Ziel erstreben, ein möglichst gutes ist"; Bestimmungen für den Stahlhelm, Gau Nordmark, in: SHLB 77 B 52, Nr 2.

Noch im ersten Jahr des Niebüller Stahlhelms konnten zwei weitere Ortsgruppen in Ladelund[19] und Leck[20] ins Leben gerufen werden, doch blieben die
organisatorischen Erfolge insgesamt bescheiden. Daran änderte auch die Tatsache nichts, daß in Niebüll mit der Gründung einer Ortsgruppe des „Königin-
Louise-Bundes" selbst die von den Ideen des Stahlhelms begeisterten Frauen erreicht wurden.[21] Ferner entstand im Kreishauptort eine kleine Formation des
„Jungstahlhelm"[22], in dem sich „alle ungedienten Leute" im Alter von 16 bis 24
Jahren zusammenfanden. Insgesamt aber dürfte der Stahlhelm auf Kreisebene
über kaum mehr als 100 aktive Mitglieder verfügt haben[23], am 1. Oktober 1929
waren es nach interner Stärkemeldung gerade noch 39 Personen, die sich zu den
Anhängern Seldtes bekannten.[24] Damit war die Südtonderaner Kreisorganisation zu diesem Zeitpunkt die personell absolut schwächste in der gesamten Provinz.[25] Trotzdem darf dieser Umstand nicht zu dem Fehlschluß führen, die
Stahlhelm-Propaganda sei ohne Resonanz in der Bevölkerung geblieben. Neben
der Tatsache, daß mit Rechtsanwalt Feddersen als Vorsitzendem des Kreiskrie-
gerbundes und dem Kreisbauernvereinsvorsitzenden Jessen zwei Stahlhelmer
über Jahre hinweg unangefochten an der Spitze anderer Organisationen standen, spricht auch die große Beteiligung an öffentlichen Veranstaltungen des
Stahlhelms dafür, daß die Sympathien für den Stahlhelm weit über den engen
Kreis der Mitglieder hinausreichten.[26]

Ihren ersten größeren Auftritt erlebten die Niebüller Stahlhelmer anläßlich
der Fahnenweihe des örtlichen Jungdeutschen Ordens im Juni 1924, einer Veranstaltung, die erstmalig auf Kreisebene die Harmonie aller „vaterländischen"
Verbände bewies und gleichzeitig den weit umspannenden Konsens derjenigen
Kräfte demonstrierte, die von der Weimarer Republik und dem damit verbun-

19 NfR vom 21. 7. 1924. Demnach umfaßte die Gruppe 20 Mitglieder.
20 LA vom 31. 7. 1924. Die Gründungsversammlung stieß danach aber nur auf eine geringe Resonanz. Offensichtlich hatte der kurz zuvor gegründete Jungdeutsche Orden
   das Potential weitgehend erschöpft. Zu einer Neugründung kam es nach der Reichstagswahl 1930; s. u.
21 DSchl vom 16. 4. 1924. Bis zum Jahre 1928 war diese Gruppe jedoch wieder eingeschlafen; LAS 309/22918, Ldr. an RP vom 27. 10. 1928.
22 NfR vom 10. 6. 1924.
23 Niebüll und Ladelund hatten zusammen bereits rd. 70 Mitglieder, hinzu kamen noch
   die Ortsgruppe Leck und verschiedene Einzelmitglieder.
24 BArchP, Stahlhelm BdF, Nr 19, Bl. 99. Laut Schätzung der LKPF vom 27. 3. 1929 zählte
   die Kreisgruppe zu diesem Zeitpunkt noch 25 Mitglieder; LAS 309/22668, LKPF an
   RP.
25 BArchP, Stahlhelm BdF, Nr 19, Bl. 99. Demnach gab es sogar im Kreis Eiderstedt 57
   Stahlhelmer.
26 Eine ausschließlich positivistische Betrachtung, die aus der geringen Mitgliederzahl
   auf eine ebenfalls geringe Popularität des Stahlhelms in Südtondern schließt, ist sicher
   nicht dazu in der Lage, das gesamte geistige Klima widerzuspiegeln. Nichts macht
   dies so drastisch deutlich wie etwa der panikartige Ansturm auf die Mitgliedsbücher
   der DDP an der Jahreswende 1919, der keineswegs einem ausgeprägten liberalen Bewußtsein entsprach.

denen gesellschaftlichen Wandlungsprozeß nichts hielten.[27] Auch in der Folgezeit operierte der Stahlhelm mit den anderen Organisationen auf lokaler Ebene eng zusammen: Am 1. August 1924 nahmen Stahlhelm, Jungdeutscher Orden und Niebüller Kriegerverein gemeinsam an einer Gedenkfeier zur Erinnerung an den 10. Jahrestag des Kriegsbeginns teil[28], und im Oktober revanchierte sich der Jungdeutsche Orden für die Teilnahme des Stahlhelms an seiner Fahnenweihe mit dem entsprechenden Gegenbesuch.[29]

Die Fahnenweihe des Niebüller Stahlhelms am 15. Oktober 1924 war zugleich die erste große eigene Veranstaltung, die vermutlich auch ob ihrer Grenzlage überaus reichlich beschickt war. Dem „Lecker Anzeiger"[30] zufolge nahmen ca. 700 Mann mit etwa 20 Fahnen an der Kundgebung teil, die aus verschiedenen Städten der Provinz angereist kamen.[31] Am Abend hielt Oberst Kohlbach als Vertreter der Provinzialorganisation die Festrede, welche alle für die Zeit typischen Versatzstücke des gegen den Versailler Vertrag gerichteten Revisionismus trugen. Die „Nordfriesische Rundschau"[32] berichtete darüber wie folgt:

„Der Redner wies auf die hohen Aufgaben hin, die sich der 'Stahlhelm' gestellt habe . . . Der Stahlhelm will das deutsche Volk zur Pflichterfüllung erziehen, er will den Gedanken der Wehrhaftigkeit pflegen und nicht ruhen und rasten, bis der Versailler Schmachvertrag zerrissen ist, kein fremder Soldat mehr auf deutschem Boden steht und die abgetrennten Volksgenossen wieder mit dem Reiche vereint sind. Hier in Schleswig-Holstein heißt es, dafür zu arbeiten und zu wirken, daß unser alter Wahlspruch: 'Up ewig ungedeelt' wieder zurecht besteht."

Am folgenden Tag wurde Kohlbach bei der Übergabe der Fahne im Anschluß an eine Parade sowie einem von Pastor Haustedt (Emmelsbüll) abgehaltenen „Feldgottesdienst" noch deutlicher[33]:

„Ich übergebe Ihnen hiermit die Fahne gegen das Gelöbnis, nicht eher zu ruhen, bis die Gewaltgrenze wieder aufgehoben ist und die deutschen Brüder wieder auf deutschem Boden stehen."

Obwohl sich die Worte des Redners nur mittelbar mit dem innenpolitischen Gegner beschäftigten, so lassen die Ausführungen keinen Zweifel an der politischen Rechtsorientierung, die noch durch die Teilnahme des zu dieser Zeit ganz im völkischen Denken befangenen Jungdeutschen Ordens unterstrichen wurde.

27 Siehe die Berichte in NfR vom 30. 6. 1924 und LA vom 30. 6. 1924.
28 NfR vom 1. 8. 1924.
29 NfR vom 20. 10. 1924.
30 LA vom 21. 10. 1924.
31 Die Abordnungen kamen u. a. aus Flensburg, Husum und Neumünster.
32 NfR vom 20. 10. 1924.
33 DSchl vom 21. 10. 1924. Landrat Bielenberg unterstrich die Aussage, indem er am 24. 12. 1924 an den Regierungspräsidenten berichtete: „Daß gegen den Vertrag von Versailles bei derartigen Veranstaltungen gesprochen wird, kann keinem Deutschen verübelt werden, besonders nicht im Grenzgebiet, das unter der neuen Grenze leidet"; LAS 309/22926. Die Unterstützung der revanchistischen Propaganda und das gleichzeitige Verbot einer Kundgebung gegen den Krieg führten schließlich zur Versetzung des Landrats; vgl. Kap. X.

In dieser Hinsicht glich die Niebüller Stahlhelm-Kundgebung gleichfalls jener zwei Wochen zuvor in Flensburg stattgefundenen, auf der sich auch „Hakenkreuzler mit dem Schwarzhemd" beteiligt hatten und der Bundesvorsitzende Seldte den „Stahlhelmgeist" beschworen sowie vor dem „inneren Feind", d.h. besonders der Sozialdemokratie, gewarnt hatte.[34] Entsprechend erteilte der Stahlhelm dem „Parlamentarismus in seiner jetzigen Ausgestaltung" eine klare Absage und forderte statt dessen anläßlich der Reichstagswahl im Dezember 1924 dazu auf, „deutsch" und „vaterländisch", d.h. im wesentlichen deutschnational zu wählen.[35]

In den folgenden Jahren bis 1929 erlahmten die Aktivitäten der örtlichen Gruppen mehr und mehr. 1925 fand der für einen längeren Zeitraum letzte „Deutsche Abend" statt[36], 1926 kamen die Mitglieder nurmehr allmonatlich zu internen Versammlungen zusammen[37], und 1927 wie 1928 vermeldeten die Presseorgane gar nichts mehr über Veranstaltungen irgendwelcher Art. Offensichtlich wirkte sich die allgemeine Konsolidierung der Verhältnisse und die mangelnde Durchschlagskraft der Forderungen hemmend auf die Entwicklung im Grenzraum aus. Erst im Zusammenhang mit dem Volksbegehren zum Young-Plan und dann wieder nach der Reichstagswahl vom September 1930 machte der Stahlhelm auf sich aufmerksam. Auf einem „Deutschen Abend" in Niebüll bewies schon der überaus gute Besuch von etwa 650 Personen, daß die Ideen des Frontsoldatenbundes gerade im Zeichen der sich rapide verschlechternden Konjunktur wieder zündeten.[38] In seiner Rede würdigte der Stahlhelm-Landesführer, Oberst a. D. Tüllmann, das Wahlergebnis, welches die Nationalsozialisten mit einem Mal zur zweitstärksten Partei im Reich hatte werden lassen und sprach vom „allmählich Erwachen" Deutschlands. Mit dem publikumswirksamen Verweis auf den Versailler Vertrag und die Reparationen als den alleinigen Ursachen der materiellen Not traf er die Stimmung der Zuhörer, die seine Worte genauso mit lang anhaltendem Beifall quittierten wie die des stellvertretenden Landesführers Röpke, der dem „Marxismus" und „Liberalismus" schlichtweg das Existenzrecht absprach und statt dessen die homogene Einheit des Volkes in Wille und Wesen als Eckpunkte frontsoldatischer Weltanschauung pries. Äußerten sich darin schon grundsätzliche Übereinstimmungen mit dem Nationalsozialismus, so dokumentierte besonders die Stahlhelm-Kundgebung vom 16. November 1930 in Leck[39] die enge ideelle Verbindung zwischen Frontsoldaten und NSDAP[40], die schließlich den Weg zur „Harzburger Front" ebnete. In seiner Rede vor den versammelten Gruppen aus Kiel,

34 Vgl. Heinacher, S. 207.
35 LAS 309/22926, Wahlflugblatt des Stahlhelms zur Reichstagswahl vom Dez. 1924.
36 NfR vom 24. 4. 1925. Dabei wurden zwei Theaterstücke zum Thema Ruhrbesetzung aufgeführt.
37 Allmonatlich erschienen 1926 Anzeigen in der Lokalpresse, die zur Teilnahme an den „Pflichtappellen" aufriefen.
38 Bericht in NfR vom 13. 10. 1930.
39 Bericht in LA vom 17. 11. 1930.
40 Zur Anpassung des Stahlhelms an die NSDAP Berghahn, S. 155 ff.

Schleswig, Husum, Flensburg und Niebüll sowie weiteren Besuchern zeigte sich „Gauführer" Schmidt erfreut über die wenige Wochen zuvor erfolgte NSDAP-Ortsgruppengründung und gab der Hoffnung Ausdruck, daß auch in Leck der Stahlhelm mit der Hitlerbewegung im Sinne wahrer „Volksgemeinschaft" zusammenmarschieren könne. Am Ende der Veranstaltung dankten der zum Wiederaufbau des Lecker Stahlhelms beauftragte Landwirt und Vorstandsmitglied der Kreisbauernorganisation Detlef Lüthje sowie der NS-Ortsgruppenleiter und Tierarzt Dr. Georg Carstensen den Veranstaltern gemeinsam für die Kundgebung und bekundeten damit im Kern gleiche Intentionen: die Abkehr vom Weimarer „System", das durch den von der Linken wie dem Liberalismus hereingetragenen parteipolitischen Hader das Volk auseinanderdividiert habe.

In den Jahren 1931 und 1932 trat der Niebüller Stahlhelm wieder etwas häufiger an die Öffentlichkeit, doch zog er nicht mehr die frühere Aufmerksamkeit auf sich. Er stand in dieser Phase weitgehend im Schatten der merklich aggressiver auftretenden NS-Bewegung[41], die eine immer größere Anziehungskraft ausübte. Nichtsdestoweniger begrüßten auch die Südtonderaner Stahlhelmer die „Machtergreifung" vom 30. Januar 1933[42]. Damit erfüllte sich der vom ehemaligen „Großmeister" des Jungdeutschen Ordens und nunmehrigen Leiter des Niebüller Stahlhelms, Dr. Peter Boysen geäußerte Wunsch, Deutschland benötige „. . . eine energische zielbewußte Führung unabhängig von der Parteien Gunst und Haß, energisches Handeln an Stelle von vielversprechenden Reden. . ."[43]. Trotzdem rang der Stahlhelm selbst auf Kreisebene um die Abgrenzung gegenüber der NSDAP, doch war die Betonung der Eigenständigkeit kaum mehr als ein Lippenbekenntnis.[44] Zwar blieben Übertritte vom Stahlhelm zur NSDAP vor 1933 in Südtondern – soweit überhaupt zu erfassen – die große Ausnahme[45], doch arbeiteten auch auf Kreisebene neben SA-Formationen gleichfalls Stahlhelmer als „Hilfspolizeitruppen" nach dem 30. Januar 1933 daran mit, den demokratischen Rechtsstaat aus den Angeln zu heben.[46] In völliger Verkennung der tatsächlichen Lage beteiligten sich die Anhänger Seldtes

41 Vgl. Kap. XV.3.
42 Vgl. etwa die Rede, die der Kreisbauernvereinsvorsitzende Jessen im Februar 1933 hielt; siehe Kap. XV.5.
43 NfR vom 16. 9. 1932.
44 So erschien am 5. 11. 1932, d.h. einen Tag vor der letzten freien Reichstagswahl in der NfR eine Anzeige mit folgendem Wortlaut:
  „Erklärung
  Die von der NSDAP aufgestellte Behauptung, der Stahlhelm habe sich 4 Tage vor dem 13. August Hitler angeboten, ist eine Wahllüge.
  Stahlhelm, Kreisgruppe Südtondern"
45 Als einziges sicheres Beispiel ist in diesem Zusammenhang der Chefarzt des Niebüller Krankenhauses, Dr. Friedrich Cäsar, zu nennen; über ihn vgl. Kap. XIV.2.
46 LA vom 6. 3. 1933. Im Juli 1933 gehörte der Niebüller Stahlhelm-Leiter zu den Unterzeichnern eines Schreibens, in dem der Ausschluß zweier zur SPD gerechneter Kommunalpolitiker aus der Deezbüller Gemeindevertretung verlangt wurde; LAS 320/711, Schreiben an den Landrat vom 28. 7. 1933.

damit auch auf lokaler Ebene an der Schaffung einer Diktatur, die binnen kürzester Frist alle Freiheiten beseitigte, die das verhaßte „System" verhängnisvollerweise selbst seinen Gegnern eingeräumt hatte. Sofern die Stahlhelmer der eigenen Fehler überhaupt gewahr wurden, war es bereits viel zu spät.[47]

Im Gegensatz zum Stahlhelm begriffen sich die Kriegervereine[48] nach wie vor als Traditionswahrer aller ehemaligen Soldaten und setzten sich für den kameradschaftlichen Zusammenhalt ihrer Mitglieder ein. Daneben sahen sie die materielle Unterstützung von Kriegsopfern und bedürftigen Kriegsteilnehmern als ihre Hauptaufgabe an. In politischer Hinsicht suchte der Kyffhäuserbund als Dachverband einen neutralen Kurs zu steuern, doch verhinderte das traditionell feindselige Verhältnis gegenüber der Sozialdemokratie eine tiefere Bindung an die Weimarer Republik.[49] Zwar stand den Anhängern der SPD seit 1915 der Zugang zu den Kriegervereinen offen, doch änderte diese erzwungene Zugangsmöglichkeit nichts an der prinzipiell sozialistenfeindlichen Grundeinstellung, wiewohl Arbeiter die überwiegende Mehrheit der Mitglieder stellten.[50] Das kleinbürgerliche Image blieb an der Organisation haften, die mit 2,8 Millionen Mitgliedern (1930) wieder einen beträchtlichen Anhang gewonnen hatte, nachdem infolge des Kriegsüberdrusses nach 1918 zunächst viele Mitglieder aus den Reihen der Vereine verschwunden waren.[51]

Im Bereich Südtonderns gehörte der Kreiskriegerverband auch nach dem Kriege zu den größten Organisationen, wenngleich die Abtretung Nordschleswigs den Kreisverband spürbar geschwächt hatte. Dennoch stieg die Zahl der Vereine von 30 (1920) auf 33 (1928)[52], wobei allerdings die Mitgliederzahl in dieser Zeit um 3-400 auf rund 1500 zurückging.[53]

Die Aktivitäten der Vereine ähnelten zu einem guten Teil denjenigen der übrigen „vaterländischen Verbände". Nationale Gedenktage, besonders der 18. Januar, wurden festlich begangen und fast immer nahmen Kriegervereinsabordnungen auch an den Veranstaltungen anderer Organisationen wie Stahlhelm und Jungdeutschem Orden teil[54], mit denen sie auch rein äußerlich gut harmonierten. Uniformiert marschierten die ehemaligen Soldaten z.B. anläßlich der Stahlhelm-Fahnenweihe in Niebüll an Oberst Kohlbach vorbei und demonstrierten damit die enge ideelle Verwandtschaft mit den Frontsoldaten[55], eine

47 Berghahn, S. 279.
48 Allgemein zum Kyffhäuserbund in der Weimarer Republik Christopher J. Elliott, The Kriegervereine and the Weimar Republic, in: Journal of Contemporary History, January 1975, S. 109129; Karl Führer, Der deutsche Reichskriegerbund Kyffhäuser 1930–1934. Politik, Ideologie und Funktion eines „unpolitischen" Verbandes, in: Militärgeschichtliche Mitteilungen 36 (1984), S. 57–76; Fricke/Bramke, S. 336 ff.
49 Elliott, S. 117; Fricke/Bramke, S. 339
50 Elliott, S. 114.
51 ebd., S. 111 ff.; Fricke/Bramke, S. 336.
52 Lt. LA vom 15. 7. 1920 und FLA vom 28. 8. 1928.
53 Vgl. FLA vom 28. 8. 1928.
54 Vgl. das vorige und das nachfolgende Kapitel.
55 NfR vom 20. 10. 1924.

Verbundenheit, die durch die Stahlhelmmitgliedschaft des Kreiskriegerverbandsvorsitzenden Feddersen noch zusätzlich unterstrichen wurde. Im übrigen zählten patriotische Lieder und Reden zum Kriegervereinsleben der Nachkriegszeit, in denen Kriegserinnerungen und unversöhnliches Denken konserviert wurde.[56] Als äußeres Zeichen der sich fast ausschließlich an der Vergangenheit orientierenden Haltung diente die Zurschaustellung der früheren Reichsfarben Schwarz-Weiß-Rot, die – wie in ähnlich ausgerichteten Organisationen auch - sämtliche Veranstaltungen einrahmten und gleichzeitig die Distanz zur Weimarer Republik offenbarten. Die offiziellen Reichsfarben Schwarz-Rot-Gold dagegen galten den Vereinen nur als Symbol der „roten" Republik. Bezeichnend war in diesem Zusammenhang das Verhalten des Niebüller Zahnarztes und Vorsitzenden des örtlichen Marinevereins, Dr. Wenberg, der anläßlich einer Veranstaltung die noch am Rednerpult befindliche schwarz-rot-goldene Fahne herunterriß und vor Gericht dazu bemerkte, er habe dies nur getan, um die Fahnenweihe des Marinevereins nicht als parteipolitische (!) Kundgebung erscheinen zu lassen.[57]

In Konsequenz ihrer Orientierung auf vergangene Größe und Glanz des Reiches gehörten insbesondere die Kriegervereine zu den schärfsten Gegnern der Versailler Friedensordnung. Insofern war es kein Wunder, daß speziell die Grenzgebiete zu den exponierten Betätigungsfeldern gezählt wurden, in denen es das Deutschtum zu stärken galt.[58] So bereiste in entsprechender Mission Oberstleutnant a. D. Karwiese vom Bundesbüro des Reichskriegerbundes[59] im November 1923 das Grenzgebiet, um mit den dortigen Kriegervereinen Kontakt aufzunehmen und sie gerade jetzt im Zeichen des Höhepunkts der Inflation zur Fortsetzung ihres Ringens mit dem Dänentum zu ermutigen.[60] Zu diesem Zweck wurde die Einrichtung von sog. Patenstellen in anderen Teilen des Reiches erwogen, welche die Grenzkriegervereine materiell unterstützen und damit einen weiteren Bodengewinn der Dänen verhindern sollten.[61] Die geplanten Hilfsmaßnahmen liefen auch relativ rasch an, jedoch beschränkten sie sich vorerst nur auf die Bereitstellung von Zeitungen und Zeitschriften.[62]

Dem Zweck der Wachhaltung der nationalen Emotionen diente gleichfalls ein „Kyffhäusertag", der parallel zur Niebüller Stahlhelm-Fahnenweihe am 19. Oktober 1924 in der nur wenige Kilometer südlich der Grenze gelegenen Gemeinde Süderlügum stattfand und „bei zahlreichem Besuch und herrlichem Wetter

---

56 Elliott, S. 127; Fricke/Bramke, S. 338.
57 LA vom 13. 2. 1928.
58 In einem Bericht über die Besichtigung der Kriegervereine des Grenzgebiets versicherte der Verbandsfunktionär, der Kyffhäuserbund wolle insbesondere die Vereine an den Grenzen unterstützen; LAS 309/35242, Polizeiposten Böglum an SGkN vom 10. 11. 1923.
59 So nannte sich der Kyffhäuserbund seit 1922.
60 ebd.
61 LAS 309/35242, Polizeiposten Böglum an SGkN vom 18. 3. 1924.
62 ebd.

einen erhebenden Verlauf nahm."[63] Unter Beteiligung etlicher Kriegervereine der Grenzgemeinden gestaltete sich das Treffen zu einer für die Zeit typischen, gezielt anti-dänischen Kundgebung, auf der neben dem Neugalmsbüller Pastor Dittmann auch der Kreisvorsitzende Feddersen Ansprachen hielten, die jeder Zurückhaltung entbehrten und dem „Versailler Syndrom" freien Lauf ließen, ohne Perspektiven für eine gedeihliche Zusammenarbeit über die Grenze hinweg zu bieten.[64] Insofern unterschieden sich die ehemaligen Soldaten nicht von den anderen antirepublikanischen Verbänden. Ein klares politisches Bekenntnis legte der Reichskriegerbund ab, als er seinen Mitgliedern den Eintritt in das republiktreue „Reichsbanner Schwarz-Rot-Gold" unter Hinweis auf dessen parteipolitische Betätigung und antimilitaristischen Ziele verbot.[65]

Feddersen warnte Anfang 1925[66] Seite an Seite mit dem Kreisbauernverein[67] in diesem Sinne die Mitglieder des Kreises vor dem Eintritt in die auch für Niebüll geplante Organisation zum Schutz der Republik.[68] War dies schon ein klares Zeichen tradierter antisozialdemokratischer Grundhaltung, so bedeutete es einen besonderen Affront gegen die Republik und die Demokratie zugleich, daß sich zwei Niebüller Gastwirte und Kriegervereinsmitglieder weigerten, die Gründung des Niebüller Reichsbanners in ihren Räumen stattfinden zu lassen. Nahtlos knüpften sie damit an die ausgrenzenden Maßnahmen aus der Kaiserzeit an.[69]

Die einseitig „unpolitische" Haltung des Kyffhäuserbundes trat auch in den folgenden Jahren bis zur „Machtergreifung" wiederholt zutage. Eindeutig hatten sich die Funktionäre 1925 mit Erfolg für die Wahl Hindenburgs zum Reichspräsidenten ausgesprochen, der zum Dank wenig später den Ehrenvorsitz des Verbandes übernahm.[70] Als 1932 seine Wiederwahl zur Debatte stand, verweigerten zahlreiche Kreis- und Ortsverbände dem Vorsitzenden General v. Horn die Gefolgschaft, der sich erneut für Hindenburg als den Ehrenpräsidenten ausgesprochen hatte.[71] Es ging ihnen einzig darum, die Wiederwahl des nunmehr von den republiktreuen Kräften unterstützten Hindenburg zu verhindern und insbesondere Hitlers Kandidatur nicht zu unterlaufen.[72] Die Folge des Wahlaufrufs v. Horns in Südtondern war eine eilig einberufene außerordentliche Delegiertentagung des Kreiskriegerverbandes, auf der eine Entschließung ange-

---

63 So der Bericht im LA vom 21. 10. 1924.

64 Siehe besonders den Bericht im „Schleswiger" vom 21. 10. 1924, in dem der verantwortliche Redakteur gegen die Veranstalter und Redner scharf polemisierte.

65 Elliott, S. 118.

66 NfR vom 10. 1. 1925.

67 LA vom 17. 1. 1925; vgl. auch Kap. XII.1.

68 Über das von Sozialdemokratie, Gewerkschaften, DDP und Zentrum getragene Reichsbanner Karl Rohe, Das Reichsbanner Schwarz Rot Gold, Düsseldorf 1966.

69 NfR vom 10. 1. 1925; DSchl vom 12. 1. 1925.

70 Elliott, S. 120.

71 Führer, S. 63.

72 ebd., S. 61. In Konsequenz der scharfen Proteste zog v. Horn den Wahlaufruf schließlich zurück und hielt den Kyffhäuserbund ganz aus dem Wahlkampf fern; Führer, S. 64.

nommen wurde, die sich unter Hinweis auf die parteipolitische Neutralität (!) nachdrücklich gegen eine derartige Parteinahme wandte. Zugleich wurde der „sofortige Rücktritt" v. Horns verlangt und den Mitgliedern die Wahl freigestellt.[73] War dies schon ein kaum mehr verhülltes Bekenntnis zugunsten Hitlers, so ging der „Kriegerverein für Enge und Umgebung" noch einen Schritt weiter: Er erklärte kurzerhand seinen Austritt aus dem Kyffhäuserbund, nachdem man zuvor gemeinsam mit der örtlichen SA aus Anlaß des Volkstrauertages eine Gefallenenehrung durchgeführt hatte.[74] Klarer konnte das Votum für Hitler nicht ausfallen, wie dann auch das Wahlergebnis bewies.[75]

Der spürbaren Rechtsorientierung gerade des Südtonderaner Kriegerverbandes entsprach es zudem, daß etliche Mitglieder schon vor 1933 auch organisatorisch den Weg zur NSDAP fanden und damit die politische Präferenz beeinflußten. Zu ihnen zählte beispielsweise der Wyker Kaufmann und stellvertretende Vorsitzende des örtlichen Kriegervereins, Hans Bohde (geb. 1890, Pg.1.1.1931)[76] ebenso wie der spätere Wyker Bürgermeister Karl Skov (geb. 1889, Pg. 1. 11. 32)[77] und weitere mehr.[78] Angesichts dieser Tatsachen wie des Jubels der Kriegervereine über den 30. Januar 1933[79] und die daran anschließende rasche Selbstgleichschaltung und Aufnahme des Arierparagraphen in die Satzung des Reichskriegerbundes[80] lassen den Schluß zu, daß der Traditionsverband entscheidend dazu beigetragen hat, dem demokratischen System den Boden zu entziehen. Das Großmachtdenken, die scharf antipazifistische Grundüberzeugung und jene auch dem Stahlhelm eigene Stilisierung der Frontgemeinschaft zum idealtypischen Gesellschaftsmodell[81] machten den Kyffhäuserbund zu einem der energischsten Vorantreiber der antidemokratisch-antiparlamentari-

---

73 NfR vom 1. 3. 1932. Bemerkenswerterweise hatte der Kreiskriegerverband Hindenburg noch Ende Januar 1932 – noch vor dessen erneuter Kandidatur – anläßlich einer Kundgebung gegen die Kriegsschuldlüge hochleben lassen. Die Absage an die Wahlempfehlung richtete sich somit nicht gegen den greisen Reichspräsidenten selbst; NfR vom 30. 1. 1933.

74 LA vom 23. 2. 1932.

75 Hitler errang in Enge schon im ersten Wahlgang über 90 % der Stimmen.

76 BDC, Personalakte Bohde; FLA vom 12. 1. 1926 und vom 25.6. 1929.

77 BDC, Personalakte Skov; FLA vom 25. 6. 1929.

78 Siehe dazu die Gemeindeakten in LAS 320.

79 In diesem Sinne der Sylter Kriegerverein; Sylter Archiv, Akte Sylter Vereine, Protokollbuch des Kriegervereins. Über eine Versammlung des Osterlandföhrer Kriegervereins heißt es im Protokollbuch: „Vor Eintritt in die Tagesordnung gedenkt der Vorsitzende des deutschen Vaterlandes, das wieder unter der alten Fahne Schwarz-Weiß-Rot sowie der Hakenkreuzfahne erstanden ist." Im Jahresrückblick heißt es an gleicher Stelle: „Das Jahr 1933 brachte uns unter der Führung des Reichspräsidenten, des greisen Generalfeldmarschalls v. Hindenburg und des Reichskanzlers Adolf Hitler die politische Einigkeit für die Wiederherstellung der Ehre und der Gleichberechtigung des deutschen Volkes"; Museumsarchiv Wyk, Ed 161, Protokollbuch des Osterlandföhrer Kriegervereins 1903–1945.

80 Führer, S. 69.

81 ebd., S. 66.

schen Bewegung, der allerdings ähnlich anderen Gruppen keinen Dank für seinen Einsatz vor 1933 und seine Anbiederung an das NS-Gewaltregime erntete.

2. JUNGDEUTSCHER ORDEN

Gemessen am Einfluß des Stahlhelms in Südtondern entwickelte der im Januar 1919 von Arthur Mahraun in Kassel gegründete „Jungdeutsche Orden"[82] (Jungdo) eine wesentlich größere Anziehungskraft, ja, er bildete Mitte der zwanziger Jahre in gewissem Sinne sogar den ideellen Halt schlechthin für einen nicht unerheblichen Teil der Bevölkerung des Kreises. Zu Beginn seiner Existenz zählte der noch unter dem Namen „Offiziers-Companie-Cassel" firmierende Verband gleich der Vielzahl anderer Selbstschutzverbände zu denjenigen Kräften, die das Ergebnis der Revolution nicht nur nicht hinzunehmen bereit waren, sondern sich mit aller Macht an der Niederschlagung revolutionärer Aufstände beteiligten. Ein eigenständiges politisches Profil gewann die Organisation erst 1920, als der Jungdeutsche Orden seinen endgültigen Namen erhielt und sich mit der Neugliederung nach dem Muster des Deutschen Ritterordens die Ideale offenbarten, denen sich der fortan als „Hochmeister" fungierende Vorsitzende verbunden wußte. Mahraun als Denker und Lenker sowie als maßgebliche Führerfigur des Ordens faßte seine programmatischen Ziele 1920 in folgenden Worten zusammen[83]:

„Der Jungdeutsche Orden will durch die ordensartige Zusammenfassung aller deutscher Frontsoldaten und der in ihrem Geiste heranwachsenden Jugend eine Gemeinschaft herstellen, die fest entschlossen ist, den Wiederaufbau des geliebten Vaterlandes zu schützen und für die sittliche Wiedergeburt des deutschen Volkes zu kämpfen. Sein Kampf gilt der sittlichen Entartung, dem Schiebertum, der Bestechlichkeit, die unseres Staates Grundfesten unterwühlen, Wiederaufbau und Wiedergeburt unmöglich machen . . . Er will, wenn die Not es gebietet, mithelfen, an der Aufrechterhaltung von Ruhe und Ordnung und an der Abwehr jedes Angriffs, der den Frieden und den Wiederaufbau des Vaterlandes stören will. Er will die heranwachsende Jugend im Geiste des Frontsoldatentums erziehen. . . Wie dem Geschlecht unserer Väter die Einheit der entzweiten deutschen Stämme, so erscheint uns, den Enkeln und Söhnen die Einigkeit und Wiederversöhnung der deutschen Stände durch die sittliche Wiedergeburt das leuchtende Ziel unserer Hoffnung. In Partei und Stand will der Orden nur einen Unterschied pflegen: Schwarz oder

---

82 Allgemein zum Jungdeutschen Orden Klaus Hornung, Der Jungdeutsche Orden, Düsseldorf 1958; Kurt Finker, Jungdeutscher Orden (Jungdo) 1920–1933, in: Lexikon zur Parteiengeschichte 1789–1945, Bd 3, S. 138–148. Die Arbeiten von Heinrich Wolf und Alexander Kessler sind wegen stark apologetischer Züge nur bedingt brauchbar: Heinrich Wolf, Die Entstehung des Jungdeutschen Ordens und seine frühen Jahre, München 1970; ders., Der Jungdeutsche Orden in seinen mittleren Jahren 1922–1928, 2 Bde, München 1972 und 1978; Alexander Kessler, Der Jungdeutsche Orden in den Jahren der Entscheidung 1928–1933, 2 Bde, München 1975 und 1976; ders., Der Jungdeutsche Orden auf dem Wege zur Deutschen Staatspartei, München 1980.
83 Zitiert nach Hornung, S. 28.

Weiß – Für oder Wider des Vaterlandes Wohl und die ihm unentbehrlichen Tugenden seiner Bürger."

Diese Sätze verdeutlichen, in welch starkem Maße der Orden von den Ideen der Jugendbewegung, jener um die Jahrhundertwende entstandenen politisch, sozial und pädagogisch motivierten Aufbruchbewegung geprägt war[84], die in der Ersetzung der als spießbürgerlich-materialistisch wie klassentrennend empfundenen Gesellschaft der Kaiserzeit durch eine im Kern vorindustrielle, standesübergreifende Lebensform ihr Hauptaufgabe sah.[85] Nicht allein die Bezeichnung „jungdeutsch" verlieh dieser engen ideellen Beziehung Ausdruck, sondern auch der förmliche Umgang der Mitglieder untereinander, die sich mit „Bruder" bzw. „Schwester" anredeten und damit ebenfalls verbal das starke Zusammengehörigkeitsgefühl versinnbildlichten, das den Orden kennzeichnete. Der durch das Fronterlebnis im Kriege verstärkte Gemeinschaftsgedanke, der eindeutig in Richtung völkischer Gemeinschaftsideologie tendierte[86], galt den Anhängern Mahrauns als höchstes Ziel wie gleichzeitig als Modell einer zu bildenden Gesellschaft, innerhalb derer es letztlich keinen Platz für Pluralismus und Individualismus gab.[87] Insofern spiegelte der streng hierarchische Aufbau des Ordens, gegliedert vom „Hochkapitel" als zentralem Entscheidungsgremium über die als „Balleien" bezeichneten Regionalverbände bis hinab zu den „Bruderschaften" bzw. „Gefolgschaften" als lokalen Einheiten die staatliche Konzeption Mahrauns wider, die jedem Mitglied bzw. Bürger einen festen, unverrückbaren Platz in diesem System zuwies. Fraglos stand der Orden daher von Anfang an in einem krassen Gegensatz zur staatlichen Neuordnung nach 1918, die gerade auch jenen Interessengruppen ein breites Betätigungsfeld eröffnete, die in der Kaiserzeit am Rande der Gesellschaft gestanden hatten. Zwar bekannte sich der Jungdo entsprechend seiner Satzung von 1921 zur Reichsverfassung[88], doch tat sich darin mehr Lippenbekenntnis denn tiefgreifende Überzeugung kund, wie insbesondere das Verhältnis zur Sozialdemokratie und den freien Gewerkschaften andeutet, die in den Augen der Jungdeutschen nichts als vaterlandslose, staatszersetzende und vor allem eigensüchtige Politik betrieben.[89] Diese Grundauffassung, die zugleich auf die prinzipielle Ablehnung des „parteiistischen Parlamentarismus" verweist[90], bestimmte im wesentlichen den politischen Kurs der Jungdeutschen zwischen 1918 und 1933, durchbrochen nur

84 James Diehl, Paramilitary Politics in Weimar Germany, Bloomington / London 1977, S. 97 ff.
85 Vgl. zur Jugendbewegung Walter Laqueur, Die deutsche Jugendbewegung. Eine historische Studie, Köln 1962
86 Vgl. dazu Peter Gay, Hunger nach Ganzheit, in: Michael Stürmer (Hg.), Die Weimarer Republik, Königstein / Ts. 1980, S. 224–236, hier S. 224.
87 Michael Kater, Bürgerliche Jugendbewegung und Hitlerjugend in Deutschland von 1926–1939, in: AfS 17 (1977), S. 127–174, hier S. 140.
88 In der Satzung des Ordens heißt es unter § 3: „Der Jungdeutsche Orden steht auf dem Boden der Verfassung . . ."; Verfassung des Jungdeutschen Ordens, Kassel 1921.
89 Hornung, S. 31.
90 ebd., S. 40 f.

vom halbherzigen Versuch zur Parteiwerdung im Jahre 1930.[91] Symbolhaft für die antiparlamentarische Zielsetzung war, daß der Orden 1931 das Volksbegehren zum Sturz der SPD-geführten Regierung in Preußen unterstützte.[92]

Die von Mahraun vertretenen Ideale führten den Jungdo in der Frühphase der Weimarer Republik konsequenterweise ins rechtsradikale, antidemokratisch orientierte Lager, wo er in Verbänden wie besonders der Orgesch Bundesgenossen im Kampf für seine „volksgemeinschaftlichen" Zielvorstellungen fand.[93] Annähernd bis zur Auflösung der von Forstrat Escherich geleiteten Organisation arbeiteten beide Verbände eng zusammen, eine Kooperation, die dem Jungdeutschen Orden 1920 ein erstes Verbot eintrug. 1922, als die Behörden im Zusammenhang mit dem Mord an Reichsaußenminister Rathenau ebenfalls in Jungdo-Kreisen auf versteckte Waffenlager stießen[94], erging ein neuerliches Verbot, welches erst im Januar 1923, unmittelbar nach der Besetzung des Ruhrgebietes durch französische und belgische Truppen im Zuge allgemeiner Amnestiebestimmungen aufgehoben wurde. Aktiv beteiligte sich der Orden am Widerstand im Ruhrgebiet, zu dessen bekanntesten Opfern der Ordensbruder Albert Leo Schlageter gehörte.[95]

Die Person Schlageters wirft ebenfalls insofern ein Schlaglicht auf die ideologische Spannweite des Ordens, als sich durch seine Parallelmitgliedschaft im Jungdeutschen Orden wie in der NSDAP die Brücke zwischen beiden Organisationen offenbarte. 1921 bereits hielt Ludendorff den Orden für „die beste und stoßkräftigste Organisation in Deutschland".[96] Im Vorfeld des Hitlerputsches vom 9. November 1923 verhandelte Mahraun sogar mit den Verantwortlichen Ludendorff und Hitler.[97] Warfen schon solche persönlichen Kontakte mit den Führern antirepublikanischer Kräfte ein bezeichnendes Licht auf den Orden, so erst recht die Stellungnahme des Hochmeisters, der sich lediglich skeptisch über die Erfolgsaussichten des Unternehmens äußerte, ohne sich grundsätzlich davon zu distanzieren.[98] Die unmittelbare Beteiligung bayerischer Jungdo-Einheiten am Putsch taten ein übriges, die verbal bekundete Verfassungstreue als Lippenbekenntnis zu entlarven. Der Jungdeutsche Orden stand zu diesem Zeit-

91 Vgl. Kap. XIV.1.

92 Ein u. a. vom Orden unterzeichneter Aufruf zum Sturz der Preußenregierung erschien z.B. auch in der NfR vom 7. 8. 1931.

93 Darüber hinaus unterhielt der Orden auch Kontakte zum Deutschvölkischen Schutz- und Trutzbund sowie zum rechtsradikalen „Verband nationalgesinnter Offiziere"; Finker, Jungdeutscher Orden, S. 139.

94 ebd.

95 Später wurden immer wieder Schlageter-Gedächtnisfeiern veranstaltet.

96 BArchP, Reichsministerium des Innern, Nr 13266/1, Bl. 168.

97 Hornung, S. 38.

98 ebd. „Der Jungdeutsche" vom 8. 12. 1923 sprach sich zwar gegen den Putsch vom November aus, stellte aber dennoch fest: „Wir verteidigen . . . nicht den Putschisten Hitler, der alles auf eine Karte setzte und ein Spiel verlor. Wir verteidigen die Weltauffassung, die uns trotz kleiner Unterschiede mit ihm vereinte."

punkt vielmehr ganz im Zeichen der völkischen Bewegung[99], mit der ihn neben der grundsätzlich antidemokratischen Haltung auch jener, durch das Kriegserlebnis hervorgebrachte „neue" Nationalismus[100] verband, der u. a. aus der scharfen Kritik am materialistischen Geist des Wilhelminismus seine Wurzeln zog und dieser Verfallserscheinung das positive Bild eines neuen, geläuterten Menschen gegenüberstellte. Neben gemeinsamen antikapitalistisch-antisozialistischen und antidemokratischen Vorstellungen vertraten Jungdeutsche und Völkische antisemitische Positionen, wenngleich die Feindschaft gegenüber den Juden innerhalb des Ordens eine geringere Rolle spielte als in anderen völkischen Organisationen.[101] Dennoch brach sich der Antisemitismus immer wieder Bahn. So erklärte etwa Ordenskanzler Bornemann im Januar 1924[102]:

„Wir bekämpfen das Zersetzende, deshalb sind wir Antisemiten."

Selbst in späteren Jahren, als sich zumindest die Ordensführung nach außen hin weitgehend von allen radikalen Ideen getrennt hatte, bezogen jungdeutsche Redner nach wie vor schlagkräftige Argumente aus dem Rückgriff auf antisemitische Phrasen.[103] Die gemeinsamen Wurzeln mit nationalsozialistischer Ideologie äußerten sich somit auch noch zu einer Zeit, als sich Mahraun und Hitler bereits als Gegner gegenüberstanden, die NS-Redner aber immer noch an den gemeinsamen Kern des Weltbildes erinnerten.[104]

Seit Anfang 1923 machte sich der Jungdo auch in Schleswig-Holstein bemerkbar[105], doch gehörte die Provinz im Gegensatz zum mitteldeutschen Raum nie zum Hauptverbreitungsgebiet des Ordens. Dennoch gab es Gegenden, in denen die Mitglieder der „Ballei Nordmark" über ein vergleichsweise großes organisatorisches Netz verfügten. Zu diesen zählte neben Ostholstein auch der gesamte Raum Nordfrieslands, wo die Jungdeutschen mit der Husumer Bruderschaft einen ihrer ersten Gründungserfolge in der Provinz hatten feiern können.[106] Von der Stormstadt ausgehend breiteten sich die Ideen Mahrauns seit 1924 ebenfalls im Untersuchungsraum aus.

Die Niebüller Bruderschaft, am 12. März 1924 gegründet[107], wurde zur Keimzelle eines Organisationsgeflechtes, das sich in diesem und dem folgenden Jahr

99 BArchP, Reichsministerium des Innern, Nr 13266/2, bes. Bll. 40 ff; Bericht über eine Jungdo-Veranstaltung mit Mahraun in Berlin.

100 Dazu Sontheimer, S. 28f.

101 Hornung, S. 54.

102 BArchP, Reichsministerium des Innern, Nr 13266/2, Bl. 108.

103 So versicherte der Ordensredner Paulsen auf einer Staatspartei-Versammlung in Leck im August 1930: „Wir bekämpfen auch die Juden . . ."; LA vom 25. 8. 1930.

104 Vgl. Kap. XIV.

105 Zu Entwicklung und Bedeutung des Ordens in Schleswig-Holstein Heberle, S. 149 ff.; Stoltenberg, S. 81 ff, S. 103 ff, S. 152 ff; Rietzler, „Kampf in der Nordmark", S. 271 ff.

106 Zur Entwicklung der Husumer Bruderschaft Christian M. Sörensen, Bürgerliches Lager und NSDAP in Husum bis 1933, in: Erich Hoffmann/Peter Wulf (Hg.), Wir bauen das Reich,.. Aufstieg und erste Herrschaftsjahre des Nationalsozialismus in Schleswig-Holstein, Neumünster 1983, S. 73–116, hier S. 85 ff.

107 Ein kurzer Bericht über die Gründung in: Die Nordmark. Jahrbuch des Jungdeutschen Ordens Ballei Nordmark 1925, Flensburg o. J. [1925], S. 13.

*Karte 3: Die Verbreitung des „Jungdeutschen Ordens" im Kreis Südtondern
(Die Zahlen geben die feststellbare Mitgliederstärke an)*

172

ausbildete und alle Bereiche des Kreises mit Ausnahme der Inseln Föhr und Amrum erfaßte. Zu Schwerpunkten der Bewegung entwickelten sich dabei in dieser Phase die Gemeinden Niebüll und Leck[108], die binnen kurzer Zeit einen beträchtlichen Mitgliederbestand vorweisen konnten, doch zog der jungdeutsche Gedanke selbst in die kleinsten Dörfer des Kreises ein, wo ebenfalls etliche Gefolgschaften entstanden.[109] Das schnelle Anschwellen der Mitgliederzahlen 1924 veranlaßte denn auch den allerdings nicht unvoreingenommen urteilenden „Schleswiger" dazu, von einem regelrechten „Ordenskoller"[110] zu sprechen. Wenngleich exakte Mitgliederzahlen aus der Mitte der zwanziger Jahre fehlen, so ist anhand des vorliegenden Materials und angesichts der Tatsache, daß der Orden 1929 – in einer Phase des Niedergangs – kreisweit immer noch ca. 180 aktive Anhänger zählte[111], zu vermuten, daß die Sympathien um 1925 merklich größer waren als vier Jahre später.

Die Werbung um Mitglieder beschränkte sich allerdings nicht nur auf die erwachsenen Männer, sondern dehnte sich zugleich auch auf Frauen und Jugendliche aus. Sowohl in Niebüll als auch in Leck konnten „Schwesternschaften" ins Leben gerufen werden[112], die eine ansehnliche Stärke erreichten. Allein die Frauengruppe in Leck zählte 1930 noch rund 50 Mitglieder.[113] Für die Minderjährigen wurden eigene Jugendabteilungen gegründet, „Junggefolgschaften", die sich ähnlich der Hitlerjugend insbesondere der körperlichen Ertüchtigung durch Wehrsport widmeten.[114] Daneben erhielten die beiden größten Jugendgruppen in Niebüll und Leck eigene Musikkapellen bzw. Spielmannszüge[115], mit Hilfe derer Marschübungen und festliche Abendveranstaltungen musikalisch begleitet werden konnten.

In der ersten Zeit seines Wirkens südlich der Grenze stand der Jungdo auch hier ganz im Zeichen völkischen Denkens, wie einerseits die engen personellen

108 Über den Orden in Leck Georg Koester, Der Jungdeutsche Orden in Leck, in: JbSG 1985, S. 8–24.
109 Zur organisatorischen Entwicklung des Ordens in Südtondern siehe Karte 3; Quelle: Die Nordmark. Jahrbuch des Jungdeutschen Ordens, Koester, Lokalpresse und Auskünfte von Otto Johannson (Leck), Bahne Nissen (Stedesand) und F.L. F. aus N.
110 DSchl vom 7. 6. 1924.
111 LAS 309/22668, LKPF an RP vom 27. 3. 1929.
112 Die im Oktober 1924 gegründete Niebüller Schwesternschaft wurde von der Lehrerin Katharina Ingwersen geleitet, die gleichzeitig sehr um den Erhalt der friesischen Sprache bemüht war; NfR vom 2. 10. 1924. Über Katharina Ingwersen (1879–1968) Steensen, Die friesische Bewegung, S. 181 und die dort zitierte Literatur.
113 Geleitet wurde die Lecker Schwesternschaft zunächst von der Ehefrau des ersten Großmeisters, des Apothekers Paul Haß; LA 9. 10. 1924. Siehe hierzu auch Abb. 4.
114 Über die Aktivitäten Koester, S. 12. Die Junggefolgschaft (Altersgruppe 14–20 Jahre) umfaßte demnach rd. 30 Mitglieder, der „Jungtrupp" (Altersgruppe 10–14 Jahre) 30–40 Mitglieder. Daneben existierte auch noch eine „Mädelgruppe"; siehe die Abbildungen 5 und 6.
115 Auch die Gefolgschaft Risum-Lindhom verfügte über einen eigenen Musikzug; LA vom 20. 7. 1925.

Beziehungen zum Völkisch-sozialen Block[116] im Wahljahr 1924 und vor allem die Werbekampagnen bezeugen, mit Hilfe derer die Jungdeutschen eine noch größere Resonanz in der Bevölkerung zu erzielen trachteten. So erschien Anfang April 1924 z.B. in der „Nordfriesischen Rundschau" ein von Ordensbrüdern lancierter Leserbrief, der dem Publikum die diffusen Vorstellungen vor Augen führte. Es heißt darin u. a.[117]:

„Indem d. O. (der Orden, d. Verf.) den Brüdern an seinen Abenden Neues und Wissenswertes zu bringen sucht, will er jeden Mann und Jüngling in deutsche Kultur und deutsches Geistesleben einführen und ihn den verderblichen Einflüssen undeutscher Elemente entziehen . . . Der O. ist keine politische Partei und läßt sich nicht in den Dienst einer politischen Partei spannen . . . Nicht deutsch-national, volksparteilich oder demokratisch will der Orden sein, sondern national-deutsch. Er treibt keine Parteipolitik, aber er treibt Politik, indem er alle verfügbaren nationalen Kräfte zusammenzuraffen sucht, um sie einzusetzen zum Aufbau eines Vaterlandes im national-deutschen Sinne und zur Bekämpfung des jüdisch-marxistischen Internationalismus, der unser Volk zerrüttet, unsere Jugend verseucht und unsere treuen deutschen Arbeiter, wie in keinem anderen Lande dem Volkswohl entfremdet und rassefremden undeutschen Elementen in die Hand gespielt hat . . . Der J. O. will alle Menschen deutschen Blutes und deutscher Volksgemeinschaft, zum deutschen Volksstaat zusammenfassen."

Den Kampf gegen „undeutsche Elemente" nahm der Orden noch im Jahre 1924 auf, als Mitglieder am Hause Johannes Oldsens, des Redakteurs der friesisch-dänisch orientierten Zeitung „Der Schleswiger", mehrere Fensterscheiben einwarfen und mit dieser Aktion den „nationalen" Charakter des Ordens bewiesen.[118] Zwar wurden die Steinewerfer später aus dem Orden ausgeschlossen[119], doch markiert das Geschehen das aggressive Potential, das sich zugleich in diversen Verbalattacken führender Anhänger Mahrauns gegen verschiedene Personen und Gruppen äußerte. So griff etwa im Herbst 1924 der ehedem für den Jungdeutschen Orden als Großmeister tätige Kreistierarzt Schröder den Niebüller Zahnarzt Dr. Wenberg an und beschimpfte ihn als „Juden", was zu einem emotionsgeladenen Leserbriefwechsel in der Lokalpresse führte.[120] Anläßlich der Fahnenweihe des Niebüller Ordens im Juni 1924 beleidigte der Ordensfunktionär Dr. Alfred Gramsch vor einem zahlreich versammelten Publikum die Juden in seiner Festrede, in der er anmerkte, „. . . daß die neue Fahne geweiht sei zum Kampfe gegen alle undeutschen Elemente, die sich auf Kosten unseres armen deutschen Volkes bereichern und sich über dessen Elend und Nieder-

---

116 Vgl. Kap. VIII.3. Bemerkenswerterweise gehörte auch der für die „Nordfriesische Rundschau" tätige Redakteur Theodor Janke zum Jungdeutschen Orden, zu dessen Ehren er ein Gedicht verfaßte; Die Nordmark. Jahrbuch des Jungdeutschen Ordens, S. 6. 1917 war Janke für die Vaterlandspartei in Tondern aktiv gewesen; vgl. TZ vom 6. 12. 1917

117 NfR vom 8. 4. 1924.

118 DSchl vom 9. 12. 1924; Steensen, Die friesische Bewegung, S. 210.

119 DSchl vom 8. 5. 1924. Prozeßunterlagen betr. diesen Zwischenfall liegen nicht vor. Die deutschen Zeitungen nahmen von dem Vorfall bezeichnenderweise keine Notiz.

120 NfR vom 22. und 23. 10. 1924 und DSchl vom 23. und 25. 10. 1924.

gang freuen, insbesondere das internationale Judentum."[121] Noch schärfer urteilte der Lecker Tierarzt und Mitbegründer des dortigen Ordens, Heinrich Petersen, der gleichzeitig in den Reihen des Alldeutschen Verbandes stand und schon dadurch seine radikal antisemitische Einstellung zum Ausdruck brachte. Der „Lecker Anzeiger" zitierte seine Rede auf einem Werbeabend des Jungdeutschen Ordens in Stadum wie folgt[122]:

„Kernpunkt seiner Rede war d e u t s c h sein heißt völkisch sein. Erst durch das immer rücksichtslosere Auftreten der Juden sei im deutschen Reiche der völkische Gedanke mehr und mehr erwacht. Er kennzeichnete in trefflicher Weise wie die Juden schuld am Kriege seien und systematisch auf seinen Ausgang hinarbeiteten, welche Vorteile sie gegenüber anderen Staatsbürgern genießen usw. Die Ausführungen des Redners wurden sehr beifällig aufgenommen und der Abend dürfte die Schar der Anhänger des Ordens vergrößert haben."

Obwohl Petersens antisemitischen Sentenzen ihrer Radikalität nach im Bereich Südtonderns eine Ausnahme darstellten, so trug der Orden doch insgesamt in seiner Entstehungszeit entscheidend zur Verbreitung judenfeindlicher und antidemokratischer Ressentiments bei, deren ganze Schlagkraft allerdings erst in der Spätphase der Republik zum Tragen kam. Denn vorerst vermochten die verschwommenen Ideen noch eine große Bindekraft zu entwickeln, was in starkem Maße ebenfalls auf dem persönlichen Einsatz der lokalen Führungskräfte beruhte. In erster Linie sind hier die Leiter der Niebüller und Lecker Bruderschaften, der Zahnarzt Dr. Peter Boysen, sowie der Mediziner Dr. Heinrich Hogrefe zu nennen. Boysen führte den Orden des Kreishauptortes von Juli 1924 bis zu seinem Übertritt zum Stahlhelm 1930[123] und genoß weithin Anerkennung, wie seine ehrenamtlichen Tätigkeiten für den Kreiskriegerverband und für den Schleswig-Holsteiner-Bund[124] belegen. Hogrefe – ehemals Freikorpskämpfer in Schlesien – hingegen konzentrierte seinen ganzen außerberuflichen Einsatz auf die Arbeit für die jungdeutsche Sache und blieb ihr im Gegensatz zu seinem Niebüller Kollegen treu, was dazu beitrug, daß die Organisation sich in Leck bis zu ihrer zwangsweisen Auflösung 1933 hielt. Diese Treue, die auch von dem halbherzigen Gesinnungswandel des Ordens seit 1925 unberührt blieb, hatte zur Folge, daß Hogrefe, der 1931/32 zum „Großkomtur" der Ballei Nordmark, d. h. zum Provinzialvorsitzenden aufrückte[125], zum Gegner des Nationalsozialismus wurde[126]. An dieser vor 1933 allerdings nicht immer konsequenten[127] Haltung hielt Hogrefe bis 1945 fest.

121 Zitiert nach Die Nordmark. Jahrbuch des Jungdeutschen Ordens, S. 14.
122 LA vom 30. 11. 1924; Hervorhebungen im Original.
123 Vgl. Kap. XIV.1.
124 NfR vom 22. 8. 1932; NfR vom 7. 11. 1927. Demnach war er im Vorstand des Kreiskriegerverbandes und als Schriftführer im Niebüller Schleswig-Holsteiner-Bund tätig.
125 So Otto Johannson (Leck) gegenüber dem Verfasser in einem Gespräch vom 20. 11. 1987.
126 Bereits 1926 trat er anläßlich der ersten NSDAP-Veranstaltung in Leck mit Gauleiter Lohse als Gegenredner auf; vgl. Kap. XIII.2.
127 Vgl. Kap. XV.3.a).

Insgesamt rekrutierte sich die Mitgliedschaft des Ordens auf Kreisebene ähnlich der im Reich[128] aus dem mittleren und unteren bürgerlichen Milieu, das Ärzte, Kaufleute, Bauern, Beamte, Handwerker und Pastoren umfaßte. Demgegenüber betätigten sich laut Zeugenaussage[129] nur wenige Arbeiter in den Reihen des Ordens. Sie fanden Mitte der zwanziger Jahre offenbar in den wenigen lokalen Organisationen des Reichsbanners anscheinend eine ihnen eher gemäße politische Heimat, sofern sie sich überhaupt politisch betätigten.

Gemäß dem Ideal der „Volksgemeinschaft" legten die Jungdeutschen von Beginn an u. a. ein starkes soziales Engagement an den Tag, das ihnen zahlreiche Sympathien einbrachte und einen raschen Mitgliederanstieg zur Folge hatte. So etwa gruben einige Niebüller Mitglieder im Frühjahr 1924 zahlreiche Gärten für ältere Mitbewohner um.[130] In der Hauptsache jedoch beschränkten sich die Aktivitäten auf Vortragsabende, auf denen zumeist auswärtige Redner über militärische Belange sprachen und insbesondere die Bedeutung des Weltkrieges zu einer regelrechten „Feuertaufe für das deutsche Volk" stilisierten.[131] Groß war daher auch die Begeisterung, mit welcher die bald feldgrau uniformierten Anhänger Mahrauns an militärischen Geländespielen und Schießsportveranstaltungen teilnahmen.[132] Regelmäßig abgehaltene „Bruderabende" sollten den inneren Zusammenhalt der Mitglieder fördern.[133] Die zahlreichen, dem Dienst an der Gemeinschaft dienenden Veranstaltungen sowie die „nationale Zuverlässigkeit" des Ordens verhalfen ihm zu weiterer Breitenwirkung über den Kreis der aktiven Mitglieder hinaus, wie besonders die Empfehlung des Bauernvereins belegt, sich anstelle des Reichsbanners dem Stahlhelm oder dem Jungdeutschen Orden anzuschließen.[134]

Mit dem Jahr 1925 begann für den Orden eine neue Ära, die ihn zumindest teilweise an den Weimarer Staat heranführte. Den Anstoß dazu gab die veränderte Haltung gegenüber dem einstigen Kriegsgegner Frankreich. Noch im Januar 1924 hatte Mahraun dem „gallischen Hahn" die „Federn rupfen" wollen, „die uns gehören"[135], nun bewegte sich der Hochmeister mehr und mehr auf den Verständigungskurs Stresemanns zu und zählte schließlich zu den Befürwortern der im Vertrag von Locarno festgelegten Westorientierung des Deutschen Reiches.[136] Abgesehen von der verbalen Unterstützung für die Politik der

---

128 Hornung, S. 59.
129 Auskunft von Otto Johannson in einem Gespräch mit dem Verfasser vom 20. 11. 1987.
130 NfR vom 3. 4. 1924. Des weiteren fanden Basare statt. 1932 versuchte der Orden mit Hilfe eines Freiwilligen Arbeitsdienstes die materielle Not zu lindern; vgl. Kap. XV.1.
131 In diesem Sinne wirkte eine Vortragsserie des Ordensredners Kuermann mit dem Titel „Schlacht und Grauen" in Niebüll, Leck und Westerland; vgl. die Berichte in NfR vom 7. 5. 1928 SZ vom 9. 5. 1928 und LA vom 17. 9. 1928.
132 Veranstaltungen dieser Art fanden häufiger statt; vgl. DSchl vom 10. 9. 1924, LA vom 1. 12. 1924, NfR vom 22. 5. 1925, LA vom 20. 7. 1925; Koester, S. 10 f.; Hornung, S. 58.
133 Hornung, S. 57 f.
134 NfR vom 17. 1. 1925.
135 Zitiert nach Finker, Jungdeutscher Orden, S. 144.
136 Siehe dazu Wolf, Der Jungdeutsche Orden, Bd 2, S. 7 ff.

Reichsregierung knüpfte der Orden zudem selbst Beziehungen zu Frankreich, die das Ziel verfolgten, eine enge wirtschaftliche und sicherheitspolitische Zusammenarbeit zwischen den Nachbarstaaten zu ermöglichen.[137] Dieses, auf völlig falschen Einschätzungen der Möglichkeiten beruhende Vorhaben, welches nur den Rücken im Westen für den Angriff auf die Ostgrenze des Reiches freihalten sollte[138], mußte am Ende zwangsläufig scheitern[139]. Es führte in der Folgezeit einerseits zu internen Spannungen und Austritten, da in erster Linie die Ordensleitung an dem Kurswechsel beteiligt war, andererseits zur weitgehenden Isolierung im Kreis der Rechtsverbände, die in dem Streben nach Verständigung mit dem „Erzfeind" Hochverrat witterten.[140] Gleichwohl blieb Mahraun auch weiterhin seiner „antiparteiistischen", antiplutokratischen und antiparlamentarischen Grundüberzeugung treu[141], eine Position, die er ebenfalls in seinem „Jungdeutschen Manifest"[142] zum Ausdruck brachte, in dem er der modernen parlamentarischen Demokratie die Vision eines Staatsaufbaus nach ständischem Muster gegenüberstellte, ein Modell, das spezifische Gruppeninteressen faktisch ignorierte und schon daher den Ansprüchen eines modernen, ganzheitlichen Staatswesens nicht genügen konnte. Prinzipiell hielt der Orden somit an der Überzeugung von der Notwendigkeit zur Überwindung der Weimarer Demokratie fest, doch sah er sich seit Ende der zwanziger Jahre zusehends eingekeilt zwischen den republiktreuen Kräften und der radikalen Opposition aus NSDAP und Stahlhelm. Besonders die Hitlerbewegung profitierte von dem inkonsequenten Gesinnungswandel Mahrauns und trat in gewissem Rahmen geradezu das Erbe des Ordens an.[143]

137 Zur Frankreich-Politik des Ordens siehe die kritischen Anmerkungen von Dieter Tiemann, Der Jungdeutsche Orden und Frankreich, in: Francia 12 (1984), S. 425–455.
138 Hornung, S. 48.
139 Tiemann bilanziert am Ende seiner Untersuchung: „Zwischen Frankreich und dem Jungdeutschen Orden lagen Welten"; Tiemann, S. 455.
140 Finker, Jungdeutscher Orden S. 145; Hornung, S. 60 ff. Im "Deutschen Tageblatt" vom 22. 1. 1926 stellte der nationalsozialistische Reichstagsabgeordnete Ernst Graf Reventlow fest: „An die Spitze sei ein tiefes Bedauern gestellt, daß eine große, ihrem Geiste nach durchaus und aufrichtig nationale Organisation von einem solchen Mißgeschick betroffen werden konnte"; zitiert nach BArchP, Reichsministerium des Innern, Nr 13266/2, Bl. 179. Der „Völkische Beobachter" (VB) bedauerte den Kurswechsel und prophezeite wenig später den Niedergang des Ordens; VB vom 28. 11. 1925 und 19. 1. 1926.
141 Kessler, Der Jungdeutsche Oren in den Jahren der Entscheidung, Bd 1, S. 8. Entsprechend äußerte sich Großkomtur Dr. Bertheau noch im November 1928 anläßlich des Balleitages in Rendsburg: „Mit dem Staat von Weimar, der Endprodukt des alten Geistes ist, aufgebaut auf Materialismus, gibt es kein Paktieren; Neues muß an seine Stelle gesetzt werden. . ."; LAS 309/22789, Ausschnitt aus den „Schleswiger Nachrichten" vom 20. 11. 1928. Stoltenberg gibt fälschlicherweise den 19. November 1926 als Datum des Rendsburger Balleitages an; Stoltenberg, S. 103.
142 Arthur Mahraun, Das Jungdeutsche Manifest, Berlin 1928².
143 Diehl, S. 227.

In Südtondern machte sich die radikale außenpolitische Richtungsänderung zunächst nicht bemerkbar. Die grundsätzliche Ablehnung der Versailler Friedensordnung blieb auch vorerst weiterhin fester Bestandteil jungdeutscher Überzeugung an der Grenze.[144] Auffälligerweise nahm aber seit 1926 der Aktivismus speziell der Niebüller Bruderschaft spürbar ab. In diesem Jahr fand den Pressemeldungen zufolge im Kreishauptort lediglich ein Schwesternabend als größere Veranstaltung statt, im übrigen beschränkte sich das Wirken auf eine Stellungnahme zu den verfassungspolitischen Zielvorstellungen des Ordens, in welcher der parlamentarischen Demokratie eine klare Absage erteilt wurde.[145] Auch 1927 und 1928 trat der Niebüller Orden kaum mehr an die Öffentlichkeit, und 1930 löste er sich auf.[146] Dagegen zeigten sich die Jungdeutschen in Leck und Westerland wesentlich aktiver[147], nicht zuletzt wohl deshalb, weil sich diese beiden Gruppen konsequent hinter die von Mahraun angestrebte Verständigung stellten[148], was freilich warnende Kommentare in den Lokalzeitungen nach sich zog, die den Schlingerkurs des Ordens vorsichtig, aber doch deutlich kritisierten.[149] Das Festhalten an den stereotypen Phrasen von „Volksstaat", „Brudergedanken", „Pflicht zur Tat" u.ä., das Wollen zur Veränderung, dem keine greifbaren Ergebnisse korrespondierten, die mangelnde Durchschlagskraft jungdeutscher Parolen hatten schließlich wie auf Reichsebene und in Schleswig-Holstein[150] auch im Bereich Südtonderns zur Folge, daß seit etwa 1925 besonders in Niebüll etliche Mitglieder den Orden verließen und ab

---

144 In diesem Sinne äußerte sich etwa der Lecker Großmeister Hogrefe auf einer Veranstaltung des Ordens im Sommer 1925; LA vom 20. 7. 1925.

145 Wörtlich heißt es darin: „Der Kampf, der heute geführt wird, gilt . . . dem heutigen sogenannten demokratischen System, das sich in Deutschland leider breitgemacht hat . . . Der Kampf richtet sich gegen den heutigen Parlamentarismus, der seit der Revolution, und auch schon früher alles andere gewesen ist als eine Vertretung des Volkes"; zitiert nach NfR vom 10. 9. 1926.

146 Vgl. Kap. XIV.1.

147 In Leck lassen sich zwischen 1926 und 1928 neben den internen Versammlungen zehn Vortragsveranstaltungen nachweisen. Auf Sylt kam es in diesem Zeitraum immerhin noch zu sechs größeren Vortragsabenden.

148 Siehe die Stellungnahmen in der SZ vom 7. 1. 1927 und in der NfR vom 27. 1. 1927; vgl. ebenfalls Koester, S. 12.

149 In einem Kommentar heißt es u. a.: „Wir sind über diese Fragen grundsätzlich anderer Ansicht . . ." Hinsichtlich einer Aussöhnung mit Frankreich „. . . sind die Gegensätze u. E. zu tief in der Volksseele beider Völker verwurzelt, als daß sie durch einen ‚Patrouillenritt' und die Idee eines Deutschen beseitigt werden könnten"; NfR vom 27. 1. 1927; vgl. ebenfalls LA vom 4. 2. 1927.

150 Finker, Jungdeutscher Orden, S. 138; Stoltenberg, S. 103. Etliche Beispiele für den Weg vom Jungdeutschen Orden zur NSDAP nennt Christian M. Sörensen, Der Aufstieg der NSDAP in Husum. Zur politischen Entwicklung einer Kleinstadt 1918–1933, Bredstedt 1983, S. 59 ff. Lawrence D. Stokes macht ebenfalls darauf aufmerksam, daß der Orden zu den ideologischen Wegbereitern des Nationalsozialismus gehörte, obwohl sich auch in Eutin personelle Verbindungen nur sporadisch nachweisen lassen; Lawrence D. Stokes, Kleinstadt und Nationalsozialismus, Neumünster 1984, S. 33.

1929/30 in der NSDAP eine neue politische Heimat fanden[151], deren Weltbild sich mit dem der Jungdeutschen zu einem erheblichen Teil deckte. Zu dieser Gruppe von „Überläufern" zählten der spätere Niebüller SA-Führer Lorenz Lorenzen (geb. 1904, Pg. 25.10.1930)[152], der 1923-1925 dem Orden angehört hatte[153] ebenso wie der ab 1930 als NS-Ortsgruppenleiter amtierende Niebüller Arzt Dr. Andreas Michelsen (geb. 1886, Pg. 1.6.1930)[154], der gleichfalls vor seinem Eintritt in die NSDAP als Ordensbruder tätig gewesen war. Den deutlichsten Bezug zum außenpolitischen Kurswechsel des Ordens lieferte der Oster-Schnatebüller Stellmachermeister Christian Nielsen (geb. 1882, Pg. 1.3.1931), der 1936 über seinen politischen Werdegang berichtete[155]:

„1925 [richtig: August 1924, vgl. LA 8.8.1924, d. Verf.] trat ich dem Jungdeutschen Orden bei und wurde zum Gefolgsmann gewählt. Im selben Jahr [d.h. wohl 1925, d. Verf.] stellte ich mein Amt aber wieder zur Verfügung und trat aus dem Orden aus, da ich keine Begeisterung für diese Sache aufbringen konnte. Von 1925 bis 30 habe ich mich wenig um die Politik gekümmert. 1930 hörte ich von dem Führer und seiner Bewegung. Da ich mir 1925 bei den Jungdeutschen die Finger gebrannt hatte, war ich vorsichtig geworden und folgte mit Interesse dem Werdegang der Bewegung. Am 1.3.31 entschloß ich mich, der NSDAP beizutreten und wurde zum Ortsgruppenleiter ernannt . . ."

Obwohl sich nur wenige Fälle organisatorischer Verbindungen auf Kreisebene explizit nachweisen lassen[156], so darf angesichts der Wahlergebnisse seit 1930 und der öffentlichen Breitenwirkung in der Mitte der zwanziger Jahre ohne weiteres angenommen werden, daß der Jungdeutsche Orden am Ablösungsprozeß der Bevölkerung des Kreises von der Weimarer Demokratie erheblichen Anteil hatte. Daran ändert auch das kurzfristige, am Ende aber erfolglose Aufbäumen der Anhänger Mahrauns 1929/30 gegen den Nationalsozialismus nichts.[157] Die seit dem Auftreten des Ordens in Südtondern vetretenen Positionen, die sich besonders gegen die parlamentarische Demokratie wandten, kamen seit 1929, mit voller Wucht allerdings erst seit 1930 den radikalen Kräften

---

151 In der Chonik der Kirchengemeinde Niebüll hielt Ordensmitglied Pastor Göttsche fest: „Im Jahre 1925 etwa wurde, wie in vielen anderen Orten auch hier eine Ortsgruppe des Jungdeutschen Ordens gegründet. Eine nicht geringe Anzahl ernst vaterländisch gesinnter Männer und Frauen und begeisterte junge Leute schloß sich dem Orden an. Doch verringerte sich bald die Mitgliederzahl und nach einem Jahrfünft war der Jungdeutsche Orden hier als Organisation nicht mehr vorhanden"; Eintragung 1930.

152 BDC, Personalakte Lorenzen.

153 Die Angaben sind etwas widersprüchlich. Lt. Personalangaben in LAS 320/732 war er in den Jahren 1926 und 1927 Mitglied des Ordens.

154 BDC, Personalakte Michelsen; schriftliche Auskunft von Isa Carstensen vom 13. 1. 1988.

155 BDC, Personalakte Nielsen.

156 Neben den Genannten zählten auch noch dazu F. L. F. aus N. als Mitbegründer der dortigen NS-Ortsgruppe; ferner Emil A. Thomsen aus Neukirchen, 1924/25 Ordensmitglied, Pg. 15. 3. 1931 lt. LAS 320/740. Im übrigen waren es zweifelsohne noch sehr viel mehr, wenngleich sich diese Fälle im einzelnen nicht mehr nachweisen lassen.

157 Vgl. Kap. XIV.1.

1 *Balleitag des Jungdeutschen Ordens 1927 in Flensburg; in der Mitte Hochmeister Arthur Mahraun, rechts daneben Dr. Heinrich Hogrefe, Leck*

2 *Abordnung der Niebüller Ortsgruppe des Jungdeutschen Ordens um 1927; im Vordergrund Großmeister Dr. Peter Boysen*

180

3 *Kreistagung des Jungdeutschen Ordens 1927 in Westerland auf Sylt; vordere Reihe, 3. v. l. Tierarzt Heinrich Petersen, Leck; vordere Reihe, 7. v. l. Dr. Hogrefe*

4 *Die Schwesternschaft Leck des Jungdeutschen Ordens 1930; stehend vorn in der Mitte die Ehefrau von Propst a.D. Nis Nissen*

5 Jungtrupp Leck des Jungdeutschen Ordens 1931 beim „Rüetli-Schwur"; vorn in der Mitte Truppführer Otto Johannson, Leck

6 Jungmädelgruppe des Jungdeutschen Ordens in Leck 1932

auf der Rechten zugute. Dennoch war der Orden keineswegs eine direkte Vorläuferorganisation der NSDAP. Dazu fehlte ihm vor allem die radikale Aggressivität sowie die mangelnde Konsequenz in seinem gesamten Verhalten. Seine Wirkung bestand letztlich darin, das ohnehin kaum vorhandene demokratische Bewußtsein weiter zu zerstören und ein Klima zu schaffen, von dem später besonders die NSDAP profitierte.[158] Treffend bemerkt Kurt Sontheimer[159]:

> „Der Jungdo war zwar gegen Ende der Republik etwas maßvoller als zu Beginn und wurde darum bei den vielen orthodoxen Nationalisten viel gelästert, aber der Bewegung Mahrauns stand doch von Anfang bis zum Ende das antirepublikanische Zeichen auf der Stirn geschrieben."

3. VÖLKISCH-SOZIALER BLOCK (VSB)

Mit dem „Völkisch-sozialen Block" trat im Jahre 1924 eine politische Gruppierung in Erscheinung, die in ihrer Grundkonzeption und personellen Zusammensetzung grundsätzliche Parallelen zur NSDAP aufwies und für einen großen Teil ihrer Mitglieder lediglich eine Zwischenstation auf dem Weg zum Nationalsozialismus wurde. Die Existenz von Ortsgruppen der völkischen Bewegung im Raum Südtondern lassen es daher notwendig erscheinen, etwas näher auf diese Organisation einzugehen.

Die Entstehung der VSB hing auf der einen Seite eng mit den Auseinandersetzungen innerhalb der DNVP zusammen, die im Jahre 1922 einen neuerlichen Kulminationspunkt erreichten.[160] Schon zuvor hatte der rechtsradikal-völkische Flügel der Partei um Reinhold Wulle, Albrecht v. Graefe und Wilhelm Henning versucht, größeren Einfluß auf die Deutschnationalen zu nehmen, doch war dies bis dahin lediglich in geringem Maße gelungen.[161] Im Sommer dieses Jahres nun drängten die innerparteilichen Spannungen auf eine Entscheidung hin, besonders seitdem Henning im Verdacht stand, mit den Mördern Rathenaus konspiriert zu haben. Henning wurde zunächst aus der Reichstagsfraktion ausgeschlossen, ein Schritt, der dazu führte, daß weitere Anhänger des völkischen Parteiflügels die Fraktion verließen und sich zunächst in der „Deutschvölkischen Arbeitsgemeinschaft" zusammenfanden, die als parteiinternes Sammelbecken der Ultra-Rechten konzipiert war. Die Arbeitsgemeinschaft stieß allerdings auf keine nennenswerte Resonanz, weil zahlreiche ähnlich denkende Fraktionsmitglieder dem Kreis um v. Graefe ihre Gefolgschaft verweigerten, in dessen Verhalten sie einen illegitimen Aufstand gegen die Parteiführung sahen.[162] Mit ihrem Verbleib in Fraktion und Partei sorgten diese Abgeordneten um Claß

---

158 Peter D. Stachura, Deutsche Jugendbewegung und Nationalsozialismus, in: Jahrbuch des Archivs der deutschen Jugendbewegung 12 (1980), S. 35–52, hier S. 52.
159 Sontheimer, S. 300.
160 Vgl. zu den folgenden Ausführungen Liebe, S. 61 ff. und Striesow, S. 382 ff.
161 Striesow, S. 354.
162 ebd., S. 362.

als Vorsitzendem des Alldeutschen Verbandes dafür, daß auch nach der Trennung von den Deutschvölkischen rechtsradikal-antisemitisches Gedankengut in den Reihen der Deutschnationalen virulent blieb.[163]

Der Görlitzer Parteitag vom Oktober 1922 zog schließlich den endgültigen Trennungsstrich zwischen der DNVP und den Abweichlern, die mit der „Deutschvölkischen Freiheitspartei" (DFP)[164] seit Dezember des Jahres auch nach außen hin sichtbar getrennte Wege von den Konservativen gingen. Bedeutende Resonanz erfuhr die von v. Graefe, Wulle, Henning und Graf Ernst zu Reventlow geleitete Neugründung aber nicht, die Anhängerschaft beschränkte sich im wesentlichen auf die Wahlkreise der ehemaligen Fraktionsmitglieder.[165] Um die soziale Basis zu erweitern, suchten die Deutschvölkischen daher die Zusammenarbeit mit anderen rechtsradikalen Gruppen. Dieses Ringen um die Stärkung der eigenen Organisation führte schließlich, nachdem sich im Verlaufe des Jahres 1923 bereits einige kleinere völkische Verbände dem Kreis um Graefe angeschlossen hatten, zu einer engeren Fühlungnahme mit der NSDAP, dem späteren Bündnispartner im Völkisch-sozialen Block.

Hervorgegangen war die „Nationalsozialistische Deutsche Arbeiterpartei" im Februar 1920 aus der „Deutschen Arbeiterpartei"[166] (DAP), einer der zahlrei-

---

163 Zu den Wortführern des bei den Deutschnationalen verbleibenden völkischen Flügels gehörte auch der schleswig-holsteinische DNVP-Vorsitzende und ehemalige Tonderner Landrat Rogge, der noch im Juli 1922 für den Erhalt der Parteieinheit eingetreten war. Letztlich erteilte aber auch der nördlichste Provinzialverband den Abweichlern eine deutliche Absage, die in einer Verurteilung des Verhaltens v. Graefes gipfelte; Striesow, S. 350 und S. 383. Daraus allerdings eine generelle Absage an den ideologischen Kurs der Deutschvölkischen konstruieren zu wollen, wie Heinacher es tut, geht m. E. zu weit. Besonders der radikal antisemitisch geführte Wahlkampf des Jahres 1924 belegt, daß die schleswig-holsteinischen Deutschnationalen insgesamt keineswegs zum gemäßigten Flügel der Gesamtpartei gehörten; vgl. Heinacher, S. 153 Anm. 16; Stoltenberg, S. 79 Anm. 5; Rietzler, „Kampf in der Nordmark", S. 104; Kap. IX.

164 Zur DFP allgemein Manfred Weißbecker, Deutschvölkische Freiheitspartei (DVFP) (1922–1933), in: Lexikon zur Parteiengeschichte 1789–1945, Bd 2, S. 550–556.

165 Hauptverbreitungsgebiet war Mecklenburg, wo zwei Drittel der deutschnationalen Landesverbands zur DFP übertraten; Weißbecker, S. 553.

166 Es ist nicht das Ziel des Verfassers, eine eigenständige Bibliographie zur Geschichte der NSDAP vorzulegen. Daher an dieser Stelle aus der Fülle der Literatur nur einige wenige Titel: Karl Dietrich Bracher, Die deutsche Diktatur. Entstehung, Struktur, Folgen des Nationalsozialismus, Frankfurt / Berlin / Wien 1979[6]; Martin Broszat, Der Nationalsozialismus. Weltanschauung, Programm und Wirklichkeit, Stuttgart 1960; Joachim C. Fest, Hitler. Eine Biographie, Frankfurt am Main / Berlin 1973; Werner Maser, Die Frühgeschichte der NSDAP. Hitlers Weg bis 1924, Frankfurt 1965; Gerhard Schulz, Aufstieg des Nationalsozialismus. Krise und Revolution in Deutschland, Berlin 1975; Albrecht Tyrell, Vom „Trommler" zum „Führer". Der Wandel von Hitlers Selbstverständnis zwischen 1919 und 1924 und die Entwicklung der NSDAP, München 1975. Speziell zur Frühgeschichte siehe den Forschungsüberblick von Helmut Auerbach, Hitlers politische Lehrjahre und die Münchener Gesellschaft 1919–1923. Versuch einer Bilanz anhand der neueren Forschung, in: VfZ 25 (1977), S. 1–45.

chen kleinen völkischen Gruppierungen, die in den Wirren der ersten Nachkriegszeit in München entstanden waren. Wohlwollend von militärischen Kreisen unterstützt[167], trug die von Anton Drexler und Karl Harrer Anfang Januar 1919 gegründete DAP bis zum Eintritt Hitlers im Herbst 1919 den Charakter einer „Stammtischrunde".[168] Von Beginn an radikal antisemitisch orientiert und mit einem „sozialistisch getönten Nationalismus"[169] versehen, fanden sich die Anhänger der kleinen Partei in Münchner Wirtshäusern zusammen, um die aktuelle politische Lage zu erörtern und insbesondere den Juden die Schuld an den gegenwärtigen Umständen zuzuschieben.[170]

Adolf Hitler[171] war bis zum September 1919 ein in der völkischen Bewegung ganz und gar unbekannter Name, doch beeindruckte er Anton Drexler anläßlich einer Veranstaltung der DAP, auf welcher er als Diskussionsredner aufgetreten war, dermaßen, daß ihm der Vorsitzende sofort das Amt eines Werbeobmannes der Partei anbot, eine Aufgabe, die den berufslosen Hitler angesichts der drohenden Entlassung aus der Reichswehr vor dem Sturz in eine ungewisse Zukunft bewahrte. Sein Eintritt bedeutete für die DAP schließlich eine entscheidende Profiländerung. Aus der zu diesem Zeitpunkt faktisch bedeutungslosen Organisation entstand ein politischer Kampfverband, der zwar auch 1920 noch eine unter vielen völkischen Gruppierungen in München darstellte, jedoch schon Züge trug, die ihn seiner rechtsradikalen Konkurrenz überlegen machte.[172] Dazu zählte einmal der unerbittlich radikale und aggressive Kampfstil der NSDAP, die Kompromißlosigkeit, mit der Hitler seine Zielvorstellungen zu verfolgen bereit war, insbesondere aber der Aufbau des gesamten organisatorischen Apparates, der im Unterschied zu den bürgerlichen Parteien darauf aus und in der Lage war, eine Massengefolgschaft für die Versatzstücke nationalsozialistischer Propagandaformeln zu schaffen.[173] Gelungen war Hitler dies durch eine „parteiinterne" Machtergreifung[174], welche ihn, der sich schon vorher unentbehrlich für den Bestand und weiteren Erfolg der Partei gemacht hatte, 1921 an die Spitze der NSDAP brachte – ausgestattet mit diktatorischen Vollmachten. Schnell besetzten ihm treu ergebene Gefolgsleute wie Rudolf Heß die entscheidenden Funktionen in der Partei und sorgten dafür, daß sich das „Führerprinzip" durchsetzte.[175] Diese strikt hierarchische Ordnung, die auf die Erfahrung

167 Bracher, Die deutsche Diktatur, S. 89.
168 Fest, S. 175.
169 Bracher, Die deutsche Diktatur, S. 89.
170 ebd., S. 89 f.
171 Zu Stand und Entwicklung der Hitler-Forschung Gerhard Schreiber, Hitler – Interpretationen 1923–1983, Darmstadt 1988[2].
172 Auerbach, S. 19.
173 Bracher, Die deutsche Diktatur, S. 93f und S. 102. Dazu gehörte auch die dem Nationalsozialismus eigene Symbolik wie Hakenkreuz, Standarten für NS-Formationen u. ä.; Fest, S. 190 ff.
174 Vgl. zu den Vorgängen Fest, S. 205 ff; Bracher, Die deutsche Diktatur, S. 98 ff.
175 Dazu Wolfgang Horn, Führerideologie und Parteiorganisation in der NSDAP (1919–1933), Düsseldorf 1972.

des Krieges aufbaute und an deren Seite mit der 1920 zunächst als „Turn- und Sportabteilung" gegründeten „Sturmabteilung" (SA)[176] eine echte Parteiarmee stand, verhalf der NSDAP zu einem raschen Siegeszug im rechtsradikalen Lager. Bald ordneten sich andere völkische Organisationen Hitler unter und machten die Nationalsozialisten noch vor 1923 zu einer der lautstärksten antirepublikanischen Gruppierungen.[177]

Gegenüber der Organisation und der massenwirksamen Agitation, die Hitler schon 1920 zu einem beachtlichen Bekanntheitsgrad ob seines rhetorischen Talents eingebracht hatte[178], spielten die eigentlichen programmatischen Zielsetzungen der NSDAP eine völlig untergeordnete Rolle. Das „25-Punkte-Programm" von 1920 war allenfalls eine lose Richtschnur, angereichert mit plakativen Leerformeln, die es jedem Wähler ermöglichten, den eigenen politischen Standort im Rahmen des Nationalsozialismus zu finden.[179]

Vor allem verhalf die programmatische Verschwommenheit der Partei Hitlers zu jenem Massenzulauf, der sie am Ende der Weimarer Republik zum Sammelpunkt besonders des Kleinbürgertums aufsteigen ließ. Insgesamt handelte es sich bei der „nationalsozialistischen Ideologie" lediglich um die wirre Ansammlung unterschiedlichster, nach allen Seiten offener Ideen, in deren Zentrum neben der die modernen gesellschaftlichen Realitäten negierende Maxime von der standesübergreifenden „Volksgemeinschaft" und der Raumdoktrin der rassisch begründete Antisemitismus Hitlerscher Prägung stand.[180] In den Juden erkannte Hitler die Verkörperung des Bösen schlechthin, sie galten ihm als die Urheber aller in seinen Augen zersetzend wirkenden und den Bestand der „arischen Rasse" gefährdenden Ideen von Demokratie, Parlamentarismus, Liberalismus und Sozialismus.[181] Dabei fußte diese radikal antisemitisch-antidemokratisch fundierte Auffassung keineswegs auf eigenen theoretischen Grundlagen; das Weltbild basierte vielmehr auf den Vorstellungen, die völkisch orientierte Demagogen schon seit dem ausgehenden 19. Jahrhundert zusammengetragen hatten. Kurt Sontheimer bemerkt dazu treffend[182]:

---

176 Vgl. Kap. XV.3.b).
177 Als wichtigste Organisation ging 1922 die „Deutschsozialistische Partei" in der NSDAP auf, die der Hitlerbewegung mit den Brüdern Otto und Gregor Strasser den stärker sozialistisch orientierten Flügel zuführte, der jedoch noch vor der "Machtergreifung" im innerparteilichen Streit unterlag. Die Ermordung Gregor Strassers im Zuge des „Röhm-Putschs" von 1934 besiegelte dann endgültig das Schicksal der Linksabweichler; Bracher, Die deutsche Diktatur, S. 101.
178 Schon früh sprach Hitler vor mehreren tausend Menschen. Bereits die eigentliche Gründungsversammlung der NSDAP vom Februar 1920 war von rund 2000 Personen besucht. Zur Rolle Hitlers als Redner siehe die Dokumentation von Reginald H. Phelps, Hitler als Parteiredner im Jahre 1920, in: VfZ 11 (1963), S. 289 ff.
179 Sontheimer, S. 135.
180 Zu Hitlers Weltanschauung vgl. besonders Eberhard Jäckel, Hitlers Weltanschauung. Entwurf einer Herrschaft, Stuttgart 1981.
181 ebd., S. 55 ff.

„Nicht die Nationalsozialisten selbst hatten die Grundlagen ihrer Weltanschauung geschaffen, sie hatten sie von den zunächst unabhängig von ihnen wirkenden völkischem Publizisten und Pamphletisten, von Rasseforschern und literarischen Germanophilen übernommen, und selbstverständlich ging auch ein wesentlicher Teil des gemeinsamen Geistesgutes der antidemokratischen Bewegung, wie es vornehmlich die Neokonservativen und revolutionären Nationalisten entwickelt hatten, in ihr Denken ein. Von den Nationalrevolutionären übernahmen sie die Glorifizierung des Kriegserlebnisses, von den Neukonservativen die Ablehnung des Liberalismus und Individualismus, von den Philosophen der Gewalt die Anbetung der Macht und Stärke sowie die Verachtung des Humanitären und der sogenannten Feminität, von H. St. Chamberlain und den zahlreichen akademischen Rasseforschern die Verherrlichung der Rasse und des Blutes, von Schopenhauer die Betonung des Willens als Element schöpferischer Tat (Rosenberg), von den Marxisten einen antikapitalistischen Affekt (Strasser), solange dieser opportun erschien und das ganze kleideten sie in die 'Weltanschauung des Nationalsozialismus', beschworen die Vision eines Dritten Reiches, das schlagartig die Lösung aller Probleme der Zeit im Sinne dieser Ideologie bringen würde."

Gestützt auf finanzielle Zuwendungen aus Kreisen der Reichswehr wie Teilen der Industrie und gefördert durch zahlreiche Beziehungen einflußreicher Persönlichkeiten[183] war die Partei Hitlers in die Lage versetzt worden, ein größeres Organisationsnetz aufzubauen, welches sich allerdings – u. a. bedingt durch ein Verbot der Partei in Norddeutschland – weitgehend auf den bayerisch-süddeutschen Raum beschränkte.[184] Als Folge blieb die NSDAP bis zum gemeinsamen Putschversuch von Seiten Ludendorffs und Hitlers am 9. November 1923 auch in Schleswig-Holstein und Südtondern noch weitgehend unbekannt[185], obwohl ähnliche Gruppierungen bereits eine Heimstatt in der Provinz gefunden hatten.[186] Der Münchener Umsturzversuch an der Seite des einstigen Heerführers des Er-

---

182 Sontheimer, S. 140.
183 Vgl. dazu Dirk Stegmann, Zum Verhältnis von Großindustrie und Nationalsozialismus 1930–1933. Ein Beitrag zur Geschichte der sog. „Machtergreifung", in: AfS 13 (1973), S. 399–482; Reinhard Neebe, Großindustrie, Staat und NSDAP 1930–1933. Paul Silverberg und der Reichsverband der deutschen Industrie in der Krise der Weimarer Republik, Göttingen 1981.
184 Im norddeutschen Raum existierten bis Ende 1922 NSDAP-Ortsgruppen nur in Hannover, Hamburg, Göttingen, Bremen und Wolfenbüttel, die aus kleinen völkischen Zirkeln hervorgegangen waren und sich der NSDAP angeschlossen hatten.
185 In der „Sylter Zeitung" vom 25. 8. 1923 erschien erstmalig ein kurzer Beitrag über die „National-Sozialisten", der allerdings kaum nennenswerte Informationen enthielt; vgl. auch Voigt, Der Sylter Weg, S. 52.
186 Diese Grüppchen wie die „Deutschsozialisten" in Kiel oder der Deutschvölkische Schutz- und Trutzbund waren gemessen an der Mitgliederzahl nicht sonderlich groß, sie bildeten aber die Keimzellen für den späteren Erfolg der NSDAP in der Provinz; dazu Rietzler, „Kampf in der Nordmark", S. 191 ff, der allerdings die unmittelbare Wirkung dieser völkischen Zirkel unverhältnismäßig hoch einschätzt.

sten Weltkrieges rückte die Person Hitlers und seine Partei in ein breiteres Licht der Öffentlichkeit, doch verschaffte erst der nachfolgende Prozeß, der von Hitler zu einem Tribunal gegen die parlamentarische Demokratie umgeformt wurde[187], den Nationalsozialisten auch im Norden einen größeren Bekanntheitsgrad. Die überwiegend konservativ ausgerichtete Provinzpresse distanzierte sich jedoch im Gegensatz zu den wenigen liberal-demokratisch orientierten Blättern nicht von dem gescheiterten Unternehmen, sondern nahm die Putschisten gar noch in Schutz.[188] Auf der gleichen Linie kommentierte in Südtondern der Stahlhelmer Dr. Langendorf den Ausgang des Hitlerprozesses wie folgt[189]:

„Das in der ganzen Welt mit so großer Spannung erwartete Urteil im Hitler-Prozeß wird in vaterländischen Kreisen mit Befriedigung aufgenommen werden. Erleichtert atmeten wir auf, als bekannt wurde, daß Ludendorff, der große Feldherr des Weltkrieges, f r e i g e -s p r o c h e n wurde. Es wäre ein Trauerspiel und eine Blamage vor der ganzen Welt gewesen, wenn dieser Mann, der jahrelang die vielen Feinde vom deutschen Boden fernhielt und der von seinen Gegnern gefürchtet wurde, ins Gefängnis hätte wandern sollen für eine Tat, die zwar politisch unklug war, an der er aber teilnahm, weil er aus edelsten Motiven heraus glaubte, daß er auf diese Weise seinem Vaterlande, dem sein ganzes Streben und seine ganze Arbeit gilt, helfen könnte . . . Auch bei der Festsetzung der Strafen für die anderen Angeklagten kam man dem Empfinden weiter Volkskreise entgegen dadurch, daß man die B e w ä h r u n g s f r i s t einführte. Auf diese Weise ist die Möglichkeit gegeben, daß diese nationalen Männer bald ihrem Land wiedergegeben werden."

Von einer Verurteilung des Putschversuchs konnte damit auch im Untersuchungsraum keine Rede sein, die Redakteure bemühten sich vielmehr darum, den Marsch zur Feldherrnhalle einseitig als eine Art „Dummer-Jungen-Streich" erscheinen zu lassen.[190] Bar jeder Kritik versuchten statt dessen Schriftleiter vom Schlage des Dr. Langendorf sogar noch, den unter dem vermeintlichen Schutze des Kriegsruhmes stehenden Beteiligten anerkennenswerte Motive für ihr Handeln zuzubilligen. Auf diese Weise leistete die Provinzpresse allgemein den Erfolgen der Völkischen bei den Maiwahlen des Jahres 1924 erheblichen Vorschub.

Die auf Bewährung erfolgte Verurteilung Hitlers zu fünf Jahren Haft nahm der NSDAP vorerst ihren Denker und Lenker und markierte zunächst einmal das Ende erfolgreicher Aufbauarbeit. Die ohnehin verbotene Partei löste sich faktisch auf; der von Hitler zum Statthalter bestimmte Alfred Rosenberg war kaum in der Lage, die versprengten Anhänger zusammenzuhalten, geschweige denn eine funktionierende Tarnorganisation aufrechtzuerhalten.[191] Die Entwicklung ging schließlich dahin, daß sich die Interimsparteiführung unter den

---

187 Zum Hitler-Putsch Harold J. Gordon, Hitlerputsch 1923 – Machtkampf in Bayern 1923–1924, Frankfurt/M. 1971; Bracher, Die deutsche Diktatur, S. 117 ff.
188 Rietzler, „Kampf in der Nordmark", S. 209 ff.
189 NfR vom 3.4. 1924 (Hervorhebungen im Original).
190 Vgl. für Sylt Voigt, Der Sylter Weg, S. 52.
191 Die NSDAP existierte schattenhaft unter der dem Namen „Großdeutsche Volksgemeinschaft" weiter. Zur hoffnungslos scheinenden Situation der um ihren Kopf beraubten Partei Anfang 1924 Maser, S. 443 ff.; Schulz S. 355 ff.; Fest, S. 316.

skeptischen und mißtrauischen Blicken Hitlers, der das parlamentarische System zutiefst verabscheute, zu einer Zusammenarbeit mit der ebenfalls verbotenen DFP bereitfand, die Ende Februar 1924 trotz Differenzen zu einem offiziellen Wahlbündnis für die im Mai anstehende Reichstagswahl führte. An der Spitze der „Vereinigten Listen der DFP und der NSDAP", die im norddeutschen Raum unter der Bezeichnung „Völkisch-sozialer Block" firmierten und im wesentlichen von den Vertretern der DFP beherrscht wurde, kandidierte der eben erst freigesprochene Erich Ludendorff.

In Südtondern fand das völkisch-soziale Denken seinen erstmaligen Niederschlag in einem auf der Titelseite der „Nordfriesischen Rundschau" veröffentlichten Beitrag unter der Überschrift „Der deutsch-völkische Staatsgedanke"[192], mit welchem das Niebüller Lokalblatt seine Leser vor der anstehenden Wahl über „die staatspolitische Einstellung des völkischen Gedankens" informieren wollte. Es zitierte dabei kommentarlos den Redebeitrag eines deutsch-völkischen Redners in Hamburg[193], der aus seiner Ablehnung des modernen demokratischen Staates keinen Hehl machte. Demzufolge ermangele der gegenwärtige, ohnehin vom Ausland gesteuerte Staat der organischen Verbindung mit dem Volk, sei nichts Gewachsenes und schade daher dem Volk nur. Klang hier bereits jene auch dem Jungdeutschen Orden und anderen militanten Verbänden und rechts-orientierten Gruppierungen eigene Sehnsucht nach einem „Volksstaat" an, so äußerte sich die antidemokratische Grundauffassung besonders in dem Wunsch nach einem „Führerstaat", da nur ein dem Volke zugleich durch die Bande des Blutes verbundener „Führer" als „Vollstrecker des Volkswillens" handeln könne. Unter Hinweis auf das Bismarckreich, dessen Scheitern Dr. Bang mit der fehlenden Synthese von Volk und Staat erklärte, verlangte der Verfasser die Abkehr vom parlamentarischen System, das an die Stelle der „verantwortliche[n] Autorität 'die' unverantwortliche Majorität" gesetzt habe.

Merklich schärfere Töne als die in der Presse zitierten Ausführungen Dr. Bangs trugen indes die Vorträge, die von maßgeblichen Wahlkämpfern des VSB in Niebüll, Leck, Ladelund und Nieblum auf Föhr gehalten wurden.[194] Mit dem Flensburger Arzt Dr. Martin Link und dem ebenfalls in Flensburg beheimateten Studienrat Dr. Friedrich Höhne beteiligten sich dabei zwei führende Vertreter des völkischen Lagers der Fördestadt und nachmalige Mitbegründer der dortigen NSDAP-Ortsgruppe[195] an den Wahlkundgebungen des Blocks.

Besonders Dr. Link hatte schon knapp vier Jahre zuvor im Rahmen einer Versammlung des Deutsch-völkischen Schutz- und Trutzbundes" Beziehungen nach Leck geknüpft und einige Anhänger dafür begeistern können.[196] Insofern

---

192 NfR vom 3. 4. 1924.
193 Es handelte sich um den Berliner Oberfinanzrat Dr. Bang.
194 Kurze Berichte in der NfR vom 7. 4. 1924, im LA vom 7. und 26. 4. 1924 und in der FZ vom 15. 4. 1924. Über zwei weitere für Leck und Ladelund angekündigte Versammlungen liegen keine Berichte vor.
195 Vgl. Heinacher, S. 186 f.
196 Vgl. Kap. VII.2.

war er im Hauptort der Karrharde nicht unbekannt. Darüber hinaus erleichterte ihm seine Funktion als Gastredner auf Versammlungen des Jungdeutschen Ordens die Kontaktaufnahme zu den nun auch in Südtondern rasch im Zunehmen begriffenen Ordensbrüdern.

Inhaltlich bedeutete der vom VSB geführte Wahlkampf einen Frontalangriff auf die gesellschaftliche, politische und ökonomische Situation der Gegenwart. Mit allen zur Verfügung stehenden propagandistischen Mitteln suchten die Redner die Weimarer Republik zu diskreditieren und stellten parallel dazu das Ideal einer „deutschen Volksgemeinschaft"[197] als einzig denkbare Alternative zum herrschenden System dar. Die Attacken richteten sich gleichermaßen gegen Kapitalismus, Marxismus und Juden, wobei ein merklicher Schwerpunkt auf der Bekämpfung des jüdischen Einflusses als „heimlicher Macht" hinter allen „zersetzend wirkenden Kräften" im Deutschen Reich lag. Link verlangte auf der Niebüller Versammlung, die von dem im Jungdeutschen Orden tätigen Kreistierarzt Dr. Schröder geleitet wurde, „daß die Juden, die unseren Staat zersetzen, unter ein besonderes Ausländerrecht gestellt werden"[198], eine Forderung, die ebenfalls von Höhne[199] sowie in einer Werbeanzeige vertreten wurde, die kurz vor der Wahl auch in der „Föhrer Zeitung"[200] erschien und den rassisch begründeten Antisemitismus des VSB unterstrich. Dort heißt es:

„Die Judenfrage ist keine Religions-, sondern eine Rassenfrage! Die Juden bilden einen Staat im Staate. Wir erkennen den Juden deshalb nicht als deutschen Staatsbürger an und verlangen Stellung unter Fremdenrecht. Wir verlangen weiter Entfernung aller Juden aus Regierungs- und Beamtenstellen, aus der Rechtsprechung, aus dem Schulwesen, aus der Presse."

Der Antisemitismus bildete somit insgesamt den Kernpunkt der völkischen Propaganda. Die Juden galten den Wahlrednern als die Hauptschuldigen der nur schwer durchschaubaren Situation der Gegenwart und wurden gleichsam als billiges demagogisches Erklärungsmuster komplizierter Sachzusammenhänge genutzt, wenn Link z. B. die Juden als die eigentlichen „Sieger und Nutznießer des Krieges"[201] bezeichnete. Tiefere Einsichten in die Verkettung gesellschaftlich-politisch-wirtschaftlicher Sachzusammenhänge, geschweige denn sachbezogene Lösungsvorschläge für die Probleme der Gegenwart, fehlten völlig. Statt dessen beherrschten publikumswirksame Schlagworte wie die von der „Brechung der Zinsknechtschaft", der „Befreiung des Volkes aus der zinspflichtigen Verschuldung des Großleihkapitals", „Verstaatlichung der Banken" bei

---

197 So der auf Amrum beheimatete Hauptmann a. D. Weber, der kurzfristig den Vortrag auf der Nachbarinsel übernommen hatte. Über den Redner lagen keine weiteren Informationen vor.

198 NfR vom 7. 4. 1924.

199 LA vom 26. 4. 1924.

200 FZ vom 25. 4. 1924. Zur Bewertung der Wahlanzeige auch Rietzler, "Kampf in der Nordmark„, S. 219.

201 LA vom 7. 4. 1924.

gleichzeitiger mittelstandsfreundlicher Garantie des Privateigentums[202] den Wahlkampf. Darüber hinaus spielte wie in der Landespartei[203] die Stilisierung des Bauerntums als „Kraftquelle des deutschen Volkes" im Propagandaarsenal des VSB, dessen gesellschaftspolitischen Vorstellungen im übrigen in Richtung einer statischen sozialen Ordnung gingen, eine erhebliche Rolle. Link faßte die Forderungen kurz und prägnant in folgende Worte zusammen, die gleichzeitig Zeugnis vom Nichtbegreifenwollen der modernen Welt ablegen und die daraus resultierenden Ängste widerspiegeln[204]:

> „Frei vom Diktat von Versailles, frei vom Parlament, frei vom Börsenkapital, frei von jeder Ausbeutung, frei von Bolschewismus und Marxismus, frei vom Klassenkampf."

Die allgemein gut besuchten Versammlungen des VSB nahmen trotz ihres aufwiegelnden Charakters einen weitgehend friedlichen Verlauf. Gegenredner meldeten sich den Berichten zufolge kaum zu Wort. Julius Momsen beklagte auf der Niebüller Versammlung lediglich, daß mit dem VSB die Parteienzersplitterung überflüssigerweise zunähme, zumal das Programm der Völkischen nichts enthielte, „was andere Parteien nicht auch schon hätten"[205]. Zu einer klaren inhaltlichen Distanzierung rang sich das DVP-Mitglied nicht durch. Lediglich auf der Veranstaltung mit Höhne in Leck meldete sich mit dem Kieler DDP-Reichstagsabgeordneten Dr. Elsner jemand zu Wort, „. . . der mit impulsiven Worten den demokratischen Gedanken vertrat und sich scharf gegen die völkische Bewegung ins Zeug legte, die er als volkszersetzend hinstellte."[206] Ihm wurde allerdings keine lautstarke Zustimmung zuteil, vielmehr unterbrachen den auswärtigen Diskussionsredner mehrfach Zwischenrufe aus der Zuhörerschaft in bezug auf die „Judenfrage", „die auch nach der Versammlung Anlaß zu sehr lebhaften und erregten Auseinandersetzungen gaben."[207] Im großen und ganzen erhielten die Redner „lebhaften Beifall"[208] für ihre Ausführungen.

Die positive Resonanz auf die Wahlveranstaltungen – der „Lecker Anzeiger" kommentierte den antisemitisch durchsetzten Rundumschlag Höhnes gar als „tiefgründigen Vortrag"[209] – krönte der organisatorische Erfolg, den der VSB sowohl in Niebüll als auch in Leck feiern konnte. In Niebüll wählten die Interessierten im Anschluß an die Versammlung den späteren Ordensleiter Dr. Boysen

---

202 Besonders die antikapitalistischen Tendenzen erweckten in den Reihen der DNVP wiederholt Skepsis in bezug auf die antisozialistische Haltung der Völkischen, doch blieb die diesbezügliche Kritik der Deutschnationalen an den Völkischen im Grunde bedeutungslos. Zur Mittelstandspropaganda vgl. Annette Leppert-Fögen, Der Mittelstandssozialismus der NSDAP, in: Frankfurter Hefte 29 (1974), S. 656–666.
203 Vgl. Kap. V.2.
204 LA vom 7. 4. 1924.
205 NfR vom 7. 4. 1924.
206 LA vom 26. 4. 1924.
207 ebd.
208 So LA vom 7. 4. 1924. Für die „Föhrer Zeitung" war die Nieblumer Veranstaltung „ein voller Sieg des völkischen Gedankens"; FZ vom 15. 4. 1924.
209 LA vom 26. 4. 1924.

zum Vorsitzenden der Ortsgruppe. Zwar ist ungewiß, ob er die Wahl annahm[210], doch kann dies nicht darüber hinwegtäuschen, daß er von seinem Umfeld zu den Vertretern der völkischen Bewegung gerechnet wurde. Zudem
stand mit dem Versammlungsleiter Dr. Schröder als potentiellem Ersatz für
Boysen ein weiterer Ordensbruder zur Übernahme des Vorsitzes der Ortsgruppe bereit.[211] Im Gegensatz dazu läßt sich bezüglich der Lecker Gruppe des
VSB nur deren Existenz nachweisen[212], doch spricht vieles dafür, daß sie sich
gleichfalls unter jungdeutscher Führung befand. Als Beleg dafür ist die Tatsache
zu werten, daß sich mit dem Lecker Tierarzt Heinrich Petersen im Vorfeld der
Reichstagswahl vom Dezember 1924 ein führender Vertreter des Ordens aus
Leck in leitender Funktion der als Nachfolgeorganisation des VSB entstandenen
„Nationalsozialistischen Freiheitspartei" betätigte.[213]
    Die auffälligen personellen Verbindungen zwischen antirepublikanischen
Organisationen wie Stahlhelm, Jungdeutschem Orden und Völkisch-sozialem
Block, die auf Kreisebene besonders in der Person Dr. Boysens ihren sichtbaren
Ausdruck fanden, machen auf ein Problem aufmerksam, das mehr oder minder
alle Verbände und Organisationen speziell des protestantisch-bürgerlichen Lagers betraf: den mangelnden ideellen Halt, den die einzelnen Gruppierungen ihren Mitgliedern bzw. Anhängern auf Dauer boten.[214] Es hat daher bereits zu diesem frühen Zeitpunkt den Anschein, als warteten viele, gerade auch ländliche
Bewohner auf das Erscheinen einer Organisation, die ihnen all jene politische
Geborgenheit vermitteln konnte, die sie innerhalb anderer Formationen vergeblich suchten. Bisweilen geradezu hilflos standen sie der pulsierenden modernen
gesellschaftlichen und politischen Ordnung gegenüber, im Rahmen derer sie
sich nicht zurechtzufinden wußten und die aufgrund ihrer Dynamik sogar als
bedrohlich empfunden wurde. Zum Kristallisationspunkt der Systemgegner
sollte sich schließlich die Hitlerbewegung entwickeln, die durch ihren straffen
Aufbau jedermann einen festen Platz in einem Ordnungssystem verhieß, in dem
es keinerlei Richtungsstreit gab und die nach außen hin für ihre Anhänger das
festgefügte gesellschaftliche Modell bildete, welches sie in dem sozial, wirtschaftlich und psychisch krisengeschüttelten Weimarer Staat vergeblich suchten.

210 Boysen hatte an der Versammlung mit Link nicht teilgenommen.
211 NfR vom 7. 4. 1924. Über Größe und soziale Zusammensetzung des Ortsvereins lagen
    keinerlei Informationen vor.
212 Im Bericht heißt es lapidar: „Im Anschluß an die Versammlung hat sich eine Orts-
    gruppe des Völkisch-sozialen Blocks gebildet"; LA vom 7. 4. 1924.
213 Petersen trat im Dezember 1924 als Versammlungsleiter einer Wahlversammlung der
    Nationalsozialistischen Freiheitspartei auf, in deren Anschluß eine Ortsgruppe ge-
    gründet wurde; LA vom 5. und 6. 12. 1924. Über die Ortsgruppe lagen keine näheren
    Informationen vor.
214 Vgl dazu Lohalm, S. 255; Mauch, S. 37 ff.

7 *Begrüßung des Reichspräsidenten v. Hindenburg auf dem Bahnhof in Niebüll anläßlich der Durchreise zur Einweihung des Hindenburgdammes 1927; links Fahnenabordnungen u. a. der „nationalen" Verbände*

IX. Die Reichstagswahlen des Jahres 1924: Verstärkung des Rechtstrends

Die Maiwahl des Jahres 1924 bereitete den Parteien der „Weimarer Koalition" in Schleswig-Holstein nach 1921 eine weitere schwere Niederlage und stärkte die Extremisten im linken wie im rechten Lager ganz erheblich. Unzweideutig war dies die Resonanz auf das Bild von der politisch wie wirtschaftlich und sozial krisengeschüttelten jungen Republik, das sie in den ersten Jahren ihres Bestehens bot. Die seit 1920 ohnehin rasch wechselnden Reichsregierungen – Ausdruck der politischen Instabilität – hatten dem Ansturm rechts- und linksradikaler Kräfte nur mit Mühe widerstehen können. Der Kapp-Putsch von 1920 und der sich daran anschließende „rote" Aufstand im Ruhrgebiet, die von Rechtsextremisten zu verantwortenden Morde an Matthias Erzberger und Walter Rathenau 1921 bzw. 1922 sowie Hitlers Marsch zur Feldherrnhalle vom November 1923 ließen der Demokratie faktisch keine Zeit zur inneren Festigung, sondern erschütterten sie bis in die Grundfesten. Hinzu kam ferner das außen- und innenpolitisch brisante Thema der deutschen Wiedergutmachungsleistungen. Heftig umstritten war dabei besonders das „Londoner Ultimatum" vom Mai 1921, das unter Androhung der Okkupation des Ruhrreviers die sofortige Annahme des vorgelegten Zahlungsplans verlangte. Aus Protest trat das Kabinett Fehrenbach zurück. Der von Joseph Wirth (Zentrum) geführten Nachfolgeregierung aus Zentrum, SPD und DDP blieb schließlich nichts anderes übrig, als auf die gestellten Bedingungen einzugehen. Insbesondere die Deutschnationalen nutzten den Zugzwang der Reichsführung propagandistisch aus und waren alsbald mit dem Vorwurf von der „Erfüllungspolitik" bei der Hand, obwohl sie selbst keine reale Alternative zum Verhalten der Regierung vorzuschlagen vermochten. Bald erwiesen sich die alliierten Forderungen dann tatsächlich als nicht realisierbar, und schon die ersten Lieferverzögerungen nutzte die französische Regierung unter Poincaré zur Besetzung des wichtigsten deutschen Industriegebiets, ein Schritt, den die Reichsregierung mit der Erklärung des passiven Widerstandes beantwortete und in dessen Folge die bereits schwer angeschlagene deutsche Währung zum endgültigen Fall ins Bodenlose ansetzte. Erst unter Reichskanzler Stresemann, der im August 1923 den parteilosen Wilhelm Cuno ablöste und den aussichtslosen, die deutsche Wirtschaft völlig zu ruinieren drohenden Widerstand am Rhein abbrach, begann eine Politik, die das Reich allmählich in ruhigeres Fahrwasser leiten sollte. Dennoch bebte die große Unzufriedenheit weiter Bevölkerungskreise mit der Politik der Reichsregierungen wie dem Staat überhaupt bei der Reichstagswahl vom 4. Mai 1924 spürbar nach: Die politische Mitte dünnte weiter aus.[1]

---

1 Vgl. zur Bewertung der Wahl auf Reichsebene Milatz, S. 116 ff.; Michael Stürmer, Koalition und Opposition in der Weimarer Republik 1924–1928, Düsseldorf 1967, S. 40 ff.;

Die größten Verluste betrafen die Sozialdemokratie. Hatten sich 1920 noch annähernd 40 % der Wähler für SPD bzw. USPD entschieden, so verfügte die jetzt wiedervereinigte Partei über gerade noch ein Fünftel der Stimmen. Ursache dieses Verfalls, von dem die KPD am meisten profitierte – ihr Anteil stieg von 2,1 % auf 12,6 % – war einerseits das unstete Hin- und Herpendeln zwischen Regierung und Opposition, besonders aber die entscheidende Mitverantwortung für die Finanzpolitik im Herbst 1923, als die Inflation unter dem sozialdemokratischen Finanzminister Hilferding auf die Spitze zutrieb und weite Teile der Arbeiterschaft ihrer Existenzgrundlage beraubt wurden. Außer dem Zentrum, das sein politisches Gewicht trotz der Regierungsbeteiligung bemerkenswerterweise bewahren konnte, verloren auch die liberalen Regierungspartner merklich an Substanz. Sowohl DVP als auch DDP büßten ein weiteres Drittel ihrer Wähler ein und erzielten nurmehr 9,2 % bzw. 5,7 % der Stimmen. Deutliche Gewinne konnten neben den rechtsstehenden Deutschnationalen, die mit annähernd 20 % nur knapp die Stellung als relativ stärkste Partei verfehlten, auch die rechtsradikalen Völkischsozialen verbuchen, die bei ihrer ersten Wahlteilnahme auf beachtliche 6,5 % der Stimmen kamen.

In Schleswig-Holstein[2] fiel der Stimmungsumschwung wegen des Fehlens des Zentrums als stabilisierendem Faktor noch drastischer aus. Die DNVP vermochte ihren prozentualen Anteil von 20,5 % (1921) auf nunmehr 31 % zu steigern und errang damit noch vor der SPD, die noch 24,7 % erreichte (1921: 37,3 %) und erheblich an die KPD abgab, den ersten Platz in der Gunst der Wähler sowie gleichzeitig eines der besten Ergebnisse innerhalb eines Wahlkreises im gesamten Reich.[3] Neben der Sozialdemokratie büßten auch DVP und DDP noch weiteren Boden ein und erreichten nurmehr 12,2 % bzw. 8 %. Ihren völligen Bedeutungsverlust erlebte die Landespartei, die auf nicht einmal mehr 1 % kam und sich bald nach der Wahl konsequenterweise auflöste. Die Niederlage der die Republik tragenden Kräfte komplettierte der Erfolg des VSB, der provinzweit 7,4 %, d.h. ein über dem Reichsdurchschnitt liegendes Ergebnis erreichte. Der Anteil der „Weimarer Koalition", der 1919 noch fast 75 % betragen hatte, war in Schleswig-Holstein auf ganze 32,7 % zusammengeschmolzen, d.h. die der Weimarer Republik distanziert bis radikal ablehnend gegenüberstehenden Parteien verfügten bereits jetzt über eine deutliche Zweidrittelmehrheit.

Noch weit extremer als auf Reichs- bzw. Provinzebene fiel das Wahlergebnis im Kreis Südtondern aus. Die Stimmenverteilung gestaltete sich hier folgendermaßen[4]:

Thomas Childers, The Nazi-Voter, The Social Foundations of Fascism in Germany, 1919–1933, Chaple Hill and London 1983, S. 71 ff.

2 Zur Bewertung der Wahl in Schleswig-Holstein Stoltenberg, S. 85 ff.; Rietzler, „Kampf in der Nordmark", S. 225 ff.

3 Besser schnitt die DNVP nur in Pommern, Frankfurt/O., Ostpreußen und in Potsdam I ab.

4 Ergebnisse lt. Statistik des Deutschen Reiches, Bd 315 I (1925) und NfR vom 5. 5. 1924.

Tabelle 8: Wahlergebnisse der Reichstagswahl vom 4. Mai 1924
(Angaben in %)

	KPD	SPD	DDP	DVP	DNVP	VSB	Sonst.	Wahlbet.
Südtondern	1,1	8,9	7,1	19,6	49,6	6,8	7,0	64,2
Schl.-Holst.	10,2	24,9	8,1	12,1	31,0	7,4	6,3	77,2
Dt. Reich	12,6	20,5	5,7	9,2	19,5	6,5	26,0	77,4

Die Übersicht belegt, daß dem politischen Erdrutsch von 1921 nun ein neuerlicher gefolgt war, der die demokratische Mitte ihrer Regierungsmehrheit beraubte. Entgegen dem überregionalen Trend beschränkte sich die Radikalisierung im Untersuchungsraum nahezu ausschließlich auf die rechtsstehenden Parteien, ein markantes Zeichen für das Fehlen einer Industriearbeiterschaft.

Enorme Verluste mußte die SPD hinnehmen. Zwar hatte die Partei in dem sozial homogenen, überwiegend von Familienbetrieben dominierten Gebiet stets merklich unter dem regionalen Durchschnittsergebnis gelegen, doch bedeutete dieses Ergebnis den absoluten Tiefpunkt auf Kreisebene.[5] Von den 2545 Wählern (1921) entschieden sich nurmehr 1074 für die traditionelle Arbeiterpartei, ein großer Teil verweigerte ihr die Gefolgschaft und wandte sich anderen Richtungen zu, wobei die KPD nur in äußerst geringem Umfang von dem Einbruch zu profitieren vermochte; sie kam auf völlig unbedeutende 133 Stimmen.[6] Zu vermuten ist daher, daß die früheren Wähler u. a. für die dänische Liste votierten, die mit 3,9 % immerhin einen Achtungserfolg für sich verbuchen konnte.[7] Daneben gewann wahrscheinlich auch das Nichtwählerlager einen gewissen Prozentsatz aus der sozialdemokratischen Substanz[8], doch dürfte entsprechend dem Reichstrend die weiter rechts stehenden Parteien, besonders auch die DNVP, einen erheblichen Teil der in nationalen Bahnen denkenden Arbeiter für sich gewonnen haben, zumal die SPD mit der Anerkennung der neuen deutsch-dänischen Grenze im Stauning-Wels-Abkommen vom November 1923 für viele ihrer früheren Wähler „nationalen Verrat" begangen hatte.[9]

---

5 Heberle zufolge errang die SPD in den Gemeinden unter 2000 Einwohnern im Provinzdurchschnitt immer noch 21,1 %; Heberle, S. 38.

6 Falter et al. verweisen darauf, daß die KPD fast nur dort stark zulegte, wo 1920 die USPD zu beträchtlichen Erfolgen gekommen war; Falter/Lindenberger/Schumann, S. 140.

7 Siehe dazu Steensen, Die friesische Bewegung, S. 205, Anm. 303. Steensen bezieht sich hier zwar auf Tönning, doch können die Verhältnisse ohne Abstriche auf den Untersuchungsraum übertragen werden.

8 Falter et al. errechnen auf Reichsebene allerdings eine negative Korrelation zwischen SPD-Wählern des Jahres 1920 und den Nichtwählern vom Mai 1924; Falter/Lindenberger/Schumann, S. 141.

9 Vgl. Falter, Wahlen und Wählerverhalten, S. 489. In diese Richtung zielte sicherlich auch das Bekenntnis eines Niebüller Gewerkschaftsfunktionärs, der 1922 feststellte:". . . ich bin ein 'Deutscher Sozialist' und kein Vaterlandsverräter"; NfR vom 20. 3. 1922. Zum Stauning-Wels-Abkommen Callesen, Die Schleswig-Frage, S. 125 ff.

Der Abwärtstrend der DDP, die von 1919 auf 1921 geradezu atomisiert worden war, fand einen vorläufigen Halt. Offensichtlich hatte die Partei im Gegensatz zum Provinzdurchschnitt bereits 1921 ihren vorläufigen Tiefpunkt erreicht; von 7,3 % rutschte die 1919 noch stärkste politische Kraft nur geringfügig auf 7,1 % der Stimmen ab. Insgesamt verfügten die vorbehaltlos staatstragenden „Weimarer" Parteien, die 1919 rund zwei Drittel der Wähler hinter sich hatten vereinigen konnten, fünf Jahre später über den nurmehr schwachen Rückhalt von 16 % in der Bevölkerung - eine eklatante Niederlage für die tragenden Kräfte der Republik.

Als Gewinner gingen ganz klar die Rechtsparteien aus der Wahl hervor. Zwar verlor selbst die DVP annähernd ein Drittel ihres Anteiles von 1921, doch bedeuteten die erzielten 19,5 % ein gemessen am überregionalen Durchschnitt noch gutes Ergebnis, welches die Stresemannpartei allerdings hinter die DNVP als relativ stärkste Partei zurückwarf. Symptomatisch für den Drang nach rechts war gleichfalls das Resultat des VSB, der kreisweit zwar nicht über 6,8 % hinauskam, wohl aber in einzelnen Gemeinden beträchtliche Stimmengewinne für sich verbuchen konnte. Am auffälligsten erscheint dabei in diesem Zusammenhang der Ausgang der Wahl in der Gemeinde Karlum bei Leck, dem Südtonderaner Zentrum der vier Jahre später aufkommenden Landvolkbewegung. Hier votierten nicht weniger als 43 % der Wähler für das radikal systemfeindliche Bündnis aus Deutschvölkischen und Nationalsozialisten. Doch auch in Leck selbst zahlte sich das zweimalige Auftreten des VSB aus, wie die örtlich erzielten 14,9 % beweisen. Ebenfalls im Raume der Inseln, wo nachweisbar nur eine Wahlversammlung in Nieblum auf Föhr stattgefunden hatte, stießen die Völkischsozialen auf ein beachtliches Echo, wie die z.T. deutlich über dem Durchschnitt liegenden Stimmenanteile belegen[10] – ein spürbares Symptom für die generelle Unzufriedenheit mit den bestehenden Verhältnissen.

Als das wesentlichste Ergebnis des 4. Mai ist allerdings der überaus deutliche Wahlsieg der Deutschnationalen zu bewerten. Sie verfehlten die absolute Mehrheit nur um Haaresbreite und konnten mit einem Zuwachs von 23,3 Prozentpunkten den höchsten Gewinn aller Landkreise der Provinz verbuchen.[11] In nahezu allen Gemeinden beherrschte die DNVP das politische Feld[12]; ihr insbesondere kam auch der völlige Bedeutungsverlust der Landespartei zugute[13], die mit insgesamt 128 Stimmen sogar noch schlechter abschnitt als die KPD. Zusammen mit den Völkischsozialen lagen die Stimmanteile der konservativen Rechtsparteien in einzelnen Dörfern bei rund 80 %. Speziell auf den Kreis Süd-

10 Auf Amrum wurde der VSB mit 7,5 % drittstärkste Partei; in Nieblum / F. betrug der Anteil 20 %, in Wyk 11,5 %, in Westerland ebenfalls 11,5 %, in List / S. 15,1 %.
11 Vgl. Rietzler, „Kampf in der Nordmark", S. 227. Gleichzeitig bedeuteten die 49,6 % das Spitzenergebnis aller Landkreise in der Provinz.
12 Nur in sieben Gemeinden ging die DNVP nicht als stärkste Kraft hervor, darunter in den Sylter Gemeinden Westerland, Keitum, Morsum und den Norddörfern, in Nebel / A., Goting / F. und in Deezbüll. Zur Stärke der DNVP im Mai 1924 siehe auch Karte 4.
13 Rietzler, „Kampf in der Nordmark", S. 229.

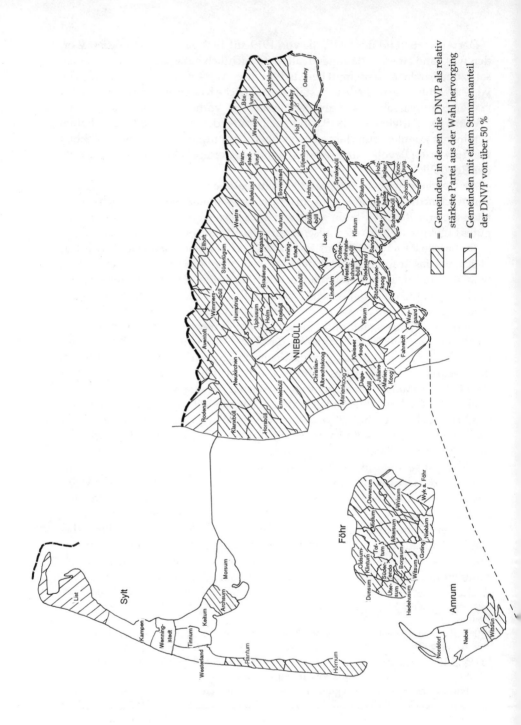

Karte 4: Die Stärke der DNVP bei der Reichstagswahl vom 4. Mai 1924

tondern bezogen spricht Rudolf Rietzler somit zu Recht von einem „deutschnationalen Boom"[14], dem umgekehrt ein weiterer Verfall der unbedingt republiktreuen demokratischen Parteien korrespondierte und der einzig die DVP als
eine Art „halbdemokratisches" Korrektiv bestehen ließ. Fest steht aber, daß mit
DNVP und VSB erstmalig antidemokratische Gruppierungen über eine klare
Mehrheit im Untersuchungsraum verfügten.

Fragt man nun nach den Ursachen dieses neuerlichen drastischen Stim-
mungsumschwunges, so ist vor allem auf die völlige Verunsicherung der Bevölkerung zu verweisen, die mit ihrem Votum für ausgesprochen antidemokratische Gruppen den Unwillen über die Regierungspolitik der vergangenen Jahre
zum Ausdruck brachte.[15] Zahllose Wähler protestierten mit ihrem Stimmzettel
gegen die politischen wie wirtschaftlichen und sozialen Mißstände, die sich gerade im Verlauf der Inflation herausgebildet hatten, und sicher spielte dabei die
ökonomische Komponente eine überaus wichtige Rolle; dennoch erscheint es
besonders angesichts der Grenznähe und der dänischen Aktivitäten im Verlauf
der Inflation fraglich, ob die wirtschaftlichen Probleme zum isolierten Haupt-
motiv der Entscheidung vom 4. Mai erklärt werden können.[16] Es verbarg sich
dahinter vielmehr das Verlangen nach einem generellen Kurswechsel in der Regierungspolitik, nach einer grundlegenden Neuorientierung unter stärkerer Berücksichtigung der regionalen Interessen. Gerade diese Forderung entsprach
dem deutschnationalen Propagandafeldzug 1924, der zur Beurteilung des Ergebnisses einer kurzen Betrachtung bedarf.

In ihren Aussagen zu den Reichstagswahlen von Mai und Dezember 1924
ging die DNVP bezeichnenderweise gerade im ländlichen Raum keineswegs detailliert auf die ökonomische Unzufriedenheit ein, geschweige denn, daß die
Rechtspartei konstruktive Lösungsvorschläge zu den anstehenden Problemen
präsentierte[17]: In agrarpolitischer Hinsicht verfocht sie die pauschale Forderung
nach Zollschutz[18], einem Patentrezept aus der Kaiserzeit, welches von der
Landbevölkerung zwar freudig begrüßt wurde, allerdings die strukturellen
Schwierigkeiten der deutschen Landwirtschaft lediglich kaschieren konnte,
ohne sie zu beseitigen.[19] In ähnlich einseitig plakativer Weise lehnten die
Deutschnationalen vor der Maiwahl den sog. „Dawes-Plan" in Bausch und Bo-
gen ab, der die deutschen Reparationsleistungen einer festeren Regelung zufüh-
ren sollte.[20] Statt dessen sahen es die Propagandisten der Partei als ihre Hauptaufgabe an, das parlamentarisch-demokratische System insgesamt, besonders

14 ebd., S. 225.
15 Tilton, S. 16 und S. 20.
16 So etwa Heinacher bezüglich des Landkreises Flensburg; Heinacher, S. 169.
17 Childers, The Nazi-Voter, S. 76.
18 So etwa Pastor Kühl auf einer Wahlkundgebung in Leck; LA vom 14. 4. 1924.
19 Die Einfuhrzölle auf Agrarerzeugnisse kletterten vor 1933 zwar noch auf ein nie ge-
    kanntes Maß, doch vermochte diese Art der Subvention den Kollaps nicht zu verhin-
    dern; vgl. Kap. XV.1.
20 Der Dawes-Plan galt in deutschnationalen Reihen anfänglich gar als „zweites Versail-
    les"; Liebe, S. 76.

aber Sozialdemokraten und DDP mit allen erdenklichen demagogischen Mitteln zu verunglimpfen.[21] Es war eine Kampagne, der sich auch der Kreisbauernverein Südtondern nur zu willig anschloß, was deutlich erkennen läßt, in welch starkem Maße eigensüchtiges und ständisches Denken in der Bauernschaft verankert war. In einer Resolution wandte sich die Kreisberufsvertretung gegen die Kandidatur des Dithmarscher Landwirtes Heesch für die DDP und verlangte dessen Ausschluß aus dem Bauernverein u.a. mit folgender Begründung[22]:

> „Es bedeutet eine grobe Verletzung der Standes- und Vereinsinteressen, wenn man mit dem Namen des Schleswig-Holsteinischen Bauernvereins irreführen und Stimmen fangen will für eine landwirtschaftsfeindliche Partei. Es bedeutet eine gröbliche Verletzung der Standesinteressen, wenn man mit einer der übelberüchtigsten Gegner der Landwirtschaft unter einer Decke spielt. Es bedeutet eine gröbliche Verletzung der Standesinteressen, wenn man als Mitgründer des Reichsbanners Schwarz-Rot-Gold auftritt und sich damit an die Rockschöße der Sozialdemokratie hängt.
>
> Der Vorsitzende der Kreisgruppe Südtondern
> des Schleswig-Holsteinischen Bauernvereins"

Noch bedenklicher aber muß der deutschnationale Siegeszug angesichts der ihn begleitenden antisemitischen Töne erscheinen, wie sich der konservative Wahlkampf in seinen antidemokratischen Rundumschlägen überhaupt kaum in seiner Qualität von dem der Völkischsozialen unterschied.[23] Diese Komponente schlug auch in Südtondern mit aller Intensität durch. Bereits in der Ankündigung der zahlreichen Wahlveranstaltungen beschwor der Kreisvorsitzende Tode u. a. die völkischen Zielsetzungen der Partei[24], ein Gebot, dem neben den Reden auch die übrige Propaganda entsprach.[25] Eine Wahlkampfzeitung stellte den Wahlkampf demgemäß unter das Leitmotiv „Frei von Juden-

---

21 Childers, The Nazi-Voter, S. 76. In einer u.a. dem „Lecker Anzeiger" vom 28.11.1924 beigelegten Wahlzeitung wird die DDP als „jüdisch geführte, vom Marxismus abhängige Partei" diffamiert. Als Ziel bekundete die DNVP an gleicher Stelle, ein Deutschland „. . . frei von parlamentarischem Klüngel und demokratischer Kapitalherrschaft . . ." schaffen zu wollen.

22 LA vom 3.12.1924.

23 Stoltenberg mißt dieser Tatsache nur marginale Bedeutung bei, Heinacher gar keine; vgl. Stoltenberg, S. 79, Anm. 5. Rietzler weist demgegenüber zu Recht auf die Konkurrenzsituation zwischen DNVP und VSB hin; Rietzler, „Kampf in der Nordmark", S. 230. Zur Bekräftigung der These von dem radikalen und unsachlichen Wahlkampf der DNVP siehe auch das anliegende Wahlflugblatt; Quelle: Sylter Archiv, Politisches.

24 So heißt es in der NfR vom 16. 4. 1924: „Gegenüber der Zersplitterung, der das deutsche Volk gerade wieder in dem gegenwärtigen zu einer Entscheidung drängenden Zeitpunkte zu verfallen droht, will die Deutschnationale Volkspartei alle, den Wiederaufbau des Reiches anstrebenden Deutschen zu einer großen, starken und entschlossenen Gruppe vereinigen, die sich zum nationalen und völkischen, sozialen, christlichen und monarchischen Gedanken bekennt."

25 So griff Pastor Kühl auf Versammlungen in Leck wiederholt die Juden an; LA vom 14.4.1924 und LA vom 3.12.1924.

Wahlflugblatt der DNVP 1924; Quelle: Sylter Archiv, Politisches

und Franzosenherrschaft"[26], wonach die antisemitische Hetze offenkundignoch Priorität vor der Beseitigung der französischen Rheinlandbesetzung genoß. Aber selbst die massive judenfeindliche Haltung erfuhr aus den Reihen der Südtonderaner Landwirtschaft Unterstützung, wie das „Eingesandt" eines Herrn „M. P." belegt[27], der sich nachdrücklich gegen die Wahl der „demokratischen (jüdischen) Partei" aussprach und gleichzeitig auch der DVP als „Partei der Industrie" eine Absage erteilte. Es sind dies klare Symptome für die sozialen Ängste, die die Wahlentscheidung beeinflußten.[28]

Die Stellungnahme M. Ps. bedeutete indes keinen Einzelfall antisemitischer Äußerungen aus den bäuerlichen Kreisen Südtonderns. Vergleichbare Töne klangen ebenfalls in einem mit Melfsen-Wilhelminenhof unterzeichneten Leserbrief an[29], in welchem der Schreiber die DDP in engen Zusammenhang mit „Moses

26 Wahlzeitung der DNVP. Beilage zum LA vom 28. 11. 1924.
27 LA vom 15. 3. 1924. Vermutlich handelt es sich bei dem Kürzel M. P. um den später in Hogelund beheimateten Landwirt Max Petersen, der neben Max Bossen später zu den führenden Mitgliedern der Landvolkbewegung und des Tannenbergbundes gehörte; vgl. Kap. XII.5. und XII.6.
28 Symptomatisch dafür steht ein weiterer mit M. P. unterzeichneter Leserbrief, in dem der Verfasser gegen den Bauernverein polemisierte und implizit den Vorwurf erhob, die Berufsvertretung würde sogar SPD und KPD unterstützen, wenn ein Landwirt an aussichtsreicher Stelle für diese Parteien kandidierte; LA vom 27. 3. 1927.
29 NfR vom 6. 12. 1924.

und Aron" bzw. „mosaischen Glaubensgenossen" brachte. Den deutlichsten Hinweis auf das latente Vorhandensein antisemitischer Ressentiments in der Bevölkerung des Untersuchungsraumes lieferte jedoch ein „Friesland und Judentum" überschriebener Artikel im „Schleswiger", der zugleich auf die Kontakte zu fliegenden Händlern und die Bedeutung jüdischer Viehhändler auf dem für ganz Nordfriesland zentralen Husumer Markt aufmerksam machte[30]:

„Wir stellten bald ihren Einfluß auf den Marktverlauf fest und wußten bald, daß der Husumer Markt flau blieb, wenn keine Juden da waren. Besonders hoch stehen die Juden bei uns in Friesland nicht."

Zweifellos konnte sich aus der gewichtigen Position, die jüdische Händler im Viehgeschäft einnahmen, ein Abhängigkeitsgefühl herausbilden, welches im Zuge der stagnierenden konjunkturellen Entwicklung im Agrarsektor die vorhandenen antisemitischen Ressentiments in offenen Rassenhaß durchbrechen ließ, wie er sich später in Verbindung mit der Landvolkbewegung artikulierte.[31] Förderlich in dieser Richtung wirkte sich zudem der Unmut über die Berliner Zentralbehörden aus, welche der deutschnationalen Propaganda zufolge weitgehend von Juden kontrolliert wurden. Vorläufig blieb es allerdings bei dem schwer zu bestimmenden Gefühl der Abhängigkeit, das bereits 1920 seinen Niederschlag auch in Niebüll gefunden hatte, als sich die Gemeinde für die Verlegung des örtlichen Viehmarktes von Samstag auf Dienstag einsetzte, um u. a. den jüdischen Händlern aus dem Rheinland die Teilnahme zu ermöglichen, die samstags aus religiösen Gründen nicht zu erwarten war.[32] Die deutschnationale Agitation fand 1924 somit ein Klima vor, welches gerade auch ihrer antisemitischen Propaganda sehr weit entgegenkam.[33]

Daß sich immerhin noch fast 20 % der Wähler im Frühjahr 1924 für die DVP entschieden und sich trotz ihrer Regierungsbeteiligung nicht von den radikal

---

30 DSchl vom 29. 10. 1924.

31 Vgl. Kap. XII.5. Wenig überzeugend sind in diesem Zusammenhang die Feststellungen Sörensens bezüglich der Juden am Husumer Markt, die sich demnach sogar 1934 noch verbreiteter „Wertschätzung" erfreuen konnten; Sörensen, Die NSDAP im Kreis Husum, S. 66. Abgesehen davon, daß diese Sicht auf der Aussage zumindest eines nicht unbelasteten Zeitzeugen basiert – welcher frühere Parteigänger Hitlers würde sich und seine Standesgenossen heute noch als ehemalige Antisemiten brandmarken? –, verstärkt der Eindruck vom „positiven" Einfluß der Juden auf den Markt den Verdacht, daß sich Landwirte von ihnen abhängig fühlten. Auch wird man die aus Rücksicht auf die jüdischen Händler erfolgte Weigerung zum Hissen der Hakenkreuzflagge nicht unbedingt als „Wertschätzung" der Juden interpretieren können. Vielmehr ist hier auf Geschäftsinteressen zu verweisen, die für manchen Anhänger der NSDAP Priorität vor der Zurschaustellung judenfeindlicher Propaganda besaß – selbst nach dem 1. April 1933.

32 LAS 301/4620, Ldr. an RP vom 30. 7. 1920.

33 Diese Aspekte finden bei Werner Kaltefleiter so gut wie keine Berücksichtigung bei der Beurteilung der Maiwahl 1924. Er sieht das Wahlergebnis mehr oder minder ausschließlich als Folge der wirtschaftlichen Erschütterungen; Werner Kaltefleiter, Wirtschaft und Politik in Deutschland. Konjunktur als Bestimmungsfaktor des Parteiensystems, Köln 1966, S.34.

antirepublikanischen Parolen der Deutschnationalen erfassen ließ, kann kaum darüber hinwegtäuschen, daß die Wähler der anderen „Volkspartei" aus grundsätzlich ähnlichen Motiven für sie votierten. Diese Ähnlichkeit bestand besonders in einer klaren Absage an eine neuerliche Koalition mit der SPD sowie in der Befürwortung von Agrarschutzzöllen als zentraler wirtschaftlicher Forderung.[34] Zudem kandidierte mit dem Landwirt Hamkens (Hanredder) auf Platz 2 der schleswig-holsteinischen Landesliste ein Standesgenosse an aussichtsreicher Stelle, der eine weitere Stärkung der landwirtschaftlichen Interessen im Reichstag versprach. Insofern wohnte der Entscheidung vom 4. Mai gleichzeitig eine starke soziale Komponente inne, da neben der DNVP auch die DVP (noch) als Vertreterin sowohl wirtschaftlicher als auch besonders berufsständischer Interessen der Landwirtschaft galt, eine Funktion, welche die Partei allerdings spätestens nach dem Tod Stresemanns einbüßte. Nicht zuletzt dieses berufsständische Denken, das auf die Sicherung möglichst großen agrarischen Einflusses in den Parlamenten gegenüber dem zunehmenden Machtgewinn insbesondere der großstädtischen Interessen abzielte, zeichnete dafür verantwortlich, daß sich der Provinzialbauernverein vor der Dezemberwahl in einer Wahlempfehlung für die DVP und DNVP aussprach und den Demokraten trotz der Kandidatur des Landwirts Heesch eine Absage erteilte.[35] Die Doppelempfehlung rechtfertigte sich besonders dadurch, daß sich die beiden "Volksparteien" in der Provinz zu einem Bündnis zusammengefunden hatten, welches vor der zweiten Wahl des Jahres unter der bezeichnenden Devise „Schwarz-weiß-rot" gegen „Schwarz-Rot-Gold" um Stimmen warb.[36]

Der neuerliche Gang zur Wahlurne am 7. Dezember war insbesondere die Folge der innerparteilichen Auseinandersetzungen der DNVP um die Annahme bzw. Ablehnung des Dawes-Plans. Ein Teil der DNVP-Fraktion hatte sich nach der Maiwahl in Erwartung maßgeblicher Regierungsbeteiligung aus der Totalopposition gelöst und zur Annahme der Reparationsneuregelung bereit erklärt. Zur endgültigen Klärung der Fronten löste sich der Reichstag mit Hilfe der deutschnationalen Dawes-Befürworter, unter denen sich freilich kein schleswig-holsteinisches Fraktionsmitglied befand, im September auf.[37]

Das Ergebnis vom 7. Dezember brachte im Zeichen der sich konsolidierenden Verhältnisse einen spürbaren Rückgang der links- wie rechtsradikalen Gruppierungen und stärkte die demokratischen Kräfte.[38] Dennoch vermochte auch die

---

34 In diesem Sinne äußerte sich auch der Landwirt Hamkens (Hanredder) auf einer Veranstaltung seiner Partei in Niebüll; NfR vom 2. 5. 1924.

35 Die Verweigerung von Schutzzöllen zugunsten der Landwirtschaft durch die DDP hatte zweifelsohne nur noch auslösende Funktion für den endgültigen Bruch zwischen Demokraten und Bauernverein. Zu weit standen beide in grundsätzlichen Fragen zu Demokratie und Gesellschaft auseinander. Schon der Ton der Südtonderaner Resolution gegen die Demokraten macht dies deutlich.

36 Vgl. NfR vom 13. 11. 1924.

37 Vgl. zur innerparteilichen Auseinandersetzungen Liebe, S. 74 ff.

38 Vgl. zur Beurteilung der Wahl Heiber, S. 164 f. Zahlenangaben lt. NfR vom 8. 12. 1924.

DNVP ihren Anteil nochmals auszubauen und erreichte mit 20,5 % der Stimmen ihr bestes Ergebnis auf Reichsebene in der gesamten Zeit zwischen 1919 und 1933. Sie profitierte dabei besonders vom Niedergang des Bündnisses zwischen Nationalsozialisten und Deutschvölkischen, das zwar in Gestalt der „Nationalsozialistischen Freiheitsbewegung" eine Neuauflage erlebte, allerdings mehr durch interne Querelen als durch innere Geschlossenheit die öffentliche Aufmerksamkeit erregte.[39] Lediglich noch 3 % der Wähler votierten für die Rechtsradikalen.[40]

Ähnlich der Entwicklung im Reich und im Rahmen der Provinz Schleswig-Holstein[41] beruhigte sich die politische Lage auch in Südtondern. Die SPD vermochte sich bei einer höheren Wahlbeteiligung wieder auf Kosten der KPD und der Dänen[42] auf annähernd 12 % zu verbessern, und auch die Deutschen Demokraten erzielten mit 10,4 % erstmalig nach 1919 ein zweistelliges Ergebnis. Spürbar gestärkt ging gleichfalls die DVP aus der zweiten Wahl des Jahres hervor. Sie steigerte sich auf fast ein Viertel der Wählerstimmen. Bemerkenswerterweise legte auch die ohnehin schon die politische Szene des Kreises beherrschende DNVP nochmals um ca. 300 Stimmen zu und kam damit auf einen Anteil von 47 %. Erneut übertraf die grundsätzlich systemfeindliche Partei ihre Konkurrenten um Längen, und zusammen mit den 1,9 % der Nationalsozialistischen Freiheitspartei votierte nach wie vor die Hälfte der Wähler trotz einer sich verbessernden Wirtschaftslage für antirepublikanische Gruppierungen.[43] Die konservative Rechtspartei profitierte dabei allerdings offensichtlich nur in geringem Maße von der Kandidatur des Südtonderaner Landwirtes Peter Bossen aus Hogelund bei Leck, der schließlich nach der Wahl für die schleswig-holsteinischen Deutschnationalen in den Reichstag einzog.[44] Die Zugkraft eines einheimischen Kandidaten war dem Ergebnis zufolge aber nicht groß genug, um den prozentualen Anteil noch weiter zu erhöhen.

---

39 Zu den Auseinandersetzungen im rechtsradikalen Lager zwischen Mai und Dezember 1924 Rietzler, „Kampf in der Nordmark", S. 235 ff.
40 Überdurchschnittliche Ergebnisse erreichten sie nurmehr in Mecklenburg, Franken, Ostpreußen und Thüringen.
41 Zum Wahlergebnis in Schleswig-Holstein Rietzler, „Kampf in der Nordmark", S. 251 ff.
42 Die KPD erreichte nurmehr 0,6 %, die dänisch orientierte Liste nurmehr 2,2 %. Landrat Bielenberg kommentierte das Ergebnis entsprechend: „Im ganzen ist aber das Deutschtum im Kreis Südtondern stolz darauf, den Dänen am heutigen Tage eine glänzende Niederlage beigebracht zu haben"; LAS 309/35238, Ldr. an RP vom 8. 12. 1924.
43 Zur Wirtschaftslage seit 1924 Kap. XI.
44 Der Gewählte war ein Bruder des späteren Landvolkanhängers, dem man zunächst die Kandidatur angetragen hatte; Auskunft von Max Bossen (Leck) in einem Gespräch mit dem Verfasser vom 16.12.1987.

Eine schwere Niederlage mußte auf Kreisebene die Nationalsozialistische Freiheitspartei hinnehmen, die nur in Leck als einem Schwerpunkt des Jungdeutschen Ordens ihre absolute Stimmenzahl halten konnte[45], ansonsten aber über zwei Drittel ihrer Wähler verlor. Es war dies das Resultat der sich festigenden Gesamtlage, der innerparteilichen Differenzen, der ebenfalls in vielen Punkten radikalen deutschnationalen Konkurrenz und besonders des darauf folgenden mangelnden Engagements im Wahlkampf. Hatten im Frühjahr noch mehrere Redner auf Wahlversammlungen gesprochen, so beschränkte sich die Kampagne vom Winter auf gerade eine von Jungdo-Mitglied Tierarzt Petersen geleitete Veranstaltung in Leck[46], auf welcher der dithmarscher NS-Propagandist Bolzmann aus Meldorf die rund hundert Zuhörer vor der drohenden Überfremdung durch das Judentum warnte.[47] Wenngleich nach Ende der Veranstaltung eine Ortsgruppe hatte gegründet werden können, so vermochte doch auch dieser organisatorische Erfolg den Substanzverlust des ohnehin zerstrittenen völkischen Lagers nicht aufzuhalten.

Als Gesamtergebnis der Wahlen des Jahres 1924 bleibt einerseits festzuhalten, daß der Wählerwille im Untersuchungsraum weit größeren Schwankungen unterworfen war als auf Provinz- und Reichsebene. Andererseits fällt der weit überdurchschnittliche Erfolg der Rechtsparteien auf, die trotz ihrer antisemitisch-antirepublikanischen Grundauffassung und fehlender realistischer Perspektiven im Frühjahr erstmalig die Mehrheit der Wähler hinter sich brachten und auch im Dezember noch die Hälfte aller Stimmen erringen konnten. Es offenbarte sich darin das tiefe grundsätzliche Mißtrauen gegenüber der Weimarer Demokratie und die Sehnsucht nach einer festen, klar strukturierten Gesellschaft unter autoritärer Führung, wie die Hochkonjunktur und Breitenwirkung der diversen, keineswegs wirtschaftspolitisch motivierten Wehrverbände beweist, die just in diesem Jahr auch in Südtondern entstanden. Gerade diese Tatsache sowie die überaus scharfe Stellungnahme des Kreisbauernvereins zur DDP und die Warnung seiner Mitglieder vor dem Reichsbanner kurz nach der Dezemberwahl belegen, daß den Wahlentscheidungen von 1924 neben wirtschaftspolitischen Interessen in starkem Maße weltanschauliche Momente zugrundelagen. Dafür spricht insbesondere, daß das katholische Zentrum als Regierungspartei die politischen und wirtschaftlichen Schwierigkeiten jener Zeit nahezu ungeschmälert überstand.

---

45 Wie am 7. Mai votierten 69 Einwohner für die Nationalsozialisten. Der prozentuale Anteil sank aufgrund der gestiegenen Wahlbeteiligung von 14,9 auf 9,4 %.
46 Vgl. LA vom 6. 12. 1924.
47 LA vom 5. 12. 1924.

X. Das Verhältnis zu Dänemark
nach der Abstimmung

War schon der Abstimmungskampf selbst durch „nationale Unduldsamkeit und nationalistische Verhetzung"[1] geprägt gewesen, so änderte sich auch in der Folgezeit, besonders in der Phase bis etwa 1924, nur wenig an dem durch Intoleranz vergifteten Klima an der Grenze. Trotz einzelner Schritte zu einem versöhnlicheren Miteinander bot die Grenzauseinandersetzung ein Lehrbeispiel dafür, „wie Mehrheit und Minderheit nicht miteinander umgehen sollten."[2] Die durch die ohnehin kaum begriffene Kriegsniederlage sowie durch den „Schmachfrieden" von Versailles vollkommen verunsicherte Bevölkerung war zu einer realistischen Einschätzung der politischen wie wirtschaftlichen Lage nicht fähig. Der übersteigerte Nationalismus tat ein übriges, jede nüchterne Beurteilung zu verhindern. Dänemark galt in den meisten Augen als der niederträchtigste Kriegsgewinnler überhaupt, der ohne einen Blutstropfen im Kriege zu vergießen, sich Deutschlands Notlage zunutze gemacht hatte. Zumeist als „Speckdänen" diffamiert mußten die Angehörigen der kleinen dänischen Minderheit[3] ein Leben in sozialer Isolation in Kauf nehmen - eine Konsequenz des nationalen Bekenntnisses, die schwerer wog als die vergleichsweise geringen materiellen Zuwendungen aus dem Norden.[4] Zwar nahm die unmittelbare Konfrontation gegen Ende der zwanziger Jahre mit dem Dahinschwinden der politischen Bedeutung der Minderheit ab, doch waren gerade die Auseinandersetzungen in der ersten Zeit nach 1920 mit dafür verantwortlich, daß die rechtsstehenden Parteien zu so großen Erfolgen südlich der neuen Grenze kamen.

Die bis 1933 stattfindenden Gedenkfeiern zum 14. März, dem Tag des deutschen Abstimmungssieges in der zweiten Zone, bildeten den alljährlichen Höhepunkt der unversöhnlichen anti-dänischen Propaganda.[5] Im allgemeinen marschierten zu diesem Anlaß die nationalen Verbände wie Kriegervereine, Jungdeutscher Orden und Stahlhelm auf, zumeist loderten am Vorabend nach einem Fackelzug auch Freudenfeuer auf, in deren Verlauf hin und wieder eine Cornelius Petersen darstellende Strohpuppe verbrannt wurde.[6] Vor einer mei-

1 Steensen, Die friesische Bewegung, S. 150.
2 ebd.
3 Zur dänischen Minderheit in Südtondern, deren politische Bedeutung insgesamt gering war, Johan Peter Noack, Det danske mindretal i Sydslesvig,°Abenřa 1989, S. 367 ff.
4 Vgl. dazu besonders Carsten R. Mogensen, Dansk i hagekorsets skygge, Flensburg 1981, S. 39; Noack, S. 371.
5 Über den 14. März und seine Wirkung Gerd Vaagt, Der 14. März als nationales Erlebnis, in: ZSHG 96 (1971), S. 279–308.
6 Über einen solchen Fall berichtete die NfR vom 16. 3. 1922. Ganz in den Dienst der nationalen Erregung wurde auch das traditionelle Biikebrennen am Petritag (21. Februar) auf den Inseln gestellt; vgl. dazu Harald Voigt, Biikebrennen und Petritag. Ein Volksbrauch im Spiegel der Zeiten, in: Nordfriesland 10 (1976), S. 133–136.

stens nach hunderten zählenden Zuhörerschaft hielten Redner eindringliche, nationalistisch geprägte Ansprachen, in denen sie an die Menschenmenge appellierten, den Wiedererwerb Nordschleswigs nicht aus den Augen zu verlieren. Stets beschlossen das „Deutschlandlied" und / oder das „Schleswig-Holstein- Lied" die der nationalen Euphorie gewidmeten Kundgebungen. Erst 1925 sahen sich die Schleswiger Behörden dazu veranlaßt, mäßigend auf die Veranstalter einzuwirken und sie zum Verzicht auf „unangebrachte Schärfen" gegen den nördlichen Nachbar anzuhalten, da revanchistische Attacken „im Ausland ... stark zu Ungunsten Deutschlands ausgenutzt" würden.[7] Sie reagierten damit u.a. auf die tätlichen Übergriffe, zu denen es 1924 aus den Reihen der Jungdeutschen gekommen war.[8]

Als Träger der Erinnerung an die nationale Auseinandersetzung 1919 / 20 fungierte der 1919 vom Deutschen Ausschuß ins Leben gerufene „Schleswig-Holsteiner-Bund" (SHB), der im Streben nach Revision der 1920 geschaffenen Grenze auf der Basis „einer gerechten Durchführung des wahren Selbstbestimmungsrechtes der Völker" seine Hauptaufgabe sah.[9] Daneben bemühte sich die Organisation zugleich um die „Pflege und Förderung des Stammesbewußtseins, des Gemeinschaftsgefühls und der Heimatliebe der Schleswig-Holsteiner"[10], Zielsetzungen, welche dem SHB von Beginn an einen Platz in unmittelbarer Nähe zu jenen Geistesströmungen zuwiesen, die dem demokratischen Miteinander im Kern entgegenstanden. Etliche Redner beschworen anläßlich der Abstimmungsfeiern den klassenübergreifenden Geist der „Volksgemeinschaft, indem sie daran erinnerten, „daß der große Sieg damals nur dadurch möglich war, daß eine heilige Welle alle durchflutete, daß alle Unterschiede der Parteien, der Bekenntnisse und der Stände, alle trennenden Schranken zerfielen vor dieser einen: „Deutsch sein und Deutschsein bekennen".[11]

Begleitet wurde diese „Volksgemeinschafts"-Konzeption von einer spezifischen Volkstums- und Grenzlandideologie, die zahlreiches Gedankengut barg, welches später dem Nationalsozialismus als Anknüpfungspunkt für seine Propaganda in Schleswig-Holstein diente. Dazu zählte neben der Betonung der Rolle des Grenzdeutschtums für die Stärkung des gesamten „Deutschgefühls" in besonderem Maße der aus der Vorkriegszeit stammende völkische Kulturpessimismus. Hinzu kam jene auch die Landespartei kennzeichnende idealisierende Sicht des Bauerntums, die in der Einfachheit und Stille dörflicher Lebenswelt die „Kraftquelle" des gesamten Volkes erblickte und die Realität der sich zudem noch verstärkenden Industrialisierung zu negieren versuchte. Die enge

---

7 LAS 309 / 35243, RP an Ldr. vom 5. 3. 1925.
8 Vgl. Kap. VIII. 2.
9 Über den SHB Broder Schwennsen, Der Schleswig-Holsteiner-Bund 1918–1933. Ein Beitrag zur Geschichte der nationalpolitischen Verbände im deutsch-dänischen Grenzland, mss. Diss., Kiel 1991; Rietzler, „Kampf in der Nordmark" S. 296 ff.; Vaagt, Der 14. März, passim.
10 Zitiert nach Rietzler, „Kampf in der Nordmark", S. 299.
11 So Dr. Alexander Scharff am Vorabend der Abstimmungsfeier 1930 in Flensburg. Zitiert nach Rietzler, „Kampf in der Nordmark", S. 301.

Verbindung zu landesparteilichen Grundüberzeugungen fand zudem ihren Ausdruck darin, daß mit Wilhelm Iversen (Munkbrarup) ein ehedem führender Funktionär der Regionalpartei bis zum Herbst 1932 an der Spitze des Schleswig-Holsteiner-Bundes stand. Dann setzten sich aber Anfang Januar die Nationalsozialisten in der Führung durch. Diese Tatsache sollte allerdings nicht zu der naheliegenden Schlußfolgerung verführen, im SHB eine schon lange vor 1933 im Prinzip nationalsozialistische Organisation zu sehen. Dagegen spricht insbesondere, daß führende Funktionäre wie etwa Iversen nie zu den Parteigängern Hitlers zählten. Dennoch gehörte der Heimatverband wegen der nicht bestreitbaren geistigen Verwandtschaft zur NSDAP sicher zu den ideologischen Wegbereitern des Nationalsozialismus in Schleswig-Holstein.

Das unmittelbare Betroffensein des nunmehrigen Grenzgebietes vom Abstimmungskampf hatte geradezu zwangsläufig zur Folge, daß der SHB in Südtondern auf eine nicht unbeträchtliche Resonanz stieß. Bis zum August 1921 entstanden auf dem festländischen Teil des Kreises etliche Ortsgruppen mit einem z.T. recht ansehnlichen Mitgliederbestand[12], die überwiegend von Personen geleitet wurden, welche gleichzeitig oftmals in den nationalen Verbänden tätig waren. So gehörten neben Julius Momsen und dem Seminarlehrer Richard Ortmann[13] mit Rechtsanwalt Feddersen, Zahnarzt Dr. Boysen und Kaufmann Bokkelmann gleichzeitig führende Vertreter von Stahlhelm, Jungdeutschem Orden und Kriegerverein zum Vorstand der kreisweit größten Ortsgruppe in Niebüll[14], womit die Breitenwirkung dieser antirepublikanischen Verbände zusätzlich unterstrichen wurde. Doch selbst diese organisatorischen Querverbindungen vermochten den allmählichen Bedeutungsschwund des SHB gegen Ende der Weimarer Republik nicht aufzuhalten. Einerseits lag dies darin begründet, daß die Grenzfrage Ende der zwanziger Jahre angesichts der wachsenden wirtschaftlichen Probleme ohnehin in den Hintergrund trat, andererseits resultierte der Mitgliederrückgang nach 1930 ganz wesentlich aus der mangelnden Durchschlagskraft der vom SHB vertretenen Positionen. Zahlreiche Mitglieder, die durch ihren Einsatz speziell der Forderung nach Grenzrevision Nachdruck hatten verleihen wollen, dokumentierten mit ihrem Austritt das mangelnde Vertrauen in die Verbandsführung[15], die zwar weiterhin verbal ihr Interesse an einer Neufestsetzung der Grenze zum nördlichen Nachbarn bekundete, diesem

12 Ortsgruppen existierten im Herbst 1924 in Achtrup, Aventoft, Humptrup, Klixbüll, Ladelund, Leck, Lütjenhorn, Medelby, Neukirchen, Niebüll, Risum-Lindholm, Rodenäs, Sande, Sprakebüll, Stedesand und Süderlügum; BArchP, Deutsche Stiftung, Nr 1375, Bl. 12., Übersicht vom 30. 10. 1924. – Im Jahre 1921 hatten folgende Ortsgruppen Mitglieder: Aventoft 111, Klixbüll 79, Leck 195, Lindholm 22, Niebüll 210, Süderlügum 88; LAS 399. 41 Nachlaß Richard Ortmann, Nr 17.
13 Richard Ortmann (1879–1953) gehörte vor der Abstimmung zu den Wortführern der Tonderner Abteilung des Deutschen Ausschusses. Die Niebüller Ortsgruppe des SHB leitete er als Nachfolger Julius Momsens von 1927–1933. Zur Person Ortmanns Die Heimat 60 (1953), S. 190; Schleswig–Holstein 1953, S. 88 f.; JbNfV 29 (1952/53), S. 289.
14 Vgl. NfR vom 17. 1. 1927.
15 Einem Eintrag des Protokollbuches der Niebüller Ortsgruppe vom 10. 9. 1931 zufolge

Wollen jedoch keinen Nachdruck verleihen konnte. Statt dessen setzten weite Bevölkerungskreise ihre Hoffnungen auch in dieser Frage mehr und mehr auf den kompromißlosen Kurs der NSDAP mit ihrer pauschalen Anti-Versailles Propaganda.[16]

Bildete der SHB in der Zeit nach 1920 den organisatorischen Rahmen für die gegen Dänemark gerichtete Agitation, so kam der Presse des Untersuchungsraumes in dieser Phase die Funktion der Plattform zu, auf welcher die Auseinandersetzungen geführt und in die breite Öffentlichkeit getragen wurden. Weil die Lokalzeitungen in jener Zeit eine so wichtige Rolle für den Meinungsbildungsprozeß der Bevölkerung spielten, soll nachfolgend die Presselandschaft Südtonderns einer kurze Betrachtung unterzogen werden.

Bereits im Verlauf des Abstimmungskampfes selbst hatte sich die politische Grundtendenz der verschiedenen Blätter offenbart. Die meisten von ihnen standen eindeutig auf der deutschen Seite und sorgten durch ihre Berichterstattung dafür, daß die Wogen der nationalen Erregung nicht zur Ruhe kamen. Lediglich der „Föhr-Amrumer Lokalanzeiger" sowie das „Sylter Intelligenzblatt" vertraten einen gemäßigteren und damit zugleich einen für viele Zeitgenossen verdächtigen Kurs; alle übrigen Organe bekannten sich in dem emotionsgeladenen, unsachlich geführten Nationalitätenstreit ausnahmslos zum Deutschen Reich. Besonders eifrig zeigte sich dabei die nach dem „Lecker Anzeiger" auflagenstärkste Zeitung, die in Niebüll erscheinende „Nordfriesische Rundschau", deren Herausgeber und Redakteur Christian Jessen bald nach der Abstimmung zum Vorstand des Kreiskriegerverbandes gehörte.[17] Der Jessen im Zuge der Umwandlung der „Rundschau" in eine GmbH nachfolgende Schriftleiter Dr. Langendorf stand seit der Gründung des örtlichen Stahlhelms in dessen Reihen, ein politisches Bekenntnis, welches die Ausrichtung des besonders in den Marschgemeinden verbreiteten Blattes nachhaltig prägte. Offen bekannte sich die Zeitung, die sich ähnlich der gesamten Provinzpresse nicht vom Hitlerputsch distanziert hatte, vor der Maiwahl 1924 zu den „nationalen" Parteien DVP und DNVP.[18] Umgekehrt warnte die „Rundschau" ihre Leser anläßlich jeder anstehenden Wahl eindringlich vor der Stimmabgabe zugunsten dänisch orientierter Listen und versuchte damit, den jeweiligen Wahlausgang zu beeinflussen.[19]

Die anti-dänische, deutsch-nationale Propaganda beschränkte sich indes nicht nur auf „Wahlempfehlungen", sondern sie richtete sich vor allem gezielt gegen den dano-friesisch orientierten „Schleswiger", der die Hauptzielscheibe

hatte der Verein bereits „viele Mitglieder verloren"; LAS 399. 41 Nachlaß Ortmann, Nr 8.

16 Zu erwähnen ist in diesem Zusammenhang besonders der sog. „Ostersturm" des Jahres 1933; vgl. Kap. XIV. 2.

17 LA vom 15. 7. 1920. Demnach war er stellvertretender Kreisvorsitzender.

18 Diese Wahlempfehlung enthielt ein „In letzter Stunde" überschriebener Leitartikel auf dem Titelblatt; NfR vom 2. 5. 1924.

19 In der NfR vom 23. 11. 1925 hieß es bezüglich der anstehenden Kommunalwahl in dicken Lettern: „Wollen wir Dänen im Kreistag sitzen haben? NEIN!!"

für die Verbalinjurien speziell der „Rundschau" darstellte. So verwahrte sich Jessen in einem von ihm verfaßten und „An den Vertreter des dänischen Hetzblattes" gerichteten Leserbrief gegen den Vorwurf der Lüge und schoß den Pfeil umgehend zurück[20] :

> „… gerade Sie und ihr 'Judas'-Kollegium sind die Lügner und Betrüger am Deutschtum und freuen sich, wenn es uns Deutschen schlecht ergeht und unsere Wirtschaft zusammenbricht."

Neben dieser Art Stimmungsmache, an der sich selbst Vertreter der lokalen Sozialdemokratie beteiligten[21], versuchten die Lokalzeitungen die öffentliche Meinung dadurch zu steuern, daß sie über Vorfälle, die dem „Deutschtum" schädlich schienen, überhaupt nicht berichteten. Über die Lindholmer Orgesch-Versammlung enthielt sich die deutsche Presse bezeichnenderweise ebenso eines Kommentars wie anläßlich der Übergriffe auf den „Schleswiger" und dessen Redakteur Johannes Oldsen im Jahre 1924, die immerhin zu einem Prozeß gegen die Urheber führten.[22] Die darin zutage tretende Einseitigkeit der Berichterstattung, die in diesem Falle schon demagogische Züge trug, war mitverantwortlich dafür, daß sich die politische Atmosphäre gerade in den ersten Jahren nach 1920 nicht beruhigen konnte und die Grenzfrage auch in der folgenden, scheinbar ruhigeren Phase einer nüchternen Beurteilung entzogen blieb.

Die Heftigkeit, mit welcher die Angriffe in der Presse gegen Dänemark bis 1924 geführt wurden, hatte ihre Ursache neben dem traditionellen Aspekt gleichfalls darin, daß die Lokalzeitungen im Rahmen der krisenhaften Wirtschaftsentwicklung immer stärker unter Druck gerieten. Laufend mußten die Bezugsgebühren erhöht werden, doch waren die Verluste mit solchen Maßnahmen auf Dauer nicht auszugleichen, weil zahlreiche minderbemittelte Leser ihre Abonnements kündigten und entweder ganz auf das Studium der örtlichen Blätter verzichteten oder den nach wie vor preiswerten friesisch-dänischen „Schleswiger" lasen, der im Zuge der Inflation immer größere Verbreitung fand. Um einen weiteren dänischen Einflußgewinn, speziell aber den drohenden Ausverkauf der deutschen Presse südlich der Grenze zu stoppen, griffen die Behörden zu Stützungsmaßnahmen. Mit Hilfe einer staatlich finanzierten Tarnorganisation, der „Konkordia Literarische Anstalt AG GmbH"[23], sollten die Zeitungen vor dem Zusammenbruch bewahrt, „der stürmischen Flut verhetzender Wühlarbeit der dänischen Grenzpresse" ein „Wall" entgegengesetzt werden.[24] Die Konkordia erwarb 1922 das in Lindholm erscheinende „Nordfriesische Wochenblatt", das

---

20 NfR vom 8. 1. 1921.
21 Der Westerländer SPD-Stadtverordnete Andreas Nielsen wandte sich gegen den „dänischen Chauvinismus", und der Wyker Sozialdemokrat Matthias Wöbbe sah sich in einem an Johannes Oldsen gerichteten Leserbrief als „Deutschen Sozialisten" und nicht als „Vaterlandsverräter"; SZ vom 26. 4. 1922 und NfR vom 20. 3. 1922; vgl. auch Kap. IX.
22 Unterlagen über das Verfahren liegen nicht mehr vor.
23 Zum Folgenden Steensen, Die friesische Bewegung, S. 158 ff.
24 LAS 301/5679, Denkschrift des Oberpräsidiums „Die dänische Gefahr und ihre Abwehr", 3. 5. 1922.

in der ebenfalls aufgekauften und in eine Aktiengesellschaft umgewandelten „Nordfriesischen Rundschau" aufging. Weniger erfolgreich operierte die Konkordia auf den Inseln – hier gelang es nur auf Sylt, der „Sylter Zeitung" mit dem Erwerb des „Sylter Intelligenzblattes" eine „unliebsame Konkurrenz vom Halse zu schaffen"[25]. Auf Föhr hingegen schlugen alle Versuche fehl, in den Besitz des in der Abstimmungszeit weitgehend moderat aufgetretenen "Föhr-Amrumer Lokalanzeigers" zu kommen. Selbst die Anprangerung als „verstecktes dänisches Werkzeug"[26] fruchtete nicht, um die kleinere der beiden Inselzeitungen zu isolieren, die ihrerseits nach 1920 mehrfach ihre nationale Zuverlässigkeit bekundete und mutmaßlich dadurch ihren Leserstamm hielt.

Ende 1923 mußte die Konkordia ihr im Kern verfassungswidriges, gegen die Pressefreiheit gerichtetes Wirken einstellen, das darauf abzielte, mißliebige Lokalblätter aus dem Wege zu räumen sowie den Konzentrationsprozeß in der Zeitungslandschaft südlich der Grenze voranzubringen. Die Behörden erwarteten nach der Währungsstabilisierung – zu Recht, wie sich herausstellen sollte – eine deutliche Entspannung der Verhältnisse, insbesondere den Rückgang der dänischen Bewegung im Grenzraum. Infolgedessen vermochten die deutsch orientierten Blätter nach 1924 auch ohne weitere Stützungsmaßnahmen auszukommen. Insgesamt existierten nach einer Übersicht der Regierung in Schleswig aus dem Jahr 1926[27] noch sechs deutsche Zeitungen in Südtondern mit einer Gesamtauflage von rund 10000 Exemplaren, deren politische Ausrichtung sich weit überwiegend nach rechts neigte. Sie waren „im nationalen Sinne" tätig, eine Einstellung, die sich gegen Ende der zwanziger und zu Beginn der dreißiger Jahre noch weiter verschärfte und manches Blatt schon vor 1933 in das nationalsozialistische Lager führte.[28]

Einen völlig anderen Charakter als die deutsch-nationale Presse in Südtondern trug hingegen „Der Schleswiger", ein Organ, welches seit dem August 1925 faktisch als Sprachrohr der relativ kleinen dänischen Minderheit im Untersuchungsraum fungierte, zuvor allerdings zwischenzeitlich über eine nicht unerhebliche Bedeutung verfügt hatte.[29] 1920 von Cornelius Petersen zur Unterstützung seiner eigenwilligen Schleswig-friesischen Bestrebungen gegründet, mußte das Blatt im Juli 1921 aufgrund finanzieller Probleme an die deutschgeschriebene, dänischgesinnte „Neue Flensburger Zeitung" verkauft werden. Der bis dahin für „C. P." als Verleger tätige Johannes Oldsen – maßgeblicher Kommunalpolitiker des friesich-dänisch orientierten Bevölkerungsteiles[30] und Wortführer einer kleinen Bewegung, die sich um einen Minderheitenstatus für den

---

25 Steensen, Die friesische Bewegung, S. 160.
26 Zitiert nach ebd., S. 160.
27 LAS 301/5817 und 5818.
28 Vgl. Kap. XV. 4.
29 Zum Folgenden besonders Steensen, Die friesische Bewegung, S. 199 ff.
30 Zur Person Oldsens (1894–1958), von 1925 an Kreistagsabgeordneter, Steensen, Die friesische Bewegung, S. 186 ff. und die dort zitierte Literatur. Oldsens Nachlaß befindet sich in der Dansk Centralbibliotek in Flensburg.

friesischen Bevölkerungsteil bemühte[31] – redigierte für den neuen Eigentümer nurmehr den Lokalteil für Nordfriesland, im übrigen verlor die Zeitung ihre überregionale Eigenständigkeit. Politisch vertrat die Zeitung, die den anmaßenden Untertitel „Organ für Wahrheit und Recht. Volksblatt zur Pflege schleswigscher und friesischer Volksinteressen" einen schleswigschen, strikt antipreußischen Kurs, der dazu führte, daß insbesondere die zahlreichen deutschnationalen Vereine immer wieder mit unnachsichtigem Spott[32] und harscher Kritik überzogen wurden, einer Kritik, die stets sehr polemisch ausfiel, grundsätzlich aber oft berechtigt war, wie etwa das Beispiel der Orgesch-Versammlung im Herbst 1920 beweist.[33] Insofern förderte der „Schleswiger" wiederholt Wahrheiten ans Tageslicht, welche von dem weit überwiegenden Teil der Grenzbevölkerung jedoch schon wegen ihrer Herkunft zumeist als dänische Irreführung nicht angenommen wurden.

Den Höhepunkt ihrer Wirksamkeit erlebte die Zeitung in den Inflationsjahren, da sie zeitweilig die Unterstützung privater dänischer Kreise genoß und zu einem Preis angeboten werden konnte, der deutlich unter dem der von laufenden Preiserhöhungen betroffenen deutschen Presse lag. Aufgrund dieses Umstandes zählten gerade die sozial Schwächeren zu den Lesern, wie der „Schleswiger" sich generell als Sprachrohr der ärmeren Schichten begriff.[34] Dementsprechend hoch stiegen die Abonnentenzahlen; noch im Juli 1922 waren es insgesamt erst 500 Bezieher[35], von denen viele in Gemeinden mit überproportional hohem Arbeiteranteil wohnten. Allein in Westerland, Niebüll und Lindholm, dem Wohnort Oldsens, wurden im November 1923 mit zusammen 360 Exemplaren weit mehr als ein Drittel der 908 im Kreise bezogenen Ausgaben abgesetzt.[36] Generell stellte Südtondern zu diesem Zeitpunkt das Hauptverteilungsgebiet des danofriesischen Blattes. Den Behörden wie dem größten Teil der Grenzbewohner war dieser Erfolg natürlich ein Dorn im Auge. Die Ausbreitung der „Dänenzeitung"

31 Die Pläne Oldsens als Wortführer des „Friesisch-Schleswigschen Vereins", die Friesen mit Hilfe des 1925 in Genf tagenden Europäischen Nationalitätenkongresses zu einer nationalen Minderheit zu erklären, waren angesichts der emotionsgeladenen Atmosphäre südlich der neuen Grenze im Grunde von Anfang an zum Scheitern verurteilt. Deutscherseits witterte man in dem Vorhaben einzig den Versuch, die Friesen gewissermaßen zu danisieren. Mit der Unterschrift unter die „Bohmstedter Richtlinien" wandte sich 1926 der weit überwiegende Teil der friesischen Bevölkerung gegen die Bestrebungen Oldsens. Gleichzeitig bedeuteten die über 13000 Unterschriften ein Bekenntnis zum Deutschen Reich; vgl. dazu ausführlich Steensen, Die friesische Bewegung, S. 229–279.
32 So kommentierte das Blatt die Niebüller Stahlhelm-Fahnenweihe, auf welcher die Teilnehmer mit Holzstöcken exerziert hatten, mit der Bemerkung, die Kavallerie werde sicher bald dazu übergehen, mit Besenstielen zu üben; DSchl vom 21. 10. 1924.
33 Vgl. Kap. VII. 1.a).
34 Steensen, Die friesische Bewegung, S. 199.
35 ebd., S. 200; Landrat Bielenberg machte den Regierungspräsidenten in einem Schreiben vom 3. 10. 1922 auf die wachsende Abonnentenzahl aufmerksam; LAS 309 / 22810.
36 Zur Verteilung in den einzelnen Orten Steensen, Die friesische Bewegung, S. 200.

galt als die schwerste Gefahr für das Deutschtum im Grenzgebiet. Als Gegen-maßnahmen wurden neben der finanziellen Hilfe für die deutschen Zeitungen selbst Boykottmaßnahmen gegen die Leser des „Schleswigers" in Betracht ge-zogen[37], doch erübrigten sich mit dem Verbot der gesamten prodänischen Zei-tungen alle weiteren Schritte.[38] Dazu war es gekommen, nachdem die Verhän-gung des Ausnahmezustandes im Reich ein schärferes Vorgehen ermöglicht hatte. Am 14. November 1923 suchte die Regierung in Schleswig um das Verbot der prodänischen Presse in der Provinz nach, freilich ohne stichhaltige Begrün-dung.[39] Das Wehrkreiskommando Stettin reagierte schnell auf die Bitte: Am 21. November untersagte es die Zeitungen „bis auf weiteres".[40]

Die Aufhebung des Verbots am 28. Januar 1924, die im Interesse eines besseren Verhältnisses zu Dänemark erfolgt war, stieß allerdings auf scharfe Kritik und Unverständnis in weiten Kreisen südlich der Grenze. Der ganze Unwille über die Regierungsentscheidung drückte sich in einem Schreiben des Südtondera-ner Kreisbauernvereins aus.[41] Die Standesorganisation bedauerte ausdrücklich die Wiederzulassung und verlangte als Ersatz, daß die deutsch geschriebene Dänenpresse nurmehr in der Sprache des Nachbarstaates erscheinen dürfe. Es war dies der Versuch, das unliebsame Organ wirtschaftlich in die Knie zu zwin-gen, indem man die Zeitung eines großen Teils ihrer zumeist ärmeren Leser-schaft berauben wollte. Gleichzeitig verbarg sich dahinter die irrige Annahme, derzufolge einzig die Sprache über das nationale Bekenntnis entscheide.[42]

Das fragwürdige Verbot hatte allerdings auch ohne die Berücksichtigung der Bauernvereinsforderungen zur Folge, daß der „Schleswiger" einen Großteil sei-ner Leser verlor. Im März 1924 konnten in Südtondern nur noch 300 Exemplare verkauft werden[43], im Juli 1925 waren es nurmehr 171.[44] Dieser Rückgang trieb die Zeitung an den Rand des finanziellen Ruins und war Ursache dafür, daß sie neuerlich den Besitzer wechselte, doch konnte auch die Übernahme durch Ernst Christiansen und Jacob Kronika – zwei führende Vertreter der dänischen Min-derheit – den weiteren Niedergang nicht verhindern.[45]

---

37 ebd., S. 201.
38 Zu den Einzelheiten des Verbots Carsten R. Mogensen, Forbudet mod den tyskspro-gede danske presse i Sydslesvig 1923–1924, in: SøÅ 1981, S. 157–192.
39 Die Begründung stützte sich im wesentlichen auf die diffuse Befürchtung, die däni-schen Blätter würden die Lage des Reiches ausnutzen, „um die Abtrennung weiterer deutschen Landes vorzubereiten"; LAS 309/35276, RP an Wehrkreiskommando II vom 14. 11. 1923.
40 Das Verbot ist abgedruckt in DSchl vom 22. 11. 1923.
41 LAS 309/35276, Bauernverein Südtondern an PMI vom 7. 2. 1924.
42 Dazu Noack, S. 368, der zu Recht darauf verweist, daß die Sprache einen schlechten Indikator für nationale Zugehörigkeit darstellt.
43 LAS 309/22756, Ldr. an RP vom 8. 3. 1924. Demnach verliefen auch Werbeaktionen des „Schleswigers" im wesentlichen erfolglos.
44 LAS 309/22770, Ldr. an RP vom 11. 7. 1925.
45 Im März 1927 hatte die Zeitung in Südtondern nurmehr 61 Abonnenten; LAS 309/22874.

Wenngleich die Entscheidung zur Aufhebung des Presseverbots den Willen der Regierung zu normalen Beziehungen zu Kopenhagen signalisierte, so kann dies doch nicht darüber hinwegtäuschen, daß die staatlichen Stellen nach 1920 an führender Stelle im Nationalitätenstreit agierten. Dazu diente neben den verfassungswidrigen Eingriffen in die Presselandschaft in erster Linie die Wirtschaftsförderung, welche das Deutschtum an der von keiner Weimarer Regierung anerkannten Grenze stützen sollte. Zu diesem Zweck hatte die Reichsregierung noch 1920 beträchtliche Geldmittel bereitgestellt[46], um damit Straßenbauten, Wasserregulierungsarbeiten, Schulen und insbesondere den Bau des Eisenbahndammes nach Sylt zu finanzieren. Die Inflation verhinderte jedoch eine zügige Durchführung der Arbeiten; einige Projekte mußten ganz und gar gestrichen werden[47], doch konnte immerhin schon im Jahre 1923 die Grenzvolkshochschule in Leck eingeweiht werden, womit die deutsche Grenzlandarbeit ein kulturelles Zentrum erhielt.[48]

Die Förderung der deutschen Sache begleitete auf der anderen Seite eine intensive Observanz der dänischen Bestrebungen im Grenzgebiet, ein Verhalten, welches oft den Charakter von Gesinnungsschnüffelei annahm. Akribisch führten die Behörden Buch über die „national unzuverlässigen" Bewohner. Es wurden zu diesem Zweck Übersichtslisten angelegt, die Aufschluß über die dänische „Wühlarbeit" gaben.[49] Bisweilen trug der so geartete Feldzug gegen die sich zur Minderheit bekennenden Personen Züge, die, stünde nicht bitterer Ernst dahinter, eigentlich grotesk anmuteten. So verdächtigte etwa der Schleswiger Regierungsrat Karl Nissen 1923 die – aus Stuttgart stammende – Ehefrau des Süderender Pastors Dankleff dänischer Sympathien[50], und eine in Ladelund tätige, vermeintlich in Dänemark geborene Diakonisse entging dem Austausch gegen eine „reichstreue" nur dadurch, daß sich noch rechtzeitig ihre Nordschleswiger Herkunft herausstellte.[51] Ohne Zweifel bewirkten die Behörden mit solcherlei übereifrigen Maßnahmen ihrer weithin politisch rechtsstehenden Beamtenschaft, daß sich die Wogen der nationalen Erregung auch nach dem Jahre 1923 nur sehr allmählich legten und die von Regierungsseite eingeleiteten Normalisierungsschritte mit übergroßer Skepsis aufgenommen wurden. Dies galt besonders in den Fällen, in denen bestimmte Sach- oder Regionalentscheidungen als Zugeständnis an das Ausland gewertet wurden wie die plötzliche Versetzung des Landrats Bielenbergs im Januar 1925.

---

46 Von den im Herbst 1920 für das Grenzgebiet zur Verfügung gestellten 100 Mio. RM sollten auf Südtondern 23 Mio. entfallen; BAK R 43 I / 549; eine genaue Auflistung der Pläne ist abgedruckt in LA vom 27. 1. 1921.

47 Heuer, S. 172. Gerade was die Verbesserung der Wegeverhältnisse anlangt, geschah kaum etwas; Jochimsen, S. 136 f.

48 Vgl. dazu 50 Jahre Heimvolkshochschule Leck 1923–1973, Leck 1973.

49 Siehe etwa die detaillierte Erfassung der dänisch orientierten Vereine, Gemeinderatsmitglieder etc. vom 15. 4. 1924; LAS 309/35275.

50 Vgl. Steensen, Die friesische Bewegung, S. 154.

51 LAS 309/35244, RP an Diakonissenanstalt Flensburg vom 30. 7. 1925.

Der als Ersatz für den im Sommer 1921 tödlich verunglückten Vorgänger Emilio Böhme gewählte Hans Bielenberg zählte während seiner Amtszeit zu den nachdrücklichsten Verfechtern eines scharf anti-dänischen Kurses und damit zu den unversöhnlich nationalistischen, politisch weit rechts stehenden Kreisen. So begründete er seinen Wunsch nach materieller Hilfe für den Kreis im Frühjahr 1922 wie folgt[52] :

„Der Däne hilft allen, die sich in wirtschaftlicher Not befinden, Frauen und Kindern besonders und tröpfelt mit materiellen Mitteln das Gift dänischen Geistes in Gesinnungsschwächlinge."

Ganz dem nationalistisch-revisionistischen Denken entsprachen auch des Landrats Beurteilungen jener anti-dänischen Veranstaltungen von Seiten des Stahlhelms und des Kyffhäuserbundes im Oktober 1924, die er der allgemein üblichen Praxis folgend bereitwillig genehmigt hatte und im Nachhinein als „Kundgebungen eines bewußten Deutschtums gegen die chauvinistische eiderdänische Agitation im Kreise" begriff, „die ihre Hand nach weiterem schleswig-holsteinischen Boden ausstreckt".[53] Angesichts solcher Stellungnahmen, die einen völlig überhitzten Nationalismus an den Tag legten, ist es wenig verwunderlich, daß er im selben Jahr eine für Westerland auf Sylt geplante Kundgebung gegen den Krieg eigenmächtig und verfassungswidrigerweise verbot.[54] Nahmen die übergeordneten Stellen diesen Vorgang schon mißmutig zur Kenntnis[55] , so erst recht das Verhalten des Landrats anläßlich einer Einladung von Seiten seines nördlichen Amtskollegen, des Amtmanns von Tondern, Graf Schack. Unter fadenscheinigen Begründungen lehnte Bielenberg ein Zusammentreffen ab, um damit den Eindruck zu vermeiden, es könne mit Dänemark eine gedeihliche Zusammenarbeit geben.[56] Dieser Affront gegenüber dem nördlichen Nachbarn kam der sozialdemokratisch geführten Regierung in Preußen höchst ungelegen. Sie fürchtete eine Beeinträchtigung der laufenden Verhandlungen mit dänischen Stellen über ein Minderheitenschulrecht, welches die momentane Regelung auf eine festere Basis stellen und zur allgemeinen Entkrampfung des Verhältnisses beitragen sollte.[57] Zweifellos stand ein Landrat Bielenberg solchen Plänen für eine allmähliche Normalisierung im Wege, doch offenbarte dieser „Fall" zugleich das ganze Dilemma der demokratischen Regierungen in bezug auf die Rechtsorientierung nachgeordneter Verwaltungsbeamter. Insofern lieferte Bielenberg nur stellvertretend den Beweis „für die reaktionäre Gesinnung unterer Behörden und die Unmöglichkeit der Durchführung liberaler Anordnungen der Zentralbehörden."[58]

52 LAS 309/22917, Ldr. an RP vom 27. 3. 1922.

53 LAS 309/22926, Ldr. an RP vom 24. 12. 1924.

54 Die Kundgebung war vom Sylter Gewerkschaftskartell geplant worden. Zum Vorgang siehe den Schriftwechsel in LAS 309/12589.

55 ebd., PMI an OP vom 2. 1. 1925.

56 GStAPK I/90 Nr 1053, Bl. 146, PMI an preußischen Ministerpräsidenten vom 15. 12. 1924.

57 ebd., Bl. 147.

58 ebd., Bl. 150; PMI an preußischen Ministerpräsidenten vom 16. 12. 1924.

Die schließlich im Januar 1925 verfügte Abberufung des Landrats rief entsprechend den Befürchtungen des Oberpräsidenten Kürbis, der vor einer Versetzung gewarnt hatte, erhebliche Unruhe nicht nur im Kreis Südtondern hervor.[59] So protestierte der Landesvorstand des Schleswig-Holsteiner-Bundes einerseits gegen die Form der Bekanntmachung, insbesondere aber gegen die Nichtberücksichtigung der Grenzbevölkerung.[60] Deutlich heftiger fiel die Reaktion des Kreisbauernvereins aus, der sich „ganz energisch eine auch nur angedeutete Verbeugung gegenüber Dänemark" verbat und „restlose Klarheit über die Gründe der Versetzung" verlangte.[61] Diesem Drängen gaben die übergeordneten Behörden allerdings nicht statt; weder vermochte eine eigens nach Berlin entsandte Kommission des Kreistages die genauen Umstände der Abberufung in Erfahrung zu bringen[62], noch äußerte sich Regierungspräsident Johannsen auf einer Sondersitzung des Kreistages detailliert über den Vorfall. Er bemerkte lediglich, Bielenberg sei der außerordentlich schwierigen Lage nicht gewachsen gewesen.[63]

Festzuhalten bleibt, daß die „Affäre Bielenberg" gewiß nicht das Vertrauen der Grenzbevölkerung in die Demokratie stärkte. Es machte sich in Anbetracht der nicht begründeten, wiewohl im Sinne einer Überwindung der Grenzspannungen sicherlich richtigen Entscheidung bis in die Reihen der lokalen SPD-Ortsvereine[64] das Gefühl breit, übergangen worden zu sein. Daß diese Entscheidung zudem noch von der sozialdemokratisch geführten Regierung in Preußen gefällt worden war, mußte besonders in den bürgerlichbäuerlichen Kreisen die Auffassung stärken, die SPD nutze die Demokratie einzig zur Durchsetzung „roter" Willkürherrschaft – eine schwere Vorbelastung für die späteren krisenreichen Jahre.

---

59 Für besondere Irritationen sorgte die Versetzung deshalb, weil sie auch dem Landrat erst durch die Presse bekannt geworden war. Dabei hatte die preußische Regierung die anderweitige Verwendung Bielenbergs den erwähnten Schreiben zufolge bereits im Dezember 1924 beschlossen.

60 GStAPK I/90 Nr 1053, Bl. 163, Landesvorstand SHB an preußisches Staatsministerium vom 18. 2. 1925.

61 GStAPK I/77 Nr 5492, Bl. 77, Bauernverein Südtondern an PMI vom 7. 2. 1925.

62 Siehe dazu den Bericht in der NfR vom 5. 3. 1925.

63 ebd.

64 Auch SPD-Kreistagsmitglied Andreas Nielsen (Westerland) äußerte sich empört über das Vorgehen der Regierung; er wertete es als Mißachtung der lokalen Befugnisse; LA vom 5. 3. 1925.

XI. Die wirtschaftliche Entwicklung 1924 – 1928

Nach der Währungsstabilisierung vom Spätherbst 1923 begann in Deutschland neben der allmählichen politischen Konsolidierung zugleich eine Phase ökonomischer Erholung, die jedoch überwiegend dem in den Vorjahren ohnehin wenig in Mitleidenschaft gezogenen industriellen Sektor zugute kam.[1] Ausländische, insbesondere amerikanische Investoren[2] stellten die notwendigen Mittel zur Modernisierung, Rationalisierung und Kapazitätssteigerung der Fabriken zur Verfügung und sorgten dafür, daß die seit Kriegsbeginn beschleunigte Entwicklung Deutschlands zum Industriestaat ihren Abschluß fand und das Reich am Ende des Jahrzehnts wieder die Position der führenden Industriemacht in Europa einnahm.[3] Der Aufschwung hatte allerdings keine positive Auswirkungen auf den Arbeitsmarkt; selbst in diesen „Goldenen Zwanzigern" sackte die Zahl der Erwerbslosen kaum unter die Zweimillionengrenze, ein sozial wie finanziell eminent belastendes Problem für den Staat und gleichzeitig markantes Zeichen für die Scheinblüte der Wirtschaft. Zudem blieb der Aufwärtstrend stets dadurch gefährdet, daß er mit fremdem Kapital – vorwiegend kurzfristigen Anleihen – finanziert wurde. Eine weltpolitisch und wirtschaftlich instabile Lage drohte die Fortschritte im hochverschuldeten Reich nachhaltiger als in anderen Staaten zu erschüttern.

Der Konjunkturerholung der weitgehend auf Export orientierten Industrie korrespondierte im Bereich des Handels eine spürbare Zunahme der großen Warenhauskonzerne, die aufgrund ihrer höheren Leistungsfähigkeit den Kleinhandel mehr und mehr unter Druck setzten und für eine stagnierende Gewinnspanne bei den Einzelhändlern sorgten. Ähnlich schleppend zeigte sich die Konjunkturentwicklung im Handwerk, da sich zahlreiche, durch den Modernisierungsprozeß in der Industrie erwerbslos gewordene Arbeiter selbständig machten und so den Konkurrenzdruck zusätzlich verstärkten. Daraus resultierte sowohl im Handel wie auch im Handwerk als Vertreter des „alten" Mittelstandes ein überaus starkes Maß an Mißmut gegenüber dem gesamten wirtschaftlichen Modernisierungsprozeß. Das Gefühl sozialer Deklassierung machte diese Gruppe besonders empfänglich für die radikalen antikapitalistischen Propagandaformeln der extremen Rechten.[4]

1 Zur wirtschaftlichen Entwicklung in dieser Phase siehe besonders Blaich, Der Schwarze Freitag; Harold James, Deutschland in der Weltwirtschaftskrise 1924–1936, Stuttgart 1988; Hans Mommsen / Dietmar Petzina / Bernd Weisbrod (Hg.), Industrielles System und politische Entwicklung in der Weimarer Republik, Düsseldorf 1974.
2 Dazu Carl Ludwig Holtfrerich, Amerikanischer Kapitalexport und Wiederaufbau der deutschen Wirtschaft 1919–1923 im Vergleich zu 1924–1929, in: Stürmer, Die Weimarer Republik, S. 131–157.
3 So z. B. Kühnl, S. 38.
4 Zur Problematik Mittelstand – Nationalsozialismus siehe besonders Winkler, Mittelstand, Demokratie und Nationalsozialismus.

Unmut über die wirtschaftliche Entwicklung nach 1923 machte sich insbesondere auch in der Landwirtschaft breit. Sie hatte zwar von der Inflation aufgrund des Fehlens ausländischer Konkurrenz sowie durch Schulden- und Steuertilgung profitiert, doch geriet sie in der folgenden Zeit rasch wieder unter Druck. Der Inflationszollschutz fiel nun fort, so daß das Reich u.a. aufgrund der Friedensbestimmungen mit einer Flut billiger Agrarerzeugnisse aus den USA, Südamerika und Australien überschwemmt werden konnte, in deren Folge die Marktpreise im Vergleich zu den Preisen für Industriewaren nur geringfügig anstiegen.[5] Höhere Steuern und Lohnkosten belasteten die Bauern ebenfalls, zudem wirkte sich die oftmals unvorsichtige Kreditaufnahme der zumeist kaufmännisch wenig geschulten Landwirte besonders verhängnisvoll aus. Vielfach wurde das Geld für Konsumzwecke verwendet, anstatt es zur Betriebssanierung zu nutzen.[6] Die Folge war eine schnelle Neuverschuldung, die bis 1931 annähernd wieder den Vorkriegsstand erreichte.[7] Dennoch lassen sich die tiefgreifenden Probleme nicht allein aus dem Zusammenwirken dieser Faktoren erklären. Zu beachten ist vielmehr, daß insbesondere das Eindringen ausländischer, nach zeitgemäß marktwirtschaftlichen Gesichtspunkten erzeugte Produkte die mangelnde internationale Wettbewerbsfähigkeit der deutschen Landwirtschaft bloßlegte[8], welche sich in ihren Strukturen seit Jahrzehnten nicht verändert hatte. Bereits vor dem Krieg waren die Landwirte insgesamt nicht mehr in der Lage gewesen, dem Weltagrarmarkt gemäß zu produzieren, und nur die Schutzzollpolitik des Reiches hatte es dem Agrarsektor ermöglicht, sich den dringend notwendigen Reformen zu entziehen. Jetzt, seit 1924, zeigten sich die strukturellen Defizite mit aller Schärfe, doch getraute sich niemand, durchgreifende Maßnahmen zur Sanierung einzuleiten.[9] Die spätere Agrarkrise kündigte sich somit reichsweit schon frühzeitig an, ohne daß die Landwirte überhaupt an der Konjunkturbelebung partizipiert hätten.

Die allgemein schlechte Lage im Agrarsektor spiegelte sich auch im Kreis Südtondern wider, obgleich der Verschuldungsgrad nicht das durchschnittliche Provinzergebnis erreichte, welches bereits 1926 mit 119 RM/ha landwirtschaftlich genutzter Fläche alle übrigen Provinzen des Reiches übertraf.[10] Der nach

5 Indexziffern (1913=100):
  Vieh: 102,1 (1924); 126,6 (1929)
  Industrieerzeugnisse: 156,2 (1924); 157,4 (1929).
  Zahlenangaben lt. Marckmann, S. 53.
6 Heberle, S. 123.
7 Siehe dazu Die Verschuldung und Kreditlage der deutschen Landwirtschaft in ihrer Entwicklung von der Währungsreform bis Ende 1928, Berlin 1930; Friedrich Fabian, Die Verschuldung der deutschen Landwirtschaft vor und nach dem Kriege, Barby 1930.
8 Boelcke S. 526 ff.
9 ebd., S. 532; ebenso Gerald D. Feldman, The Weimar Republic: A Problem of Modernization? In: AfS 26 (1986), S. 1–26, hier S. 10.
10 Vgl. Christian Peters, Die Entwicklung der landwirtschaftlichen Kreditorganisation in der Provinz Schleswig-Holstein in der Nachkriegszeit, Diss., Kiel 1931, S. 109–118; Stoltenberg, S. 95.

Ende der Inflation eingetretene Kaufkraftschwund sowie die nach wie vor hohe Arbeitslosigkeit in den Hauptabsatzgebieten der schleswig-holsteinischen Rindermäster und der damit verbundene Verzicht auf teures Fleisch, besonders aber die billige ausländische Konkurrenz, u.a. aus Dänemark, erschwerten die Verkaufsmöglichkeiten.[11] Erst die 1925 wieder eingeführten Schutzzölle, welche die Einfuhren zumindest aus Drittländern einschränkten, ohne sie jedoch völlig zum Erliegen zu bringen, bedeuteten eine vorläufige Entspannung. Der Viehpreis-Index kletterte 1925 um 18 Punkte auf 120 (1913=100), um danach wieder zu stagnieren.[12] Der zollpolitische Eingriff beseitigte eben nicht diejenigen Schwierigkeiten, die sich aus der Randlage und Marktferne Südtonderns ergaben. Die Verlagerung des Hauptviehmarktes für das Untersuchungsgebiet von Tondern ins weiter entfernte Husum und der weitere Transport der Rinder in die Industriereviere verursachten beträchtliche, letztlich vom Erzeuger zu tragende Kosten. Wenn sich die Lage trotz der Belastungen bis zum Jahre 1928 insgesamt nicht so dramatisch wie etwa im südwestlichen Teil der Provinz zuspitzte, so hatte dies seine Ursache primär darin, daß insbesondere die Mäster in den Marschen Eiderstedts auch weiterhin zum Aufkauf der in Südtondern aufgezogenen Jungtiere gezwungen waren[13], doch mußten sich Preiseinbrüche im Gräsergeschäft auch nachteilig für die Aufzuchtgebiete auswirken. Die Landwirte auf den Inseln profitierten demgegenüber nach wie vor vom Fremdenverkehr.

Die schleppende wirtschaftliche Entwicklung des Südtonderaner Agrarsektors, die sich ebenfalls nachteilig auf das Landhandwerk und den Einzelhandel auswirkte[14], offenbarte auch hier die strukturellen Probleme eines Wirtschaftszweiges, der nicht mehr den Anforderungen der Zeit entsprach. Es begann sich jetzt vielmehr die restriktive Schutzzollpolitik der Vorkriegszeit und der damit eng verbundene Aufschub dringend erforderlicher Reformen zu rächen. Neben der nachteiligen, einseitig auf die Jungviehaufzucht und die Rindermast fixierten Produktion sind dabei die schlechten Wegeverhältnisse zu nennen, die sich

11 Zeitgenössischen Berechnungen zufolge ging der Inlandsfleischverbrauch von 38,9 kg p.a. (1913) auf 27,9 kg (1924) zurück. Dagegen stieg der Gefrierfleischverbrauch von 3,5 kg p. a. (1913) auf 5,7 kg (1924); Angaben lt. Sering, Agrarkrisen und Agrarzölle, S. 107.
12 Entwicklung des Viehpreisindex (1913=100): 1926: 120,9; 1927: 111,5; 1928: 111,3; Quelle: Marckmann, S. 53.
13 Danker, S. 35. Zu einem gewissen Grad erschwerte auch die Betätigung branchenfremder Spekulanten das Mastviehgeschäft; Langenheim, S. 14.
14 Aus dem Untersuchungsraum liegen für den Zeitraum zwischen 1924 und 1928 keine detaillierten Wirtschaftsdaten betr. Erwerbslosigkeit und Konkurse vor. Das Handwerk klagte allerdings über die allgemein schlechte Lage; vgl. z. B. den Bericht über eine Protestversammlung des Handwerks im LA vom 25. 1. 1926 sowie die Jahresberichte der Handwerkskammer zu Flensburg, Geschäftsjahre 1925–1928, Flensburg 1925–1928. Im Amtsgerichtsbezirk Leck kam es 1927 zu insgesamt 27 Zwangsversteigerungen und 3 Konkursen, dagegen meldete das Niebüller Amtsgericht keine einzige Zwangsversteigerung; DSchl vom 7. 1. 1928.

trotz der staatlichen Hilfen nach der Abstimmung nicht genügend verbesserten.[15] Ferner verhinderte auch weiterhin die Flurzersplitterung eine rationellere Bewirtschaftung der Flächen; die Landwirte benötigten oftmals sehr viel Zeit, um zu ihren Feldern zu gelangen.[16] Auch gab es ganz offensichtlich zu viele unrentable Kleinbetriebe. In der Zeit zwischen 1925 und 1939 mußten ca. 350 Landwirte ihre Höfe aufgeben – trotz aller Entschuldungsmaßnahmen nach 1933.[17] Zu all diesen Schwierigkeiten gesellten sich das mangelhaft ausgeprägte landwirtschaftliche Bildungswesen[18], der nur zögerliche Zusammenschluß in Genossenschaften[19] und nicht zuletzt ein bisweilen unvorsichtiges finanzielles Gebaren hinzu. So kritisierte „Der Schleswiger" bereits 1924, daß viele Landleute trotz der wirtschaftlichen Probleme über ihre Verhältnisse lebten und mancher Landwirt gar zu leicht Gräserkredite in Anspruch genommen habe.[20]

Die aufgezeigten strukturellen Defizite lassen deutlich erkennen, daß gerade auch die Südtonderaner Bauern allenfalls bedingt zu effizienter Wirtschaftsweise in der Lage waren. Die Schwierigkeiten des Agrarsektors einzig aus den finanziellen Lasten erklären zu wollen, hieße die mangelhafte Anpassung an die Bedürfnisse der modernen Welt zu ignorieren. Damit gelangt man jedoch schnell in die Diskussion um das Selbstverständnis des Bauerntums in einer Zeit, in der es seine früheren Privilegien eingebüßt hatte und mit den Lebensumständen der Industriegesellschaft konfrontiert wurde, eine Auseinandersetzung, die jedoch erst in den folgenden Kapiteln geführt werden soll.

Ähnlich wie im Bereich der Agrarwirtschaft konsolidierten sich auch die Verhältnisse in den nordfriesischen Seebädern zwischen 1924 und 1928 nicht in

---

15 Jochimsen, S. 93ff, besonders S. 136. Gerade die Wirtschaftswege versanken nach stärkeren Regengüssen förmlich im Schlamm und waren unpassierbar. Schon Zeitgenossen beklagten zudem die ungünstige Produktionsausrichtung und stellten die weit unterdurchschnittliche Hektarleistung der Südtonderaner Betriebe fest; Heinrich Wode, Rentabilitätsfragen der Marschwirtschaften in Schleswig-Holstein, Kiel/Berlin 1932, passim; Traulsen, Tafel 13.

16 So Hans Chr. Davidsen (Bramstedtlund) in einem Gespräch mit dem Verfasser vom 24. 2. 1988.

17 Die Zahl der Kleinbetriebe von 5-10 ha ging in diesem Zeitraum von 922 auf 718 zurück. Im gesamten Reich gaben allein zwischen 1933 und 1939 200000 Landwirte ihre Betriebe auf; Statistik des Deutschen Reiches, Bde. 412 I (1929) und 560 (1943); Werner Abelshauser/Anselm Faust/Dietmar Petzina (Hg.), Deutsche Sozialgeschichte 1914–1945. Ein historisches Lesebuch, München 1985, S. 68. Die Problematik der Größenverhältnisse der Betriebe nannte auch Dr. Fröbe als ehemaliger Geschäftsführer des Kreisbauernvereins als eines der großen landwirtschaftlichen Probleme der Weimarer Zeit; Dr. Fröbe in einem Gespräch mit dem Verfasser vom 24. 8. 1987; dazu auch Marckmann, S. 59, betr. die Marschgebiete.

18 Auf dieses besonders die bäuerlichen Gebiete betreffende Problem wies schon Friedrich Aereboe hin; Aereboe, Der Einfluß des Krieges, S. 161ff.

19 Die Kreisgenossenschaft hatte Ende 1927 ganze 550 Mitglieder, die Kreditgenossenschaft nur 499 – bei insgesamt rund 2500 Vollerwerbsbetrieben; Protokollbuch des Bauernvereins Kreisgruppe Südtondern 1924–1933 (PBS), Eintragung Ende 1927.

20 DSchl vom 26. 4. 1924 und vom 10. 11. 1924.

befriedigendem Ausmaß. Vielmehr zeigte sich in diesem Zeitraum das ganze Risiko der Tourismusbranche. Die Zahl der Gäste nahm zwar beständig zu[21], und gerade im Anschluß an die erste nach der neuen Rentenmark abgerechneten Saison verlauteten z.T. recht optimistische Töne[22], doch erreichte der Besucherstrom nicht einmal in diesen „guten" Jahren der Weimarer Republik den Vorkriegsstand. Selbst die den Zahlen zufolge guten Sommer 1926 bis 1928 brachten keine nachhaltige Entspannung, da die Kurgäste sich sehr sparsam verhielten und überdies nicht mehr so lange am Ferienort verweilten wie noch in der Vorkriegszeit.[23] Zudem verursachte das Zusammenfallen der Ferien in einzelnen Ländern des Reiches eine nur kurze Spitzenauslastung der Kapazitäten, wohingegen die übrige Zeit eine spürbar geringere Frequenz aufwies. Die Folge war ein scharfer Konkurrenzkampf im Vermietungsgewerbe, das innerhalb weniger Wochen des Jahres den Verdienst auch für die übrige touristenlose Zeit erwirtschaften mußte. Auf der besonders in Mitleidenschaft gezogenen Insel Sylt entbrannte bereits Mitte der zwanziger Jahre ein scharfer Preiskampf unter den Beherbergungsbetrieben, die teilweise mit Dumping-Angeboten versuchten, ihre Fremdenbetten an den Gast zu bringen.[24] Die Konsequenz dieses ruinösen Wettbewerbs waren etliche Zwangsversteigerungen speziell nach den Sommern 1924 und 1925.[25]

Zum besonderen Ärgernis der Logierhausbesitzer entwickelte sich in dieser Zeitspanne die sog. „Hauszinssteuer". Mit dieser seit dem Frühjahr 1924 erhobenen Sondersteuer beabsichtigte der Fiskus, die während der Inflation entstandenen Ungerechtigkeiten im Vermietungsgewerbe - in diesem Falle die billige Entschuldung der Hausbesitzer – auszugleichen.[26] Auf helle Empörung stieß die Abgabe bei den Vermietern im Fremdenverkehrsgewerbe deshalb, weil sie nicht nur während der Sommermonate, sondern auch in der übrigen kargen außersaisonalen Zeit zu entrichten war. Die Interessenverbände gerade der Hotel- und Gaststättenbesitzer erreichten zwar eine Ermäßigung, doch gelang die Beseitigung der als überaus benachteiligend empfundenen Steuer nicht. Die in

---

21 Entwicklung der Gästezahlen:

	Westerland	Wyk
1924	14091	6103
1925	15696	6872
1926	14063	6130
1927	24363	8303
1928	22732	8929

Angaben lt. Wedemeyer / Voigt, S. 167 und Kurverwaltung Wyk.

22 Der „Föhr-Amrumer Lokalanzeiger" bilanzierte am 23. 9. 1924:„Die verflossene Badesaison war eine recht gute und wir glauben, alle Einwohner der Bäder auf Föhr und Amrum können zufrieden sein und nunmehr zuversichtlich dem Winter entgegensehen."

23 Vgl. FZ vom 24. 9. 1926 und SZ vom 6. 10. 1926.

24 Voigt, Der Sylter Weg, S. 45.

25 Siehe dazu SZ vom 4. 2. 1925 und vom 28. 1. 1926.

26 Näheres zur Hauszinssteuer bei Karl-Bernhard Netzband / Hans Peter Widmeier, Währungs- und Finanzpolitik in der Ära Luther, Tübingen 1964, S. 196ff.

finanzieller Not befindlichen staatlichen Stellen waren nur in äußersten Härtefällen zu vollständiger Niederschlagung bereit, als Folge richtete sich der Zorn des Beherbergungsgewerbes immer mehr auf den Verwaltungsstaat selbst, dessen Beamte gegenüber dem Mittelstand seiner Auffassung nach eindeutig bevorzugt wurde. Es zeigten sich somit auch in dem seinerzeit überaus krisenanfälligen Sektor der Tourismusbranche jene sozialen Ängste, wie sie zeitgleich für Handel, Handwerk und Landwirtschaft typisch waren.

Zu hinterfragen ist aber auch in diesem Fall, ob nicht strukturelle Probleme entscheidend mit dazu beitrugen, daß sich die Tourismusbranche selbst in den vermeintlich besseren Jahren der Weimarer Republik nicht nachhaltiger erholte. Einmal ist in diesem Zusammenhang nochmals auf den gewaltigen, zumeist spekulativen Kapazitätsausbau in der Vorkriegszeit hinzuweisen, mit dem die Investoren auf die boomartige Entwicklung des Fremdenverkehrs reagiert hatten.[27] Dieser stürmische Trend war mit einem Mal abrupt unterbrochen worden, und in der Nachkriegszeit zeigten sich besonders seit 1924 die Folgen der überhitzten Vorkriegskonjunktur. Zudem schwächte gerade auf Sylt eine weitere Aufstockung der Fremdenbettenzahlen zwischen 1924 und 1928 die bereits existierenden Betriebe noch mehr in ihrem Kampf um die Gäste. Dazu muß auch eine Verlagerung der Urlaubsgewohnheiten der Erholungssuchenden berücksichtigt werden, die neben den in der Nachkriegszeit neu entstandenen deutschen Ferienorten verstärkt Kurgebiete im Ausland aufsuchten.[28] Dieses Verhalten nun läßt sich nicht einfach aus Kostenvorteilen erklären – warum reisten dann überhaupt noch Gäste zu den nordfriesischen Inseln? – sondern es zeigte sich darin nicht zuletzt eine größere Bereitschaft zur Offenheit gegenüber neuen Eindrücken. Auch die Kaufkraftminderung kommt allenfalls für die ersten nachinflationären Sommer als bremsender Faktor für den Wiederaufstieg des Tourismus in Frage, da sich die Einkommensschichtung im Reich gegenüber 1913 praktisch nicht verändert hatte. Waren es 1913 etwas mehr als vier Prozent der Steuerpflichtigen gewesen, die sich einen längeren Erholungsurlaub hatten leisten können, so ging diese Zahl bis 1928 lediglich um Bruchteile auf exakt vier Prozent zurück, d.h. die potentiellen Feriengäste von 1928 waren genauso zahlreich wie die von 1913[29], nur pflegten sie offenbar andere Gewohnheiten. Zwar versuchten die Nordseebäder, verlorenes Terrain durch den Einsatz verstärkter Fremdenverkehrswerbung zurückzugewinnen[30], doch vermochten solche Aktionen die Gesamtlage nicht entscheidend zu verbessern.

27 Vgl. Kap. III.1.
28 Vgl. etwa den Aufruf in der SZ vom 5. 7. 1929, wo es unter der Überschrift „Keine Urlaubsreisen in ausländische Bäder" heißt: „Bringt Euer Geld in deutsche Bäder und deutsche Sommerfrischen!"
29 Errechnet nach Holtfrerich, Die deutsche Inflation, S. 270ff.
30 Siehe dazu etwa KANF A 3, Nr 6193–6206.

Zusammenfassend ist zu bemerken, daß die wirtschaftlichen Schwierigkeiten der Südtonderaner Wirtschaft nicht allein auf den finanziellen Lasten beruhten, sondern daß in ganz entscheidendem Maße auch die aufgezeigten strukturellen Defizite dafür verantwortlich waren. Damit soll keinesfalls behauptet werden, die Betroffenen seien für ihre Lage selbst verantwortlich gewesen; es geht vielmehr darum, aufzuzeigen, daß im Verlauf der Weimarer Republik Probleme deutlich sichtbar wurden, deren Entstehen z.T. weit in die Kaiserzeit zurückreichte und für die ohne jeden Weitblick einzig die Weimarer Demokratie haftbar gemacht wurde. Dies galt namentlich für einen großen Teil der Landwirte, die ihre Bevorzugung nunmehr eingebüßt hatten und als erste soziale Gruppe den Weg in die radikale Opposition antraten. Werner Abelshauser et al. bewerten den Zustand treffend mit folgenden Worten[31]:

„Entscheidend für die Distanz gegenüber dem republikanischen System war im Falle des alten Mittelstandes vor allem der Verlust besonderer berufsständischer Privilegien, die er in der Kaiserzeit genossen hatte."

31 Abelshauser/Faust/Petzina, S. 68.

XII. Bewegung in den landwirtschaftlichen Interessenvertretungen und deren politische Auswirkungen

1. DIE LANDWIRTSCHAFTLICHEN VERBÄNDE SÜDTONDERNS

Für den politischen Meinungsbildungsprozeß innerhalb des Bauerntums spielten die agrarischen Interessenverbände eine nicht zu unterschätzende Rolle.[1] Aus diesem Grund sollen nachfolgend die beiden wichtigsten auf Kreisgebiet aktiven Organisationen etwas näher charakterisiert werden.

a) Schleswig-Holsteinischer Bauernverein

Der „Schleswig-Holsteinische Bauernverein"[2] wurde am 15. März 1918 in Tondern unter der Bezeichnung „Bauernverein des Nordens" gegründet. Er sollte in erster Linie die mittelbäuerlichen Schichten in den durch die Zwangswirtschaft besonders in Mitleidenschaft gezogenen Viehzuchtgebieten an der Westküste und auf der Geest vertreten. Die neue Interessenvertretung breitete sich jedoch rasch von ihrem Kerngebiet im Norden der Provinz auch nach Mittel- und Ostholstein aus, eine Entwicklung, die alsbald den Bund der Landwirte bzw. den Landbund herausfordern sollte. Bis zum Ende des Jahres 1922 hatten sich bereits rund 40 000 Landwirte in der Provinz der neuen Standesvertretung angeschlossen, die damit zur wichtigsten Vertretung bäuerlicher Interessen in der Provinz wurde.

Angesichts des Gründungsortes und der Struktur der Landwirtschaft im Raum Südtondern war von Anbeginn klar, daß die Ziele des Bauernvereins hier auf großen Widerhall stoßen mußten. Dem entsprach insbesondere das Verhalten der Bauern auf den nordfriesischen Inseln, die geschlossen der neugeschaffenen Organisation beitraten.[3] Bis zum Juli 1922 hatten insgesamt schon 3000 Landwirte ihren Beitritt zum Bauernverein erklärt[4], so daß Südtondern bereits frühzeitig einen sehr hohen Organisationsgrad erreichte.[5] Erster Vorsitzender

---

1 Auf die Bedeutung der Standesorganisationen für die Landwirte der Provinz hat Stoltenberg zu Recht hingewiesen; Stoltenberg, S. 21.
2 Allgemein zum Bauernverein Thyssen, S. 342 ff., Stoltenberg, passim. Zur Entstehung Alnor, Bd II, S. 885 ff.
3 Thyssen, S. 356.
4 LA vom 6. 7. 1922.
5 Vgl. Thyssen, S. 356.

des Kreisverbandes wurde der Hofbesitzer Peter Behrendsen aus Kockedahl bei Leck, der bereits während der Revolutionszeit im dortigen Arbeiter- und Bauernrat führend in Erscheinung getreten war.[6] Zu Anfang des Jahres 1927 übernahm mit Ludolph A. Jessen vom Hof Saidt in Emmelsbüll[7] einer der größten Marschbauern den Vorsitz der Kreisgruppe. Jessen, Mitglied des Stahlhelms wie der DNVP, leitete die Standesvertretung bis zu ihrer zwangsweisen Auflösung im Sommer 1933.

Politisch suchte der Bauernverein in seiner Entstehungsphase Anschluß an den Freisinn bzw. die DDP, da er sich von der Unterstützung der Linksliberalen eine schnelle Beseitigung der Zwangswirtschaft und die Verhinderung von Sozialisierungsmaßnahmen erhoffte.[8] Mit der Schleswig-Holsteinischen Bauern- und Landarbeiterdemokratie, der späteren Landespartei, schuf sich der Bauernverein eine eigene politische Vertretung, die allerdings insgesamt nicht über einen Achtungserfolg bei den Wahlen 1919 hinauskam. Später suchte und fand die Provinzialorganisation bei der DVP politische Unterstützung.[9]

Diese politische Orientierung kann indes nicht verdecken, daß sich im Bauernverein Kräfte rührten, die dem parteipolitisch-parlamentarischen System schon vor Inflation und Weltwirtschaftskrise im Grunde ablehnend gegenüberstanden. Dafür sprechen neben der traditionell antisozialdemokratischen Haltung z. B. die Loyalitätserklärungen des Bauernvereins gegenüber den Kapp-Putschisten 1920 und die antisemitisch und antidemokratisch geprägten Ausführungen des Vorsitzenden der Reichsvereinigung deutscher Bauernvereine e. V., Baron v. Kerkerinck, auf dem deutschen Bauerntag in Rendsburg 1921.[10] Deutliche Zeichen in diese Richtung hatte gleichfalls der Südtonderaner Kreisverband als Fürsprecher der „nationalen" Parteien und Verbände gesetzt.[11]

Als eine maßgebende Ursache für die vernichtende Beurteilung der die Weimarer Republik vorbehaltlos tragenden Parteien ist das bäuerliche Selbstwertgefühl in dieser Zeit zu sehen.[12] Nach wie vor betrachtete sich die Landwirtschaft insgesamt als das eigentliche Rückgrat der deutschen Wirtschaft[13], obgleich sie (1927/28) nurmehr zu 16 Prozent am Volkseinkommen beteiligt war.[14]

---

6 Siehe Kap. V.1.

7 Nach dem Zweiten Weltkrieg war er zunächst kommissarischer Landrat des Kreises Südtondern; über Jessen-Saidt (1879–1964) ZEW 1966, S. 25 f.

8 Heberle, S. 140. Zur Verbindung der überregionalen Bauernvereine zur DDP Albertin, S. 121 ff.

9 Heberle, S. 140.

10 Stoltenberg, S. 61 f.

11 Vgl. Kap. IX. und X.

12 Vgl. hierzu insbesondere Rolf Peter Sieferle, Fortschrittsfeinde? Opposition gegen Technik und Industrie von der Romantik bis zur Gegenwart, München 1984, S. 182 ff.

13 Als symptomatisch hierfür sind die stereotypen Forderungen nach einer starken Nationalwirtschaft mit der Landwirtschaft als entscheidendem Stützpfeiler in diesem Wirtschaftsgetriebe zu sehen. In diesem Sinne etwa Kreisgeschäftsführer Fröbe; LA vom 24. 1. 1927; vgl. auch Kap. XII.2.

14 Boelcke, S. 510.

Dieser Auffassung, die sogar führende Agrarwissenschaftler teilten[15], und natürlich der angespannten Wirtschaftslage entsprach es, daß der Kreisbauernverein Südtondern wiederholt eindringlich an die zuständigen Stellen appellierte, für einen umfassenderen Zollschutz zugunsten der hier produzierten Agrargüter zu sorgen.[16]

Man hing der Überzeugung an, die künstliche Verteuerung einheimischer Agrarprodukte sei imstande, die Probleme der Landwirtschaft zu lösen – auf Kosten der in den Ballungsräumen lebenden Bevölkerung und der dortigen Industrie, auf deren vermeintliche Bevorzugung die Landwirte geradezu allergisch reagierten.[17] Für sie besaß die Lebensweisheit „Hat der Bauer Geld, hat's die ganze Welt" weiterhin Gültigkeit[18], wohingegen die industrielle Massengesellschaft, die inzwischen ein deutliches Übergewicht auch im politischen Bereich erlangt hatte, innerlich nicht akzeptiert wurde. In einem Beitrag für das „Jungdeutsche Jahrbuch" der Provinz 1925 schrieb Kreisgeschäftsführer Dr. Julius Christiansen, Mitbegründer der Lecker Bruderschaft und 1932 Spitzenkandidat der DVP in Schleswig-Holstein[19]:

„Wer soll in diesem Ringen [um den Wiederaufstieg Deutschlands, d. Verf.] ... den Grundstock hergeben? Wieder lehrt uns der Blick in die Geschichte den richtigen Weg. Das Land hatte durch die Stürme der Zeit hindurch seine Gesundheit bewahrt. Alles deutsch- und heimatfremde kam aus den Städten, mit den vielen entwurzelten und entnervten Menschen. Der Hang zur Heimat und Scholle, die Verantwortung der Familie gegenüber, der Bruderschaftsgedanke der Dorfgemeinschaft blieb das unzerstörbare Gut des Bauern wie des Landes überhaupt. So kann es nur eine Losung geben: Es gilt heute nicht nur, die Kraftquellen des Arbeitswillens herzugeben, sondern auch das nationale Denken und Wollen des gesunden Bauerntumsgedanken in die Waagschale zu werfen für das Vaterland."

Die geradezu pathetische Stilisierung des Landes zum „ewigen Jungbrunnen"[20] bzw. zur „Quelle der Volkskraft" kam dem Standesbewußtsein sehr viel mehr entgegen als die schlichte Feststellung, daß die volkswirtschaftliche Bedeutung des Agrarsektors – verstärkt durch die substantiellen Verluste – erheblich gesunken war. So lebten landesparteiliche Vorstellungen ungebrochen fort.

15 Max Sering etwa schrieb. „Ich gehe von der Überzeugung aus, daß die Landwirtschaft das Fundament jeder Volkswirtschaft ist, die nicht wie die englische Hilfsmittel eines Weltreiches zur Verfügung hat. . . So wichtig die Pflege der deutschen Exportindustrie ist, so gewiß kann der wirkliche Wiederaufstieg nur vom Boden aus geschehen; Sering, Agrarkrisen und Agrarzölle, S. 73 und S. 82. Friedrich Aereboe meinte, die Landbevölkerung sei zur „Regeneration der Stadtbevölkerung notwendig"; Friedrich Aereboe, Agrarpolitik. Ein Lehrbuch, Berlin 1928, S. 261.
16 Die Forderungen sind abgedruckt im FLA vom 19. 8. 1924 und in der NfR vom 8. 3. 1926.
17 Dahingehend äußerte sich etwa Provinzialgeschäftsführer Thyssen auf einer Versammlung in Leck; LA vom 7. 2. 1924.
18 In diesem Sinne äußerten sich ausnahmslos alle Zeitzeugen bäuerlicher Herkunft in Gesprächen gegenüber dem Verfasser.
19 Julius Christiansen, Bauer und Jungdeutscher Orden, in: Die Nordmark. Jahrbuch des Jungdeutschen Ordens, S. 31 f.
20 ebd., S. 31.

Das unveränderte bäuerliche Wertbewußtsein innerhalb einer in Bewegung geratenen Gesellschaft, die Umverteilung der politischen Macht nach dem Kriege, der bereits in der Revolutionszeit angedeutete Widerwille gegenüber strukturellen Veränderungen[21] verweisen auf die Identitätskrise, in welcher sich das Bauerntum der Nachkriegszeit befand. Es fühlte sich an den gesellschaftlichen Rand gedrängt; eine soziale Verunsicherung griff um sich, die der Aufnahmebereitschaft für die „Blut und Boden"-Propaganda des Nationalsozialismus stark entgegenkam, da sie dem Bereich der Landwirtschaft erneut einen festen Platz in einer strikt hierarchisch durchgegliederten Gesellschaft versprach.[22]

Vorerst jedoch führte die Defensive, in die sich der Bauernverein gedrängt sah, lediglich zu einer vorübergehenden Annäherung gegenüber dem Landbund, der zweiten bedeutenden landwirtschaftlichen Interessenvertretung. Gemeinsam kämpften beide Organisationen seit dem Ende der Inflation für die Wiedereinführung massiver Schutzzölle wie für die Stärkung des agrarischen Einflusses insgesamt.[23] Auf Kreisebene erreichte die Zusammenarbeit dabei zu Beginn des Jahres 1927 insofern einen Höhepunkt, als nach dem Rücktritt des bisherigen Kreisbauernvereinsvorsitzenden zunächst dem früheren BdL- und jetzigen Landbundmitglied und wenig später führenden Landvolkanhänger Ernst Bossen die Nachfolge angetragen wurde.[24] Bossen lehnte das ihm offerierte Amt zwar ab[25], doch drückte sich schon im Ansinnen des Kreisvorstandes die einander ähnelnde und keineswegs ausschließlich ökonomisch bedingte Grundüberzeugung von der notwendigen Förderung der ländlichen Interessen gegenüber den dominierenden der städtischen Bevölkerung aus, eine Einstellung, die sich auch in den großen Wahlerfolgen der DNVP niederschlug. Mit Argwohn verfolgten die Landwirte die Politik der Regierungen, die in bäuerlichen Augen nur noch die Belange der urbanen Zentren vertraten; das Gefühl der Verlassenheit breitete sich aus. Insofern greift jede Argumentation zu kurz, die diesen sozial eminent wichtigen Aspekt zugunsten einer auf die wirtschaftlichen Verhältnisse reduzierten Betrachtungsweise ignoriert. Das Selbstverständnis des Bau-

21 Vgl. Kap. V.1.
22 Bergmann, S. 330. Ohne Zweifel läßt sich auch das folgende Urteil Bergmanns auf den Agrarbereich übertragen: „Große Teile des Bürgertums hatten sich so lange ... gesträubt, neue Realitäten zu akzeptieren, daß sie eine tiefe Kluft zwischen ökonomisch-sozialen Realitäten und einer rückwärts gewandten Bewußtseinslage hatten entstehen lassen: Diese Differenz zwischen realen Verhältnissen und Bewußtseinslage mußte sich in einer bestimmten Phase der Entwicklung offenbaren"; Bergmann, S. 325. Zu erinnern ist an dieser Stelle auch an die Vorstellungen Cornelius Petersens; vgl. Kap. V.4.b).
23 Zur Agrarpolitik zwischen 1924 und 1928 Arno Panzer, Das Ringen um die deutsche Agrarpolitik von der Währungsstabilisierung bis zur Agrardebatte im Dezember 1928, Diss., Kiel 1969.
24 PBS, Vorstandssitzung vom 9. 1. 1927. Dort heißt es wörtlich: „Man beschließt einstimmig, Ernst Bossen – Karlum um Übernahme dieses Postens zu bitten."
25 ebd., Vorstandssitzung vom 24. 1. 1927. Über die Hintergründe der Ablehnung lagen allerdings keine Informationen vor.

erntums machte es ihm vielmehr von vornherein schwer, wenn nicht gar unmöglich, zu einem positiven Grundkonsens gegenüber der Weimarer Demokratie zu gelangen, weil dies einen freiwilligen Verzicht auf Vorrechte und Traditionen, dafür aber die Akzeptanz der grundlegend veränderten gesellschaftlichen Gewichtung voraussetzte. Die wachsenden wirtschaftlichen Probleme machten dann den Weg zur Radikalisierung endgültig frei.

b) Landbund Schleswig-Holstein

Auf scharfe Kritik stieß das Erscheinen der neuen Standesvertretung in den Reihen des alten Bundes der Landwirte, der bis dato einzigen namhaften politischen Vertretung agrarischer Interessen der Provinz.[26] Der Verband fürchtete angesichts der raschen Ausbreitung des Bauernvereins um den eigenen Einfluß und kritisierte insbesondere die politische Ausrichtung der neuen Organisation, die gerade in den ersten Jahren weit vielschichtiger war als die des „Reichslandbundes", wie sich der BdL nach dem Zusammenschluß mit einigen anderen landwirtschaftlichen Verbänden seit 1920 nannte. Obwohl sich der Provinzialverband als Wortführer der großen Getreideproduzenten für eine „überparteiliche Institution" ausgab, war die enge Verbindung zur DNVP unübersehbar.[27] So kandidierte der Provinzialvorsitzende des Landbundes, Theodor Milberg (Quarnbek), bereits im Februar 1921 an der Spitze der deutschnationalen Landesliste für den preußischen Landtag. Der engen Anbindung an die konservative Rechtspartei entsprach zugleich die grundsätzliche Ablehnung der im November 1918 in Deutschland geschaffenen Verhältnisse.[28] Besonders heftig attakkierte das von Hugo Jordan redigierte Verbandsorgan, „Der Landbote für Schleswig-Holstein" die Weimarer Republik, wobei zur Diskreditierung des Staates auch Rückgriffe auf völkisch-antisemitische Propagandaformeln erfolgten. Im Oktober 1921 etwa schrieb Jordan[29]:

„Für die erste Milliarde Goldmark, die wir unseren Feinden zu zahlen hatten, mußte die ‚Regierung der Erfüllung' dem internationalen Großkapital 53 Milliarden Papiergeld zahlen. Eine Reichsregierung, in der vier Juden sitzen (Rathenaus Stellvertreter Guggenheimer ist der fünfte), muß natürlich erst für die armen Großbankjuden sorgen. Warum hätten wir sonst die Revolution nötig gehabt?"

Hinsichtlich des Mitgliederbestandes blieb der Landbund dem Bauernverein allerdings weit unterlegen. Lediglich rund 6000 Landwirte schlossen sich dem rechtskonservativen Verband auf Provinzebene an, der weit überwiegende Teil

---

26 Besonders erregten sich die Vertreter des BdL über die anfängliche Zusammenarbeit des Bauernvereins mit dänisch orientierten Kräften. Der nationalistische Standpunkt verstellte gerade zu diesem Zeitpunkt den Blick für die konservativen Grundüberzeugungen des Bauernvereins. Insoweit glich die Kritik des BdL jener der Behörden; Alnor, Bd II, S. 889.

27 Vgl. zur politischen Ausrichtung des Landbundes Stoltenberg, S. 64; Rietzler, „Kampf in der Nordmark", S. 282.

28 Stoltenberg, S. 64.

29 „Landbote" vom 1. 10. 1921, zitiert nach Stoltenberg, S. 64.

dagegen bekannte sich zum Bauernverein. Trotzdem trug die lautstarke anti-demokratische Propaganda des Landbundes erheblich dazu bei, daß sich der Widerwille gegenüber dem Staat von Weimar im Laufe der Jahre ebenfalls in den Reihen der Bauernvereinsmitglieder immer stärker bemerkbar machen konnte.[30]

Angesichts der auf Viehzucht und Mast spezialisierten Wirtschaftsform und aufgrund der mittel- und kleinbäuerlichen Struktur verwundert es nicht, daß der Landbund in Südtondern keinen größeren Mitgliederbestand aufzubauen vermochte und völlig im Schatten des Bauernvereins stand.[31] Bis zum Frühjahr 1928 zählte die kleine Kreisorganisation gerade 30-40 Mitglieder, die zum über-wiegenden Teil gleichzeitig dem Bauernverein angehörten.[32] Das „Hauptver-breitungsgebiet" stellte dabei die Geest, d.h. jener Bereich, in dem der BdL be-reits in der Vorkriegszeit zu beachtlichen Wahlerfolgen gekommen war.[33] Die-ser „Tradition" entsprach es, daß mit Ernst Bossen auch nach 1918 ein Groß-bauer in den Reihen der Nachfolgeorganisationen stand, der bereits vor 1914 für den Bund der Landwirte aktiv gewesen war. Ferner gehörte der spätere zweite Mann der Landvolkbewegung auf Kreisebene, der Gutspächter Max Petersen, zu den Bündlern.[34] Den Vorsitz auf Kreisebene führte bis zum Jahre 1928 der Hofbesitzer Jacobsen aus Holt bei Medelby[35]; erst danach sollten sich dann die radikalen Kräfte in der Kreisführung durchsetzen.

2. DIE DEMONSTRATIONEN AM 28. JANUAR 1928 IM KREIS SÜDTONDERN

Das Scheitern der Einigungsbemühungen zwischen den landwirtschaftlichen Interessenverbänden Schleswigs-Holsteins im November 1927 stieß in weiten Teilen der Bauernschaft auf heftige Kritik. Angesichts der sich verschärfenden wirtschaftlichen Krisensituation in der Landwirtschaft wurde der Ruf nach Zu-sammenschluß der Verbände beständig lauter, um durch die Errichtung einer geschlossenen Front eine bessere Vertretung agrarpolitischer Zielvorstellungen zu garantieren. Hinter dieser Forderung nach Einigung stellte sich auch der schleswig-holsteinische Regierungspräsident Johannsen, doch war selbst er nicht dazu in der Lage, die schweren Differenzen zwischen den Provinzialorga-

---

30 Rietzler, „Kampf in der Nordmark", S. 282 ff.
31 Dies spiegelte sich auch in der Berichterstattung der Presse wider. Es lassen sich nur sehr wenige Notizen bezüglich des Landbundes nachweisen.
32 PBS, Vorstands- und Vertrauensmännersitzung vom 24. 3. 1928.
33 Vgl. Kap. III.2.e).
34 Wahrscheinlich war er es, der 1924 unter dem Kürzel M. P. den Bauernverein attak-kierte und die DDP als „jüdische" Partei bezeichnet hatte; vgl. Kap. IX.
35 Reichs-Landbund 1929, S.110. Dem „Organisatiosbuch des ReichsLandbundes 1930" zufolge war Jacobsen nach wie vor Kreisvorsitzender, doch beruht dies offensichtlich auf einem Irrtum.

nisationen von Landbund und Bauernverein zu überbrücken. Es kam im Januar 1928 lediglich zur „Bildung einer ‚engen Arbeitsgemeinschaft' mit einem ‚ständigen Arbeitsausschuß', der regelmäßig wichtige wirtschaftliche Fragen behandeln sollte."[36]

Die Folge der Unwilligkeit der Verbände zur Einigung[37] war, daß die Bauern nunmehr selbst aktiv wurden, um von der Basis her sowohl den Zusammenschluß von Landbund und Bauernverein zu erzwingen, als auch die Öffentlichkeit auf die wachsende Not der Landwirtschaft massiver als bisher aufmerksam zu machen. Hauptinitiator dieser neuen Bewegung war der Hofbesitzer Otto Johannsen aus Büsum, der sich ohne großen Organisationsapparat dazu in der Lage zeigte, die Bauern Schleswig-Holsteins für den 28. Januar 1928 zu Massendemonstrationen in allen Kreisstädten der Provinz aufzurufen. Damit begann eine Entwicklung, welche die Radikalisierung des schleswig-holsteinischen Landvolks ein entscheidendes Stück vorantreiben sollte.

Die von Johannsen anberaumten Kundgebungen wurden insbesondere vom Landbund lebhaft begrüßt, eröffneten die Protestversammlungen doch die Möglichkeit, stärkeren Einfluß auf die bäuerliche Bewegung zu gewinnen. Die Führungsspitze des Bauernvereins stand den Demonstrationen, an denen sich schließlich provinzweit rund 140 000 Menschen beteiligten, hingegen mit spürbarer Distanz gegenüber, da sie befürchten mußte, die Entwicklung könne ihr entgleiten.[38] Wie berechtigt diese Furcht war, bewiesen die Aufrufe zu den Aufmärschen, die vielerorts von den ohnehin weitgehend selbständigen Kreisverbänden des Bauernvereins einerseits und den Kreislandbundorganisationen andererseits unterzeichnet wurden. Bereits zu diesem Zeitpunkt zeichnete sich also schon der Konflikt innerhalb der Berufsverbände ab.

Dem immer stärkeren Verselbständigungsprozeß gerade der Kreisbauernvereine entsprach es, daß ebenfalls in Südtondern die beiden landwirtschaftlichen Berufsorganisationen gemeinsam zur Teilnahme an der für Niebüll geplanten Protestkundgebung aufriefen, wiewohl sie nicht an den Vorbereitungen beteiligt waren.[39] Der Beschluß dazu war auf einer Vorstandssitzung des Bauernvereins am 26. Januar gefallen, an der auch Vertreter des Landbundes – darunter Ernst Bossen und Max Petersen – teilgenommen hatten und auf der man sich zudem geeinigt hatte, „in Zukunft gemeinsame Sache zu machen"[40]. Dem

---

36 Stoltenberg, S. 110.
37 Lediglich zwischen Bauernverein und dem weniger bedeutsamen Kleinbauernbund kam es im Januar zum Zusammenschluß.
38 Stoltenberg, S. 110.
39 Über die Vorstandssitzung des Kreisbauernvereins vom 26. Januar heißt es im Protokollbuch: „Es wird einstimmig beschlossen, die Bauernvereinsmitglieder öffentlich aufzufordern, sich an der Notkundgebung am 28. Januar in Niebüll zu beteiligen. Wenn der Bauernverein auch von den Veranstaltern der Kundgebung übergangen worden sei, so gehe es doch um das Wohl des Bauernstandes. Darum müsse man für eine starke Beteiligung eintreten." Der gemeinsame Aufruf zur Kundgebung ist abgedruckt im LA vom 27. 1. 1928.
40 PBS, Vorstandssitzung vom 26. 1. 1928.

Appell zur Mitwirkung am 28. Januar leisteten weit über 3000 Bauern und Vertreter des gewerblichen Mittelstandes Folge, die aus allen festländischen Teilen des Kreises in Niebüll zusammenkamen.[41] Es wurde scharfe Kritik an der Regierungspolitik laut, was sich vor allen Dingen in den Forderungen der Redner – eingesessene Landwirte und Handwerker – niederschlug. So wurden hier wie andernorts auch „Nahrungsmittelfreiheit vom Auslande" bei gleichzeitiger Preisgarantie für deutsche Agrarerzeugnisse, Schutzzölle, Zinssenkung, Übernahme der Rentenbankgrundschuldzinsen auf das Reich, Unterbindung der „hemmungslosen Ausgabenwirtschaft" der öffentlichen Hand, Drosselung der Sozialfürsorge, bessere Vertretung wirtschaftlicher Interessen in den Parteien und die „Stärkung des Deutschgefühls" sowie bezüglich der Presse die „Vermeidung jeglicher unserem Deutschtum abträglichen Fremdtümelei" verlangt.[42] Der Beifall, der den Sprechern zuteil wurde, beweist, daß dieser Forderungskatalog den Empfindungen der Zuhörer Rechnung trug.[43]

Insgesamt brachte die Niebüller Kundgebung zum Ausdruck, in welchem Maße sich die Landwirtschaft von den zentralen Verwaltungsbehörden und der Regierung im Stich gelassen fühlte. Angesichts der wirtschaftlichen Probleme, die zu diesem Zeitpunkt im Raume Südtondern allerdings noch nicht so schwer wogen wie im Südwesten der Provinz[44], entbehrte der bäuerliche Notschrei keineswegs seiner Berechtigung; dennoch zeugen die einfachen und plakativ formulierten wirtschafts- und finanzpolitischen Zielvorstellungen davon, wie hilflos im Grunde die Landwirte den komplexen ökonomischen Zusammenhängen gegenüberstanden. Eine weitere Erhöhung der Zölle für einheimische Agrarprodukte und der damit einhergehende Preisanstieg für diese Erzeugnisse mußte schwerwiegende Konsequenzen für die lebensnotwendige deutsche Exportwirtschaft zeitigen, waren im Gegenzug doch ähnliche Maßnahmen des Auslands zu befürchten.[45] Zudem wären Preiserhöhungen bei den Arbeitern in den Ballungsräumen als den Hauptabnehmern landwirtschaftlicher Produkte ohne Zweifel auf heftigen Widerstand gestoßen. Die mangelnde Einsichtsfähigkeit in derartige Wirkungszusammenhänge, die agrarzentrierte Betrachtungsweise und das Unvermögen zur Selbstkritik führten denn auch schon jetzt, im Januar 1928, zu Stellungnahmen, die unverhohlen den Bestand der Weimarer Demokratie bedrohten. So führte der Tinnumer Gemeindevorsteher Peters auf der Sylter Kundgebung in Keitum aus[46]:

41 Die Zahlenangaben schwanken zwischen 3200 und 4000. Auf den Inseln Sylt und Föhr fanden gesonderte Kundgebungen mit zusammen rd. 900 Teilnehmern statt; vgl. dazu die Berichterstattung in der SZ vom 30. 1. 1928 und in der FZ vom 31.1. 1928.

42 Dieser Forderungskatalog wurde auf allen Kundgebungen in der Provinz zur Sprache gebracht.

43 Siehe zur Niebüller Kundgebung den Bericht in der NfR vom 29. 1. 1928.

44 Auf diesen Umstand wies der Süderender Amtsvorsteher Roeloffs zu Beginn seiner Rede in Alkersum/F. hin; FZ vom 31. 1. 1928.

45 So warnte etwa „Der Schleswiger" im Sommer 1929 vor übertriebenen Schutzzöllen, die der deutschen Exportwirtschaft schaden würden; DSchl vom 1. 7. 1929.

46 SZ vom 30. 1. 1928.

„Man soll sich an Regierungsstelle darüber klar werden, daß die Folgen, die sich daraus ergeben, daß man uns vernachlässigt, nicht nur wirtschaftlich äußerst ernst werden können, sondern sehr leicht politisch umschlagen können. Darauf werden wir indessen zurückkommen, wenn es Zeit und unumgänglich ist ... Die Landwirtschaft galt noch immer als die Säulen [sic!] des Reiches. Man nehme sich aber in acht, daß diese Säulen nicht ins Wanken geraten. Das kann leicht kommen, wenn dunkle Mächte von diesen Säulen Brennholz absplittern. Dann werden sie zu dünn und das Gebäude muß stürzen. Wenn aber das Gebäude stürzt, muß auch das Dach vernichtet werden."

Bemerkenswerterweise gesellte sich zu den wirtschaftlichen Forderungen auch das Verlangen nach der „Vermeidung jeglicher unserem Deutschtum abträglichen Fremdtümelei" sowie „Stärkung des Deutschgefühls" in der Presse. Mit der wirtschaftlichen Notlage der Landwirtschaft lassen sich solche Postulate nicht mehr erklären, sie sind vielmehr als Indiz für das gestörte nationale Selbstbewußtsein zu werten, welches das gesamte Denken und Handeln weiter Bevölkerungskreise ganz entschieden mitprägte und ohne dessen Berücksichtigung die gesamte krisenhafte Entwicklung unverständlich bleibt.[47] Welch große Bedeutung der Nationalismus gerade für die Südtonderaner Bevölkerung hatte, war mit der Empfehlung des Bauernvereins für die nationalen Verbände und mit der Reaktion auf die Versetzung Landrat Bielenbergs schon sehr viel früher deutlich geworden. Der übersteigerte Nationalismus zählte genauso zu den Grundüberzeugungen eines großen Teils der Einwohner des Untersuchungsraumes wie die Ansicht, daß nach wie vor der Agrarsektor das maßgebliche Rad im Wirtschaftsgetriebe sei – zwei für die politische Meinungsbildung ungemein wichtige Faktoren.

Die entscheidende Bedeutung diese 28. Januar, der so zahlreiche Menschen in der Provinz mobilisiert hatte, lag indessen nicht, wie Stoltenberg[48] zu Recht urteilt, in den Reden und den Texten der Entschließungen, sondern darin, daß sich die große Zahl der Bauern offensichtlich nicht mehr genügend von ihren Provinzialorganisationen vertreten fühlte. In diesem Potential der Unzufriedenheit sollte kaum zwei Jahre später der Nationalsozialismus seine Hauptstütze finden. Freilich wußte zu diesem Zeitpunkt – Anfang 1928 – noch niemand, welchen Verlauf die Dinge nehmen würden, wenngleich einschränkend hinzugefügt werden muß, daß die vom Tinnumer Gemeindevorsteher angeschlagenen Töne bereits unzweideutig den Weg in die Radikalisierung wiesen.

---

47 Insofern etwa geht der Erklärungsansatz Hans Werner Gondesens bezüglich des Aufkommens der Landvolkbewegung völlig in die Irre, da er ausschließlich den wirtschaftlichen Motiven Bedeutung beimißt; Hans Werner Gondesen, Zur Entstehung der schleswig-holsteinischen Landvolkbewegung, in: JbSG 1986, S. 8–32.
48 Stoltenberg, S. 111.
49 ebd.

3. DAS RINGEN UM DIE EINHEITSORGANISATION

Die Demonstrationen des 28. Januar hatten z. T. Reden wie die Otto Johannsens hervorgebracht, die sich in ihrer Argumentationsweise nicht von denen der völkischen Verbände unterschieden.[49] Damit war offenbar geworden, daß sich der Landbund mehr und mehr in den Vordergrund zu spielen und den Bauernverein regelrecht in die Defensive zu drängen gedachte. Für diese These spricht die Tatsache, daß die Landbundvertreter die Arbeitsgemeinschaft mit dem Bauernverein nach dem Massenaufmarsch der 140 000 sehr schnell wieder verließen und die Einigung der Provinzialverbände auf der Basis der nach dem 28. Januar neugeschaffenen Situation herbeizuführen suchten. Die vom Landbund erhoffte Klärung entschied sich jedoch nicht zu seinen Gunsten. Im Gegenteil, die Bewegung des 28. Januar begann eine Eigendynamik zu entwickeln, die beiden Bauernverbänden sehr zu denken geben mußte. So schlossen sich bereits im Februar die Kreisbauernvereine Eiderstedts, Husums und Norderdithmarschens sowie Landbundmitglieder an der Westküste der „Bewegung Johannsen" an und verwiesen damit auf die Möglichkeit eines anderen Weges, um den Differenzen unter den Provinzialorganisationen von Landbund und Bauernverein zu entgehen.[50]

Diese Bewegung hinterließ ebenfalls im Kreis Südtondern spürbare Wirkung. Am 11. Februar erschienen in der „Nordfriesischen Rundschau" zwei Anzeigen, welche die verschiedenen Richtungen innerhalb der Südtonderaner Bauernschaft deutlich zum Ausdruck brachten. Die eine lud die Bauernvereinsmitglieder zu einer außerordentlichen Generalversammlung am 13. Februar ins „Deutsche Haus" nach Leck ein und war vom Kreisbauernvereinsvorsitzenden Jessen-Saidt unterzeichnet. In derselben Anzeige distanzierte sich der Vorstand gleichzeitig von einer Einladung, die von den Anhängern der Richtung Johannsen – in erster Linie Landbundmitgliedern, darunter Ernst Bossen – unterzeichnet war und sich an alle bäuerlichen Teilnehmer der Niebüller Kundgebung wandte. Bezeichnenderweise sollte diese Veranstaltung mit Otto Johannsen jr. als Redner am gleichen Tage zur gleichen Stunde in einer anderen Lokalität Lecks stattfinden.[51] Ganz offensichtlich wurde damit von Seiten des Landbundes der Versuch unternommen, die Gunst der Stunde zu nutzen und die Initiative auf Kreisebene an sich zu reißen – trotz des erst wenige Wochen zuvor bekundeten Willens zur geschlossenen Einheit mit dem Kreisbauernverein.

Am Ende kam es dann allerdings doch nur zu einer gemeinsamen, der Bedeutung wegen sehr stark besuchten Versammlung[52], in deren Verlauf die gegen-

---

50 Vgl. zu den Organisationswirren Stoltenberg, S. 112 ff.

51 NfR vom 11. 2. 1928. Wörtlich heißt es: „Die plötzlich zu gleicher Zeit einberufene Versammlung in Muesfeld's Hotel hat mit der Bauernvereinsversammlung im Deutschen Haus nichts zu tun."

52 Es handelte sich um die größte geschlossene Bauernversammlung, die der Kreis bis dahin erlebt hatte. Lt. PBS nahmen an ihr 1000 Personen teil, dem Bericht der NfR vom 14. 2. 1928 zufolge waren es 800.

sätzlichen Auffassungen deutlich zum Ausdruck gebracht wurden. So verwahrte sich der Kreisgeschäftsführer des Bauernvereins, Dr. Fröbe, energisch gegen den von Seiten des Landbundes erhobenen Vorwurf der „marxistischen" Einstellung[53] und betonte seinerseits die „nationale" Gesinnung des Bauernvereins. Otto Johannsen jr. polemisierte in erster Linie gegen den Provinzialvorsitzenden des Bauernvereins, Stamerjohann, und machte sich für die Einigung auf Basis der Arbeitsgemeinschaft zwischen Landbund und Bauernverein stark. Der weit überwiegende Teil der Versammlungsteilnehmer sprach sich indes für das Fortbestehen des Bauernvereins aus[54], forderte zugleich aber mit Blick auf die Provinzialführung die Bildung einer festen Notgemeinschaft zwischen den zwei großen Verbänden, um so zu einer effizienten Vertretung der landwirtschaftlichen Interessen zu gelangen.

Die organisatorischen Wirren um die Einigung der Interessenverbände gingen weiter, ohne dabei zu einem schnellen Erfolg zu führen. Der aus jeweils zwei Vertretern von Landbund, Bauernverein und der „Bewegung Johannsen" zusammengesetzte „Sechserausschuß", der die Einigung eigentlich vorantreiben sollte, vermochte keine Übereinkunft in der Frage des Reichsspitzenanschlusses zu erzielen. Die Landbundvertreter lehnten den Anschluß einer neu zu bildenden Einheitsorganisation an die demokratische Bauernschaft ebenso schroff ab wie die aus dem Kleinbauernbund hervorgegangenen Bauernvereinsvertreter die Unterordnung unter den Reichslandbund. Dieser Streit verschärfte sich noch angesichts der Reichstagswahl vom 20. Mai 1928, da von den Vertretern des Bauernvereins die Miteinbeziehung der DDP in die Reihe der empfehlenswerten Parteien verlangt wurde.[55]

Angesichts der deutlich zutage tretenden Unfähigkeit der Provinzialorganisationen, eine rasche Einigung zu erreichen, wurden die Zusammenschlußbemühungen auf unterer Ebene verstärkt fortgesetzt. So kam es bereits im März 1928 in den Kreisen Plön und Stormarn zur Vereinigung von Landbund und Bauernverein. Damit wurde eine Entwicklung eingeleitet, die den Sechserausschuß zusätzlich unter Erfolgsdruck setzte.[56]

Ebenfalls dem Zweck der Einigung in Südtondern sollte die Neuwahl des Kreislandbundvorstandes dienen. Dabei gewannen allerdings zu diesem frühen Zeitpunkt bereits diejenigen radikalen Kräfte die Oberhand, die wenig später die maßgebende Rolle innerhalb der Landvolkbewegung auf Kreisebene spielen sollten. Den Vorsitz übernahm Max Petersen, Stellvertreterfunktion übten fortan Ernst Bossen und Paul Thorlichen (Grellsbüll) aus.[57] Mit der Wahl dieser politisch rechtsstehenden Männer wurde ganz offensichtlich die Absicht

---

53 Dieser Vorwurf beruhte vor allem auf dem Zusammenschluß der Kleinbauernorganisation mit dem Bauernverein auf Provinzebene; NfR vom 14. 2. 1928.
54 Lediglich 19 Teilnehmer sprachen sich für die Auflösung des Bauernvereins aus; PBS, Bericht über die außerordentliche Generalversammlung vom 13. 2. 1928.
55 Vgl. Stoltenberg, S. 114.
56 ebd., S. 113.
57 NfR vom 28. 3. 1928.

verfolgt, die „Bewegung Johannsen" zu einer gewichtigeren Verhandlungsposition gegenüber dem Bauernverein zu verhelfen. Dieser zeigte sich jedoch vorerst wenig geneigt, dem Druck des Kreises um Bossen und Petersen nachzugeben. Für die Vertreter des größeren Berufsverbandes schien die Schaffung einer Einheit nur in der Weise möglich, daß der Landbund im Bauernverein aufging und den Bündlern allenfalls ein Sitz im Vorstand eingeräumt wurde. Zu weiteren Zugeständnissen in organisatorischer Hinsicht war der Bauernverein weder bereit noch genötigt, da ihm ohnehin nahezu alle Landbundmitglieder parallel angehörten und die Einheit des Landvolkes somit schon grundsätzlich als bestehend gelten konnte.[58]

Die Einigungsbemühungen auf Provinzebene erreichten mit der Gründung des „Schleswig-Holsteinischen Bauernbundes" im Herbst 1928 ein neues Stadium. Statt der gerade erst auf zwei reduzierten Zahl der Berufsvertretungen gab es nun wieder drei, die um das Vertrauen der Landwirte warben und dazu ein „nie dagewesenes Maß an persönlichen Spannungen und Gegensätzen in der Provinz."[59] Daß sich der Südtonderaner Bauernverein als einer der ersten Kreisverbände der neuen Einheitsorganisation anschloß[60], läßt erkennen, wie sehr die Dinge auch im Untersuchungsraum in Bewegung geraten waren. Das Vertrauen in die alte Verbandsführung war dahin, ihr traute man die Verwirklichung einer agrarischen Einheitsfront nicht mehr zu und setzte statt dessen alle Hoffnungen auf die eben erst gegründete Organisation. Zwar kritisierte der Kreislandbundvorsitzende Petersen die Entscheidung des Bauernvereins vom 4. Oktober unter Hinweis auf die ungeklärte Frage des Reichsspitzenanschlusses des Bauernbundes[61], doch verdeckt diese Stellungnahme wie der gesamte organisatorische Streit den tatsächlichen ideellen Grundkonsens der Mitglieder beider Interessenvertretungen. Bereits im Vorfeld der Reichstagswahl vom Mai 1928 hatten sich Landbund und Bauernverein des Kreises für die Stimmabgabe zugunsten von DVP und DNVP ausgesprochen und damit der vom Provinzialbauernverein vertretenen Einbeziehung der DDP in den Wahlaufruf eine Absage erteilt.[62] Als Merkmal für die ideelle Nähe beider Standesorganisationen ist ebenfalls die Einstellung des Kreisgeschäftsführers Dr. Fröbe zu werten, der Anfang Oktober einer parteipolitischen „Neutralität" gegen die Linksparteien das

58 Im Protokollbuch heißt es: „Sämtliche Vorstandsmitglieder äusserten sich dahin, daß an sich eine Verschmelzung nur in der Weise in Frage kommen könne, daß der Landbund in dem Bauernverein aufgehe. Tatsächlich bestehe ja schon die Einheitsorganisation"; PBS, Gemeinsame Vorstandssitzung von Bauernverein und Landbund vom 5. 9. 1928.
59 Stoltenberg, S. 120.
60 ebd. Der Beschluß zum Beitrtitt wurde einstimmig auf einer Vorstands- und Vertrauensmännerversammlung am 4. 10. 1928 gefaßt; vgl. PBS und NfR vom 8. 10. 1928.
61 PBS, Vorstands- und Vertrauensmännersitzung vom 4. 10. 1928. Demnach gehörte Petersen auch zu jenen Landbundvertretern, die die Beschlüsse der Neumünsteraner Konferenz vom 27. 8. 1928 und die daraufhin erfolgte Gründung des Bauernbundes ablehnten; vgl. dazu auch Stoltenberg, S. 120.
62 Der Aufruf ist abgedruckt im LA vom 19. 5. 1928.

Wort redete und damit u.a. klar Stellung gegen die Demokraten bezog.[63] Doch erst die enge Zusammenarbeit zwischen dem nunmehrigen Kreisbauernbund und der Landvolkbewegung anläßlich der Kommunalwahl 1929 ließen die gemeinsamen Grundüberzeugungen für jedermann sichtbar werden.[64]

4. DIE REICHSTAGSWAHL VOM 20. MAI 1928 – MERKMAL DER KRISE

Der Reichstagswahl vom 20. Mai 1928 kommt in der Reihe der Wahlentscheidungen im Auflösungsprozeß der Weimarer Republik besondere Bedeutung zu. Bis in die jüngste Vergangenheit hinein als Ausdruck einer gewissen Stabilisierung, ja, von den Zeitgenossen geradezu als „Sieg der Demokratie"[65] bewertet, gelangt die moderne historische Wahlforschung zu wesentlich pessimistischeren Einschätzungen.[66] Es gilt daher an dieser Stelle zu untersuchen, inwieweit die allgemeinen parteipolitischen Verschiebungen auch für den Bereich Südtonderns Gültigkeit besaßen und ob sich anhand des Wahlergebnisses bereits Aussagen über die Chancen eines möglichen Erfolges der NSDAP treffen lassen.

Bereits im Vorfeld des 20. Mai machte sich die zunehmende Unzufriedenheit in weiten Teilen der wahlberechtigten Bevölkerung des Kreises deutlich bemerkbar. Dies äußerte sich vor allem in dem geringen Interesse, das den Wahlveranstaltungen der Parteien entgegengebracht wurde.[67] Ein Kommentar der „Föhrer Zeitung" brachte den verbreiteten Mißmut über die Parteipolitik mit deutlichen Worten zum Ausdruck[68]:

> „Was der Parlamentarismus, wie er in den letzten Jahren aufgetreten, überhaupt bietet, das hat uns zur Genüge der letzte Reichstag unseligen Angedenkens gezeigt."

Erfolgsversprechend verlief eigentlich nur der Wahlkampf der „Wirtschaftspartei" (WP), deren gutes Ergebnis sich bereits in der Gründung zweier Ortsgruppen auf Kreisebene abzeichnete.[69] Bei dieser Gruppierung handelte es sich

---

63 Fröbe wird folgendermaßen zitiert: „Parteipolitische Neutralität bedeute doch nichts anderes, als möglichst in und durch alle Parteien eine nationale Bauernpolitik zur Herrschaft zu bringen"; PBS, Vorstands- und Vertrauensmännersitzung vom 4. 10. 1928.

64 Vgl. Kap. XII.7.

65 Vgl. Heiber, S. 195.

66 Klaus Schwabe bemerkt etwa, daß das Wahlergebnis allenfalls auf den ersten Blick als „Triumph der Republik" gelten konnte; Klaus Schwabe, Der Weg der Republik vom Kapp-Putsch 1920 bis zum Scheitern des Kabinetts Müller 1930, in: Bracher/Funke/Jacobsen, S. 95–133, hier S. 126.– Zur Bewertung der Wahl besonders Childers, The Nazi-Voter, S. 87 ff.

67 Siehe etwa die Berichte über die Wahlveranstaltungen in der lokalen Presse.

68 FZ vom 8. 5. 1928.

69 Ortsgruppen entstanden in Niebüll und in Westerland; NfR vom 16. 4. 1928 und SZ vom 17. 4. 1928.

um eine reine Interessenvertretung des gewerblichen Mittelstandes, der ein gesamtpolitisches Konzept fehlte.[70] Entsprechend dem Bedürfnis weiter Kreise des Handwerks wie der Geschäftsleute wandte sich die Partei sowohl gegen den als bedrohlich empfundenen Einfluß des Kapitalismus wie auch gegen den Sozialismus. Die sich darin offenbarende Furcht, der Mittelstand könnte in der Auseinandersetzung zwischen den großen Konzernen und den linksgerichteten Parteien und Gewerkschaften aufgerieben, in seinem sozialen Besitzstand deklassiert, proletarisiert werden, bestimmte zunehmend die Einstellung der „alten" mittelständischen Kreise. Es deutete sich vielfach schon jetzt – vor allem in ländlichen Gebieten[71] – jene bereits 1930 von Theodor Geiger[72] beschriebene „Panik im Mittelstand" an, welche später insbesondere die kleinen Handwerker und Gewerbetreibenden in die Arme der Nationalsozialisten treiben sollte.

Als am 20. Mai die Wahllokale schlossen, waren im Kreis Südtondern 12297 gültige Stimmen abgegeben worden, die sich wie folgt auf die einzelnen Parteien verteilten[73]:

Tabelle 9: Wahlergebnis der Reichstagswahl vom 20. Mai 1928
(Angaben in %; in Klammern die Ergebnisse von 1924 II)

	Südtondern	Schleswig-Holstein	Deutsches Reich
KPD	2,3 (0,6)	7,9 (6,7)	10,6 (9,0)
SPD	16,3 (11,8)	35,3 (30,3)	29,8 (26,0)
DDP	4,3 (10,4)	5,7 (8,7)	4,9 (6,3)
DVP	29,4 (24,7)	13,7 (14,6)	8,7 (10,1)
WP	9,4 (0,4)	5,3 (0,5)	4,9 (–)
DNVP	32,6 (47,0)	23,0 (33,0)	14,2 (20,5)
NSDAP	1,2 (1,9*)	4,0 (2,7)	3,0 (3,0)
Sonstige	4,5 (3,2)	5,1 (3.5)	34,5 (25,1)

*„Nationalsozialistische Freiheitspartei"

Das Wahlergebnis verdeutlicht einmal mehr, daß das Wählerverhalten in Südtondern weit größeren Schwankungen unterworfen war als auf Provinz- bzw. Reichsebene. Ein bedeutsames Resultat bildete dabei zweifelsohne der weit überdurchschnittliche Verlust der Deutschnationalen sowie der vergleichsweise hohe Stimmengewinn für die Wirtschaftspartei.

Der spürbare Substanzverlust der DNVP auf breiter Front beruhte in erster Linie auf dem schwankenden Kurs, den die Partei zwischen 1925 und 1928 ver-

70 Bergsträsser spricht der Wirtschaftspartei daher auch zu Recht wahren Parteicharakter ab; Bergsträsser, S. 13. Allgemein zur Wirtschaftspartei Martin Schumacher, Mittelstandsfront und Republik 1919–1933. Die Wirtschaftspartei – Reichspartei des deutschen Mittelstandes 1919–1933, Düsseldorf 1972.
71 Vgl. Wulf, Die politische Haltung, S. 49.
72 Theodor Geiger, Panik im Mittelstand, in: Die Arbeit 7 (1930), S. 637–654.
73 Zusammengestellt nach Statistik des Deutschen Reiches, Bd 372 (1930/31) und NfR vom 21. 5. 1928.

folgt hatte.[74] Bereits die innerparteiliche Auseinandersetzung um die Zustimmung zum Dawes-Plan hatte den Deutschnationalen geschadet, doch erbitterte insbesondere die zeitweilige Regierungsbeteiligung zahlreiche Anhänger, die darin ein Paktieren mit dem verabscheuten demokratischen „System" sahen. Zwar war die Locarno-Politik Stresemanns auf schärfste Kritik gestoßen und hatte für den zwischenzeitlichen Rückzug der DNVP aus der Regierungsverantwortung gesorgt, doch vermochte diese Art Distanzwahrung die Popularitätseinbuße ebensowenig zu verhindern wie der massive Einsatz für die Agrarsubventionen um die Jahreswende 1927/28, mit dem sich die Partei insbesondere im ländlichen Umfeld verstärkt zu profilieren versucht hatte.[75] Das Scheitern dieser Bemühungen, welches im übrigen nur demonstrierte, daß der DNVP konstruktive Antworten auf die Fragen der Zeit fehlten[76], hatte zum einen die Folge, daß viele ehemalige Wähler der rechtskonservativen Partei den Rücken kehrten, zum anderen, daß sich die parteiinternen Streitigkeiten um den richtigen Kurs verschärften, und eine neuerliche Auseinandersetzung einleiteten, die schließlich zum Rücktritt des Parteivorsitzenden Graf Westarp und anschließend zum völligen Niedergang unter dem Vorsitz Hugenbergs führen sollte.

Der drastische Rückgang des deutschnationalen Stimmenanteils in Südtondern deutet darauf hin, daß sich der Schlingerkurs der Partei hier noch negativer für sie auswirkte als andernorts. Der Einbruch wirkt allerdings insofern erstaunlich, als sich die landwirtschaftlichen Verbände noch vor der Wahl neben der DVP für die DNVP ausgesprochen hatten. Aber gerade in den kleinen Dörfern zeigte sich das ganze Ausmaß der Verluste, teilweise sackte die Stimmenzahl noch auf Werte unter die Hälfte des bei der Dezemberwahl 1924 erzielten Ergebnisses ab.[77] Angesichts solcher Resultate trifft die These von Milatz[78], derzufolge es sich bei dem schlechten Abschneiden lediglich um den natürlichen Schwund einer in der Regierungsverantwortung stehenden Partei handelte, für den Untersuchungsraum nicht zu.

Ganz entgegen der allgemeinen Tendenz vermochte die DVP ihren Stimmenanteil bei dieser Wahl sogar noch auszubauen.[79] Sicherlich profitierte sie dabei von dem neuerlichen Stimmenschwund der Demokraten, die nach der kurzfristigen Stabilisierung im Dezember 1924 rund zwei Drittel ihrer Wähler verloren.[80] Zum Erfolg der Volkspartei trug darüber hinaus der Wahlaufruf des „Nordwestdeutschen Handwerkerbundes" bei, der den Deutschnationalen den Rücken gekehrt hatte und sich nunmehr für die Wirtschaftspartei und die DVP aus-

---

74 Vgl. dazu etwa Bracher, Die Auflösung der Weimarer Republik, S. 276 ff.
75 Stoltenberg, S. 114.
76 Sontheimer, S. 117 f.
77 Der Rückgang betraf alle Gebiete des Kreises relativ gleichmäßig. In Klixbüll etwa ging die Zahl der DNVP-Wähler von 203 auf 88 zurück.
78 Milatz, S. 122.
79 Die Zahl der DVP-Stimmen stieg von 3261 auf 3678.
80 Diese Vermutung wird besonders durch die Berechnungen Falters et. al. gestützt; Falter/Lindenberger/Schumann, S. 142.

sprach, da in diesen Parteien Handwerker auf aussichtsreichen Listenplätzen standen.[81] Es ist demzufolge damit zu rechnen, daß die Verluste der DNVP zumindest teilweise der konkurrierenden „Volkspartei" zugute kamen.

Der besonders in den größeren Orten weit über dem Durchschnitt liegende Erfolg der Wirtschaftspartei macht deutlich, wie sehr das Berufsstanddenken gerade im Kreis Südtondern verbreitet war. Die Stimmen der Interessenpartei des Mittelstandes kamen in erster Linie aus den gewerblichen „Zentren", d.h. aus Niebüll, Westerland, Wyk und Leck, wo sich die Ergebnisse klar über dem Kreisniveau bewegten.[82] Den nachhaltigsten Erfolg errang die WP in Niebüll, wo sie auf Anhieb als zweitstärkste Kraft aus der Wahl hervorging. In den kleinen Landgemeinden hingegen rangierte sie begreiflicherweise unter dem Durchschnitt, da der handwerkliche und gewerbliche Mittelstand hier weniger stark vertreten war als z. B. in den Orten des Fremdenverkehrs.

Ihre Position verbessern konnte ebenfalls die SPD, der es gelang, ihre Stimmenzahl um ein Drittel zu vermehren. Offensichtlich war der Partei ihre Rolle in der Opposition gut bekommen, so daß sie für viele ihrer früheren Anhänger wieder wählbar schien. Die traditionelle Arbeiterpartei zog vor allem aus einer stärkeren Wählermobilisierung in den größeren Orten des Kreises Nutzen; allein aus Westerland, Wyk und Niebüll kam über die Hälfte des Stimmengewinns.

Einen nicht unbeträchtlichen Erfolg bei der Wahl konnte ebenfalls die KPD verbuchen, die ihren absoluten Anteil mehr als verdreifachte. Bemerkenswert ist in diesem Zusammenhang der starke Anstieg der Stimmenzahl der KPD auf der Insel Sylt. Von dieser Nordseeinsel kamen mehr als zwei Drittel der im Kreis für die Kommunisten abgegebenen Stimmen. Zu verdanken hatte die Linkspartei ihren Gewinn lt. Voigt[83] in erster Linie der schlechten Wirtschaftslage sowie dem Umstand, daß etliche am Bau des Hindenburgdammes beteiligte Arbeiter nach dessen Fertigstellung die Insel nicht wieder verließen, sondern hier eine neue Heimat fanden. Zudem war es auf Sylt zur Gründung der einzigen KPD-Ortsgruppe gekommen, die es in der Zeit der Weimarer Republik auf Kreisgebiet gab.[84] Damit hatte die Partei auf der Insel ein wirkungsvolles Instrument gewonnen, mit dem die Agitation stark intensiviert werden konnte. Vor diesem Hintergrund überrascht es dann auch nicht, daß Sylt bis zur „Machtergreifung" die „Hochburg" der KPD auf Kreisebene blieb.

81 Vgl. FZ vom 18. 5. 1928; Wulf, Die politische Haltung, S. 54 und S. 65.
82 In Niebüll waren es 22,8 %, in Westerland 14,8 %, in Wyk 11,2 % und in Leck 11,3 %. Allein aus diesen Orten kamen mehr als die Hälfte aller auf die Wirtschaftspartei entfallenden Stimmen.
83 Voigt, Der Sylter Weg, S. 20 und S. 26.
84 Bis zum Juli 1928 umfaßte die Sylter KPD bereits rund 100 Mitglieder. Nebenbei existierte auch schon eine Abteilung der „Roten Hilfe" mit 40 Mitgliedern, im März 1929 kam eine Gruppe des „Rotfrontkämpferbundes" hinzu; vgl. dazu das Aktenmaterial in LAS 309/22666, 309/22781 und 309/22797. Der führende Funktionär der Insel-KPD, Julius Jürgensen, wurde mit einigen Parteifreunden bald nach der „Machtergreifung" verhaftet, 1934 aber wieder freigelassen. Über sein weiteres Schicksal ist nichts bekannt; vgl. Voigt, Der Sylter Weg, S. 100.

Das Ergebnis der Wahl, das auch im Kreis Südtondern angesichts der klaren Verluste der DNVP auf eine gewisse Konsolidierung der politischen Verhältnisse hinzudeuten schien, verdeckt indes einen Tatbestand, der für die Beurteilung der Wahl von besonderer, ja, zentraler Bedeutung ist: die Wahlbeteiligung. Die „Partei der Nichtwähler" errang mit 43,2 % den größten Erfolg und wurde mit diesem Ergebnis zur „stärksten" Partei auf Kreisebene. Mit einer Wahlbeteiligung von lediglich 56,8 % gingen in Südtondern weitaus weniger Stimmberechtigte zur Wahl als im Provinzdurchschnitt (76,8 %). In keinem anderen Landkreis Schleswig-Holsteins nahmen auch nur annähernd so wenige Bürger an der Entscheidung des 20. Mai teil. Südtondern gehörte in dieser Beziehung ebenfalls innerhalb des Reiches zu den Landkreisen, welche die geringste Wahlbeteiligung aufwiesen.

Die Wahlenthaltung nahm bezeichnenderweise insbesondere in den kleinen Dörfern stark zu, just da also, wo die DNVP so starke Einbußen hinnehmen mußte. Diese Verluste konnten von keiner Partei aufgefangen werden. Es ist daher anzunehmen, daß sich viele Bauern aus Protest der Stimme enthielten und so ihre Unzufriedenheit mit dem gesamten „System" dokumentierten. Zugleich offenbart dieses Verhalten, daß der Einfluß der landwirtschaftlichen Verbände auf ihre Mitglieder im Gegensatz zu denen des gewerblichen Mittelstandes bereits zu diesem frühen Zeitpunkt spürbar im Schwinden begriffen war.[85] In das hier entstandene politische Vakuum sollten später die Nationalsozialisten eindringen, die bei dieser Wahl mit 1,2 % der Stimmen noch deutlich unter dem Provinzdurchschnitt von 4,0 % lagen, allerdings auf Kreisgebiet noch keine dem Südwesten Schleswig-Holsteins vergleichbares Engagement an den Tag gelegt hatten.[86] Andernorts war denn auch der Stimmenanteil der NSDAP im ländlichen Bereich bei stärkerer Wahlbeteiligung erheblich höher.[87]

Faßt man das Ergebnis der Reichstagswahl vom 20. Mai 1928 in Südtondern zusammen, so scheint auch hier auf den ersten Blick eine gewisse Beruhigung der politischen Verhältnisse eingetreten zu sein. Dafür sprechen der deutliche Rückgang sowohl des deutschnationalen Stimmenanteils als auch die weiteren Verluste der Nationalsozialisten, die im Kreisgebiet nur mehr ganze 150 Stimmen auf sich vereinigen konnten.[88] Die prozentuale Aufteilung der Stimmen belegt aber bereits, daß die Parteienlandschaft auch auf Kreisebene in Bewegung geraten war, wenn auch bei weitem nicht so ausgeprägt wie auf überregionaler Ebene. Der weit überdurchschnittliche Erfolg der Wirtschaftspartei markierte

85 Vgl. Wulf, die politische Haltung, S. 61.
86 Der gesamte Wahlkampf hatte sich auf zwei kaum beachtete Wahlversammlungen beschränkt; vgl. dazu Kap. XIII.2.
87 In Norderdithmarschen erreichte die NSDAP bereits 18,1 %, in Süderdithmarschen 17,7 %, in Steinburg 10,4 % und in Rendsburg 8,7 %.
88 Gondesen berücksichtigt die geringe Wahlbeteiligung überhaupt nicht und kommt zu der mehr als fragwürdigen These, derzufolge das schlechte Abschneiden als Nachweis dafür zu werten sei, daß die NSDAP zu diesem Zeitpunkt noch keine Chance gehabt habe; Gondesen, Zur Entstehung der schleswig-holsteinischen Landvolkbewegung, S. 32.

die sich abzeichnende Erosion des bisherigen Parteiengefüges, die einer Zersplitterung den Weg bahnte. Zum anderen kristallisierte sich ein immer stärkeres Berufsstanddenken heraus, das die Wahlentscheidung in ständig gewichtigerem Maße bestimmte. Neben der prinzipiell erwarteten antisozialistischen Grundhaltung der Parteien spielte für die bürgerlich-bäuerlichen Wähler vor allem die Frage eine Rolle, ob auf den Listen Bewerber kandidierten, die das traditionelle Weltbild des „alten" Mittelstands mit all seinen sozialen Ängsten repräsentierten. Das Gefühl mangelnder Berücksichtigung in einer laufend schnelllebigeren Zeit drohte die unverkennbare Distanz gegenüber dem Weimarer Staat in radikale Ablehnung umschlagen zu lassen. Tendenzen hierzu deuteten sich bereits in der überaus niedrigen Wahlbeteiligung gerade der dörflichen Bevölkerung an, was einer klaren Absage an das bestehende parlamentarische System gleichkam. Der (noch) sehr geringe Stimmenanteil der NSDAP täuscht nur zu leicht über dieses Protestpotential hinweg, das sich bereits zu diesem Zeitpunkt gebildet hatte. In Stadum wurde am Wahltag ein Stimmzettel abgegeben, welcher die völlige Desorientierung vieler Wähler deutlich zum Ausdruck brachte[89]:

> „O Landwirtschaft, o Bauersmann,
> wem willst Du deine Stimme frommen?
> Ob Liste zwei, ob Liste acht
> wer schützt vorm Pleitekommen?
> Oder wählst Du die Liste vier der Mitt'
> Ob die dich heilt vorm Wechselritt?
> Die Hoffnung auf eins oder andere Nummer
> wird Dir nicht hold auf Befreiung vom Kummer.
> Vielleicht ködern sie uns alle in einen Sack,
> wie Rebekka einst ihren blinden Isaak!
> Die Zukunft zeigt's Dir, wer hier im Witz
> für Dich als Retter im Reichstag sitzt."

5. DAS LANDVOLK STEHT AUF –
DIE LANDVOLKBEWEGUNG IM KREIS SÜDTONDERN

Als die landwirtschaftlichen Interessenverbände zusammen mit der neuen „Bewegung Johannsen" noch um die künftige Organisationsform des Bauerntums stritten, hatte schon eine Bewegung um sich zu greifen begonnen, die dem Bemühen des Sechserausschusses um Einigung sowie den herrschenden Kräften allgemein kein Vertrauen mehr schenkte. Töne dieser Art, die sich gegen das parlamentarische System richteten und vielmehr die vollkommene Umgestaltung der derzeitigen Verhältnisse forderten, waren bereits auf der Demonstration vom 28. Januar angeklungen.[90] Es hatte sich offenkundig schon jetzt bei

---

89 LA vom 22. 5. 1928.
90 Stoltenberg, S. 111; vgl. auch die oben zitierte Stellungnahme des Tinnumer Gemeindevorstehers.

zahlreichen Bewohnern Schleswig-Holsteins die Überzeugung durchgesetzt, daß angesichts der organisatorischen Zersplitterung der Landwirtschaftsverbände und des andauernden Parteienhaders in Berlin keine wirksame Hilfe mehr für die immer tiefer verschuldeten Bauern zu erwarten sei. An dieser Überzeugung änderte sich auch nichts, nachdem sich die Regierung zu Hilfsmaßnahmen bereit erklärt hatte und es zu direkten Verhandlungen zwischen Regierungsvertretern und einer Abordnung schleswig-holsteinischer Bauern gekommen war.[91] Eine zusätzliche Verschärfung erfuhr die Lage noch durch das Scheitern der Einigungsbemühungen in der Landwirtschaft sowie durch den Umstand, daß nach der Reichstagswahl vom Mai 1928 wieder eine als absolut landwirtschaftsfeindlich empfundene, von der Sozialdemokratie geführte Reichsregierung den Kurs der Politik bestimmte.

Die Kritik der aufkommenden „Landvolkbewegung"[92], die Hans Fallada in seinem Roman „Bauern, Bonzen und Bomben"[93] so überaus treffend charakterisiert hat, richtete sich klar und deutlich gegen die bestehende Staats- und Regierungsform, die den Bedürfnissen der Bauern in keiner Weise gerecht geworden sei, sondern im wesentlichen nur dazu beigetragen habe, den wirtschaftlichen Niedergang und den politischen Bedeutungsverlust des Bauerntums zu beschleunigen. Im Urteil zahlloser Landbewohner galt die Demokratie nurmehr als die Herrschaft der anonymen Masse, als Gefährdung der gewachsenen sozialen Bindungen, als Zeichen der Auflösung schlechthin und der Parlamentarismus als sichtbarer Ausdruck des die wahren Interessen des Volkes ignorierenden „Systems".[94] Die Erfordernisse des modernen Verwaltungsstaates wurden nicht anerkannt, vielmehr stieß die zentral gelenkte Bürokratie auf schroffe Ablehnung. Gepaart war diese Systemkritik darüber hinaus ähnlich wie die der völkischen Rechtsverbände mit dem Argwohn gegenüber den „dunklen Mächten" des „internationalen Finanzkapitals" und anderen nicht zu lokalisierenden Kräften, die ihrerseits das Bauerntum bedrohten. Der Plöner Landwirt W. Paustian faßte die Befürchtungen im April 1928 wie folgt zusammen[95]:

---

91 Stoltenberg, S. 120 f.
92 Vgl. zur Landvolkbewegung besonders Stoltenberg, S. 122ff; Michelle le Bars, Le Mouvement paysan dans le SchleswigHolstein 1928–1932, Bern/Frankfurt am Main/New York 1986 und die dort zitierte Literatur. Wenig zum Verständnis tragen die Beiträge von Hans Werner Gondesen bei, der zwar auch auf die Entwicklung in Südtondern eingeht, die Protestbewegung aber ausschließlich aus der aktuellen wirtschaftlichen Notsituation erklärt und deshalb zu recht fragwürdigen Schlußfolgerungen kommt; Gondesen, Zur Entstehung der schleswig-holsteinischen Landvolkbewegung; ders., Die Landvolkbewegung 1929, in: JbSG 1987, S. 48–73; ders., Der Niedergang der Landvolkbewegung 1930 und 1931, in: JbSG S. 155–176; ders., Ende der Weimarer Republik, Ende de Landvolkes, in: JbSG 1989, S. 7–27.
93 Hans Fallada, Bauern, Bonzen und Bomben, Berlin 1931.
94 Vgl. Peter Wulf, Entstehung und Aufstieg der nationalsozialistischen Bewegung in Schleswig-Holstein, in: Urs Justus Diederichs/Hans-Hermann Wiebe (Hg.), Schleswig-Holstein unter dem Hakenkreuz, o. O. 1986, S. 29–41, hier S. 36 ff.
95 Zitiert nach Stoltenberg, S. 121.

„... Sind wir in unsere Kreisstädte gezogen, um das alte Parteisystem, welches wir be-kämpfen und das durch und durch tuberkulös ist, zu unterstützen, ... um uns wieder in die alten, ausgefahrenen Gleise führen zu lassen? ... Viereinhalb Jahre hat der deutsche Bauer seine Scholle gegen äußere, sichtbare Feinde verteidigt und als er zurückkehrte, setzte er die friedliche Arbeit in seinem Königreich wieder fort. Doch dieses friedliche, stille Schaffen war ihm nicht lange vergönnt; denn bald merkte er, daß ihm nicht nur das ersparte Barvermögen mit Hilfe der Inflation geraubt wurde, sondern daß die dunkle Macht auch ihre Hände ausstreckte nach der Substanz, nach der ihm liebgewordenen Scholle... So konnte es dazu kommen, daß Tausende Landleute auf die Straße zogen, um gegen die Willkür der Plutokratie, der Geldherrschaft, zu protestieren, die uns über das heutige System regiert... "

Aus derartigen Angstvorstellungen heraus, die nicht zuletzt die ganze Hilflo-sigkeit demonstrieren, mit welcher große Teile des Landvolkes auf die gesamt-gesellschaftlichen und wirtschaftlichen Entwicklungen reagierten, resultierte die Forderung nach Überwindung der verhaßten Weimarer Demokratie. In die-ser Hinsicht wies der schleswig-holsteinische Bauernprotest der folgenden Jahre parallele Züge etwa zur sog. „Selvstyrebevægelse" in Nordschleswig auf, mit deren Hilfe Cornelius Petersen dem Kopenhagener Zentralismus den Kampf angesagt hatte.[96] Beide Bewegungen, die im übrigen präziser Vorstel-lungen über einen staatlichen Neuaufbau ermangelten, speisten sich aus jenen, bereits in der Landespartei laut gewordenen, antiurbanen und antizivilisatori-schen Ressentiments, die schon vorher zum Weltbild einer Vielzahl von Land-bewohnern gehört hatten.[97] Die wirtschaftlich schlechte Lage setzte dieses vor-handene Potential lediglich frei, war aber nicht ursächlich für den weiteren Gang der Dinge verantwortlich[98], der einer radikalen, ausschließlich negativ profilierten Bewegung zum Durchbruch verhalf, die jede „Geschlossenheit und Klarheit in der positiven Zielsetzung"[99] vermissen ließ und rasch zum militan-ten Flügel des um seine gesellschaftliche Identität fürchtenden Bauernstandes wurde.[100]

96 Zur Selvstyrebevægelse Troels Fink, Geschichte des schleswigschen Grenzlandes, Kopenhagen 1958, S. 212 ; Peter Hopp, Bodenkampf und Bauernbewegung. Von der Anfangsphase der Kreditanstalt Vogelgesang bis zum Ende der Sammlungsbewe-gung. Ein Beitrag zur Geschichte der deutschen Minderheit in Nordschleswig, in: ZSHG 100 (1975), S. 217–323.
97 Zur ideologischen Verbindung von Landespartei und Landvolkbewegung Childers, Interest and Ideology, S. 10.
98 In diesem Sinne schon Stoltenberg, S. 120.
99 Hans Beyer, Die Landvolkbewegung Schleswig-Holsteins und Niedersachsens 1928–1932, in: JbSG 1958, S. 173–202, hier S. 176.
100 Siehe dazu etwa die agrarromantisierenden Bemerkungen Johannes Tonnesens, der unter der Überschrift „Volk und Boden. Ein Beitrag zur Bauernbewegung" die tiefe-ren Hintergründe der bäuerlichen Identitätskrise wie folgt beschrieb: „Stadt und Land sind einander nicht nur ganz fremd, erschreckend fremd geworden, sondern das Schwergewicht hat sich völlig verlagert: auf allen Gebieten unseres Daseins gibt die Großstadt den Ton an, bestimmt anscheinend durch ihr Übergewicht das Schick-sal, prägt die Lebenshaltung und saugt alle Lebenskräfte an sich, so daß der Land-mensch ins Hintertreffen geriet, den Glauben an sich selbst verlor und selbst jener

Reale Gestalt nahm die Landvolkbewegung – so nannte sie sich seit dem Herbst 1928 – erst in der zweiten Hälfte des Jahres 1928 an. Sie bildete in dem Sinne auch gar keine festgefügte Organisation aus, vielmehr blieb die neue Bewegung ein relativ loser Verband, der von zahlreichen in der Provinz beheimateten Vertrauensleuten getragen wurde. Eine feste Mitgliedschaft gab es nicht. Als führende Persönlichkeiten traten die Landwirte Wilhelm Hamkens (Eiderstedt) und Claus Heim[101] (Dithmarschen) in Erscheinung, ohne allerdings als „Führer" der Landvolkbewegung zu fungieren.[012] Eine gewissermaßen zentrale Stellung kam seit 1929 dagegen der Redaktion der „Landvolk"-Zeitung zu, die jedoch Heim und Hamkens als den anerkannten Sprechern der Bewegung unterstand. „So gewann das Wirken der Landvolkbewegung den Charakter des Spontanen, Unberechenbaren, schwer Faßbaren."[103] Verbindungen zu den Berufsverbänden gab es ebenso wie zu völkischen Organisationen, die Übergänge gestalteten sich fließend.[104]

Nennenswerte Aktivitäten der Landvolkbewegung machten sich erst Ende 1928 bemerkbar, als Hamkens in einem Leserbrief erklärte, er werde keine Steuern mehr zahlen und seine Berufskollegen dazu aufforderte, ebenso zu handeln.[105] Auch im Kreis Südtondern wurden die Töne schärfer, wie ein im „Lecker Anzeiger" veröffentlichtes „Eingesandt" belegt, das mit den vielsagenden Worten endet[106]:

„Und das alles [gemeint ist das 'Aussaugen' der Bevölkerung durch den Staat, d. Verf.] geschieht, weil wir nicht den Mut haben, uns das System anzusehen, wie es ist. Die Wahrheit erkennen und handeln ist eins. Deshalb Augen auf und frisch ans Werk. Menschenhände haben dieses System geschaffen, Menschenhände können es auch ändern!!!"

Die Radikalisierung schritt demzufolge auch im Untersuchungsraum voran. Wenig später erschienen weitere anonyme Leserbriefe in der Lokalpresse, die unverhohlen zur Beseitigung des „Systems" aufriefen.[107] Als besonders verhängnisvoll und belastend für die Zukunft mußte sich die Einweihung des neuen Finanzamtes im November 1928 in Leck erweisen, ein Projekt, das den

Auffassung verfiel, daß das Dorf eine zurückgebliebene Stadt und der Bauer ein Hinterwäldler sei, der nicht mehr in die Zeit passe"; Johannes Tonnesen, Volk und Boden. Ein Beitrag zur Bauernbewegung, in: Festgabe Anton Schifferer, S. 83–93, hier S. 83.

101 Über Wilhelm Hamkens Stoltenberg, S. 122 ; über Claus Heim Susanne Heim, Die Landvolkbewegung in Schleswig-Holstein, mss. Diplomarbeit, Hamburg 1980, S. 64 ff.

102 Hans Beyer, Die Agrarkrise und die Landvolkbewegung in den Jahren 1928–1932, Wedel 1962, S. 13.

103 Stoltenberg, S. 123.

104 Hamkens etwa war selbst Mitglied des Stahlhelms Westküste und der Orgesch gewesen; Stoltenberg, S. 122.

105 ebd., S. 124.

106 LA vom 8. 10. 1928.

107 FLA vom 23. 10. 1928; LA vom 31. 10. 1928. Der im „Lecker Anzeiger" veröffentlichte Leserbrief forderte mit drohendem Unterton zu tatkräftiger Mithilfe am Sturz des „Systems" auf: „Helft alle mit, denn wer nicht für uns ist, ist wider uns."

Zorn in den mittelständischen Kreisen noch weiter anschwellen ließ, errichtete das „System" hier zu Lasten der Steuerzahler doch ein weiteres „Symbol staatlicher Ausbeutung".[108]

Ihren ersten spektakulären Höhepunkt erreichte die Unruhe im Landvolk mit der Verhinderung einer Zwangsversteigerung im kleinen Ort Beidenfleth bei Itzehoe, wo zwei Ochsen aufgrund von Steuerrückständen von den Behörden beschlagnahmt werden sollten. Zum ersten Mal wurde damit die Grenze des gewaltfreien Widerstandes gegenüber den Vertretern des Staates überschritten und deutlich gemacht, daß sich die Bauern in Zukunft nicht mehr ohne weiteres fügen würden.[109]

Das Echo im Lande auf das Vorgehen der Bauern war groß, und die Beidenflether Ereignisse ließen die Überzeugung wachsen, daß es durchaus möglich war, erfolgreich gegen die Maßnahmen der staatlichen Verwaltung vorzugehen. Warnenden Stimmen von Seiten der berufsständischen Vertretungen schenkten die aufgebrachten Landleute vielfach kein Gehör mehr, die Proteste gegen Zwangsversteigerungen verbanden sich mit der undifferenzierten Kritik sowohl am „System" überhaupt als auch an seinen Vertretern. Solche Diffamierung machte auch vor den lokalen Amts- und Gemeindevertretern nicht halt, die sich „zum Büttel der Regierung machten und den Berufsgenossen in den Rücken fielen..."[110] Selbst deutschnationale Amtsträger wie der Tinningstedter Amtsvorsteher Christian Jessen wurden von führenden Anhängern der Bewegung als „Schleimer" beschimpft, die man nicht brauchen könne.[111] Der Haß auf den Staat kannte weithin bereits jetzt keine Grenzen mehr und bezog im Kreise geachtete Persönlichkeiten mit ein.

Um zu einem wirkungsvolleren Vorgehen zu gelangen, war von Claus Heim, dem deutschnationalen Reichstagsabgeordneten Max Soth und dem Steinburger Geschäftsführer des Landbundes, Guido Weschke, im Sommer des Jahres 1928 die „Jungnordmarkwehr" gegründet worden, deren Zweck seit dem Herbst darin bestand, durch Demonstrationen Zwangsversteigerungen und Pfändungen zu verhindern.[112] Hinzu trat im Spätherbst 1928 die ebenfalls von Heim gegründete „Wachvereinigung für Stadt und Land e.V." mit Sitz in Husum. Diese Organisation sollte im Rahmen der Landvolkbewegung für kurze Zeit ein effizienteres Mittel zum Schutz bäuerlicher Betriebe vor den Maßnahmen der Behörden bilden und wurde von Herbert Volck und Major a.D. Hans Nickels geführt.[113] Die Werbeplakate für die Wachvereinigung, die bald überall in den Dörfern der gesamten Westküste verteilt wurden, zeigen allerdings ganz andere Zielsetzungen. Die Initiatoren warnten vor der vermeintlich drohenden

---

108 Die Einweihung fand am 3. 11. 1928 statt; vgl. den Bericht im LA vom 10. 11. 1928.
109 Stoltenberg, S. 124; Heim, S. 71 ff.
110 Walter Luetgebrune, Neu-Preußens Bauernkrieg, Hamburg 1931, S. 40.
111 LAS 309/22696, KGN an Ldr. vom 20. 12. 1928.
112 Stoltenberg, S. 125
113 Beide hatten vorher schon völkischen Organisationen als Mitglieder angehört; Stoltenberg, S. 125.

„jüdisch-bolschewistischen Gefahr", die ihre Hände nunmehr auch nach Deutschland ausstrecke und in erster Linie das bodenständige Bauerntum bedrohe. In diesem Zusammenhang wurde auf die Vorgänge in der Sowjetunion verwiesen, wo die Kulaken (Großbauern) der Zwangskollektivierung in der Landwirtschaft auch physisch zum Opfer fielen. Solch geradezu pathologischer, antisemitisch unterlegter Kommunistenfurcht entsprach es, daß die Organisatoren die Ängste vor dem Heer städtischer Arbeitsloser schürten, das sich unter kommunistischer Führung über das flache Land ergießen würde, um die Bauern ihrer Erträge zu berauben.[114]

Zum Schwerpunkt der Wachvereinigung entwickelte sich neben Dithmarschen und Eiderstedt auch der Kreis Südtondern[115], wo sich polizeilichen Angaben zufolge bis Ende März 1929 800–900 Landleute dem neuen Schutzverband anschlossen.[116] Auf einer Versammlung in Humptrup am 19. Dezember 1928 – der mutmaßlich ersten, allerdings nicht öffentlichen Zusammenkunft der Landvolkbewegung auf Kreisgebiet – wurde für die Mitgliedschaft in der Wachvereinigung geworben.[117] Als Hauptagitatoren traten vor den versammelten 25 Teilnehmern die bereits mehrfach erwähnten Großbauern Ernst Bossen und Max Petersen auf. Bossen, am Tag zuvor schon Diskussionsredner anläßlich einer Versammlung mit Hamkens in Garding[118], behauptete, der Inhalt der Werbeplakate „sei aus dem Herzen der Bauern gesprochen"; ferner verwies er auf die Notwendigkeit, „die Bevölkerung endlich einmal" über die „jüdische Mißwirtschaft des heutigen Systems" aufzuklären. Petersen warnte vor den „dunklen Hintermännern", welche die Einigung in den landwirtschaftlichen Verbänden hintertrieben hätten und Deutschland unter dem Befehl Frankreichs in den innerhalb der kommenden zwei Jahre zu erwartenden Krieg gegen Sowjetrußland hineinziehen würden. Auch die Presse wurde scharfer Kritik unterzogen: Zeitungen wie die „Nordfriesische Rundschau" und der „Lecker Anzeiger" hingen nur von „jüdisch geleiteten Nachrichtenbüros" ab, die „Flensburger Nachrichten" seien ganz und gar „verjudet". Petersen würdigte die Wachvereinigung als das einzig wirkungsvolle Hilfsmittel, um dem „jüdisch-bolschewistischen Terror" Einhalt gebieten zu können und kündigte die Bewaffnung mit Gummiknüppeln an, die zumindest in Uphusum auch durchgeführt wurde, womit die Tradition der in der Revolutionszeit errichteten Selbstschutzorganisationen wieder auflebte.[119] Gegen Ende der Versammlung attackierte Bossen Landrat Skalweit in scharfer Form, der die Notlage in der Landwirtschaft zwar grundsätzlich anerkannt, jedoch vor einem illegalen Vorgehen aus den Reihen der Landwirtschaft gewarnt habe. Man werde sich „mit netten Versprechungen diesmal nicht abspeisen lassen, sondern Taten sehen wollen."

114 Siehe die anliegenden Plakate; Quelle: LAS 301/4589.
115 Beyer, Die Agrarkrise und die Landvolkbewegung, S. 13.
116 LAS 309/22668, LKPF an RP vom 27. 3. 1929. Als Vertrauensmann für den Kreis fungierte demnach der Landwirt Otto Lützen aus Klanxbüll.
117 Darüber LAS 309/22696, KGN an Ldr. vom 20. 12. 1928.
118 LAS 309/22569, LKPF an RP vom 19. 12. 1928.
119 LAS 301/4589, LKPF an RP vom 17. 1. 1929; vgl. Kap. VII.1.a).

Wichtig

für jeden ordnungsliebenden Deutsch-Bodenständigen

ist die

„Wachvereinigung
für Stadt und Land, e. V."!

Die wahre Internationale ist das internationale jüdische Großkapital!

Was will die Wachvereinigung für Stadt u. Land, e.V.?

als überparteilich, unparteiisch und **unpolitisch**, allen zersetzenden Einflüssen von Geld- und Postenjägerei, dem Führerelend und Bruderkampf entzogen, will die „Wachvereinigung für Stadt und Land, e. V." alle deutschen bodenständig und vaterländisch fühlenden Männer zusammenfassen zum

Schutz von Haus, Hof, Scholle und Vaterland zur Erhaltung des Erbes unserer Kinder!

Gegen die für Deutschland heranbrohende Bolschewisten- und Kommunisten-Gefahr!

Gegen die täglich wachsende Gefahr, die uns aus dem Heer der Arbeitslosen droht, das heute 1,7 Millionen Arbeitslose in Deutschland umfaßt und dessen Notlage bei der immer schwieriger werdenden Geldlage von den Kommunisten ausgenutzt wird und dessen Massen für ihre Zwecke organisiert werden.

Gegen die Gefahr, daß die **Großstadtmassen gegen das Landvolk ausgespielt werden!** Die „Wachvereinigung für Stadt und Land, e. V." ist eine Opfergemeinschaft! Ihre Mitglieder dienen dem deutschen Bruder, dem deutschen Volke ohne Frage nach Parteibuch, Posten, Ehrgeiz und Ruhm!

Erinnere Dich, Deutscher:

An die Bolschewistengreuel der Kommunisten im Ruhrgebiet im Jahre 1920 . . . . . .
(Dutzende von deutschen Brüdern wurden hier von den Kommunisten viehisch ermordet, Straßendirnen wurden bewaffnet und plünderten).

An den kommunistischen Bandenführer, Mörder und Raubbrenner Max Hölz in Sachsen und Thüringen im Jahre 1921 (Max Hölz, der Räuber und Mörder, ist heute „begnadigt" und darf als Kommunist ungestraft und ganz öffentlich zum roten Terror, zur bolschewistischen Räterdiktatur, aufrufen!)

An den Kommunistenaufstand in Hamburg im Jahre 1923, dem zahlreiche Schupobeamte zum Opfer fielen. Beamte wurden grausam ermordet. — Der Kommunist und Reichspräsidentenkandidat **Thälmann** führte diese rote Revolte. Er ist immer noch auf freiem Fuß u. der Vertrauensmann d. jüdischen Bolschewisten in Moskau.

An den Kommunistenaufstand und die rote Räterepublik des Juden Eisner in München. Hier schlachtete die jüdische Räterepublik viele deutsche Männer und Frauen. (Geiselmorde!)

An die jüngsten roten Krawalle bei der Wahl in Geesthacht!

Flugblatt der „Wachvereinigung" aus dem Jahr 1928; Quelle: LAS 301/4589

Flugblatt der „Wachvereinigung" aus dem Jahr 1928; Quelle: LAS 301/4589

Und weiter drohte Bossen, „der Landrat solle man vorsichtig in seinen Äußerungen sein, würde einer von ihnen [gemeint sind die Anhänger der Landvolkbewegung, d. Verf.] festgenommen werden, würde die Erregung im Kreise wohl einen derartigen Höhepunkt annehmen, der für den Landrat alles andere als angenehm werden würde"; ohnehin existiere bereits eine Liste mit Namen von Personen, die aus dem Landratsamt verschwinden müßten – ein untrügliches Menetekel für die bevorstehenden Ereignisse.

Die Humptruper Zusammenkunft macht unmißverständlich klar, von welch irrationalem Gedankengut die Landvolkbewegung getragen wurde. Es fehlte an konkreten Zielvorstellungen, insbesondere in wirtschaftspolitischer Hinsicht[120]; einig waren sich die Anhänger lediglich in dem, was sie nicht wollten. Primär ging es den führenden Vertretern darum, die Landwirte aufzuwiegeln und sie in die Front derer einzugliedern, die zum Kampf gegen die parlamentarische Demokratie bereit waren. Der Anhang der Wachvereinigung in Südtondern, der nicht gerade klein war und unter Führung des Stahlhelmers Otto Lützen (Klanxbüll) stand[121], läßt darauf schließen, daß solche obskuren, antisemitisch geprägten Vorstellungen und Ängste, wie sie von Bossen und Petersen beschworen wurden, auf ein positives Echo bei den Berufskollegen stoßen konnten, zumal gerade die judenfeindliche Propaganda nicht neu war. Das Verbreitungsgebiet der Wachvereinigung (und der Landvolkbewegung insgesamt) beschränkte sich entsprechend der Herkunft der Führungskräfte vornehmlich auf den Bereich der Geest, doch gab es auch in der Marsch einige Ortsgruppen.[122] Die größte mit insgesamt 120 Mitgliedern bestand in Niebüll und wurde von dem Landwirt Ludolf Jessen geführt. Bezeichnenderweise waren hier zunächst der Großmeister Dr. Boysen vom Jungdeutschen Orden und Kaufmann Bockelmann als Vorsitzender des Stahlhelms dafür vorgesehen worden, die leitende Rolle in Niebüll zu übernehmen, doch wurde davon Abstand genommen, um den Eindruck zu vermeiden, diese Organisationen stünden hinter der Bewegung.[123] Einmal mehr zeigte sich allerdings schon in dieser Planung die ideologische Verbindung, die es unter den verschiedenen rechtsgerichteten Verbänden gab.

Die Erfolge der Wachvereinigung bestanden vornehmlich in der Verhinderung von Zwangsversteigerungen. So erschienen bei einer solchen Ende 1928 in Süderlügum drei mit Jagdgewehren bewaffnete Mitglieder und übten allein durch ihre Anwesenheit einen derartig einschüchternden Druck auf den Vollziehungsbeamten aus, daß er erst gar kein Gebot abwartete, sondern die Versteigerung vorzeitig abbrach.[124] Mit Aktionen dieser Art sollten daneben auch

120 Gerade auch auf die fehlenden wirtschaftspolitischen Vorstellungen der Landvolkbewegung wies Oberregierungsrat Nissen in einer Denkschrift vom 5. 6. 1929 besonders hin; LAS 309/22668.
121 LAS 320/564.
122 In den Geestdörfern gab es Ortsgruppen in Achtrup (30 Mitglieder), Braderup (20), Grellsbüll (10), Holt (15), Kahlebüll (10), Karlum (30), Süderlügum (30), Uphusum (30), und Wimmersbüll (10); im Bereich der Marsch existierten Ortsgruppen in Fahretoft (20), Klanxbüll (15) und Niebüll (120); LAS 309/22668, LKPF an RP vom 27. 3. 1929.
123 LAS 301/4589. Bericht des Polizeipräsidenten Berlin vom 27. 12. 1928.
124 LAS 309/22696,KGN an Ldr. vom 20. 12. 1928. Insgesamt verliefen zwischen dem 1.4.

die Anwesenden davor gewarnt werden, ein Gebot abzugeben und sich somit an der Not ihrer Mitmenschen zu bereichern. Die Erfolge bei den Versteigerungsboykotten führten schließlich dazu, daß einige Anhänger der Landvolkbewegung diese Situation zu nutzen beabsichtigten, indem sie Steuerzahlungen verweigerten, obwohl sie dazu in der Lage waren.[125] Das zu erwartende Scheitern angesetzter Zwangsauktionen versprach mitunter einen erheblichen Steuernachlaß für den Betroffenen, der sich damit zu Lasten der Allgemeinheit materielle Vorteile verschaffte.[126]

Auf etlichen Veranstaltungen im festländischen Kreisteil[127] wurde im Verlauf des Winters 1928/29 für die Wachvereinigung und die Landvolkbewegung allgemein geworben, z. T. fanden sich hunderte von Besuchern ein, um sich die scharfe, mit starken antisemitischen Akzenten versehene Propaganda anzuhören.[128] Trotz der judenfeindlichen und antidemokratischen Äußerungen wurde keine Kritik laut, ein Umstand, der nicht zuletzt die verhängnisvolle Wirkung der früheren antisemitisch-antidemokratischen Agitation völkisch-rechtsextremer Parteien und Verbände an den Tag legte. Hiervon waren allerdings die Landwirte stärker betroffen als etwa der gewerbliche Mittelstand, der sich auf Kreisebene nicht zu einer engeren Zusammenarbeit mit der Landvolkbewegung bereitfand, ein Zeichen dafür, daß Handel und Gewerbe noch nicht in solchem Maße zum Extremismus neigten wie etwa die Bauern[129], obwohl sich die antikapitalistischen und antisozialistischen Ressentiments durchaus glichen. Die Zurückhaltung des Niebüller Handels- und Gewerbevereins auf das Ersuchen zur Kooperation mit den radikalen Kräften wurde denn auch auf einer Versammlung im März 1929 bemängelt.[130]

Insgesamt nahm die Schärfe der Auseinandersetzung zwischen Landvolkbewegung und dem Staat seit dem Frühjahr 1929 zu. Dies hatte seine Ursache

1928 und dem 31. 3. 1929 in Südtondern 8 Zwangsversteigerungen ergebnislos; LAS 309/22590, Ldr. an RP vom 24. 4. 1929.

125 LAS 309/22668, KGN an Ldr. vom 10. 6. 1929; LAS 309/22921, Gemeindevorsteher Kuhs (Niebüll) an Ldr. vom 23. 4. 1929.

126 Berichte über derartige Fälle in LAS 309/22668, KGN an Ldr. vom 10. 6. 1929.

127 Auf den Inseln kam es in der gesamten Zeit zu keinerlei Aktionen der Landvolkbewegung. Die Ursachen hierfür waren unterschiedlicher Natur. Zum einen verhinderte die Abgelegenheit und das „insulare Sonderbewußtsein" das Übergreifen des Bauernprotestes. Ferner waren staatliche Behörden nur in Gestalt der Amtsgerichte in Westerland und Wyk vertreten, so daß kaum ein Objekt vorhanden war, gegen das sich der Zorn hätte richten können. Zudem hatte sich die Lage auf Föhr und Amrum u. a. dank der Verbindungen nach Übersee noch nicht derartig zugespitzt, daß hier ein Anlaß zum Aufbegehren vorgelegen hätte. Dennoch verfolgte man auch hier die Aufstandsbewegung des Landvolks mit großem Interesse und hegte Sympathien für die Bestrebungen; in diesem Sinne der Oevenumer Landwirt Jens Martens in einem Gespräch mit dem Verfasser vom 3. 12. 1987. Nicht zuletzt dieser Stimmungslage entsprach auch das Ergebnis der Kreistagswahl vom November 1929; vgl. Kap. XII.7.

128 Vgl. LAS 301/4695, KGN an Ldr. vom 4. 3. 1929; LA vom 29.1. 1929; NfR vom 5. 3. 1929.

129 Wulf, Die politische Haltung, S. 72 ff.

130 LAS 309/22921, KGN an Ldr. vom 5. 3. 1929.

zum einen in dem neuerlichen Anziehen der Steuerschraube, zum anderen darin, daß die Bewegung in der „Landvolk"Zeitung ein Sprachrohr erhielt, dessen Redakteure zu den rechtsextremen Kreisen zählten.[131] Das Organ fand rasche Verbreitung und wurde ebenfalls in Südtondern von zahlreichen Anhängern der Landvolkbewegung abonniert.[132] Den Stil des Blattes, an dessen Führung u.a. auch Ernst Bossen und Max Petersen beteiligt waren[133], bestimmte eine Form der Hetze, die an Unsachlichkeit und Rassenhaß durchaus dem nationalsozialistischen „Stürmer" gleichkam und wiederholt zu Verboten führte. So wurde in einem Artikel „ein gesunder Antisemitismus" als „eine der vornehmsten deutschen Tugenden" bezeichnet und den Juden das Recht auf die deutsche Staatsbürgerschaft abgesprochen.[134] Noch drastischer verlautete es in einem „Antisemitismus" betitelten Beitrag[135]:

„Wir haben als Volk Grund zu ... einem unerbittlichen Antisemitismus, denn unsere Lage, unsere Geschichte, unsere rassische Vergangenheit läßt die Gefahr besonders drohend erscheinen. Wir sind nicht nur 'Progermanisten', wie ein neues Schlagwort liberaler und humanitärer Prägung heißt.
Wir sind Feinde der Juden und wir wissen:
w i r o d e r s i e !"

Daneben zeugen kulturkritische Äußerungen davon, wie wenig nicht allein die Gefolgsleute Hamkens und Heims ihre immer schnellebigere Gegenwart zu begreifen in der Lage waren, sondern auch, in welch tiefer mentaler Krise sich ein großer Teil der protestantischen Landbevölkerung befand. Der Widerwillen gegen den Zeitgeist erwies sich am nachdrücklichsten in der Kritik an Kunstrichtungen wie dem Expressionismus und der „neuen Sachlichkeit", die bezeichnenderweise nur als Ausdruck eines „unschöpferischen jüdischen Geistes", mithin als Verfall gewertet wurden.[136] Demgegenüber machte „Das Landvolk" auf die Notwendigkeit der Bewahrung der bäuerlichen Kultur vor der nachdrängenden Zivilisation der Großstadt aufmerksam[137] und schürte damit jene kulturpessimistischen Ressentiments, die im Zuge der sich verschlechternden wirtschaftlichen Lage immer mehr Bedeutung erlangten und die endgültige Abkehr von der Demokratie beschleunigten.[138]

Spürbaren Auftrieb erhielt die Landvolkbewegung in erster Linie durch zahlreiche Prozesse gegen Bauern, die sich aufgrund von Steuerstreiks und wegen

---

131 Stoltenberg, S. 132.
132 LAS 309/22783, Ldr. an RP vom 24. 1. 1930. Demnach gab es auch nach dem Abflauen der Landvolkbewegung noch rund 150 Bezieher der Zeitung.
133 Bossen war Gesellschafter und damit Mitfinanzier des Blattes. Petersen gehörte dem Aufsichtsrat der Zeitung an; LAS 301/4697, Mitteilung des RP vom 19. 9. 1930; LAS 309/22590, Polizeipräsident Altona an RP vom 15. 5. 1930.
134 „Das Landvolk" vom 11. 8. 1929.
135 „Das Landvolk" vom 7. 3. 1929; Hervorhebungen im Original.
136 „Das Landvolk" vom 24. 10. 1929.
137 ebd.; vgl. auch Tonnesen, passim.
138 Vgl. Karl Dietrich Bracher, Zeit der Ideologien. Eine Geschichte des politischen Denkens im 20.Jahrhundert, Stuttgart 1982, S. 170ff; Bergmann, S. 325.

Widerstandes gegen die Staatsgewalt vor Gericht zu verantworten hatten. Die „Landvolk"-Zeitung nutzte die Verfahren propagandistisch aus, indem sie Staat und Regierung als die eigentlich Haftbaren anklagte.[139] Eine Zuspitzung der Lage ergab sich zusätzlich durch eine Reihe von Demonstrationen am Rande der Verhandlungen, die den Unmut der bäuerlichen Bevölkerung über das Vorgehen der Gerichte gegen die Angeklagten dokumentierten.[140] Besonders großes Interesse erregte in diesem Zusammenhang der Itzehoer Prozeß gegen die an den Beidenflether Ereignissen beteiligten Landwirte. Die Provinzpresse berichtete in großer Aufmachung täglich über die Verhandlungen.[141] Insgesamt sprachen die Richter bei den Prozessen zahlreiche Haft- und Geldstrafen aus, und auch Hamkens wurde im März 1929 erstmalig zu einer Gefängnisstrafe verurteilt.[142]

Die Verschärfung des Gegensatzes zwischen der Protestbewegung und dem Staat schlug sich neben der Welle von Prozessen auch in der sog. „Nothilfe"-Bewegung nieder, die sich in Schleswig-Holstein im März 1929 konstituierte und sich als „Regierung des kämpfenden Landvolks" verstand. Versuche auf Kreisebene, die übrigen berufsständischen Verbände in diese neue Form des Widerstandes direkt mit einzubeziehen, scheiterten; die Berufsorganisationen beschränkten ihre Protestaktionen – ohne Kritik am Vorgehen der Landvolkbewegung zu üben – auf eine scharfe Resolution, an deren Spitze die Forderung nach dem „Schutz des Mittelstandes gegen die großkapitalistischen Konzerne und Trusts, sowie alle eigentumsfeindlichen Bestrebungen des Marxismus" stand.[143] Die Nothilfe- Bewegung blieb auf die Anhänger der Landvolkbewegung beschränkt, die sich mittels der neugeschaffenen Organisation die Kontrolle über die staatliche Verwaltung zu verschaffen suchten. Der Verwaltungsapparat wurde aufgefordert, nicht ohne Zustimmung der Nothilfe-Vertreter, zu denen in Südtondern neben Ernst Bossen auch der Tierarzt Boetius Hansen (Christian-Albrechts-Koog) gehörte, zu handeln.[144] Bereits die Adressierung des Schreibens vom 13. März 1929 – „An den Verwaltungsapparat" – verdeutlicht, daß der Weimarer Staat nurmehr als eine leblose Verwaltungsmaschinerie empfunden wurde, die nicht mehr dem Menschen diente, sondern nicht näher identifizierten „dunklen Mächten". Unter der Berufung auf die Reichsverfassung (!), wo-

---

139 Stoltenberg, S. 133.
140 Vgl. etwa Sörensen, Die NSDAP im Kreis Husum, S. 69.
141 So z. B. auch der „Lecker Anzeiger" im April 1929.
142 Vgl. Stoltenberg, S. 134.
143 Die Forderungen sind u. a. abgedruckt in der NfR vom 2. 3. 1929; vgl. dau auch Stoltenberg, S. 130. Die zentrale Veranstaltung der Nothilfe fand allerdings nicht in Leck, sondern in Niebüll statt.
144 LAS 309 / 22921, Nothilfe Südtondern an RP vom 13. 3. 1929. Wörtlich heißt es in dem Schreiben: „Gestützt auf den Artikel in der Reichsverfassung, wonach alle Gewalt vom Volke ausgeht, ordnen wir hiermit an, daß die Verwaltungsorgane sich an uns zu wenden haben, wenn sie irgendwelche Anordnungen treffen wollen." Zu den Unterzeichnern gehörte neben den Genannten der Landwirt Georg Feddersen aus Fahretoft, der gleichzeitig die Wachvereinigung in seiner Gemeinde leitete.

nach alle Gewalt vom Volke ausgehe, rechtfertigten die radikalen Kräfte ihr Vorgehen gegen ein System, dem sie jedwede Legitimation absprachen.

Die Reaktion der staatlichen Stellen auf derartige Provokationen ließ nicht lange auf sich warten. Behördlicherseits ergingen eindringliche Warnungen an die Verantwortlichen, zugleich wurde mit Hochverratsprozessen gegen die Urheber der staatsfeindlichen Bestrebungen gedroht.[145] Infolge dieses raschen und energischen Eingreifens der staatlichen Organe brach die Nothilfe-Bewegung ebenso schnell wieder zusammen wie sie entstanden war, unfähig, dem Druck der Bürokratie zu widerstehen.

Wenngleich die Verurteilung zahlreicher Aktivisten dem Bauernprotest einen nicht unerheblichen propagandistischen Erfolg gebracht hatte, so führte das Scheitern der Nothilfe-Bewegung im Frühjahr 1929 zu einem Bruch innerhalb der Landvolkbewegung. Zwischen Hamkens und Heim kam es zu Differenzen über das weitere Vorgehen. Während Hamkens die Anwendung von Gewalt zur Unterstützung des Kampfes ablehnte, sah Heim im Einsatz von Dynamit durchaus ein geeignetes Mittel, die Auseinandersetzung mit den Staatsorganen fortzusetzen. Bereits im Zuge der Beidenflether Ereignisse waren harmlose Knallkörper explodiert, die der Einschüchterung von Amtsträgern dienen sollten, doch plante Heim nunmehr Anschläge größeren Ausmaßes, mit Hilfe derer er die Öffentlichkeit aufzuschrecken sowie eine Kurskorrektur in der Regierungspolitik zu bewirken gedachte. Der Sprengstoff für die Attentate wurde auf Anraten Bossens auf dem Betrieb des Stahlhelmers[146] Peter Holländer (Karlum) versteckt, der aber weitgehend im Unklaren über den Zweck gelassen und von den führenden Kräften geradezu mißbraucht wurde.[147] Vom Hof Holländers wurden im Verlauf des Frühjahrs und Sommers 1929 immer wieder Sprengstoffpakete abgeholt, die für die einzelnen Anschläge nötig waren. Auf diese Weise rückte Südtondern gleichsam ins Zentrum des gewalttätigen Protestes.

Die Reihe der Bombenattentate begann am 6. April. Sie traf mehrere staatliche Dienstgebäude. In der Nacht zum 10. Juli 1929 explodierte auch eine Ladung Dynamit an der Rückwand der landrätlichen Dienstwohnung in Niebüll. Damit erfüllte sich die im Dezember des Vorjahres von Bossen geäußerte Drohung.[148] Daß sich die Landvolkbewegung mit derlei Aktionen auf weite Sicht nur selbst schädigte, bewiesen die Vertrauensbekundungen, die Landrat Skalweit unmittelbar nach dem Anschlag von allen Seiten der Bevölkerung erhielt.[149] Es waren auch im Bereich Südtonderns offenbar nur die allerwenigsten, die Verständnis für solche blindwütigen Gewalttaten aufbrachten, deren Urheber jedoch vorläufig noch unbekannt blieben. Resigniert soll Ernst Bossen einem Polizeibericht zufolge festgestellt haben[150]:

145 Siehe etwa NfR vom 13. 3. und vom 25. 3. 1929.
146 So Stoltenberg, S. 137.
147 LAS 309/22701, KGN an Polizeipräsidium Altona vom 25. 11. 1929.
148 Siehe hierzu die Berichterstattung in der NfR vom 10. 7. 1929 und die folgenden Ausgaben. Ernstlich verletzt wurde bei dem Anschlag niemand.
149 Siehe NfR vom 15. 7. 1929.
150 LAS 301/22701, KGN an Polizeipräsidium Altona vom 29. 11. 1929.

„Was nützt uns denn das Attentat, wenn die Landleute doch nachher nach dem Landrat gehen und sprechen ihm das Vertrauen aus [sic!]?"

Die Sprengstoffanschläge bewirkten letzten Endes das genaue Gegenteil dessen, was Heim zu erreichen gehofft hatte. Die Reaktion der Bevölkerung kennzeichnete Empörung über den völlig nutzlosen Bombenterror, eine Form der Gewalt, die dem Ordnungssinn des Bürgertums zutiefst widersprach. Vorläufig jedoch schienen die Ereignisse um die große Demonstration in Neumünster vom 1.8. 1929 der Landvolkbewegung neuen Auftrieb verleihen zu können, als die Polizei mit brachialer Gewalt gegen die Demonstranten – unter ihnen angeblich 32 Landwirte aus Südtondern[151] – vorging, die auf die Haftentlassung Hamkens warteten. Nachdem jedoch einer der Hauptverantwortlichen für die Anschläge, der Mitbegründer der Wachvereinigung, Major a.D. Nickels, am 9. September festgenommen worden war und weitere Verhaftungen führender „Mitglieder" erfolgten, wurde der Öffentlichkeit mit einem Mal bewußt, welche Kreise für die Attentate verantwortlich zeichneten. In der Folgezeit verlor die Landvolkbewegung zusehends Anhänger, obwohl vor allem Hamkens sich auch weiterhin für die Bewegung einsetzte.[152] In Südtondern machte sich der Rückgang der Anhängerzahl besonders stark bemerkbar, zumal man es den für die Bomben Verantwortlichen nicht verzieh, daß sie den einheimischen Bauern Peter Holländer für ihre Zwecke schlichtweg mißbraucht hatten.[153] Wie Ernst Bossen wurde er 1930 im Altonaer Bombenlegerprozeß zu einer Haftstrafe verurteilt.[154]

Die Sprengstoffanschläge selbst sowie die Verhaftung maßgeblich daran Beteiligter offenbarten weiten Kreisen der Bevölkerung endgültig die Ziellosigkeit einer Bewegung, die ihren ganzen Zorn auf das „System" nurmehr mit lautem Getöse zum Ausdruck zu bringen vermochte, ohne irgendwelche Perspektiven bieten zu können. Selbst führende Anhänger waren sich im Grunde nicht im klaren, wofür sie sich – abgesehen von der Zerschlagung der Weimarer Demokratie – einsetzten. So warb Ernst Bossen um die Mitarbeit eines Mitgliedes des Jungdeutschen Ordens, das allerdings die Unterstützung unter Hinweis auf die fehlenden konkreten Zielsetzungen ablehnte. Bossen erwiderte bezeichnenderweise, er kenne selbst nur 80 % der Ziele, das letzte Fünftel „müsse man sich denken"[155]. Äußerungen dieser Art eigneten sich kaum, der Landvolkbewegung einen stärkeren Rückhalt zu verschaffen, sie gaben vielmehr Anlaß zur Zurückhaltung von aktiver Mitarbeit. Das Fehlen eines positiven politischen Programms, die sich ausschließlich im Negativen erschöpfende Propaganda barg

---

151 Diese Zahl nannte Christian Holländer (Midlum / F.) in einem Gespräch mit dem Verfasser vom 25. 2. 1988.

152 Hamkens sprach auch 1930/31 noch auf einigen Veranstaltungen im Raum Südtondern, doch war das Interesse der Bevölkerung nicht mehr sonderlich groß; vgl. dazu den Schriftverkehr in LAS 309/22783.

153 LAS 301/22701, KGN an Polizeipräsidium Altona vom 25. 2. 1929.

154 Holländer wurde zu vier Monaten Haft verurteilt, Bossen zu vier Monaten und 14 Tagen; vgl. die Berichterstattung in der NfR vom 1. 11. 1930.

155 LAS 309/22668, KGN an RP vom 10. 6. 1929.

8 Die Rückfront des Landratsamtes in Niebüll nach dem Bombenanschlag in der Nacht vom 9. zum 10. Juli 1929

von daher stets die Gefahr, daß andere Organisationen auf irgendeine Weise in die Landvolkbewegung hineindrängten.

Dies traf allerdings auf die NSDAP nicht zu. Der Totalitätsanspruch Hitlers einerseits und der Stolz Hamkens' andererseits ließen eine engere Verbindung nicht zustande kommen. Hitler verbot seinen Anhängern sogar im Sommer 1929 unter Androhung des Ausschlusses die Mitgliedschaft in der Landvolkbewegung[156], nachdem sich die Partei schon vorher von deren Kampfmethoden distanziert hatte.[157] Entschieden wandte man sich auf nationalsozialistischer Seite gegen den besonders nach dem Niebüller Anschlag erhobenen Verdacht, die Gefolgsleute Hitlers hätten in irgendeiner Form mit den Attentaten zu tun.[158] Die bewußte Trennung entsprach indes weit weniger grundsätzlichen Erwägungen, sondern rührte im wesentlichen aus taktischen Überlegungen her. Beide Bewegungen glichen sich in ihrem grenzenlosen Haß auf das bestehende „System", den „Marxismus" und vor allem die Juden, denen alle Schuld an der tristen Gegenwart zugeschoben wurde. Daß Hitler dennoch jede Verbindung

156 Die Bekanntmachung Hitlers ist abgedruckt in der „Schleswig-Holsteinischen Tageszeitung" (SHT) vom 3. 8. 1929.

157 Vgl. Stoltenberg, S. 146.

158 SHT vom 12. 7. 1929. Wenig später hieß es an gleicher Stelle bezeichnenderweise: „Wir haben immer schon aufs schärfste den **sinnlosen** Terror abgelehnt und werden das auch weiter tun"; SHT vom 14. 7. 1929 (Hervorhebung im Original).– Der Niebüller Anschlag führte auch zu einer Stellungnahme der nationalsozialistischen Fraktion im preußischen Landtag. Darin verlautete: „Die nationalsozialistische Deutsche Arbeiterpartei hat in Schleswig-Holstein noch niemals gegen den Staat und seine Gesetze verstoßen und hat ebenfalls in aller Öffentlichkeit und Schärfe wiederholt erklärt, daß sie die Attentate, wie sie in Schleswig-Holstein vorgekommen sind, verurteilt und ablehnt"; GStAPK Abt. Merseburg, Landtag 1913–1918 und 1920–1933, Rep. 169 D IIc B5 Bd 1, Bl. 227.

Faust (zu Mephifto): „Nun kenn' ich deine würdigen Pflichten:
Du kannſt im Großen nichts vernichten
Und fängſt es drum im Kleinen an!" (Goethe, Fauſt L)

Karikatur zum Niebüller Bombenanschlag; Quelle: Vorwärts. Berliner Volksblatt vom 12. 7. 1929

zur Landvolkbewegung vermied, lag an der richtigen Einschätzung, daß der ziellose und gewalttätige Ansturm der radikalisierten Bauern letztlich aussichtslos war und im Falle einer Zusammenarbeit zur Diskreditierung der NSDAP führen mußte.[159] Wie richtig die entschiedene Abgrenzung war, zeigte sich spätestens beim Abflauen der Landvolkbewegung seit dem Herbst 1929, als die Nationalsozialisten wie überall[160] auch in Südtondern mehr und mehr vom Zusammenbruch des Agrarprotestes profitierten. Wenngleich sich namentlich nur vereinzelt Übertritte von Seiten der Landvolkbewegung zur NSDAP feststellen lassen[161], so bestätigte Ernst Bossen diese Tendenz in einem Brief an Claus Heim vom Herbst 1930[162]:

159 Auf diese taktische Verhaltensweise wies bereits Oberregierungsrat Nissen in seiner Denkschrift vom 5. 6. 1929 hin; LAS 309/22668.
160 Vgl. Schulz, S. 560 ff.
161 Dazu gehörten die Uphusumer Landwirte H. Callesen (geb. 1881, Pg. 1. 10. 1931), N. Johnsen (geb. 1896, Pg. 1. 10. 1931) und H. Steenholdt (geb. 1898, Pg. 1. 2. 1932). Johnsen und Callesen waren Vertrauensleute der Wachvereinigung, alle drei waren Teilnehmer einer Versammlung gewesen, auf der über die Vorgehensweise bei Zwangsversteigerungen entschieden werden sollte; Angaben lt. Personalakten BDC, und LAS 301/4589, Ldr. an RP vom 27. 1. 1929.
162 LAS 301/22709, Undatierter Brief an den Gefangenen Claus Heim vom Spätherbst 1930. Im November 1931 gab Bossen sogar selbst zu, der NSDAP nahe zu stehen; LA vom 2. 11. 1931.

„Bei unserem Abschied nach der Urteilsverkündung in Altona versprach ich ihnen, den Kampf weiterzuführen. Ich glaube das auch getan zu haben, aber in unserem Kreise hat die Nazipartei sich eines Teiles unserer besten Männer bemächtigt und sich unsere Aufklärungsarbeit zu Nutze gemacht."

Das Verhältnis des Jungdeutschen Ordens zur Landvolkbewegung kennzeichnete anfänglich eine gewisse Unsicherheit. So warb etwa Ernst Bossen um die Mitarbeit des ehedem gleichfalls ausgesprochen antidemokratisch-antirepublikanisch ausgerichteten Verbandes, ein Ansinnen, welches sich erstmalig in den Erwägungen gezeigt hatte, u.a. dem Großmeister der Niebüller Bruderschaft, Dr. Boysen, die Leitung der Niebüller Wachvereinigung zu übertragen. Am Ende führten die Bemühungen jedoch nur zu einem Teilerfolg. Wie in anderen Bereichen der Provinz[163], so schlossen sich auch im Raume Südtondern einige Mitglieder des Ordens der Landvolkbewegung an[164], ein Umstand, der dafür sorgte, daß sich auf einer Kreistagung der Jungdeutschen im April 1929 eine lebhafte Debatte über die Möglichkeit einer Parallelmitgliedschaft entspann.[165] Mit Zustimmung aller Teilnehmer wurde dieses heikle Thema dann allerdings ausgeklammert und die Entscheidung darüber – Zeichen der hierarchischen Gliederung - der Ordensleitung überlassen. Hochmeister Mahraun sprach sich schließlich für eine klare Distanzwahrung gegenüber der Protestbewegung aus, als deren Drahtzieher er Hitler und Hugenberg zu erkennen glaubte, jene Gruppierungen also, mit denen der Ordensvorsitzende besonders seit dem halbherzigen Vorstoß in Richtung auf ein versöhnliches Einvernehmen mit Frankreich im Streit lag.[166] Skepsis gegenüber der Landvolkbewegung war jedoch schon früher vom Kreisvorsitzenden Hogrefe geäußert worden, der als einer der wenigen vor den wirren Zielsetzungen gewarnt und mit seinen Äußerungen zugleich einen Tumult auf einer Kundgebung der Landvolkbewegung in Leck ausgelöst hatte.[167] Die Ende 1929 vom Jungdeutschen Orden ins Leben gerufene „Volksnationale Reichsvereinigung"[168] bedeutete dann auch die Entstehung einer Gegenbewegung, die gerade in Südtondern als einem der regionalen Schwerpunkte des Ordens innerhalb der Provinz zum raschen Abflauen der Landvolkbewegung beitrug[169] und der weitgehend desorientierten, völlig verunsicherten Landbevölkerung für kurze Zeit eine neue politische Heimat bot.

Zusammenfassend ist zu konstatieren, daß die Landvolkbewegung einen weiteren Schritt auf dem Wege zur Radikalisierung weiter Bevölkerungskreise

163 Vgl. Heinacher, S. 292; Sörensen, Der Aufstieg der NSDAP in Husum, S. 47 und S. 61.
164 KGN an RP vom 16. 4. 1929.
165 LAS 309/22668, Bericht des Kriminalbezirkssekretärs aus Niebüll vom 20. 3. 1929.
166 Vgl. Kap. VIII.2.
167 Vgl. LA vom 5. 3. 1929 und LAS 309/22668, Bericht des Kriminalbezirkssekretärs aus Niebüll vom 20. 3. 1929. Dem Bericht der „Schleswig-Holsteinischen Landeszeitung" vom 6. 3. 1929 zufolge wurde Hogrefe am Reden gehindert.
168 Vgl. Kap. XIV.1.
169 Stoltenberg, S. 152 und LAS 309/22783, Ldr. an RP vom 24. 1. 1930. Demzufolge traten allein in Tinningstedt 21 Anhänger der Landvolkbewegung zur Volksnationalen Reichsvereinigung über.

in Schleswig-Holstein bedeutete. Zwar gehörte Südtondern ähnlich dem benachbarten Kreis Flensburg-Land nicht eben zu den eigentlichen Zentren, doch genossen die staatsfeindlichen Bestrebungen über den zahlenmäßig relativ kleinen Kreis von Aktivisten hinaus vorübergehend ein erhebliches Maß an Sympathie. Diese Wertung bestätigt nicht nur die enge Zusammenarbeit zwischen den radikalen Kreise und dem Kreisbauernbund anläßlich der Kreistagswahl 1929[170], sondern auch das Urteil des Schleswiger Bischofs Völkel, der die Propstei Südtondern als die „von der Landvolkbewegung am heftigsten ergriffene Propstei" charakterisierte.[171] Dadurch festigt sich der Eindruck, wonach die demagogischen, antirepublikanischen Parolen maßgeblicher Persönlichkeiten spürbare Wirkung hinterließen und den bereits bei der Maiwahl 1928 deutlich gewordenen Entfremdungsprozeß zwischen dem bürgerlichen Teil der Bevölkerung und den sie repräsentierenden Parteien beschleunigten. Die sich verschärfende materielle Not wurde von den führenden Männern der Landvolkbewegung dazu mißbraucht, um die Landwirte gegen den verhaßten demokratischen Staat zu mobilisieren. Für diese These spricht in erster Linie, daß die leitenden Kräfte in Südtondern zuvor bereits im Landbund aktiv waren, Bossen schon vor 1914 gar im Dienste des antidemokratisch, antisemitisch ausgerichteten Bundes der Landwirte gestanden hatte. Mit ihrer systemfeindlichen, den gesamtgesellschaftlichen Wandlungsprozeß ignorierenden Propaganda stießen Bossen und Petersen bei vielen ihrer vom Staat enttäuschten Berufskollegen auf Verständnis, was zur Folge hatte, daß die bereits vorhandene, überaus große Skepsis gegenüber der Republik in schroffe Ablehnung umschlug. Am Ende blieb die Landvolkbewegung für viele ihrer Anhänger nur mehr eine Zwischenstation auf dem Weg zur NSDAP, weil die Ziele einfach nicht zu realisieren waren. An dieser Entwicklung konnte auch der Jungdeutsche Orden trotz seines kurzzeitigen Erfolges in der Auseinandersetzung mit den Anhängern des bäuerlichen Protestes nichts ändern.

6. TANNENBERGBUND –
IDEOLOGISCHE STÜTZE DER LANDVOLKBEWEGUNG

Der aus Anlaß des Gedenktages an die Schlacht bei Tannenberg 1925 in Regensburg vom späteren NS-Reichsarbeitsdienstleiter Konstantin Hierl gegründete „Tannenbergbund"[172] vereinigte unter diesem Namen zahlreiche kleinere völ-

---

170 Vgl. Kap. XII.7.
171 NEKA, Personalakte Propst Heinrich Kasch, bischöflicher Visitatiosbericht der Kirchenpropstei Südtondern vom 19. 12. 1932.
172 Allgemein zum Tannenbergbund Karl Buchheim, Die organisatorische Entwicklung der Ludendorffbewegung und ihr Verhältnis zum Nationalsozialismus, in: Gutachten des Instituts für Zeitgeschichte, Bd 1, München 1958, S. 356–370; Kurt Finker, Tannenberg-Bund. Arbeitsgemeinschaft völkischer Frontkrieger- und Jugendverbände (TB) 1925–1933, in: Lexikon zur Parteiengeschichte 1789–1945, Bd 4, S. 180–183.

kische Organisationen[173] und trat in seiner Frühzeit als ein politischer Kampfverband auf, dem es mehr um politisch-erzieherische Ziele ging als um einzelne
Stellungnahmen im aktuellen Tagesgeschehen. Eigentlicher Spiritus rector dieses Verbandes war der frühere Generalquartiermeister des kaiserlichen Heeres,
General a.D. Ludendorff, der seine Gegnerschaft zum Weimarer Staat besonders
durch seine Teilnahme am Putschversuch vom 9. November 1923 an der Seite
Hitlers bewiesen hatte. Die politischen Ziele der Bewegung umriß Hierl 1926 in
einer Programmschrift, derzufolge es in dem zu schaffenden nationalen Machtstaat um die Beseitigung der „jüdischen Geldherrschaft" gehe, da erst die Vernichtung dieses „Drachens" Deutschland wieder ans Licht führen könne. Auf-
geräumt werden müsse ferner mit den „pazifistischen Volksverrätern", für die
in einem Wehrstaat lediglich „Platz im Zuchthaus oder am Galgen" sei.[174] Die
Ludendorffbewegung begriff sich als „die einigende Klammer" der völkischen
Bewegung und setzte sich für einen „sozialen Nationalismus" ein.[175] Unter dem
Einfluß Mathilde Ludendorffs (geb. v. Kemnitz) entwickelte sich der Tannenbergbund seit 1927 zusehends zu einer völkisch-religiös orientierten Sektierer-
gruppe, die einer neuen „Deutschen Gotterkenntnis" huldigte und darin die
„Grundlage der Lebensgestaltung" sah.[176] Zwar wurde auch der Tannenberg-
bund 1933 verboten, doch lebte die Organisation in Gestalt des Ludendorff-Ver-
lages relativ unbehelligt weiter.

Im Kreis Südtondern trat der Tannenbergbund erstmalig am 5. August 1929 in
einer seitens der Landvolkbewegung einberufenen Versammlung in Leck auf[177].
Damit zeigte sich die Verwandtschaft zwischen der Ludendorff-Organisation
und dem militanten Bauerntum auch hier.[178] Die Initiatoren, darunter Ernst Bossen, hatten ganz bewußt den genannten Termin gewählt, da am Vormittag ein
Pferde- und Viehmarkt stattfand und daher mit einem regen Besucherstrom zu
rechnen war. Man erwartete, daß der Vortrag „Das Landvolk im blutigen Kampf
gegen die überstaatlichen Mächte" auch nach Beendigung des Marktes noch
eine große Anzahl Landwirte anlocken würde, zumal es wenige Tage zuvor zu
den bekannten Zusammenstößen in Neumünster gekommen war, die ebenfalls
in Südtondern das Tagesgespräch bildeten. Zahlreiche Bauern verließen jedoch
gleich nach Marktschluß den Ort, dennoch blieben immerhin ca. 450, überwiegend mit der Landvolkbewegung sympathisierende Zuhörer vor Ort, um den
Ausführungen Franz v. Bodungens zu folgen.

Der Redner, ehedem Kreislandbundvorsitzender in Pommern und bereits
mehrfach ob seiner scharfen Verbalattacken mit dem Gesetz in Konflikt geraten[179], beschäftigte sich zur Enttäuschung vieler Anwesender hingegen nicht mit

173 Dazu zählten „Deutschvölkischer Offiziersbund", „Frontkriegerbund", „Verband
    Hindenburg", „Altreichsflagge" u. a. m.; vgl. Finker, Tannenberg-Bund, S. 180.
174 Zitiert nach Finker, Tannenberg-Bund, S. 181.
175 Buchheim, S. 357.
176 ebd., S. 358.
177 Zum Folgenden LAS 301/4690, KGN an RP vom 5. 8. 1929.
178 Vgl. Beyer, Die Landvolkbewegung Schleswig-Holsteins, S. 194.
179 GStAPK Abt. Merseburg, Ministerium der Justiz, Abtlg. 2.5.1 Nr 14602, Bl. 9 ff. Dem-

den Neumünsteraner Vorgängen vom 1. August, sondern nutzte seine Redezeit zur Ausbreitung der kruden programmatischen Vorstellungen, die belegen, welch krisenhafte, und keineswegs mit den Auswirkungen der wirtschaftlichen Lage begründbaren Züge das Denken in Teilen der Bevölkerung angenommen hatte. In seinem dreistündigen (!) Vortrag setzte sich v. Bodungen mit den „überstaatlichen Mächten", d.h. Juden, Jesuiten und Freimaurern auseinander und griff den Weimarer Staat unter dem Beifall des Auditoriums in unsachlichster Weise an. Demnach hätten besonders die Juden seit jeher planmäßig zur Weltherrschaft gestrebt, ihr Einfluß sei mittlerweile schon derartig gewachsen, daß zur Erreichung des Endzieles nicht mehr viel fehle. Frankreich werde bereits von den genannten Gruppen völlig beherrscht, die auch den Weltkrieg angezettelt hätten, um Deutschland in die Knie zu zwingen, was zu einem Großteil bereits gelungen sei. Juden, Jesuiten und Freimaurer beherrschten v. Bodungen zufolge schon weite Bereiche des Staates, die Industrie unterliege inzwischen vollkommen jüdischer Kontrolle, und einzig die Landwirtschaft wehre sich noch verzweifelt gegen den drohenden Zugriff durch die „dunkle Herrschaft". Der Agitator verstieg sich gar – Zeichen der völligen Verblendung – zu dem Urteil, Hugenberg sei ein Vertreter des „Systems" (!) und Hitler in Wahrheit kein echter Antisemit, da er „leider" mit dem Papst, d.h. der Jesuitenmacht zusammenarbeite. Helfen könne Deutschland in dieser Phase nurmehr der gemeinsame Kampf gegen das Judentum und seine „Geschöpfe"[180] Dementsprechend sollten die Zuhörer ebenfalls Zeitungen wie den „Lecker Anzeiger" nicht mehr lesen, da auch er unter dem Einfluß der Juden stehe. Insgesamt unterschieden sich die rassistisch motivierten Angriffe nur wenig von denen des nationalsozialistischen „Stürmers".

Bemerkenswerterweise reagierte die Öffentlichkeit auf die Veranstaltung mit v. Bodungen mehr mit Gleichgültigkeit als mit Empörung. Weder die angegriffene Presse distanzierte sich von den Äußerungen des Redners, noch nahm ein Leserbrief Abstand von der Verbreitung derartig rassistischer, volksverhetzender Phrasen. Zwar kam es wenige Tage später zu einer Protestversammlung der Freimaurer[181], doch wandte sich der Husumer Rektor Lesch als Redner lediglich gegen die von Seiten v. Bodungens in bezug auf die Logen erhobenen Vorwürfe; zu einer generellen Kritik an dem menschenverachtenden Zielsetzungen des Tannenbergbundes rang sich Lesch nicht durch. Im Gegenteil, er grenzte die Freimaurer gar noch von den Juden und dem Dogmatismus des Papstes ab.[182]

zufolge hatte v. Bodungen sogar freimütig zugegeben, Reichsfinanzminister Hilferding einen „Negerjuden" genannt zu haben.
180 Sowohl Freimaurer als auch Christen galten Ludendorff als „künstliche Juden"; dazu Erich und Mathilde Ludendorff, Die Judenmacht. Ihr Wesen und Ende, München 1939, S. 59 und S. 144.
181 Siehe den Bericht im LA vom 13. 8. 1929.
182 Wörtlich heißt es in dem genannten Bericht: „Die deutschen Logen stünden auf der Grundlage der christlichen Lehre und bekämpften unter diesem Gesichtspunkte die dogmatischen Lehren des Papsttums. . . Auch käme es in den humanitären Logen vor, daß in ihnen Juden Eingang finden könnten, aber es sei bewiesen, daß z. B. in der gro-

Die Lecker Kundgebung mit v. Bodungen blieb vorerst die einzige größere Veranstaltung dieser Art. 1929 kam es nurmehr zu zwei weiteren, mäßig besuchten Versammlungen, doch beweist der restlose Absatz des in Niebüll angebotenen Propagandamaterials, daß die Bemühungen des Tannenbergbundes nicht völlig umsonst waren.[183]

Größeres Aufsehen erregten die Ludendorffer erst wieder 1931 und 1932, d.h. in den Jahren der schärfsten wirtschaftlichen Krise. In dieser Zeit, in der sich die auftretenden Redner u.a. generell gegen den christlichen Glauben, gegen den „überstaatlichen Einfluß der Kirche" schlechthin wandten[184], kam es zu vermehrten Austritten aus der Kirche, eine Entwicklung, die die gesamte Propstei mit Sorge erfüllte.[185] Dennoch blieb der geistliche Protest dürftig. Lediglich in Westerland auf Sylt entschloß man sich zur Gegenwehr in Reaktion auf die Anfang 1932 erfolgten ersten Auftritte der Tannenberger. Vor 350 Zuhörern setzte sich der Albersdorfer Pastor Asmussen mit den Vorstellungen Ludendorffs auseinander und erteilte ihnen eine klare Absage.[186] Im übrigen verharrten die meisten Pastoren in Passivität und bekundeten damit nach außen hin die vom Konsistorium auferlegte „Neutralität", die am Ende nur die radikalen Kräfte stärkte.[187]

Obwohl die Veranstaltungen der Ludendorffer zumeist nur geringe Besucherzahlen aufzuweisen hatten[188], gelang es trotzdem, einen gewissen Mitgliederstamm im Raume Südtondern aufzubauen. Zu den führenden und frühen Anhängern zählten dabei besonders die maßgeblichen Kräfte der Landvolkbewegung. Neben Ernst Bossen und Max Petersen, die sich u.a. auch als Versammlungsleiter profilierten, standen auch weniger bekannte Anhänger der Landvolkbewegung in den Reihen der Tannenbergbündler.[189] Ferner stießen die völ-

ßen sächsischen Loge sieben und in der Hamburger Loge drei Juden säßen. Daß diese aber keinen bestimmenden Einfluß auf die Logen hätten, möge jeder selbst beurteilen."

183 LAS 301/4551, Landjägereiposten Niebüll an Ldr. vom 28. 11. 1929.
184 So sprach die Propagandistin Wetzel in Wyk und Niebüll zum Thema „Deutscher Gottglauben"; FZ vom 11. 11. 1931 und NfR vom 13. 11. 1929.
185 Anläßlich der Propsteisynode 1932 wurde festgestellt: „In der Berichtszeit hat besonders stark der Tannenbergbund Eingang in unsere Gemeinden zu finden versucht"; Bericht des Synodalausschusses erstattet zur 5. ordentlichen Synode der Propstei Südtondern am 27. September 1932 in Leck, Leck 1932, S. 8. Demnach waren im laufenden Kirchenjahr bereits 81 Personen aus der Kirche ausgetreten; vgl. auch Chronik der Kirchengemeinde Neukirchen, wo es bezüglich der Jahre 1931 und 1932 heißt: „Eine Beunruhigung der Gemeinde bedeutete die Tannenbergbundpropaganda."
186 Siehe die Berichte in der SZ vom 9. und 11. 2. 1932.
187 Vgl. Kap. VII.1.b).
188 So berichtete die LKPF am 10. 2. 1930 über den durchweg geringen Besuch der Veranstaltungen; LAS 301/4551. Größerer Andrang herrschte allenfalls anläßlich solcher Kundgebungen, die von Anhängern der NSDAP besucht wurden; s. u.
189 Zu diesen zählte auch der einstige Vertrauensmann der Wachvereinigung auf Kreisebene, Otto Lützen. Weiter gehörte u.a. Karl Johannsen (Ladelund-Mühle) zu den Gefolgsleuten Ludendorffs; LAS 309/22590, undatierte Mitgliederliste. Johannsen wurde 1932 aus dem Bauernbund ausgeschlossen; vgl. Kap. XV.2.

kischen Irrationalismen auch in nichtlandwirtschaftlichen Kreisen auf Widerhall. So leitete etwa der auch als Redner aktive Lehrer Broder Clausen die
„Kampfgruppe Wiedingharde".[190] In Wyk führte der vor seiner Niederlassung
auf Föhr im Jungdeutschen Orden (!) aktive N.N. die örtliche Organisation[191],
und auf Sylt, wo sich 1932 ebenfalls eine Ortsgruppe konstituierte, übernahm
der in Keitum beheimatete Major a. D. Karl Walkling die Leitung.[192] Es liegen
aus dieser Zeit allerdings keinerlei Stärkemeldungen der einzelnen Gruppen
vor, so daß eine zahlenmäßige Erfassung vor der „Machtergreifung" nicht möglich ist. Amtlichen Angaben zufolge umfaßte die Sylter Ortsgruppe Ende Juni
1933 ca. 30, die Wyker etwa 60 Mitglieder.[193] Insgesamt ist allerdings davon auszugehen, daß die Bedeutung des Tannenbergbundes in organisatorischer Hinsicht im Vergleich zur NSDAP verschwindend gering war, obwohl die Westküste zu den Kerngebieten gehörte.[194]

Zum Hauptangriffsziel der Ludendorffbewegung entwickelten sich neben
der Kirche zunehmend die Nationalsozialisten. Diese Gegnerschaft resultierte
aus dem seit Ende 1924 äußerst gespannten Verhältnis zwischen dem ehemaligen Generalquartiermeister und Hitler, das sich mit dem wachsenden Einfluß
Mathilde Ludendorffs noch weiter verschärft hatte.[195] Offensichtlich neidete der
einstige Weggefährte Hindenburgs seinem früheren Bündnispartner Hitler dessen mittlerweile unbestreitbare Führungsrolle in der völkischen Bewegung, eine
Eifersüchtelei, die ihren Niederschlag auch in Südtondern fand. Geradezu regelmäßig kam es auf den 1931 und 1932 ohnehin oftmals von nationalsozialistischer Seite dominierten Veranstaltungen zu heftigen gegenseitigen Angriffen,
wobei die Ludendorffer sich ständig mühten, den Antisemitismus Hitlers in
Zweifel zu ziehen (!) und umgekehrt die Gefolgsleute Hitlers insbesondere Mathilde Ludendorff ins Kreuzfeuer der Kritik rückten.[196] Die Hitzigkeit, mit der
die gegenseitigen Verbalattacken erfolgten, brachte es mit sich, daß es selbst in
kleinsten Gemeinden zu tumultartigen Zwischenfällen kam. So mußte etwa in
Klanxbüll im Februar 1932 eine Veranstaltung polizeilich aufgelöst werden, weil
im Verlauf eines Wortgefechtes um die Rolle Mathilde Ludendorffs handgrefli-
che Auseinandersetzungen drohten.[197] Aber selbst derartig dramatisch wir-
kende Szenen kaschierten nur oberflächlich die ideologischen Gemeinsamkei-
ten, die zwischen beiden Organisationen bestanden. Bereits der Übertritt Hierls
zur NSDAP im Jahre 1927 signalisierte die übereinstimmende Grundüberzeu-

---

190 LAS 301/4552, Ldr. an RP vom 22. 4. 1931. Er trat mehrfach als Redner auf; NfR 4. 3.
      1932 und SZ vom 7. 3. 1932. Über Broder Clausen (1900–1962) SHBL 2, S. 105 f.
191 LAS 301/4552, Ldr. an RP vom 24. 4. 1931. Nach eigenen Angaben hatte N.N. bis zum
      Jahre 1927 dem Orden angehört; Gespräch mit dem Verfasser vom 17. 9. 1987.
192 LAS 301/4551, Bericht der Staatspolizeileitstelle Kiel vom 4. 7. 1933.
193 ebd.
194 ebd.
195 Buchheim, S. 363.
196 Siehe etwa die Versammlungsberichte in der NfR vom 13. 11. 1931 und vom 9. 2. 1932.
197 NfR vom 9. 2. 1932.

262

gung[198], und ebenfalls der „Reichskommissar für die Überwachung der öffentlichen Ordnung" stellte 1927 fest, „daß das Programm des Tannenbergbundes sehr viele Anklänge an das nationalsozialistische Programm zeigt, wie ja auch ein großer Teil der Anhänger der einzelnen Verbände des Bundes deutlich nationalsozialistisch eingestellt sind [richtig: ist, d. Verf.]."[199] Auf einer Veranstaltung in Niebüll erkannte NS-Gauleiter Lohse noch im November 1931 die Ideen der Ludendorffs als schätzenswert an und mißbilligte lediglich die Art und Weise des Kampfes.[200] Vollends offenbarte die Duldung der ludendorffschen Schriften nach 1933 die enge geistige Verwandtschaft, wenngleich der Totalitätsanspruch des NS-Regimes die Fortexistenz der Organisation verbot. Von daher sind die scharfen Attacken der Tannenberger auf die NSDAP einzig als der krampfhafte Versuch zu bewerten, ein eigenständiges Profil zu bewahren – ein angesichts der Stärke der Hitlerbewegung hoffnungsloses Unterfangen. Letztlich sorgten die von der Ludendorff-Bewegung vertretenen Irrationalismen bei den Aufnahmebereiten nur für eine Beschleunigung der endgültigen Abkehr von der Weimarer Republik.

7. ZEICHEN DER RADIKALISIERUNG: DIE KREISTAGSWAHL 1929

Im allgemeinen erregen Wahlen auf kommunaler Ebene nur selten größeres Interesse, im Vordergrund stehen bei der politischen Standortbeschreibung zumeist die überregionalen Wahlentscheidungen. Die Kreistagswahl vom November 1929 hingegen bedarf deshalb einer genaueren Betrachtung, weil sich gerade im Rahmen ihrer Vorgeschichte markante Zeichen für die zunehmende Radikalisierung speziell des Bauerntums ablesen lassen.

Im Zuge des Anschlusses des Kreisbauernvereins an den neugebildeten Bauernbund im Oktober 1928 war es nach außen hin zu Spannungen zwischen den Vertretern der berufsständischen Interessen gekommen.[201] Diese Auseinandersetzung wurde in einem Leserbriefstreit fortgesetzt, der die oberflächlich konträren Auffassungen deutlich zum Ausdruck brachte. Der Vorsitzende des Kreisbauernbundes, Jessen (Saidt), setzte sich für eine „aktive politische Neutralität" ein, derzufolge das Bauerntum alle bürgerlichen Parteien nutzen sollte, um auf diese Weise eine wirksame Vertretung in den Parlamenten zu gewährleisten. Bismarck habe ähnlich gehandelt, indem er sich die Parteien für seine

---

198 Übertritte dieser Art lassen sich in Südtondern aufgrund des spärlichen Quellenmaterials nicht nachweisen, doch spricht die Gesamttendenz dafür, daß auch der Untersuchungsraum davon nicht unberührt blieb; vgl. etwa für den Bereich Flensburg Heinacher, S. 218.

199 BAK R 134, RKÜöO vom 15. 7. 1927.

200 Vgl. NfR vom 21. 11. 1931.

201 Vgl. Kap. XII.3.

9 Der Kreistag Südtonderns vor der Neuwahl vom 17.11.1929. Vordere Reihe v. l. n. r. Amtsvorsteher Peter Moritzen, Leck; Amtsvorsteher Christian Jessen, Tinningstedt; Julius Momsen, Marienhof; Landrat Hans Skalweit;? ; Andreas Nielsen, Westerland; Rektor Alwin Lensch, Niebüll; hintere Reihe: 3. v. l. Johannes Oldsen; 5. v. l. Peter Momsen (Nienhof)

Zwecke dienstbar gemacht habe.[202] Der Landbundvorsitzende Petersen wandte sich entschieden gegen solcherlei Zugeständnisse an die Demokraten, in denen er geradezu die Feinde des Bauerntums sah.[203] Seine Ausführungen gipfelten in den Worten:

„Nein, fort mit diesem System, in dem der Staat der Spielball der wirtschaftlichen Organisationen und der politischen Parteien ist!"

Derartig scharfe Attacken ließen es zu diesem Zeitpunkt im Grunde kaum möglich erscheinen, daß es anläßlich der bevorstehenden Kreistagswahl zum Zusammengehen des Kreisbauernbundes mit der Landvolkbewegung kommen würde.[204] Doch bereits gegen Ende des Jahres verlauteten gleichfalls aus den Reihen des Bauernbundes Stimmen, die eindeutig nach der Überwindung der parlamentarischen Demokratie riefen. So setzte sich Kreisgeschäftsführer Dr.

202 Vgl. LA vom 3. 11. 1928.
203 LA vom 14. 11. 1928. Petersen wörtlich: „Ein Bauer und zugleich Demokrat zu sein, ist für uns ein Unding. . .“; vgl. Kap. IX.
204 Diese Auffassung teilte auch Landrat Skalweit, der noch Anfang Februar 1929 die grundsätzliche Gegnerschaft des Bauernbundes gegenüber der Landvolkbewegung feststellen zu können meinte; LAS 301 / 4589, Ldr. an RP vom 2. 2. 1929.

Fröbe im Dezember für die Unterstützung der nationalen Parteien und Verbände ein, die für ein vermeintlich besseres System kämpften.[205] Bemerkenswerterweise rückte nunmehr auch die Diskussion um den Versailler Vertrag und das Dawes-Abkommen als Hauptverursacher der schlechten Lage auf dem Agrarsektor in den Vordergrund, ein Thema, das in den Jahren zuvor weder im Reich noch in Südtondern eine nennenswerte Rolle gespielt hatte. Selbst im Januar waren diese Probleme auf der großen Kundgebung in Niebüll noch nicht angesprochen worden, vielmehr hatte Dr. Fröbe zu Beginn des Jahres auf die übermäßig ausgedehnte Zwangswirtschaft nach dem Krieg als Verursacher der Krise hingewiesen[206], eine Feststellung, die bezeichnenderweise einzig die Nachkriegszeit, mithin den Weimarer Staat für die Misere verantwortlich machte. Diese veränderte Sichtweise läßt in jedem Fall die Unsicherheit erkennen, mit der viele Betroffene auf das Phänomen der Landwirtschaftskrise reagierten. Fortan bestimmte die Agitation gegen den Versailler Vertrag und das Dawes-Abkommen die politische Szene.[207]

Der Grundkonsens zwischen der im Entstehen begriffenen Landvolkbewegung und dem Kreisbauernverein zeichnete sich jedoch bereits im September 1928 ab, als man sich über ein gemeinsames Vorgehen – möglichst unter Einbeziehung von Handel und Gewerbe – bei der anstehenden Wahl einig wurde.[208] Auf eben jener Vorstands- und Vertrauensmännersitzung vom 4. Oktober 1928, auf welcher die Anwesenden die Entscheidung zum Anschluß an den neuen Bauernbund fällten, fand zudem erstmalig eine Erörterung der Kandidatenfrage statt, die allerdings schon andeutete, in welche Richtung die Dinge treiben würden. Die Teilnehmer sprachen sich mehrheitlich gegen die abermalige Aufstellung der Amtsvorsteher Christian Jessen (Tinningstedt) und Amandus Steensen (Störtewerkerkoog) aus, wohingegen sie mit 47 zu 10 Stimmen für die Aufnahme Ernst Bossens in die Liste der Bauern votierten.[209] Es war dies ein erster bedeutender Erfolg für die Anhänger der Landvolkbewegung, die sich damit auf Anhieb mit ihrer Forderung nach Ausschaltung der Vertreter des verhaßten demokratischen Systems durchsetzten. Das Votum gegen Jessen war dabei noch insofern kennzeichnend für die Stimmungslage, als er DNVP-Mitglied war und gleichzeitig dem Jungdeutschen Orden angehörte, er selbst also der Weimarer Republik distanziert gegenüberstand.[210] Der gegen den Staat gerichtete Fanatismus machte vor niemandem mehr halt, der der radikalen Richtung nicht paßte.

205 NfR vom 22. 12. 1928. Siehe auch den von Fröbe verfaßten Artikel „Zehn Jahre Erfüllungspolitik und die deutsche Wirtschaft"; LA vom 12. 12. 1928.
206 LA vom 13. 1. 1928; NfR vom 20.1. 1928.
207 Vgl. Kap. XIII.3.b).
208 PBS, Gemeinsame Vorstandssitzung von Kreisbauernverein und Kreislandbund am 5. September 1928.
209 PBS, Vorstands- und Vertrauensmännersitzung vom 4. 10. 1928.
210 Jessen hatte zu den Gründungsmitgliedern des Ordens in Leck gehört; LA 21. 7. 1924. Zur DNVP-Mitgliedschaft NfR vom 24. 1. 1925.

Trotz der bereits angeführten Streitigkeiten und obwohl die Landvolkbewegung ihre staatsfeindliche Überzeugung immer nachdrücklicher artikulierte, distanzierte sich der Bauernbund selbst in der nachfolgenden Zeit nicht von den Anhängern Hamkens und Heims. Statt dessen war er weiterhin bestrebt, die Einigkeit des Landvolkes zu wahren. Dem entsprach eine Stellungnahme des Vorstandes vom 7. Januar 1929[211]:

> „Es wird einstimmig beschlossen, sich der Landvolkbewegung gegenüber neutral zu verhalten, da es sich um eine politische Bewegung handele. Der von Dr. Fröbe mit Bossen – Karlum abgeschlossene Burgfrieden zwischen Bauernverein und Landvolkbewegung findet einstimmig Billigung."

Der vom Kreisbauernbund gesteuerte Kurs und der im Steigen begriffene Einfluß der Landvolkbewegung brachte es mit sich, daß sich Bossen auf der Jahreshauptversammlung der Standesvertretung im Februar 1929 grundsätzlich positiv über die Möglichkeiten und Aussichten einer engeren Zusammenarbeit mit dem Bauernbund äußern konnte.[212] Diese Annäherung erscheint um so bemerkenswerter, als es wenige Tage zuvor auf einer Kundgebung der Wachvereinigung mit Bossen zu heftigen antisemitischen Ausfällen gekommen war.[213] Von daher wirkt es befremdend und bezeichnend zugleich, daß aus den Reihen des Bauernbundes faktisch keine auf Mäßigung dringende Stimme erscholl. Lediglich der Vorsitzende des landwirtschaftlichen Kreisvereins, der von den Anhängern der Landvolkbewegung bereits „gestürzte" Amtsvorsteher Jessen (Tinningstedt), äußerte den Verdacht, die militanten Bauern segelten im Fahrwasser der Nationalsozialisten.[214]

Im Sommer 1929 fanden dann die endgültigen Vorbereitungen zu der für den 17. November angesetzten Wahl statt. Sie zeigten schließlich, welchen Einfluß die radikalen Kräfte auf die Standesvertretung gewonnen hatten.[215] Auf einer Vorstandssitzung vom 7. August, d.h. nur zwei Tage nach der Lecker Tannenbergbund-Kundgebung mit den volksverhetzenden Rundumschlägen v. Bodungens[216], betonte der Vorstand des Bauernbundes den Willen zur Einigung und räumte Ernst Bossen einen sicheren Listenplatz ein. Nur der Kandidatur Max Petersens wurde eine klare Absage erteilt. Um den Bauernbund weiter unter Druck zu setzen, präsentierten die Anhänger der Landvolkbewegung eine Liste, unter deren ersten fünf Namen nicht weniger als vier ihrer Anhänger zu finden waren.[217] Weit schwerer als dieser letztlich nicht durchsetzbare Füh-

---

211 PBS, Vorstandssitung vom 7. 1. 1929. Der Inhalt des Stillhalteabkommens ließ sich selbst im Gespräch mit Dr. Fröbe nicht mehr rekonstruieren.
212 Vgl. den Bericht in der NfR vom 7. 2. 1929.
213 LA vom 29. 1. 1929. Demnach verstiegen sich die Veranstalter gar zu der Behauptung, die Kundgebung diene nicht der Hetze, sondern der „Aufklärung" der Bevölkerung.
214 LA vom 31. 1. 1929.
215 Zum Folgenden PBS, Vorstands- und Vertrauensmännersitzungen vom 7. und 16. 8. 1929.
216 Vgl. Kap. XII.6.
217 An der Spitze stand Tierarzt Boetius Hansen, an zweiter Stelle Ernst Bossen, an 4. Stelle Otto Lützen an 5. Stelle Max Petersen.

rungsanspruch[218] wogen indes die kommentierenden Ausführungen Bossens, der erklärte, „daß die Landvolkbewegung beschlossen habe, keine Amts- und Gemeindevorsteher aufzustellen, ferner nicht solche Herren, die dem Landrat wegen des Attentats ihr Beileid ausgesprochen hätten. Dazu gehöre auch Jessen Saidt."[219] Aber nicht einmal diese, das Bombenattentat billigenden und den Vorsitzenden des Bauernbundes kompromittierenden Worte nahm letzterer zum Anlaß, einen endgültigen Trennungsstrich zu ziehen. Jessen stellte in der folgenden Vorstandssitzung am 16. August lediglich die Vertrauensfrage, einem Pressebericht zufolge „wegen gewisser gegen ihn gerichteter Angriffe"[220]. Im Anschluß an seine Bestätigung im Amt, die mit 53 zu 2 Stimmen allerdings mehr als deutlich ausfiel, begründete er die Vorgehensweise des Vorstandes mit dem bezeichnenden Hinweis, „es sei ja eine nicht wegzuleugnende Tatsache, daß heute ein großer Teil der Landbevölkerung der Landvolkbewegung sympatisch gegenüberstehe. Diesen für einen Systemwechsel kämpfenden Mitgliederkreis des Bauernbundes müsse man bei der Aufstellung der Liste unbedingt berücksichtigen, um der Stimmung der Landbevölkerung gerecht zu werden"[221]. Deshalb habe der Vorstand auch die Kontakte zu Bossen und der Landvolkbewegung aufrechterhalten. Deutlicher konnte kaum zum Ausdruck gebracht werden, wie sehr sich die Standesorganisation von den radikalen, antisemitisch-antidemokratischen Kräften hatte ins Schlepptau nehmen lassen. Insofern trug der Kreisbauernbund ein gerütteltes Maß Mitverantwortung an der endgültigen Abkehr weiter Bevölkerungskreise von der Weimarer Republik. Anstatt den volksverhetzenden Phrasen entschieden entgegenzutreten, zog es die Führung vor, die Landvolkbewegung um der Einheit des Bauernstandes willen koalitionsfähig zu machen. Zwar kandidierte mit Tierarzt Boetius Hansen am Ende nur ein führendes Mitglied der Landvolkbewegung an aussichtsreicher Stelle[222], doch vermag selbst diese Tatsache nicht über den Einfluß hinwegzutäuschen, den die radikalen Kräfte auf die Standesvertretung errungen hatten.

Zum regelrechten Eklat kam es, als sich abzeichnete, daß keine bürgerliche Einheitsliste für die Kreistagswahl würde zustande gebracht werden können. Die Sprecher von Handel und Gewerbe waren nicht mit der Zahl der ihnen von der Landwirtschaft zugesicherten Mandatszahl zufrieden, sie verlangten eine

218 Von Seiten des Bauernbundes wurde die Liste als indiskutabel zurückgewiesen.
219 PBS, Vorstands- und Vertrauensmännersitzung vom 7. 8. 1929.
220 NfR vom 20. 8. 1929. Offiziell drang nur wenig über die Verhandlungen an die Öffentlichkeit, doch ist damit zu rechnen, daß die Bevölkerung nichtsdestoweniger einigermaßen über die Vorgänge informiert war.
221 PBS, Vorstands- und Vertrauensmännersitzung vom 16. 8. 1929.
222 Hansen hatte im Frühjahr zu den Mitunterzeichnern des Nothilfe-Schreibens gehört. Er kandidierte an 6. Stelle der Liste und zog auch in den Kreistag ein. Ernst Bossen hatte sich bewußt für den 12. Listenplatz entschieden, da er meinte, nur auf diese Weise die Wahl von 12 landwirtschaftlichen Vertretern sicherstellen zu können; PBS, Vorstands- und Vertrauensmännersitzung vom 7.8. 1929. Otto Lützen kandidierte an 20. Stelle; die Liste ist abgedruckt in der NfR vom 15. 11. 1929.

stärkere Berücksichtigung der gewerblichen Interessen im Kreistag.[223] Indessen scheint es zumindest fraglich, ob dies der Hauptgrund für das Scheitern der geplanten Einheitsliste war. Vieles spricht dafür, daß Handel und Gewerbe grundsätzlich die Einbeziehung der konzeptionslosen Landvolkbewegung in eine gemeinsame Liste mit der Landwirtschaft ablehnten.[224] Gerade dies war offenkundig auch der entscheidende Grund für den als Spitzenkandidaten der bäuerlichen Liste vorgesehenen Julius Momsen (Deezbüll), auf die Kandidatur für die Landwirtschaft zu verzichten. Zwar erklärte selbst Momsen die „gesunde Opposition eines Ernst Bossen" für notwendig, doch könnte er es nicht begreifen, daß man „tüchtige und bewährte Männer wie Jessen (Tinningstedt) und Momsen (Nienhof) einfach ausgebootet" habe.[225] In ähnlicher Weise äußerte sich auch der Geschäftsführer des Kreishandwerkerbundes, der die einvernehmliche Haltung des Bauernbundes gegenüber der Landvolkbewegung kritisierte und darauf verwies, daß die bürgerliche Einheitsliste von vornherein zum Scheitern verurteilt gewesen sei, da von Seiten der Landvolkbewegung Stimmen laut geworden seien, die sich gegen eine Zusammenarbeit mit „Beamten und Marxisten" ausgesprochen hätten.[226]

Das Ergebnis der Auseinandersetzung war schließlich, daß zur Kreistagswahl zwei bürgerliche Listen antraten. Die bäuerliche wurde nunmehr vom Vorsitzenden des Bauernbundes angeführt, die mehr gewerblich orientierte bezeichnenderweise von Landwirtschaftskammermitglied Julius Momsen. Auf diese Weise sollte offensichtlich versucht werden, vor allem in den Dörfern des Kreises diejenigen Wähler zu mobilisieren, die eine Verbindung von Bauernbund und Landvolkbewegung ablehnten. Dafür spricht ebenfalls, daß die auf Druck Bossens und Petersens ausgebooteten Landwirte Jessen (Tinningstedt) und Peter Momsen (Nienhof) auf sicheren Plätzen für die „Liste Momsen" kandidierten.[227] Somit war es zur Spaltung in eine gemäßigte und eine radikale Richtung auf Kreisebene gekommen.

Der Wahlkampf der Landwirte zielte nach dem endgültigen Scheitern der bürgerlichen Einheitsliste darauf ab, Verständnis für die Kooperation mit der Landvolkbewegung zu wecken und gleichzeitig die bürgerliche Liste für das Fehlschlagen der Einigungsbemühungen verantwortlich zu machen. Besonders übel nahmen die Vertreter der Landwirtschaft das Verhalten Momsens, der nicht habe anerkennen wollen, daß zugunsten der Landvolkbewegung hätten Opfer gebracht werden müssen[228], eine mehr als eigenwillige Interpretation des Paktierens mit den radikalen Kräften.

223 Vgl. NfR vom 20. 8. 1929.
224 Vgl. Kap. XII.5.
225 Zitiert nach LA vom 23. 9. 1929. Ganz offensichtlich störte Momsen der radikale Wesenszug Bossens, der ihm zuvor noch als „sehr verständiger und vornehmer Mann" erschienen war; Momsen, Erinnerungen, Teil I, S. 29.
226 LA vom 23. 9. 1929.
227 Jessen (Tinningstedt) kandidierte auf Platz 4 der Liste, Peter Momsen (Nienhof) auf Platz 8. Beide zogen schließlich in den Kreistag ein.
228 Vgl. LA vom 5. 11. 1929 und FZ vom 13. 11. 1929.

An der Wahl beteiligten sich schließlich fünf Listen, die am 17. November folgende Ergebnisse erzielten[229]:

Tabelle 10: Ergebnis der Kreistagswahl vom 17. November 1929

SPD	KPD	Liste Friesland	Liste Momsen	Liste Landwirtschaft
12,4	1,3	3,9	44,7	37,7

Das Wahlergebnis läßt – wie bei der parallel stattgefundenen Provinziallandtagswahl - auf den ersten Blick die Vermutung zu, daß sich die Bevölkerung des Kreises insgesamt nach wie vor noch weitgehend resistent gegenüber den anderwärts zu beobachtenden Radikalisierungstendenzen zeigte. Dafür scheint insbesondere das gute Abschneiden der „Liste Momsen" zu sprechen, die nicht nur in den vom Gewerbe dominierten Orten zu Erfolgen kam, sondern darüber hinaus auch in den landwirtschaftlich geprägten Gemeinden erhebliche Stimmenanteile errang. Zu berücksichtigen ist bei der Beurteilung allerdings, daß die gewerbliche Liste einen beträchtlichen Teil des nichtbäuerlichen Protestpotentials in sich aufnahm, Wähler also, die zwar unzufrieden mit der allgemeinen Situation waren, wegen ihrer Zugehörigkeit zu Handel und Handwerk aber nicht für die bäuerliche Liste stimmten. Ferner war mittlerweile an die Öffentlichkeit gedrungen, daß die Landvolkbewegung für die Sprengstoffattentate des Sommers verantwortlich zeichnete, ein Faktor, der sicherlich zahlreiche Landwirte veranlaßte, sich von dem Bündnis aus Bauernbund und Landvolkbewegung zu distanzieren und entweder für die „Liste Momsen" zu votieren bzw. ganz einfach zu Hause zu bleiben. In Anbetracht dessen war das Ergebnis der vom Bauernvereinsvorsitzenden Jessen (Saidt) angeführten Liste ein beachtlicher Erfolg. Mehr als ein Drittel der Wähler – darunter bemerkenswerterweise auch zahlreiche Landwirte auf den Inseln, wo die Landvolkbewegung nach außen hin keinerlei Spuren hinterlassen hatte[230] – scheuten sich nicht, einer Verbindung ihr Vertrauen zu schenken, in deren Reihen radikale, antisemitisch-staatsverneinende Kräfte standen. Vermehrt wurde dieser Kreis unzufriedener, antijüdische Hetze kritiklos hinnehmender Wähler noch um die große Zahl derjenigen, die sich trotz Verschlechterung der wirtschaftlichen Lage nicht an der Wahl beteiligten, obwohl wiederholt auf die große Bedeutung des 17. Novembers hingewiesen worden war.[231] Insgesamt hatte sich somit das Protestpotential gegenüber 1928 weiter erhöht, es fehlte aber auch zu diesem Zeitpunkt offenbar noch die politische Kraft, die das vorhandene Reservoir der Enttäuschten und Verbitterten zu mobilisieren imstande war.[232]

---

229 Ergebnisse lt. NfR vom 18. 11. 1929.
230 In den Dörfern auf der Insel Föhr errang die „Liste Landwirtschaft" einen geradezu erdrückenden Wahlsieg. Auf Sylt und Amrum hingegen rangierte die bäuerliche Liste deutlich hinter der bäuerlich-gewerblichen.
231 Die Wahlbeteiligung stieg von 56,8 % (1928) lediglich auf 62,4 %. In einzelnen Dörfern nahm sie gegenüber 1928 sogar noch weiter ab.
232 Die NSDAP beteiligte sich nicht an der Kreistagswahl; vgl. Kap. XII.2.

XIII. Das Aufkommen des Nationalsozialismus in Südtondern

1. DIE NSDAP SEIT IHRER NEUGRÜNDUNG

Das Jahr 1925 leitete für die nationalsozialistische Bewegung einen völlig neuen Abschnitt in ihrer Entwicklung ein.[1] Noch kaum zwölf Monate zuvor hatten der publikumswirksame Auftritt Hitlers im Verlauf des Prozesses um den gescheiterten Putschversuch, besonders aber das erfolgreiche Abschneiden der Rechtsradikalen bei der Reichstagswahl vom Mai 1924 für erhebliches öffentliches Aufsehen gesorgt und erstmalig das völkisch-nationalsozialistische Potential sichtbar werden lassen. Die nachfolgenden Querelen im rechtsextremen Lager, Richtungskämpfe und das Fehlen einer unumstrittenen Führungskraft schufen dann allerdings eine Lage, in der speziell die NSDAP unter der Statthalterschaft Rosenbergs nahe an den Rand ihrer Auflösung geriet. Als Konsequenz der internen Streitigkeiten und der sich insgesamt beruhigenden politisch-ökonomischen Rahmenbedingungen mußte das nationalsozialistische Wahlbündnis bei der Dezemberwahl 1924 ein niederschmetterndes Resultat hinnehmen. In diese Phase der Zerrüttung und Erosion hinein fiel Hitlers vorzeitige Entlassung aus der Haft, in deren Verlauf der erste Teil seines programmatisch intendierten Buches „Mein Kampf" entstanden war[2], jene im Kern substanzlose „lange Anhäufung schwülstiger Dauerreden"[3],in welcher der Inhaftierte auf provozierende Art und Weise – daher nur wenig ernstgenommen – bereits all die Forderungen aufstellte, deren Realisierung nach dem 30. Januar 1933 in Angriff genommen werden sollte. Von weit größerer Bedeutung als die Veröffentlichung der späteren „Bibel des Dritten Reiches"[4], die bereits vor 1933 in annähernd 300 000 Exemplaren Verbreitung fand, waren im Moment jedoch die taktischen Schlußfolgerungen, die Hitler aus dem fehlgeschlagenen „Marsch auf die Feldherrnhalle" vom November 1923 zog.[5] Das ungestüme Anrennen gegen den Staat von Weimar hatte sich als untaugliches Mittel zur Durchsetzung des Machtanspruchs erwiesen. Diese Tatsache hatte Hitler zu der Einsicht gebracht, daß eine Fortsetzung des Kampfes gegen die Republik, gegen „Juden und Marxismus sowie die damit verbundenen oder diese unterstützenden Parteien, Zentrum und Demokratie"[6] nur mit den Mitteln möglich war, welche die demokratische Ordnung selbst zur Verfügung stellte; d. h. statt mit Hilfe von Gewalt sollte zu-

---

1 Vgl. zum Folgenden Bracher, Die deutsche Diktatur, S. 138 ff.; Fest, S. 287 ff.; Dietrich Orlow, The history of the Nazi Party, 1919–1933, Pittsburgh 1969, S. 46 ff.
2 Zur Bedeutung der Haft für Hitler besonders Fest, S. 287 ff.
3 Bracher, Die deutsche Diktatur, S. 139.
4 ebd., S. 141.
5 Zur Neuorientierung der NSDAP Jeremy Noakes, Conflict and Developement in the NSDAP 1924–1927, in: Journal of Contemporary History 1 (1966), S. 3–36.
6 VB vom 26. 2. 1925; zitiert nach Rietzler, „Kampf in der Nordmark", S. 345.

künftig auf pseudo-legale Art und Weise der Versuch unternommen werden, den Rechtsstaat von innen heraus aus den Angeln zu heben. Dazu zählten vor allem das Werben um die Wähler und die destruktive Tätigkeit in den Abgeordnetenhäusern, was ausschließlich dem Zweck diente, den parteipolitischen Parlamentarismus ad absurdum zu führen. Nachdrücklich versprach Hitler auch im „Ulmer Reichswehrprozeß" vom Herbst 1930 die Wahrung der Legalität, doch unterließ er es bei dieser Gelegenheit nicht, darauf hinzuweisen, daß im Falle der Regierungsübernahme vor Gewaltmaßnahmen nicht zurückgeschreckt werden würde. Er bekundete damit vor aller Öffentlichkeit seine antidemokratischen Zielvorstellungen. Wörtlich äußerte er[7]:

> „Wenn unsere Bewegung in ihrem legalen Kampf siegt, wird ein deutscher Staatsgerichtshof kommen, und es werden auch Köpfe rollen."

In Verbindung mit der Reorganisation der NSDAP Anfang 1925 zeigte sich eine weitere, für die Zukunft bedeutsame Konsequenz: die Absage an eine Fortsetzung der Zusammenarbeit mit den einstigen deutschvölkischen Weggefährten v. Graefe und Ludendorff.[8] Nach seiner Rückkehr an die Spitze der Partei erkannte Hitler, der sich im Verlauf seiner Haft um die organisatorischen Fragen kaum gekümmert hatte, nurmehr das Prinzip kompromißloser Unterwerfung als Basis für gemeinsames Handeln an. Zwar schwächte dieser Kurs die Stellung der Nationalsozialisten zunächst in ihrer materiellen Substanz, doch barg die unmißverständliche Haltung zugleich einen entscheidenden Vorteil, indem sich der Mitgliederbestand nurmehr aus einem Hitler vollkommen ergebenen Personenkreis rekrutierte, so daß er – von vielen ohnehin als „Retter der Bewegung"[9] angesehen – über eine völlig von ihm abhängige Parteiorganisation verfügte, mit der er nach eigenem Gutdünken schalten und walten konnte. Seine Rolle innerhalb der Partei beschrieb Hitler anläßlich seines ersten Auftritts nach der Entlassung vor seinen Anhängern im Münchener „Bürgerbräukeller" entsprechend[10]:

> „Ich habe mich neun Monate jedes Wortes enthalten, nun führe ich die Bewegung, und Bedingungen stellt mir niemand! Ich bin nicht gewillt, mir Bedingungen vorschreiben zu lassen, solange ich persönlich die Verantwortung trage: Und ich trage sie wieder restlos für alles, was in der Bewegung vorfällt."

Die Zielgruppe der sich auf primitiver Ebene bewegenden, jedermann verständlichen nationalsozialistischen Agitation bildeten besonders seit Einsetzen der Weltwirtschaftskrise der Mittelstand und die Jugend, da zahllose Angehörige dieser oft noch der „Frontgeneration" angehörenden Bevölkerungsgruppen in der Nachkriegszeit „politisch desorientiert, sozial desintegriert und durch die wirtschaftliche Not verunsichert"[11] waren. Die Suche nach den Verantwortlichen für die allgemein als trist empfundene Lebenssituation, die immer drastischer zutage tretende Unfähig- bzw. Unwilligkeit der eigensüchtigen

---

7 Zitiert nach Schulz, S. 597.
8 Detailliert hierzu Horn, S. 210 ff.; Noakes, passim.
9 Bracher, Die deutsche Diktatur, S. 141.
10 VB vom 7. 3. 1925; zitiert nach Wilfried Böhnke, Die NSDAP im Ruhrgebiet 1920–1933, Bonn-Bad Godesberg 1974, S. 92.
11 Kolb, Die Weimarer Republik, S. 111.

Parteien, die anstehenden Probleme, nicht zuletzt die innergesellschaftlichen Spannungen zu entschärfen[12], trugen dazu bei, den radikalen Parolen der Hitlerbewegung Gehör zu verschaffen. Als überaus vorteilhaft erwies sich in diesem Zusammenhang, daß die NSDAP keineswegs als eine ausschließlich im Negativen profilierte Bewegung auftrat wie etwa die Landvolkbewegung, sondern daß sie mit der „Vision eines Dritten Reiches"[13] die Synthese von Nationalismus und Sozialismus versprach, die Überwindung der bestehenden Gegensätze und des demokratischen Pluralismus insgesamt zugunsten eines besonders vom Kleinbürgertum ersehnten statischen Gesellschaftsaufbaus ohne soziale Konflikte, im Rahmen dessen jede Interessengruppe ihren sicheren, unverrückbaren Platz finden sollte.[14]

Die Voraussetzungen, auf welche die NS-Agitation im Bereich Südtonderns stieß, waren außerordentlich günstig. Die relativ homogene Sozialstruktur mit einem starken kleinbürgerlich-bäuerlichen Mittelstand sowie das Fehlen eines nennenswerten Arbeiterpotentials als Gegenpol zur Ausbreitung des nationalsozialistischen Ideenkonglomerates konnten sich für die Aufnahmebereitschaft der Propaganda ebenso förderlich auswirken wie die dominierende Stellung des Protestantismus und dem damit verbundenen Fehlen der starken Abhängigkeiten, die in katholisch geprägten Gebieten nach wie vor bestanden. Neben jenen äußerlichen Charakteristika kommt dem Vorhandensein und der Breitenwirkung verschiedener Gruppierungen, die der Republik mehr oder minder radikal ablehnend gegenüberstanden, eine Bedeutung zu, die auf das nie ausgebildete demokratische Bewußtsein eines Großteils der Bevölkerung schließen lassen. Das die staatlichen und gesellschaftlichen Umwälzungen negierende Denken hatte mit Organisationen wie dem Stahlhelm, dem Alldeutschen Verband und dem Jungdeutschen Orden bereits weit vor der Weltwirtschaftskrise Eingang in den Untersuchungsraum gefunden, eine Tendenz, die sich schon mit dem Rechtsruck bei der Reichstagswahl 1921 angedeutet hatte. Auch bildeten die antisemitischen Parolen der NSDAP kein Novum mehr im Rahmen der politischen Auseinandersetzung an der Grenze, im Gegenteil, solche Töne waren sogar schon vor dem Ersten Weltkrieg laut geworden und hatten den Meinungsbildungsprozeß seit Beginn der Weimarer Republik zumindest mitbestimmt. Als weiteres, besonders auch in psychologischer Hinsicht wichtiges Moment für einen potentiellen Erfolg der NSDAP ist die Abtrennung Nordschleswigs und die damit verbundene Teilung des Kreises im Gefolge des Versailler Vertrages zu bewerten. Gerade das unmittelbare Betroffensein der Grenzbevölkerung von den Auswirkungen des Friedens schuf eine Stimmungslage, welche die Einwohner für die eingängige und pauschale Anti-Versailles-Propaganda empfänglich machen mußte, wenngleich die Grenzfrage in der Endphase der Weimarer Republik angesichts der wirtschaftlichen Schwierigkeiten ihre vorrangige Bedeutung verlor.

12 Vgl. zur Bedeutung des damit eng verbundenen Gemeinschaftsdenkens in der Weimarer Republik Sontheimer, S. 250 ff.
13 ebd., S. 140.
14 Franke, S. 54 und S. 193; Kolb, Die Weimarer Republik, S. 111.

2. DIE NSDAP IN SCHLESWIG-HOLSTEIN
UND ERSTE BEMÜHUNGEN IM RAUME SÜDTONDERN

Noch vor der eigentlichen Neugründung der NSDAP in München hatte die Reorganisation der Partei in Nordwestdeutschland unter dem von Hitler damit beauftragten Gregor Strasser begonnen.[15] Auf einer Delegiertentagung der nordwestdeutschen Landesverbände der „Nationalsozialistischen Freiheitsbewegung" am 22. Februar 1925 in Hamm bekannten sich die Anwesenden nachdrücklich zu Hitler und distanzierten sich von den als großbürgerlich und reaktionär eingestuften Deutschvölkischen. Nur einen Monat später gelang Strasser die Formierung der norddeutschen Anhänger Hitlers. In Harburg fand zu diesem Zweck eine Zusammenkunft statt, an deren Ende die organisatorische Aufteilung Norddeutschlands in sechs Gaue stand; der einstige Geschäftsführer der schleswig-holsteinischen Landespartei, Hinrich Lohse, übernahm dabei die Leitung im „Gau Schleswig-Holstein".[16]

Die Gründungsversammlung der Partei auf Provinzebene wurde am 1. März 1925 in Neumünster durchgeführt.[17] Nahezu alle der bereits in den Jahren zuvor in völkisch-antisemitischen Zirkeln tätigen 29 Teilnehmer traten gleich zu Beginn der NSDAP bei, ehe dann parteiinterne, insbesondere organisatorische Fragen zur Sprache kamen. Zu strittigen Diskussionen gelangte man nicht; unbequemen Fragen wichen die Anwesenden aus und überließen statt dessen der Münchener Parteileitung die endgültige Entscheidung, ein Verhalten, welches die „Führer"-Bezogenheit der Delegierten unter Beweis stellte. Ihre Ergebenheit gegenüber Hitler brachten sie zudem in einer von Lohse verfaßten Grußadresse zum Ausdruck, in der es u. a. heißt[18]:

„Am Tage seiner Neugründung grüßt der Landesverband Schleswig-Holstein der NSDAP seinen Führer Adolf Hitler... Schleswig-Holstein fühlt als ein Kernland nordischer Rasse die Verpflichtung, sein Teil an der Wiedererrichtung der NSDAP beizutragen . . ."

Bemerkenswerterweise nahm aus dem Raume Südtondern niemand an der Neumünsteraner Tagung teil, was aber angesichts des schlechten Abschneidens der Rechtsradikalen bei der Wahl vom Dezember 1924 keineswegs überrascht. Zudem ist zu berücksichtigen, daß militante Verbände wie der Jungdeutsche Orden und auch der Stahlhelm zu diesem Zeitpunkt einen überaus großen Ein-

---

15 Zur Gründung der NSDAP in Norddeutschland Gerhard Schildt, Die Arbeitsgemeinschaft Nord-West. Untersuchungen zur Geschichte der NSDAP 1925/26, Diss., Freiburg 1964, S. 27 ff.; Böhnke, S. 95 ff.; Hanna Behrend, Die Beziehungen zwischen der NSDAP-Zentrale und dem Gau-Verband Süd-Hannover 1921–1933. Ein Beitrag zur Führungsstruktur der nationalsozialistischen Partei, Frankfurt/M. 1981, S. 115 ff.
16 Zum Verlauf der Harburger Tagung Rietzler, „Kampf in der Nordmark", S. 346f und die dort unter Anm. 11 angeführte Literatur.
17 Zur Gründung der NSDAP in Schleswig-Holstein Rietzler, „Kampf in der Nordmark", S. 347 ff. Ein Bericht der Gauleitung über die Gründungsversammlung befindet sich in BAK, Sammlung Schumacher, Nr. 208.
18 BAK, Sammlung Schumacher, Nr. 208.

fluß auf die Bevölkerung des Kreises besaßen und das völkisch orientierte Potential weitgehend an sich banden.[19]

Insgesamt brachte die Gründung der NSDAP in Schleswig-Holstein und die damit verbundene Schaffung einer organisatorischen Grundstruktur wieder Bewegung in die rechtsradikalen Kreise der Provinz, doch waren größere Erfolge zunächst nicht zu verzeichnen. Finanzielle Schwierigkeiten der Partei sowie die allgemeine politische und wirtschaftliche Beruhigung standen einer bedeutenderen Resonanz der Hitlerbewegung zwischen Nord- und Ostsee entgegen.[20] Daß die NSDAP dennoch gewisse Fortschritte machte, lag vor allen Dingen in der Person des Gauleiters Hinrich Lohse[21] begründet, der seit seiner Ernennung mit großer Zähigkeit den Ausbau des Parteiapparates voranzutreiben suchte. Er war der Sohn eines Holsteiner Kleinbauern und daher frühzeitig mit den Sorgen und Nöten der schleswig-holsteinischen Bauern vertraut. Das Verständnis für diesen Personenkreis verstärkte sich noch durch sein Engagement innerhalb der Landespartei, eine Tätigkeit, die für ihn nach eigenen Angaben von großer Bedeutung für die Zukunft war.[22] „Als er zum Gauleiter ernannt wurde, verfügte er offensichtlich bereits über ein fertiges politisches Weltbild, das aus wenigen und einfachen, fanatisch für wahr gehaltenen Leitlinien bestand. Antisemitismus, rassistisch gefärbter Nationalismus, Ablehnung der Weimarer Ordnung und Verhetzung der demokratischen und linken Parteien waren die radikalen Fixpunkte, ein in Aversion gegen die reaktionären Bonzen der DNVP sich ausdrückender Antiplutokratismus und ein unbestimmtes, sich als Antikapitalismus verstehender sozialer Impuls die variablen Beigaben in dem, was man die ideologische Basis Lohses nennen könnte."[23]

Ganz und gar im Zeichen dieses Weltbildes, das sich nicht zuletzt in der Betonung antiplutokratisch-antikapitalistischer Zielsetzungen mit jungdeutschen Vorstellungen deckte, stand das erstmalige Auftreten der NSDAP in Südtondern am 29. März 1926 mit Lohse als Redner.[24] Die Veranstaltung fand jedoch nicht in Niebüll als dem Kreishauptort, sondern in Leck statt, wo der nunmehrige Gauleiter bereits 1921 für die Landespartei gesprochen und die Völkischen bei den Wahlen 1924 einen beachtlichen Erfolg erzielt hatten. Weit wichtiger für die Wahl des Versammlungsortes dürfte allerdings die Absicht gewesen sein, den hier stark vertretenen Jungdeutschen Orden zu provozieren, dessen Führung auf Reichsebene schon nach 1923 mit der Hitlerbewegung gebrochen hatte.

19 Zur engen Beziehung zwischen der noch im Vorfeld der Wahl vom Dezember 1924 in Leck gegründeten Ortsgruppe der Nationalsozialistischen Freiheitspartei und dem örtlichen Jungdeutschen Orden siehe Kap. VIII.3.

20 Die Partei verfügte bis zum Juli 1925 in der Provvinz eigenen Angaben zufolge über 310 Mitglieder, womit sich die Zahl seit März verdoppelt hatte; BAK, Sammlung Schumacher, Gauleitung an Reichsleitung vom 11. 6. und 1. 9. 1925.

21 Über Hinrich Lohse Rietzler,„Kampf in der Nordmark", S. 354 ff.

22 LAS 399.65, Nachlaß H. Lohse, Nr. 6 (handschriftliches Manuskript zur Geschichte der schleswig-holsteinischen NSDAP), S. 36.

23 Rietzler, „Kampf in der Nordmark", S. 357.

24 Siehe dazu den kurzen Bericht im LA vom 30.3. 1926; ferner Koester, S. 12.

Die anwesenden 30 Zuhörer zollten Lohse dem kurzen Pressebericht zufolge Beifall für seinen „Die Sklavenpeitsche des Weltkapitals und die deutsche Regierung" betitelten Vortrag, in dessen Verlauf er mit dem „jüdisch-kapitalistischen System" scharf abrechnete, die Haltung des Ordens in bezug auf dessen Westorientierung kritisierte und die Forderung nach einem freilich nicht näher skizzierten „neuen Staat auf sozialer Grundlage" erhob. In der anschließenden Diskussion wandte sich der Leiter der Lecker Bruderschaft, Dr. Hogrefe, gegen die Angriffe des Gauleiters und verteidigte insbesondere die Locarnopolitik Stresemanns.

Diese erste Parteiveranstaltung der NSDAP im Untersuchungsraum, von der weder die Öffentlichkeit noch die Presse nennenswerte Notiz nahmen, gehörte aller Wahrscheinlichkeit nach zu den Versuchen der Gauleitung, Schwerpunkte für eine erfolgversprechende Verstärkung der Werbetätigkeit in der Provinz zu finden. Bis zu diesem Zeitpunkt und selbst bis zum Sommer 1928 verfügte die Hitlerbewegung noch über keine festgefügte Organisation, die eine effektivere Agitation erlaubt hätte.[25] Denkbar negativ muß der Eindruck gewesen sein, den Lohse durch die Lecker Veranstaltung gewonnen hatte. Südtondern schien dem Gauleiter offensichtlich speziell angesichts der Stärke des ideologisch verwandten Jungdeutschen Ordens vorerst ein unfruchtbarer Boden für das Gedeihen der nationalsozialistischen Ideen zu sein. Hinzu kam gewiß auch die überaus prekäre finanzielle Situation, die in dieser Phase eine Intensivierung der Parteiarbeit gerade in den entlegeneren Gebieten erschwerte.[26]

Angesichts dieser Umstände verwundert es nicht, daß die NSDAP erst wieder im Vorfeld der Reichstagswahl vom Mai 1928 im Kreis Südtondern auftrat. Der Wahlkampf beschränkte sich allerdings auf ganze zwei Veranstaltungen in Niebüll und Leck, die von der Flensburger Ortsgruppe aus organisiert worden waren.[27] Daß es in diesem Zeitraum zu keinem intensiveren Einsatz kam, lag in erster Linie an der Schwäche der Flensburger Nationalsozialisten, die mit der Führung des Wahlkampfes im gesamten Grenzgebiet „völlig überfordert" waren.[28]

Die beiden Wahlveranstaltungen fanden am 15. und 16. Mai statt. Bezeichnenderweise enthielt die Ankündigung in der „Nordfriesischen Rundschau"[29] neben dem Parteinamen noch den erklärenden Zusatz „Hitlerbewegung", ein Umstand, der deutlich macht, daß der Name „Nationalsozialistische Deutsche Arbeiterpartei" im Kreis Südtondern offensichtlich noch weithin unbekannt war. Die Initiatoren rechneten hingegen anscheinend mit einem größeren

25 So zu Recht Heinacher, S. 182 und S. 274.
26 Immer wieder klagte Lohse seit der Neugründung der Partei in Schleswig-Holstein über die drückenden Geldsorgen. 1925 mußte er aus Kostengründen sogar die Teilnahme an einer Gauleitertagung in München absagen, da die notwendigen Mittel nicht zur Verfügung standen; BAK Sammlung Schumacher, Lohse an Reichsleitung vom 11. 6. 1925, vom 3.12. 1925 und vom 9. 4. 1926. Zur finanziellen Situation auf Reichsebene z. B. Bracher, Die deutsche Diktatur, S. 153.
27 Heinacher, S. 275.
28 ebd.
29 NfR vom 14. 5. 1928.

Bekanntheitsgrad der Person Hitlers und hofften, auf diese Weise eine größere Resonanz zu erreichen. Tatsächlich konnte der Kieler Kreisleiter Reinhard Sunkel in Niebüll vor einer gut besuchten Versammlung sprechen, die Anzeige hatte ihre Wirkung nicht verfehlt. Die kurze Notiz in der „Nordfriesischen Rundschau"[30] verharmloste jedoch die Aussagen Sunkels und maß ihnen keine Ernsthaftigkeit zu. Besonders die scheinbar widersinnigen Äußerungen des Redners, denen zufolge die NSDAP den Parlamentarismus zwar entschieden ablehne, aber dennoch „immune" Leute in den Abgeordnetenhäusern brauche, um zu sehen, was gespielt werde, stießen auf das Unverständnis des Berichterstatters. Er begriff augenscheinlich die Taktik der Partei nicht, die darauf abzielte, den demokratischen Staat mit „legalen" Methoden zu vernichten, und warnte die Leser lediglich vor der Wahl einer Splitterpartei, die nur zum Zweck der Spionage in die Parlamente einziehen wolle.

Die Folge dieser wenig elanvollen Werbekampagne der NSDAP war eine deprimierende Niederlage bei der Reichstagswahl; die Nationalsozialisten vermochten von der vorhandenen antiparlamentarischen Stimmung – sichtbar in der geringen Wahlbeteiligung[31] – zu diesem Zeitpunkt noch nicht zu profitieren. Ganze 150 Stimmen (= 1,2 %) entfielen am 20. Mai 1928 in Südtondern auf die Hitlerbewegung, die damit ihr provinzweit schlechtestes Ergebnis hinnehmen mußte. Hatte die Partei anläßlich dieser Wahl in anderen Gebieten Schleswig-Holsteins schon bedeutende Erfolge vorzuweisen[32], so konnte der äußerste Nordwesten der Provinz im Mai 1928 als ein „Stiefkind" der NSDAP gelten. Doch selbst nach diesem ernüchternden Ergebnis wurde das Engagement nicht verstärkt; die Arbeit der Partei konzentrierte sich auch weiterhin vornehmlich auf den Ausbau des organisatorischen Apparates in den Schwerpunktgebieten, die sich besonders im Südwesten Schleswig-Holsteins herausgebildet hatten. Bis zum Ende des Jahres 1928 fanden keine weiteren Veranstaltungen in Südtondern statt, seit Wiederzulassung der NSDAP 1925 waren es insgesamt nur drei gewesen. Es ist daher kaum verwunderlich, daß die Hitlerbewegung selbst in den Versammlungsorten am 20. Mai nur einzelne Stimmen erhielt.[33] Noch schlechter war es um den organisatorischen Zustand bestellt. Bis ins Jahr 1929 hinein lassen sich keine Spuren über das Vorhandensein von Parteimitgliedern finden. Insofern ist der Feststellung Rietzlers[34] zumindest auf den Raum Südtondern bezogen entschieden zu widersprechen, wonach mit Ausnahme Plöns in allen übrigen Kreisen Schleswig-Holsteins bereits Ortsgruppen existierten. Die in einem Schreiben der Gauleitung vom 25.8.1928[35] erwähnten Ortsgruppen Wyk auf Föhr und Niebüll bestanden bestenfalls dem Papier nach und sollten offenkundig eine Stärke der schleswig-holsteinischen NSDAP suggerieren, die sie in dieser Phase noch nicht besaß.[36]

30 NfR vom 18. 5. 1928.
31 Vgl. Kap. XII.4.
32 Vgl. ebd., Anm. 87.
33 In Niebüll wählten 21 Personen die NSDAP, in Leck nur 10.
34 Rietzler, „Kampf in der Nordmark", S. 427.
35 BAK, Sammlung Schumacher, Nr. 208.

Als die NSDAP im April 1929 ihre Gautagung in Neumünster durchführte, konnte die Partei bereits stattliche Erfolge vorweisen.[37] Die Mitgliederzahl war in der Provinz mittlerweile auf etwa 8000 angestiegen, und auch die Zahl der Ortsgruppen hatte sich gegenüber dem März 1928 mehr als verdreifacht und betrug bis Januar 1929 insgesamt 140.[38] Diesen Erfolgsmeldungen standen auf der anderen Seite allerdings zugleich negativ zu wertende Fakten gegenüber. So hinkten die Kreise Schleswig, Flensburg-Land und Südtondern der für die Partei positiven Gesamtentwicklung spürbar hinterher, da hier der organisatorische Ausbau des Parteiapparates merklich stagnierte. Besonders hervorgehoben wurde in diesem Zusammenhang der Kreis Südtondern, weil aus diesem Bereich nicht ein einziger (!) Vertreter an der Gautagung teilnahm. Konsequenterweise beschloß die Gauleitung eine wesentlich stärkere Agitation in den drei genannten Kreisen, doch sollte damit – vor allem Südtondern betreffend – erst nach den sächsischen Landtagswahlen im Juni 1930 begonnen werden.[39]

Die Gründe für die bewußte Hintanstellung einer durchgreifenderen „Bearbeitung" des Grenzkreises waren vermutlich vielschichtiger Natur und zudem miteinander verflochten. Zum einen käme die geographische Randlage insbesondere der Inseln sowie die vergleichsweise dünne Besiedlung in Frage, die einen energischeren Zugriff vorerst wenig lohnenswert erscheinen ließ. Zum anderen mag auch die nach wie vor noch vorhandene Bedeutung des Jungdeutschen Ordens eine Rolle gespielt haben, dem in diesem Gebiet zu begegnen sich die Nationalsozialisten noch zu schwach fühlten. Ebenfalls mag eine genaue Analyse der Maiwahl von 1928 die Gauleitung dazu veranlaßt haben, mit der Forcierung des agitatorischen Drucks zu zögern, zumal sich in der überaus geringen Wahlbeteiligung die Existenz eines politischen Vakuums offenbart hatte, welches auszufüllen auch später möglich schien. Die wohl wichtigste Rolle dürfte jedoch der chronische Geldmangel der Partei gespielt haben, der einem intensiven und kostenträchtigen Propagandaeinsatz im äußersten Nordwesten im Wege stand.[40]

---

36 Rietzler stützt seine Feststellung auf die in dem erwähnten Schreiben verzeichneten Ortsgruppenanschriften, die für Wyk eine gewisse Hilde Möhrchen und für Niebüll einen gewissen Bruno Schierding als Leiter bzw. Kontaktperson ausweisen. Bei beiden handelt es sich jedoch offensichtlich nur um vorübergehend im Kreise ansässige Personen und Einzelmitglieder, über die nicht einmal im zuständigen Adreßbuch Informationen vorliegen; vgl. Einwohnerbuch des Kreises Südtondern, Niebüll 1929. – Die Angaben über diese vermeintlichen Ortsgruppen belegen allerdings nachdrücklich, welche Vorsicht den parteioffiziellen Angaben gegenüber geboten ist. Dies trifft ebenso auf die Vergabe hoher Mitgliedsnummern zu, mit deren Hilfe die NSDAP stärker zu sein vorgab als sie wirklich war; dazu Schulz, S. 550.
37 Siehe den Bericht über die Gautagung in LAS 309/22998, LKPF an RP vom 25.4.1929.
38 SHT vom 29.1.1929 und LAS 309/22998, LKPF an RP vom 25.4.1929.
39 Im Raum Schleswig und Flensburg sollten verstärkte Bemühungen bereits im Anschluß an die Gautagung einsetzen.
40 Als Indiz hierfür ist die Tatsache zu werten, daß auf der Gautagung beschlossen wurde, den Parteimitgliedern im Mai 1929 einen Sonderbeitrag in Höhe von RM 1.–

Trotzdem beabsichtigte die Gauleitung noch vor dem Sommer 1930, kleine Fortschritte im Grenzgebiet zu erreichen. Zu diesem Zweck hatte sie noch vor der Gautagung im April den Leiter der Bredstedter Ortsgruppe (Kreis Husum), den Handlungsreisenden Claus Thomsen damit beauftragt, u. a. in Südtondern für die Gründung von Ortsgruppen Sorge zu tragen.[41] Man setzte anscheinend auf seine vielfältigen Geschäftsverbindungen und seine Herkunft, die größere Erfolge versprachen als das Wirken der Flensburger NSDAP, die sich als unfähig erwiesen hatte, die Bewohner der Westküste für die Hitlerbewegung zu gewinnen. Doch auch Thomsen reüssierte zunächst nicht in seinem Bemühen, den Bewohnern Südtonderns die Sache des Nationalsozialismus näherzubringen. Zwei für Niebüll und Leck geplante Versammlungen fanden nicht statt[42], und so dauerte es bis zum 25. Mai, bevor sich die NSDAP nach über einem Jahr (!) wieder mit einer von der Bredstedter Ortsgruppe nach Enge einberufenen Versammlung auf dem Boden Südtonderns bemerkbar machte.[43] Um möglichst viele Zuhörer anzulocken, marschierten vor Beginn der Veranstaltung sechs uniformierte SA-Mitglieder durch den kleinen Ort, um damit Disziplin und Geschlossenheit der Hitlerbewegung zu demonstrieren. Propaganda dieser Art mußte gerade in den kleinen Dörfern der Provinz Aufsehen erregen, da die Zurschaustellung solch militärischen Gebarens besonders in dieser Phase den tristen Alltag im ländlichen Raum durchbrach, die Neugier der Menschen weckte und nicht zuletzt jenes strenge Ordnungsgefüge symbolisierte, das für viele Angehörige speziell des kleinbürgerlichen Millieus in der Weimarer Republik verloren schien. Geschickt wußten die Nationalsozialisten das Interesse für derartige Demonstrationen zugunsten der eigenen Publicity zu nutzen. Zwar waren es zu diesem Zeitpunkt erst wenige Uniformierte, die in Südtondern für die Partei warben, doch trugen sie maßgeblich zum späteren Erfolg der NSDAP in diesem Raum bei. Überhaupt waren es die Nationalsozialisten, welche die agrarisch geprägten Gebiete als günstiges Agitationsfeld entdeckten. Die anderen Parteien beschränkten ihre Veranstaltungen zumeist auf die zentraler gelegenen Orte und blieben schon von daher für viele Dorfbewohner im Grunde fremd. Demgegenüber scheute die NSDAP keine Anstrengung, um gerade in der

abzuverlangen, um die durch das zwischenzeitliche Verbot der parteieigenen „Schleswig-Holsteinischen Tageszeitung" sowie durch die im Zusammenhang mit dem Tod zweier SA-Mitglieder entstandenen Kosten decken zu können; LAS 309/22998, LKPF an RP vom 25. 4. 1929.

41 LAS 309/22668, LKPF an RP vom 27. 3. 1929. Über Claus Thomsen, der bereits seit 1926 der NSDAP angehörte und wegen seines rüden Auftretens auch „Claus Terror" genannt wurde, Sörensen, Die NSDAP im Kreis Husum, S. 72.

42 In einem Polizeibericht heißt es: „In nächster Zeit sollen Versammlungen in Niebüll und Leck abgehalten werden"; LAS 309/22668, LKPF an RP vom 27. 3. 1929. Weder die Presse noch die Behörden berichteten indes über die vermeintlich geplanten Kundgebungen.

43 Siehe dazu die Berichte in LAS 302/4556, LKPF an RP vom 2. 6. 1929 und Landjägerabteilung Niebüll an Ldr. vom 26. 5. 1929.

bäuerlichen Bevölkerung Anschluß zu finden.[44] Gauleiter Lohse hatte schon früh die Bedeutung des Landvolks für die Parteiarbeit erkannt, und die großen Erfolge vor allem in Dithmarschen gaben seiner Einschätzung recht.[45] Trotzdem verfügte die Partei erst seit 1930 über ein eigenes „Agrarprogramm", welches den Zulauf zur Hitlerbewegung gerade aus den Reihen des Bauerntums beschleunigen sollte.[46]

Die Resonanz der Einwohner Enges auf den Vorbeimarsch der kleinen SA-Formation war beträchtlich. Nicht weniger als 74 Personen fanden sich ein, um den Worten des Gauredners Heinrich Schoene (Lockstedter Lager) zuzuhören, der sich entsprechend dem Bedürfnis der Anwesenden u.a. den Problemen des Agrarsektors zuwandte und auf das Fehlen einer geschlossenen bäuerlichen Front als einer der Ursachen hinwies. Als Hauptschuldige der derzeitigen Misere identifizierte er hingegen die Juden, die durch ihre Verstrickung in das „internationale Finanzkapital", die Warenhauskonzerne und die Presse den Mittelstand zu ruinieren trachteten. Deutlich distanzierte sich Schoene von der Landvolkbewegung, deren illegalen Kampfstil er scharf kritisierte.[47] Solch eine Stellungnahme mußte bei den Zuhörern den Eindruck erwecken, als lehne die Hitlerpartei die Anwendung von Gewalt als Mittel der politischen Auseinandersetzung strikt ab. Just aber diese brisante Mischung aus radikalen Forderungen und scheinbarer Legalität machte sie für die (ländlichen) Wähler interessant. Das zeigte sich allerdings erst, als sich die Landvolkbewegung nach Aufdeckung ihrer Verantwortung für die Serie von Bombenanschlägen selbst diskreditiert hatte.[48]

Insgesamt gesehen vermochte die NSDAP auch bis zum Sommer 1929 im Kreis Südtondern nicht zu nennenswerten Erfolgen zu gelangen. Dies ist um so erstaunlicher, als die Partei durch einen Vorfall in dem kleinen Ort Wöhrden (Dithmarschen) ungemeinen Auftrieb erhalten hatte.[49] Dort war es am 7. März zu einem schweren Zwischenfall gekommen, als sich Nationalsozialisten und Kommunisten eine Straßenschlacht lieferten, in deren Verlauf zwei SA-Männer und ein Kommunist getötet wurden. Hitler erkannte sofort den propagandistischen Wert des „Märtyrertodes" zweier Mitkämpfer und reiste zur Beerdigung der beiden „Gefallenen" nach St. Annen. Sein Erscheinen und Auftreten verlieh der NSDAP in SchleswigHolstein einen enormen Aufschwung, der sich darin

44 Vgl. etwa Schulz, S. 560 ff.
45 Siehe Hinrich Lohse, „Der Nationalsozialismus und die deutsche Landwirtschaft" in: Nationalsozialistisches Jahrbuch 1927, S. 140–145.
46 s.u. Kap. XV.2.
47 Ähnlich distanzierte sich auch Claus Thomsen auf einer von ihm geleiteten Versammlung in Soholm am 30. Mai von den illegalen Methoden der Landvolkbewegung; LAS 301/4556, Landjägereiposten Leck an Ldr. vom 31. 5. 1929.
48 Vgl. Kap. XII.5.
49 Zu den Vorgängen Rudolf Rietzler, „Die Blutnacht von Wöhrden". Zur nationalsozialistischen Propaganda der Gewalt, in: Journal für Geschichte, H. 1 (1983), S. 4–7 und S. 58.

ausdrückte, daß sich binnen einer Woche über 500 neue Mitglieder der Partei anschlossen.[50]

Daß dieses spektakuläre Ereignis in Südtondern bis zum Sommer nahezu wirkungslos verpuffte, obwohl die Lokalpresse ausführlich über die Wöhrdener Vorfälle berichtete, lag zweifellos in der bis dahin nur wenig effektiven Werbetätigkeit der Partei begründet. Es ist daher ebenfalls unwahrscheinlich, daß die seit Jahresbeginn von der Gauleitung herausgegebene „Schleswig-Holsteinische Tageszeitung"[51] stärkere Verbreitung im Untersuchungsraum gefunden hatte. Hinzu kam als Hemmnis, daß die örtlichen Zeitungen den Veranstaltungen der NSDAP bislang kaum Aufmerksamkeit schenkten und z.T. ganz auf eine Berichterstattung verzichteten.[52] Darüber hinaus waren auch keine Referenten aufgetreten, die detaillierter zu landwirtschaftlichen Problemen hätten Stellung nehmen können. Insofern überrascht es nicht, daß bis zum Sommer lediglich einzelne Bewohner Südtonderns der NSDAP beitraten.[53] Eine festgefügte Organisation fehlte weiterhin.

3. ERSTE ERFOLGE IM HERBST 1929

a) Die Provinziallandtagswahl vom 17. November 1929

Die Vorbereitungen zur Provinziallandtagswahl, die zusammen mit den Kreistags- und Gemeindewahlen stattfand, setzten bereits im Sommer 1929 ein und führten zum Zusammenschluß verschiedener Parteien und Wirtschaftsverbände in einer gemeinsamen Liste „Heimat und Wirtschaft"[54], deren Name bereits den ökonomischen Schwerpunkt des Programms enthielt. Bezeichnenderweise schlossen sich allerdings einige Gruppierungen diesem Wahlbündnis nicht an, sondern traten selbständig in den Kampf um die Wählergunst ein. Dies traf auch auf den mittlerweile bereits nahezu bedeutungslosen Bauernverein, die DDP und die Wirtschaftspartei zu, die ihre spezifischen Interessen durch ein großes Bündnis bedroht sahen. Damit zeichnete sich auch in Schleswig-Holstein

50 Stoltenberg, S. 148.
51 Zur Bedeutung der „Schleswig-Holsteinischen Tageszeitung" Rudolf Rietzler, Gegründet 1928/29: Die Schleswig-Holsteinische Tageszeitung. Erste Gauzeitung der NSDAP, in: Hoffmann/Wulf, S. 117–134. Zur Verbreitung der NS-Regionalzeitungen Peter Stein, Die NS-Gaupresse, Dortmund 1986
52 Über die Versammlungen in Enge und Soholm erschienen keine Berichte in der Lokalpresse.
53 Siehe dazu LAS 301/4556, Übersicht des Regierungspräsidenten vom 12. 8. 1929. Demnach traten bis zum Sommer 1929 in Soholm sechs Personen der NSDAP bei, darunter der spätere Ortsgruppenleiter, der Kaufmannssohn Peter Petersen (geb. 1898, Pg. 1. 6. 1929 lt. LAS 320/698); im BDC lagen keine Informationen über ihn vor.
54 Dem Wahlbündnis gehörten DVP, DNVP, Landbund, Bauernbund, Nordwestdeutscher Handwerkerbund und andere wirtschaftliche Interessenverbände an; vgl. zu den Wahlen besonders Wulf, Die politische Haltung, S. 75 ff.

der zunehmende Aufsplitterungsprozeß im bürgerlichen Lager ab, der letztlich mit dazu beitrug, die Fundamente der Republik zu zerstören und dem National- sozialismus den Weg zu ebnen.[55] Es mußte sich verhängnisvoll auswirken, daß gerade die ohnehin schon geschwächte bürgerliche Mitte nicht zum Kompro- miß imstande war, sondern selbst angesichts der heraufziehenden Weltwirt- schaftskrise immer mehr auseinander geriet.

Im Untersuchungsraum konnten sich die einzelnen Wirtschaftsverbände im Gegensatz zur Kreistagswahl auf die gemeinsame Unterstützung der Liste „Heimat und Wirtschaft" einigen. Die Spitzenkandidatur für den Kreis Südton- dern übernahm bemerkenswerterweise wieder der bisherige Abgeordnete Ju- lius Momsen, der aufgrund der engen Zusammenarbeit von Kreisbauernbund und Landvolkbewegung im Vorfeld der Kreistagswahl die Fronten gewechselt hatte. Daß es dennoch zu einer Einigung zumindest anläßlich der Provinzial- landtagswahl kam, lag einerseits in dem Ansehen begründet, welches Momsen selbst in den Reihen vieler Anhänger der Landvolkbewegung genoß[56], zum an- deren darin, daß der Wahlmodus zu einem entsprechenden Vorgehen auf Kreisebene zwang, da nur auf diese Weise mit dem sicheren Einzug eines Süd- tonderaner Vertreters in das Regionalparlament zu rechnen war. Entsprechend vermieden es die am Wahlbündnis beteiligten Gruppierungen auch, die errun- gene Einheit durch interne Streitigkeiten in Gefahr zu bringen.

Der Wahlkampf im Bereich Südtonderns wurde trotz der zunehmenden Ver- schlechterung der wirtschaftlichen Lage nur sehr schleppend geführt und stand vor allem im Zeichen des Für und Wider zum Volksbegehren bezüglich des „Young-Plans".[57] Das Engagement der Parteien war insgesamt sehr gering, die DDP trat – Ausdruck der Schwäche – überhaupt nicht in Erscheinung, und auch SPD und Wirtschaftspartei beschränkten ihren Einsatz auf ein Minimum.[58] Die Liste „Heimat und Wirtschaft" trat unter dieser Bezeichnung nicht an die Öffent- lichkeit, lediglich DVP und DNVP hielten je eine Wahlversammlung ab und warben für das Bündnis, das sich in erster Linie durch einen scharfen Antimar- xismus auszeichnete, der sich vor allem gegen die SPD richtete.[59] Diese Tonart machte sich gleichfalls die „Nordfriesische Rundschau" zu eigen, die in einem Kommentar zur anstehenden Wahlentscheidung eindringlich vor einer Stimm- abgabe zugunsten der „Linksparteien" DDP und SPD warnte.[60]

---

55 Bracher, Die Auflösung der Weimarer Republik, S. 84 ff.
56 Nochmals sei daran erinnert, daß Momsen von den führenden Kräften der Landvolk- bewegung nicht zum Verzicht auf die Spitzenkandidatur bei der Kreistagswahl ge- drängt worden war, sondern er sich selbst zu diesem Schritt entschlossen hatte; vgl. Kap. XII.7.
57 Vgl. Kap. XIII.3.b).
58 Die SPD veranstaltete je eine Kundgebung in Westerland und in Wyk; SZ vom 11. 11. 1929 und FZ vom 13. 11. 1929. Die Wirtschaftspartei hielt eine Versammlung in Nie- büll ab; NfR vom 15. 11. 1929.
59 Siehe dazu den Wahlaufruf der Liste „Heimat und Wirtschaft" im LA vom 11. 11. 1929; vgl. ebenfalls Wulf, Die politische Haltung, S. 79.
60 NfR vom 16. 11. 1929.

Die NSDAP begann ihren in Südtondern nur in bescheidenem Maß geführten Wahlkampf im August mit einer Versammlung in Leck, die erneut von Seiten der Bredstedter Ortsgruppe einberufen worden war.[61] Daß sich dazu 200 bis 250 Personen einfanden, dokumentiert zumindest das wachsende Interesse an der NSDAP. Zudem profitierte die Partei zweifelsfrei auch von den durch die Neumünsteraner Vorfälle vom 1. August geschaffene Unruhe in der Bevölkerung. Der Redner, Landtagsabgeordneter Wilhelm Kube, führte die schwierigen wirtschaftlichen Verhältnisse in sehr vereinfachter Form einzig und allein auf die „Auswüchse des heutigen Systems" zurück und maß den SPD-Politikern, dem „Internationalismus" die ausschließliche Verantwortung für die gegenwärtige Misere zu. Derartig einprägsame Schuldzuweisungen entsprachen offensichtlich dem Bedürfnis der Zuhörer, für die überaus komplexen Probleme einfache und zudem leicht verständliche Erklärungen zu erhalten. Mit dem Verweis auf das alte friesische Sprichwort „Lewer duad üs Slaw" (Lieber tot als Sklave), das ein Leitmotiv für die NSDAP sei, verstand es Kube am Schluß, den emotionalen Charakter seiner Rede noch zu steigern. Reicher Beifall lohnte es ihm. Kaum jemand begriff augenscheinlich, zu welch leerer Worthülse das einst stolze Friesenwort herabgesunken war, wiewohl ihm immer noch – ähnlich der Abstimmungszeit – ein hoher propagandistischer Wert anhaftete.[62]

Die nächste Veranstaltung der Nationalsozialisten, die am 14. September in Süderlügum stattfand[63], bescherte der Partei den ersten großen Erfolg in Südtondern. Im Anschluß an die Rede des Dithmarscher Landwirts Martin Matthiesen[64] konstituierte sich hier unter der Leitung des Arztes Dr. Konrad Michelsen die erste Ortsgruppe auf Kreisgebiet. Michelsen (geb. 1888, Pg. 1.9.1929) hatte seine Distanz zur Weimarer Republik bereits durch seine bis in dieses Jahr hinein während Mitgliedschaft in der DNVP zum Ausdruck gebracht, und wirkte fortan eifrig für die Hitlerbewegung.[65] Nicht zuletzt seinem Einsatz und seiner Beliebtheit bei der Bevölkerung dürfte die junge Ortsgruppe, über deren An-

61 Vgl. dazu den Bericht im LA vom 12. 8. 1929.
62 Dasselbe gilt für die Instrumentalisierung der friesischen Lebensweisheit „Rüm Hart – Klaar Kimming", die sich gleichfalls vortrefflich in die nationalsozialistische Schlagwortpropaganda einfügte. Noch deutlicher trat die Phrasenhaftigkeit, auf die zu Recht schon Harald Voigt hingewiesen hat, im Zusammenhang mit dem Hitler-Besuch in Flensburg zutage; vgl. Kap. XV.5. und Voigt, Der Sylter Weg, S. 113 ff.
63 LAS 301/4690, Ldr. an RP vom 3. 10. 1929. Demzufolge fand die Versammlung vor 45–50 Personen statt. Ein detaillierter Bericht über den Verlauf liegt nicht vor, lediglich das Gauorgan brachte eine kurze Notiz; SHT vom 17. 9. 1929.
64 Über Martin Matthiesen Rietzler, „Kampf in der Nordmark", S. 430. Matthiesens „Erinnerungen" sind als typisches Beispiel dafür zu werten, wie wenig frühere Parteimitglieder aus der Vergangenheit hinzugelernt haben; Martin Matthiesen, Erinnerungen, Meldorf 1980.
65 Im August 1942 bescheinigte ihm Kreisleiter Peperkorn, ein „guter Nationalsozialist" und damit „Vorbild für die Ortsgruppe" zu sein; Angaben lt. BDC, Personalakte Michelsen und LAS 320/654; siehe auch den Nekrolog in ZEW 1972, S. 29, wo freilich politisch relevante Informationen fehlen.

fänge nichts Näheres bekannt ist[66], ihren raschen Mitgliederanstieg verdankt haben. Bis zum Jahresende verfügte die NSDAP hier und in den angrenzenden Gemeinden bereits über rund 40 aktive Parteigenossen.[67] Damit war eine Entwicklung eingeleitet, die von 1930 an den ganzen Kreis erfassen sollte.

Nach Bildung der ersten Ortsgruppe trat die NSDAP nur noch einmal am Vorabend der Provinziallandtagswahl in Niebüll auf, wo der Landtagsabgeordnete und Mecklenburger Gauleiter Friedrich Hildebrandt die „sehr zahlreich" erschienenen Zuhörer mit einem dreistündigen (!) Vortrag über den „Zusammenbruch des bürgerlichen Klassenstaates" für die nationalsozialistischen Ideen zu interessieren versuchte. Offensichtlich wurde auch diese Rede mit großem Beifall quittiert, zumal im Anschluß daran über die Bildung einer Ortsgruppe verhandelt wurde.[68] Diese Unterredungen führten allerdings nur zu einem Teilerfolg, da sich die endgültige Konstituierung der Niebüller NSDAP bis zum Mai 1930 hinzog[69], doch schlossen sich schon im November 1929 immerhin einige Niebüller der NSDAP an.[70] Damit hatte die Hitlerbewegung einen weiteren, wenn auch vorerst kleinen Fortschritt erzielt, doch reichte der kreisweite Mitgliederbestand insgesamt noch nicht aus, um eine eigene, erfolgversprechende nationalsozialistische Liste für die Kreistagswahl aufzustellen, so daß sich die Hoffnungen der Parteigänger Hitlers in diesem Raum lediglich auf die Provinziallandtagswahl richteten.[71]

Am 17. November gaben wie bei der Kreistagswahl 62,4 % der Wahlberechtigten Südtonderns ihre Stimme ab. Die einzelnen Parteien und Listen erreichten dabei folgende Ergebnisse[72]:

Tabelle 11: Ergebnisse der Provinziallandtagswahl vom 17. 11. 1929
(Angaben in %)

	KPD	SPD	DDP	Bauern-liste	WP	NSDAP	„Heimat und Wirtschaft"
Südtondern	1,4	12,6	2,3	5,4	4,6	4,7	67,0
Schleswig-Holstein	7,3	33,3	3,7	2,5	4,5	10,3	24,8

66 Zu den frühen Mitgliedern zählten gleichfalls der Tierarzt Emil Ingwersen (geb. 1899, Pg. 1. 9. 1929) und der Lokführer Johannes Traulsen (geb. 1872, Pg. 1. 11. 1929); Angaben lt. BDC, Personalakten.

67 LAS 301/4557, LKPF an OP vom 18. 12. 1929.

68 Vgl. den Bericht in der NfR vom 18. 11. 1929.

69 s. u. Kap. XIV.2.

70 So lt. Aussage von F.L.F. in einem Gespräch mit dem Verfasser vom 28. 1. 1988. Nachweisen läßt sich zu diesem Zeitpunkt lediglich die Mitgliedschaft des Zeichenlehrers Fritz Walter (geb. 1899, Pg. 1. 12. 1929); BDC, Personalakte Walter.

71 Eine Übersicht von Ende 1929 verzeichnet neben der Ortsgruppe Süderlügum noch weitere in Achtrup und Soholm, deren Existenz resp. Selbständigkeit allerdings zwischen den Behörden umstritten war; vgl. den Schriftverkehr in LAS 301/4557.

72 Angaben lt. NfR vom 18. 11. 1929.

Das Ergebnis der Wahl bedeutete geradezu einen Triumph für die Liste „Heimat und Wirtschaft", die mehr als zwei Drittel aller abgegebenen Stimmen im Kreisgebiet auf sich vereinigen konnte und das Durchschnittsergebnis in der Provinz nahezu um das Doppelte übertraf.[73] In allen Orten des Kreises ging das Wahlbündnis aus DNVP, DVP und Wirtschaftsverbänden als klarer Sieger hervor und ließ die anderen Parteien weit hinter sich. Die Ursache für diesen eindrucksvollen Erfolg dürfte nicht zuletzt in der Person des Spitzenkandidaten auf Kreisebene, Julius Momsen, zu suchen sein, der auch bei der Kreistagswahl zahlreiche Wähler unter den Bauern fand, obwohl er nicht für die landwirtschaftliche Liste kandidierte. Der im Vergleich zur Provinz ebenfalls erstaunlich hohe Stimmenanteil für die „Schleswig-Holsteinische Bauernliste" des weitgehend systemtreuen Bauernvereins kann indes nicht darüber hinwegtäuschen, daß sich die weit überwiegende Mehrheit der Südtonderaner Landwirte zum Bauernbund bekannte, der seit dem Zusammenschluß mit dem Landbund 1930/31 zusehends unter den Einfluß der NSDAP geriet.[74] Nun aber, im November 1929, war der Vertrauensverlust gegenüber den bestehenden bäuerlich-gewerblichen Interessenvertretungen noch nicht so groß wie etwa in Dithmarschen, wo die Liste „Heimat und Wirtschaft" zusammen mit der Bauernliste gerade noch 14,1 % erreichte. In Südtondern betrug der gemeinsame Stimmenanteil hingegen 72,4 %, so daß auch auf diesen Teil der Provinz die These zuzutreffen scheint, derzufolge in weiten Teilen der Bevölkerung noch die Hoffnung bestand, „auch unter den gegebenen Voraussetzungen zu einer Verbesserung der wirtschaftlichen Situation zu gelangen, selbst wenn Tendenzen zu einer Radikalisierung in der deutlichen Hinwendung zum weitgehend systemfeindlichen 'Land- und Bauernbund' bzw. zur Einheitsliste 'Heimat und Wirtschaft' unübersehbar sind."[75] Zu berücksichtigen ist bei der Beurteilung jedoch, daß zahlreiche Wähler, die bei der Kreistagswahl für das Bündnis aus Bauernbund und Landvolkbewegung votierten, bei der Regionalentscheidung für Momsen stimmten, so daß der Erfolg der Einheitsliste in erheblichem Maße auf dem Votum bereits merklich radikalisierter Kräfte beruhte.[76]

Deutlich geschwächt ging die Wirtschaftspartei aus der Wahl hervor, die nurmehr die Hälfte der 1928 errungenen Stimmen auf sich vereinigen konnte, allerdings mit Sicherheit viele Wähler an die Liste „Heimat und Wirtschaft" verlor. Insgesamt erhielten die primär wirtschaftlich orientierten Organisationen im Kreis 77 % aller abgegebenen Stimmen (in Schleswig-Holstein 31,8 %), so daß der provinzweit zu beobachtende Erosionsprozeß des bürgerlichbäuerlichen

---

73 Zur Bewertung des Erfolges von „Heimat und Wirtschaft" in der Provinz Wulf, Die politische Haltung, S. 79 ff.
74 Vgl. Kap. XV.2.
75 Heinacher, S. 306.
76 Als Alternative zur Wahl der Liste „Heimat und Wirtschaft" kam für die Anhänger der Kreistagswahlliste „Landwirtschaft" ohnehin eigentlich nur die NSDAP in Frage, da die übrigen Gruppierungen den radikalen Forderungen der Landwirte nicht entsprachen.

Lagers in Südtondern zu diesem Zeitpunkt nach außen hin nicht sichtbar wurde. Daß die politische Landschaft im äußersten Nordwesten Schleswig-Holsteins dennoch in Bewegung geraten war, belegen einerseits die geringe Wahlbeteiligung in zahlreichen Dörfern[77] sowie der Stimmenanteil von 4,7 % für die NSDAP. Den Nationalsozialisten war es immerhin gelungen, die Wirtschaftspartei prozentual zu überflügeln und insgesamt viermal soviele Wähler zu mobilisieren wie noch 1928[78] – und das, obwohl sich der propagandistische Einsatz noch sehr in Grenzen gehalten und die Presse entsprechend wenig Notiz von der Hitlerbewegung genommen hatte.

Die NSDAP vermochte bei der Wahl in einzelnen Gemeinden bereits beträchtliche Erfolge zu erzielen, doch konnte sie zu diesem Zeitpunkt noch in keinem Dorf die Mehrheit erringen. Relativ hohe NS-Stimmenanteile hatten Soholm (36,8 %), Karlum (36,3 %), Süderlügum (12,9 %), Wimmersbüll (20,3 %), Humptrup (12,7 %), Fahretoft (12,9 %), Dagebüll (25,8 %) und der Christian-Albrechts-Koog (24,5 %) zu verzeichnen. Allein aus diesen kleinen Gemeinden stammte mehr als ein Drittel aller im Kreisgebiet auf die Hitlerpartei entfallenden Stimmen. Der Erfolg in Soholm ist in Anbetracht der unmittelbaren Nähe zum organisatorisch wesentlich weiter fortgeschrittenen Kreis Husum[79] und dem Vorhandensein einer kleinen Zahl von Parteimitgliedern wenig überraschend. Auffällig ist allerdings der ebenfalls beträchtliche Anteil für die Nationalsozialisten in dem kleinen Dorf Karlum, wo sich die „Zentrale" der Südtonderaner Landvolkbewegung befunden hatte bzw. befand. Das gute Ergebnis in Süderlügum und den angrenzenden Gemeinden Wimmersbüll und Humptrup läßt sich mit Sicherheit auf die neugegründete Ortsgruppe zurückführen, deren Mitglieder u. a. auch aus diesen Orten stammten.[80] Interessanterweise hatten die letztgenannten vier Gemeinden zu Beginn des Jahres zum Hauptverbreitungsgebiet der Wachvereinigung gehört, mithin machte sich offenbar bereits jetzt, im November 1929, eine lokal spürbare Abwanderungstendenz aus den Reihen der Landvolkbewegung bemerkbar.

In Niebüll überschritt die NSDAP ebenfalls das Durchschnittsergebnis. Die 92 Stimmen machten 6,7 % aus. Im Gegensatz dazu erreichte die Partei in Leck lediglich 2,5 %. Der Vergleich dieser beiden Ergebnisse läßt einerseits darauf schließen, daß etwa der Jungdeutsche Orden seine Gegnerschaft zum Nationalsozialismus in Leck und Umgebung wesentlich deutlicher zum Ausdruck brachte als im Kreishauptort, wo der Orden faktisch eingeschlafen war.[81] Andererseits profitierte die NSDAP hier wie im direkt angrenzenden Christian-Albrechts-Koog offensichtlich stark von der am Vorabend der Wahl abgehaltenen

---

77 Vgl. Kap. XII.7, S. 327 f. und ebd., Anm. 142.

78 Die absolute Stimmenzahl war von 150 auf 617 gestiegen.

79 Vgl. Sörensen, Die NSDAP im Kreis Husum, S. 73.

80 LAS 301/4557, RP an OP vom 4. 3. 1930. – Zudem mag hier die Kandidatur Dr. Michelsens an 16. Stelle der NS-Provinzialwahlliste zum Erfolg beigetragen haben.

81 Vgl. Kap. VIII.2. Zur Auseinandersetzung zwischen dem Jungdeutschen Orden und der NSDAP siehe Kap. XIV.1.

Kundgebung, die vermutlich etliche noch Unentschlossene dazu animiert hatte, ihre Stimme der Hitlerbewegung zu geben.

Im Gegensatz zum Festland vermochte die NSDAP im gesamten inselfriesischen Raum nur 111 Stimmen zu erzielen.[82] Das schlechte Abschneiden erklärt sich vor allem dadurch, daß es in diesem Teil des Kreises, in dem immerhin ein rundes Drittel der Bevölkerung Südtonderns lebte, bis zu diesem Zeitpunkt noch zu keinerlei propagandistischen Aktivitäten von nationalsozialistischer Seite gekommen war. Zudem hatten auch hier die Zeitungen von der Hitlerpartei so gut wie keine Notiz genommen. Bemerkenswerterweise aber sollte sich gerade auf den Inseln das politische Stimmungsbild in den nachfolgenden zehn Monaten – gemessen an den Wahlziffern – am stärksten verändern.[83]

Insgesamt betrachtet blieb der Erfolg der Nationalsozialisten im Untersuchungsraum gemessen am Provinzergebnis überaus bescheiden. Die Nichtteilnahme an der Kreistagswahl bestätigte den nach wie vor weit hinter der Allgemeinentwicklung zurückgebliebenen organisatorischen Zustand der Partei in Südtondern, wie er auf der Gautagung im April festgestellt worden war. Die 4,7 % mußten für die Gauleitung das Signal sein, die Bemühungen in diesem Raum zu verstärken und den Auf- bzw. Ausbau des Parteiapparates voranzutreiben. Daß der Boden für eine erfolgreiche Agitation bereitet war, bewiesen die z.T. sehr geringe Wahlbeteiligung in den kleinen Landgemeinden sowie das beginnende Abflauen der Landvolkbewegung.

b) Das Ringen um den Young-Plan

Die Auseinandersetzung um die deutschen Wiedergutmachungsleistungen hatte nach dem Abschluß des Dawes-Abkommens rasch an Brisanz eingebüßt, zumal sich bald erwies, daß die Neuregelung ein beträchtliches Wirtschaftswachstum möglich machte und die jährlichen Zahlungen das Volkseinkommen bis 1929 mit nicht mehr als 2–3 % p. a. belasteten.[84] Dennoch glaubte man besonders in deutschen Finanzkreisen bereits 1928 erkannt zu haben, daß die Raten, die mittlerweile ihren Höchststand von jährlich 2,5 Milliarden Reichsmark erreicht hatten, die Zahlungsfähigkeit des Reiches bei weitem überschritt. Neben der erhofften Reduzierung der Annuitäten rechnete die Reichsregierung damit, durch die endgültige Festsetzung der Reparationslasten die Finanzhoheit wiederzuerlangen und – psychologisch weit wichtiger – die vorzeitige Räumung des nach wie vor besetzten Rheinlandes durchsetzen zu können. Die anstehenden Verhandlungen boten somit die Gelegenheit, die Revision des Versailler Friedens ein gewichtiges Stück voranzutreiben.[85]

82 45 der 111 Stimmen kamen dabei allein aus Wyk.
83 Vgl. Kap. XIV.3.
84 Angabe lt. Harold James, Die Währungsstabilisierung 1923/24 in internationaler Perspektive, in: Abelshauser, S. 63–79, hier S. 78.
85 Grundlegend zu den Intentionen der deutschen Außenpolitik Peter Krüger, Die Au-

Die Einigung, die dann schließlich zwischen den Alliierten und Deutschland unter der Federführung des amerikanischen Bankiers Owen D. Young im Juli 1929 zustandekam[86], sah die Festsetzung der endgültigen Reparationssumme auf 112 Milliarden Mark vor, die innerhalb von 57 1/2 Jahren in Teilbeträgen von zunächst 1,8 Milliarden Mark und danach leicht ansteigenden Raten an die Siegermächte gezahlt werden sollte. Damit war eine jährliche Erleichterung um durchschnittlich 700 Millionen Mark erreicht, darüber hinaus auch die Wiederherstellung der deutschen Finanzhoheit und die Räumung des Rheinlandes von den französischen Besatzungstruppen zum 1. Juli 1930, d.h. fünf Jahre vor dem im Friedensvertrag festgesetzten Termin.

Dieser letzte große Erfolg der Außenpolitik Stresemanns, zugleich wesentliche Klammer der letzten parlamentarisch legitimierten Reichsregierung, wurde jedoch schon bald nach der Unterzeichnung des Abkommens von den Rechtsparteien torpediert, die mittels eines Volksentscheids das Erreichte zu Fall bringen wollten. Am 9. Juli konstituierte sich der „Reichsausschuß für das deutsche Volksbegehren", in dem jene Kräfte zusammenarbeiteten, die zum Schlag gegen die Republik überhaupt auszuholen gedachten. Es fanden sich in dem Gremium Hugenberg für die DNVP, Seldte für den Stahlhelm, Claß für den Alldeutschen Verband und Hitler für die NSDAP zusammen. Damit erfuhr die Partei des „Führers" eine spürbare Aufwertung, die sie politisch hoffähig machte und ihr zugleich neue Finanzquellen erschloß.[87]

Der demagogische Inhalt des „Freiheitsgesetzes", das am 22. Dezember zur Abstimmung kommen sollte, verbot jedwede Übernahme neuer Verpflichtungen, verlangte parallel aber die Herausgabe der besetzten Gebiete und drohte im Paragraphen 4 gar mit Strafen für Staatsbevollmächtigte, die entgegen den Bestimmungen im „Freiheitsgesetz" neue Reparationsverträge abschlossen. Mit diesem Gesetzentwurf wurde eine friedliche Revisionspolitik im Sinne Stresemanns ad absurdum geführt, es ging den Urhebern letztlich nur darum, das „System" der „Novemberverbrecher" zu treffen und nicht darum, konstruktive Alternativen aufzuzeigen.

Angesichts der in nationaler Hinsicht als zuverlässig eingestuften Presse Südtonderns[88] war es kein Wunder, daß insbesondere die beiden auflagenstärksten, festländischen Blätter die Vereinbarungen ablehnten.[89] Der „Lecker Anzeiger"

ßenpolitik der Republik von Weimar, Darmstadt 1985; als kurzen Überblick Wolfgang Michalka, Deutsche Außenpolitik 1920–1933, in: Bracher/Funke/Jacobsen, S. 303326.

86 Vgl. zum Young-Plan die Dokumentation von Martin Vogt, Die Entstehung des Young-Plans, dargestellt am Reichsarchiv, Boppard 1970; als kurzen Überblick Gerd Meyer, Die Reparationspolitik. Ihre außen- und innenpolitischen Rückwirkungen, in: Bracher/Funke/Jacobsen, S. 327–342, hier S. 339 ff.

87 Heiber, S. 203.

88 Vgl. Kap. X.

89 Die Inselzeitungen zeigten sich demgegenüber sachlicher, obwohl auch hier die kritischen Töne die Beurteilung prägten; siehe etwa FLA vom 11. 6. 1929. Zur allgemeinen Pressereaktion auf Reichsebene Karl A. Holz, Die Diskussion um den Dawes- und Young-Plan in der deutschen Presse, Frankfurt/M. 1977, S. 230 ff.

hielt das Young-Memorandum für „unannehmbar"[90] und sah in ihm „keine Erleichterung"[91], blieb damit jedoch im Vergleich zur „Nordfriesischen Rundschau" noch sachlich. Die Niebüller Lokalzeitung quittierte das Bekanntwerden mit der in großen Lettern gefaßten, der Rechtsopposition alle Ehre machenden Überschrift „Deutschlands Versklavungsplan"[92] und stellte sich damit an die Spitze derer, die ohne politischen Weitblick und unter Zuhilfenahme demagogischer Propagandaformeln jeden Erfolg der Weimarer Regierung in Mißkredit zu bringen versuchten.

Entsprechend dem „Reichsausschuß für das Volksbegehren" konstituierte sich ebenfalls ein solches Gremium auf Kreisebene, dem neben dem Landwirt Heinrich Tode (Christian-Albrechts-Koog) als DNVP-Kreisvorsitzenden auch der Niebüller Stahlhelm-Vorsitzende Walter Bockelmann, der Niebüller Gastwirt Heinrich Hansen und insbesondere auch der Chefredakteur der „Nordfriesischen Rundschau", Dr. Wilhelm Hahn, angehörten.[93] Nationalsozialisten waren in dem Ausschuß jedoch nicht vertreten, im wesentlichen führten DNVP, Stahlhelm und die Landvolkbewegung die Kampagne gegen den Young-Plan auf Kreisebene. Die Reichszentrale der NSDAP hatte den unteren Parteiorganisationen den Beitritt untersagt, um eine zu enge Bindung auf lokaler und regionaler Ebene zu vermeiden, die möglicherweise von längerer Dauer hätte sein können, als es das taktische Maß gebot. Hitler genügte es, durch die Teilnahme am Reichsausschuß in die „nationalen Opposition" aufgerückt zu sein, ohne sich zu eng an die bald wieder als „reaktionäre Kräfte" verpönten Deutschnationalen zu binden.[94]

Unter den genannten Befürwortern des Volksbegehrens ragte auf Kreisebene der Chefredakteur der „Nordfriesischen Rundschau", Dr. Wilhelm Hahn[95], besonders hervor. Der 1898 geborene Hahn hatte zu Beginn des Jahres 1926 die Nachfolge des Stahlhelm-Mitgliedes Dr. P. Langendorf als Hauptschriftleiter bei der Niebüller Lokalzeitung angetreten und den deutschnationalen Kurs seines Vorgängers unbeirrt fortgesetzt. Diese politische Ausrichtung führte bereits 1927 zu einer allerdings folgenlosen Auseinandersetzung zwischen den Behörden und Hahn[96], einem Streit, der aufgrund der einseitigen Berichterstattung in Verbindung mit dem Young-Plan wieder auflebte und am Ende die Kündigung

90 LA vom 23. 5. 1929.
91 LA vom 1. 7. 1929.
92 NfR vom 10. 6. 1929.
93 LAS 301/5417, Ldr. an OP vom 31.10. 1929.
94 Horn, S. 323 ff. – Lediglich in Süderlügum hielt die NSDAP im Vorfeld des Volksentscheids vom 22. Dezember 1929 noch eine Versammlung auf Kreisebene ab, über deren Verlauf jedoch nichts weiter verlautete; LAS 301/4690, Ldr. an RP vom 4. 1. 1930.
95 Über Wilhelm Hahn Gerhard Hoch, Später Nachruf auf einen Nachruf – Dr. Wilhelm Hahn, in: Info Nr. 13, hrsg. vom Arbeitskreis zur Erforschung des Nationalsozialismus in Schleswig-Holstein, Kiel 1988, S. 64–67. Der Aufsatz enthält allerdings keine Informationen über die Tätigkeit Hahns vor 1930.
96 Vgl. dazu den Schriftverkehr vom November 1927; LAS 320/1106.

des Schriftleiters nach sich zog.[97] Hahn übernahm daraufhin ab 1. Januar 1930 die Geschäftsführung des „Evangelischen Preßverbandes" in der Schleswig-Holsteinischen Landeskirche. In Konsequenz seiner weimarfeindlichen Einstellung trat er im April 1932 der NSDAP bei[98] und wirkte fortan überaus eifrig für die Hitlerbewegung[99], der er speziell auch wegen ihrer Rassedoktrin anhing. Bereits vor der Reichspogromnacht vom 9. November 1938 erschien ein von Hahn verfaßter judenfeindlicher Hetzartikel[100], doch brachte erst der von ihm 1943 veröffentlichte Beitrag „Der Kampf schleswig-holsteinischer Städte gegen die Judenemanzipation"[101] die antisemitische Grundeinstellung zum Ausdruck. Darin heißt es am Ende[102]:

„Es mußte erst noch der mühsame Weg über Emanzipierung, Assimilierung und Inflation des Judentums im politischen, wirtschaftlichen und geistigen Leben der deutschen Nation gegangen werden, ehe das Volk für die durch den Kampf für den Führer gewonnene Erkenntnis reif wurde, daß nur restlose Ausscheidung dieses Fremdkörpers das deutsche Volk und die Völker Europas befreien und zu dem stolzen Bewußtsein der eigenen Art bringen kann."

Zu den von Hahn während seiner Tätigkeit in Niebüll mehrfach kritisch gewürdigten Organisationen zählte insbesondere der Jungdeutsche Orden[103], der sich nicht an der Kampagne gegen den Young-Plan beteiligte. Dies rührte allerdings nicht aus grundsätzlichen Erwägungen her, sondern war im wesentlichen das Ergebnis taktischer Überlegungen. Mahraun hatte sich von dem Volksbegehren distanziert, weil er zu erkennen glaubte, daß die Annahme des „Freiheitsgesetzes" gleichzeitig die Anerkennung deutscher Kriegsschuld implizieren und eine Revision des Young-Plan dann vollends unmöglich würde.[104] Dies war der entscheidende Grund für den Orden, auch weiterhin gegen Hugenberg, Seldte und Hitler zu opponieren.[105] Der Hochmeister erwartete – im Nachhinein zu Recht –, daß es dem Reichsausschuß nicht gelingen werde, mehr als 20 Millio-

97 LAS 301 / 5417, Ldr. an OP vom 31. 10. 1929. Demnach wurde Hahn bereits vom 1. November 1929 an durch einen neuen Redakteur ersetzt.
98 BDC, Personalakte Hahn
99 Dazu Hoch, passim.
100 Darin heißt es: „Unser Blatt [gemeint ist das von Hahn selbst redigierte Gemeindeblatt „Pflugschar und Meißel", d. Verf.] begann seine Arbeit in einer Zeit schärfster antireligiöser Machenschaften in unserem Volke. Den auflösenden und zersetzenden Tendenzen, die von bolschewistischer gottloser Seite her in unser Volk getrieben wurden, galt es ebenso energisch vom Evangelium von Jesus Christus her zu begegnen, wie auch dem schleichenden Gift, das von einem jüdisch-infizierten Literatentum Tag für Tag die Volksseele vergiftete"; zitiert nach Hoch, S. 65 f.
101 Wilhelm Hahn, Der Kampf schleswig-holsteinischer Städte gegen die Judenemanzipation, in: ZSHG 70 / 71 (1943), S. 308–328.
102 ebd., S. 328.
103 In einem Kommentar distanzierte sich Hahn entschieden von der Westorientierung des Ordens; NfR vom 27. 1. 1927.
104 Kessler, Der Jungdeutsche Orden in den Jahren der Entscheidung, S. 55.
105 Besonders ob dieser Haltung wurden die Anhänger Mahrauns von NS-Seite als „Youngdeutsche" tituliert.

nen Stimmen für sein Vorhaben zu erringen.[106] Zu einer Würdigung des letzten außenpolitischen Erfolges Stresemanns kam es hingegen nicht. Selbst auf der großen Kundgebung des Ordens in Husum am 31. Juli 1929 fand Reichspressewart Hellmers keine anerkennenden Worte für das Erreichte, vielmehr kritisierte er die Einseitigkeit des Volksbegehrens und unterstrich damit die Distanz zum Young-Plan.[107] Dieser Haltung entsprach es, daß auch auf Kreisebene kein Vertreter der Jungdeutschen in einer Veranstaltung auftrat, die das Volksbegehren zum Thema hatte.

Die Fäden der Gegenkampagne in Südtondern liefen in den Händen Landrat Skalweits zusammen, der bereits kurz nach dem Einsetzen der Agitation für das „Freiheitsgesetz" in einem Rundschreiben an die lokalen Parteien und Organisationen auf die Gefahr hinwies, die das Volksbegehren für die nationale Zukunft bedeute.[108] Darüber hinaus sorgte der Landrat dafür, daß auf den Veranstaltungen des „Arbeitsausschusses" Gegenredner auftraten, so daß den Befürwortern des Volksbegehrens das Feld der Auseinandersetzung nicht allein überlassen blieb.[109]

Die Diskussion um den Young-Plan beherrschte besonders in den Tagen vor dem 30. Oktober (Ende der Eintragungsfrist) das politische Geschehen im Untersuchungsraum und verdrängte das Interesse an den bevorstehenden Provinziallandtags- und Kommunalwahlen.[110] Die rege Teilnahme an den allerdings nur wenigen[111] Parteiveranstaltungen zum Volksbegehren, die mit einer Ausnahme ausschließlich vom „Arbeitsausschuß für das Volksbegehren" veranstaltete wurden, stellt die Bedeutung heraus, die der anstehenden Entscheidung zumindest von einem Teil der Bewohner beigemessen wurde. So versammelten sich am 24. September 150 Personen[112] in Niebüll, um den demagogischen Ausführungen des Redakteurs Kühl von der „Landvolk"-Zeitung zu folgen.[113] Der Redner erteilte dem „System" eine klare Absage und forderte die Anwesenden unverhohlen dazu auf, dem Weimarer Staat „jede positive Mitarbeit" zu verweigern. Ganz im Ton der Rechtsparteien geißelte er den Young-Plan, der lediglich dem Zweck diene, sogar die Nachkommen „in die Sklaverei" zu verkaufen. Zudem vermied er es, die Möglichkeit einer neuerlichen Revision auch nur

---

106 Die Stellungnahme Mahrauns ist abgedruckt in der NfR vom 21. 9. 1929.
107 LA vom 1. 8. 1929. Die Kundgebung war eine bewußte Auseinandersetzung des Jungdeutschen Ordens mit der NSDAP und Hugenberg; vgl. Kap. XIV.1.
108 Darauf verwies Skalweit in einem Schreiben an den Regierungspräsidenten vom 31. 10. 1929; LAS 301/5417.
109 Auf einer DNVP-Kundgebung in Niebüll traten gleich zwei Diskussionsredner auf. Dem Direktor der Heider Landwirtschaftsschule trat auf Föhr ein Vertreter der Regierung aus Schleswig entgegen; LAS 301/5417, Ldr. an OP vom 31. 10. 1929.
110 ebd.
111 Insgesamt waren es nicht mehr als acht Veranstaltungen.
112 LAS 301/4690, Ldr. an RP vom 3. 10. 1929.
113 Siehe den Versammlungsbericht in der NfR vom 25. 9. 1929. Geleitet wurde die Veranstaltung von Ernst Bossen.

anzudeuten, die schließlich 1932 verwirklicht wurde und zur endgültigen Streichung der Reparationen führte. Kühls Äußerungen boten somit nur ein Beispiel für die ganze Schärfe, mit der die zumeist unsachliche Auseinandersetzung um das „Freiheitsgesetz" geführt wurde. Die „nationale Opposition" unternahm alle erdenklichen Anstrengungen, der Republik den Boden zu entziehen. Der noch amtierende Chefredakteur der „Nordfriesischen Rundschau" versuchte mit allen Mitteln, die öffentliche Meinung zu manipulieren, indem die auftretenden Gegenredner im Rahmen der Berichterstattung entweder gar nicht zu Worte kamen, oder aber ihre Anmerkungen sinnentstellt wiedergegeben wurden. Die Folge einer derartigen mißverständlichen Darstellung war, daß sich der Diskussionsredner Dr. Flatter in einem Leserbrief an die Öffentlichkeit wandte, um seine Stellungnahme bezüglich des Young-Plans zum Ausdruck zu bringen, den er als echte Entlastung, keinesfalls aber – zu Recht – als endgültig betrachtete.[114] Die Antwort auf dieses „Eingesandt" ließ nicht lange auf sich warten, bot im wesentlichen jedoch nur unsachliche Kritik und Polemik.[115] Der Verfasser verglich darin die Zahlungserleichterung mit dem Bild eines Verhungernden, dem man einen Pfennig gebe, damit er sich satt essen könne. Überhaupt ginge es den Alliierten einzig darum, das Deutsche Reich zahlungswillig zu erhalten. Mit Hilfe solch grob vereinfachender Argumentation wurde von Seiten der Rechtsopposition versucht, die Stimmung der Bevölkerung zu steuern, wobei sich der Verweis auf die vermeintlich lange Dauer der Zahlungsverpflichtungen zum wichtigsten Angriffspunkt der Gegner entwickelte.[116]

Landrat Skalweit gelang es zwar, zu jeder Versammlung der „nationalen Opposition" einen Gegenredner zu stellen, doch war die Eigeninitiative der Befürworter des Young-Plans ansonsten äußerst gering. Lediglich in einer Veranstaltung am 19. Oktober sprach sich der DVP-Reichstagsabgeordnete Dr. Runkel in Niebüll vor einer sehr gut besuchten Versammlung für die Annahme des Young-Plans aus[117], warnte aber zugleich davor, die damit verbundenen Ersparnisse für soziale Leistungen auszugeben – ein unzweideutiger Hinweis auf die andauernde Regierungskrise, die wenig später zum Bruch der Koalition führte. Das Bemerkenswerte an dem Bericht über diese Veranstaltung indes war, daß von Seiten der Redaktion solche Passagen hervorgehoben wurden, die vor allem der gegnerischen Propaganda dienten.[118] Gleichzeitig verdeutlichen die Ausführungen Runkels – speziell sein Seitenhieb auf die Sozialdemokratie –,

---

114 NfR vom 26. 9. 1929. Dr. Flatter reagierte damit auf die mißverständliche Wiedergabe seiner Äußerungen in dem Pressebericht vom Vortag, die so formuliert waren, als verteidige er die Landvolkbewegung. Tatsächlich wandte er sich gegen die in der Landwirtschaft weit verbreitete Überzeugung von der Priorität des Agrarsektors in der Volkswirtschaft.

115 NfR vom 30. 9. 1929. Der Verfasser war ein Student aus Kiel.

116 Der Leserbriefwechsel ging noch weiter, nahm aber immer polemischeren Charakter an.

117 Vgl. NfR vom 20. 10. 1929.

118 Runkel wurde u. a. mit folgenden Worten in Fettdruck zitiert: **„Ich würde ... nie einen Menschen, der das Volksbegehren unterstützt, als unehrlich bezeichnen ..."**

daß sich selbst die Verfechter der neuen Reparationsregelung schwer damit taten, das Erreichte als einen Erfolg herauszustellen.

Die Bevölkerung des Kreises machte bemerkenswerterweise nur sehr zögernd von der Gelegenheit Gebrauch, sich in die Listen für das Volksbegehren einzutragen. Offensichtlich um der Unlust der Stimmberechtigten zu begegnen, veröffentlichte der „Lecker Anzeiger" als Stimulans nahezu täglich die neuesten Eintragungszahlen im Kreis. Doch selbst dies und mehrere Anzeigen des „Arbeitsausschusses" konnten nicht verhindern, daß sich lediglich 8,9 % der über Zwanzigjährigen in die Listen eintrugen.[119] Zu den Befürwortern des „Freiheitsgesetzes" gehörten u.a. sieben Pastoren, zwölf Gemeindevorsteher sowie andere Beamte und Angestellte im öffentlichen Dienst.[120] Ebenfalls die Vorsitzenden des Kreisbauernbundes und des landwirtschaftlichen Kreisvereins schrieben sich in die Listen ein, doch hatte dies keine Sogwirkung zur Folge. Der Kreisbauernbund hatte vermutlich aus Rücksicht auf die DVP-orientierten Mitglieder keine Empfehlung gegeben, so daß den Landwirten die Entscheidung selbst überlassen blieb.[121] Während in der Heimatgemeinde des Bauernbundvorsitzenden und Gemeindevorstehers die Eintragungsquote mit ca. 25 % deutlich über dem Durchschnitt lag, hatte sich in der Nachbargemeinde Horsbüll niemand eingetragen. Schwankungen solcher Größenordnung waren häufig.

Das Gesamtergebnis des Volksbegehrens blieb trotz der Bemühungen des „Arbeitsausschusses" merklich hinter den Erwartungen zurück und entsprach bei weitem nicht der Resonanz, auf die das „Freiheitsgesetz" etwa im benachbarten Kreis Husum stieß, wo sich immerhin 36 % für das Volksbegehren eintrugen. Mit dem genannten Resultat rangierte Südtondern zugleich klar hinter dem Provinz- und Reichsdurchschnitt, wo sich 13,5 % bzw. 10,02 % für das Volksbegehren aussprachen. Landrat Skalweit wertete den Ausgang denn auch als ein ermutigendes Ergebnis und führte ihn primär auf die von ihm gelenkte Gegenagitation zurück.[122]

Auch der eigentliche Volksentscheid, der am 22. Dezember durchgeführt wurde, änderte wenig an der Stimmungslage im Kreisgebiet. Das Ergebnis gestaltete sich zu einem ebensolchen Mißerfolg für die „nationale Opposition" wie knapp zwei Monate zuvor die Eintragung für das Volksbegehren. Lediglich 14,6 % der Wahlberechtigten votierten für die Annahme des „Freiheitsgesetzes".[123] Damit lag Südtondern erneut an letzter Stelle aller Landkreise Schleswig-Holsteins, in denen sich immerhin 18 % im Sinne der Koalition von Hugenberg, Seldte und Hitler entschieden. Nur in Karlum und weiteren vier Gemeinden machte etwa die Hälfte der Wahlberechtigten von ihrem Stimmrecht Gebrauch.[124]

119 Ergebnisse lt. LA vom 30. 10. 1929.

120 LAS 301 / 5417, Ldr. an OP vom 31. 10. 1929.

121 Das Protokollbuch der Standesvertretung enthält keine Hinweise bezüglich des Young-Plans.

122 LAS 301 / 5417, Ldr. an OP vom 31. 10. 1929.

123 Angaben lt. Statistik des Deutschen Reiches, Bd 372 III, Anhang (1931) und NfR vom 23. 12. 1929.

124 Darunter waren die Gemeinden Marienkoog, Toftum / F., Westre und Soholm.

Fragt man nach den Ursachen für das vergleichsweise schlechte Abschneiden der Rechtsopposition, so mag zunächst die Vermutung naheliegen, daß der Bevölkerung die Annahme des Young-Plans ungemein am Herzen lag. Die bloße Betrachtung der Ergebnisse verdeckt allerdings wichtige Faktoren, die für die Beurteilung des Resultates von Volksbegehren und -entscheid von Bedeutung waren. Zu nennen ist einmal das insgesamt nur bescheidene, wenngleich höchst demagogische Engagement, das die Befürworter des „Freiheitsgesetzes" an den Tag gelegt hatten. Insbesondere fehlte (noch) von nationalsozialistischer Seite der erforderliche propagandistische Einsatz, um die Bewohner zu mobilisieren. Hierzu war die Landvolkbewegung offensichtlich schon nicht mehr in der Lage, zumal mit der Volksnationalen Reichsvereinigung von Seiten des Jungdeutschen Ordens eine Gegenbewegung einsetzte, welche die Erfolgsaussichten zusätzlich einschränkte. Als Hauptgrund für die geringe Resonanz ist aber die andauernde Orientierungslosigkeit eines beträchtlichen Teils der Bewohner zu sehen, die kein Vertrauen mehr in die Arbeit der arrivierten, überregional aktiven Parteien und Verbände[125] hatten und in dieser Phase eine gewissermaßen resignierende Protesthaltung einnahmen. Man war offenbar überzeugt, daß eine politische Einflußnahme über den Stimmzettel auf Landes- bzw. Reichsebene doch nicht zu erwarten sei. Für diese Auffassung sprechen insbesondere die geringe Beteiligung bei der Reichstagswahl 1928 und die politische Stimmungslage, die ein Protestpotential von rund der Hälfte der Wähler umfaßt hatte. Angesichts der überwiegend deutschnationalen Tradition und in Anbetracht des raschen Erfolges der Volksnationalen Reichsvereinigung zu Beginn des Jahres 1930 ist damit zu rechnen, daß die Zahl derjenigen, die mit der „nationalen Opposition" sympathisierten, aber aufgrund der vermeintlichen Aussichtslosigkeit den Gang zum Wahllokal mieden, erheblich größer war. Insofern trifft auch die Einschätzung Landrat Skalweits nur sehr bedingt zu, derzufolge die geringe Resonanz schon bezüglich der Eintragung zum Volksbegehren nicht zuletzt die Folge seines Einsatzes gewesen sei.

Das Gesamtergebnis der Auseinandersetzung um den Young-Plan bedeutete schließlich eine schwere Niederlage für den „Reichsausschuß". Den größten Schaden innerhalb dieses Bündnisses trugen jedoch die Deutschnationalen davon, da der Paragraph 4 des „Freiheitsgesetzes" in den Reihen der Reichstagsfraktion heftige Auseinandersetzungen auslöste, die letztlich zur Spaltung der Partei führten. Lediglich die NSDAP profitierte von dem kurzfristigen Anschluß an die „nationale Opposition": Sie wurde auf diese Weise endgültig „salonfähig".[126] Hitlers geschicktes Taktieren hatte sich ausgezahlt und dazu beigetragen, seinen Hauptrivalen Hugenberg entscheidend zu schwächen.[127]

---

125 In diesem Zusammenhang ist an den Mitgliederrückgang bei Stahlhelm und Jungdeutschem Orden zu verweisen; vgl. Kap. VIII.1 und VIII.2.
126 Heiber, S. 204.
127 Bracher, Die Auflösung der Weimarer Republik, S. 282 ff.

XIV. Der Durchbruch der NSDAP im Jahre 1930

1. DER JUNGDEUTSCHE ORDEN ALS GEGNER

Die vorsichtige punktuelle Annäherung des Jungdeutschen Ordens an den Weimarer Staat, die bereits Mitte der zwanziger Jahre ihren Anfang genommen hatte, führte im Herbst 1929 zu einer Initiative, die darauf abzielte, all jene Kräfte zu sammeln, die sich entschieden gegen die zunehmende Radikalisierung von Links und Rechts aussprachen. Bereits in den Jahren 1928/29 hatte sich die Ordensführung eindeutig von der extrem scharfen Propaganda der Landvolkbewegung und der NSDAP distanziert und gleichzeitig unter allerdings deutlichen Vorbehalten ein Bekenntnis zum bestehenden Staat geliefert. So hatte etwa der „Reichsnachrichtenwart" Hellmers auf einer Kundgebung in Husum im März 1929[1] betont, der Orden werde den bestehenden Staat so lange stützen, als nichts Besseres an seine Stelle gesetzt werden könnte. Ferner hatte er die Überzeugung geäußert, daß die hemmungslose Agitation der extremen Gruppen nicht dazu beitrage, Verständnis für die Probleme der Landwirtschaft zu wekken. Diese besonders an die Landvolkbewegung gerichteten Bemerkungen mußten deren Anhängern zwar zu denken geben, sie änderten indes nichts an dem Fanatismus, mit dem auch weiterhin gegen den Weimarer Staat gekämpft wurde.

Zum entscheidenden Zeitpunkt für den Kreis um Hochmeister Mahraun geriet dann allerdings erst der Herbst 1929, als der Eintritt des Ordens in die aktuelle Tagespolitik erfolgte. Am 1. November rief Mahraun zur Bildung der sog. „Volksnationalen Reichsvereinigung" (VR) auf[2], die sich die Erneuerung und Fortbildung der Weimarer Republik auf evolutionärem Weg zum Ziel setzte, d.h. die Jungdeutschen hielten im Kern am „Los von Weimar"-Kurs fest.[3] Hinter dem Plan stand die Absicht, die demokratischen Kräfte der Mitte zusammenzufassen, um von der Basis ausgehend den „organischen" Neuaufbau des Staates in Angriff zu nehmen.[4] „Nachbarschaften" von jeweils rund 2000 Bürgern sollten dabei das als unbefriedigend und gesellschaftstrennend empfundene parteienstaatliche System, mithin den Parlamentarismus ablösen, ihre Führer nach dem im Orden praktizierten „Kursystem" gewählt werden, die wiederum die höheren Leiter der Bezirke und Gaue bis hin zum „Reichsführer" wählen sollten. Auf diese Weise gedachte der Orden, den vermeintlich demagogischen Einfluß der von der „Plutokratie" beherrschten Parteien auszuschalten und zu einem

---

1 Vgl. Stoltenberg, S. 152.
2 Der Gründungsaufruf ist u.a. abgedruckt im LA vom 2. 11. 1929.
3 Vgl. z. B. Sontheimer, S. 300. Heinacher und Sörensen greifen in ihrem Urteil zu weit, wenn sie dem Jungdeutschen Orden eine grundsätzlich positive Einstellung gegenüber der Weimarer Republik zubilligen. Geradezu irreführend ist in diesem Zusammenhang Sörensens Behauptung von der „Wandlung zur Republikfreundlichkeit"; Sörensen, Bürgerliches Lager und NSDAP, S. 87 ff.; Heinacher, S. 214 ff.
4 Dazu Hornung, S. 77 ff.

„wahren Volksstaat" zu gelangen. Dezentralisierung der staatlichen Gewalt war demnach eines seiner vordringlichsten Ziele.

Hinzu trat neben dem Verlangen nach einer Stärkung der nationalen Wirtschaft mit besonderer Berücksichtigung des Agrarsektors ein ausgesprochener Antimarxismus. Der politische Gegner stand für die VR somit auch weiterhin in erster Linie links, besonders wegen des als klassentrennend empfundenen Grundcharakters der Linksparteien. In außenpolitischer Hinsicht wurde ebenso wie von allen anderen Gruppierungen die Revision des Versailler Vertrages gefordert. Diktatorische Mittel zur Durchsetzung des Programms lehnte der Orden jedoch mit Entschiedenheit ab.[5]

Dieses politische Programm, welches die Fortentwicklung des Weimarer Parteienstaates in Richtung eines letztlich utopischen Modells zum Ziel hatte[6], mußte bei den Nationalsozialisten auf scharfe Ablehnung stoßen, war hier doch eine Bewegung im Entstehen begriffen, die um die gleichen Wählerschichten warb wie die Hitlerpartei. Auch der VR ging es um die Beseitigung des großkapitalistischen und marxistischen Einflusses im Staat, eine Forderung, die insbesondere mittelständisch-kleinbürgerlichen Interessen entsprach. Ein weiterer Berührungspunkt zwischen der VR und der NSDAP bestand in dem generellen Verlangen nach Überwindung des bestehenden „Systems", wenn auch auf verschiedenen Wegen und aus unterschiedlichen Motiven heraus. Der NSDAP erwuchs in den Volksnationalen somit ein Rivale im Kampf um die Gewinnung der Massen, der – oberflächlich betrachtet – für ähnliche Ziele eintrat. Zweifellos resultierte daraus die große Gefahr, daß es der VR nicht gelingen könnte, sich programmatisch klar genug vom Nationalsozialismus abzuheben und ungewollt die Funktion eines Steigbügelhalters für Hitler zu übernehmen, ein Risiko, das um so größer war, als die Jungdeutschen in dieser Phase vergleichsweise moderat auftraten.

Die Voraussetzungen für ein positives Echo auf die volksnationalen Ziele waren in der Bevölkerung Südtonderns eindeutig gegeben. Hier verfügte der Jungdeutsche Orden immer noch über einen seiner regionalen Schwerpunkte[7], darüber hinaus war den Nationalsozialisten in diesem Bereich ein nennenswerter organisatorischer Erfolg bis dahin versagt geblieben. So bestand vor allen Dingen hier für die NSDAP die Gefahr, daß ihrem weiteren Siegeszug in der Provinz ein Hindernis entgegengestellt und sie selbst unter Umständen vom Norden her in die Defensive gedrängt würde.

Das volksnationale Programm übte aufgrund seines antiparlamentarischen Grundtenors, seines besonderen Engagements für die Landwirtschaft und der Ablehnung der modernen großkapitalistisch-sozialistisch geprägten Industriegesellschaft zugunsten der Stützung des Mittelstands große Anziehungskraft

---

5 Stoltenberg, S. 153. In Niebüll meinte ein Redner der VR auf einer Veranstaltung im März 1930, eine Diktatur sei in Deutschland ohnehin aus geographischen und biologischen Gründen nicht möglich; NfR vom 24. 3. 1930.

6 Ein Kommentar der FVz vom 24. 3. 1930 kennzeichnete die Ziele des Ordens keineswegs zu Unrecht als „gutgemeinte, wirklichkeitsfremde Utopien".

7 Stoltenberg, S. 153; vgl. Kap. VIII.2.

auf die Bevölkerung aus. Bereits Mitte Januar 1930 war der Kreis mit einem Netz von Ortsgruppen der VR überzogen, deren überwiegender Teil sich im Bereich der Geest konzentrierte.[8] Hier war der Orden schon lange überdurchschnittlich stark vertreten gewesen, wohingegen der jungdeutsche Gedanke in der Marsch längst an Boden verloren hatte.[9] In zahlreichen Geestgemeinden entwickelte die VR eine derartige Dynamik, daß sich die Bevölkerung zu hunderten in die Mitgliederlisten eintrug[10]; in einzelnen Dörfern gewann die VR fast die gesamte Einwohnerschaft für sich.[11] Es kann demnach davon ausgegangen werden, daß die Volksnationale Reichsvereinigung hier alle Bevölkerungsschichten in sich aufsog. Das galt allerdings im wesentlichen nur für den festländischen Kreisteil. Im Bereich der Inseln konstituierten sich vorerst nur auf Sylt zwei Ortsgruppen in Westerland und Tinnum[12], wohingegen auf Föhr und Amrum in dieser Aufbruchphase keine Gründungen erfolgten, was angesichts der fehlenden jungdeutschen Tradition auch kein Wunder war.[13]

Dieser insgesamt als großer Erfolg zu wertende Werbefeldzug der VR zu Beginn des Jahres 1930, an dessen Gelingen der Lecker Großmeister Dr. Hogrefe führend beteiligt war, dokumentiert eindrucksvoll, welch geringen Rückhalt das bestehende parlamentarisch-demokratische System in weiten Kreisen der Bevölkerung besaß. Fragt man nach den Motiven, die die ländliche Bevölkerung dazu veranlaßte, ihr Vertrauen in einem solchen Maße der von jungdeutscher Seite initiierten Bewegung zu schenken, so ist angesichts der späteren Entwicklung davon auszugehen, daß darin der Wunsch nach durchgreifender Veränderung aller Lebensbereiche seinen Niederschlag fand, eine Sehnsucht, die sich nicht auf das bloße Verlangen nach Sanierung der wirtschaftlichen Verhältnisse reduzieren läßt. Vielmehr verbarg sich dahinter das immer stärker hervortretende Verlangen, den als trennend empfundenen Parteienhader durch eine neue „Volksgemeinschaft" zu ersetzen und die schweren sozialen Spannungen der Zeit auf diese Weise zu verdrängen. Die Sinn- und Perspektivlosigkeit gewalttätigen bäuerlichen Protests war mittlerweile den meisten Landbewohnern deut-

8 Ortsgruppen entstanden in Achtrup, Enge, Holt, Holzacker, Klintum, Ladelund, Leck, Medelby, Osterby, Sandacker, Sande, Sprakebüll, Stadum und Stedesand; LAS 309/22783, Ldr. an RP vom 18. 1. 1930.

9 Ortsgruppen existierten in Dagebüll, Emmelsbüll, Fahretoft, Horsbüll, Niebüll und Risum. Die Mitgliederzahl war hier insgesamt geringer; LAS 309/22783, Ldr. an RP vom 18. 1. 1930.

10 Allein in Leck stieg die Mitgliederzahl in der ersten Jahreshälfte auf über 300. In der kleinen Gemeinde Stedesand wuchs die VR auf rund 200 Mitglieder an; siehe LA vom 16. 1. 1930 und das Material in LAS 309/22783.

11 So der Bericht über eine Kreistagung der VR; LA vom 20. 1. 1930 und NfR vom 22. 1. 1930.

12 LAS 309/22783, LKPF an RP vom 3. 2. 1930 und SZ vom 20. 3. 1930. Demnach hatte die Westerländer Gruppe 180 Mitglieder.

13 Auf Föhr entstand noch kurz vor der Reichstagswahl im September eine Ortsgruppe im Anschluß an eine Versammlung. Die Leitung übernahm der bisherige DDP-Ortsvorsitzende Dr. Edel; FZ vom 8. 9. 1930.

lich geworden, so daß viele jetzt zumindest vorübergehend eine neue politische Heimat in den Reihen der Volksnationalen Reichsvereinigung suchten, ehe sie sich der Hitlerbewegung anschlossen.[14]

Die NSDAP erkannte sogleich die Gefahr, die ihr mit dem Auftreten und der dynamischen Entwicklung der VR vom Norden der Provinz her drohte und die gerade hier jenes Wählerpotential zu erobern ansetzte, auf welches es die Hitlerpartei selbst abgesehen hatte. Die sich damit anbahnende Rivalität mußte zwangsläufig zum Konflikt führen. Schon im Sommer 1929, d. h. noch in der Vorbereitungsphase zur Bildung der VR, hatte der Orden durch eine Flugblattaktion in Schleswig-Holstein versucht, die Bevölkerung über die vermeintliche Abhängigkeit Hitlers von Hugenberg zu informieren.[15] Siegessicher und die eigenen Möglichkeiten völlig überschätzend hatte Reichsnachrichtenwart Hellmers in einem Begleitschreiben an die schleswig-holsteinischen Kreismeister folgende Erwartung geäußert[16]:

„Wenn unsere Einheiten jetzt richtig eingesetzt werden, können wir mit verhältnismäßig geringen Unkosten einen vernichtenden Schlag gegen die Nationalsozialisten und die mit ihnen verbündete Reaktion führen."

Zu heftigen gegenseitigen Attacken war es bereits gekommen, als Hellmers Ende Juli 1929 auf einer Versammlung des Jungdeutschen Ordens in Husum einen antisemitisch akzentuierten Vortrag über das Thema „Wer belügt das Volk? Die Nationalsozialisten im Schlepptau des Konzernkönigs Hugenberg und seiner jüdischen Trabanten" gehalten und darin den Methoden der NSDAP, die mit „Terror und Boykott" arbeite und Versammlungen mit Tränengas und Stinkbomben störe, eine klare Absage erteilt hatte, ohne sich allerdings inhaltlich von der Hitlerbewegung zu distanzieren.[17] Umgekehrt hatte sich Bodo Uhse als NS-Diskussionsredner energisch dagegen verwahrt, zum Parteigänger Hugenbergs gestempelt zu werden, und Mahraun im Gegenzug vorgeworfen, mit dem „Jungdeutschen Manifest" lediglich eine „langweilige Lektüre" geschaffen zu haben – zu Recht, wie sich mittlerweile herausgestellt hatte.[18] Programmatische Kritik an den Zielen des Ordens war indes von Uhse nicht geäußert worden, ein Verzicht, der angesichts verwandter Grundüberzeugungen nur zu angebracht war.

Die Unsicherheit, mit welcher die Nationalsozialisten auf die schnelle Entfaltung der VR reagierten, drückte sich besonders in Gestalt diverser Artikel in der „Schleswig-Holsteinischen Tageszeitung" aus, die im Verlaufe des ersten Halb-

---

14 In seinem Schreiben vom 18. 1. 1930 wies Landrat Skalweit den Regierungspräsidenten darauf hin, „daß man im Kreise Südtondern auf dem Wege ist, der radikalen Schlagworte der Landvolkbewegung müde zu werden"; LAS 309/22783.

15 Am Ende des Flugblattextes heißt es: „Nationalsozialisten! Wollt Ihr einen nationalen und sozialen Volksstaat oder wollt Ihr in dem Sumpf von Reaktion und Plutokratie verkommen?"; BAK, ZSg. 1. 128, Nr 4.

16 BAK, R 161, Nr 16; Rundschreiben des Reichsnachrichtenwarts vom 24. 7. 1929.

17 Siehe etwa den Bericht im LA vom 1. 8. 1929; vgl. auch Sörensen, Bürgerliches Lager und NSDAP, S. 88 ff.

18 Vgl. BAK, R 134, RKÜöO vom 14. 4. 1928.

jahres 1930 erschienen.[19] Neben scharfer Kritik äußerte sich dabei implizit sogar eine gewisse Anerkennung für den beachtlichen Erfolg volksnationaler Arbeit[20], ein unzweideutiges Symptom des Neides wie einer momentanen Ratlosigkeit. So hieß es etwa am 25. März 1930 unter der Überschrift „Stahlhelm, Jungdo und wir"[21]:

> „Beim Jungdo ist die Frage ‚Freund oder Feind?' leichter [als beim Stahlhelm, d. Verf.] zu beantworten. Die maßlosen Angriffe gegen uns haben schon manchem Jungdeutschen die Augen geöffnet und ihn in unsere Reihen getrieben. Selten hat eine Organisation so die Farben und Meinung gewechselt wie der Jungdeutsche Orden. Einst ein stolzes Freikorps mit Zielen, ähnlich denen des Nationalsozialismus, jetzt verhätschelt und belobte Schutztruppe der Demokratie."

Derartige Appelle an die gemeinsamen antiparlamentarisch-antidemokratischen Wurzeln von Jungdo wie NSDAP reicherte das Gauorgan zusätzlich noch durch eine Reihe polemischer und gehässiger Verlautbarungen an, die keineswegs als Zeichen eines bestehenden Überlegenheitsgefühls zu werten sind, sondern vielmehr als der krampfhafte Versuch, einem in dieser Phase drohenden Einbruch mit allen Mitteln entgegenzuwirken. So machte sich die „Tageszeitung"[22] über das Fehlen des Lecker Großmeisters Dr. Hogrefe auf mehreren Parteiveranstaltungen lustig und führte seine Abwesenheit darauf zurück, daß er „wohl wieder einen schweren Krankheitsfall" gehabt habe. Der Dithmarscher Landwirt Martin Matthiesen beschimpfte den Lecker Arzt in einem Beitrag indirekt gar als „feigen Schwätzer" und forderte ihn zur Teilnahme an einer großen NS-Kundgebung in Husum auf, im Rahmen derer er eine Abrechnung mit den Jungdeutschen ankündigte, die fälschlicherweise eine große Mahraun-Kundgebung in Husum als Erfolg für sich gewertet hätten.[23] Ähnlich sprach die Verbreitung von Erfolgsmeldungen bezüglich der organisatorischen Entwicklung im Raume Südtondern dem tatsächlichen Stand Hohn, die bis zum Frühjahr 1930 nicht über erste Ansätze hinausreichte. Die Zuversicht, daß Leck trotz der lokalen Stärke des Ordens „bald unser" sein werde[24], entbehrte zu diesem Zeitpunkt genauso jeder realen Grundlage wie die Nachricht über die endgültige Konstituierung der Niebüller Ortsgruppe Anfang Februar.[25] Nach wie vor wurden die Veranstaltungen in Niebüll von der Bredstedter Ortsgruppe einberufen, so daß die insgesamt noch spärlichen Meldungen über den organisatorischen Fortschritt im Untersuchungsraum vor allen Dingen dazu dienten, die vorerst noch wenigen Mitglieder nicht zu entmutigen und gleichzeitig die gesamte Be-

---

19 Siehe SHT vom 18. 1., 21. 1., 23. 1., 27. 1., 2. 2., 5. 2., 25. 3., 28. 3., 11. 4., 29. 4., 6. 5., 9. 5., 10. 5., 15. 5., 17. 5., 24. 5., 6. 6., 14. 6., 21. 6. 1930.

20 SHT vom 23. 1. 1930; vgl. auch Stoltenberg, S. 153.

21 SHT vom 25. 3. 1930.

22 SHT vom 4. 2. 1930.

23 SHT vom 17. 5. 1930. An der Kundgebung mit Mahraun nahmen u.a. auch rund 300 Anhänger der VR aus der Umgebung Lecks teil; vgl. Sörensen, Bürgerliches Lager und NSDAP, S. 89 ff.

24 SHT vom 4. 2. 1930.

25 Vgl. Kap. XIV.2.

wegung über die gegenwärtig schwierige Lage im Unklaren zu lassen. Als Indiz für die inzwischen fortgeschrittene Verunsicherung ist zudem die sofort einsetzende propagandistische Gegenoffensive der Nationalsozialisten in ihren Hochburgen zu werten, die einem eventuellen Abbröckeln vorgebeugen sollte.[26]

Allgemein scheint das schnelle Anwachsen der VR in SchleswigHolstein die Hoffnung geweckt zu haben, mit dieser Bewegung den Rechtsradikalismus in der Provinz eindämmen zu können. Entsprechend heißt es in einem Bericht des Regierungspräsidenten vom 26. April 1930[27]:

> „Es muß aber festgestellt werden, daß ihre (gemeint ist die NSDAP, d. Verf.) Anhänger-zahl in den drei Grenzkreisen nach wie vor nur gering ist. Hier hat vermutlich der seit lan-gem rührige und einen erheblichen Anhang aufweisende Jungdeutsche Orden und neu-erdings auch die Volksnationale Reichsvereinigung dem Vorwärtsdrang der NSDAP ei-nen Damm gesetzt."

Dieser Hoffnungsschimmer sollte sich allerdings als trügerisch erweisen. Die seit dem Volksbegehren zum Young-Plan in Fluß geratene Parteienlandschaft brachte durch die Absplitterung der „Volkskonservativen" und des „Christlich-sozialen Volksdienstes" von der DNVP Gruppierungen hervor, die sich gleich-falls als Sammlungsbewegungen des Bürgertums begriffen und damit zu einer Konkurrenz für die VR wurden.[28] Die anvisierte Zusammenfassung der libera-len und gemäßigt konservativen Kräfte scheiterte, die bürgerliche Front „von Treviranus bis Koch-Weser"[29] kam nicht zustande. Einmal mehr zeigte sich hier die Kompromißunfähigkeit der Parteien, ein Defizit, das auch vor der VR nicht haltmachte. Mahrauns politischer Zick-Zack-Kurs, das Schwanken zwischen antiparlamentarischer Zielsetzung auf der einen und der Bereitschaft zur Ver-antwortungsübernahme innerhalb des im Grunde verachteten „Systems" auf der anderen Seite mußte die Integration der Volksnationalen in ein Bündnis mit anderen Parteien erschweren, wenn nicht gar unmöglich machen. Am Ende des Ringens um eine Verbreiterung des jungdeutschen Einflusses auf die Politik stand schließlich eine Allianz mit der DDP, die sich in ihrer bedrängten Lage weiter nach rechts orientiert hatte, um nicht den letzten Rest an politischem Ge-wicht zu verlieren.[30] Der Zusammenschluß zur „Deutschen Staatspartei"[31] am 28. Juli 1930 stand jedoch von Beginn an unter einem ungünstigen Stern, da die Einbeziehung der DVP mißlang und – weit bedeutsamer - weil sich in einer schwierigen Situation kurz vor der anstehenden Reichstagswahl zwei Partner zusammengefunden hatten, die ihrem ganzen Wesen und ihrer Tradition nach

---

26 Stoltenberg, S. 154.
27 LAS 301 / 4557 RP an PMI.
28 Vgl. zum Zerfall der DNVP Bracher, Die Auflösung der Weimarer Republik, S. 276 ff.
29 Stoltenberg, S. 154.
30 Die DDP hatte bei etlichen Regionalwahlen dramatische Verluste erlitten. Zur Situa-tion der Partei im Jahr 1930 Werner Schneider, Die deutsche Demokratische Partei in der Weimarer Republik 1924–1930, München 1978, S. 222 ff.
31 Zur Entstehung der Staatspartei W. Schneider, S. 253 ff.; Erich Matthias / Rudolf Mor-sey, Die „Deutsche Staatspartei", in: dies., (Hg.), Das Ende der Parteien 1933, Düssel-dorf 1960, S. 31–97; Heß, S. 177.

nicht zueinander paßten.[32] Entsprechend wurden bereits vor der Parteineu-
gründung Stimmen aus den Reihen des Ordens wie der VR laut, die vor einer
Verbindung mit gerade denjenigen „plutokratischen" Kräften warnten, die früher die Hauptzielscheibe jungdeutscher Parlamentarismuskritik gebildet hatten.[33] Die Folge war, daß wie auf Reichsebene, so auch in Südtondern zahlreiche
Anhänger schon vor der Reichstagswahl der volksnationalen Bewegung den
Rücken kehrten und sich am 14. September nicht für die Staatspartei, sondern
u. a. für die NSDAP entschieden.[34] Gleichzeitig bot die Gründung der neuen
Partei ihren Gegnern genügend Anlaß, scharf gegen den Orden zu polemisieren,
da er in ihren Augen genau jenen Kräften erlegen war, die er an und für sich bekämpfte. Geradezu höhnisch und siegessicher kommentierte die „Schleswig-
Holsteinische Tageszeitung"[35] das Bündnis zwischen Mahraun und der schon
früher als „Judenpartei" diffamierten DDP. Auch Kreisbauernbundgeschäftsführer Dr. Fröbe warf dem Orden Wankelmut vor, da er mit Gruppierungen
paktiere, die in keiner Weise jungdeutschem Geist entsprächen.[36]
  Der klare Mißerfolg der Staatspartei bei der Reichstagswahl im September,
der sich wegen interner Streitigkeiten um die Verteilung der Listenplätze im
August noch deutlicher abgezeichnet hatte, bewies endgültig, daß die bündleri-
sche Tradition innerhalb des Ordens für eine Parteibildung – besonders im Zeichen der sich verschärfenden Krise – nicht taugte.[37] Als im Vergleich zur NSDAP
zu schwach erwies sich die innere Geschlossenheit des Ordens bzw. der VR, die
einen Teil ihrer nach Überwindung der bestehenden parlamentarischen Demokratie strebenden Anhängerschaft noch im Sommer an die radikale Hitlerbewegung verlor, die einen kompromißlosen Kurs gegen die Weimarer Republik
steuerte. Zwar hatten es die Jungdeutschen mit Hilfe der VR auch in Südtondern
vermocht, dem Ansturm der NSDAP gegenüber einen Damm zu errichten, doch

32 Zu Recht werten Matthias/Morsey die Verschmelzung von VR und DDP als „Qua-
    dratur des Zirkels"; Matthias/Morsey, S. 36. Jürgen C. Heß kommt zu folgendem tref-
    fenden Urteil: „So war jenes Bündnis vom Juli 1930 nicht mehr als ein mit nationalen
    Formeln verkleisterter Minimalkompromiß 'heterogener Elemente' gewesen, bei
    dem keine Seite wirklich ihre Positionen aufgegeben hatte, sondern bei dem man die
    Lösung der gegenteiligen Ansichten der Zukunft überließ"; Heß, S. 359.
33 Hornung, S. 101.
34 So trat z.B. der Tinningstedter Amtsvorsteher und Mitbegründer der Lecker Bruder-
    schaft, Chr. Jessen, im Sommer 1930 aus dem Orden aus; Auskunft von Otto Johann-
    son (Leck) in einem Gespräch mit dem Verfasser vom 20. 11. 1987. F.L.F. berichtete
    dem Verfasser gegenüber von zahlreichen Austritten aus dem Orden in Niebüll; Ge-
    spräch vom 28. 1. 1988. Über die Austrittswelle auf Reichsebene Hornung, S. 107.
35 Unter der Überschrift „Mahraun entlarvt" hieß es in der SHT vom 29. 7. 1930 trium-
    phierend: „Man darf erwarten, daß die letzten Jungdoreste in Schleswig-Holstein nun
    erkennen, in welche Richtung Mahraun sie am Gängelband führt." Am folgenden Tag
    bereits galt auch die Staatspartei als „Judenpartei"; SHT vom 30. 7. 1930.
36 LA vom 8. 8. 1930. In einem Gespräch vom 24. 8. 1987 bezeichnete Fröbe die Anhänger
    Mahrauns als „Träumer".
37 Hornung, S. 106.

300

mußte dieser besonders nach dem Auseinanderfallen der Staatspartei zusammenbrechen, so daß der NSDAP fortan bei der Erfassung des Grenzkreises kein Hindernis mehr im Wege stand.[38]

2. FORTSCHRITTE DER NSDAP AUF KREISEBENE

Das Jahr 1930 stand für die NSDAP im Reich wie in der Provinz ganz im Zeichen der Reichstagswahl vom 14. September. Nach dem für die Gauleitung so erfolgreichen Ausbau des Parteiapparates in den vorangegangenen Jahren[39] galt es für Lohse nun, die Arbeit auch in denjenigen Gebieten zu intensivieren, die bis zur Jahreswende 1929/30 noch „stiefmütterlich" behandelt worden waren, zumal die Volksnationale Reichsvereinigung die bisher so effiziente Propagandatätigkeit der NSDAP in Frage zu stellen drohte. Es war daher nicht verwunderlich, daß der Gauleiter in dieser Situation den Vormarsch der „Bewegung" beschwor und parallel dazu seine Parteigenossen zu verstärktem Engagement aufrief. Entsprechend den Bemühungen, die Zuversicht unter den Anhänger der Partei zu stärken, hieß es in einem von Lohse unter dem Titel „Kampf in der Nordmark" verfaßten Beitrag der „Schleswig-Holsteinischen Tageszeitung", der sich in erster Linie an die Mitglieder in den noch wenig organisierten Kreisen wandte[40]:

„Der Kampf unter dem Hakenkreuzbanner geht in verschärfter Form weiter. Steil und bergig ist der nationalsozialistische Weg zur deutschen Freiheit, groß und scharf sind die Klippen auf demselben, und sie fordern ihre Opfer. Aber wir verlassen den Weg nicht mehr, denn wir sehen trotz aller Hindernisse das Heilzeichen der deutschen Freiheit bereits leuchten. Wir binden den Sturmriemen fester, wir scharen uns enger zusammen und fordern das neue Jahr in die Schranken mit dem Ruf: Es lebe Deutschland!"

Demgemäß faßte eine Parteikonferenz am 12. Januar den Beschluß, die Mitgliederwerbung nun auch in den bis dahin vernachlässigten Gebieten im Norden und Osten der Provinz mit Nachdruck zu intensivieren[41], womit die Planungen vom April des Vorjahres gegenstandslos wurden.[42] Die Bemühungen der Gauleitung machten sich in gewissem Umfang bereits im Januar bemerkbar, da allein in diesem Monat drei Veranstaltungen im Kreis Südtondern stattfanden, d.h. bereits annähernd so viele wie im gesamten vergangenen Jahr.[43]

38 Geradezu als Symbol für die weitere Entwicklung nach der Septemberwahl muß die Gründung der Lecker NSDAP einen Monat nach dem endgültigen Zerfall der Staatspartei gewertet werden; vgl. Kap. XV.3.a).
39 Der Mitgliederstand in der Provinz war bis zum März 1930 bereits auf etliche Tausend angewachsen, allein in Süderdithmarschen gab es zu diesem Zeitpunkt bereits 31 Ortsgruppen mit zusammen 1550 Mitgliedern; vgl. die Übersichten in LAS 301/4557.
40 SHT vom 4. 1. 1930.
41 LAS 301/4557, LKPF an OP vom 14. 1. 1930.
42 Demnach hatte die Propaganda erst im Juni 1930 intensiviert werden sollen; vgl. Kap. XIII.2.
43 Die Versammlungen fanden in Enge, Niebüll und Leck statt; LAS 301/4690, Ldr. an OP vom 3. 2. 1930.

Als Propagandisten traten dabei entsprechend der Wirtschaftsstruktur des Untersuchungsraumes Parteiredner auf, die imstande waren, sich u.a. über die Landwirtschaft zu äußern und damit das Interesse gerade des Bauerntums zu wecken.[44] Insofern eilte die NS-Führung der Provinz[45] der Propaganda der Gesamtpartei noch immer voraus, die erst im Laufe des Jahres über ein eigenes „Agrarprogramm" verfügte, welches indes keine inhaltliche Substanz besaß, sondern lediglich alle Stereotypen der „agrarkonservativen Ideologie der Wilhelminischen Zeit"[46] enthielt, die einer breiten Zustimmung unter den Bauern sicher sein konnten.[47]

Im Rahmen seiner von rund 85 Zuhörern verfolgten Ausführungen[48] wandte sich der Altonaer Tabakwarenhändler Wilhelm v. Allwöhrden am 28. Januar in Leck allgemein „in scharfer Weise" gegen die „heutigen Zustände in der deutschen Politik", doch galt ein Hauptaugenmerk seiner Rede der Landwirtschaft. Allwörden bemühte sich insbesondere darum, dem Selbstwertgefühl der Bauern Rechnung zu tragen und ihnen die Furcht vor dem von den Nationalsozialisten vertretenen „Sozialismus" zu nehmen[49]:

„Das deutsche Volk muß wieder gesunden, es muß wieder seine heiligen Ideale von früher hervorholen und muß in seinem Heimatboden wurzeln. Das tut das Bauerntum und es ist Unsinn, wenn den Bauern erzählt wird, die Hakenkreuzler wollten auch das Bauerntum entwurzeln. Dadurch würde doch der ganze Lebensnerv des deutschen Volkes abgeschnitten."

Äußerungen dieser Art, die Stilisierung des Agrarsektors zum „Lebensnerv" des Volkes, leisteten wertvolle Hilfe zur Gewinnung der um ihre innergesellschaftliche Identität ringenden und in wirtschaftliche Bedrängnis geratenen Landbevölkerung, bot sich hier doch eine Partei an, der es scheinbar um die Wiederherstellung des Bauerntums als ersten Berufsstand innerhalb eines von der „Volksgemeinschaft" geprägten Staates zu tun war.[50] Beharrlich hielt die

44 Als Redner in Enge trat etwa der bereits erwähnte Dithmarscher Landwirt Martin Matthiesen auf.

45 Vgl. Kap. XIII.2. Lohses 1927 verfaßter Beitrag „Der Nationalsozialismus und die deutsche Landwirtschaft" erschien neuerlich in der SHT vom 4. 1. 1930.

46 Bergmann, S. 330.

47 Zu Agrarprogramm und -propaganda der NSDAP Bergmann, S. 329 ff.; Anna Bramwell, Richard Walter Darré and Hitler's Green Party, Abbotsrock/Buckinghamshire 1985, passim.

48 Zahlenangabe lt. LAS 301/4690, Ldr. an OP vom 3. 2. 1930. Zum Verlauf der Versammlung siehe den Bericht im LA vom 29. 1. 1930. Da Allwöhrden am Tag zuvor in Niebüll aufgetreten war, ist damit zu rechnen, daß sich die Reden weitgehend glichen. Dafür spricht auch die freilich nur sehr kurze Notiz in der NfR vom 28. 1. 1930.

49 Zitiert nach LA vom 29. 1. 1930.

50 Die Hofierung des Bauerntums spiegelte sich zugleich darin wider, daß der Agrarbereich als eigentlich tragende Kraft der NS-Bewegung galt; vgl. Schulz, S. 560 f. In diesem Sinne auch der spätere Kreisleiter Peperkorn anläßlich einer Versammlung auf Sylt, auf der er äußerte, das „Heil des Volkes liege im Bauernstand. Diesem müsse der Platz an der Spitze der Wirtschaft und des Volkes wiedergegeben werden..."; SZ vom 31. 3. 1931.

NSDAP auch in der Folgezeit an dieser Konzeption fest und übernahm damit zum eigenen Vorteil wesentliche Forderungen der Landvolkbewegung.[51] Darüber hinaus mußte die Hitlerbewegung ob der Rassedoktrin, des fanatisch biologistischen Denkens in den Kategorien von „Blut und Boden" profitieren, eine Denkart, die nicht zuletzt in dem Begriff vom „Lebensnerv" enthalten war und speziell dem „nordischen" Landvolk allgemein eine qualitative Höherwertigkeit innerhalb des Volkes zumaß.[52] Diese verbale Aufwertung änderte allerdings nichts daran, daß Urbanisierung und Industrialisierung nach 1933 ungehindert weitergingen.[53]

Die intensiveren Bemühungen von nationalsozialistischer Seite führten im Raum Südtondern indes vorerst nicht zu spürbaren Erfolgen. Besonders die organisatorische Entwicklung hielt nicht mit dem allgemeinen Ausbau des Parteiapparates Schritt. Bis zum Beginn des Jahres existierte neben einer Reihe von Einzelmitgliedern erst eine einzige Ortsgruppe auf Kreisgebiet in Süderlügum, und auch weiterhin tat sich die NSDAP einigermaßen schwer damit, neue Mitglieder zu gewinnen. In erster Linie lag dies in der Tatsache begründet, daß die rasche Ausbreitung der Volksnationalen Reichsvereinigung ein schnelleres Umsichgreifen der Hitlerpartei verhinderte, da die jungdeutsche Aufbruchbewegung der rechtsradikalen Konkurrenz die personelle Basis mehr oder minder entzogen hatte. Zudem sorgten innerparteiliche Querelen um die Absplitterung einer linksoppositionellen „Strasser-Gruppe" in Dithmarschen für Unruhe und lähmten vorübergehend die Ausbreitung.[54] So war es kein Wunder, daß lediglich in Niebüll und Soholm im Februar weitere Ortsgruppen gegründet werden konnten, wobei zu bemerken ist, daß die Konstituierung der Soholmer Ortsgruppe nur den Abschluß der im Sommer 1929 begonnenen Entwicklung markierte[55] und die organisatorische Zusammenfassung der Niebüller Parteiangehörigen trotz des propagandistischen Getöses der Gauzeitung[56] augenscheinlich nur vorläufigen Charakter trug, ehe im Mai des Jahres die endgültige Formierung der Nationalsozialisten im Kreishauptort erfolgte.[57]

Die Mitglieder der Niebüller NSDAP rekrutierten sich in der Anfangszeit zu einem großen Teil aus den Reihen früherer Anhänger der Landvolkbewegung[58],

51 Schulz, S. 470.
52 Bramwell, S. 41 ff. Entsprechend hob etwa der NS-Redner Jordan die Bedeutung des flachen Landes gegenüber den verderbten Großstädten hervor; FZ vom 18. 1. 1932.
53 Vgl. Bramwell, S. 5. Erinnert sei daran, daß zwischen 1933 und 1939 200000 landwirtschaftliche Betriebe aufgegeben wurden; vgl. Kap. XI. Anm. 17.
54 Siehe dazu das Material in LAS 309/22998.
55 Vgl. Kap. XIII.2.
56 Wörtlich heißt es: „Die Niebüller Ortsgruppe steht"; SHT vom 4. 2. 1930. Dem widerspricht eine behördliche Meldung, derzufolge die „Ortsgruppe" lediglich einen geschäftsführenden Vorstand besaß; LAS 309/22998, Ldr. an OP vom 24. 3. 1930.
57 SHT vom 15. 5. 1930. Dem Bericht zufolge umfaßte die Niebüller Ortsgruppe bereits zu Beginn rund 40 Mitglieder.
58 LAS 309/22998, Ldr. an RP vom 20. 2. 1930. Ohnehin hatte im Raum Niebüll die größte Gruppe der Wachvereinigung bestanden; vgl. Kap. XII.5.

womit die bereits erwähnte These von der bäuerlichen Protestbewegung als wichtigstem Zwischenwirt der Landbevölkerung Schleswig-Holsteins auf ihrem Weg zur Hitlerpartei auch hier ihre Bestätigung findet.[59] Ferner traten auch ältere Schüler der Friedrich-Paulsen-Schule der NSDAP bei[60], ein Vorgang, der nicht zuletzt auf das Wirken des Kunstlehrers Fritz Walter zurückzuführen sein dürfte, der zu den ersten Parteimitgliedern des Ortes gehörte und den Posten des Schriftführers innerhalb der Ortsgruppe bekleidete.[61] Die Führung übernahm mit Dr. Andreas Michelsen (geb. 1886, Pg. 1. Juni 1930), ein Mann, der früher sowohl der DNVP als auch dem Jungdeutschen Orden angehört, d. h. der Weimarer Republik schon lange vorher ablehnend gegenübergestanden hatte.[62]

Von einiger Wichtigkeit für die Niebüller Ortsgruppe war zweifellos die Mitgliedschaft des Chefarztes des 1929 eingeweihten Kreiskrankenhauses, Dr. Friedrich Cäsar (1892–1945), der zuvor seit 1922 als Assistenzarzt in Flensburg amtiert hatte.[63] Die Bedeutung beruhte allerdings weniger auf dem Sozialprestige des Mediziners als vielmehr auf dessen Rassenhaß, der innerhalb seines Weltbildes die zentrale Rolle spielte und den u. a. mit dem Philosophen Martin Heidegger befreundeten Cäsar zu einem eifrigen Förderer der Sache Hitlers machte.[64] Zwar zählte Cäsar – vermutlich wegen seiner beruflichen Anspannung – zumindest vor 1933 nicht zu den Aktivisten innerhalb der Niebüller NSDAP[65], doch waren seine Ansichten den übrigen Parteimitgliedern sicherlich bekannt, was allerdings nicht zur Folge hatte, daß die Parteifreunde ihren politischen Standort überdachten. Vielmehr nahmen sie die Vorstellungen des Chefarztes ohne Widerspruch hin und stimmten wie der Zeichenlehrer Walter oder der Ortsgruppenleiter Dr. Michelsen in den Chor antisemitischer Hetze mit ein.[66] Cäsars Weltbild war geprägt von einem geradezu pathologischen Judenhaß und

59 Vgl. Kap. XII.5.
60 LAS 309/22998, LKPF an RP vom 11. 3. 1930. Diese Feststellung widerspricht allerdings einer Mitteilung des Direktors der Friedrich-Paulsen-Schule, derzufolge der bislang einzige Werbeversuch von NS-Seite im November 1929 hatte abgewehrt werden können; LAS 301/4557, Direktor Dr. Unterhorst an Provinzialschulkollegium vom 3. 3. 1930. – Explizit nachweisen lassen sich Verbindungen von Schülern zur NSDAP erst im Jahre 1932; vgl. Kap. XV.3.c).
61 LAS 309/22998, LKPF an RP vom 20. 2. 1930.
62 Zu den Angaben vgl. Kap. VIII.2, Anm. Nr 153. Sein Bruder leitete die Süderlügumer Ortsgruppe.
63 Über Friedrich Cäsar Heinacher, S. 188 ff.
64 Zum Freundeskreis zählte auch der bekannte Chirurg Ferdinand Sauerbruch; Heinacher, S. 188.
65 1933 übernahm er den Posten des NS-Kulturwarts für Niebüll. Nach der „Machtergreifung" betätigte er sich auch im Sanitätsdienst der Partei. 1924 war er Mitglied des Stahlhelms geworden.
66 Fritz Walter wurde im September 1932 wie folgt zitiert: „Nur die besten Kräfte gehören in die Beamtenstellung, d.h. nur Staatsbürger – keine Juden – können Beamte sein"; NfR vom 27. 9. 1932. Dr. A. Michelsen beklagte anläßlich einer Versammlung im Jahre 1932, daß dem Kaiser die Rückkehr nach Deutschland verwehrt, zugleich den „rassefremden Juden" aber der Aufenthalt im Reich erlaubt werde; LA vom 20. 6. 1932.

der Überzeugung vom höheren Wert der „nordischen Rasse"[67], einer Einstellung, die ihren Niederschlag sowohl in der Beurteilung des fehlgeschlagenen Hitlerputsches als auch in der Mitgliedschaft der Flensburger NSDAP fand, zu deren Gründungsmitgliedern er 1925 gehört hatte.[68] Mehr und mehr beschäftigte sich der Arzt mit der Bedeutung der Juden in der Gesellschaft[69], in denen er immer deutlicher die Schuldigen an der schwierigen Lage des Reiches zu erkennen meinte. 1931 hielt er die folgenden Sätze in seinem Tagebuch fest[70]:

„Ein Jahr stärkster wirtschaftlicher Erschütterungen durch internationale Währungsmanöver bedingt, zum größten Teil als Auswirkung des unsinnigen Versailler Diktats. Hugenbergs und Hitlers Voraussagungen, seit Jahren in die Welt gerufen, verwirklichen sich restlos. Die marxistisch-jüdische deutsche Regierung tritt aber nicht beschämt zurück, sondern sucht sich am Ruder zu halten, von den anderen Mittel und Wege ablehnend. Mitte Juli drohen Bankzusammenbruch, der Staat stützt die jüdischen Großunternehmen, die Markwährung wird mühsam aufrechterhalten, weil es den Weltjuden im Augenblick so passt, dafür lassen sie andere Währungen, sogar Englands stürzen. Bekäme Deutschland heute eine arische Regierung, würde morgen der konzentrierte Angriff auf die Reichsmark losgehen. Seinen Höhepunkt erreicht die politische Spannung in den Notverordnungen Brünings bzw. seiner jüdischen Hintermänner, die unverhüllte Diktate auf jüdisch autoritäre Demokratie sind und die die Unterkleider der Staatsbürger nicht unberührt lassen."

Genugtuung äußerte Cäsar in seinen Aufzeichnungen über die „Reinigung der Beamtenschaft von Juden und 1/4 Juden"[71], offen begrüßte er 1935 die „Nürnberger Gesetze"[72] und im darauffolgenden Jahr die Zunahme der Zahl von Sterilisationen[73], drastisch formulierte Belege eines zutiefst biologistisch orientierten Denkens, das sogar schon 1933 die Möglichkeit der Lösung der „Judenfrage" mit einbezog. Der Chefarzt kritisierte die im Vergleich zum Holocaust noch bescheidenen Maßnahmen gegen die jüdische Bevölkerung folgendermaßen[74]:

„... (Keine wirksame Grenzsperre gegen die massenhaft ausrückenden Juden)..."

Zweifelsohne stellte Cäsar in seinem durch und durch von Rassegedanken geleiteten Weltbild hinsichtlich der Radikalität eine Ausnahmeerscheinung dar. Dennoch beweist das relativ schnelle Anwachsen speziell der Niebüller Orts-

---

67 Diese Einstellung findet sich mehrfach in seinen Tagebuchaufzeichnungen. So heißt es an einer Stelle: „...; trotz fremder Sprache fühlt man sich in Schweden zu Hause. Blutsverwandtschaft ist stärker als nationale Gemeinschaft..."; Eintragung 1928. Wenig wundert es daher, daß Cäsar der „Nordischen Gesellschaft" angehörte, die nach unpolitischem Beginn 1921 seit 1933 als Propagandaschleuder nationalsozialistischer Rassevorstellungen diente. Dazu Hans-Jürgen Lutzhöft, Der nordische Gedanke in Deutschland 1920–1940, Stuttgart 1970, S. 55 ff.

68 Seit 14. 8. 1925 gehörte er offiziell der NSDAP mit der Mitgliedsnummer 17029 an; BDC, Personalakte Cäsar.

69 Tagebucheintragung 1926.

70 Tagebucheintragung 1931.

71 Tagebucheintragung 1933.

72 Tagebucheintragung 1935.

73 Tagebucheintragung 1936.

74 Tagebucheintragung 1933.

gruppe[75], wie groß die Aufnahmebereitschaft für derartige Vorstellungen innerhalb einer Bevölkerung war, die ehedem schon im Grunde widerstandslos auf antisemitische Propaganda reagiert hatte und nun zu einem beträchtlichen Teil über die Volksnationale Reichsvereinigung die Überwindung des „Systems" zu erreichen hoffte und damit dem weiteren Vordringen der NSDAP zunächst enge Grenzen setzte.

Eine übersicht des Regierungspräsidenten vom 1. Juni 1930[76] macht den vergleichsweise schwachen Ausbau des Parteiapparates im Kreis Südtondern deutlich. Demzufolge gab es lediglich vier Ortsgruppen mit zusammen 101 Mitgliedern.[77] Damit zählte der Untersuchungsraum nach wie vor zu den in organisatorischer Hinsicht am wenigsten erfaßten Gebieten in der Provinz. Lediglich in Flensburg-Land und Bordesholm war der Anhang der Hitlerbewegung zu diesem Zeitpunkt nach Angaben der Behörden mit 53 bzw. 20 Parteigenossen noch geringer.[78] Im Vergleich dazu verfügte der benachbarte Kreis Husum bereits über rund 1000 Mitglieder, die in 14 Ortsgruppen zusammengefaßt waren. Noch schlechter sah es in Südtondern um die Unterorganisationen der Partei aus, es gab weder SA- noch SS-Formationen, und auch die HJ sowie die NS-Frauenschaft hatten bislang keinerlei Verbreitung gefunden.[79] Diese organisatorische Schwäche spiegelte sich auch darin wider, daß der für den Raum Husum zuständige Kreisleiter Hermann Hansen[80] bis zur „Machtergreifung" dieselbe Funktion für Südtondern ausübte. Damit wird ebenfalls deutlich, daß die Pro-

75 Behördlichen Meldungen zufolge zählte bereits die provisorische Ortsgruppe im März 1930 rund 50 Mitglieder; LAS 309 / 22998, Ldr. an RP vom 24. 3. 1930.

76 LAS 309 / 22998, Übersicht des Regierungspräsidenten vom 1. 6. 1930.

77 ebd. Die Angaben widersprechen jedoch z.T. den früher gemachten Feststellungen. Demnach hatte die Niebüller Ortsgruppe 51, die Süderlügumer 24, die Soholmer 15 und die neugegründete Stadumer 11 Mitglider. Der „Tageszeitung" zufolge existierte auch in Stedesand bereits eine eigenständige Ortsgruppe; SHT vom 18. 5. 1930. – Die Unzuverlässigkeit der Angaben rührt nicht zuletzt daher, daß die NSDAP ihre Mitglieder schon früher vor den Ermittlungen der Behörden gewarnt hatte; vgl. SHT vom 12. 5. 1929.

78 Diese Situation hinderte dennoch nicht die überzogene Verkündigung: „Der Nationalsozialismus marschiert auch in Südtondern!"; SHT vom 18. 5. 1930.

79 Den Meldungen des Landratsamtes zufolge waren SA-Formationen gerade erst im Entstehen begriffen. Selbständige Einheiten bestanden (noch) nicht; LAS 309 / 22998, Ldr. an RP vom 4. 6. und 4. 9. 1930.

80 Hermann Hansen (geb. 1898, Pg. 1. 7. 1929) zählte gewiß zu den brutalsten Vertretern der NSDAP im Raume Nordfrieslands. Der Bauernsohn und Sparkassenrendant aus Viöl war zunächst Ortsgruppenleiter in Husum. 1930 übernahm er die Leitung des Bezirks Nord-West. Im Herbst 1933 wurde er kommissarischer Bürgermeister der Stormstadt, bis 1941 amtierte er als Kreisleiter Husums. 1938 war er in führender Position an der Durchführung der Judenpogrome in Friedrichstadt beteiligt. 1941 machte er im Troß Hinrich Lohses in Lettland „Karriere", wo ihm das Amt des Gebietskommissars in Wolmar zugeteilt wurde. Hier war er in jedem Fall mittelbar an der Verwirklichung der grausamen Besatzungspolitik beteiligt. Von Dezember 1944 bis zum Ende des Dritten Reiches war er wieder als Kreisleiter in Husum tätig. Nach 1945

pagandatätigkeit weiterhin überwiegend vom südlichen Nachbarkreis aus koordiniert wurde. Die vorhandenen Ortsgruppen waren noch wenig aktiv.[81]

Das ernsthafte Bemühen, dem nationalsozialistischen Ideengut weitere Anhänger zuzuführen, drückte sich u.a. darin aus, daß seit dem Frühjahr auch die friesische Inselwelt in die Propaganda miteinbezogen wurde. So sprach Anfang März 1930 erstmalig ein NS-Redner in zwei Veranstaltungen auf Föhr. Daß die NSDAP zunächst hier und nicht auf Sylt um neue Mitglieder warb, hatte seine Ursache ganz offensichtlich in den bereits bestehenden persönlichen Verbindungen namhafter Insulaner zu Parteikreisen. Mit dem Wyker Apotheker Heinrich Dierks – bereits 1919 Mitbegründer und Vorsitzender der lokalen DNVP – und dem Arzt Dr. Friedrich Roeloffs traten bekannte Persönlichkeiten als Versammlungsleiter in Wyk bzw. Oldsum auf, die zwar offiziell noch nicht der NSDAP angehörten, ihre Überzeugung durch dieses Engagement allerdings öffentlich kundtaten.[82] Als Redner auf den beiden ersten NS-Kundgebungen[83] betätigte sich Gausekretär Emil Brix (Altona), der im Hauptort „in längerer und temperamentvoller Rede vor rund 60 Zuhörern" für den Nationalsozialismus warb. Deutlich machte sich in seinen antisemitisch akzentuierten Ausführungen der Versuch bemerkbar, die Erwartungen der Zuhörerschaft zu erfüllen und Forderungen zu erheben, die allseitiger Unterstützung sicher sein konnten. Dazu gehörte neben dem speziell in Oldsum vorgetragenen Einsatz für den Agrarbereich der Kampf gegen den Versailler Vertrag im allgemeinen und neuerdings die Agitation gegen den YoungPlan, der die wichtige Rolle übernommen hatte, als ebenso einfaches wie wirkungsvolles Erklärungsmuster für die sich zunehmend verschlechternde Wirtschaftslage zu dienen. Der Beifall, der dem Redner für die „Entlarvung" der Inflation als einem von jüdischer Seite bewußt heraufbeschworenen Vorgang und den „Nachweis" der kausalen Verknüpfung von Reparationslasten und der sich abzeichnenden Wirtschaftskrise, zuteil wurde, läßt darauf schließen, daß ein großer Teil der Bevölkerung weiterhin zu klarsichtigen Analysen der komplexen wirtschaftlichen und politischen Problematik gar nicht in der Lage war und sich daher besonders empfänglich für die billige NS-Scheinlogik zeigte, die auch der einfältigste Mitbürger begreifen konnte[84]. Die gegen die Weimarer Republik gerichtete Anti-Young-Plan-Kam-

wurde er zu einer Haftstrafe von zwei Jahren und zehn Monaten verurteilt; Angaben lt. Sörensen, Bürgerliches Lager und NSDAP, S. 72; BDC, Personalakte H. Hansen; BDC, SS-Hängeordner Nr 2432; BAK, Z 42, IV 1542.

81 In diesem Zusammenhang wurde nur der tatkräftige Einsatz des Süderlügumer Ortsgruppenleiters hervorgehoben; LAS 309/22998, Ldr. an RP vom 4. 6. 1930.

82 Der Parteiausweis von Dierks vermerkt den 1. 1. 1931 als offizielles Aufnahmedatum. Von September bis Anfang Dezember 1930 fungierte er als Ortsgruppenleiter in Wyk. Zu diesem Zeitpunkt war auch sein Nachfolger Dr. Roeloffs (geb. 1898, Pg. 1. 1. 1931) noch kein offizielles Mitglied der NSDAP; Angaben lt. BDC, Personalakten.

83 Siehe die kurzen Berichte in der FZ vom 3. 3. 1930 und im FLA vom 3. 3. und 5. 3. 1930.

84 Auf die Bedeutung der griffigen, einfachen und primitiven Propagandaformeln für die große Resonanz der NSDAP ist in der Forschung zu Recht immer wieder hingewiesen worden; vgl. etwa Bracher, Die deutsche Diktatur, S. 140 und S. 164.

pagne vom Herbst 1929 entfaltete somit doch noch eine beträchtliche Effizienz, wenn auch mit Verzögerung.[85]

Bemerkenswerterweise hielt sich die NS-Agitation in Südtondern innerhalb der Pauschalkritik am Versailler Vertrag hinsichtlich bestimmter, speziell die Grenzbevölkerung betreffender Gesichtspunkte weitgehend zurück. Dies galt besonders in bezug auf eine mögliche Grenzrevision im Norden Schleswig-Holsteins, die von Parteirednern im Rahmen der Propaganda bis zum Ende der Weimarer Republik im Untersuchungsraum nie erörtert wurde, nicht einmal im Februar / März 1930, als sich die Zeit der Abstimmung zum zehnten Mal jährte. Dahinter stand u.a. vermutlich die Erkenntnis, daß die Grenzfrage im Laufe der Jahre merklich an Aktualität eingebüßt hatte und sich die Bewohner der Region immer stärker durch die als entrechtend empfundene parlamentarische Demokratie und den ökonomischen Niedergang bedroht sahen. Wenn dennoch wiederholt aus den Reihen der NSDAP Stimmen laut wurden, die nach einer Neufestsetzung der Grenze riefen[86], sich auf Sylt im Herbst 1932 innerhalb der Ortsgruppe gar eine Arbeitsgemeinschaft formierte, die sich der „Stärkung des Deutschgefühls" nördlich und südlich der „Clausenlinie" zu widmen versprach[87], so war dies vor allem Ausdruck der programmatischen Elastizität. Weder die zahllosen Revisionisten noch diejenigen, die wie der NS-Chefideologe Alfred Rosenberg von einem innigen Verhältnis zu den nordischen Völkern träumten[88], sollten durch eine frühe und endgültige Festlegung seitens der Parteileitung in der Frage der Beziehungen zu Dänemark verprellt werden; statt dessen war vor 1933 die Nutzung aller erfolgverheißenden Methoden zur Gewinnung der Massen oberstes Gebot.[89] Eine konkrete positive Wirkung der

85 So auch Klaus Schaap, Der Freistaat Oldenburg in der Endphase der Weimarer Republik (1928–1933), Düsseldorf 1978, S. 111.

86 Zum zehnten Jahrestag des dänischen Sieges in der ersten Zone etwa beherrschte die Schlagzeile „Wir fordern Grenzrevision!" die Titelseite des Gauorgans; SHT vom 11. 2. 1930. An gleicher Stelle hieß es am 2. 9. 1932 in einem „Die dänischen Nationalsozialisten und wir" überschriebenen Artikel unmißverständlich: „Für uns Nationalsozialisten gibt es nur ein ungeteiltes Schleswig und nur eine deutsch-dänische Grenze: Die Königsau." Von besonderer Bedeutung war zudem das 1932 eingerichtete, parteieigene „Grenzkontor" unter der Leitung des späteren Südtonderaner Kreisleiters Peperkorn in Flensburg.

87 SZ vom 12. 10. 1932. Über die Tätigkeit fehlt leider jegliche Information, doch deutet ein Versammlungsbericht aus dem Februar 1933 darauf hin, daß insbesondere die Sylter Nationalsozialisten für eine Grenzrevision im Norden eintraten und sich damit an die Seite derer stellten, die nach der „Machtergreifung" die Zeit für gekommen hielten, die Beseitigung der „Clausenlinie" zu verwirklichen; SZ vom 14. 2. 1933; Voigt, Der Sylter Weg, S. 73.

88 Zur Bedeutung des nordischen Gedankens in der NS-Ideologie Lutzhöft, S. 260 ff. Bezeichnenderweise dachte Hitler nie an ein Bündnis mit Dänemark; vgl. Gerhard L. Weinberg, Hitlers Zweites Buch. Eine Dokumentation aus dem Jahr 1928, Stuttgart 1961, S. 188.

89 Dem indifferenten Verhalten entsprach auch die Rede Hitlers in Flensburg im April 1932, in deren Verlauf er scharfe Verbalattacken gegenüber Dänemark vermied; vgl.

Grenzfrage auf den insgesamt raschen Aufstieg der NSDAP im Grenzgebiet läßt sich daher nicht feststellen, wenngleich der Hitlerbewegung die zum Nationalismus neigende Einstellung weiter Bevölkerungskreise ohne Zweifel zugute kam.[90] Darüber hinaus ist zu vermuten, daß etwa eine betont revisionistische, antidänische Stoßrichtung der NS-Propaganda schon sehr viel früher Spuren im Raume Südtonderns hinterlassen hätte als die vergleichsweise bescheidene Mitgliederzahl im Frühjahr 1930.

Um die bislang nur begrenzten Erfolge der NSDAP zu vermehren, beschloß die Gauleitung für die Monate Mai und Juni eine entscheidende Intensivierung der Werbetätigkeit, dem Bericht des Landrats zufolge einen „Generalangriff auf den Kreis Südtondern"[91], mit dessen Hilfe sowohl organisatorische Fortschritte erreicht als auch die Volksnationale Reichsvereinigung in die Defensive gedrängt werden sollte. Besonders zielten die Nationalsozialisten auf die Bildung einer Ortsgruppe in Leck ab, um dann vom Zentrum des Jungdeutschen Ordens aus die VR aus den Angeln heben zu können. Dieser Plan scheiterte jedoch aus unerfindlichen Gründen. In Leck fand im Juni lediglich eine Veranstaltung statt, auf der ein Parteitagsfilm gezeigt wurde[92], und auch im übrigen Kreisgebiet war von einer Steigerung der Aktivitäten fast nichts zu spüren[93]. Solch geringe Anstrengungen vermochten die Jungdeutschen zu diesem Zeitpunkt nicht in ernsthafte Gefahr zu bringen. Zwar suchten die Nationalsozialisten ihre Überzeugungsarbeit durch eine für die Bewohner bis dahin unbekannten Form der Werbung – eine Propagandafahrt durch einzelne Orte des Kreises – zu unterstützen[94], doch schlug sich auch dieser Einsatz nicht nachhaltig in einer gestiegenen Mitgliederzahl nieder. Selbst zu Beginn des Septembers teilte Landrat Skalweit dem Regierungspräsidenten mit, es gäbe nach wie vor nur die vier Ortsgruppen Niebüll, Süderlügum, Stadum und Soholm mit zusammen 117 Parteimitgliedern[95], d.h. seit Juni war die Zahl nur um 16 gestiegen. Damit blieb

Fink, Geschichte des schleswigschen Grenzlandes, S. 264. Über die Hitlerkundgebung siehe Kap. XV.5. Die tatsächliche Haltung offenbarte Hitler im darauffolgenden Jahr, als er zwecks Demonstration vermeintlicher Friedensliebe und aus Sympathie für die „nordische Rasse" den grenzpolitischen Vorstoß einiger Parteiaktivisten in der Provinz – darunter der spätere Kreisleiter Johann Peperkorn – umgehend rückgängig machte; vgl. zum sog. „Ostersturm" vom Frühjahr 1933 Sven Tägil, Deutschland und die deutsche Minderheit in Nordschleswig. Eine Studie zur deutschen Grenzpolitik 1933–1939, Stockholm 1970; Peter Hopp, Bemerkungen zum „Ostersturm" 1933, in: Hoffmann/Wulf, S. 189–208.

90 Siehe Kap. 9.
91 LAS 309/22998, Ldr. an RP vom 24. 3. 1930.
92 Vgl. dazu den Bericht im LA vom 16. 6. 1930.
93 Die Lokalpresse nahm von den durchgeführten Versammlungen so gut wie keine Notiz, lediglich das Gauorgan berichtete über gewisse Erfolge, die allerdings in keiner Weise den Charakter eines „Generalangriffs" trugen; SHT vom 15. und 23. 5. 1930.
94 NfR vom 28. 4. 1930. Diese Propagandaaktion war Teil einer größeren Sternfahrt durch etliche andere Kreise.
95 LAS 309/22998, Ldr. an RP vom 4. 9. 1930. Demnach hatte die Niebüller Ortsgruppe 52 Mitglieder, die Süderlügumer 24, die Stadumer 15 und die Soholmer mittler-

der Untersuchungsraum auch weiterhin vergleichsweise schwach organisiert. Er rangierte nun sogar noch hinter dem Landkreis Flensburg, wo die Zahl der Ortsgruppen seit Juni von drei auf acht angewachsen war und sich die Mitgliederzahl nahezu verdreifacht hatte.[96]

Die Ursachen für die bis zur Reichstagswahl am 14. September trotz vermehrter Bemühungen nur sehr zögernden Fortschritte im organisatorischen Bereich lagen im wesentlichen in der Stärke des Jungdeutschen Ordens bzw. der Volksnationalen Reichsvereinigung begründet. Zudem mangelte es auch in den bestehenden Ortsgruppen noch an effizienter Aktivität. Vermutlich nicht zuletzt deshalb unternahm die Gauleitung im Juni 1930 den Versuch, die Propagandatätigkeit durch eine organisatorischen Umgruppierung zu größerer Durchschlagskraft zu verhelfen. So übernahm z.B. mit Joachim Meyer-Quade[97] ein Kenner der Landwirtschaft die Leitung des Bezirks Schleswig. Er bot die Gewähr für einen besseren und effektiveren Einsatz der propagandistischen Mittel[98], doch auch dem neuen Bezirksleiter gelang bis zum Zeitpunkt der Wahl kein entscheidender Durchbruch zum Ausbau des Parteiapparates in Südtondern. Erst die nachfolgende Zeit sollte schließlich den ungemein steilen Aufschwung der Hitlerbewegung bringen.

3. DIE REICHSTAGSWAHL VOM 14. SEPTEMBER 1930

Die Niederlage der „nationalen Opposition" beim Volksentscheid über das „Freiheitsgesetz" im Dezember 1929 schien die Weimarer Republik und die Große Koalition zunächst gefestigt zu haben, doch brachen die schweren regierungsinternen Konflikte nach der Unterzeichnung des Young-Plans wieder auf.[99] Zum Hauptstreitpunkt geriet dabei vor allem die Sozialpolitik, die sich schließ-

weile 26. Inwieweit diese Zahlen den Tatsachen entsprachen, muß dahingestellt bleiben, insbesondere hinsichtlich der Süderlügumer NSDAP, die anderen Angaben zufolge bereits um die Jahreswende 1929/30 reichlich 40 Mitglieder zählte; vgl. Kap. XIII.3.a).

96 Heinacher, S. 318 ff.
97 Über Joachim Meyer-Quade, der schon seit 1925 Parteimitglied war und zu den rabiatesten Verfechtern des NS-Weltbildes in Schleswig-Holstein gehörte, Rietzler, „Kampf in der Nordmark", S. 401 f.; Klaus Bästlein, Die Judenpogrome am 9./10. November 1938 in Schleswig-Holstein. Eine organisatorische Skizze, in: Jüdisches Leben und die Novemberpogrome 1938 in Schleswig-Holstein, hrsg. vom Grenzfriedensbund, Flensburg 1988, S. 9–54, bes. S. 18 ff.
98 LAS 301/4558, LKPF vom 15. 7. 1930. Zum Bezirk Schleswig gehörten die Landkreise Südtondern, Flensburg, Husum, Eiderstedt Schleswig und die Stadt Flensburg. Der Bericht verweist auf eine erfolgreiche Fortsetzung der Arbeit im Raum der Landkreise Südtondern und Flensburg, eine Feststellung, die sich zumindest hinsichtlich des feststellbaren organisatorischen Gefüges im Untersuchungsraum als übertrieben erweist.
99 Vgl. zum Folgenden besonders Bracher, Die Auflösung der Weimarer Republik, S. 257 ff.; Werner Conze, Die Krise des Parteienstaates in Deutschland 1929/30, in: Gott-

lich zum Sprengsatz für die letzte von einer Parlamentsmehrheit getragenen Regierung entwickelte. Die Ursache, die dann Ende März zum Auseinanderbrechen des Kabinetts Müller führte, war jedoch nicht das Feilschen um die Arbeitslosenversicherungsbeiträge, sondern die im Zeichen der wachsenden wirtschaftlichen Schwierigkeiten immer geringer werdende Bereitschaft zum Kompromiß.[100]

Ohne überhaupt Koalitionsverhandlungen abzuwarten, ergriffen die den Parlamentarismus ablehnenden Kreise um Hindenburg die sich bietende Gelegenheit und präsentierten nur drei Tage nach der Demission Müllers mit dem Zentrumspolitiker Heinrich Brüning einen neuen Mann an der Spitze der Regierungsverantwortung.[101] Es war damit zur Bildung eines Präsidialkabinetts gekommen, das in der Folgezeit zusehends auf das Vertrauen des alten Reichspräsidenten anstatt des Reichstages angewiesen sein sollte. Die Rolle der Abgeordneten beschränkte sich fortan mehr und mehr auf das im Vergleich zum aktiven Handeln sehr viel bequemere Reagieren. Bereits die ersten Monate der Regierung Brüning machten das ganze Dilemma des neuen Kabinetts deutlich, da der Kanzler für sein Programm – insbesondere den Reichshaushalt – keine parlamentarische Mehrheit zu erreichen vermochte und sich statt dessen im Reichstag eine heterogene Mehrheit aus SPD, KPD, DNVP und NSDAP zusammenfand, die den Sparplänen Brünings aus den unterschiedlichsten Motiven heraus eine klare Absage erteilte. Die schroffe Reaktion des Reichskanzlers auf die Abstimmungsniederlage im Parlament – er löste den Reichstag kurzerhand mit der Rückendeckung Hindenburgs auf – zeigt, wie wenig Brüning noch an einer konstruktiven Mitarbeit der Volksvertretung interessiert war.[102] Mit dieser Maßnahme trat dann jene Umwandlung des Weimarer Staates zu einem autoritären System in die erste Phase, im Rahmen derer die Geschicke der Politik bald nur noch vom Wohlwollen des greisen Generalfeldmarschalls abhingen.[103] Die geplante Neuwahl wurde nun aber zu einem denkbar ungünstigen Zeitpunkt angesetzt, da die Erfolge der radikalen Parteien auf der Rechten wie der Linken bei verschiedenen Landtags- und Regionalwahlen im Frühjahr bereits auf eine drohende Verschiebung der politischen Gewichte hingewiesen hatten. Doch auch die Warnung des preußischen Innenministers vor einem möglichen Anschwel-

hard Jasper (Hg.), Von Weimar zu Hitler 1930–1933, Köln 1968, S. 27–57; Kolb, Die Weimarer Republik, S. 106 ff.

100 Die „Hauptschuld" für das Auseinanderbrechen des Kabinetts Müller ist nach wie vor nicht völlig geklärt, wenngleich sich die Anzeichen mehren, daß besonders die DVP aus der Koalition herausdrängte; vgl. dazu Schwabe, S. 132 und die dort zitierte Literatur.

101 Zu den genauen Umständen Bracher, Die Auflösung der Weimarer Republik, S. 271 ff.

102 ebd., S. 302. Kontrovers zu Brachers Interpretation der Politik Brünings Werner Conze, Die Reichsverfassungsreform als Ziel der Politik Brünings, in: Stürmer, Die Weimarer Republik, S. 340–348.

103 Zur Bedeutung des Artikels 48 Hans Boldt, Der Artikel 48 der Weimarer Reichsverfassung, in: Stürmer, Die Weimarer Republik, S. 288–309.

len des Stimmenanteils für die Hitlerbewegung brachte den Reichskanzler nicht von seinem Vorhaben ab.[104]

a) Der Wahlkampf

Der Wahlkampf in Südtondern stand ganz im Zeichen des Bemühens der Nationalsozialisten, ihre bisher erzielten Wahlergebnisse erheblich zu verbessern. Zu diesem Zweck veranstaltete die NSDAP insgesamt 16 Wahlversammlungen[105], auf denen die prominentesten Parteiredner der Provinz auftraten.[106] Bereits dieser ungewöhnliche Aufwand, der den aller übrigen Parteien in den Schatten stellte und auch alle bisherigen Wahlkämpfe der Hitlerbewegung im Untersuchungsraum weit übertraf, läßt erkennen, mit welcher Energie und Ausdauer die Nationalsozialisten für die Verbreiterung ihres Einflusses sich einzusetzen bereit waren. Den Schwerpunkt der Agitation bildeten der überwiegend friesisch besiedelte Raum der Marsch sowie die Inseln Sylt und Föhr[107], d. h. die Gebiete, in denen die Volksnationale Reichsvereinigung sich bei weitem nicht so hatte entfalten können wie etwa auf der Geest, wo lediglich drei Wahlkundgebungen angesetzt wurden.[108] Auf den Inseln betätigten sich die Parteiredner dabei bemerkenswerterweise erst Anfang September, d. h. nach Ende der Saison und befolgten damit einen Grundsatz, der auch von den übrigen Parteien eingehalten wurde: Erhaltung des Badefriedens.[109] An der Einhaltung dieses Prinzips mußte der NSDAP um so mehr gelegen sein, als ein frühzeitiges Einsetzen speziell antisemitischer Hetze dem ohnehin arg in Mitleidenschaft gezogenen Tourismus weiteren Schaden zugefügt und damit mögliche Wähler abgestoßen hätte.

Die Veranstaltungen nahmen im allgemeinen einen ruhigen Verlauf, zu einem Zwischenfall kam es nur anläßlich des Wahlkampfauftaktes in Niebüll Mitte August[110], als zwei angetrunkene Gegner der NSDAP kurz vor Versammlungsbeginn in den Saal eindrangen, sich mit Stuhlbeinen bewaffneten und den leitenden Saalordner, SA-Sturmführer Heinrich Lorenzen aus Löwenstedt

104 Bracher, Die Auflösung der Weimarer Republik, S. 299.
105 LAS 301/4691, Ldr. an RP vom 10. 9. und 6. 10. 1930. Die Übersicht unterschlägt allerdings eine Versammlung mit Lohse in Wyk; vgl. FZ vom 8. 9. 1930.
106 Zu ihnen gehörten Gauleiter Lohse, Bezirksleiter Meyer-Quade sowie der spätere Kreisleiter Peperkorn.
107 Allein auf Föhr fanden drei Versammlungen statt, auf Sylt zwei, im Bereich der festländischen Marsch acht. Die Kundgebungen auf Sylt bedeuteten zugleich das erstmalige Auftreten auf der größten deutschen Nordseeinsel.
108 Die Kundgebungen fanden in Achtrup, Leck und Stadum statt.
109 So hieß es in einem Leserbrief: „Für uns Nationalsozialisten ist es eine Selbstverständlichkeit, daß wir alles vermeiden, was die Gäste irritieren und von einem Besuch unserer Insel abhalten könnte"; FZ vom 13. 3. 1931. Ähnlich die Reaktion auf Sylt; Sylter Archiv, Akten der Polizeiverwaltung der Stadt Westerland: Sicherheitsangelegenheiten, Kinematographie; Ortsgruppe Sylt an Westerlands Bürgermeister Kapp vom 22. 8. 1931; vgl. auch Voigt, Der Sylter Weg, S. 64.
110 Siehe dazu den Schriftverkehr in LAS 309/22805.

(Kreis Husum), angriffen. Mit Hilfe der anwesenden Polizei wurden die Angreifer dann jedoch unter Anwendung von Gummiknüppeln aus dem Lokal vertrieben, womit die erste handgreifliche Auseinandersetzung zwischen Nationalsozialisten und ihren Gegnern auf Kreisebene ein Ende fand. Entscheidender als die bloße Begebenheit solcher vergleichsweise harmloser Vorkommnisse war hingegen ihre publizitätssteigernde Wirkung zugunsten der Hitlerpartei, die vermehrt zu zahlreichen ihrer Kundgebungen in Südtondern auswärtige SA-Formationen heranzog[111], welche den Veranstaltungen ein besonderes Gepräge verliehen und dazu beitrugen, den Andrang des nicht zuletzt sensationslüsternen Publikums zu den NS-Versammlungen zu erhöhen.[112]

Der wachsende Bekanntheitsgrad der Partei hatte gleichzeitig zur Folge, daß nun auch die Lokalpresse merklich ausführlicher über die Wahlpropaganda berichtete als noch im Frühjahr. Zwar verzichtete die „Nordfriesische Rundschau" noch Mitte August auf einen Bericht über die Rede Meyer-Quades in Niebüll, doch erschienen Ende des Monats immerhin bereits kurze Notizen über nationalsozialistische Auftritte in den kleinen Gemeinden Emmelsbüll und Lindholm[113], eine Entwicklung, die vor allem auf die ständig anwachsende Zuhörerschaft zurückzuführen sein dürfte.

Die Parteiredner beschrieben den Weg Deutschlands seit 1918 als die Geschichte eines pausenlosen Verfalls in jedweder Hinsicht, verursacht durch das gemeinschaftliche Wirken von Marxismus und Juden.[114] Der Altonaer Parteifunktionär Bruno Stamer etwa wies vor zahlreichen Zuhörern im Westen der Insel Föhr[115] unter Umgehung der komplexen Zusammenhänge in der Hauptsache den Juden die Schuld an der Inflation zu, da ausschließlich diese Bevölkerungsgruppe von ihr profitiert habe und machte sie gleichzeitig für den vermeintlichen Niedergang in Literatur, Theater, Mode, Musik und Tanz verantwortlich, ein Abstieg, der sich besonders in den großen Städten zeige. Der ungeteilte Beifall, der u.a. diesen Äußerungen zuteil wurde, belegt einerseits, wie niedrig die Schwelle zur Akzeptanz antisemitischer Verbalinjurien bei vielen Inselfriesen war und demonstriert andererseits die Empfänglichkeit für zivilisationskritische, kulturpessimistische Töne. Generell kann kein Zweifel darüber bestehen, daß besonders der von der Abwanderung nach Übersee betroffene friesische Bevölkerungsteil in kultureller Hinsicht um seine Identität bangte, sie durch Überfremdung innerhalb einer zunehmend schnellebigeren Zeit bedroht sah.[116] Insofern entsprach der nationalsozialistische Ansturm gegen den liberalen Zeitgeist – symbolisiert durch das gerade im Berlin der zwanziger Jahre pulsierende kulturelle Leben – in wesentlichen Zügen den Erwartungen der friesischen Bewohner, die sich von einer Unterstützung der Hitlerbewegung nicht

111 Nachweisen läßt sich die Anwesenheit von Abteilungen der SA in Niebüll, Leck, Westerland und Wyk.
112 Zur Entwicklung der SA auf Kreisebene vgl. Kap. XV.3.b).
113 Siehe NfR vom 1. 9. 1930.
114 So stellvertretend der Landtagsabgeordnete und Mecklenburger Gauleiter Hildebrandt am 3. September in Leck; LA vom 4. 9. 1930.
115 Siehe den Bericht in der FZ vom 12. 9. 1930.
116 Steensen, Die friesische Bewegung, S. 172.

zuletzt die stärkere Berücksichtigung ihrer eigenen Interessen erhofften.[117] Daß der Nationalsozialismus die Kultur dieser Volksgruppe nur oberflächlich förderte, sie in Wahrheit nur für die eigene Blut- und Bodenideologie mißbrauchte, begriffen die meisten Friesen – wenn überhaupt – erst, als es bereits zu spät war.[118]

Im Vordergrund der NS-Wahlagitation stand allerdings die zunehmende Wirtschaftsnot, die auch in Südtondern immer weitere Bevölkerungskreise in Mitleidenschaft zog[119] und in erster Linie als eine Folge der „Versklavung" Deutschlands durch den Young-Plan dargestellt wurde. Dieses Thema mußte um so erfolgversprechender sein, als die Partei bereits im Verlauf ihres Kampfes um das „Freiheitsgesetz" die Zukunft Deutschlands nach der Annahme der neuen Reparationsverpflichtungen in den schwärzesten Tönen gezeichnet hatte und die nachfolgende Entwicklung dieser Prophezeiung recht zu geben schien. Mit den sich daraus konsequenterweise ergebenden Forderungen nach sofortiger Einstellung der „Tributzahlungen" und einem radikalen Kurswechsel in der deutschen Politik, die in allen Versammlungen erhoben wurden[120], sollte vor allen Dingen der kleinbürgerlich-bäuerliche Mittelstand angesprochen werden, dessen soziale Verunsicherung ihn zu einem besonders willfährigen Adressaten für das unklare, aber griffige Konzept einer „Volksgemeinschaft" als Lösungsansatz für die Bewältigung der Krise machte.[121] Wie wenig den Nationalsozialisten aber an einer tatsächlichen Besserung der wirtschaftlichen Lage in dieser Phase gelegen war, beweist zum einen das Fehlen eines über die leeren Worthülsen hinausgreifenden konstruktiven Wirtschaftsprogramms[122], zum anderen der nach der Wahl auch in Südtondern erhobene Anspruch auf das Innen- und Reichswehrministerium im Falle einer Regierungsbeteiligung.[123] Doch schon im Wahlkampf wiesen Lohse und der spätere Kreisleiter Peperkorn auf die Notwendigkeit der Errichtung einer Diktatur hin, um die Probleme meistern zu können[124], und entlarvten damit die fadenscheinige Bezeichnung der NSDAP als „Partei". Dieses freimütige Bekenntnis bloßen Machtwillens stieß im Rahmen der Versammlungen auf keinerlei Kritik und erhärtet die Vermutung, daß die Sehnsucht nach dem „starken Mann", der alles wieder ins – bezeichnenderweise – „rechte" Lot bringen sollte, bereits zu diesem Zeitpunkt unter einem beträchtlichen Teil der Bevölkerung verbreitet war.

---

117 ebd., S. 173.
118 ebd., S. 368 ff.
119 Vgl. Kap. XV.1.
120 Siehe etwa die Versammlungsberichte; LA vom 4. 9. 1930; SZ vom 4. 9. 1930; FZ vom 8. 9. 1930; NfR vom 10. 9. 1930.
121 Childers, The Nazi-Voter, S. 142 ff.
122 Dazu Abraham Barkei, Wirtschaftliche Grundlagen und Ziele der NSDAP, in: Jahrbuch des Instituts für Deutsche Geschichte, Tel-Aviv, Bd 7 (1978), S. 355 ff.
123 LA vom 11. 12. 1930. Meyer-Quade wörtlich: „Wir gehen dann in die Regierung, wenn wir verantwortlich regieren können. Deshalb fordern wir das Innen- und das Reichswehrministerium."

Allein schon durch den massiven Propagandaeinsatz der Nationalsozialisten in die Defensive gedrängt, beschränkten sich die anderen Parteien auf das Reagieren. Dies traf auch auf die Wahlkampfführung der Staatspartei zu. Ungemein schwer taten sich die Redner der parteipolitischen Neuerscheinung, den Zuhörern das Zusammengehen von Jungdeutschem Orden und der DDP begreiflich zu machen, zumal sich häufig Gegner des Bündnisses in den Versammlungen zu Wort meldeten, die den jungdeutschen Wortführern das Paktieren mit den Demokraten vorwarfen.[125] Als besonders eifrig erwies sich in diesem Zusammenhang der Geschäftsführer des Kreisbauernbundes, Dr. Fröbe, dessen Auftritt in Weesby gar zur Sprengung einer Wahlkundgebung führte.[126] Energisch warnte er vor einer Stimmabgabe zugunsten der Staatspartei, die möglicherweise sogar mit der „vom jüdischen Marxismus durchsetzten"[127] SPD zusammenarbeiten könnte. Mit seinem tatkräftigen Einsatz leistete Fröbe indirekt wertvolle Hilfe zugunsten der NSDAP, die in ihren Kundgebungen gleichfalls scharf gegen die Staatspartei zu Felde zog[128], ansonsten aber noch weitgehend darauf verzichtete, in den Veranstaltungen der politischen Gegner Diskussionsredner zu stellen.[129]

Die übrigen demokratischen Parteien taten sich ebenfalls schwer damit, Alternativen zu den nationalsozialistischen Propagandaformeln und der deflationistischen Wirtschaftspolitik Brünings aufzuzeigen. Darüber hinaus gelang es den Bündnispartnern der letzten Großen Koalition auch nicht, den im Rahmen der Regierung Müller mit der vorzeitigen Räumung des Rheinlands errungenen Erfolg publikumswirksam zu verwerten. Im Gegenteil, SPD und DVP stritten noch darum, welcher der beiden früheren Koalitionspartner den größeren Beitrag zur Befreiung des Rheinlandes geleistet habe, anstatt sich gegen die drohende Wahlniederlage zu stemmen.[130] Die düsteren Erwartungen gerade der gemäßigt-bürgerlichen Parteien fanden ihren sichtbaren Ausdruck in dem eindringlichen Appell, nicht für die radikalen Gruppierungen zu stimmen.[131]

Als größte Konkurrenz für die Nationalsozialisten mußten nicht zuletzt wegen der Uneinigkeit im demokratischen Lager die Interessenparteien gelten, nachdem die Staatspartei bereits im Vorfeld der Wahl aufgrund der Beteiligung

124 FZ vom 8. 9. 1930 und NfR vom 10. 9. 1930. Peperkorn sprach in Niebüll von einer Diktatur mit dem nichtssagenden Zusatz „nach deutscher Art und deutschem Wesen".
125 Vgl. die Berichte im LA vom 8. 8. und 25. 8. 1930 sowie in der NfR vom 25. 8. 1930.
126 LA vom 9. 9. 1930.
127 LA vom 8. 8. 1930.
128 Siehe etwa die unter Anm. 22 angeführten Berichte. Das Skandieren von Parolen wie „Wer hat uns verraten? Die Sozialdemokraten! Wer war dabei? Die Staatspartei!" gehörte zum festen Repertoire der NSDAP in Niebüll; Auskunft von F.L.F. in einem Gespräch mit dem Verfasser vom 20. 1. 1988.
129 Nur anläßlich einer SPD-Veranstaltung trat ein Gegenredner auf; LA vom 21. 8. 1930.
130 Siehe die Berichte in der NfR vom 21. 8. 1930 und der FZ vom 10. 9. 1930. Allgemein zu dem Problem Bracher, Die Auflösung der Weimarer Republik, S. 259.
131 Unterzeichnet war der in der gesamten Provinz verbreitete Aufruf von der Konservativen Volkspartei, der DVP, dem Zentrum und der Staatspartei; LA vom 11. 9. 1930.

der DDP viele Sympathien eingebüßt hatte. Die Wirtschaftspartei als politische Vertretung des Mittelstandes bekam allerdings schon im Wahlkampf zu spüren, daß sie ihren Stimmenanteil vom Mai 1928 nur schwerlich würde wieder erreichen können; das Interesse an ihren Veranstaltungen war durchweg gering.[132] Anders sah es hingegen um die Landwirtschaft aus. Bereits Mitte April hatte Dr. Fröbe in einem Leitartikel für den „Lecker Anzeiger" und die „Nordfriesische Rundschau" den Regierungswechsel begrüßt, vor allem weil sich mit Martin Schiele ein Mann am ersten Kabinett Brüning beteiligte, von dem die gesamte „Grüne Front" die Abkehr von „unserer – allzusehr von Industrie und Exportinteressen beherrschten Wirtschaftspolitik" zugunsten eines verstärkt agrarorientierten Engagements erwartete.[133] Auch der gesamte Vorstand des Kreisbauernbundes setzte in den neuen Landwirtschaftsminister und sein Sanierungsprogramm große Hoffnungen[134], doch vermied er eine eindeutige Wahlempfehlung zugunsten der „Christlich Nationalen Bauern- und Landvolkpartei" und berief sich auf seine vorgeblich traditionelle parteipolitische Neutralität.[135] Den Mitgliedern des Vorstandes wie auch Fröbe wurde es allerdings freigestellt, sich als Privatpersonen am politischen Tageskampf zu beteiligen.[136] Die Führung der Berufsorganisation hob in diesem Zusammenhang besonders hervor, daß keine Vorbehalte in Verbindung mit den von Fröbe beabsichtigten Auftritten gegen die Staatspartei bestünden[137] – ein merkwürdiges Verständnis von Enthaltung, letztendlich aber nur die konsequente Fortführung des bislang verfolgten Kurses.[138]

Am Ende war es nur der Geschäftsführer, der sich aus der Führungsriege der Berufsvertretung am Wahlkampf beteiligte. Parteipolitisch legte er sich auf die Landvolkpartei fest und nutzte auch seine Auftritte in den Versammlungen der Staatspartei dazu, für den ehemaligen DNVP-Reichstagsabgeordneten Schiele zu werben[139], der allerdings nicht einmal der Landvolkpartei als Mitglied angehörte.[140] Es ist demnach davon auszugehen, daß Fröbe und mit ihm ein beträchtlicher Teil Südtonderaner Bauern zu diesem Zeitpunkt in der Person Schieles noch die Führungskraft der Landwirtschaft erkannten, die alles würde zum Besseren wenden können, doch sollte nach dem Scheitern des Agrarprogramms endgültig Hitler zum Hoffnungsträger der vom Weimarer Staat Enttäuschten

132 Vgl. SZ vom 30. 8. 1930; NfR vom 1. 9. 1930; LA vom 9. 9. 1930; FZ vom 10. 9. 1930.
133 LA und NfR vom 19. 4. 1930.
134 Vgl. LA vom 9. 5. 1930.
135 PBS, Vorstandssitzung vom 9. 8. 1930.
136 ebd.
137 ebd. Wörtlich heißt es: „Insbesondere werden keine Einwendungen dagegen erhoben, daß Dr. Fröbe besonders der Staatspartei entgegentreten will."
138 Es ist in diesem Zusammenhang auch an die enge Verflechtung mit der Landvolkbewegung zu erinnern.
139 LA vom 25. 8. 1930. Fröbe wörtlich: „Das Landvolk gehört hinter Schiele!"
140 Zur Situation der agrarischen Interessengruppen auf Reichsebene und der damit verbundenen Bildung der sog. „Grünen Front" Dieter Gessner, Agrarvebände in der Weimarer Republik. Wirtschaftliche und soziale Voraussetzungen agrarkonservativer Politik vor 1933, Düsseldorf 1976, S. 183 ff.

werden. Daß dem Votum zugunsten Schieles keineswegs ein Bekenntnis zum parlamentarisch-demokratischen System zugrunde lag, es sich lediglich um den letzten politischen Zwischenhalt auf dem Wege zur NSDAP handelte, machte Fröbe noch im Vorfeld des 14. September deutlich, indem er betonte, der Kampf des Landvolks gelte heute dem „System" verwestlichter Massenherrschaft samt allen ihren Auswüchsen, gleichzeitig den „guten Geist Hitlers" billigte und lediglich dessen „radikale Methoden" kritisierte.[141]

b) Das Ergebnis – Sieg der NSDAP

Ebenso wie im gesamten Reich standen die Reichstagswahlen im Zeichen der zunehmenden wirtschaftlichen Depression. Waren bei den Provinziallandtags- und Kommunalwahlen im November 1929 Aufsplitterungs- und Radikalisierungstendenzen erst in Ansätzen zu erkennen gewesen, so änderte sich die politische Landschaft Südtonderns nun grundlegend. Die wachsende Not veranlaßte deutlich mehr Wahlberechtigte als noch 1928 (56,8 %) zur Teilnahme an der Entscheidung, doch rangierte der Untersuchungsraum mit einer Nichtwählerquote von gut 30 % erneut an der Spitze innerhalb der Provinz und ebenfalls weit über dem Reichsdurchschnitt[142], ein markantes Zeichen für die weiterhin sehr verbreitete Parteien- und Parlamentarismusverdrossenheit. Die einzelnen politischen Gruppierungen erreichten am 14. September folgende Ergebnisse[143]:

Tabelle 12: Die Reichstagswahl vom 14. September 1930
(Angaben in %; in Klammern die Veränderungen gegen über der Reichstagswahl von 1928
in Prozentpunkten)

Parteien	Deutsches Reich	Schleswig-Holstein	Südtondern
NSDAP	18,3 (+15,7)	27,0 (+22,8)	25,3 (+24,1)
DNVP	7,0 (–7,2)	6,1 (–16,8)	6,3 (–26,3)
Konservative Volkspartei	0,8 (+0,8)	2,0 (+2,0)	1,8 (+1,8)
Christl.-Sozialer Volksdienst	2,5 (+2,5)	1,9 (+1,9)	2,9 (+2,9)
Bauern- und Landvolkpartei	3,2 (+1,3)	3,8 (+0,7)	19,2 (+19,2)
DVP	4,5 (–4,2)	7,2 (–6,6)	10,3 (–19,1)
Wirtschaftspartei	3,9 (–0,6)	4,0 (–1,6)	4,6 (–4,8)
Deutsche Staatspartei (DDP)	3,8 (–1,1)	4,7 (–1,0)	10,8 (+6,5)
Zentrum	11,8 (–0,8)	1,0 (–0,1)	0,5 (+0,2)
Minderheitenliste[144]	0,2 (–)	0,2 (–)	1,0 (–0,2)
SPD	24,5 (–5,3)	29,8 (–5,5)	12,8 (–3,5)
KPD	13,1 (+2,5)	10,6 (+2,7)	2,6 (+0,3)
Sonstige	6,4 (–)	1,6 (–)	1,9 (–)

141 So Fröbe auf der bereits erwähnten Staatsparteiveranstaltung in Weesby; LA vom 9. 9. 1930. In Oldsum auf Föhr versicherte Fröbe, das „Anwachsen der Hitlerbewegung werde zeigen, daß sie unter guter Führung stehe"; FZ vom 22. 8. 1930.
142 Die Wahlbeteiligung lag im Reich bei 82 %, in Schleswig-Holstein bei 82,6 %
143 Ergebnisse lt. Statistik des Deutschen Reiches, Bd 382 (1932) und NfR vom 15. 9. 1930.
144 Zur Minderheitenliste gehörte die „Polnische Volkspartei", der „Schleswiger Verein" und die „Liste Friesland".

Die großen Verlierer der Wahl waren die DVP und die DNVP, die im Kreis Südtondern erdrutschartige Verluste hinnehmen mußten. Während die DVP „nur" zwei Drittel ihrer Wähler verlor, büßte die DNVP nahezu drei Viertel der für sie 1928 abgegebenen Stimmen ein. Dieser Einbruch der rechtskonservativen Partei war letztlich das Ergebnis der Politik des Vorsitzenden Hugenberg, der sich in völliger Verkennung der Lage selbst im September 1930 noch als der unumstrittene Führer der Rechtsopposition wähnte und nach wie vor Hitler als Mittel zum Zweck benutzen und leicht überspielen zu können glaubte. Gerade die grundsätzliche oppositionelle Haltung Hugenbergs gegenüber der von Brüning geführten Reichsregierung hatte zum endgültigen Auseinanderbrechen der Partei geführt, so daß sich mit der Konservativen Volkspartei, dem Christlich-sozialen Volksdienst und der Christlich-Nationalen Bauern- und Landvolkpartei nun insgesamt vier konservativ ausgerichtete Parteien zur Wahl stellten. Mit Ausnahme der Landvolkpartei spielten die übrigen Neugründungen im Untersuchungsraum jedoch nur eine untergeordnete Rolle.

Der weit überdurchschnittliche Wahlerfolg für die von Reichslandwirtschaftsminister Martin Schiele als Spitzenkandidat angeführte Bauern- und Landvolkpartei, die besonders im Bereich der Geest nahezu überall zur stärksten politischen Kraft wurde, resultierte neben der gestiegenen Wahlbeteiligung in erster Linie aus dem Niedergang von DVP und DNVP, die besonders in den kleinen Landgemeinden förmlich ausgelöscht wurden.[145] Zudem wirkte sich offenkundig auch die Warnung Fröbes vor dem Bündnis aus Jungdeutschen und Demokraten günstig für die Landvolkpartei aus. Die insgesamt 19,2 % der im Kreis für sie abgegebenen Stimmen – in den rein agrarisch dominierten Landgemeinden waren es sogar fast 30 Prozent – bedeuteten ein Spitzenergebnis innerhalb der Provinz, das lediglich im Landkreis Flensburg noch übertroffen wurde.[146] Die Hinwendung eines Fünftels der Wähler in Südtondern zu einer die Interessen der Landwirtschaft vertretenden Organisation läßt sich allerdings nur schwer so interpretieren, als bezeichne das Votum die Bereitschaft weiter Kreise der Landbevölkerung, die Lösung der sozialen und wirtschaftlichen Probleme im Rahmen der bestehenden Verhältnisse anzustreben. In welchem Maße die Wähler eines parlamentarisch-demokratischen Systems überdrüssig waren, das in ihren Augen nahezu ausschließlich die politische Linke begünstigte und den Vorstellungen einer festen, von der Landwirtschaft getragenen gesellschaftlichen Ordnung widersprach, hatte die Entwicklung gerade der letzten Jahre aufs nachdrücklichste demonstriert. Von Schiele – und nicht von Seiten der Landvolkpartei – erwarteten zahlreiche Bauern die Zurückdrängung der industriell ausgerichteten Wirtschaftspolitik wie des „marxistischen" Einflusses in allen Lebensbereichen zugunsten einer massiven Unterstützung des Agrarbereichs, der immer stärker unter seiner mangelnden Wettbewerbsfähigkeit litt.[147]

145 In den Gemeinden außerhalb Westerlands, Wyks und Niebülls erreichten DVP und DNVP gemeinsam gerade noch 5,4 % der Stimmen.
146 Hier erreichte die Christlich Nationale Bauern- und Lanvolkpartei 23,6 %.
147 Vgl. Kap. XV.1.

Insofern bestanden erwiesenermaßen eine ganze Reihe fundamentaler ideologischer Überschneidungen mit nationalsozialistischen Vorstellungen, ein Tatbestand, den Fröbe in seiner Würdigung des „guten Geistes" Hitlers unmißverständlich angedeutet hatte.

Zu den Gewinnern der Reichstagswahl gehörte den Zahlen zufolge auch die Staatspartei, die im Kreis Südtondern mit 10,3 % ihr bestes Ergebnis innerhalb Schleswig-Holsteins erzielte und das Durchschnittsresultat auf Provinz- und Reichsebene deutlich übertraf. Dennoch muß das Abschneiden angesichts des beträchtlichen Echos der Volksnationalen Reichsvereinigung zu Beginn des Jahres zumindest als Enttäuschung, wenn nicht gar als Debakel gewertet werden. Hatten sich im Januar in einzelnen Orten noch bis zu 90 Prozent der erwachsenen Einwohner für die von jungdeutscher Seite initiierte Aufbruchsbewegung begeistern lassen, so entsprach das Wahlergebnis nicht den Erwartungen. Offensichtlich war dies die Quittung für das Paktieren mit den Demokraten, ein Verhalten, in dem viele Anhänger der VR lediglich den Rückfall ins parlamentarische Fahrwasser erblickten und aus dem sie nun die Konsequenzen zogen: Sie votierten für andere Parteien, nicht zuletzt für die NSDAP. In ganzen vier kleinen Gemeinden vermochte die Staatspartei die relative Mehrheit zu erringen[148], eine Majorität, die im übrigen nur noch in Stadum und Stedesand ein beträchtliches Maß annahm. Berücksichtigt man, daß sich allein in Stedesand im Winter rund 200 Personen der VR angeschlossen hatten, jetzt aber gerade noch 73 Wähler für die Staatspartei stimmten, so wird der Vertrauensverlust auch zahlenmäßig klar ersichtlich. Selbst in Leck, dem Zentrum des Ordens, erreichte die Verbindung der so grundverschiedenen Partner nur 17,6 %.[149] Im Bereich der Marsch und der drei Inseln entfielen wegen des weitgehenden Fehlens jungdeutscher Tradition nur geringe prozentuale Anteile auf die Staatspartei.[150]

Obwohl die SPD prozentual gesehen Verluste hinnehmen mußte, stieg die absolute Stimmenzahl gegenüber 1928 sogar noch leicht an, und zwar von 2035 auf 2254. Im Unterschied zum bürgerlich-bäuerlichen Lager, das sich enttäuscht von den noch 1928 dominierenden Parteien DNVP und DVP abwandte, blieben die Arbeiter in Südtondern weiterhin der Sozialdemokratie treu und erwiesen sich damit gegenüber den radikalen Parolen von Rechts und Links als weitgehend resistent.[151] Diese Feststellung ist umso bemerkenswerter, als die sozial

148 Dazu gehörten Kleiseerkoog (20 von 72 Stimmen = 27,7 %), Stadum (67 von 155 = 43,8 %), Engerheide (16 von 36 = 44,4 %) und Stedesand (73 von 140 = 52,2 %). Vgl. auch Karte 5.
149 In Leck hatten sich bekanntlich in der ersten Jahreshälfte rund 300 Personen der VR angeschlossen, nunmehr wurden gerade noch 146 Stimmen für die Staatspartei abgegeben. Damit rangierte sie gleichauf mit der NSDAP, die es hier auf 145 Stimmen brachte.
150 Im Bereich der Festlandsmarsch erreichte die Staatspartei 2,9 %, auf den Inseln im Durchschnitt immerhin 8,5 %.
151 Der KPD-Anteil lag mit 2,6 % weit unter dem überregionalen Durchschnitt. Lediglich auf Sylt vermochten die Kommunisten mit insgesamt 8,1 % der Stimmen in beträchtlichem Maße von der materiellen Not zu profitieren. Aus den Gemeinden der Insel

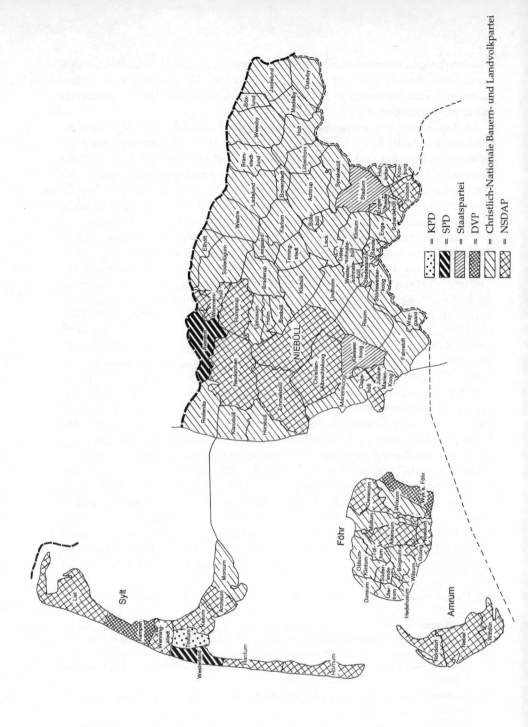

Karte 5: *Die jeweils stärksten Parteien bei der Reichstagswahl vom 14. 9. 1930*

schwächer Gestellten in materieller Hinsicht am stärksten von der zunehmend schlechteren Wirtschaftslage erfaßt wurden und sie letztlich über die geringsten finanziellen Reserven für schlechte Zeiten verfügten, zumal bereits die Inflation die Ersparnisse aufgezehrt hatte. In nahezu allen Landgemeinden vermochte die SPD ihre Wähler zu halten, in den Inselkurorten stieg die Stimmenzahl sogar noch beträchtlich an.[152] Insbesondere bedeutete das Abschneiden in der kleinen Grenzgemeinde Aventoft einen Erfolg für die Sozialdemokratie, gehörte dieses Dorf doch zu den nach 1920 wirtschaftlich am härtesten in Mitleidenschaft gezogenen Orten des Kreises.[153] Hier, wo Fischerei, Flecht- und Reetarbeit den zahlreichen Arbeiterfamilien nur einen kärglichen Lebensunterhalt bot[154], errang die Arbeiterpartei den für den ländlichen Raum beachtlichen Stimmenanteil von rund 25 Prozent und avancierte damit zur stärksten Partei. Materielle Not bewirkte somit nicht notwendig den Aufbruch in die Radikalität.[155]

Den größten Erfolg bei der Wahl konnte jedoch die NSDAP verbuchen, die 1928 noch einer Splitterpartei geglichen hatte und auch bei der Provinziallandtagswahl im November 1929 nur ein vergleichsweise bescheidenes Ergebnis hatte erzielen können. Der Stimmenzuwachs ist um so beachtenswerter, als der Ausbau in organisatorischer Hinsicht stagnierte. Im Vergleich zur Wahl von 1928 gewann die Hitlerpartei annähernd 4300 Stimmen hinzu, der prozentuale Anteil stieg von 1,2 auf 25,3, womit sie erstmals die relative Mehrheit und gleichzeitig fast das Durchschnittsergebnis in Schleswig-Holstein (27 %) erreichte.[156] Ohne Zweifel profitierte die NSDAP von der merklich gestiegenen Wahlbeteiligung[157], vor allem jedoch von der dramatischen Dezimierung der

stammten allein 351 der 457 auf Kreisebene für die KPD abgegebenen Stimmen. In Tinnum ging die KPD gar als stärkste politische Kraft aus der Wahl hervor.

152 Zu berücksichtigen ist dabei, daß noch eine ganze Reihe von Saisonhilfskräften und Urlaubern auf den Inseln ihre Stimme abgaben. Insgesamt wählten 2088 Personen auf Stimmschein.

153 Trotz der unmittelbaren Grenznähe spielte die dänische Minderheit am Orte nur eine untergeordnete Rolle, wiewohl Sønderjysk die Umgangssprache des Dorfes stellte; vgl. das Material in LAS 309/35275; ferner Johannes Moritzen, Aventoft – das Dorf an der Grenze, Husum 1977, S. 9. Insofern beruhte das Ergebnis keineswegs auf dem Wahlverhalten ansonsten dänisch orientierter Kreise. Dafür spricht auch das relativ schwache Abschneiden der Minderheitenliste bei früheren Kommunalwahlen.

154 Vgl. dazu Andersen, Fiskersøn, passim; Moritzen, S. 9. In einem Schreiben an den preußischen Innenminister vom 8. 7. 1924 hatten bereits zwölf Dorfbewohner die katastrophale Situation in der Gemeinde beklagt, eine Lage, die auch vom Landrat bestätigt wurde; BArchP, Deutsche Stiftung Nr 5893, Bll. 222 ff.

155 In einem Gespräch mit dem Verfasser vom 18. 12. 1987 wies Jacob F. Hansen (Aventoft) auf die damalige Bedeutung der SPD in Aventoft hin, was nach der „Machtergreifung" diverse Haussuchungen seitens der Gestapo zur Folge hatte. – Ähnlich war auch die Situation in Risum, wo die SPD ebenfalls reichlich 25 % der Stimmen erreichte.

156 Damit rangierte Südtondern allerdings nach wie vor hinter den übrigen Westküstenkreisen, wo die NSDAP bereits über 30 % erreichte.

157 Allgemein gilt heute als gesichert, daß die NSDAP insgesamt nicht überdurchschnittlich in den Gebieten hinzugewann, in denen die Wahlbeteiligung gegenüber 1928

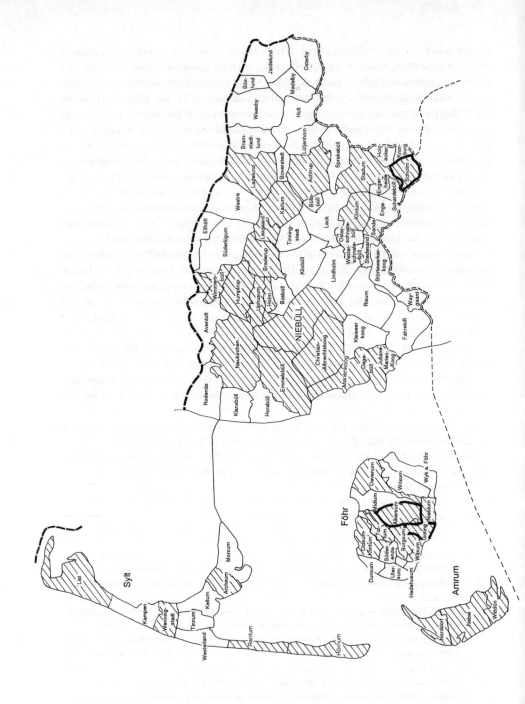

Karte 6: Überdurchschnittliche Ergebnisse der NSDAP bei der Reichstagswahl
vom 14. 9. 1930 (mit fetter Umrandung die Gemeinden, in denen die NSDAP
die absolute Mehrheit errang)

bürgerlichen „Volksparteien" und dem Verdruß über die Staatspartei, einem Stimmenpotential, das die Landvolkpartei nur zu einem Teil hatte auffangen können. Zahlreiche ehemalige Wähler der bürgerlichen Parteien bekannten sich demzufolge bereits jetzt zum Nationalsozialismus. Für die NSDAP-Wähler hatte das parlamentarisch-demokratische System der Weimarer Republik versagt und trug die Hauptschuld an den wirtschaftlichen, politischen und nicht zuletzt sozialen Schwierigkeiten. Das Gefühl mangelhafter Vertretung kleinbürgerlich-bäuerlich-mittelständischer Interessen durch die „Volksparteien", die vermeintliche Bevorzugung der Großindustrie zu Lasten des Kleingewerbes und der Landwirtschaft, die als führend empfundene Rolle des „Marxismus" in allen Bereichen des öffentlichen Lebens, ein verbreiteter, zumindest latent vorhandener Antisemitismus, kurzum die Angst vor sozialer Deklassierung der ehedem gesicherten Schichten im modernen, zentral verwalteten Staat war ein wesentliches Moment des nationalsozialistischen Wahlsieges.[158] Im Votum zugunsten der eingängigen Schlagworte der NS-Propaganda spiegelte sich der Wunsch nach einer überschaubaren, von Harmonie geprägten gesellschaftlichen Ordnung wider, die keinen Stand ausgrenzte, sondern vielmehr in der „Volksgemeinschaft" die notwendige Lösungsformel zur Bewältigung aller Probleme anbot.

Eine genauere Betrachtung des NS-Stimmenanteils im Kreisgebiet läßt ein deutliches West-Ost-Gefälle erkennen.[159] Merklich über dem Durchschnitt lag das Ergebnis auf den Inseln Amrum (37,2 %) und Föhr (29,9 %), auch in etlichen Landgemeinden Sylts ging die NSDAP als relativ stärkste Kraft aus den Wahlen hervor. Diese Tendenz setzte sich in den festländischen Marschorten (26,3 %) weiter fort, wohingegen die Geestdörfer mit lediglich 19,2 % spürbar weniger am Gesamterfolg beteiligt waren. Es ist somit zu konstatieren, daß Südtondern hinsichtlich des NSDAP-Aufstieges kein typischer Westküstenkreis war, wo die Hitlerbewegung zunächst im Bereich der Geest mehr Wähler zu mobilisieren vermochte als in der Marsch.[160] Drei Merkmale fallen in diesem Zusammenhang besonders auf: Zum einen deckte sich das Gebiet mit vergleichsweise hohen NS-Stimmenanteilen mit dem Bereich des Kreises, in dem die Volksnationale Reichsvereinigung nur einen relativ geringen Mitgliederbestand hatte erringen

überproportional angestiegen war; vgl. Falter/Lindenberger/Schumann, S. 148 ff. Dies trifft für den Bereich Südtondern allerdings nur bedingt zu. In der Gemeinde Soholm etwa, wo sich 1928 nur 45 Personen an der Wahl beteiligt hatten, gingen nunmehr 96 Männer und Frauen zur Wahl, von denen 58 für die NSDAP stimmten. In Osterby dagegen stieg die Zahl der abgegebenen Stimmen gleichfalls erheblich von 78 auf 120, dennoch kam die NSDAP hier nur auf bescheidene 6,7 %. Schwankungen dieser Breite waren insgesamt keine Seltenheit. Auf jeden Fall profitierte die NSDAP 1932 von der hohen Wahlbeteiligung; vgl. Kap. XV.5.

158 So stellvertretend Childers bezüglich der Motive des „alten" Mittelstands; Childers, The Nazi-Voter, S. 142 ff. Zur Bedeutung des nationalsozialistischen Wahlerfolges auf Reichsebene Bracher, Die Auflösung der Weimarer Republik, S. 323 ff.

159 Siehe Karte 6.

160 Heberle, S. 101; Stoltenberg, S. 163.

können, zum anderen hatte die NS-Wahlpropaganda sich im wesentlichen auf diese Gegenden konzentriert, und schließlich bezeichnete der Westen Südtonderns mit den Inseln in beträchtlichem Umfang den friesischen Siedlungsraum. Sicherlich besteht ein Zusammenhang zwischen der im Vergleich zur Geest deutlich intensiveren Wählerwerbung, doch kann ihr kaum die entscheidende Rolle zugefallen sein. Wie sonst ließe sich der Siegeszug auf der Insel Amrum erklären, wo vor dem Frühjahr 1931 keine NSDAP-Versammlung stattfand?[161] Erschwert wird die Beurteilung zusätzlich bei Berücksichtigung weiterer Faktoren, die von politischer Tradition über soziale Entwicklung bis hin zur wirtschaftlichen Lage führen. So ist etwa auf der Insel Föhr das Phänomen zu beobachten, daß zwei der drei Gemeinden mit dänischer Mehrheit im Jahre 1920 einen völlig unterschiedlichen Weg einschlugen. Während in Utersum nicht einmal zehn Prozent der Wähler für die NSDAP stimmten, so waren es in Goting bereits über die Hälfte. Es ist dies als Beleg dafür zu werten, daß der nationale Aspekt die Entscheidung zugunsten der NSDAP hier allenfalls unterschwellig beeinflußte. Für eine solche, die anationale Haltung eines beträchtlichen Teils gerade der Westerlandföhrer Bevölkerung[162] implizierende Interpretation spricht nicht zuletzt auch die neuerliche Auswanderungswelle in den zwanziger Jahren, die besonders auf Föhr-Land und – mit Einschränkung – auf Amrum dafür sorgte, daß die wirtschaftlichen Probleme trotz der schlechten Fremdenverkehrskonjunktur und trotz längst überlebter Agrarverfassung nicht schwerer wogen als etwa auf dem Festland.[163] Die traditionell bescheidene Lebensführung der meisten Inselfriesen, die Abwanderung potentiell Arbeitsloser nach Übersee sowie die engen ideellen und materiellen Bindungen der Emigranten zur Heimat ließen eine dem Elend der großen Städte entsprechende Not zumindest in den vom Fremdenverkehr weitgehend unberührten Inseldörfern nicht auftreten.[164] Diesen Umstand belegen eindrucksvoll – wie bereits erwähnt[165] – die Rücklagen der Nieblumer Sparkasse, die 1933 als das vermögendste Kreditinstitut auf Kreisebene galt. Insofern ist den sozialen Ängsten, dem Argwohn gegenüber Fremdbestimmung und Überfremdung durch den verbreitet ungeliebten, wenngleich mittlerweile lebensnotwendigen Tourismus und der vorgeblichen Agrophilie der NSDAP für den frühen Erfolg des Nationalsozialismus im inselfriesischen Raum eine erheblich höhere Bedeutung beizumessen als man gemeinhin annehmen möchte.[166] Vergleichbare Befürchtungen kennzeich-

---

161 Es spricht in diesem Zusammenhang auch nichts dafür, daß die noch anwesenden Kurgäste in erheblichem Maße für das Wahlergebnis verantwortlich waren.

162 Vgl. Steensen, Die friesische Bewegung, S. 147. Besonders zu beachten ist in diesem Zusammenhang auch, daß die verschiedenen nationalistisch orientierten Organisationen hier über keine Ortsverbände verfügten.

163 In diesem Sinne äußerte sich Dr. Fröbe in einem Gespräch mit dem Verfasser vom 24. 8. 1987.

164 Diese Feststellung trifft allerdings nicht für die besonders schwierige Lage auf der Insel Sylt zu; vgl. Kap. XV.1.

165 Vgl. Kap. VII.2.

166 Vgl. Kap. II.3.

neten auch die Situation der Festlandsmarsch, wo der vor dem Weltkrieg besonders in den Kögen erworbene Wohlstand mehr und mehr in Gefahr geriet, zumal nicht wenigen Landwirten die Anpassung ihrer Lebensführung an die schwierigeren Verhältnisse Probleme bereitete, Einschränkungen nur höchst unwillig hingenommen wurden.[167] Von daher gründete sich das in Relation zur Geest höhere Votum zugunsten der Hitlerbewegung bei den selbstbewußten, stärker national-konservativ orientierten Festlandsfriesen ebenfalls maßgeblich auf die Furcht vor dem Verlust sozialen Besitzstandes innerhalb eines Staates, dessen Wirken grundsätzlich negativ beurteilt wurde.[168]

Das Wahlergebnis gebietet es, an dieser Stelle nochmals auf die früher bereits erwähnte „Präfaschismustheorie" einzugehen, derzufolge – kurzgefaßt – schon während des Kaiserreiches entsprechendes Gedankengut in der deutschen Bevölkerung Verbreitung gefunden hatte, welches den Nationalsozialismus überhaupt erst ermöglichte.[169] Bezogen auf den Untersuchungsraum sind ebenfalls bestimmte Züge in der politischen Entwicklung nicht von der Hand zu weisen, die auf das Vorhandensein solcher „präfschistischen" Tendenzen hindeuten und denen bei der Wahl vom 14. September eine nicht unerhebliche Bedeutung zukam. Bereits vor dem Ersten Weltkrieg hatten im Raum (Süd-)Tondern Anschauungen Verbreitung gefunden, die einem demokratischen Miteinander diametral entgegenstanden. Dazu zählte insbesondere ein bisweilen fanatischer Antisozialdemokratismus, d. h. die überwiegende Mehrheit der Bevölkerung – ob „liberal" oder konservativ – sprach der politischen Vertretung der Arbeiterschaft rundheraus die Existenzberechtigung ab. Parallel und in enger Beziehung dazu sind die schon vor 1914 nachweisbaren kulturpessimistisch-zivilisationskritischen Neigungen mit bisweilen antisemitischer Nuance zu nennen; auch dem Traum von deutscher Macht und Größe gaben sich zahllose Bewohner hin. Ein geographischer Schwerpunkt läßt sich dabei nicht ausmachen, wenngleich die Stärke des Bundes der Landwirte auf der Geest anläßlich der Reichstagswahl von 1912 solches nahelegt.[170] Die genannten Fixpunkte spielten im Weltbild sehr viel weiterer Kreise der Bevölkerung auch nach 1918 eine tragende Rolle und sorgten dafür, daß sich die staatliche und gesellschaftliche Neuordnung im Bewußtsein der meisten Bewohner nicht durchsetzen konnte. Etliche Verbände der Rechten, unter denen der Jungdeutsche Orden besonders herausragte, trugen dazu bei, die Vorbehalte gegenüber der parlamentarischen Demokratie weiter zu verfestigen. Wenngleich diese Organisationen nicht überall im Kreis Verbreitung fanden, so bestimmten sie doch im wesentlichen das gesamte politische

---

167 Lt. Auskunft von F.L.F. in einem Gespräch mit dem Verfasser vom 20. 1. 1988.
168 Zu erinnern ist in diesem Zusammenhang an die frühere Stärke der DNVP in diesem Bereich und die beträchtliche Resonanz auf die Landvolkbewegung. Im Christian-Albrechts-Koog hatte die NSDAP überdies schon bei der Provinziallandtagswahl im November 1929 einen erheblichen Erfolg errungen.
169 Vgl. dazu besonders Stegmann, Vom Neo-Konservatismus zum Proto-Faschismus, passim; für Schleswig-Holstein Rietzler, „Kampf in der Nordmark", passim.
170 Vgl. Kap. III.2.e). und II.3.

Klima in der Mitte der zwanziger Jahre, was durch die deutschnationale Vormachtstellung in den Reichstagswahlen von 1924 zusätzlich unterstrichen wurde. Am Ende bedurfte es dann lediglich noch des Anstoßes durch die zweifellos großen wirtschaftlichen Probleme, um besonders die in ihrem Selbstwertgefühl verunsicherten Landwirte endgültig vom demokratischen Weg abzubringen; viele gelangten dabei über die Landvolkbewegung schon jetzt zur NSDAP, die sich aufs nachdrücklichste als Sammelbecken all jener vom Geist der Zeit Frustrierten anzubieten verstand.

Zusammenfassend ist zu bemerken, daß das Wahlergebnis in Südtondern durchaus dem auf Reichs- und Provinzebene entsprach, die Verluste des rechtsbürgerlichen Lagers aber noch beträchtlich höher als im überregionalen Bereich ausfielen. Das überraschendste Resultat war das gute Abschneiden der NSDAP, die trotz vergleichsweise bescheidener organisatorischer Basis ihren prozentualen Anteil innerhalb von zehn Monaten versechsfachen konnte und annähernd das Durchschnittsergebnis in Schleswig-Holstein erreichte. Damit wurde die Hitlerbewegung zur stärksten Partei und zu einem nicht mehr zu übersehenden politischen Faktor. Wie dicht die Nationalsozialisten bereits vor weiteren Erfolgen standen, offenbarte sich in dem zu diesem Zeitpunkt noch Reichslandwirtschaftsminister Schiele geltenden Vertrauensvotum, das sich Dr. Fröbe zufolge nurmehr graduell von der Stimmabgabe zugunsten Hitlers unterschied.

XV. Auf dem Weg zur alles beherrschenden Kraft – Die NSDAP in den Jahren 1931 und 1932

1. DIE AUSWIRKUNGEN DER WELTWIRTSCHAFTSKRISE IN SÜDTONDERN

Die allgemeine wirtschaftliche Depression, die bereits seit dem Jahre 1928 zunehmend das politische Leben im Deutschen Reich, in Schleswig-Holstein und in Südtondern beeinflußte, erreichte in der Zeit nach 1929 einen noch nie dagewesenen Höhepunkt. Die Weltwirtschaftskrise[1], die durch eine Vielzahl von Ursachen wie weltweite Überproduktion im agrarischen und industriellen Sektor, Börsenspekulation und Zunahme des Anteils der arbeitsfähigen Bevölkerung bei gleichzeitigem Stagnieren des Bevölkerungswachstums in den Industriestaaten hervorgerufen wurde, zeigte besonders in den Vereinigten Staaten und Deutschland verheerende Wirkung. Der zumeist auf der Basis kurzfristiger Kredite finanzierte Wohlstand der „Goldenen Zwanziger" begann infolge des Zusammenbruchs der New Yorker Börse („Schwarzer Freitag") merklich nachzulassen, da die Gläubiger ihr im Deutschen Reich investiertes Kapital in zunehmendem Maße zurückforderten, verstärkt nach dem Wahlerfolg der Nationalsozialisten bei der Reichstagswahl 1930.[2] Ferner war gleichzeitig das Volumen der deutschen Ausfuhren rückläufig, da zahlreiche Staaten zum Schutz der eigenen Wirtschaft protektionistische Maßnahmen ergriffen und die exportabhängige deutsche Industrie immer mehr von ihren Märkten verdrängten. Die Folgen dieser Maßnahmen waren katastrophal, insbesondere für den Arbeitsmarkt. Die Zahl der Arbeitslosen in Deutschland, die selbst in den guten Jahren der Wirtschaftsentwicklung beständig auf höherem Niveau als in der Kaiserzeit lag, stieg bereits im Oktober 1929 auf 1,8 Millionen an, erreichte im September 1930 die 3-Millionengrenze und kletterte bis zur Jahreswende 1932/33 auf über 6 Millionen, womit annähernd jeder dritte Beschäftigte seine Stellung verlor. Das soziale Netz war nicht in der Lage, diese Masse von Arbeitslosen aufzufangen, so daß sich als Folge der Krise unsagbares Elend in den von Erwerbslosigkeit betroffenen Familien einstellte.[3]

Der gesamtwirtschaftliche Niedergangsprozeß erschütterte den Kreis Südtondern gleichfalls überaus heftig. Aufgrund der labilen, einseitig orientierten und insgesamt defizitären ökonomischen Struktur mußten sich Krisenerschei-

---

1 Vgl. allgemein zur Weltwirtschaftskrise Werner Conze/Hans Raupach (Hg.), Die Staats- und Wirtschaftskrise des Deutschen Reiches 1929/33, Stuttgart 1967; Kindleberger, paasim; Blaich, passim; James, Deutschland in der Weltwirtschaftskrise, passim.

2 Heiber, S. 233.

3 Vgl. dazu besonders die Beiträge in Richard J. Evans/Dick Geary (Hg.), The German Unemployed, London/Sydney 1987.

nungen besonders nachteilig für die Bevölkerung auswirken. Dies galt sowohl für den Bereich der Landwirtschaft als auch für das Fremdenverkehrsgewerbe auf den Inseln.

Eine gewisse Krisenstimmung hatte sich in den Nordseebädern auf Sylt und Föhr bereits am Ende der Saison 1928 breitgemacht, da die Zahl der Erholungs-suchenden hinter den Erwartungen zurückgeblieben war.[4] Im Gegensatz zu Westerland konnte Wyk zwar noch eine leichte Steigerung der Besucherzahl verbuchen[5], doch vermochte selbst dieses Mehr an Urlaubern die erhöhten Kosten für die Saisonbetriebe nicht auszugleichen, zumal sich die Kurgäste zuse-hends sparsamer verhielten.[6] Entsprechend düster sah man in den Reihen der Tourismusbranche in die Zukunft und warnte vor der Verarmung des bürgerli-chen Mittelstandes.[7] Die Entwicklung der „weißen Industrie" auf den nordfrie-sischen Inseln hielt damit bereits zu diesem Zeitpunkt nicht mehr mit der allge-meinen Konjunktur im Fremdenverkehr Schritt, die zu diesem Zeitpunkt, im Herbst 1928, noch durchaus positiv beurteilt wurde.[8]

Die vergleichsweise große Verkehrsferne zu den Ballungsräumen sowie die Konkurrenz im In- und Ausland, mithin nicht zuletzt vom allgemeinen Ab-schwung unabhängige Gründe waren dafür verantwortlich, daß sich markante Krisensymptome zuerst auf den nordfriesischen Ferieninseln zeigten.[9] So brachte der Sommer 1929 Umsatzeinbußen, die auf bis zu 40 % geschätzt wur-den[10]; allein in Wyk verringerte sich die Urlauberzahl gegenüber dem Vorjahr um über zehn Prozent.[11] Eine Verschärfung erfuhr die Lage noch durch Ausein-andersetzungen um die Einhaltung des Acht-Stundentages in den Saisonbetrie-ben, ein Streit, der jedoch zum Wohle der Beteiligten beigelegt werden konnte, zwischenzeitlich aber für erhebliche Irritationen sorgte.[12] Die nach der Ferien-zeit auch von der Handelskammer in Flensburg[13] diagnostizierte schlechte Si-tuation im Bereich des Tourismus brachte – mit Blick auf Wyk – der Abgeordnete

---

4 So hatte man in Wyk auf den Besuch von rund 10000 Besuchern gehofft, am Ende wa-ren es dann 8929 Gäste; FZ vom 2. 10. 1928. Auf Sylt entsprach das Saisonergebnis trotz der Verbesserung der Verkehrsverbindungen nicht den Erwartungen; vgl. Voigt, Der Sylter Weg, S. 45 ff. Wittdün auf Amrum konnte demgegenüber mit 5226 Feriengästen auf eine relativ gute Saison verweisen; FZ vom 28. 9. 1928.

5 In Westerland sank die Gästezahl von 24363 (1927) auf 22723, in Wyk stieg die Zahl im gleichen Zeitraum von 8303 auf 8929; Angaben lt. Wedemeyer / Voigt, S. 167 und Kur-verwaltung Wyk.

6 So die Klagen in der Presse; SZ vom 6. 10. 1928 und FZ vom 16. 10. 1928.

7 FZ vom 21. 9. 1924; Voigt, Der Sylter Weg, S. 45.

8 NfR vom 17. 11. 1928 und SZ vom 20. 11. 1929; Bericht über die Nordseebäderkonfe-renz am Ende der Saison.

9 Vgl. Kap. XI.

10 So dem Bericht der SZ vom 31. 12. 1929 zufolge.

11 S.u., Anm. 17.

12 Vgl. dazu die Berichte in der SZ vom 9. 2. und 17. 6. 1929.

13 Wirtschaftsbericht für das Jahr 1929, hrsg. von der Industrie- und Handelskammer Flensburg, Flensburg 1930, S. 11.

Kohrt (Wirtschaftspartei) im preußischen Landtag zur Sprache.[14] Er verwies dabei auf die katastrophale Lage, auf die das Nordseebad zusteuere, falls nicht bald etwas geschehe. Die Reaktion des Finanzministers, der sich eine Stellungnahme des Wyker Bürgermeisters zum wirtschaftlichen Stand erbat, war Ursache weiterer Verbitterung in der Bevölkerung. Ohne auf die detaillierten Angaben einzugehen, stellte der Minister fest, daß die Badesaison gar nicht so schlecht wie angegeben verlaufen sei und daher über die bereits gewährten Steuererleichterungen bzw. -stundungen hinaus keine weiteren Hilfsmaßnahmen gewährt werden könnten.[15] Mehr als der Inhalt dürfte indes die verständnislose, sachlich-nüchterne, geradezu kaltherzige Form des Schreibens die Einwohner getroffen haben[16]; sicherlich führte sie dazu, das ohnehin schon äußerst gespannte Verhältnis vieler Inselbewohner zu den sozialdemokratisch geführten Regierungen im Reich und in Preußen endgültig zu zerstören.

Der Tiefpunkt in der Entwicklung der wirtschaftlichen Bedeutung des Badelebens war im Jahre 1929 allerdings noch lange nicht erreicht. Auch in den folgenden Jahren blieben die Gästezahlen insgesamt rückläufig[17], doch täuschen die bloßen Zahlen über das tatsächliche Ausmaß der sich immer schlechter gestaltenden Lage hinweg, da die durchschnittliche Verweildauer der Touristen beständig abnahm.[18] Dies hatte seine Ursache zum einen in dem radikalen Spar-

14 Siehe den Bericht in der FZ vom 19. 7. 1929.
15 FZ vom 6. 11. 1929. Nach Sylt wurden vom Finanzminister einer nicht überprüfbaren Pressemeldung zufolge Beamte entsandt, die die Lage vor Ort inkognito prüfen sollten. Natürlich hielten sich die Vermieter den vermeintlichen Urlaubern gegenüber mit Klagen zurück, ein Verhalten, das die „Gäste" in der Weise interpretierten, die wirtschaftliche Situation sei gar nicht so dramatisch; FZ vom 25. 10. 1925.
16 In dem Schreiben heißt es: „Von Pfändungen und Sachverkäufen wegen Grundvermögens- und Hauszinssteuer ist bei nachgewiesener Notlage in letzter Zeit allgemein Abstand genommen worden. Die gesetzlichen Bestimmungen und die hierzu erteilten Ausführungsbestimmungen reichen aus, um ungünstige wirtschaftliche Verhältnisse von Steuerschuldnern bei der Erhebung der Steuern in vollem Umfange berücksichtigen zu können, so daß sich weitere Maßnahmen erübrigen"; zitiert nach FZ vom 6. 11. 1929.
17 Entwicklung der Gästezahlen:

	Westerland	Wyk
1928	22732	8929
1929	21747	7929
1930	23631	6931
1931	19417	6252
1932	22696	5941

Angaben lt. LAS 320/1025, Bürgermeister Kapp (Westerland) an RP vom 4. 5. 1932; Wedemeyer/Voigt, S. 167; Kurverwaltung Wyk. Zu berücksichtigen ist bei den Zahlen für Sylt, daß sie auch die Vielzahl von Tagestouristen einschließen, die insbesondere die Fahrt durch das Wattenmeer reizte. Angaben für Amrum lagen nicht vor.
18 Einem Bericht des Westerländer Bürgermeisters Kapp an den Regierungspräsidenten vom 4. 5. 1932 zufolge war die durchschnittliche Verweildauer der Gäste von 21 Tagen (1913) auf nunmehr 11,6 Tage (1931) zurückgegangen; LAS 320/1025.

kurs der Regierung Brüning, der nachhaltig das Urlaubsbudget der Beamten als einer der wichtigsten Berufsgruppen unter den Erholungssuchenden schmälerte.[19] Zum anderen führten ausgedehnte Schlechtwetterperioden in den Jahren 1930 und 1931 dazu, daß der Gästestrom mehr und mehr versiegte bzw. sich in andere Gebiete verlagerte.[20] Ferner zeitigte die in Erwartung steigender Frequenz besonders auf Sylt vorangetriebene Aufstockung der Bettenkapazität schwere Folgen für das Vermietungsgewerbe. Hoteliers und Pensionsbetreiber mußten ihre Fremdenzimmer in einem immer ruinöseren Wettbewerb zu Preisen anbieten, die oftmals kaum noch die laufenden Kosten deckten.[21]

Voller Neid blickten die Inhaber von Saisonbetrieben daher auf die als Heilbäder anerkannten Kurorte, die aufgrund dieses Prädikats staatliche Gelder einstrichen. Das Fehlen eines solchen Status für die Nordseebäder war gleichbedeutend mit der Nichtberücksichtigung für entsprechende Finanzhilfen, und mit ohnmächtiger Wut registrierten Vermieter und die vom Saisonbetrieb abhängigen Geschäftsleute, daß sie durch ihre Steuern die staatlich geförderte Konkurrenz unterstützten.[22]

Die Konsequenz dieser schon 1930 zur Existenzkrise ausartenden Wirtschaftslage war, daß die Gerichtsvollzieher und die Vollziehungsbeamten auf den Inseln immer mehr Arbeit erhielten und damit die Not beständig zunahm.[23] Wörtlich heißt es in einer von den Wyker Wirtschaftsverbänden gefaßten Notentschließung vom November 1930[24]:

„Die Wirtschaftsnot des Deutschen Volkes wirkt sich in unserem Nordseebad Wyk auf Föhr besonders schlimm aus. Eine schlechte Badesaison liegt hinter uns, schlechter noch als die des Jahres 1929 und der Winter steht vor der Tür. Der Gerichtsvollzieher und die Vollziehungsbeamten des Finanzamtes und der Gemeinden gehen bei den Wyker Bürgern ein und aus, um Steuern und Abgaben beizutreiben. Zahlungseinstellungen, Konkurse und Zwangsversteigerungen sind Kennzeichen der trostlosen Lage."

Die extremen Schattenseiten des risikobehafteten, vor dem Weltkrieg so lukrativen Erwerbszweigs machten sich besonders auch auf dem Arbeitsmarkt der Badeorte bemerkbar. Selbst in den Zeiten der Hochsaison hielt sich hier ein

19 Voigt, Der Sylter Weg, S. 45.
20 Voigt / Wedemeyer, S. 166 f. In einer Pressenotiz hieß es diesbezüglich: „Das Wetter wächst sich nun so langsam zur Katastrophe aus"; FZ vom 18. 8. 1930.
21 Voigt, Der Sylter Weg, S. 45. Berichten der Bürgermeister Wyks und Westerlands vom Mai 1932 zufolge ging das Gewerbesteueraufkommen in den Badeorten drastisch zurück. In Wyk sank es im Zeitraum zwischen 1928 und 1931 von 49084 RM auf 15120 RM. In Westerland ging diese Steuer von 33900 RM auf 19700 RM zurück; LAS 320 / 1025, Schreiben vom 4. 5. 1932.
22 Vgl. FZ vom 25. 4. 1930.
23 Allein in Wyk wurden von 1928 bis zum Mai 1932 für 18 Häuser die Zwangsversteigerung beantragt, weitere sieben waren mittlerweile geräumt bzw. standen leer. In Westerland stieg die Zahl der jährlichen Zwangsversteigerungen von 16 (1927) auf 48 im Jahre 1931; bis zum Mai 1932 standen bereits 30 weitere vor der Durchführung; LAS 320 / 1025, Berichte der Bürgermeister Wyks und Westerlands vom 4. 5. 1932.
24 LAS 301 / 3311, Notstandsentschließung vom 26. 11. 1930. Auch abgedruckt in der FZ vom 28. 11. 1930.

fester Anteil an Beschäftigungslosen, der oft noch beträchtlich über dem des festländischen Kreisteiles lag.[25] Zwar rief Westerlands Bürgermeister Kapp vor der Saison 1931 dazu auf, im Sommer möglichst viele Insulaner einzustellen[26], doch blieb die Wirkung solcher Appelle beschränkt, da die Betriebe auch weiterhin auf Fachpersonal angewiesen waren, das auf den Inseln nicht in ausreichendem Maß zur Verfügung stand. Großes Elend breitete sich danach besonders unter den abhängig Beschäftigten in den Kurorten aus, wenngleich dies nur die Spitze einer sich nahezu überall dramatisch verschärfenden Not darstellte, von der die Gemeinden Sylts am härtesten getroffen wurden.[27] Sichtbares Zeichen hierfür waren die weit überdurchschnittlichen kommunistischen Wahlerfolge auf der größten Nordseeinsel, wohingegen die Selbständigen mehr und mehr zum anderen Extrem neigten.[28]

Der allgemeine wirtschaftliche Niedergang machte auch im Agrarbereich weiterhin rapide Fortschritte. Deutliche Anzeichen der krisenhaften Entwicklung hatte es bereits 1927 und 1928 gegeben, doch setzte der drastische Abschwung erst mit dem Winter 1930/31 ein. Schon 1928 gehörte die Landwirtschaft Südtonderns aufgrund ihrer einseitig ausgerichteten Wirtschaftsform zu den nach dem Urteil von Experten am schwersten von der Agrarkrise erfaßten Bereichen, da die Marktferne und die damit verbundenen hohen Transportkosten für das Schlachtvieh einen negativen Einfluß auf die Preise ausübten.[29] Zusätzlich wirkten sich u. a. Fleischimporte aus Dänemark sowie der gestiegene Gefrierfleischverbrauch negativ auf das Preisniveau aus. Entsprechend wurde immer wieder die Forderung nach Schließung der Grenzen laut, um die als bedrohlich empfundene Konkurrenz vom deutschen Markt fernzuhalten.[30] In der Folgezeit stiegen die deutschen Agrarzölle auch wieder auf eine Höhe, die 1930 das Vorkriegsniveau erreichte und es 1931 sogar noch weit überschritt[31], doch

25 Allein die Insel Sylt stellte im Durchschnitt stets ein Drittel aller im Kreis beschäftigungslos gemeldeten Personen. Als Beispiel für die Lage im Hochsommer der Jahre 1929 bis 1932 die folgenden Zahlen:

	Sylt	übriges Kreisgebiet
1929	53	23
1930	103	111
1931	124	340
1932	270	458

Angaben lt. den in der Presse veröffentlichten Zahlen.
26 SZ vom 4. 4. 1931.
27 Westerlands Bürgermeister Kapp zufolge gerieten auch immer mehr ehedem zum Mittelstand zählende Personen in den wirtschaftlichen Abgrund; LAS 320/1025, Bericht vom 4. 5. 1932; vgl. auch Voigt, Der Sylter Weg, S. 45 ff. Als Folge der überaus kritischen Lage stieg erneut die Zahl der Verstöße gegen das Strandrecht; dazu Voigt, Die Ausübung des Strandrechts, S. 69 f.
28 Vgl. Kap. XV.3. und Kap. XV.5.
29 Vgl. NfR vom 3. 4. 1929.
30 Vgl. etwa NfR vom 17. 7. und 6. 8. 1929.
31 Siehe dazu Friedrich W. Henning, Landwirtschaft und ländliche Gesellschaft, Bd. 2 (1750–1976), Paderborn 1978, S. 202 f.

verpuffte die Wirkung solcher Patentrezepte aus der Vergangenheit nur zu rasch in einer Zeit, in der die Nationalökonomien in immer stärkere Abhängigkeit voneinander gerieten. Der zunehmende Protektionismus vermochte den 1931 einsetzenden freien Fall der Schlachtviehpreise nicht aufzuhalten.[32] Hohe Arbeitslosenraten in den industriellen Zentren schränkten den Absatz teurer Fleischwaren stark ein und sorgten für eine neuerliche Verschlechterung der Lage in den Produktionsgebieten. Die Tilgung der insgesamt hohen, z. T. wucherartigen Kreditzinsen im kapitalintensiven Rindviehgeschäft wurde für zahlreiche Landwirte unmöglich, vor allem weil Industrieerzeugnisse nicht im Preis nachgaben. Folglich wuchs der Schuldenberg weiter und Zwangsversteigerungen mehrten sich, wenngleich Südtondern in dieser Hinsicht nicht an der Spitze der Provinz rangierte.[33] Nach einem schweren Unwetter im Juli 1931, bei dem ein großer Teil der Heuernte vernichtet wurde, verschlechterte sich die Situation noch zusätzlich, da der geringe restliche Futtervorrat nur eine notdürftige Ernährung der Tiere bis zum folgenden Frühjahr ermöglichte. Die Erregung in der Landwirtschaft steigerte sich noch dadurch, daß Südtondern trotz der erlittenen Unwetterschäden nicht zum Notstandsgebiet erklärt wurde und daher keine oder doch nur geringfügige Finanzhilfen erhielt.[34]

Aufs bitterste rächten sich zu Beginn der dreißiger Jahre somit die einseitige Produktionsausrichtung, das Ausbleiben von Flurbereinigungsmaßnahmen, die mangelhafte Rationalisierung in der Betriebsführung und die vergleichs-

---

32 An den deutschen Märkten erzielten Schlachtrinder bester Qualität je 50 kg Lebendgewicht im Oktober/November jeweils folgende Spitzenpreise in Reichsmark:

	Hamburg	Berlin	Köln	Husum	Indexziffer für Schlachtvieh (1913=100)
1928	53	57	58	50	111,3
1929	56	58	62	54	126,6
1930	54	56	58	52	112,4
1931	34	36	41	33	83,0
1932	28	30	32	28	65,5

Errechnet nach den in der „Schleswig-Holsteinischen Landeszeitung" veröffentlichten Zahlen.

33 Insgesamt lassen sich keine exakten Angaben über die Gesamtzahl und Entwicklung der Zwangsvollstreckungen im Raum Südtondern mehr machen, da das entsprechende statistische Material lt. Auskunft der zuständigen Behörden nicht mehr vorliegt. Bezüglich der Zwangsversteigerungen landwirtschaftlicher Grundstücke ergibt sich für die Jahre 1928 bis 1932 folgendes Bild:

	Zahl der Zwangsversteigerungen	Fläche (in ha)
1928	5	55
1929	4	107
1930	10	218
1931	11	228
1932	10	164

Angaben lt. Heberle, S. 125.

34 Vgl dazu NfR vom 9. 7. und 9. 9. 1931 und vom 19. 4. 1932.

weise schwach ausgeprägte genossenschaftliche Organisation, welche die schlimmsten Folgen des Niedergangs hätten abfedern können.[35] Es fehlte wie im gesamten Reich eine drastische Reform an Haupt und Gliedern, um die im internationalen Vergleich schon vor dem Krieg strukturell rückständige Agrarwirtschaft rentabler zu organisieren.[36] Dies zeigte sich auch im Untersuchungsraum, wo die Landwirte auf verschiedene Weise versuchten, die Krisensymptome zu bekämpfen. So wurde etwa 1929 eine eigene, nicht gewinnorientierte Krankenkasse gegründet.[37] Später gingen manche Landwirte zum sog. „Auspfunden" von Vieh über, um auf diese Weise den Zwischenhandel des Schlachtereigewerbes zu umgehen und durch den Direktverkauf des Fleisches an die Verbraucher höhere Preise zu erzielen.[38] Im Herbst 1931 kam es schließlich zur Gründung einer „Besitzschutzgenossenschaft", welche die ihr angehörenden Mitglieder vor der schlimmsten Auswirkung der Krise, der Zwangsversteigerung des gesamten Betriebes, bewahren sollte.[39] Alle diese verzweifelten Bemühungen vermochten indes bestenfalls zur Linderung der momentanen Not beizutragen, eine grundlegende Sanierung der Verhältnisse war mit derartigen Mitteln nicht zu erreichen.

Die katastrophale Situation in der Landwirtschaft beeinflußte naturgemäß auch die übrigen Erwerbszweige Südtonderns nachhaltig. Handel, Handwerk und Gewerbe litten schwer unter der abnehmenden Kaufkraft der ländlichen Bevölkerung. Bereits Ende 1928 hieß es im Jahreswirtschaftsbericht der Industrie- und Handelskammer Flensburg[40], daß von einer Konjunktur gar nicht

---

35 Vgl. dazu Kap. XI.; ferner Bericht über die 38. Konferenz der Vorstände der preußischen Landwirtschaftskammern am 21. Juli 1925 in Elmshorn, Berlin 1925, S. 24. Johannes Schätzel etwa schrieb bezüglich des Auf- und Ausbaus von Viehverwertungsgenossenschaften im Raum Nordfriesland: „Ein großes Feld der Betätigung steht auf diesem Gebiet der Genossenschaftsaufgabe noch offen"; Schätzel, S. 644. Bis zum Ende des Jahres 1928 gab es erst sieben lokale Viehverwertungsgenossenschaften in ganz Schleswig-Holstein; „Schleswig-Holsteinische Landeszeitung" vom 17. 10. 1928.– Die bestehenden genossenschaftlich organisierten Mergelverbände spielen in diesem Zusammenhang nur eine untergeordnete Rolle, da sie speziell für den Absatz der Produkte keine Bedeutung hatten, sondern ausschließlich dem technischen Fortschritt dienten. Zur schwierigen Lage in diesem Bereich Hans Werner Gondesen, Die Not der Mergelverbände auf dem Höhepunkt der Weltwirtschaftskrise, in: JbSG 1984, S. 192–205.

36 Gondesen berücksichtigt diese Problematik überhaupt nicht. Die von ihm angestellten Berechnungen zur finanziellen Situation einzelner Betriebe beschreiben insofern nur die Symptome der Krise, nicht aber deren tiefere Ursachen; Gondesen, Zur Entstehung der schleswig-holsteinischen Landvolkbewegung, S. 12 ff.

37 Der Kasse schlossen sich bis zum Ende des Jahres 1931 reichlich 2100 Mitglieder an; NfR vom 14. 3. 1932.

38 Diese Art der Selbsthilfe war zwar umstritten, doch stellte sich die Berufsvertretung hinter ihre Mitglieder; FZ vom 12. 12. 1930.

39 In Südtondern schlossen sich 150–200 Landwirte dieser Notgemeinschaft an; NfR vom 11. 2. 1932.

40 So im Jahresrückblick; LA vom 29. 12. 1928.

mehr gesprochen werden könne; in allen Bereichen gestalte sich die Lage im Grenzraum schlechter als im übrigen Deutschland. Dieser Einschätzung entsprach nicht nur der schon früher erwähnte scharfe Mahnruf der Wirtschaftsverbände Südtonderns vom März 1929[41], sondern insbesondere auch ein Appell aus den drei Grenzkreisen an die Reichsregierung vom März 1932[42], in welchem die Landräte Südtonderns und Flensburgs sowie der Flensburger Oberbürgermeister vergeblich um die Einbeziehung des Grenzraums in die sog. „Osthilfe" nachsuchten.

Ihren sichtbaren Ausdruck fand das Ausmaß der Krise im Ansteigen der Arbeitslosigkeit, die zwischen 1930 und 1932 auf Kreisebene immer neue Rekordwerte erreichte, wenngleich anzumerken ist, daß das Problem Arbeitslosigkeit im Vergleich zu den industriellen Ballungsräumen eine insgesamt weit untergeordnete Rolle spielte. Nie erreichte die Zahl der beschäftigungslos Gemeldeten auch nur annähernd die Marke von 10 Prozent der erwerbstätigen Bevölkerung (1925)[43]:

Tabelle 13: Zahl der Arbeitslosen im Kreis Südtondern

	1930	1931	1932
Januar	984	1253	1579
Februar	988	1222	1562
März	589	995	1304
April	406	711	1185
Mai	357	531	1035
Juni	274	464	841
Juli	214	555	774
August	193	539	fehlt
September	264	752	849
Oktober	502	1000	1080
November	1125	1223	1225
Dezember	1187	1442	1463

Das beständig wachsende Heer der Arbeitslosen fiel in zunehmendem Maße der öffentlichen Wohlfahrtspflege und damit den Kommunen zur Last, die sich schwer taten, auch nur die allergrößte Not zu lindern, da mit dem wirtschaftlichen Niedergang auch die Steuereinkünfte in großem Umfang zurückgingen.[44]

41 Vgl. Kap. XII.5.
42 KANF A 3, Nr 5209, Die Landräte Südtonderns und Flensburgs sowie der Oberbürgermeister der Stadt Flensburg vom 21. 3. 1932 an den Reichsminister des Innern. Einen ähnlichen – vergeblichen – Versuch starteten die drei ranghöchsten Vetreter der drei Grenzkreise im Mai 1932, als sie beim Reichsinnenministerium um Steuererleichterungen nachsuchten; LAS 320/1025, Schreiben vom 28. 5. 1932.
43 Zusammengestellt nach den erst seit 1930 regelmäßig in der Lokalpresse veröffentlichten Zahlen.
44 Das Finanzamt Leck rechnete von 1927 bis 1931 allein bei der Umsatzsteuer mit einem Rückgang von 50 % und mehr; vgl. LA vom 18. 12. 1931.

Verschärft wurde die Situation noch durch die Zahlungsunwilligkeit von Personen, welche die Wirtschaftskrise zur Steuerersparnis zu mißbrauchen versuchten.[45] Die trostlose Haushaltslage in nahezu allen Dörfern des Kreises[46] führte in Ladelund und Lindholm gar zum Rücktritt der Gemeindevorstände, die sich nicht mehr in der Lage sahen, die anstehenden Probleme zu bewältigen.[47] Mehr und mehr waren die Kommunen daher auf private Hilfsmaßnahmen angewiesen, um den Bedürftigen zumindest die Existenz zu sichern. Entsprechend konstituierten sich vielerorts Wohlfahrtsinitiativen, die für warme Mahlzeiten, Kleidung und Brennstoffe sorgten.[48] Zum Kreis der Unterstützten gehörten jedoch nicht allein Arbeiter, vielmehr meldeten sogar Handwerksmeister ihr Gewerbe ab und bezogen Wohlfahrtsunterstützung.[49]

Die wachsende Not brachte besonders den Nationalsozialisten Vorteile. Sie beteiligten sich ebenfalls an den Aktionen zur Eindämmung der materiellen Not, doch ging es der Hitlerbewegung dabei keineswegs um das Prinzip schlichter Nächstenliebe, sondern um die propagandistische Wirkung der von ihr initiierten „Hilfe". Solchem Zweck diente die Einrichtung einer Steuerberatungsstelle sowie die Gründung einer Fürsorgestelle in Westerland[50] ebenso wie die Einrichtung einer „Volksküche" Ende der Jahre 1931 und 1932 in Wyk, die zunächst täglich ca. 50 Essensportionen an Bedürftige ausgab, sich aber ausdrücklich nur an Mitglieder und Freunde der Bewegung wandte.[51] Zudem veranstaltete die Wyker Ortsgruppe in bewußter Distanz zu anderen karitativen Vereinen Sammlungen zur Linderung der Not.[52] Die Partei reagierte damit auf das Wirken der bestehenden Wohlfahrtseinrichtungen, sicher in der Absicht, nicht in den Ruf zu geraten, ausschließlich Negativpropaganda zu betreiben und nichts für die notleidende Bevölkerung zu tun. Ähnlich verhielt es sich mit dem Aufbau eines freiwilligen Arbeitsdienstes im Untersuchungsraum, der bezeichnenderweise ausschließlich jungen Parteiangehörigen eine befristete Beschäftigungsmöglichkeit bot.[53] Auch mit diesem Arbeitsbeschaffungsprogramm war die NSDAP in Zugzwang geraten, nachdem der Jungdeutsche Orden bereits im

---

45 Nachweisen läßt sich derartiges auf Sylt: LAS 320/672, Schreiben der Gemeindevertretung Keitum vom 4. 11. 1931. Das Gremium beschloß demzufolge, einen Rechtsanwalt mit der Einziehung der fälligen Abgaben zu beauftragen. Vgl. auch Kap. XII.5.

46 NfR vom 20. 5. 1932, Bericht über eine Tagung der Landgemeinden, auf der festgestellt wurde, daß die Orte vor dem „völligen Zusammenbruch" stünden.

47 Gemeindearchiv Ladelund, Datenübersicht zur Geschichte des Dorfes; LAS 320/720.

48 „Nothilfen" dieser Art entstanden in größerem Umfang erstmalig im Winter 1931/32.

49 Vgl. NfR vom 26. 9. 1932.

50 SZ vom 17. 9. 1932.

51 FZ vom 9. 12. 1931 und FZ vom 21. 10. 1932. In Nieblum/F. verteilte die Ortsgruppe zu Weihnachten des Jahres Geschenke; FZ vom 23. 12. 1931.

52 KANF A 3, Nr 5810, Mitteilung des Wyker Bürgermeisters Dr. Meyer vom 5. 11. 1932.

53 Dabei handelte es sich um drei Arbeitslager zum Küstenschutz in Dagebüll, der Wiedingharde und in Fahretoft, wo allein rund 40 Parteimitglieder tätig waren; NfR vom 11. 10. 1932; FLA vom 5. 10. 1932.

Mai 1932 die Initiative zu einem derartigen Projekt im Gotteskoog ergriffen und später auf Föhr und Amrum einen Arbeitsdienst eingerichtet hatte.[54]

Insgesamt betrachtet wirkte sich die Weltwirtschaftskrise im Kreis Südtondern katastrophal aus, ein Umstand, der die endgültige Abkehr der Bevölkerung vom Weimarer Staat ungemein beschleunigte, zumal die Reichsregierung weitgehend untätig blieb und kaum sanierend eingriff.[55] Die Hauptursache für die ungünstigen Auswirkungen des allgemeinen Niedergangs im ökonomischen Bereich bildete im Untersuchungsraum jedoch die überaus ungünstige Wirtschaftsstruktur. Es überrascht daher kaum, daß die „weiße Industrie" auf den Inseln als typischer Krisenindikator merklich früher von der Depression ergriffen wurde als etwa der festländische Kreisteil, da sich die Preise für Rindvieh noch bis ins Wirtschaftsjahr 1929/30 hinein hielten. Als Nutznießer der für viele hoffnungslosen Situation erwies sich die NSDAP, die seit der Septemberwahl 1930 ihren organisatorischen Apparat sehr schnell ausbauen konnte und besonders unter den um ihren sozialen Status bangenden Angehörigen des Mittelstandes eine Vielzahl von Anhängern fand.[56] Die sich bereits im Sommer 1932 auch in Südtondern abzeichnende konjunkturelle Wende zum Besseren – sichtbar anhand der wider Erwarten günstigeren Badebilanz auf Sylt sowie des Anziehens der Fleischpreise[57] – hatte keinen nachhaltigen Einfluß mehr auf die politische Willensbildung.

2. NSDAP UND SCHLESWIG-HOLSTEINISCHER LAND- UND BAUERNBUND

Nachdem die Einigungsbemühungen innerhalb der schleswig-holsteinischen Bauernverbände im Herbst 1928 nur zu einer erneuten Zersplitterung der Inter-

54 Vgl. NfR vom 7. 4., 10. 5. und 8. 10. 1932; FLA vom 11. 5. und 9. 9. 1932. Auf Sylt entspann sich über die Zielsetzungen des freiwilligen Arbeitsdienstes an der Jahreswende 1932/33 ein Streit zwischen der örtlichen NSDAP und dem dortigen Orden, als letzterer die eigensüchtigen Interessen der Sylter Nationalsozialisten bloßlegte. Während der Orden für einen unpolitischen, parteiübergreifenden Einsatz plädierte, sprach sich NS-Ortsgruppenleiter Schemmel für die enge Bindung des geplanten Arbeitsdienstes an die SA aus; vgl. SZ vom 2. 12., 5. 12., 6. 12. und 9. 12. 1932.

55 Vgl. zu den Möglichkeiten der Regierung Brüning, konjunkturanregende Maßnahmen zu ergreifen Knut Borchardt, Zwangslagen und Handlungsspielräume in der großen Wirtschaftskrise der frühen dreißiger Jahre. Zur Revision des überlieferten Geschichtsbildes, in: Stürmer, Die Weimarer Republik, S. 318339 und die sich daran anschließende Kontroverse mit Carl Ludwig Holtfrerich, der den Spielraum Brünings im Gegensatz zu Borchardt größer einschätzt als er genutzt wurde; vgl. HZ 235 (1982), S. 605 ff.; HZ 236 (1983), S. 67 ff.; GG 1984, S. 122 ff.

56 Vgl. Kap. XV.3 und XV.5.

57 Siehe Wirtschaftsbericht für das Jahr 1932, hrsg. von der Industrie- und Handelskammer Flensburg, Flensburg 1933, S. 10 und S. 13; ferner SZ vom 25. 11. 1932.

essenorganisationen geführt hatten, war es im Frühjahr 1929 erneut zu Verhandlungen zwischen Bauernbund und Bauernverein gekommen, die jedoch kein positives Ergebnis erbrachten. Vielmehr nahm der Bauernverein die eigene organisatorische Tätigkeit wieder auf, ohne allerdings auf ein großes Echo zu stoßen. Dem ehemals größten Berufsverband blieben in der Provinz lediglich etwa 5000 Mitglieder treu.[58] Unter dem Eindruck der Provinziallandtagswahl vom November 1929, die der Liste des Bauernvereins eine empfindliche Niederlage bereitet hatte, wurden nun die Verhandlungen zwischen Bauernbund und Landbund intensiviert, die an der Jahreswende 1929/30 schließlich zum Erfolg und Zusammenschluß beider Organisationen zum „Schleswig-Holsteinischen Land- und Bauernbund" führten. Der Bauernverein blieb dieser Neubildung fern, da er grundsätzlich gegen den Reichsspitzenanschluß beim Landbund und die damit verbundene Rechtsorientierung eingestellt war.[59]

Die erfolgte Einigung wurde wie im größten Teil Schleswig-Holsteins auch vom Kreisbauernbund Südtondern lebhaft begrüßt.[60] Geschäftsführer Fröbe bedauerte allerdings, daß es nicht zu einem vollständigen Zusammenschluß gekommen war, unterließ es aber offensichtlich bewußt, auf die wahren Gründe für die Nichteinbeziehung des Bauernvereins einzugehen und sprach nur – ganz im Tone der Landvolkbewegung – von „dunklen Hintermännern und Drahtziehern"[61], die die restlose Einigung hintertrieben hätten. Wenngleich Fröbe den Bauernverein an dieser Stelle nicht direkt angriff, so zielten die Schuldzuweisungen dennoch eindeutig in diese Richtung, sichtbar nicht zuletzt an dem Streit um finanzielle Forderungen seitens des Bauernvereins an den Kreisbauernbund.[62] Das damit verbundene Bekenntnis zu einer deutlicheren Rechtsorientierung der Berufsvertretung entsprach ebenfalls dem Wahlbündnis mit der Landvolkbewegung im Vorfeld der Kreistagswahl vom November 1929. Es ist daher kein Wunder, daß der Kreisgeschäftsführer anläßlich der Generalversammlung des Bauernbundes im Februar 1930 nicht mehr die ohnehin nie existente parteipolitische Neutralität der Interessenorganisation in den Vordergrund schob, sondern sich für die Einflußnahme auf jene Parteien aussprach, die als Sachwalter landwirtschaftlicher Interessen galten.[63] Das waren zu diesem Zeitpunkt die Rechtsparteien – unter Einschluß der NSDAP, die sich seit dem Frühjahr immer intensiver um das Eindringen in den ländlichen Raum bemühte.[64] Hingegen

---

58 Stoltenberg, S. 159. In Südtondern lassen sich Spuren des Fortbestehens nicht feststellen.
59 ebd., S. 160.
60 Vgl. dazu NfR vom 10. 3. 1930.
61 ebd.
62 Die Führung des Bauernvereins wandte sich noch mit der Forderung nach Zahlung rückständiger Mitgliedsbeiträge an den Kreisbauernbund, der allerdings keine Veranlassung dazu sah, dem früher übergeordneten Provinzialverband noch Gelder zukommen zu lassen; PBS, Vorstandsbeschluß vom 6. 3. 1930.
63 Vgl den Bericht in der NfR vom 10. 3. 1930.
64 Dazu Horst R. Gies, NSDAP und landwirtschaftliche Organisationen in der Endphase der Weimarer Republik, in: VfZ 15 (1967), S. 341–376, hier S. 342.

gehörte die DVP nicht mehr dazu, da sie nach dem Tod Stresemanns im Herbst 1929 rasch unter den Einfluß des Industrieflügels geraten war, dessen Belange in diametralem Widerspruch zu denen der Agrarwirtschaft standen.[65]

Die bereits grundsätzlich positive Stellungnahme Fröbes zur NSDAP vor der Reichstagswahl 1930 und die damit verbundene Gratwanderung der Standesvertretung zwischen Rechtskonservatismus und Nationalsozialismus markierten einen politischen Kurs, der nach dem 14. September immer offener zum Radikalismus neigte. Ausgelöst wurde die endgültige Abkehr von der Weimarer Demokratie durch das insgesamt schlechte Wahlergebnis der Landvolkpartei, das eine Stärkung des agrarischen Einflusses auf die Reichsregierung kaum erwarten ließ. Hatten sich auf Kreisebene immerhin knapp 20 % der Wahlberechtigten für Schiele entschieden, so waren es im ganzen Reich lediglich 3,2 % gewesen. Dies bedeutete sowohl eine persönliche Niederlage für den Landwirtschaftsminister als auch die Schwächung der bäuerlichen Interessen innerhalb des Kabinetts Brüning.[66] Gleichzeitig führte nicht zuletzt das enttäuschende Wahlresultat des Landvolks zu einer Intensivierung des Aktivismus von Seiten der NSDAP, die allerdings auf die Bildung einer eigenen bäuerlichen Berufsstandsorganisation verzichtete und statt dessen über die Infiltration der bestehenden Verbände Einfluß zu gewinnen suchte.[67] Ein derartiges Bemühen mußte im Grunde zwangsläufig zum Erfolg führen, da die NS-Agitation gerade in den ländlichen Gegenden massiv darauf abzielte, dem Selbstwertgefühl und den Bedürfnissen des Bauerntums in materieller wie ideeller Hinsicht Rechnung zu tragen und die zunehmende wirtschaftliche Not den Ruf nach dem „starken Mann" bzw. dem neuen Staat jenseits vom Parteiengezänk immer lauter werden ließ.

Auch im Bereich Südtonderns wuchs im Herbst 1930 die Unzufriedenheit mit den Maßnahmen der Reichsregierung zur Behebung der landwirtschaftlichen Probleme. Hatte Fröbe noch im Frühjahr das Hilfsprogramm Schieles begrüßt, so machte sich nunmehr zusehends Unmut breit, da die Zollerhöhungen auf dem Agrarsektor wider Erwarten ohne Erfolg blieben, der fiskalische Eingriff vielmehr die Wirkungslosigkeit solcher Maßnahmen in einer Zeit vollkommen veränderter gesamtwirtschaftlicher Rahmenbedingungen demonstrierte. Zwar wurden die Leistungen des Reichslandwirtschaftsministers nach wie vor gewürdigt, doch mehrten sich immer unverhohlener auch die Stimmen aus den Berufsverbänden, die nach einer völligen Um- bzw. Neugestaltung des Staates riefen, um auf diese Weise eine Sanierung der Lebensverhältnisse in allen Bereichen zu erzielen.[68] Die Agitation gegen den Young-Plan rückte in diesem Zu-

---

65 Bracher, Die Auflösung der Weimarer Republik, S. 78.
66 Gessner, S. 234 ff.
67 Gies, passim; Stoltenberg, S. 168.
68 So hob Major a.D. Scheel als Hauptgeschäftsführer des Land- und Bauernbundes die bislang erzielten Fortschritte der Agrarpolitik unter Schiele auf einer Versammlung in Niebüll hervor, verwies aber gleichzeitig auf die Notwendigkeit grundlegenden Wandels: „Ein gesunder Bauernstand sei nur denkbar in einem gesunden Staat. Deshalb müsse die Landwirtschaft im Kampf für die Erneuerung des deutschen Staates in vorderster Front kämpfen"; zitiert nach NfR vom 29. 11. 1929.

sammenhang zunehmend in den Vordergrund, ein Umstand, der zweifellos in erster Linie auf die einfache und prägnante NS-Propaganda zurückging, die ihren Einfluß auf die politische Willensbildung in dieser Phase beständig vergrößern konnte.[69] Wohl erkannte auch Fröbe die Rolle der Weltwirtschaftskrise als eine Ursache des globalen Preisverfalls an, doch kam seiner wie vieler anderer Ansicht nach den jährlichen „Tributlasten" die zentrale Bedeutung für den ökonomischen Niedergang zu.[70] An grundlegende Reformen zur Rentabilisierung dachte man dagegen jetzt ebensowenig wie in den früheren Jahren[71]; mit Zähigkeit hielten die Landwirte an den überkommenen Strukturen fest, obwohl diese nicht in der Lage waren, den Erfordernissen eines freieren Wettbewerbs zu genügen. Wie in der Kaiserzeit wurde auch jetzt von Seiten des Staates ein Eingreifen zugunsten des veränderungsunwilligen Wirtschaftszweiges verlangt, mithin die Lösung der eigenen schweren Probleme zu Lasten anderer Bevölkerungskreise – insbesondere in den Ballungsräumen – erwartet. Das Scheitern der rechtskonservativen Sanierungsbemühungen unter Schiele beseitigte dann die letzten Hindernisse für die NSDAP und ließ Hitler zum alleinigen Hoffnungsträger speziell derjenigen werden, die die Bedingungen einer modernen Massengesellschaft ablehnten und die Auflösung der gewachsenen Ordnung befürchteten.[72] So kann es nicht verwundern, daß der Kreisgeschäftsführer und mit ihm immer weitere Kreise sich über das Anwachsen der „nationalen Front" freuten, was einer Sympathieerklärung für den Nationalsozialismus gleichkam.[73] Aus diesem ohnehin kaum mehr verhüllten Bekenntnis zu Hitler wurde im April 1931 mit dem Parteieintritt Fröbes ein offenes, womit die NSDAP die wichtigste Persönlichkeit der Standesvertretung in Südtondern gewann.[74] Schon im Januar hatte er die Frage bejaht, ob die Nationalsozialisten landwirtschaftsfreundlich seien und bei dieser Gelegenheit zum Beweis auf Hitlers „Mein Kampf" (!) verwiesen.[75]

69 Vgl. Kap. XV.3.
70 Siehe FZ vom 12. 12. 1930 und LA vom 10. 1. 1931.
71 Es finden sich nirgends Belege dafür, daß die strukturellen Probleme auch nur ansatzweise diskutiert worden wären. Die Zeitungsberichte wie auch das Protokollbuch der Standesvertretung vermitteln nur den Eindruck eines letztlich hilflosen Krisenmanagements. Dieser Eindruck bestätigte sich noch in diversen Gesprächen mit Zeitzeugen.
72 Wulf, Entstehung und Aufstieg, passim.
73 Vgl. etwa NfR vom 17. 12. 1930.
74 BDC, Personalakte Fröbe. Auch der Föhringer Landwirt Hinrich Ocke Bohn trat als Vorstandsmitglied vermutlich noch vor 1933 der NSDAP bei, da er bei der Kommunalwahl im März 1933 für die NSDAP kandidierte; über Bohn lag im BDC kein Material vor. Ferner gehörte auch Vorstandsmitglied Dücke Lützen aus Klanxbüll (geb. 1872, Mitgliedsnr. 1022383) schon vor der „Machtergreifung" zu den Gefolgsleuten Hitlers; BDC, Personalakte Lützen.
75 LA vom 31. 1. 1931. Wörtlich heißt es in dem Bericht: „In der Aussprache wurde der Redner gebeten, ob er die nationalsozialistische Partei für landwirtschaftsfreundlich halte. Dr. Fröbe bejahte die Frage. Aus Hitlers Buch 'Mein Kampf' gehe unzweideutig hervor, daß Hitler die Landwirtschaft nicht allein deswegen fördern wolle, weil er in

Die geschilderte Entwicklung könnte zu der Vermutung Anlaß geben, als hätten fast ausschließlich die eng mit der wirtschaftlichen Situation verflochtenen Probleme dazu geführt, daß sich weite Teile der Südtonderaner Bevölkerung der Hitlerbewegung zuwandten. Daß dem nicht so war, daß der politische Weg zum Nationalsozialismus nach dem Scheitern der Landvolkbewegung und der Volksnationalen Reichsvereinigung lediglich die letzte Konsequenz in einem schon lange von antidemokratischen Ressentiments und politischer Intoleranz geprägten politischen Klima bezeichnete, belegen zum einen die regelrechte Vertreibung des ersten Leiters der Niebüller Friedrich-Paulsen-Schule, Dr. Max Unterhorst, sowie die vernichtende Kritik an Erich-Maria Remarques Roman „Im Westen nichts Neues", der das sinnlose Sterben im Krieg hinterfragt.[76]

Dr. Unterhorst, seit Einweihung der Aufbauschule 1926 deren Direktor, mußte im Februar 1931 geradezu um seine baldmögliche Versetzung nachsuchen, da für ihn eine weitere gedeihliche Zusammenarbeit mit der Bevölkerung des Kreises zur Unmöglichkeit wurde.[77] Als Auslöser für diesen Schritt des wegen seiner demokratischen Einstellung schon früher beargwöhnten Schulleiters wirkte ein von ihm ausgerichtetes Kostümfest, in dessen Rahmen gegen den Radikalismus auf der linken wie auf der rechten Seite ironisch Stimmung verbreitet wurde. Auf einem Scherzplakat stand zu lesen: „Kommunisten und Nazis, für Inventar-Zerlegung und Totaldevastation gilt Solidarhaft."[78] Die Reaktion der politisch rechtsstehenden Öffentlichkeit auf dieses als provozierend empfundene Plakat war von Empörung bestimmt. Neben einem Demonstrationszug vor dem Wohnhaus des Direktors und einem merklichen Rückgang in der Belegung des Schülerheims als unmittelbaren Folgen des harmlosen Faschingsscherzes[79] gab der Vorgang auch dem Bauernbund Anlaß, sich auf seiner Generalversammlung kurz und eindringlich mit dem Thema zu beschäftigen. So wandte sich Karl Johannsen (Ladelundmühle) „unter dem äußerst starken Beifall scharf gegen den Direktor der Aufbauschule, Herrn Unterhorst"[80], eine Stellungnahme, der sich Geschäftsführer Fröbe anschloß.[81] Er war es auch, der mit

Blut und Boden die Grundlagen für die Existenz eines Volkes sehe, sondern auch deswegen, weil er für die industrielle Arbeit einen zuverlässigen inneren Markt schaffen und damit das deutsche Volk auch wirtschaftlich unabhängig von dem Weltmarkt machen wolle." Fröbe bezog sich damit offensichtlich auf die Betonung des „Bauernstandes als Fundament der gesamten Nation"; Adolf Hitler, Mein Kampf, München 1933[18], S. 151.

76 Erich Maria Remarque, Im Westen nichts Neues, Berlin 1929.
77 LAS 301/5918, Dr. Unterhorst an Provinzialschulkollegium vom 24. 2. 1931.
78 ebd., Provinzialschulkollegium an preußischen Unterrichtsminister vom 2. 3. 1931.
79 ebd.; die Lokalpresse nahm bezeichnenderweise keine Notiz von dem Vorfall. Das NS-Gauorgan schenkte ihm immerhin im Rahmen eines kurzen Berichts über die Generalversammlung der Standesvertretung Beachtung; SHT vom 26. 2. 1931.
80 PBS, Generalversammlung vom 24. 2. 1931.
81 LA vom 25. 2. 1931. Demnach sagte Fröbe diesbezüglich: „Wenn ein Leiter der Aufbauschule wegen seiner politischen Gesinnung das Feld räumen müsse, so sei das hinzunehmen. . ." Vgl. dazu die Reaktion des Bauernvereins auf die Versetzung des

seinen kulturkritischen Äußerungen die Stimmung des weit überwiegenden Teils der Bevölkerung wiedergab. Im Januar 1931 rechnete er mit dem „marxistischen Einfluß" im gesamten Geistesleben ab und hob in diesem Zusammenhang den nach Remarques Vorlage gedrehten Film „Im Westen nichts Neues" hervor, der bedauerlicherweise nicht zensiert worden sei, obwohl er dem deutschen Empfinden Schaden zufüge.[82] Wenngleich Fröbe damit zumindest verbal nicht so weit ging wie etwa die Sylter Ortsgruppe der NSDAP, die anläßlich einer nicht öffentlichen Vorführung des von ihr als „Sudelfilm" diffamierten Streifens im Sommer 1931 mit der Aufkündigung des Badefriedens bei derlei Provokation drohte[83], so wohnte der Kritik des Geschäftsführers doch der gleiche Tenor inne. Es läßt sich damit ein hohes Maß an politischer Verblendung und mangelhafter Bereitschaft zur Selbstkritik feststellen, das sich keinesfalls als Ausfluß wirtschaftlicher Not begreifen läßt, sondern vielmehr die Grundlage bildete, auf der die Saat der Hitlerbewegung immer rascher gedeihen konnte.

Die Radikalisierung innerhalb des Kreisbauernbundes, die in etwa mit der Entwicklung auf Provinzebene Schritt hielt[84], war mit dem Eintritt des Geschäftsführers in die NSDAP allerdings noch nicht auf ihrem Gipfelpunkt angelangt. Sie wurde durch die Nichteinbeziehung der Provinz in das sog. „Osthilfeprogramm" und in die Unwetterschäden vom Sommer 1931 noch zusätzlich gesteigert und erreichte im Herbst 1931 in der Auseinandersetzung mit der „Nothilfe Ladelund" einen neuerlichen Höhepunkt. Dort hatte sich unter der Führung des bereits erwähnten Landwirts und Anhängers der Landvolkbewegung, Karl Johannsen, nahezu die gesamte Einwohnerschaft zusammengeschlossen, um durch gegenseitige Unterstützung aller Bürger die schlimmsten Folgen der wirtschaftlichen Not lindern zu helfen.[85] Diese Aktion sollte über alle Parteigrenzen hinweg und dem Gebot der Nächstenliebe folgend auch Kommunisten miteinbeziehen und ihnen ebenfalls die Existenz garantieren.[86]

Gerade dies aber war sowohl für die NSDAP[87] als auch für den Kreisbauernbund Anlaß zu schärfstem Protest, galt der Kommunismus doch als „Todfeind

---

Landrats Bielenberg im Januar 1925 (Kap. X). – Die Chronik der Schule enthält bedauerlicherweise keinen Hinweis auf die Umstände des Direktorenwechsels; Wilhelm Heidrich, Geschichte der Friedrich-Paulsen-Schule in Niebüll (1922–1967), Otterndorf/Niederelbe o.J. [1967].

82 LA vom 10. 1. 1931.

83 Sylter Archiv, Akten der Polizeiverwaltung der Stadt Westerland, Sicherheitsangelegenheiten, Kinematographie; Ortsgruppe Westerland an Bürgermeister Kapp vom 22. 8. 1931.

84 Dazu Stoltenberg, S. 177 ff.

85 Siehe die Berichte im LA vom 19. 9. 1931 und in der NfR vom 30. 9. 1931.

86 In diesem Sinne äußerte sich Johannsen auf einer Versammlung des Kreisbauernbundes; NfR vom 30. 9. 1931.

87 Der schon mehrfach erwähnte NS-Propagandist Martin Matthiesen verbot anläßlich einer Parteiversammlung den Mitgliedern den Beitritt zur Nothilfe, da sie auch Reichsbannerangehörigen und Kommunisten offenstünde und ohnehin keine wirksame Hilfe leisten könnte; vgl. LA vom 2. 11. 1931.

der Landwirtschaft".[88] Die Johannsen nachgesagten Kontakte zu Kommunisten und die ihm vorgeworfenen kompromittierenden Äußerungen gegenüber dem Vorstand der Standesorganisation führten im Frühjahr 1932 schließlich zu seinem Ausschluß aus dem Bauernbund, dessen Vorstand diesen Beschluß einstimmig faßte.[89] Der Ladelunder Landwirt, im Februar 1931 noch bejubelter Befürworter der Versetzung Dr. Unterhorsts, wurde damit selbst das Opfer des scharfen Kurses der Bauernorganisation, der auch von denjenigen Vorstandsmitgliedern bereitwillig mitgetragen wurde, die nicht zu den Parteigängern Hitlers zählten. Wie sehr auch sie die „Machtergreifung" vom 30. Januar begrüßten, sollte sich bald danach in geradezu menschenverachtender Weise zeigen.[90]

Rückblickend auf die Gesamtentwicklung der Berufsvertretung in den letzten fünf Jahren ist unzweideutig eine immer stärkere Rechtsorientierung zu konstatieren, eine Richtung, die spätestens 1924 mit der energischen Distanzierung von der DDP ihren Ausgang genommen hatte und 1931/32 direkt in die Arme der sich als Retterin des Bauerntums anpreisenden NSDAP führte. Großen Anteil daran trug der bereits mehrfach erwähnte junge, seit 1926 als Geschäftsführer amtierende Dr. August Fröbe (geb. 1901), der sich durch sein häufiges öffentliches Auftreten im Rahmen von Veranstaltungen des Bauernbundes und als Diskussionsredner im Wahlkampf den Ruf von Sachkompetenz erworben hatte. Er übte einen nicht unbeträchtlichen Einfluß auf die politische Willensbildung der Bauern aus und bestimmte in starkem Maße die Geschicke der Kreisorganisation.[91] Spätestens mit dem Brückenschlag zur Landvolkbewegung im Jahre 1929, der durch seinen tatkräftigen Einsatz zustande gekommen war, zeigte sich, daß der Geschäftsführer die eigentlich dominierende Rolle innerhalb der Interessenvertretung spielte. Es wäre dennoch nicht richtig, ihm, der 1933 das Amt des Landrats übernahm[92], die Hauptschuld für die weitere Radikalisierung anzulasten, doch setzte er mit seinem Parteibeitritt ein unübersehbares Zeichen, das für viele, besonders jüngere Landwirte zum Vorbild wurde.

88 Dies war der zentrale Punkt, der den Vorstand des Bauernbundes zur Ablehnung des gesamten Programms bewog, das im übrigen nicht kritisiert wurde; NfR vom 29. 9. 1931.

89 Vgl. NfR vom 14. 3. 1932.

90 Siehe Kap. XV.5.

91 Dieser Eindruck stützt sich auf zahllose Presseartikel, die Angaben etlicher Zeitzeugen und auf die Aussagen Fröbes; Gespräch mit dem Verfasser vom 24. 8. 1987. U.a. diesem Umstand verdankte Fröbe im April 1933 seine Berufung zum Landrat.

92 Fröbe amtierte bis 1945 Landrat des Kreises. In den fünfziger Jahren war er maßgeblich an der Verwirklichung des „Programms Nord" beteiligt. Vor 1933 gehörte er zunächst der Ortsgruppe Leck als Mitglied an und übte hier das Amt eines Schulungsleiters der Partei aus. 1932 wurde er zum landwirtschaftlichen Kreisfachberater und zum Beisitzer des Kreisgerichts der NSDAP, dessen Vorsitz er 1934 übernahm; Angaben lt. BAK R 16 I, Nr 399 und NfR vom 21. 4. 1933.

3. DER ORGANISATORISCHE AUSBAU DER NSDAP AUF KREISEBENE

a) Der Ausbau des Parteiapparates

Im Zeitraum zwischen den Regionalwahlen vom November 1929 und der Reichstagswahl vom 14. September 1930 hatte die NSDAP in Südtondern zwar gewisse Fortschritte erzielen können, doch waren diese im Vergleich zu anderen Landkreisen noch relativ bescheiden geblieben. Das Interesse der Bevölkerung an den Wahlveranstaltungen und besonders das gute Ergebnis für die Nationalsozialisten belegen jedoch, daß das systemablehnende Potential in stetigem Wachsen begriffen war und lediglich darauf wartete, organisatorisch wirksam zusammengefaßt zu werden. Die immer weitere Kreise ziehenden wirtschaftlichen Erschütterungen, die zu diesem Zeitpunkt schon kaum mehr durchgreifend bekämpft werden konnten[93], kamen den Bemühungen der Hitlerbewegung sehr entgegen, da sie weiterhin als die unverbrauchte politische Kraft dastand, die eine von Grund auf andere und bessere Politik zu treiben versprach.

Den weiteren Ausbau des organisatorischen Apparates im Untersuchungsraum begünstigte in der Zeit nach dem 14. September das Auseinanderbrechen der Staatspartei.[94] Hatten sich schon vor der Reichstagswahl zahlreiche Mitglieder der Volksnationalen Reichsvereinigung enttäuscht von der Verbindung des Jungdeutschen Ordens mit der DDP abgewandt, so bedeutete das insgesamt deprimierende Wahlresultat der neuen politischen Kraft faktisch das Ende jener Aufbruchbewegung, die am Anfang des Jahres mit soviel Elan begonnen hatte. Der Streit um die programmatische Führungsrolle innerhalb der Staatspartei führte Anfang Oktober schließlich zum endgültigen Bruch und dem Auszug der volksnational-jungdeutschen Abgeordneten aus der gemeinsamen Fraktion. Die Folge des Scheiterns dieser Bewegung war, daß die VR nun auch in Südtondern vor dem Ende stand. Die Niebüller Bruderschaft des Ordens löste sich auf und trat mehr oder minder geschlossen zum Stahlhelm über.[95] Lediglich in Westerland und Leck vermochten sich die örtlichen Verbände zu halten, wenngleich von ihnen in den kommenden Monaten bis zur „Machtergreifung" kaum mehr wirkungsvolle Impulse ausgingen.[96] Zwar trat etwa der Lecker Großmeister Dr. Hogrefe – seit 1932 zugleich als Großkomtur der Ballei Nordmark tätig – weiterhin noch den NS-Rednern entgegen, doch hatte beispielsweise das Engagement zugunsten Hindenburgs im Reichspräsidentenwahlkampf 1932 keine

---

93 Borchardt, S. 322.
94 Vgl. Hornung, S. 108 ff.
95 Vgl. Koester, S. 18. Nach eigenen Angaben baute Otto Johannson nach 1930 eine neue Ortsgruppe des Ordens in Niebüll auf, die jedoch keine Bedeutung mehr erlangte; Gespräch mit dem Verfasser vom 20. 11. 1987.
96 Es kam dabei zum Zusammenschluß der restlichen Mitglieder der VR mit dem Orden selbst, die Verbindung nannte sich fortan „Jungdeutsche Bewegung".

Wirkung mehr auf den politischen Meinungsbildungsprozeß[97], den nun auch im Bereich der Geest binnen kürzester Frist allein noch die NSDAP bestimmte.

Ihre Agitationstätigkeit nahm die Hitlerbewegung nach einer sechswöchigen Pause im Herbst 1930 wieder auf, dann allerdings in einem Umfang, der den unbedingten Willen bezeugte, den Kreis vollständig zu „erobern". So begann am 30. Oktober mit einer Versammlung in Süderlügum eine Welle von Veranstaltungen, wie es sie selbst in dem relativ energisch geführten Wahlkampf nicht gegeben hatte.[98] Dabei wurden jetzt auch die Geestgemeinden merklich intensiver in die Propaganda miteinbezogen, was bis dahin wohl nicht zuletzt aus taktischen Gründen unterblieben war.[99] Spätestens von nun an präsentierte sich die NSDAP auch als Sammelbecken für all jene, die bis zum September durch die Unterstützung der VR die Überwindung des bestehenden Parlamentarismus hatten erreichen wollen. Geradezu von symbolhafter Bedeutung war es, daß es der NSDAP Ende Oktober / Anfang November gelang, in Leck eine Ortsgruppe aufzubauen, deren Mitgliederzahl laut Parteiangaben von anfänglich 30 rasch auf 70 kletterte und beständig weiter wuchs.[100] Damit war der entscheidende Einbruch in die jungdeutsche „Hochburg" des Kreises geglückt, der sich anbahnende Wachwechsel bezüglich der Bedeutung im Raume Südtondern endgültig vollzogen. Nicht lange sollte es dauern, bis die Ideen der Hitlerpartei die der jungdeutschen völlig an den Rand drängten. Bezeichnenderweise fand selbst Dr. Hogrefe auf einer Parteiveranstaltung anerkennende Worte für die Äußerungen des NS-Redners Gewecke, indem er bei allen Vorbehalten betonte, vieles von dem Gehörten hätte auch ein jungdeutscher Redner vertreten können, womit sich der Großmeister besonders auf die Forderung nach Überwindung des bestehenden Systems und die Beseitigung des marxistischen Einflusses im Staat bezog.[101] Die Betonung solcher ideologischer Berührungspunkte führte in dieser Phase jedoch nurmehr zur Schwächung der Position des Ordens und erleichterte noch zögernden Anhängern Mahrauns den Weg zum Hakenkreuz erheblich.[102]

97 Vgl. Kap. XV.5.
98 Insgesamt fanden bis zum 31. 1. 1931 29 Versammlungen statt; errechnet nach den monatlichen Berichten des Landrats; LAS 301 / 4691.
99 Vgl. Kap. XIV.3.
100 LA vom 24. 11. 1930 und LA vom 17. 10. 1935. Die zunächst angegebene Zahl von 42 Gründungsmitgliedern (LA vom 3. 11. 1930), entsprach demnach nicht den Tatsachen. Die Leitung der Ortsgruppe übernahm der Tierarzt Dr. Georg Carstensen (geb. 1892, Pg. 1. 11. 1930), ein überzeugter Anhänger der NS-Weltanschauung, der 1933 zunächst Kreisleiter Südtonderns wurde, und seit 1935 das gleiche Amt für den Kreis Schleswig bekleidete. Nach 1945 wurde Carstensen, der von keinerlei Gewaltakten gewußt haben wollte, zu einer zweieinhalbjährigen Haftstrafe verurteilt; BAK, Z 42, Nr IV 1508.
101 LA vom 11. 12. 1930.
102 Bezeichnend hierfür war der politische Weg dreier Männer aus der Führungsriege des Ordens. So traten der einstige Ordenskanzler Bornemann und Reichspressewart August Abel schon im März 1933 der NSDAP bei; BAK, R 161, Nr 14. Auch der Staatsrechtler und Mitglied der Ordensleitung Dr. Reinhard Höhn verließ den Orden und trat zur NSDAP über; Finker, Jungdeutscher Orden, S. 147.

Nach der Wahl vom September griff die NSDAP jedoch auch neue, der Bevölkerung bis dahin weitgehend unbekannte taktische Mittel zur Verstärkung der Propaganda. Hatten die Gefolgsleute Hitlers es vor dem 14. September weitgehend vermieden, in den Veranstaltungen des politischen Gegners aufzutreten, so wurde nun – Zeichen des gestiegenen Selbstbewußtseins – die Konfrontation mit den anderen Parteien gesucht. Anläßlich einer SPD-Versammlung in Niebüll am 14. November, auf welcher mit dem Altonaer Polizeipräsidenten Otto Eggerstedt[103] ein profilierter Sozialdemokrat über „Die Wahlversprechungen der Nationalsozialisten und ihre Tätigkeit im Reichstage" sprach, kam es zu heftigen Auseinandersetzungen mit den zahlreich anwesenden Anhängern Hitlers, die den Redner durch Zwischenrufe am Reden zu hindern und einzuschüchtern versuchten.[104] Eggerstedt wies zu Recht auf den krassen Widerspruch zwischen Theorie und Praxis der nationalsozialistischen Reichstagsabgeordneten hin, die durch ihre Obstruktionspolitik jede konstruktive Arbeit im Parlament verhinderten und gar nicht an eine Mitwirkung zur Lösung der anstehenden Probleme dächten. Der Polizeipräsident legte auf diese Weise schonungslos den Legalitätskurs der Hitlerpartei bloß. Als Gegenreferent griff „Gauredner" Martin Matthiesen anschließend die Sozialdemokratie unter dem Beifall der Mehrheit des Publikums scharf an, machte sie für die „Vernichtung des deutschen Mittelstandes" verantwortlich und nutzte seine Ausführungen schließlich noch für die eigene Parteipropaganda. Am Ende dieser „Gegendarstellung" verließen Matthiesen und der größte Teil der Besucher unter Absingen von Kampfliedern die Versammlung. Daß die Hitleranhänger mit ihrer Demonstration erfolgreich waren, bewies eine Erklärung der SPD als Antwort auf eine „Einladung" der NSDAP zu einer Parteiveranstaltung, die wenige Tage später in der „Nordfriesischen Rundschau" erschien[105]:

„Die öffentliche Versammlung der SPD hat gezeigt, daß die Nationalsozialisten keinen sachlichen Kampf führen wollen. Da für uns nach dem Auftreten in dieser Versammlung keine Gewähr gegeben ist, daß unser Diskussionsredner in Ruhe sprechen kann, müssen wir auf die Teilnahme an der nationalsozialistischen Versammlung verzichten.
Sozialdemokratische Partei

i. A. Paul Dölz"

Der Verzicht auf die Stellung eines Gegenredners in der Veranstaltung mit Gauleiter Lohse am 20. November kam im Grunde einer Kapitulation vor dem Nationalsozialismus gleich, der sich mehr und mehr anschickte, die entscheidende Rolle im Bewußtsein immer weiterer Bevölkerungskreise zu spielen. Kritischen Tönen wie denen Eggerstedts wurde kein Gehör mehr geschenkt, die Zahl derjenigen, die sich einer sachorientierten Diskussion zugänglich zeigten, nahm beständig ab. Zudem leisteten die übrigen Parteien kaum noch Gegenwehr und traten fast überhaupt nicht mehr in Erscheinung. Es war dies ein deutliches

103 Über Otto Eggerstedt, der bereits 1933 in einem der ersten „wilden" Konzentrationslager ermordet wurde, siehe den Beitrag im Jahrbuch zur Arbeiterbewegung Bd III, S. 447–449.
104 Vgl. den Bericht in der NfR vom 15. 11. 1930.
105 NfR vom 20. 11. 1930.

Signal wachsender Resignation speziell der bürgerlichen Gruppierungen, die der simplen nationalsozialistischen Propaganda angesichts der sich verschärfenden Krise nichts auch nur annähernd Vergleichbares entgegenzusetzen hatten und sich zusehends in die Defensive gedrängt sahen. Es rächte sich nun die mangelhaft entwickelte Bindung besonders zwischen den liberalen Parteien und ihren Anhängern, die allenfalls zu Wahlkampfzeiten zum Tragen kam, ansonsten aber weitgehend ruhte. In diesem Sinne verfügte neben dem Zentrum höchstens noch die SPD als Vertreterin des demokratischen Lagers über einen relativ engen Kontakt zur Basis, doch stand auch die traditionelle Arbeiterpartei in dieser Hinsicht gegenüber der NSDAP auf verlorenem Posten.[106] Der Hitlerbewegung ging es jedoch nicht nur um eine enge Bindung zu ihren Mitgliedern, sondern faktisch um deren Beherrschung im alltäglichen Leben und um die Ausschaltung jedweden kritischen Individualismus.[107]

Der Erfolg der NS-Propagandawelle schlug sich bis zum Ende des Jahres 1930 bereits in einer merklich gestiegenen Zahl an Ortsgruppen und Mitgliedern nieder. Noch in der Endphase des Wahlkampfes konnte in Wyk eine Ortsgruppe gegründet werden, die zunächst 19 Mitglieder zählte und die Inseln Föhr und Amrum sowie die Hallig Langeneß umfaßte. Anfang Oktober konstituierte sich ebenfalls in Westerland eine Ortsgruppe, so daß nun auch im Bereich der Inseln organisatorische Brückenköpfe der NSDAP existierten. Innerhalb von nur drei Monaten erreichte die Hitlerpartei damit eine entscheidende Verbesserung ihrer Position. Waren Anfang September erst 117 Parteimitglieder von offizieller Seite registriert worden, so hatte sich die Zahl der Ortsgruppen wie der Parteimitglieder bis zum Jahresende zumindest verdoppelt.[108] Dennoch war die Gauleitung trotz der zügigen Fortschritte noch nicht zufrieden, wie aus einem Bericht vom 4. Februar 1931 hervorgeht, in welchem die Lage u.a. in Südtondern als „noch nicht befriedigend" eingestuft wurde. Trotzdem heißt es in Anerkennung der politischen Arbeit in dem Schreiben[109]:

„Die unter C [gemeint sind Südtondern und weitere Kreise im Osten der Provinz, d. Verf.] und D [Bordesholm, d. Verf.] aufgeführten Bezirke wurden schon seit einiger Zeit mit sehr erfreulichen Erfolgen unter Trommelfeuer genommen. In dieser Beziehung wird von den Bezirksleitungen Nordost und Ostholstein sowie von den Kreisleitungen Südtondern, Plön und der Ortsgruppe Neumünster Hervorragendes geleistet."

---

106 Bezeichnend für die Lage der SPD war, daß auch sie mit der Abspaltung der „Sozialistischen Arbeiterpartei" an der parteipolitischen Erosion beteiligt war; dazu Winkler, Der Weg in die Katastrophe, S. 584 ff.
107 Bracher, Die deutsche Diktatur, S. 155 ff. Besonders deutlich zeigte sich dies Streben in der SA; vgl. Kap. XV.3.b).
108 Zahlenangabe für Wyk lt. Egon Petersen/Hugo Hinrichsen, 300 Jahre Wyker Geschichte 1638-1938, Wyk 1938, S. 55; SZ vom 11. 9. 1935. Demnach gehörten der Sylter Ortsgruppe am Ende des Jahres 1930 rund 60 Mitglieder an. Der Anfang Dezember 1930 gegründeten Ortsgruppe Neukirchen schlossen sich angeblich auch sofort 20 Personen an; NfR vom 10. 12. 1930.
109 BAK, Sammlung Schumacher, Nr 208 I, Gauleitung an Parteileitung München vom 4. 2. 1931.

10 *Die erste Hakenkreuzflagge auf Sylt, am Westerländer Strand im September 1930; in dunkler Kleidung Gauleiter Hinrich Lohse, rechts neben ihm der Löwenstedter SA-Führer Heinrich Lorenzen*

Dem Versuch zur intensiveren Durchdringung des Untersuchungsraumes entsprach es, daß die Propagandaaktivitäten im Jahre 1931 noch mehr forciert wurden. Neben dem Auf- und Ausbau der wichtigsten Unterorganisationen[110] stand dabei die Parteimitgliederwerbung im Vordergrund. Selbst die Insel Amrum wurde jetzt in die Parteiarbeit miteinbezogen.[111] Generell drang die NSDAP zusehends bis in die kleinsten Gemeinden des Kreises vor und setzte die Bewohner durch ständige Präsenz geradezu unter Druck.[112] Die Serien von Veranstaltungen beschränkten sich dabei nicht mehr nur auf reine Agitationsabende, sondern wurden auf verschiedene Art und Weise ergänzt. Neben der Einrichtung einer NS-Bibliothek in Niebüll[113] entwickelten sog. „Deutsche Abende" mit bisweilen anschließendem „Deutschen Tanz" eine besondere Zugkraft auf das zumeist nach hunderten zählende Publikum.[114] Eingeleitet wurden diese Veranstaltungen nach dem Muster anderer Wehrverbände regelmäßig durch die

110 Vgl. Kap. XV.3.b) und XV.3.c).
111 Hier fand Anfang März 1931 die erste Parteiveranstaltung in Nebel unter zahlreicher Beteiligung der Bevölkerung statt; siehe die Berichte im FLA und in der FZ vom 4. 3. 1931.
112 Die Vielzahl der Veranstaltungen spiegelt sich in in den statistischen Angaben des Landrats aus den Jahren 1931 und 1932 wider; vgl. LAS 301/4691–4693.
113 NfR vom 4. 6. 1931.
114 Die größte Veranstaltung dieser Art fand am 11. Januar 1931 in Niebüll vor rund 1000 Besuchern statt; LAS 301/4691, Ldr. an RP vom 4. 2. 1931.

demagogischen Ausführungen eines NS-Redners, an die sich „kulturelle" Beiträge in Form von Rezitationen, lebenden Bildern, Marschmusik, das gemeinsam gesungene „Horst-Wessel-Lied"[115] oder auch Theaterstücke[116] anschlossen. Zuweilen fanden auch noch Verlosungen statt, so daß die geschickt inszenierte Mischung aus Indoktrination und Unterhaltung zusätzlich an Attraktivität gewann und die Anwesenden zumindest für ein paar Stunden aus dem tristen Alltag herausriß.[117] Der Wyker Ortsgruppenleiter Dr. Roeloffs stellte anläßlich eines Deutschen Abends in Oldsum zusätzlich die friesische Sprache in den Dienst der NSDAP und suggerierte auf diese Weise die enge Verbindung zwischen Nationalsozialismus und Friesen[118]:

„Lew Loonslidj, jam sai was, nü san dö Nazis all waller her, vör kurt iast sans mä hunnerten her troch ät Lunn tanjen, än san frinjelk abnimmen, än gud bewiartet wurden. Nü san wi iljeng all waller her. Jä, wi skell det, wi gung immer waller ütj übt Lunn, ei allian her, un't gans thiesk Rick, am a Lidj abtowreknin, dann hat gungt am Thiesklunn."

Der dramatische Preisverfall in der Viehwirtschaft, der sich in immer verheerenderem Maße auf die ökonomische Situation der Bauern auswirkte, leistete den alles versprechenden NS-Rednern wertvolle Hilfe bei der Gewinnung neuer Mitglieder. Es überrascht daher nicht, daß die „Katastrophen- und Verelendungstheorie"[119] im Rahmen der Propaganda laufend mehr Bewohner zum Eintritt in die Hitlerbewegung veranlaßte, vor allem als sich auch Kreisbauernbundgeschäftsführer Dr. Fröbe seit dem Januar kaum mehr verhüllt zur NSDAP bekannte. Nach nahezu jeder Parteiveranstaltung erklärten Zuhörer – begeistert und verblendet vom emotionalen Eindruck der Reden und Vorführungen – ihren Beitritt.[120] Selbst der Umstand, daß Veranstaltungsbesuche, Parteimitgliedschaft oder auch eine SA-Uniform finanzieller Mittel bedurfte, hielt viele ansonsten Notleidende nicht von einem aktiven Einsatz zugunsten Hitlers ab. Der Andrang nahm im Verlaufe des Jahres derartig zu, daß die Gauleitung eine neu-

---

115 So im März 1931 in Wyk; FZ vom 13. 3. 1931.
116 Zum „Repertoire" gehörten dabei insbesondere das antisemitisch unterlegte Hetzstück „Hakenkreuz und Sowjetstern", das bei zahlreichen Aufführungen im Untersuchungsraum für Begeisterung unter den Zuschauern sorgte; vgl. etwa FZ vom 13. 3. 1931; NfR vom 9. 9., 9. 11., 10. 11. 1931.
117 FZ vom 13. 3. 1931. Im Februar 1932 warb die NSDAP gar mit einer Boxveranstaltung in Oldsum / F. für die Sache Hitlers; FLA vom 12. 2. 1932.
118 FZ vom 16. 11. 1931. Übersetzung: „Liebe Landsleute, Ihr sagt gewiß, nun sind die Nazis schon wieder hier. Vor kurzem erst sind sie hier zu hunderten durchs Land gezogen und freundlich aufgenommen und gut bewirtet worden. Nun sind wir heute abend schon wieder hier. Ja, wir müssen das tun, wir gehen immer wieder hinaus aufs Land, nicht nur hier, sondern im ganzen Reich, um die Leute wachzurütteln, denn es geht um Deutschland."
119 Bracher, Die deutsche Diktatur, S. 203.
120 Die Presse berichtete laufend über das weitere Anwachsen der NSDAP. Den höchsten Zuwachs konnte die Hitlerbewegung dabei in Neukirchen verbuchen, wo sich nach einem Deutschen Abend angeblich 42 Personen den Nationalsozialisten anschlossen; NfR vom 25. 2. 1932.

erliche Umgruppierung des Organisationsgefüges vornehmen mußte, um die Eintrittswelle bewältigen zu können. Der auch für den Kreis Südtondern zuständige Kreisleiter Hermann Hansen aus Husum übernahm die Leitung des Bezirks „Nord-West" (Kreis Husum und Südtondern) mit Sitz und eigener Geschäftsstelle in Viöl (Kreis Husum).[121]

Wenngleich fast keinerlei parteioffizielle noch behördliche Angaben über den Stand der NSDAP-Mitgliedschaft in den Jahren 1931 und 1932 vorliegen[122], so ist doch angesichts der späteren Wahlergebnisse[123] damit zu rechnen, daß die Ortsgruppen auf der Geest einen im Vergleich zu denen in der Marsch größeren Personenkreis erfaßten. Dies hatte seine Ursache im wesentlichen darin, daß die Geestdörfer auch in den zwanziger und dreißiger Jahren noch ein merklich fester gefügtes soziales Gebilde darstellten als etwa die Gemeinden in der Marsch.[124] Schon die im Vergleich zum fruchtbaren Westen des festländischen Kreisteils geschlossenere Siedlungsweise läßt darauf schließen, daß hier wie auch in zahlreichen Inseldörfern wirkliche Dorfgemeinschaften existierten, in denen die sozialen Unterschiede zwischen den Einwohnern nicht als so trennend empfunden wurden wie etwa in Angeln oder an der südlichen Westküste.[125] Diese Homogenität spiegelte sich ebenfalls im Wahlverhalten der Geestdörfer wider, in denen 1919 mehrheitlich für die Landespartei, 1924 für die DNVP und 1930 in stärkerem Maße für die Landvolkpartei votiert worden war. Als im Zeichen der Not die ersten führenden Persönlichkeiten wie Dr. Fröbe oder der Lecker Tierarzt Dr. Carstensen der NSDAP beitraten, beschritten zahlreiche Bauern den gleichen Weg, um innerhalb der Dorfgemeinschaft nicht als Außenseiter zu gelten.[126] Der gemeinschaftsartige Charakter der Geest- und vieler Inseldörfer trug somit dazu bei, daß die Mitgliederzahlen der Hitlerbewegung vermutlich um einiges höher lagen als in der Marsch.[127] Hier standen die Nationalsozialisten aufgrund der schon angesprochenen Siedlungsweise – zahllose verstreut gele-

121 LAS 309/22864, LKPF an RP vom 27. 10. 1931.

122 Eine Ausnahme bildeten in dieser Hinsicht nur die Inseln sowie SA und SS; s.u.

123 Vgl. Kap. XV.5.

124 Zum Folgenden Heberle, S. 92 ff.; Heinacher, S. 345 f.

125 Für die Marschbauern Südtonderns spielte der Standesdünkel insgesamt keine so große Rolle wie in Dithmarschen; vgl. Heberle, S. 52.

126 Degn, S. 292. Ähnliche Vorreiterfunktion dürften die Beitritte führender Gemeindevertreter ausgeübt haben. So trat z. B. der Gemeindevorsteher und Landwirt Paul P. Mommsen (Engerheide) im Oktober 1930 der NSDAP bei; LAS 320/651. Weitere Beispiele in LAS 320/561, LAS 320/614 und LAS 320/636.

127 Es sei nochmals darauf hingewiesen, daß keine exakten Zahlenangaben vorliegen. Einer Zeitungsmeldung zufolge trafen sich in Leck über 500 Personen zu einer Generalmitgliederversammlung. Aus dem Bericht geht allerdings nicht hervor, ob diese alle zur Lecker Ortsgruppe gehörten; LA vom 25. 2. 1932. Die Größenordnung wäre jedoch durchaus denkbar, legt man die Richtigkeit der Angaben Dr. K. Michelsens zugrunde, der im April 1932 von einer Verzehnfachung der Mitgliederzahl seiner Ortsgruppe innerhalb des vergangenen Jahres berichtete; LA vom 9. 4. 1932. Behördlichen Angaben zufolge hatte die Süderlügumer NSDAP schon um die Jahreswende 1929/30 rund 40 Mitglieder; vgl. Kap. XIII.3.a).

gene Höfe und nur relativ wenige geschlossene Dörfer – vor erheblich größeren Problemen, was die „Erfassung" aller Bewohner anlangt. Der Siedlungsstruktur entsprach es auch, daß im Bereich der Festlandsmarsch nur relativ wenige Ortsgruppen existierten, die dafür aber über einen größeren Einzugsbereich verfügten.[128]

Wie auf dem Festland, so schritt 1931 und 1932 auch auf den Inseln der Ausbau des Parteiapparates im Zeichen der schwierigen wirtschaftlichen Lage voran. So konnte im März 1931 die Ortsgruppe Föhr faktisch aufgelöst werden, da zu diesem Zeitpunkt eigene Stützpunkte in Nieblum und Oldsum entstanden, die sich wenig später verselbständigten und in kurzer Zeit über einen beachtlichen Mitgliederbestand verfügten.[129] Bis zum Ende des Jahres 1931 hatte die Partei auf der „grünen" Insel einen Anhang von rund 200 Mitgliedern, davon reichlich 100 auf dem Land.[130] Auch die Amrumer Nationalsozialisten lösten sich im September 1931 aus der Abhängigkeit[131] der Nachbarinsel und firmierten fortan unter der Leitung des Arztes Dr. Wilhelm Ide[132] als eigenständige Ortsgruppe, die nicht überprüfbaren Meldungen zufolge Ende 1931 rund 50 Mitglieder umfaßte.[133] Die Amrumer Bevölkerung hinkte damit genau wie die Westerlandföhrer in organisatorischer Hinsicht der tatsächlichen Stimmung beträchtlich hinterher, wie sie bei der Reichstagswahl im September 1930 zutage getreten war. Es bestätigte sich in diesem Mißverhältnis die betont zurückhaltende Art der Insulaner insofern, als die ideellen Grundlagen der Hitlerbewegung merklich rascher aufgesogen wurden als deren äußeres Erscheinungsbild, das sich auf den bis dahin parteipolitisch kaum organisierten Inseln nur zögerlich durchzusetzen vermochte.[134]

Etwas anders verhielten sich die Dinge auf Sylt, wo die bis 1933 einzige Ortsgruppe der Insel nach einem stürmischen Aufwärtstrend im Jahre 1930 – die Mitgliederzahl stieg von 7 im Oktober auf annähernd 60 am Jahresende[135] – in eine Phase der Stagnation verfiel. Dies hatte mehrere Ursachen. Zum einen erkrankte der Leiter, der Arzt Dr. Johannes Grote so schwer, daß er zu Beginn des Jahres 1931 die Führung für längere Zeit abgeben mußte.[136] Ferner geriet die In-

---

128 Ortsgruppen existierten vor 1933 in Neukirchen, Emmelsbüll, Niebüll, Maasbüll und in Risum-Lindholm. Auf der Geest bestanden Ortsgruppen in Achtrup, Ladelund, Medelby, Süderlügum, Leck, Klixbüll, Sprakebüll, Enge-Sande, Stadum, Soholm, Wester- und Osterschnatebüll.

129 FLA vom 20. 11. 1931. Demnach hatte die Nieblumer Ortsgruppe bereits über 50 Mitglieder, drohte aber jetzt schon von der Oldsumer NSDAP eingeholt zu werden. Die Wyker Ortsgruppe, zu deren Mitgliedern auch die Parteimitglieder aus den Dörfern Wrixum und Oevenum gehörten, umfaßte vor 1933 144 Personen; Petersen / Hinrichsen, S. 58

130 ebd.

131 ebd.

132 Über Dr. Ide s. u. S. 353, Anm. 152.

133 Petersen / Hinrichsen, S. 58.

134 Vgl. dazu auch Voigt, Der Sylter Weg, S. 66.

135 SZ vom 11. 9. 1935.

136 Zur Person Grotes s. u. S. 353, S. 355 und S. 364.

sel-NSDAP in finanzielle Nöte, so daß die Propaganda nur eingeschränkt betrieben werden konnte.[137] Den Hauptgrund für die vergleichsweise langsame Entwicklung auf Sylt dürfte indes in der Tatsache zu suchen sein, daß die politische Polarisierung hier wesentlich schärfere Züge trug und der NSDAP in Gestalt der KPD und einer recht starken Sozialdemokratie weit ernster zunehmende Gegner entgegenstanden als auf den Nachbarinseln und auf dem Festland.[138] Insofern ist es auch kein Wunder, daß die Rufe nach politischer Ruhe zugunsten des Gedeihens des Fremdenverkehrsgewerbes hier eindringlicher klangen als etwa auf Föhr.[139] Erst im Jahre 1932, nach den ersten gewalttätigen Zusammenstößen mit der KPD und dem gerichtlichen Nachspiel hierzu[140], änderte sich die Situation schlagartig. Allein im Januar 1932 gewann die NSDAP 73 neue Mitglieder hinzu.[141] Bis zum März war die Westerländer Ortsgruppe so stark geworden, daß sie in „Ortsgruppe Sylt" umbenannt werden konnte. Gleichzeitig entstanden in Morsum, Archsum und List Stützpunkte der Partei, die allerdings erst nach der „Machtergreifung" zu selbständigen Ortsgruppen aufrückten.[142]

Insgesamt gesehen vermochte die NSDAP den Parteiapparat im Zeitraum zwischen der Reichstagswahl 1930 und der „Machtergreifung" entscheidend auszubauen. Bereits vor dem 30. Januar 1933 waren nach allen vorliegenden – oft aber nur bedingt zuverlässigen Quellen – schätzungsweise weit über 2000 Personen[143] der Hitlerbewegung beigetreten und bekannten sich damit zur aktiven Teilnahme am Aufbau des „Dritten Reiches". Wie sah es aber nun um die Struktur der Südtonderaner Mitglieder aus? Angesichts der späteren Wahlergebnisse und entsprechend dem Sozialgefüge des Untersuchungsraumes ist davon auszugehen, daß in dieser Hinsicht eindeutig Landwirte, Kaufleute und Handwerker dominierten, mithin der kleinbürgerliche Mittelstand, der auch nach 1933 die Führungsposition in den kleinen Landgemeinden innehatte.[144] Demgegen-

137 SZ vom 11. 9. 1935.
138 So fanden auch nach 1930 noch zahlreiche SPD- und vor allem KPD-Veranstaltungen auf Sylt statt; der NSDAP gelang es selbst bei der Reichspräsidentenwahl im März/April 1932 nicht, die absolute Mehrheit auf der wirtschaftlich so arg gebeutelten Insel zu erringen.
139 So etwa ein mit „Viele Bürger Westerlands" unterzeichneter Leserbrief, in dem eindringlich an die Friedfertigkeit appelliert wurde, zumal es im Sommer doch egal sei, ob Jude, Heide oder Christ als Badegast käme. Wichtig sei nur, daß überhaupt noch Leute die Insel besuchten; SZ vom 11. 2. 1931.
140 Vgl. Kap. XV.3.b).
141 Voigt, Der Sylter Weg, S. 68.
142 ebd.
143 Berücksichtigt man, daß allein auf Föhr und Amrum zusammen über 300 Personen vor dem 30. Januar 1933 der NSDAP angehörten, 500 bzw. 350 Personen an Generalmitgliederversammlungen in Leck und Sande teilnahmen, so ist damit zu rechnen, daß die Mitgliederzahl sogar noch weit höher lag.
144 Den verfügbaren Daten zufolge waren unter den Ortsgruppenleitern der kleinen Landgemeinden sechs Landwirte, zwei Handwerksmeister zwei Angestellte, ein Arzt und ein Kaufmann; ermittelt nach BDC, Personalakten. Vgl. zur Struktur der NS-

über befanden sich die Arbeiter deutlich in der Minderzahl, wenngleich die Sogkraft des Nationalsozialismus auf die abhängig Beschäftigten in diesem Gebiet mit überwiegend geringen sozialen Spannungen vermutlich größer war als etwa in den industriellen Ballungsräumen.[145]

Auch im Altersaufbau glichen die NS-Organisationen auf Kreisebene durchaus dem übrigen Durchschnitt. Den wenigen verfügbaren Daten zufolge[146] setzte sich das Gros der Parteiangehörigen aus den Jahrgängen 1885 bis 1910 zusammen, d. h. die meisten Mitglieder waren jünger als 50. Es war dies der Personenkreis, der aktiv am Ersten Weltkrieg teilgenommen oder nur die unruhigen Jahre der Weimarer Republik bewußt kennengelernt hatte und nach einem Ausweg aus der gesellschaftlichen und wirtschaftlichen Krise suchte.

Ein besonders typisches Beispiel für den jungen, fanatischen[147] Aktivisten bot der Kreisvorsitzende der „Jungbauernbewegung", Nicolaus Detlefsen aus Lexgaard bei Leck, der in dieser Funktion bereits Ende der zwanziger Jahre für den Erhalt eines „gesunden" Bauerntums – das Festhalten an bäuerlicher Tradition und Lebenswelt unter Einbeziehung technischer Neuerungen – und gegen den kapitalistischen Einfluß kämpfte.[148] Im November 1930 gehörte der kaum 24-jährige Landwirt zu den Mitbegründern der Lecker Ortsgruppe (Mitgliedsnummer 366760)[149], übernahm im folgenden Jahr die Führung der Lecker SA, wurde 1933 „Kreisbauernführer" und vertrat seit 1936 den Untersuchungsraum im „Landesbauernrat Schleswig-Holstein".[150] Er bildete zusammen mit Landrat Dr. Fröbe und dem einstweiligen NS-Kreisleiter Carstensen die junge politische Führung Südtonderns nach dem 30. Januar 1933.

Den vermutlich höchsten Organisationsgrad einer sozialen Gruppe erreichten auf Kreisebene vor 1933 jedoch die Ärzte. Von den im ganzen rund 40 Medi-

Organisation auf dem flachen Land besonders Elke Fröhlich / Martin Broszat, Politische und soziale Macht auf dem Lande. Die Durchsetzung der NSDAP im Kreis Memmingen, in: VfZ 25 (1977), S. 546 ff.

145 Es läßt sich insgesamt nur sehr vereinzelt nachweisen, daß Personen, die vor 1933 zur NSDAP stießen, ehedem der SPD angehört hatten. Beispiele dafür in LAS 320/618 und LAS 320/676. Insgesamt kann aber dennoch heute als gesichert gelten, daß die SPD in wesentlich höherem Maße Anhänger an die NSDAP verlor als bis dahin angenommen; vgl. dazu Jürgen W. Falter / Dirk Hänisch, Die Anfälligkeit von Arbeitern gegenüber der NSDAP bei den Reichstagswahlen 1928–1933, in: AfS 26 (1986), S. 179–216.

146 Diese Angaben beruhen insbesondere auf den in den Gemeindeakten (LAS, Abteilung 320 Südtondern) enthaltenen Daten sowie der Auswertung von rund 160 Personalakten im Berlin Document Center.

147 Detlefsen war Urheber des Schreibens, mit dem der Kreisbauernbund auf die „Machtergreifung" reagierte; vgl. Kap. XV.5.

148 Vgl. zur Jungbauernbewegung, die zumindest nach außen hin in Südtondern kaum von Bedeutung war, Heberle, S. 147 ff. Dem „Schleswiger" zufolge wurde der Südtonderaner Kreisverband am 1. Juli 1927 gegründet.

149 BDC, Personalakte Detlefsen. Das genaue Eintrittsdatum ließ sich nicht ermitteln.

150 BAK, R 16 I, Nr 396.

zinern aller Fachrichtungen[151] bekannte sich nachweislich ein rundes Drittel schon vor 1933 durch seine Mitgliedschaft demonstrativ zum Nationalsozialismus[152], weitere standen rechtsradikalen Ideen nahe, traten früher oder später ebenfalls der NSDAP bei oder arbeiteten doch auf kommunaler Ebene eng mit der Hitlerbewegung zusammen.[153] Neben den bereits näher skizzierten Doktores, unter denen Dr. Cäsar als Chefarzt des Niebüller Krankenhauses zweifelsohne hervorragt, wies auch die politische Vergangenheit weiterer Berufskollegen bereits frühzeitig in eine Richtung, die sie in die ideologische Nachbarschaft der NSDAP brachten. So hatte beispielsweise der Westerländer Ortsgruppenleiter Dr. Grote zwischen 1924 und 1930 gleichzeitig sowohl den rechtsradikalen Organisationen „Wehrwolf" als auch dem „Nationalverband Deutscher Offiziere angehört", bevor er der NSDAP beitrat.[154] Dennoch ist davon auszugehen, daß gerade das in der Weimarer Zeit sich stark verbreitende Denken in Kategorien von Rasse und Eugenik in höherem Maße dazu beitrug, daß Ärzte wie Dr. Cäsar vergleichsweise offen den Blut- und Rasseidealen Hitlerscher Prägung zustimmten und sich intensiver für die Belange des Nationalsozialismus einsetzten als andere Bevölkerungskreise.[155] Materielle Nöte lösten die vielen Beitritte sicherlich nicht aus. Umgekehrt mag allenfalls die soziale Not vieler Patienten innerhalb einer im biologischen Sinne „krank" empfundenen Gesellschaft dazu beigetragen haben, daß sich auf Kreisebene so viele Mediziner relativ frühzeitig der NSDAP anschlossen. Das Sozialprestige der Berufsgruppe, die führende Tätigkeit der genannten Ärzte in den verschiedenen Parteiorganisa-

151 Die Zahl stützt sich im wesentlichen auf die Angaben im Einwohnerbuch Südtondern, Niebüll 1929.

152 Neben den schon näher beschriebenen Ärzten Cäsar, Carstensen, Roeloffs, und den Brüdern Michelsen gehörten dazu Dr. Hinrich Clausen (geb. 1895, Pg. 1. 7. 1931, stv. Ortsgruppenleiter in Wyk), Dr. Johannes Grote (geb. 1881, Pg. 1. 10. 1930; SA-Sturmführer Sylt und zeitweilig Ortsgruppenleiter), der Lindholmer Tierarzt Johannes Hinrichsen (geb. 1898, Pg. 1. 2. 1932), Dr. Wilhelm Ide (geb. 1899, Pg. 1. 8. 1931; Ortsgruppenleiter auf Amrum), Tierarzt Emil Ingwersen (geb. 1899, Pg. 1. 9. 1929; Süderlügum), Dr. Hermann Jensen (geb. 1886, Pg. 1. 12. 1930; Leck), Dr. Theodor Küspert (geb. 1891, Pg. 1. 1. 1931; SA-Sturmführer Föhr-Amrum), Dr. Heinrich Thomsen (geb. 1891, Pg. 1. 6. 1930; Niebüll); Angaben lt. BDC, Personalakten. Ferner gehörte auch Tierarzt Raben (Emmelsbüll) zu diesem Kreis; NfR vom 20. 12. 1932. Über ihn lagen im BDC keine Informationen vor.

153 Hierzu gehörte neben dem Nieblumer Arzt und ehemaligen Stahlhelmer Dr. Werner Schüte (geb. 1894, Pg. 1. 5. 1933) auch der einstige Niebüller Großmeister Dr. Boysen, der 1933 gemeinsam mit der Deezbüller NSDAP-Gemeindefraktion den Ausschluß der noch rechtmäßig gewählten SPD-Mitglieder aus diesem Gremium betrieb; LAS 320/711, Schreiben der Gemeindevertretung vom 28. 7. 1933. 1937 trat Dr.Boysen der NSDAP bei; BDC, Personalakten.

154 BDC, Personalakte Grote. Auf die Mitgliedschaft der Brüder Michselsen im Jungdeutschen Orden bzw. der DNVP wurde bereits hingewiesen; vgl. Kap. VIII. 2.

155 Vgl. dazu besonders Renate Jäckle, Die Ärzte und die Politik. 1930 bis heute, München 1988, S. 20 ff. und die dort zitierte Literatur.

tionen und die zahllosen Kontakte zu ihren Patienten wirkten sich zudem – wenn auch nicht meßbar – förderlich auf das Anwachsen der NSDAP aus.

b) Die Sturmabteilung (SA)

Neben dem Ausbau des eigentlichen Parteiapparates nach dem Wahlerfolg des Jahres 1930 mußte der NSDAP zur tieferen Durchdringung des Untersuchungsraumes daran gelegen sein, auch den diversen Unterorganisationen der Partei eine organisatorische Basis zu verschaffen. In diesem Zusammenhang spielte die Gründung schlagkräftiger SA-Verbände die größte Rolle.

Die Sturmabteilung nahm innerhalb des nationalsozialistischen Organisationsgefüges bis 1934 neben der eigentlichen Partei die eindeutig dominierende Stellung ein und gehörte zu den wichtigsten Propagandainstrumenten der Hitlerbewegung.[156] Im Vergleich zu anderen renommierten Wehrverbänden wie etwa dem Stahlhelm besaß die SA durch ihre Funktion als revolutionäre Parteiarmee jedoch ein politisch wesentlich höheres Gewicht[157], ja, sie gab der NSDAP erst jenen militanten Anstrich, der die Nationalsozialisten von allen anderen politischen Gruppierungen – besonders im bürgerlichen Lager – grundsätzlich unterschied. Das paramilitärische Auftreten der „braunen Bataillone" eignete sich vorzüglich, die Aufmerksamkeit der Bevölkerung auf die NSDAP zu lenken, Stärke und Geschlossenheit zu demonstrieren und damit neue Anhänger zu gewinnen. Gleichzeitig dienten die geschickt inszenierten Massenaufmärsche dazu, den politischen Gegner einzuschüchtern. Der unmittelbare Zweck bestand indes darin, Parteiveranstaltungen vor möglichen Störversuchen durch den politischen Gegner zu schützen, wenngleich die optische Wirkung, die die „Braunhemden" auf die Zuhörer ausstrahlten, zumeist im Vordergrund stand.

Die Anziehungskraft, welche die SA auf viele, vor allem jüngere Männer ausübte, beruhte neben dem Fehlen anderweitiger militärischer Betätigungsfelder auf dem festen Ordnungsgefüge der nach dem Muster der Reichswehr durchgegliederten Organisation. Sie wies jedem Mitglied seinen bestimmten Platz und Rang zu und vermittelte ihm jenes Gefühl von Gemeinschaft und Kameradschaft, wonach sich zahllose Männer – darunter viele Arbeitslose – besonders in der krisengeschüttelten Zeit nach 1930 sehnten. Somit wurde die SA immer mehr zu einem Ersatz für die im trostlosen täglichen Leben zunehmend schwerer zu erlangende Selbstbestätigung des einzelnen.[158] Uniformiert zählte er hingegen zu den vielen Gleichgesinnten, die durch ihre Mitgliedschaft in der

156 Zur Entwicklung der SA auf Reichsebene Heinrich Bennecke, Hitler und die SA, München 1961; Andreas Werner, SA und NSDAP. SA: „Wehrverband",„Parteitruppe" oder „Revolutionsarmee"? Studien zur Geschichte der SA und der NSDAP 1920–1933, Diss., Erlangen/Nürnberg, 1964.

157 Richard Bessel, Militarismus im innenpolitischen Leben der Weimarer Republik. Von den Freikorps zur SA, in: Klaus-Jürgen Müller/Eckardt Opitz (Hg.), Militär und Militarismus in der Weimarer Republik, Düsseldorf 1978, S. 193–222, hier S. 207.

158 Bennecke, S. 170.

Sturmabteilung einerseits zumindest zeitweilig den öden Alltag zu verdrängen suchten und andererseits für eine grundlegende Neuordnung der Gesellschaft kämpften.

Wie bereits früher erwähnt, war es bis zum 14. September 1930 nicht zur Bildung selbständiger SA-Formationen in Südtondern gekommen, vielmehr war der Aufbau zunächst in Ansätzen steckengeblieben.[159] Soweit anläßlich von Parteiveranstaltungen SA-Einheiten in Erscheinung getreten waren, hatte es sich stets um auswärtige Abordnungen gehandelt, die bis dahin nur einmal hatten eingreifen müssen[160] und sich nahezu ausschließlich auf ihre optische Wirkung hatten konzentrieren können.[161] Auf größere Umzüge und Massendemonstrationen war bis dahin mit Ausnahme eines Autokorsos noch ganz und gar verzichtet worden. Erst nach der Reichstagswahl wurde der Aufbau eigener Sturmabteilungen vorangetrieben, doch waren durchschlagende Erfolge bis zum Jahresende nicht zu verzeichnen. Den vorliegenden Meldungen zufolge entstand in Westerland Anfang Oktober 1930 unter Leitung Dr. Grotes die zunächst vier Mitglieder umfassende SA-Abteilung[162]; Nicolaus Detlefsen erhielt im Zusammenhang mit der Gründung der Lecker NSDAP den Auftrag zur Bildung einer eigenen Einheit.[163]

Ihren Willen zur endgültigen „Eroberung" des Grenzraumes dokumentierte die Gauleitung mit der Inszenierung des ersten großen Massenaufmarsches der SA in Südtondern zu Beginn des Jahres 1931.[164] Rund 400 SA-Mitglieder marschierten durch einige Gemeinden des Kreises und versammelten sich abschließend zu Kundgebungen in Niebüll und Leck. Die weit überwiegende Mehrheit der Teilnehmer, die den nationalsozialistischen Ortsgruppen der nordfriesischen Westküste entstammten, kam dabei allerdings höchstwahrscheinlich aus dem Kreis Husum, wo die SA bereits über weit mehr Mitglieder verfügte.[165] Die Propagandaaktion verfehlte ihren Zweck nicht, zahlreiche Zuschauer säumten die Straßen, als der große Zug unter den Klängen der Gaukapelle nach Niebüll kam und die Rufe „Deutschland erwache!" sowie „Unser die Zukunft!" durch den Kreishauptort schallten. Der Kommentar der „Nordfriesischen Rundschau" dürfte der allgemein empfundenen Stimmung der Betrachter durchaus entsprochen haben, wenn darin von einem „Ereignis" gesprochen wurde, „das mitreißende Wirkung ausübte und die Menschen ganz in den Bann der nationalsozialistischen Veranstaltung zog." Sowohl die militärische Disziplin als auch die Geschlossenheit, mit der die schwarz-weiß Uniformierten auftraten, trug wesent-

159 Vgl. Kap. XIV.2.
160 Vgl. Kap. XIV.3.a).
161 So trat z. B. in Wyk anläßlich der Lohse-Kundgebung in Wyk eine 50-köpfige SA-Formation als Saalschutz auf; FZ vom 8. 9. 1930.
162 SZ vom 11. 9. 1935; Voigt, Der Sylter Weg, S. 70.
163 LA vom 17. 10. 1935.
164 Siehe hierzu die Berichte in der NfR und im LA vom 12. 1. 1931. Es handelte sich um die größte NS-Veranstaltung, die bis dahin auf Kreisebene stattgefunden hatte; LAS 301/4691, Ldr. an RP vom 4. 2. 1931.
165 Vgl. dazu die vierteljährlichen Stärkemeldungen in LAS 301/4557.

11–13 Die Sylter SA vor und während einer Kranzniederlegung nach Aufhebung des SA-Verbots im Juli 1932; in leitender Funktion Sturmführer Dr. Johannes Grote

lich dazu bei, diesen Tag zu einem großen Erfolg für die Hitlerbewegung zu machen. Das unterstrich auch die Abendveranstaltung im „Friesischen Haus", auf der NS-Ortsgruppenleiter Dr. Michelsen eine etwa tausendköpfige Zuhörerschaft begrüßen und feststellen konnte, daß die nationalsozialistische Bewegung in Südtondern nunmehr „wurzelfesten Boden" gefaßt habe.

Nicht zuletzt die Folge dieser geschickt inszenierten Massenveranstaltung, der weitere folgen sollten, war ein rascher Anstieg der Mitgliederzahlen der SA, sichtbar vor allem anhand der Meldungen in der Presse über die Aktivitäten der „Braunhemden". So wurde z. B. die Lecker SA im Februar 1931 zu einem Einsatz nach Flensburg beordert, wo es zu tätlichen Auseinandersetzungen zwischen Nationalsozialisten und der KPD gekommen war.[166] Auf Föhr erfolgte am 25. Januar die Gründung einer Sturmabteilung, die zunächst 15 Mitglieder umfaßte und sich geradezu mit Feuereifer an die Infiltration der Nachbarinsel Amrum und der Hallig Langeneß heranmachte.[167] Es konnten auf den Inseln im

---

166 Die Lecker SA brauchte allerdings nicht mehr einzugreifen; LA vom 18. 2. 1931. Vgl zu dem Zwischenfall, bei dem ein NSDAP-Mitglied schwer verletzt wurde, Heinacher, S. 344.

167 Peter Schmidt, Aus der Geschichte der SA auf den Nordseeinseln Föhr und Amrum, in: Petersen / Hinrichsen, S. 134–138. Bemerkenswert an der Darstellung ist die Begeisterung, mit welcher der Verfasser (geb. 1909, Pg. 1. 2. 1931 lt. BDC, Personalakte Schmidt) die Entwicklung beschreibt, insbesondere weil jeder Hinweis auf die schwere materielle Not fehlt.

Laufe der Zeit sogar eigene Musikkapellen gegründet werden, so daß die dortigen Nationalsozialisten fortan nicht mehr auf die „Geräuschkulissen" vom Festland angewiesen waren.[168]

Besonders deutlich machte sich das rasche Anwachsen der SA durch einen Propagandamarsch des Sturmbanns II/86 „Südtondern" bemerkbar, der Ende August 1931 stattfand und durch zahlreiche Gemeinden vor allem im Bereich der Geest führte. An dieser Veranstaltung nahmen zwischen 300 und 500 SA-Mitglieder teil[169], was den beachtlichen Aufschwung dieser Organisation bzw. der Hitlerbewegung insgesamt dokumentiert, die zu Beginn so große Schwierigkeiten gehabt hatte, den Parteiapparat im nordwestlichsten Zipfel der Provinz aufzubauen. Dieses Eingeständnis machte denn auch Gaugeschäftsführer Emil Brix auf der Abschlußkundgebung in Leck, indem er auf die frühere Bedeutung des Jungdeutschen Ordens hinwies, der „einstmals sehr gut war", dann aber „Wege ging, die vernünftig denkende Leute nicht mitmachen konnten."[170] Der Hinweis auf die gemeinsamen geistigen Wurzeln beider Organisationen im einstigen Zentrum des Ordens auf Kreisebene sollte einerseits sicher auf das anfänglich harte und dennoch erfolgreiche Ringen der NSDAP in diesem Raum hinweisen; zugleich war er auch ein Appell an die verbliebenen Jungdeutschen, sich in die Reihen der Nationalsozialisten einzugliedern.

Die Stärke, welche die SA binnen Jahresfrist erlangt hatte, bezeugt eine Statistik des Regierungspräsidenten vom 30. Dezember 1931, die gleichzeitig die Schlußfolgerung erlaubt, daß die Zahl der bloßen Parteimitglieder noch weit höher lag[171]: siehe Tabelle 14, S. 359

Was die regelmäßigen Aktivitäten der SA anlangt, so standen neben der Pflege von Geselligkeit, Gesang und Theaterspiel[172] paramilitärische Übungen und Sport ständig auf der Tagesordnung der verschiedenen Einheiten. Zu „Höhepunkten" gestalteten sich wiederholt Propagandamärsche[173], unter denen wiederum die nach der Aufhebung des SA-Verbots im Juni 1932 hervorrag-

---

168 Für Föhr FZ vom 6. 11. 1931. Für Sylt Voigt, Der Sylter Weg, S. 70.
169 Lt. NfR vom 31. 8. 1931 waren es 300 Teilnehmer, dem LA vom selben Tag zufolge 500; vgl. auch Koester, S. 19.
170 LA vom 31. 8. 1931.
171 LAS 309/22864, LKPF an RP vom 28. 12. 1931. Zum „Sturmbann Südtondern" gehörten auch die im Kreis Husum aufgestellten Stürme 11 (Löwenstedt) und 14 (Bredstedt) mit zusammen 170 Mann. Der Sturm 19 (östliche Geest) trat erstmalig im Juni 1932 in Erscheinung; LA vom 25. 6. 1932. Die Existenz des SA-Sturms 20 läßt sich erst nach der „Machtergreifung" nachweisen; LA vom 27. 2. 1933. Der Sturmbann Südtondern gehörte zur „Standarte Schleswig" (Führer: Joachim Meyer-Quade), die wiederum dem „Gausturm" bzw. der „Untergruppe Nordmark" unterstand (Führer: Heinrich Schoene).
172 In der kleinen Gemeinde Fahretoft etwa entstand eigens ein SA-Gesangverein; LA vom 21. 10. 1932. In Wyk waren anläßlich der „Gedenkfeier" zum 10-jährigen Bestehen der SA etliche Mitglieder an der Aufführung des Stückes „Hakenkreuz und Sowjetstern" beteiligt; KANF A 3, Nr 5811 (Veranstaltungsplakat).
173 In diesem Sinne P. Schmidt, S. 136.

Sturm Nr.	Standort	Sturmbezirke	Führer	Stärke
12	Niebüll	Niebüll-Deezbüll, Dagebüll	Landmann Lorenzen, Chr.-Albrechts-Koog	100
13	Wyk	Föhr und Amrum	Tischler H. Wey, Nieblum	70
15	Stadum	südliche Geest	Bäcker Chr. Hansen, Stadum	75
16	Neukirchen	Wiedingharde	M. Ewaldsen, Klanxbüll	70
17	Leck	Leck und östliche Geest	Landmann Detlefsen, Lexgaard	90
18	Westerland	Sylt	Dr. Grote, Westerland	50
zusammen				455

ten[174], sowie Radfahrten und andere gesellige Unternehmungen.[175] Die „Glanzlichter" setzten in diesem Zusammenhang sicherlich die Fahnenweihen der einzelnen Stürme, von denen allerdings nur die des Föhr-Amrumer Sturmes vor 1933 auf dem Boden Südtonderns durchgeführt wurde.[176] Diese Veranstaltung in Wyk gestaltete sich – weit mehr noch als ein SA-Wehrsportfest auf der Insel[177] – zu einer nationalsozialistischen Heerschau, wie es sie bis dahin im Raume Südtondern noch nicht gegeben hatte. Insgesamt über 500 „Braunhemden" – darunter zahlreiche festländische SA-Mitglieder – sorgten u.a. mit einem großen Umzug durch die Inseldörfer dafür, daß sich das propagandistische Schauspiel zu einem großen Erfolg für die NSDAP gestaltete. Der SA-Chronist und Ortsgruppenpropagandaleiter Peter Schmidt berichtete darüber in seinem vor Begeisterung sprühenden, die Schwere der Zeit völlig ignorierenden Abriß über die Geschichte der Föhr-Amrumer SA[178]:

174 Vgl. NfR vom 20. 6. 1932, FZ vom 22. 6. 1932, LA vom 27. 6. 1932 und SZ vom 20. 6. 1932 sowie die anliegenden Bilder von der Kranzniederlegung auf Sylt. Auf Föhr sangen die SA-Angehörigen u.a. folgenden Vers: „Im Friesenland marschieren wir, für Adolf Hitler kämpfen wir, die rote Front schlagt sie entzwei, SA marschiert wieder, die Straße frei!"; SHT vom 24. 6. 1932.

175 P. Schmidt, S. 136. Auf Föhr spielten demzufolge Bootspartien und Wattwanderungen eine nicht zu unterschätzende Rolle im Rahmen der SA-Aktivitäten.

176 Siehe hierzu die umfangreiche Berichterstattung in der FZ und dem FLA vom 21. 9. 1931. Die Fahnenweihe der Niebüller und Lecker SA hatte bereits Ende Juni in Viöl (Krs. Husum) stattgefunden; NfR vom 1. 7. 1931. Die Fahnenweihen der übrigen Stürme erfolgte erst nach dem 30. Januar 1933; vgl. LA vom 27. 2. 1933.

177 Siehe den Bericht in der FZ vom 3. 10. 1932.

178 P. Schmidt, S. 137. Der Bericht entspricht nahezu wortwörtlich dem in der „Führer Zeitung" vom 21. 9. 1931, so daß die Schilderung Schmidts keinesfalls als Verklärung vergangener Geschehnisse gewertet werden kann. Die Begeisterung war vielmehr unmittelbarer Natur.

„Im September kam der Tag der Weihe unserer Sturmfahne heran... Am Abend vorher traf schon die Sylter SA und ein Spielmannszug vom Festlande ein, die sich zusammen mit der Führer SA zu einem Fackelzug formierten. Am nächsten Morgen sollte der Hauptteil der festländischen SA eintreffen. Gegen 10 Uhr näherte sich die Flotille der Motorboote und Fischkutter dem Wyker Strande. Es war ein wunderschönes Bild, das jedem unvergeßlich bleiben wird. In zehn Schiffen standen die jungen SA-Männer dichtgedrängt. Über ihren Köpfen wehten die Hakenkreuzflaggen und ... eine unheimliche schwarze Totenkopffahne. Wer ein wenig Phantasie hatte, konnte sich wohl ausmalen, daß die seefahrtlustigen Wikinger zur Eroberung unseres Eilandes angefahren kamen. Vormittags erfolgte auf dem Sportplatz die Weihe der ersten Sturmfahne auf den Inseln. Am Nachmittag formierte sich die gesamte SA zu einem ausgedehnten Propagandamarsch über die Dörfer unserer Insel. Den Abschluß bildete ein jeden Besucher mit Begeisterung erfüllender Deutscher Abend."

Zu einem Problem und gleichzeitig zum Anlaß für diverse Akte der Provokation entwickelte sich im Laufe der Zeit das Uniformverbot, das den SA-Angehörigen in Preußen das Tragen ihrer braunen Montur in der Öffentlichkeit untersagte. Nachweislich konnten nur die Wyker SA-Mitglieder dieses Verbot umgehen, da sie in den außersaisonalen Monaten der Jahre 1931 und 1932 über ein eigenes SA-Heim in den Räumlichkeiten eines leerstehenden Hotels verfügten.[179] Hier durfte mit Ausnahme der Zeit des völligen SA-Verbots auch die Originalkleidung getragen werden, wohingegen sich andere SA-Formationen mit der schwarz-weißen Ersatzuniform begnügen mußten. Diese in den Augen der Betroffenen als unberechtigte Diskriminierung empfundene Maßnahme der preußischen Regierung zur Entschärfung der politischen Gegensätze sowie das reichsweite SA-Verbot vom April 1932 führten allerdings immer wieder zu Verstößen, die stets den Charakter bewußter Provokation der Behörden trugen.[180] So erschienen etwa kurz nach Verhängung des generellen SA-Verbots mehrere Mitglieder dennoch uniformiert bei einer parteiinternen Vereidigung in Hesbüll (Wiedingharde)[181]. Da einige die ihnen auferlegte Geldstrafe nicht bezahlen wollten, wurden sie zu einer eintägigen Haftstrafe verurteilt. Den Transport ins Lecker Gefängnis nutzten die SA-Leute jedoch zu einer Propagandafahrt durch den Kreis indem sie den Wagen mit Hakenkreuzen schmückten und ihn mit der Aufschrift „Transport der Schwerverbrecher" versahen. Vor der Abfahrt stellten sich die Betroffenen noch einem Fotografen in der Absicht, das Bild später zu verkaufen. Die Herausforderung des Staates erlangte ihren Höhepunkt, als das Foto gar einem Bediensteten der Kreisverwaltung zum Kauf angeboten wurde. Der Beamte wies das Ansinnen jedoch entschieden zurück, worauf der Anbieter dem Kreisinspektor mit der „Abrechnung" nach der Preußenwahl drohte, ein Vorzeichen für die auch in Südtondern nach dem 30. Januar einsetzende Säuberungswelle.

179 Petersen/Hinrichsen, S. 58 und FZ vom 21. 11. 1932. Im Winter 1931/32 bezog die SA das „Hotel Südstrand", im Winter 1932/33 den „Atlantischen Hof".
180 Über Vorfälle dieser Art NfR vom 13. 2. 1932; Sylter Archiv, Politische Polizei, Bürgermeister Kapp an Ldr. vom 22. 2. 1932; vgl. dazu auch FVz vom 16. 2. 1932.
181 Siehe zum Folgenden den Schriftverkehr in LAS 309/22700. Das gegen die Hauptverantwortlichen eingeleitete Verfahren wurde nach kurzer Zeit eingestellt.

14 *SA-Umzug anläßlich der Fahnenweihe der Wyker SA im September 1931; 2. Reihe von vorn Standartenführer Heinrich Lorenzen, Obergruppenführer Schoene und Harald Thomsen (Sippenforscher); 3. Reihe von vorn NS-Redner Otto Triebel, Sturmführer Küspert (Wyk), Hinrich Clausen (Wyk); 4. Reihe von vorn Heinrich Dierks (Wyk), Gaugeschäftsführer Emil Brix, Ortsgruppenleiter Friedrich Roeloffs (Wyk), stv. Gauleiter Wilhelm Sieh*

15 *Obergruppenführer Schoene weiht die Wyker SA-Fahne auf dem Sportplatz*

16 Ein Teil der Wyker SA auf dem Weg nach Amrum durch das Watt im Sommer 1931 – trotz Verbots in voller Uniform

17 Die Wyker SA auf einem Propagandamarsch im Winter 1931/32; an der Spitze des Zuges Sturmführer Dr. Küspert

Aktionen der genannten Art zeugen unzweideutig vom gestiegenen Selbstbewußtsein in nationalsozialistischen Kreisen nach dem klaren Erfolg bei der Reichspräsidentenwahl.[182] Gleichzeitig offenbarte sich allerdings auch die Hilflosigkeit der staatlichen Stellen, die solchem Treiben mehr oder minder tatenlos zusahen und sich damit selbst im Grunde der Lächerlichkeit preisgaben.[183] Dies traf insbesondere auch in bezug auf die bloße Einhaltung des SA-Verbots zu, dem sich die Sylter SA durch das ebenso einfache wie wirkungsvolle Mittel der Umbenennung entzog. Schon vor dem drohenden Verbot war auf der Insel die „Sölring Sportforiining", d. h. ein biederer Sportverein gegründet worden, der in den folgenden Monaten bis zum Juni die Funktion als Tarnorganisation übernahm.[184] Ohnmächtig standen die Behörden auch dieser offenkundigen Irreführung gegenüber, die in der Provinz ebenso beherrscht wurde wie in den Ballungsräumen.

In engem Zusammenhang mit der Entwicklung der Sturmabteilungen standen auch die insgesamt relativ wenigen handgreiflichen Auseinandersetzungen zwischen der NSDAP und ihren politischen Gegnern. Es gelang den Anhängern der Hitlerbewegung dabei stets, am Ende als die Angegriffenen dazustehen, was dem Legalitätskurs entsprach und den Nationalsozialisten nur weitere Sympathien einbringen konnte. So kam es anläßlich der Fahnenweihe des Wyker Reichsbanners im Mai 1931 zu Rempeleien mit Gefolgsleuten Hitlers, denen u.a. Parteiabzeichen abgerissen wurden.[185] Das aggressive Auftreten der Reichsbanner-Leute, die zum größten Teil aus Altona stammten und auf der Rückfahrt im Kreisgebiet noch einige Nationalsozialisten verprügelten, bot genügend Stoff, um ihn propagandistisch auszuschlachten. Über die Wyker Vorgänge erregte sich nicht zuletzt die „Schleswig-Holsteinische Tageszeitung"[186], und es entspann sich nachfolgend ein ausgiebiger Leserbriefstreit in der Lokalpresse[187], aus dem die Parteigänger Hitlers als eindeutige Sieger hervorgingen, konnten sie doch auf das Reichsbanner als den Urheber der Zwischenfälle verweisen. Dem gewiß nicht unberechtigten Vorwurf, die Nationalsozialisten hätten die Zusammenstöße bewußt provoziert[188], entgegnete der Ortsgruppen-

182 Vgl. Kap. XV.5.
183 Bedingt traf dies auch auf einen Fall von Amtsanmaßung zu, der zwei Süderlügumer SA-Angehörigen eine kurze Haftstrafe von sechs bzw. acht Wochen eintrug. Beide hatten in der Nacht zum 1. August 1932 aus Furcht vor einem kommunistischen Überfall auf die Süderlügumer NSDAP Fahrzeuge kontrolliert und sich die Ausweispapiere der Reisenden zeigen lassen. Vor Gericht gaben sie an, nicht gewußt zu haben, daß dies nur Polizei und Zollbehörden vorbehalten sei. Die Aktion stand allerdings offensichtlich nicht in Zusammenhang mit den ebenfalls in der Nacht zum 1. August von der SS verübten Anschlägen; vgl. LAS 354/1395 und NfR vom 13. 10. 1932.
184 SZ vom 11. 3. 1935.
185 FZ vom 11. 5. 1931. Demzufolge hielten sich rund 400 Angehörige des Reichsbanners aus dem Hamburger Umland auf der Insel auf.
186 Das Gauorgan kommentierte die Vorfälle mit der Überschrift „Feiges Wegelagerertum"; SHT vom 11. 5. 1931.
187 Vgl. FZ vom 11. 5. 1931 und die folgenden Ausgaben.
188 FZ vom 13. 5. 1931.

propagandaleiter Schmidt, die Reichsverfassung gebe jedem Bürger das Recht auf freie Meinungsäußerung.[189] Der sich hinter dieser Formulierung verbergende Zynismus, die Grundlage des Weimarer Staates, den man erklärtermaßen bekämpfte, zur Rechtfertigung des eigenen Handelns heranzuziehen, veranschaulicht die ideologische Bandbreite, die den Nationalsozialismus kennzeichnete und für viele schwer durchschaubar machte. Dem Willen zur Macht wurde einerseits alle Programmatik untergeordnet, andererseits nutzte die Hitlerbewegung jeden propagandistisch gangbaren Weg, um den Staat ihrer Gewalt unterwerfen zu können und machte gemäß dieser Zielsetzung auch vor der Verfassung nicht halt, die als Mittel zum Zweck mißbraucht wurde.

Zu den heftigsten Auseinandersetzungen kam es – wie angesichts der scharfen Polarisierung nicht anders zu erwarten – auf der Insel Sylt, wo sich Anfang Oktober 1931 Kommunisten und SA-Angehörige eine regelrechte Straßenschlacht lieferten, in deren Verlauf mehrere Beteiligte verletzt wurden.[190] Es war dies der vorläufige Höhepunkt im Rahmen des politischen Kampfes, der schon in den Wochen zuvor zu zerschnittenen Reifen und kleineren Rempeleien geführt hatte[191]; beide Seiten trafen wohl vorbereitet auf dem Schlachtfeld Straße aufeinander, nachdem sich die politisch vergiftete Atmosphäre bereits am Vorabend in ersten Gewalttätigkeiten entladen hatte.[192] Sturmführer Dr. Grote hob nach den Vorfällen vom Oktober 1931 zwar die immer behauptete Friedfertigkeit der SA hervor, doch verwies er in einem Leserbrief bereits unzweideutig auf das bereitstehende gewalttätige Potential, welches bei der geringsten Erschütterung freigesetzt werden konnte. Wörtlich schrieb er[193]:

„Niemals hat die SA irgendwelche Überfälle beabsichtigt, sondern sie setzt sich nur mit aller Entschiedenheit für Kameraden ein, die von einer Mehrzahl von Gegnern angepöbelt und bedroht werden."

Das gerichtliche Nachspiel der Massenschlägerei endete schließlich damit, daß fünf an den Vorfällen beteiligte Kommunisten zu Haftstrafen verurteilt wurden.[194] Die beteiligten SA-Angehörigen – darunter auch Sturmführer Dr. Grote – blieben hingegen unbehelligt, so daß sich die Sylter Sturmabteilung bis zur „Machtergreifung" in eine „weiße Weste" kleiden konnte. Danach zeigte

---

189 FZ vom 15. 5. 1931.

190 SZ vom 2. 10. 1931. Zum Folgenden auch Voigt, Der Sylter Weg, S. 64.

191 Voigt, Der Sylter Weg, S. 64.

192 SZ vom 1. 10. 1931. Dem Bericht des Westerländer Bürgermeisters zufolge waren am 30. 9. 1931 zwei KPD-Mitglieder verprügelt worden, so daß die KPD nun auf Rache sann. Insofern war die SA keinesfalls unschuldig an der Eskalation; Sylter Archiv, Politische Polizei, Bürgermeister Kapp an Ldr. vom 2. 10. 1931.

193 SZ vom 3. 10. 1931. Aufgrund der Beteiligung Grotes an den Vorfällen verlangte die KPD, daß der Mediziner als leitender Arzt der Westerländer Klinik entlassen werden sollte; SZ vom 6. 10. 1931.

194 Vgl. die umfangreiche Prozeßberichterstattung in der SZ vom 23. 1. 1932. Die Vorgänge vom 30. 9. 1931 fanden lediglich im Rahmen der Strafzumessung Berücksichtigung; LAS 354/1551.

sich dann auch hier mit aller Deutlichkeit und Schärfe, welch intoleranter Geist speziell die Sturmabteilung beherrschte, die sich eifrig an der Ausschaltung der politischen Gegner beteiligte.[195]

c) Sonstige NS-Organisationen

Bereits die Überschrift dieses Abschnitts besagt, daß die übrigen NS-Organisationen in Südtondern im Vergleich zur eigentlichen Partei bzw. zur SA vor 1933 von weit untergeordneter Bedeutung waren. Daher und aus Gründen der in dieser Richtung äußerst dürftigen Überlieferung sollen nachfolgend insbesonders die „Schutzstaffel" (SS), „Hitlerjugend" (HJ) und „NS-Frauenschaft" im Rahmen eines Kapitels skizziert werden.

Die als Elitetruppe der Partei bzw. als Leibgarde Adolf Hitlers konzipierte SS war im November 1925 aus der schon bestehenden Stabswache und dem parteiinternen Ordnungsdienst hervorgegangen und operierte wie ihre Vorläufer weiterhin mit brutaler Gewalt in den Bereichen der internen Sicherheit.[196] Wenngleich formell der „Obersten SA-Führung" unterstellt, so führte der seit 1929 von Heinrich Himmler geleitete „Orden unter dem Totenkopf" auf Geheiß seines obersten Dienstherrn dennoch ein organisatorisches Eigenleben. Dieser von Hitler geförderte Eliteanspruch der SS hatte seit 1930 ständige Differenzen mit der um ihren Einfluß bangenden SA-Reichsführung zur Folge, zumal die innerparteiliche Polizeitruppe nach Veränderungen im organisatorischen Aufbau beständig größeren Zulauf erhielt.[197]

Im Raume Südtondern lassen sich die ersten Spuren bezüglich der Existenz einer SS-Formation im November 1931 nachweisen, als sich Mitglieder der schwarz gekleideten Einheit als Saalschutz bzw. wohl hauptsächlich als Dekoration an der Ausgestaltung zweier Deutscher Abende in Niebüll und Süderlügum beteiligten.[198] An der hintergründigen Rolle der lokalen Schutzstaffel änderte sich auch im Jahr 1932 so gut wie nichts. Die öffentlichen Auftritte beschränkten sich auf die Gratulation zum Geburtstag des Niebüller Ortsgruppen-

---

195 Vgl. hierzu insbesondere das Kapitel „Jagd auf den politischen Gegner" in Voigt, Der Sylter Weg, S. 96 ff.

196 Zur Entwicklung der SS auf Reichsebene besonders Heinz Höhne, Der Orden unter dem Totenkopf. Die Geschichte der SS, Gütersloh 1967. Als kurzen Überblick Klaus Drobisch, Schutzstaffel (SS), 1925–1945, in: Lexikon zur Parteiengeschichte 1789–1945, Bd 4, S. 118–127.

197 Die Mitgliederzahl stieg von 1000 (1929) auf etwa 55000 zu Beginn des Jahres 1933; Werner, S. 550 ff.; Drobisch, S. 118.

198 NfR vom 16. 11. 1931 und LA vom 17. 11. 1931. Lt. NfR vom 10. 7. 1933 wurde die erste, siebzehnköpfige SS-Einheit am 7. 7. 1931 gegründet. Von den Mitgliedern stammten 10 aus Leck und 7 aus Niebüll. Insofern irrt Harald Voigt, wenn er angibt, es habe vor 1933 keine SS-Verbände in Südtondern gegeben; Voigt, Der Sylter Weg, S. 130, Anm. 12.

leiters Dr. Michelsen[199], die Teilnahme an einzelnen Wahlveranstaltungen[200], Propagandamärschen[201] der SA, einer Kranzniederlegung nach Aufhebung des SA-Verbots[202] sowie der Mitwirkung an der Sonnenwendfeier der Niebüller HJ im Juni des Jahres.[203] Es ist daher auch kein Wunder, daß die Südtonderaner SS nichts mit den Sprengstoffattentaten zu tun hatte, die in der Nacht zum 1. August von nationalsozialistischer Seite in Schleswig-Holstein zur Einschüchterung der politischen Gegner verübt wurden.[204]

Die geringe Aktivität bzw. Unscheinbarkeit der SS im Untersuchungsraum, deren Mitglieder vor 1933 ausschließlich auf dem Festland beheimatet waren[205], spiegelte sich auch in den amtlichen Feststellungen über die Entwicklung des „SS-Sturms Südtondern" wider. Dessen Stärke wurde Ende 1932 mit 40 Mann zwar anscheinend einigermaßen korrekt wiedergegeben[206], doch trifft die Angabe, die sich auf den Sturmführer bezieht, nicht zu. Der genannte Landwirt (Detlef) Pahl aus Stadum (geb. 1902) gehörte zwar seit dem 1. März 1930 der NSDAP an, doch war er seiner Personalakte zufolge nie Mitglied der SS, wohl aber der SA, für die er nach 1933 sogar hauptamtlich tätig wurde.[207] Zweifellos gründete sich dieser Irrtum nicht zuletzt auf die unbedingte Verschwiegenheit, zu der die SS-Angehörigen verpflichtet waren und die eine genauere Überprüfung der internen Vorgänge wesentlich erschwerte. Die insgesamt strikten Anforderungen an potentielle Mitglieder waren am Ende sicherlich auch entscheidend dafür verantwortlich, daß die SS in Südtondern bis zur „Machtergreifung" nicht die mögliche personelle Stärke von 10 % der SA, also ungefähr 70 Mann, erreichte.[208]

Als sehr viel erfolgreicher hingegen gestaltete sich das Werben um die Jugendlichen, denen durch die Betätigung innerhalb der Hitlerjugend bzw. dem „Bund deutscher Mädel" (BDM) jenes pervertierte „Deutschtum" nahegebracht

199 LA vom 18. 6. 1932.
200 NfR vom 8. 7. 1932.
201 NfR vom 20. 6. und 11. 7. 1932.
202 NfR vom 20. 6. 1932.
203 NfR vom 29. 6. 1929.
204 Dazu Wolfgang Kopitzsch, Politische Gewalttaten in Schleswig-Holstein in der Endphase der Weimarer Republik, in: Hoffmann/Wulf, S. 19–39, hier S. 38.
205 Einer Zeugenaussage zufolge gab es auf der Insel Föhr vor Kriegsbeginn nur einen SS-Angehörigen, und auch auf Sylt existierte vor 1933 keine SS-Formation; BAK, Z 42, III 1462; Voigt, Der Sylter Weg, S. 130, Anm. 12.
206 LAS 309/22864, LKPF an RP vom 30. 12. 1932. Bereits im Juli 1932 hatten sich rund 30 SS-Leute an einem Propagandamarsch beteiligt; NfR vom 12. 7. 1932.
207 BDC, Personalakte Pahl.
208 Dieser grobe Richtwert ergibt sich aus der Teilnahme von rund 700 SA-Mitgliedern anläßlich der Fahnenweihe etlicher SA-Stürme Südtonderns im Februar 1933; LA vom 27. 2. 1933.– Zu den Voraussetzungen der SS-Mitgliedschaft zählte eine mindestens einjährige Parteimitgliedschaft und die Bereitschaft zu intensiver Parteiarbeit. Diese Bedingungen erfüllte allerdings nur ein geringer Teil der überwiegend bäuerlichen Bevölkerung Südtonderns.

werden sollte, wie es von nationalsozialistischer Seite verstanden wurde.[209] Hierzu zählten vor allem ein weit übersteigertes Nationalgefühl und die Ablehnung jeder Vermischung fremden Gedankenguts mit der „deutschen" Kultur. Dementsprechend wurde vor dem vermeintlich zersetzenden Einfluß ausländischer Produktionen in Theatern, Kinos und Konzerthäusern auf die „deutsche Seele" gewarnt.[210] Statt dessen sollten die Halbwüchsigen nach den Vorstellungen Hitlers lieber Wehrsport treiben und alte deutsche Volkstümlichkeit wie z. B. Volkstänze und Volksmusik pflegen.[211] Mit aller Deutlichkeit artikulierte sich darin die grundsätzlich machtorientierte, gegenwartsverneinende und kulturpessimistische Grundtendenz der NS-Bewegung. Die Jugend sollte von freier Selbstentfaltung und eigenständiger, individueller Auseinandersetzung mit den gegebenen Verhältnissen abgehalten werden. An Stelle dessen war es das erklärte Ziel, die jüngeren Mitglieder der Gesellschaft zu willfährigen Objekten im kommenden „Dritten Reich" zu erziehen.

Entsprechend der Intensivierung des organisatorischen Ausbaus im Jahre 1931 begann nun auch in Südtondern die „Erfassung" der Jugend. Noch im Januar erschien im „Lecker Anzeiger"[212] eine Werbeanzeige der örtlichen NSDAP, die zur Bildung einer lokalen Hitlerjugend aufforderte. Daß die erste HJ des Kreises ausgerechnet hier ins Leben gerufen werden konnte, wo kurz zuvor überhaupt erst die Gründung einer Ortsgruppe der NSDAP erfolgt war, belegt die Dynamik, mit welcher der Nationalsozialismus jetzt gerade im Bereich der Geest um sich zu greifen begann. Der unter tatkräftiger Mithilfe der Flensburger HJ durchgeführte Werbeabend hatte zur Folge, daß sofort 24 Jungen ihren Beitritt erklärten.[213] Damit war nunmehr auch im Bereich der Jugendarbeit die Dominanz des Jungdeutschen Ordens gebrochen, der sich mit prinzipiell gleichen Aktivitäten um die Gunst der Minderjährigen bemühte.[214]

Die Gründung der Lecker HJ bedeutete jedoch nur den Anfang einer Entwicklung, die im Laufe des Jahres und 1932 nahezu den gesamten Kreis erfaßte. An zahlreichen Orten entstanden weitere Jugendformationen[215], wobei spätestens

209 Vgl. allgemein zur Hitlerjugend Hans-Christian Brandenburg, Die Geschichte der HJ, Köln 1968; Hansjoachim Koch, Geschichte der Hitlerjugend, Percha 1975.
210 So der Leiter der Flensburger HJ, Wilhelm Lönneker, anläßlich des ersten Deutschen Abends der neugegründeten Niebüller Hitlerjugend; NfR vom 30. 3. 1931.
211 Vgl. zu den Zielen Koch, S. 245 ff. Bezeichnenderweise hieß es im Bericht der „Föhrer Zeitung" über den Zeitvertreib junger Mädchen während der Fahrt zur Hitlerkundgebung nach Flensburg: „Solange der geräumige 4. Klasse-Wagen noch nicht überfüllt ist, wird sogar getanzt, aber nicht gefoxtrottet"; FZ vom 25. 4. 1932.
212 LA vom 15. 1. 1930.
213 LA vom 20. 1. 1931. Die Flensburger HJ war mit dem Aufbau der Jugendorganisation im gesamten Norden betraut worden; vgl. Heinacher, S. 261.
214 Vgl. Kap. VIII.2.
215 Weitere HJ-Gruppen entstanden in Niebüll mit 14 Mitgliedern (NfR vom 16. 2. 1931), in Wyk (FZ vom 6. 11. 1931), in Achtrup (LA vom 28. 7. 1932), in Ladelund mit 20 Mitgliedern (LA vom 22. 8. 1932), in Lindholm (NfR vom 22. 8. 1932), in Süderlügum mit

1932 auch die ersten Abteilungen des BdM gegründet werden konnten.[216] Einen besonderen Erfolg bedeutete es dabei, daß der Schülerinnenbund der Friedrich-Paulsen-Schule im Mai 1932 geschlossen zum Bund deutscher Mädel übertrat.[217] Doch nicht nur die Halbwüchsigen wurden in die Hitlerbewegung integriert, auch die noch Jüngeren wurden in dieser Phase in das „Jungvolk" bzw. in „Jungmädelgruppen" eingegliedert[218], so daß schon vor der „Machtergreifung" im ganzen eine relativ festgefügte Jugendorganisation bestand, deren Mitglieder sich im wesentlichen aus dem Nachwuchs der erwachsenen Parteimitglieder zusammengesetzt haben dürfte.[219]

Geschickt verstanden es die lokalen Parteiorganisationen, die Jugendlichen bzw. Kinder in den Dienst nationalsozialistischer Propaganda einzubauen. Im Rahmen diverser Deutscher Abende wirkten Hitlerjungen oder -mädchen federführend mit.[220] Zu einem großen Erfolg gestaltete sich dabei etwa die Aufführung von „Germanias Befreiung" anläßlich der Fahnenweihe der Niebüller HJ im März 1931, ein Stück, das ganz und gar dem Führerkult huldigte und die Befreiung des Deutschen Reiches durch Adolf Hitler zum Thema hatte.[221] Mit solchen Aktivitäten, die durch allerlei volkstümelnden Singsang, Rezitationen oder durch musikalische Darbietungen des Lecker HJ-Spielmannszuges[222] begleitet wurden, verschaffte der nationalsozialistische Nachwuchs der Hitlerbewegung nur noch mehr Sympathie, wie der Beifall belegt, der den Jugendlichen stets zuteil wurde. Dennoch erschöpfte sich das Engagement nicht in solchen kulturellen Veranstaltungen bzw. in abenteuerlichem Spiel und Sport, vielmehr engagierten sich die Halbwüchsigen auch als Wahlkampfhelfer bzw. sie wurden zu diesem Dienst mißbraucht.[223] Die höchste Auszeichnung indes bedeutete zumindest für einen Teil der Mitglieder im Oktober 1932 die Fahrt zur Heer-

15 Mitgliedern (LA vom 12. 9. 1932), in Schnatebüll mit 12 Mitgliedern (LA vom 19. 9. 1932), in Sande mit 70 Mitgliedern (LA vom 26. 9. 1932), in Fahretoft mit 11 Mitgliedern (NfR vom 22. 11. 1932). Auf Sylt trat die HJ erstmalig im Rahmen eines Fackelzuges am 31. 1. 1933 auf, über ihre Anfänge ist nichts weiter bekannt; Voigt, Der Sylter Weg, S. 70 f.

216 In Niebüll wurde der BdM am 3. Mai 1932 gegründet; LA vom 3. 5. 1932. Weitere Mädchengruppen lassen sich in Süderlügum, Lindholm, Wyk und in Sande nachweisen; LA vom 14. 9. 1932, NfR vom 22. 8. 1932, FZ vom 12. 9. 1932 und LA vom 27. 10. 1932.

217 SHT vom 11. 5. 1932.

218 Derartige Gruppen entstanden nachweislich in Lindholm, Leck und Sande; LA vom 11. 5. 1932, NfR vom 22. 8. 1932, LA vom 27. 10. und vom 23. 12. 1932.

219 Es lagen keinerlei Mitgliederlisten o.ä. vor, doch widerspräche eine andere Zusammensetzung jeder Logik.

220 Vgl. LA vom 2. 3. 1931; NfR vom 30. 3. 1931; FLA vom 6. 11. 1931; LA vom 27. 10. 1932.

221 NfR vom 30. 3. 1931.

222 Für die Ausstattung des Musikzuges wurde bereits im Februar 1931 mit Erfolg gesammelt; LA vom 16. 2. 1931.

223 So verteilten in Niebüll schulpflichtige Kinder Handzettel der NSDAP; FVz vom 29. 12. 1931. Darüber hinaus ist es zumindest wahrscheinlich, daß sich auch in Südtondern Jugendliche an den Wahlkämpfen des Jahres 1932 aktiv beteiligten. Für Flensburg belegt dies Heinacher, S. 262 f.

schau der Hitlerjugend nach Potsdam.[224] Dieses Erlebnis stärkte die Teilnehmer zweifellos noch in ihrer Begeisterung für die Sache Hitlers. Wenig verwundert es daher auch, daß die Jugend des Untersuchungsraumes sich nach dem 30. Januar 1933 besonders über die „Machtergreifung" freute.[225] Kaum einer der Minderjährigen ahnte, daß die Jugend letzten Endes schamlos ausgenutzt wurde und viele von ihnen die Jahre der NS-Herrschaft nicht überleben sollten.

Im Gegensatz zur Gründung der SA, SS und HJ bemühte sich die Reichsleitung der NSDAP vor 1933 nur in relativ geringem Umfang um die Schaffung einer Frauenorganisation. Wiewohl die Frauen einen nicht unbeträchtlichen Teil der Parteimitglieder stellten[226], dauerte es bis zum Jahre 1928, ehe mit dem „Deutschen Frauenorden – Rotes Hakenkreuz"[227] eine entsprechende Untergliederung in die Partei aufgenommen wurde. Erst im Herbst 1931 wurde offiziell die „NS-Frauenschaft" ins Leben gerufen.

Obgleich sich in Südtondern einzelne Frauen schon relativ früh der NSDAP anschlossen[228] – in Westerland gehörte Dora Jacobsen sogar zu den Gründungsmitgliedern der dortigen Ortsgruppe[229] – dauerte es doch bis zum Sommer des Jahres 1931, ehe erstmals eine Veranstaltung stattfand, die sich speziell an die Frauen richtete. In Wyk auf Föhr sprach eine „Parteigenossin Förster" über die Aufgaben der Frau im nationalsozialistischen Staat und wies ihr ausschließlich jene rein biologische Funktion als Mutter und Hausfrau zu, die in anderen Bereichen des gesellschaftlichen Lebens keine Aufgabe habe. In dem Zeitungsbericht heißt es zur Rolle der Frau[230]:

„Ihr als die Trägerin des Lebens liegt es ob, durch ihre Gattenwahl eine Auslese im guten Sinne herbeizuführen; ihr als Vorsteherin des Haushaltes und Erzieherin der Kinder ist die große Aufgabe zugewiesen, nationalen und sozialen Geist im Hause und in der Geselligkeit zu wecken und lebendig zu erhalten, damit die Familie als die Keimzelle des Staates diesem im Kleinen vorlebe was er im Großen auszuführen hat... Den Frauen der oberen Schichten wird vor allem die Aufgabe zufallen, in großzügiger, sozial-caritativer Arbeit die zu mechanisch gewordene Wohlfahrtspflege wieder hinüberzuführen in eine Atmo-

224 Der Kreis Südtondern war einer Pressenotiz zufolge zumindest mit 12 HJ-Mitgliedern in Potsdam vertreten; NfR vom 29. 9. 1932.
225 Überall marschierte der NS-Nachwuchs in den Umzügen anläßlich der „Machtergreifung" mit; vgl. Kap. XV.5.
226 Die Frauen stellten bereits im Jahr nach Gründung der NSDAP rund 10 % der Mitglieder. Zur Rolle der Frau in der NS-Propaganda vor 1933 Dorothee Klinksiek, Die Frauen im NS-Staat, Stuttgart 1982, S. 20 ff.
227 Dieser ging auf den 1924 von Elisabeth Zander gegründeten „Völkischen Frauenorden" zurück, der allerdings relativ unbedeutend blieb.
228 So z. B. Elisabeth Michelsen, die Ehefrau des Niebüller Ortsgruppenleiters (geb. 1898, Pgin. 1. 11. 1930 lt. BDC, Personalakte E. Michelsen); ferner Meta Horn aus Wyk (geb. 1878, Pgin. 1. 1. 1931 lt. KANF A 3, Nr 6456).
229 SZ vom 11. 9. 1935. Sie war die Ehefrau des späteren Westerländer Ortsgruppenleiters, des Bäckermeisters Nicolai Jacobsen (geb. 1891, Pg. 1. 9. 1930 lt. BDC, Personalakte N. Jacobsen).
230 FZ vom 10. 8. 1931. Ähnlich auch die Ausführungen der Hamburger Gauleiterin Dr. Hedwig Schmalmack am 8. 10. 1932 in Wyk; FZ vom 10. 10. 1932.

sphäre wärmster persönlicher Anteilnahme und Güte, desgleichen in den sozialen akademischen Berufen dafür zu sorgen, daß sie trotz Verführung des Alltags das bleibe was
sie ihrem Wesen nach sein sollten: hingebende und aufopfernde Frauen und Mütter im
Dienst am Volk."

In organisatorischer Hinsicht zeigte das erstmalige Auftreten der Frauenschaft zunächst noch keine Folgen. Erst 1932 entstanden in Niebüll, Westerland
und Wyk entsprechende Ortsgruppen[231], die aber insgesamt nicht durch große
öffentliche Veranstaltungen auffielen. Die Westerländer Damen traten vor der
„Machtergreifung" überhaupt nicht eigenverantwortlich in Erscheinung[232]; die
Wykerinnen beschränkten sich auf die Veranstaltung eines allerdings publikumswirksamen Blumenwettbewerbs.[233] Lediglich die Niebüller Frauenschaft
wandte sich im Oktober 1932 mit einem „Bunten Abend" an ein größeres Publikum.[234] Statt dessen spielte neben dem tatkräftigen Wirken einzelner Frauen wie
der Deezbüllerin Thusnelda Jannsen[235] die Tätigkeit im stillen Hintergrund eine
wesentlich größere Rolle. Zu erwähnen ist dabei speziell das in Konkurrenz zum
Roten Kreuz stehende, vermeintlich gemeinnützige soziale und karitative Engagement. Hierzu zählten die Betreuung von NS-Ferienkindern[236] ebenso wie
die Mitarbeit in den von der Partei eingerichteten Wohlfahrtsinitiativen[237], die
Ausrichtung der parteiinternen Weihnachtsfeiern[238] und nicht zuletzt die sport-
liche Betätigung der Hausfrauen. Gerade hierüber entspann sich in Niebüll heftiger Streit, da sich die Gemeindevertretung zu Recht weigerte, die Stromkosten
der Turnhalle für das NS-Frauenturnen zu ermäßigen, wie es von der Ortsgruppe unter dem fadenscheinigen Hinweis auf den unpolitischen, ja förde-
rungswürdigen Charakter solcher Aktivitäten verlangt worden war.[239]

Insgesamt begründete der vorgeblich soziale Einsatz der Frauen im Dienste
Hitlers ganz entscheidend die propagandistische Wirkung der Frauenschaften,
die das ihrige dazu beitrugen, daß sich die Schar der Hitleranhänger weiter ver-

231 Im Falle Niebülls ist der Gründungszeitpunkt nicht exakt zu ermitteln, doch spricht
    die seit dem 1. 1. 1932 bestehende Mitgliedschaft Frau Michelsens dafür, daß die von
    ihr geleitete Ortsgruppe um diesen Zeitpunkt herum entstand; BDC, Personalakte E.
    Michelsen. In Westerland erfolgte die Gründung im Mai 1932; SZ vom 6. 5. 1932. In
    Wyk konnte im August 1932 eine Frauengruppe gegründet werden; Petersen/Hin-
    richsen, S. 59.
232 Voigt, Der Sylter Weg, S. 71.
233 FZ vom 24. 8. 1932.
234 Siehe den Bericht in der NfR vom 28. 11. 1932.
235 Über eine Parteimitgliedschaft der schon älteren Dame liegen zwar keine genauen In-
    formationen vor, doch weist der von ihr verfaßte und auf der NS-Weihnachtsfeier
    1932 vorgespielte Dreiakter „Fröhliche Weihnachten" die parteipolitische Nähe
    ebenso nach wie ein von ihr verfaßtes Gedicht; vgl. NfR vom 9. 6. und 20. 12. 1932. Fer-
    ner beteiligte sie sich an einer Werbekampagne für die NSDAP im Wahljahr 1932; vgl.
    Kap. XV. 4.
236 NfR vom 2. 7. 1932.
237 Vgl. Kap. XV. 1.
238 Siehe etwa NfR vom 20. 12. 1932; SZ vom 20. 12. 1932.
239 Siehe dazu den Bericht in der NfR vom 5. 12. 1932.

größerte. Die Angehörigen der bislang immer noch weitgehend unbeachteten Organisation waren allerdings alles andere als die Fürsprecherinnen femininer Interessen im Rahmen einer fortschrittlichen Gesellschaft. Statt dessen negierten sie mit ihrem Tun bereitwillig die errungenen Rechte der Frau und machten sich zu willfährigen Wegbereitern der nationalsozialistischen Herrschaft.[240]

Überblickt man die gesamte Entwicklung zwischen der Reichstagswahl von 1930 und dem Ende des Jahres 1932, so ist zu konstatieren, daß es der NSDAP bis zu diesem Zeitpunkt gelungen war, den Parteiapparat soweit auszubauen, daß der gesamte Raum Südtondern bereits vor dem 30. Januar 1933 von einem dichten Netz der verschiedenen NS-Organisationen überzogen war. Neben den erwähnten Untergliederungen konnten noch weitere, wie beispielsweise erste Gruppen der „Nationalsozialistischen Betriebszellenorganisation" (NSBO)[241] und ein NS-Beamtenbund[242] eingerichtet werden. Doch spielten diese Formationen noch keine besondere Rolle, obwohl sie zumindest erkennen lassen, daß die Hitlerbewegung in Konkurrenz zu anderen Organisationen eine immer stärkere Bedeutung selbst im alltäglichen Leben gewann. Zum entscheidenden Jahr des Durchbruchs wurde dabei 1931, als besonders die Mitgliederzahlen der eigentlichen Partei und der SA in die Höhe schnellten. Sicherlich profitierten die Nationalsozialisten dabei von der schlechten konjunkturellen Entwicklung, doch kam dem allgemeinen geistigen Klima und der Vorreiterrolle angesehener Persönlichkeiten besonders für das aktive Engagement zugunsten Hitlers merklich größere Bedeutung zu. Die weitgehende Resignation der übrigen politischen Parteien, die nur mehr in den Wahlkämpfen des Jahres 1932 flüchtig auftraten, erleichterte die Durchdringung zusätzlich.

4. LOKALPRESSE UND NSDAP

An dieser Stelle erscheint es angebracht, die Bedeutung der örtlichen Presse für den späten, dann aber um so rasanteren Aufstieg des Nationalsozialismus in Südtondern näher zu untersuchen. Bereits im Zusammenhang mit der Beschreibung des Verhältnisses zu Dänemark sowie der Auseinandersetzung um den Young-Plan[243] wurde darauf aufmerksam gemacht, daß die lokalen Blätter fast ausschließlich im „nationalen Sinn" redigiert wurden und sich mit Dr. Hahn als

---

240 Klinksiek, S. 115 ff.

241 In Leck und Achtrup existierten Abteilungen der NS-Arbeiterorganisation; vgl. LA vom 9. 6. und vom 28. 10. 1932. In Niebüll dagegen scheiterte die Bildung, wie die „Flensburger Volkszeitung" am 16. 7. 1932 zu berichten wußte.– Zur Bedeutung der NSBO Günther Mai, Die Nationalsozialistische Betriebszellenorganisation. Zum Verhältnis von Arbeiterschaft und Nationalsozialismus, in: VfZ 31 (1983), S. 573–613.

242 NfR vom 27. 9. 1932. Den Vorsitz führte der diesbezüglich bereits erwähnte Niebüller Zeichenlehrer Fritz Walter; vgl. Kap. XIV.2.

243 Vgl. Kap. X und XIII.3.b).

Schriftleiter der „Nordfriesischen Rundschau" ein Vertreter extrem nationalistischer und wenig später nationalsozialistischer Prägung am Volksbegehren gegen den Young-Plan beteiligte. Allein hieraus den Schluß ziehen zu wollen, daß die Niebüller Zeitung schon 1929 den Siegeszug der Hitlerbewegung massiv unterstützt hätte, führte allerdings zu weit, zumal Hahn bereits Anfang November die redaktionelle Verantwortung abgab.

Im Grunde hatte die Presse des Untersuchungsraumes bis zum Sommer des Jahres 1930 nur wenig Notiz von den Veranstaltungen und sonstigen Aktivitäten der NSDAP genommen. Die Berichterstattung beschränkte sich – soweit überhaupt Meldungen erschienen – auf eine zumeist sehr geraffte Zusammenfassung der Wortbeiträge. Detailliertere Informationen über die Entstehung und personelle Zusammensetzung der wenigen Ortsgruppen fehlten nicht zuletzt wegen der parteiinternen Vorsichtsmaßnahmen völlig. Eine Änderung trat erst mit dem Wahlkampf des Jahres 1930 ein, als die Zeitungen der Partei wegen des Andrangs zu deren Wahlkundgebungen eine spürbar größere Aufmerksamkeit widmeten. Der Umfang der Reportagen nahm beträchtlich zu, so daß die Leser im Gegensatz zu früher wesentlich ausführlicher über die Hitlerbewegung informiert wurden, als sich die „Nordfriesische Rundschau" sogar über die Splitterpartei NSDAP amüsiert hatte.[244]

Den entscheidenden Wendepunkt für das Verhältnis zwischen Lokalpresse und der Hitlerbewegung bildete jedoch das Wahlergebnis vom 14. September 1930. Der nationalsozialistische Durchbruch hatte zur Folge, daß dem lokalen wie überregionalen Wirken der NSDAP fortan eine wesentlich intensivere Beachtung geschenkt wurde, als es bis dahin der Fall gewesen war. So veröffentlichte etwa die „Föhrer Zeitung"[245] unter der Überschrift „Wer ist Adolf Hitler?" einen Artikel auf der Titelseite, der jenes heroisierende, klischeehafte Bild des „Führers" wiedergab, wie es von der Parteipropaganda verbreitet wurde: Hitler als ein Mensch, der alle Kümmernisse und Schwierigkeiten in seinem Leben auf sich nahm, um Deutschland dienen und vom „Marxismus" befreien zu können. Diese Darstellung, die aus der „Deutschen Allgemeinen Zeitung" kommentarlos übernommen worden war, mußte in der Leserschaft den Eindruck erwecken, als handele es sich um einen Politiker, dem es allein um die Rettung Deutschlands ging.

Allgemein gerierten sich die ohnehin im nationalen Fahrwasser segelnden Heimatblätter ähnlich zahlreichen anderen kleinen Zeitungen im übrigen Reich immer tendenziöser in ihren Reportagen bezüglich der Entwicklung der NS-Bewegung.[246] Spätestens seit 1931 verging kaum mehr ein Tag, an dem nicht in

---

244 Vgl. Kap. XIII.2.

245 FZ vom 17. 10. 1930.

246 Vgl. als allgemeinen Überblick Klaus Wernecke, Die Provinzpresse am Ende der Weimarer Republik. Zur politischen Rolle der bürgerlichen Tageszeitungen am Beispiel der Region Osthannover, in: Presse und Geschichte II. Neue Beiträge zur historischen Kommunikationsforschung [Studien zur Publizistik, Bremer Reihe, Bd 26], München / London / New York / Oxford / Paris 1987, S. 365–404. Sehr deutlich wird die

irgendeiner Form über die NSDAP berichtet wurde, sei es direkt von Seiten der Redaktion oder auch durch parteioffizielle Berichterstattung über Versammlungen, Propagandamärsche, den organisatorischen Ausbau u. a. m.[247] Insofern gewannen die Zeitungen zusehends den Charakter von Propagandaplattformen für den Nationalsozialismus.[248] Kein Blatt steuerte diesem Sog entgegen, vielmehr beteiligten sich die meisten Redaktionen und Herausgeber an der Hetze gegen den Weimarer Staat. Dies galt auch für den „Föhrer Lokalanzeiger", der im Abstimmungskampf 1920 dänischer Sympathien verdächtigt worden war und dessen Herausgeber und Redakteur Hugo Hinrichsen (1897-1974) seit August 1932 der Partei Hitlers angehörte.[249] Der „Anzeiger" forderte die Insulaner anläßlich der Fahnenweihe der örtlichen SA zur Beflaggung der Häuser auf, ein Appell[250], auf den freilich im Vorfeld der Bannerweihe des republikanischen „Reichsbanners" verzichtet worden war. Nicht die leiseste Kritik kam im Zusammenhang mit der verfassungswidrigen Absetzung der preußischen Landesregierung am 20. Juli 1932 zum Ausdruck. Statt dessen bestimmten Töne den Stil der Blätter, die gerade vor der Reichstagswahl am 31. Juli 1932 an der politischen Orientierung kaum mehr einen Zweifel ließen. So hieß es z. B. in einem Kommentar der „Nordfriesischen Rundschau" am Vortag der Wahl[251]:

„Der 31. Juli 1932 wird nicht nur Wahltag, sondern Schicksalstag sein. Unser Volk ist sehender geworden; ist erwacht und hat es gründlich satt, noch länger ein Spielball selbstsüchtiger Parteien zu sein... Mehr noch als bei den letzten Länderwahlen wird die bevorstehende Reichstagswahl beweisen, daß die Volksmehrheit dem Parteiunwesen die Gefolgschaft versagen und sich zum allumfassenden Gemeinschaftsgeist bekennen wird... Die schärfsten Gegner solcher Gemeinschaft sind jene, die ein persönliches Interesse am Fortbestand der Zersplitterung und des Parteiunwesens haben. *Der 31. Juli wird diesen Mißständen ein Ende bereiten*. Denn die Volksmehrheit hat endlich erkannt, daß Berufsgruppen und Standesinteressen zwar verschieden, jedoch kein berechtigter Anlaß für Klassenkampf und Zersplitterung sind: daß sie vielmehr untrennbar verbunden sind mit dem Schicksal der *gesamten* Wirtschaft und des *ganzen* Volkes. Aus dieser Erkenntnis heraus wird der Gemeinschaftsgedanke über Stände und Klassen, Stämme und Konfessionen hinweg zum Sieg dringen müssen. Und mit diesem Sieg wird der 31. Juli zum Schicksalstag der deutschen Nation werden."

Problematik auch im Titel der Regionalstudie von Norbert Frei, Nationalsozialistische Eroberung der Provinzpresse. Gleichschaltung, Selbstanpassung und Resistenz in Bayern, Stuttgart 1980.

247 Gerade in den Föhrer Lokalzeitungen lassen sich die Eigendarstellungen der Ortsgruppe nachweisen.

248 Dies galt mehr oder minder für die gesamte Provinz. Siehe dazu die Einschätzung der Provinzpresse durch den Regierungspräsidenten vom 23. 3. 1932; LAS 301/5415.

249 BDC, Personalakte Hinrichsen; Zur politischen Haltung des „Lokalanzeigers" zu Beginn der zwanziger Jahre siehe Kap. X.

250 FLA vom 18. 9. 1931.

251 NfR vom 30. 7. 1932 (Hervorhebungen im Original); Hauptschriftleiter Emil Ewald (1906–1973) gehörte seit 1937 der NSDAP an; BDC Personalakte Ewald. Über ihn ZEW 1974, S. 11.

Trotzdem wird man selbst aufgrund solcher Verlautbarungen nicht von einer nationalsozialistischen Kampfpresse sprechen können, da die Wortwahl nahezu aller Zeitungen viel zu moderat war, um als Anhängsel der „Schleswig-Holsteinischen Tageszeitung" zu gelten.[252] Dies trifft ebenfalls für die „Sylter Zeitung" zu, obwohl Paul Meyer als Redakteur und Sohn des Herausgebers schon vor der „Machtergreifung" zu den Parteigängern Hitlers zählte.[253] Die Furcht vor wirtschaftlichen Einbußen durch mögliche Abonnentenverluste in der politisch sehr heterogenen Sylter Bevölkerung war offensichtlich der Anlaß zum Verzicht auf das frühzeitige Abgleiten zu einer rein nationalsozialistischen Lokalzeitung. Damit ist gleichzeitig ein Hauptproblem jedweder Heimatpresse in dieser Phase genannt: die wirtschaftliche Abhängigkeit vom nicht zuletzt politischen Wohlwollen ihrer Leser.[254] Diese Tatsache muß bei der Beurteilung des politischen Kurses der kleinen Zeitungen sicherlich berücksichtigt werden[255], doch findet darin die Bereitwilligkeit, mit welcher sich Redakteure und Herausgeber der Hitlerbewegung zur Verfügung stellten noch keine genügende Erklärung. Die Neigung zu Rechtsradikalismus war vielmehr eine mögliche, wenngleich nicht zwingend notwendige Konsequenz aus der traditionell nationalen bis nationalistischen Grundhaltung. In dieser Hinsicht bildete der „Lecker Anzeiger" das auf Kreisebene extremste Beispiel für die Umwandlung eines Heimatblattes in ein Organ der nationalsozialistischen Kampfpresse.

Die mit einer täglichen Gesamtauflage von 3200 Exemplaren größte Lokalzeitung des Kreises geriet spätestens seit 1931 mehr und mehr in den Sog der NSDAP. Schon 1929 hatte sich der von Franz Hermann (geb. 1893) herausgegebene und redigierte „Anzeiger" scharf gegen den Young-Plan gewandt und sich damit auf die Seite der „nationalen Opposition" gestellt.[256] 1930 favorisierte das Blatt zunächst den jungdeutschen Weg aus dem Weimarer „System" heraus und verkündete stolz die Meldungen über das Wachsen der Volksnationalen Reichsvereinigung. Dieses Engagement brachte der Zeitung von Seiten der NSDAP bald harsche Kritik ein. In einem „Die Jungdo-Versammlung in Husum und der 'Lecker Anzeiger'" überschriebenen Artikel für das Gauorgan der NSDAP griff Martin Matthiesen das Geestblatt heftig an und warf ihm falsche Berichterstattung bezüglich des angeblichen Jungdo-Erfolges in Husum vor. Wörtlich schrieb er[257]:

„Wir verlangen, wenn sie (gemeint sind die „Herren vom 'Lecker Anzeiger'", d. Verf.) Berichte bringen wollen, daß diese wenigstens objektiv gehalten sind. Sie brauchen sich nicht einzubilden, daß wir uns die bisherigen Methoden noch ein einziges Mal gefallen

252 Vgl. dazu Wolfgang W. Sauer, Der Sprachgebrauch von Nationalsozialisten vor 1933, Hamburg 1978; Balle, S. 253 ff.
253 Meyer (1905–1940) kandidierte bereits im März 1933 auf der NSDAP-Kreistagswahl-liste. Im BDC lag kein Material vor.
254 Wernecke, Die Provinzpresse, S. 376 ff.; Frei, S. 47.
255 Dies ist der Haupttenor der Einschätzung des Regierungspräsidenten vom 23. 3. 1932; LAS 301/5415.
256 Vgl. Kap. XIII.3.b).
257 SHT vom 17. 5. 1930.

lassen, um so weniger, als ein großer Teil der Leser des 'Lecker Anzeigers' aus Nationalsozialisten besteht und die Bewegung in Süd-Tondern täglich wächst. Wenn der 'Lecker Anzeiger' Feindschaft mit der NSDAP wünscht, werden wir einmal sehen, wer dabei den
Kürzeren zieht. Ebenfalls ist es lächerlich, daß die Jungdeutschen als Kulissenschieber eines Provinzblättchens unseren Vormarsch und ihren Verfall aufhalten zu können glauben.
Lügen haben bekanntlich kurze Beine."

Trotzdem dauerte es noch bis ins nachfolgende Jahr, ehe der Herausgeber und
Schriftleiter auf die Vorwürfe reagierte, indem er merklich detailliertere und
weit ausführlichere Meldungen über die „Arbeit" der Nationalsozialisten im
Bereich der Geest veröffentlichte, als es etwa die „Nordfriesische Rundschau"
für ihren Leserkreis in der Marsch tat. Das Jahr 1932 brachte dann gar die vorzeitige Selbstgleichschaltung des Blattes, das spätestens zum Zeitpunkt der
Reichspräsidentenwahl als weitere NS-Zeitung der Provinz zu bewerten ist und
damit eine ungemein wichtige Stütze zur allerdings kaum mehr notwendigen
Infiltration der Geestbevölkerung bildete. Wiewohl Franz Hermann erst am 1.
April 1933 die offizielle Mitgliedschaft in der Hitlerpartei erwarb[258], ließ er schon
vor dem zweiten Wahlgang keinen Zweifel an seinem Bekenntnis zu Hitler[259]:

„Wir sahen und sehen in der Wahl zum Reichspräsidenten wohl den Vorkampf für die
Preußenwahl und mußten selbstverständlich von der Kandidatur Hindenburgs abrücken,
da sich hinter dem Rücken des alten Recken das Preußenregime verkroch. Wir sind eingetreten für die Kandidaten der nationalen Opposition und werden auch weiter auf dieser
Seite bleiben."

Noch deutlicher zeigte sich der Einsatz Hermanns für die NSDAP angesichts
der indirekten Beteiligung an einer geschickt eingefädelten Werbekampagne
zugunsten Hitlers. Ende März 1932[260] erschien ein Leserbrief von der bereits erwähnten Thusnelda Jannsen aus Deezbüll, die bis zu diesem Zeitpunkt noch
nichts (!) über Hitler gehört haben wollte und nun die Leser dazu aufforderte, ihr
bzw. der gesamten Bevölkerung zu erklären, um was für einen Mann es sich
handelte. Als Reaktion auf die Bitte um Aufklärung wandten sich wenige Tage
später zwei Nationalsozialisten über den „Lecker Anzeiger" an die Öffentlichkeit und priesen das Werk Hitlers in den höchsten Tönen – einer sogar auf Friesisch. Kurz darauf bedankte sich Frau Jannsen in einem weiteren „Eingesandt"
für die erklärenden Worte, indem sie u.a. in friesischer Sprache ihre Dankbarkeit
darüber zum Ausdruck brachte, nun endlich über den guten Geist Hitlers informiert worden zu sein. Das Ende dieser Propagandaaktion unter Einbindung
der Geestzeitung war, daß sich Hitler angeblich persönlich in einem Schreiben
für diese Art Aufklärung bedankte.[261]

258 BDC, Personalakte Hermann.
259 LA vom 26. 3. 1932.
260 LA vom 30. 3., 1. 4., 2. 4. und 6. 4. 1932; die Leserbriefe sind abgedruckt bei Hans Wer-
     ner Gondesen, Wer war denn Adolf Hitler?, in: JbSG 1984, S. 206–211. Aus den einlei-
     tenden Worten des Verfassers spricht allerdings ein sehr unkritischer Umgang mit
     der Geschichte der engeren Heimat.
261 LA vom 28. 5. 1932. Am 9. Juni beendete dann ein im „Lecker Anzeiger" von Frau
     Jannsen veröffentlichtes Gedicht an die „Hitlerjugend" die Propagandaaktion end-

Der Gipfel parteiischer Propagandaarbeit von Seiten des „Anzeigers" war damit aber noch nicht erreicht; erst im Sommer des Jahres bekannte sich das Blatt auch stilistisch offen zu Hitler. Entsprach schon der Kommentar zur Absetzung der preußischen Landesregierung mit den Worten „Der gerechte Lohn für Severing und Co"[262] dem aggressiven Sprachgebrauch der NS-Presse, so galt dies erst recht für die Bewertung der sich häufenden politischen Gewalttaten von Rechts und Links. Ganz im Jargon radikaler nationalsozialistischer Wortwahl wurden kommunistische Gewalttäter schon jetzt als „rote Mordpest" oder gar als „vertiertes Untermenschentum" gebrandmarkt[263], wohingegen die Anschläge von Seiten der NSDAP – wenn überhaupt – so nur mit wenigen Worten Erwähnung fanden. Besonders machte sich das im Zusammenhang mit dem Mordfall in dem kleinen schlesischen Ort Potempa bemerkbar, wo ein schlafender Kommunist auf geradezu bestialische Weise von fünf SS-Angehörigen überfallen und getötet worden war.[264] Die sich im Innenteil der Zeitung verbergende kurze Meldung[265] gab kommentarlos lediglich das Geschehen wieder. Als die fünf Schuldigen dann jedoch wenige Tage später von einem Sondergericht zum Tode verurteilt wurden, empörte sich der Herausgeber über den Richterspruch und bewertete den Tag der Urteilsverkündung wörtlich in großen Lettern auf der Titelseite als „Schandtag in der deutschen Geschichte"[266]. Eine solche Einschätzung belegt nachdrücklich den völligen Realitätsverlust sowie die Einbuße elementarer Mitmenschlichkeit. Die Lecker Zeitung machte sich damit weitaus direkter noch als die anderen lokalen Presseerzeugnisse zum Protagonisten für Unrecht und Gewalt und trug maßgeblich zur weiteren Aufwiegelung der Bevölkerung bei, einer Verhetzung, die dann im Zuge des Begeisterungstaumels nach dem 30. Januar 1933 ihren menschenverachtenden Höhepunkt finden sollte.[267]

5. DIE WAHLEN DES JAHRES 1932

Wie im gesamten Reichsgebiet standen die propagandistischen Aktivitäten der Nationalsozialisten auch im Kreis Südtondern ganz im Zeichen der 1932 bevorstehenden Wahlentscheidungen vom 13. März und 10. April (erster und zweiter Wahlgang zur Reichspräsidentenwahl), vom 24. April (Landtagswahl in Preu-

gültig. Am Ende heißt es im Hinblick auf Hitler :
„O, Heil dem Ort, wo seine Fahne weht!
So will ich Dich, mein K. begrüßen
Und mit dem Ruf 'Heil Hitler' schließen."
262 LA vom 20. 7. 1932. Zum „Preußenschlag" Wolfgang Benz / Immanuel Geiss, Staatsstreich gegen Preußen. Der 20. Juli 1932, Düsseldorf 1982.
263 LA vom 19. 7. 1932.
264 Vgl. dazu Paul Kluke, Der Fall Potempa, in: VfZ 5 (1957), S. 280 ff.
265 Die Meldung war ganze zwölf Zeilen kurz, wohingegen die Berichte über den „roten Terror" wesentlich umfangreicher ausfielen.
266 LA vom 23. 8. 1932.
267 Vgl. das nachfolgende Kapitel.

ßen) sowie vom 31. Juli und 6. November 1932 (Reichstagswahlen). Schon zu Beginn des Jahres traten prominente Parteiredner der Provinz auf, die anläßlich zahlreicher Versammlungen[268] die anstehenden Urnengänge in wirkungsvoller Demagogie als Entscheidung zwischen Nationalsozialismus und Bolschewismus hinstellten und damit geschickt das „rote Gespenst" zur Massenmobilisierung zu nutzen verstanden. Der Dithmarscher Schmiedemeister und NS-Aktivist Hans Kummerfeldt kleidete dieses den Wahlkampf beherrschende, jedoch vollkommen überzogene Entweder-Oder[269] in die plattdeutsche Sprache und fand damit sehr viel Anklang beim Publikum. Die „Nordfriesische Rundschau" berichtete darüber wie folgt[270]:

„Der Redner des Abends, Provinziallandtagsabgeordneter Kummerfeldt=Nordhastedt sprach plattdeutsch. Dadurch erhielt die Versammlung ein ganz besonderes Gepräge: sie wurde zu einer eindrucksvollen Kundgebung für die nationalsozialistische Idee. Die Ausführungen des Referenten wurden während der zweistündigen Rede aufmerksam verfolgt. Der Redner verstand es, durch die überzeugende Kraft seiner Worte der Hörerschar die Dinge, um die es heute geht, anschaulich darzulegen. Der urwüchsige plattdeutsche Humor kam auch im Rahmen der politischen Betrachtungen voll zu seinem Recht. Der Referent wurde mehrfach durch Beifallbekundungen unterbrochen."

Der eigentliche Wahlkampf für die Reichspräsidentenwahl stand, wie nicht anders zu erwarten, ganz im Zeichen der NS-Agitation. Von den insgesamt 85 Wahlveranstaltungen, die im Vorfeld des 13. März stattfanden, wurden allein 55 von der Hitlerbewegung organisiert. Hinzu kamen noch elf Kundgebungen von Seiten der KPD, so daß die Flügelparteien die eindeutig dominierende Rolle vor dem ersten Wahlgang spielten.[271] Zwar konnte unter Leitung Dr. Hogrefes ein „Hindenburg-Ausschuß" ins Leben gerufen werden, doch beschränkten sich dessen Bemühungen auf das Kleben von Wahlplakaten und eine Anzeigenkampagne in der Presse.[272] Die NS-Redner vermieden direkte Angriffe auf den greisen Hindenburg, der nach wie vor große Sympathien in der Bevölkerung genoß, attackierten jedoch die hinter dem amtierenden Staatsoberhaupt Stehenden umso schärfer, da sie den „Sieger von Tannenberg" angeblich für ihre Zwecke mißbrauchten. Zweifellos kam der NSDAP das Dilemma der SPD zugute, die 1925 die Kandidatur Hindenburgs bekämpft hatte und sich nun für ihn

---

268 Allein im Januar 1932 fanden 25 Veranstaltungen statt, die im Durchschnitt von 138 Personen besucht wurden; LAS 301/4692, Ldr. an RP vom 5. 2. 1932.

269 Balle, S. 208 ff. Daß die KPD in Deutschland keine Chance zur Durchsetzung des Machtanspruches besaß, hatte nicht zuletzt der kläglich gescheiterte Versuch zur Entfesselung eines „roten Oktobers" im Jahre 1923 gezeigt. Zudem fehlte eine massive Unterstützung aus Moskau; vgl. Ossip K. Flechtheim, Die KPD in der Weimarer Republik, Frankfurt/M. 1969, S. 278.

270 NfR vom 28. 1. 1932. Der Veranstaltung wohnten rund 500 Zuhörer bei; LAS 301/4692, Ldr. an RP vom 5. 2. 1932.

271 LAS 301/4692, Ldr. an RP vom 5. 2. 1932.

272 Vgl. z. B. NfR vom 1. 4. 1932 und nachfolgende Nummern. In Leck stahlen dabei Nationalsozialisten Plakate des Ausschusses aus einem Schuppen; Auskunft von Otto Johannson (Leck) in einem Gespräch mit dem Verfasser vom 20. 11. 1987.

starkmachte.[273] Hart ging Gauleiter Lohse auf einer von rund 700 Personen besuchten Kundgebung in Wyk auch mit dem Kandidaten des Stahlhelms und der DNVP, Duesterberg, ins Gericht, der mit seiner Bewerbung um das höchste Staatsamt die im Oktober 1931 geschlossene „Harzburger Front" zerrissen habe. Im Bewußtsein der eigenen Stärke kanzelte er Duesterburg ab, der ohnehin chancenlos sei und nur einen Sieg Hitlers verhindere. Dagegen schürte Lohse die Furcht vor einem allerdings völlig illusorischen kommunistischen Erfolg bei der Wahl, der den Untergang Deutschlands zur Folge haben würde.[274]

Der erste Wahlgang brachte dann ein Ergebnis hervor[275], das nun auch zahlenmäßig den grundlegenden Wandel der politischen Verhältnisse erkennen ließ. Konnte sich Hindenburg auf Reichsebene mit 49,6 % der abgegebenen Stimmen klar gegenüber Hitler durchsetzen, so errang der Amtsinhaber in Schleswig-Holstein nurmehr 40,2 % und lag damit schon hinter dem Nationalsozialisten, auf den 42,7 % der Stimmen entfielen. Die übrigen Bewerber um das höchste Staatsamt rangierten auf Reichs- bzw. Provinzebene mit zusammen 19,8 % bzw. 17,1 % weit abgeschlagen hinter den beiden Hauptkonkurrenten.

In Südtondern stand der 13. März im Zeichen einer sehr hohen Wahlbeteiligung, die mit 88,7 % nunmehr der im Reich und in der Provinz entsprach. Der starke Zustrom zu den Wahlurnen kam dabei primär Hitler zugute, für den mit 62,6 % nahezu zwei Drittel aller Wähler stimmten. Für Hindenburg entschieden sich gerade noch 29 %, wobei sich der amtierende Reichspräsident in lediglich noch fünf Gemeinden gegen den nationalsozialistischen Kandidaten durchsetzen konnte. Bemerkenswerterweise gehörten hierzu u. a. die wirtschaftlich besonders schlecht gestellten Gemeinden Westerland und Aventoft[276], was als Indiz dafür zu werten ist, daß die materielle Not nicht zwangsläufig alle Schichten gleichmäßig in die Arme Hitlers trieb. Insgesamt bedeutete das Resultat einen atemberaubenden Anstieg des Stimmenanteils zugunsten der NSDAP von 25,3 % im Jahre 1930 um 37,3 Prozentpunkte in einem Zeitraum von nur 18 Monaten. Die übrigen Bewerber Duesterberg, Winter (parteilos) und Thälmann (KPD) erlitten mit Anteilen von 3,7 %, 0,2 % bzw. 4,5 % eine klare Absage und schnitten damit noch weit schlechter ab als im überregionalen Durchschnitt. Auf jeden Fall hatte der erste Wahlgang gezeigt, daß die NSDAP das politische Feld im Bereich des Untersuchungsraumes beherrschte.

Der nach den Bestimmungen der Verfassung notwendige zweite Wahlgang wurde auf den 10. April festgesetzt; es bewarben sich noch drei Kandidaten, nachdem Duesterberg und Winter ihre Bewerbung zurückgezogen hatten. Das Ergebnis lautete folgendermaßen[277]:

273 Vgl. Winkler, Der Weg in die Katastrophe, S. 511 ff.; Bracher, Die Auflösung der Weimarer Republik, S. 391 ff.
274 FZ vom 7. 3. 1932.
275 Siehe Tabelle 15.
276 In Westerland erhielt Hindenburg im ersten Wahlgang 892, Hitler 716 Stimmen, im zweiten Wahlgang Hindenburg 952 und Hitler 777. In Aventoft erhielt Hindenburg am 13. März 107 und Hitler 85 Stimmen, am 10. April Hindenburg 106 und Hitler 93; errechnet nach LA vom 14. 3. und vom 11. 4. 1932.

Tabelle 15: Ergebnis der Reichspräsidentenwahl vom 13. 3. und 10. 4. 1932
(Angaben in %)

	Deutsches Reich		Schleswig-Holstein		Kreis Südtondern	
	13. 3.	10. 4.	13. 3.	10. 4.	13. 3.	10. 4.
Hindenburg	49,6	53,0	40,2	43,5	29,0	32,1
Hitler	30,1	36,8	42,7	48,8	62,6	65,2
Thälmann	13,2	10,2	10,3	7,6	4,5	2,6
Duesterberg	6,8	–	6,3	–	3,7	–
Winter	0,3	–	0,5	–	0,2	–
Wahlbeteiligung	86,2	83,5	88,9	86,7	88,7	85,1

Im wesentlichen bot sich in Südtondern nach dem zweiten Wahlgang das gleiche Bild wie nach dem ersten, selbst wenn Hindenburg die Mehrzahl der am 13. März noch für Duesterberg abgegebenen Stimmen auf sich vereinigen konnte.[278] Besonders hohe Stimmenanteile erreichte Hitler – keineswegs überraschend – im Bereich der Geest, wo sich Gemeinden wie Soholm (96,4 %) und Böxlund (96,6 %) geschlossen für Hitler entschieden. Doch auch in den sozial weitgehend homogenen Dörfern auf der Insel Föhr errang der nationalsozialistische Kandidat beträchtlich über dem Kreisdurchschnitt liegende Resultate.[279] Ergebnisse dieser Art bestätigen eindrucksvoll die These des Berliner Wahlforschers Jürgen Falter[280], nach der die NSDAP gerade in protestantisch und bäuerlich geprägten Landgebieten mit weitgehend ausgeglichener sozialer Struktur ihre besten Ergebnisse erzielen konnte, da sie hier die Funktion einer echten „Volkspartei" übernahm und nebeneinander Selbständige und Arbeiter aufsog. Dennoch läßt sich auch in Südtondern das Übergewicht des kleinbürgerlichen Milieus in der Wählerschaft nicht leugnen. Anders sah es in den wesentlich differenzierter gegliederten Gemeinden der Insel Sylt oder dem größtenteils von Arbeiterfamilien bewohnten Dorf Aventoft aus, wo es der NSDAP auch in der Folgezeit trotz der herrschenden Not nicht gelang, die Bevölkerung geschlossen für sich zu gewinnen.[281]

Insgesamt betrachtet hatte die Weimarer Republik dem Wahlergebnis zufolge nur noch einen geringen Rückhalt in der Bevölkerung. Berücksichtigt man ferner, daß sicherlich einige Wähler aus persönlicher Sympathie für Hindenburg

277 Zusammengestellt nach Statistik des Deutschen Reiches, Bd 427 (1932) und LA vom 14. 3. und vom 11. 4. 1932.
278 LAS 301/5415, RP an OP vom 19. 4. 1932.
279 In Oldsum-Klintum etwa errang Hitler bereits jetzt 92 % der Stimmen.
280 Falter, Wahlen und Wählerverhalten, S. 495 ff.
281 In Aventoft kam die NSDAP selbst im Juli 1932 nicht über 60 % hinaus; ähnliches gilt für Sylt, wo die Hitlerbewegung im Sommer auch nur ein vergleichsweise schlechtes Ergebnis erzielte. Hier ist allerdings zu berücksichtigen, daß zahlreiche Kurgäste auf der Insel wählten.

gestimmt hatten, ohne deshalb Befürworter des „Systems" zu sein[282], so ist der Anteil der demokratisch Orientierten unter den Wählern noch niedriger anzusetzen als es die 32,1 % der Stimmen für den Reichspräsidenten suggerieren. Gleichzeitig belegt das Resultat, daß aus dem einstigen „Stiefkind" der Hitlerbewegung innerhalb kürzester Zeit ein „Musterschüler" geworden war.

Nahezu ohne Unterbrechung wurde der Wahlkampf im Hinblick auf die preußische Landtagswahl am 24. April fortgesetzt. Dabei steigerte die NSDAP ihren Einsatz nochmals, wie die Versammlungswelle belegt, die zwischen dem 14. und 22. April organisiert wurde. An diesen neun Tagen fanden insgesamt 23 Parteiveranstaltungen statt, die mit dazu beitragen sollten, der Partei den Sturm auf die wichtigste noch intakte demokratische Bastion im Reich zu erleichtern. Der Zulauf zu den Kundgebungen stieg unter dem massiven Druck weiter an, 173 Personen wohnten im Durchschnitt den Hetzreden der NSDAP bei.[283] Die Vielzahl der Veranstaltungen brachte es zudem mit sich, daß neben den profilierten Parteirednern Peperkorn, Kummerfeldt und Meyer-Quade auch solche sprachen, die bis dahin in Südtondern weitgehend unbekannt bzw. noch kaum als Parteireferenten in Erscheinung getreten waren. Zu diesem Personenkreis gehörte u.a. auch Geschäftsführer Dr. Fröbe, der nun ebenfalls im Wahlkampf sein rhetorisches Talent der Hitlerbewegung zur Verfügung stellte.[284] Er war in dieser Phase allerdings der einzige Redner aus dem Untersuchungsraum, der sich als Propagandist betätigte. Im Gegensatz dazu beschränkten die Ortsgruppenleiter ihre Aktivität auf den Vorsitz in den einzelnen Veranstaltungen.

Inhaltlich bestimmte den Wahlkampf die Auseinandersetzung um das am 13. April verhängte SA-Verbot, eine Maßnahme, die sich in besonderem Maße als Aufhänger für die gnadenlose Kritik an der Regierung Brüning eignete und dem Ansehen des Präsidialkabinetts letztlich mehr schadete als nutzte.[285] Immer wieder verwiesen die Gefolgsleute Hitlers darauf, daß ein derartiges Verbot zugleich das Reichsbanner hätte treffen müssen, was ihnen gerade angesichts der Wyker Vorfälle vom Mai 1931 breite Zustimmung von Seiten der Bevölkerung eintrug. Parallel hierzu diente die Notverordnung vom 13. April den Nationalsozialisten zu scharfer Polemik gegen den Staat, wie aus einem Inserat hervorgeht, das der Lecker Ortsgruppenleiter Dr. Carstensen am 22. April veröffentlichte[286]:

„Die Polizei hatte gedroht, daß in Zukunft die Träger von Hoheitsabzeichen und Gauschnüren mit Gefängnis nicht unter einem Monat bestraft werden. Ich ordne daher an, daß sämtliche Parteigenossen in dem erhebenden Bewußtsein, Mitbürger der freiesten Republik der Welt zu sein, von Sonnabend an nur das offizielle Parteiabzeichen tragen."

Der sich hierin offenbarende Zynismus belegt, daß ebenfalls die unteren Parteiinstanzen es verstanden, mit beißender Schärfe gegen die Regierung zu

---

282 Bracher, Die Auflösung der Weimarer Republik, S. 322, Anm. 259.
283 Errechnet nach LAS 301/4692, Ldr. an RP vom 6. 5. 1932.
284 Insgesamt trat Fröbe dreimal als Redner auf; LAS 301/4692, Ldr. an RP vom 6. 5. 1932.
285 Bracher, Die Auflösung der Weimarer Republik, S. 424 ff.
286 LA vom 22. 4. 1932.

polemisieren. Kaum ein Jahr später wurde jedoch jede Opposition von den gleichen lokalen Amtsträgern massiv unterdrückt.

Den Höhepunkt des Wahlkampfes in Schleswig-Holstein bildete auch für die Nationalsozialisten Südtonderns die große Hitler-Kundgebung am Vortag der Wahl in Flensburg, „der wohl bis dahin größten politischen Versammlung in den Grenzen der Fördestadt.„[287] Rund 4000 Anhänger der NSDAP[288] aus Südtondern – darunter ca. 150 Personen von den Inseln Föhr und Amrum[289] – reisten in etlichen Sonderzügen in die Fördestadt, um die Gegenwart Hitlers einmal leibhaftig erleben zu können. Sicherlich stand der emotionale und visuelle Eindruck hierbei ganz im Vordergrund; die meisten wollten Hitler zumindest einmal gesehen haben.[290]

In seiner gegenüber Dänemark auffallend moderaten Rede[291] ging Hitler mit dem Weimarer „System" scharf ins Gericht, warf ihm die alleinige Schuld an der gegenwärtigen Misere vor und pries statt dessen die „soziale und nationale Volksgemeinschaft". Eine wesentlich größere Bedeutung kam allerdings dem bloßen Erlebnis der von 40000 Menschen besuchten Massenkundgebung zu, was sich auch in den Berichten der Presse widerspiegelt, die sich weit mehr mit der Begeisterung der Zuschauer befaßten als mit der Rede Hitlers. Besonders die Föhrer Zeitungen[292] widmeten dem emotionalen Gepräge der Veranstaltung ihre Aufmerksamkeit, weil drei in Föhringer Tracht gekleidete Insulanerinnen dem „Führer" einen Holzteller überreichen durften. Diesen zierte neben dem Friesenwappen und dem obligaten Zusatz „Lewer duad üs Slaw" eine persönliche Widmung, die dem nationalsozialistischen, ausschließlich kollektiv legitimierten Freiheitsverständnis unter friesischem Tarnmantel das Wort redete.[293] Unter indirekter Leugnung der Existenzberechtigung jedweder individueller Freiheit, im Sinne der Propagandaformel „Du bist nichts – Dein Volk ist alles", war auf dem vom Nieblumer SA-Führer Hans Weyh geschnitzten Teller zu lesen[294]:

287 Heinacher, S. 362.
288 Lt. NfR vom 22. 4. 1932.
289 FZ vom 25. 4. 1932.
290 Der Wyker SA-Chronist Peter Schmidt berichtete über das Ereignis: „Freudig überrascht uns die Nachricht, daß unser Führer am 23. April zur Landtagswahl am 24. April im Stadion zu Flensburg sprechen wird. Wir werden also Gelegenheit haben, unseren Führer auch einmal zu sehen. Mittags gehts mit ca. 150 Personen per Extradampfer nach Dagebüll und von da per Zug nach Flensburg. Welch herrliches Bild bot sich uns auf der Fahrt nach Flensburg. Überall winkten uns die Hakenkreuzflaggen. . .“; P. Schmidt, S. 137. Aus der Feder Schmidts stammte vermutlich der ähnlich lautende Bericht in der „Föhrer Zeitung"; FZ vom 25. 4. 1932.
291 Fink, Geschichte des schleswigschen Grenzlandes, S. 264; zur Kundgebung selbst siehe etwa den Bericht in der NfR vom 25. 4. 1932; ferner Heinacher, S. 362 ff.
292 FZ und FLA vom 25. 4. 1932.
293 Dazu Sontheimer, S. 267 ff.
294 Zitiert nach der FZ vom 25. 4. 1932.

„Unserem Führer Adolf Hitler überreicht von der Führer Ortsgruppe der NSDAP. Wir wollen frei sein wie die Väter waren. Für Freiheit und Recht für Volk und Heimat haben die Friesen von jeher gekämpft und gestritten. Darum steht der Friese in der Front Adolf Hitlers."

Ohne Frage bedeutete das Auftreten Hitlers nahe der dänischen Grenze einen großen Erfolg für die Hitlerbewegung. Das schlug sich im Wahlergebnis vom 24. April mit aller Deutlichkeit nieder: Die NSDAP setzte ihren Siegeszug in der Provinz fort und errang mit 50,8 % der abgegebenen Stimmen erstmalig die absolute Mehrheit der Stimmen in Schleswig-Holstein. Damit war es ihr gelungen, den 1930 erreichten Stimmenanteil annähernd zu verdoppeln. Im einzelnen sah das Wahlergebnis folgendermaßen aus[295]:

Tabelle 16: Ergebnis der preußischen Landtagswahl vom 24. 4. 1932
(Angaben in %; in Klammern die Veränderungen gegen über der Reichstagswahl 1930 in Prozentpunkten)

Parteien	Schleswig-Holstein	Kreis Südtondern
NSDAP	50,8 (+23,8)	69,4 (+44,1)
DNVP	5,3 (– 0,8)	4,2 (– 2,1)
DVP	2,3 (– 4,9)	4,8 (– 5,5)
Staatspartei	2,0 (– 2,7)	1,5 (– 9,3)
SPD	27,5 (– 2,3)	13,5 (+ 0,7)
KPD	8,8 (– 1,8)	3,5 (+ 0,9)
Dänen	0,2 (–)	0,9 (– 0,1)
Sonstige	3,1	2,2
Wahlbeteiligung	85,7	84,6

Die Übersicht zeigt, daß die NSDAP ihren Stimmenanteil gegenüber der Reichspräsidentenwahl vom 10. April nochmals um 4,4 % zu steigern vermochte, was einerseits auf den veränderten Charakter der Wahl – am 10. April ging es nicht zuletzt um eine Personenentscheidung – andererseits sicher auch auf die Flensburger Kundgebung zurückzuführen ist. Als zweitstärkste Partei vermochte sich bemerkenswerterweise die SPD zu etablieren, die sogar noch ein besseres Ergebnis als 1930 erzielte. Das Gros der Arbeiter, d. h. jener Personenkreis, der über die geringste materielle Substanz verfügte und am härtesten von den Auswirkungen der Arbeitslosigkeit betroffen war, erwies sich selbst jetzt noch als resistent gegenüber dem Ansturm der Hitlerbewegung. Nur im Bereich der Geest verlor die Sozialdemokratie weiter an Boden, ansonsten konnte sie ihre Position zumindest halten, in den meisten größeren Gemeinden z. T. sogar nicht unerheblich verbessern.[296] Es ist also zu konstatieren, daß die Erwerbs-

295 Zusammengestellt nach Statistisches Jahrbuch für den Freistaat Preußen, Bd 29 (1933) und NfR vom 25. 4. 1932.
296 In Niebüll stieg die Zahl der SPD-Wähler gegenüber 1930 von 259 auf 367, in Leck von 63 auf 116, in Wyk von 269 auf 313.

18 *Hitler bedankt sich bei drei in Föhringer Tracht gekleideten Insulanerinnen für die Überreichung eines von den Föhrer Nationalsozialisten gestifteten Holztellers. Die Aufnahme entstand anläßlich der Hitlerkundgebung in Flensburg am 23. 4. 1932*

losigkeit in dieser Phase augenscheinlich keinen maßgeblichen Einfluß auf das Wahlverhalten eines Großteils der Arbeiterschaft hatte, eine insofern bedeutsame Feststellung, als gerade die hohe Zahl der Beschäftigungslosen immer wieder als eine Hauptursache für die nationalsozialistischen Wahlerfolge genannt wird.[297] Auch die KPD profitierte zu diesem Zeitpunkt nur geringfügig von der wirtschaftlichen Not und mußte in Westerland sogar Verluste hinnehmen.[298]

Neuerliche dramatische Einbuße erlitt das bürgerliche Lager, dessen Wähler sich immer geschlossener zur NSDAP bekannten. Die Staatspartei – nunmehr faktisch wieder die alte DDP – wurde genauso unbedeutend wie auch die Land-

297 So z. B. Bruno S. Frey / Hannelore Weck, Hat Arbeitslosigkeit den Aufstieg des Nationalsozialismus bewirkt? In: Jahrbuch für Nationalökonomie und Statistik, Bd 196 / I (1981), S. 1–31, hier S. 25. Mittlerweile steht hingegen fest, daß die NSDAP nur in den Gebieten besonders stark zulegte, in denen Arbeitslosigkeit im Vergleich zu den industriellen Ballungsräumen eine untergeordnete Rolle spielte. Insofern profitierte die Hitlerbewegung nur sehr begrenzt von der hohen Erwerbslosigkeit, die vor allem der KPD zugute kam; vgl. Jürgen W. Falter / Andreas Link / Jan Bernd Lohmöller / Johann de Rijke / Siegfried Schumann, Arbeitslosigkeit und Nationalsozialismus. Eine empirische Analyse des Beitrags der Massenerwerbslosigkeit zu den Wahlerfolgen der NSDAP 1932 und 1933, in: Kölner Zeitschrift für Soziologie und Sozialpsychologie, Bd 35 (1983), S. 525–554.
298 Die Stimmenzahl sank gegenüber 1930 von 209 auf 195.

volkpartei, die 1930 noch die zweitstärkste politische Kraft gestellt hatte, jetzt aber mit gerade noch 21 auf sie entfallenden Stimmen zu den winzigen Splittergruppen gehörte. Nahezu einhellig votierten die Bauern für die Hitlerbewegung, von der sie neben der wirtschaftlichen Sanierung eine stärkere Berücksichtigung agrarischer Interessen im gesamtgesellschaftlichen Leben erwarteten.

Dem energischen Wahlkampfeinsatz im Zeitraum zwischen März und April folgte bis zum Beginn des Reichstagswahlkampfes im Juli eine Phase relativer politischer Ruhe. Zwar stellte die NSDAP nun auch im preußischen Landtag die stärkste Fraktion, doch kam es nicht zu der erhofften Regierungsübernahme im größten Teilstaat der Republik. Die Enttäuschung hierüber, das SA-Verbot und eine nach den Anstrengungen der vergangenen Wochen typische Müdigkeit waren die Ursache für das vorübergehend schwächer gewordene Engagement der Nationalsozialisten. Es fanden im Mai und Juni nur wenige Veranstaltungen statt, die – wie z. B. ein Deutscher Abend in Klintum bei Leck[299] – vor allem dazu dienten, unter den Mitgliedern und Anhängern der „Bewegung" die Zuversicht auf den anvisierten Sieg wachzuhalten. Neuer Elan griff erst wieder Platz, als nach der Aufhebung des SA-Verbots durch die neue Reichsregierung v. Papen die Uniformierten auch auf die Straßen Südtonderns zurückkehrten und die Stärke der NSDAP unter Beweis stellen konnten.

Der Ende Juni einsetzende vierte Wahlkampf des Jahres stand wiederum ganz im Zeichen der Hitlerbewegung, die den Urnengang am 31. Juli erneut zu einer Entscheidung zwischen Nationalsozialismus und Marxismus hochstilisierte und geradezu von einem „Schicksalstag"[300] sprach. Selbst auf den Inseln wurde jetzt trotz der laufenden Hochsaison die Agitation merklich verstärkt. Der Rücksichtnahme auf die anwesenden Kurgäste bedurfte es in der Erwartung des Wahlsieges nicht mehr. Ohnehin bekundeten zahlreiche Urlauber ihre Gesinnung z. B. durch das Hissen von Hakenkreuzfahnen an den Stränden, die sich auch ohne Zutun der Insulaner längst zu Tummelplätzen der bisweilen antisemitisch fundierten Auseinandersetzungen entwickelt hatten.[301] Dem anwesenden Badepublikum Rechnung tragend wurden prominente Parteiredner in die Kurorte entsandt, so beispielsweise Prinz August Wilhelm von Preußen, der in Westerland vor 1000 Zuhörern sprechen konnte – ein Rekordergebnis für den Bereich der Inseln.[302]

299 LA vom 20. 6. 1932.
300 So der Kommentar der NfR vom 30. 7. 1932.
301 Wiederholt war es schon in den zwanziger Jahren zu Diebstählen von Reichsflaggen gekommen; vgl. SZ vom 4. 8. 1922, SZ vom 2. 7. 1925, FZ vom 13. 8. 1926, FZ vom 12. 6. 1928, SZ vom 6. 7. 1928, FZ vom 10. 7. 1928 und SZ vom 19. 7. 1929. Der mutmaßlich schwerste Zwischenfall ereignete sich im August 1932 auf der Promenade Westerlands, wo es zwischen nationalsozialistisch orientierten Kurgästen und einem vermeintlich jüdischen Urlauber fast zu einer Schlägerei gekommen wäre, als sich letzterer über die von den Parteigängern Hitlers provozierend zur Schau gestellten Parteikleinodien – darunter aus Muscheln hergestellte Hakenkreuze – erregte; vgl. Voigt, Der Sylter Weg, S. 62.

Insgesamt gehörte Südtondern im Vorfeld des 31. Juli zu den Schwerpunkten der NS-Propaganda. 36 Veranstaltungen fanden hier statt, lediglich in den Kreisen Bordesholm, Herzogtum Lauenburg und im Bereich Altona/Wandsbek war der Wahlkampfeinsatz um ein geringes größer.[303] Die Hitlerpartei mobilisierte somit nochmals alle Mittel, um die Massen der Wähler für sich zu gewinnen. Dazu wurden Versprechungen gemacht und Vergleiche herangezogen, die jedem rationalen Denken Hohn sprachen. So versicherte ein Parteiredner in Maasbüll, daß ein Reichskanzler Hitler die Lösung des Arbeitslosenproblems innerhalb weniger Monate herbeiführen werde.[304] Ein anderer verstieg sich zur Gleichsetzung der gegenwärtigen Lage Deutschlands mit jener unmittelbar vor Beginn des Weltkrieges und prophezeite, das Bestehenbleiben des jetzigen „Systems" werde den endgültigen Untergang des Reiches bedeuten.[305] Solche Dramatisierung und die immer zügelloseren Zusicherungen deuten an, daß sich bereits zu diesem Zeitpunkt erste Zweifel bemerkbar machten, ob der erwartete Sieg Hitlers tatsächlich eintreten würde. Derartige Befürchtungen waren angesichts des gescheiterten Ansturms auf Preußen nur zu begreiflich und wurden durch eine zunehmende Erschöpfung des Wahlvolks noch weiter verstärkt.[306]

Das Ergebnis der Wahl machte denn auch auf Reichsebene die gegenüber 1930 erfolgte Verschiebung des politischen Kräftefeldes deutlich, doch blieb der von den Nationalsozialisten erhoffte Sieg aus; der einzige Erfolg war vielmehr die jetzt zusammen mit den Kommunisten mögliche Blockierung jeder parlamentarischen Arbeit.[307] Mit 37,3 % vermochte die NSDAP zwar ihren Stimmenanteil gegenüber 1930 (18,3 %) zu verdoppeln, doch fehlten immer noch rund 13 Prozentpunkte zur absoluten Mehrheit. In Schleswig-Holstein konnte die NSDAP ihre am 24. April errungene Majorität nochmals um 0,2 Prozentpunkte steigern und kam auf 51 %. Dennoch läßt dieser nur sehr geringfügige Zuwachs darauf schließen, daß die Hitlerbewegung an die Grenzen des Erreichbaren vorgestoßen und ein weiteres Anwachsen kaum mehr zu erwarten war.[308] Als Indiz hierfür ist auch die Tatsache zu bewerten, daß die NSDAP etwa in der Stadt Flens-

---

302 LAS 301/4693, OP an PMI vom 17. 8. 1932. Die Veranstaltung mit Prinz August Wilhelm war zunächst als Kundgebung unter freiem Himmel geplant gewesen. Im Einvernehmen mit den übergeordneten Behörden verbot Bürgermeister Kapp darin jedoch nach den blutigen Ausschreitungen zwischen NSDAP und KPD in Altona am 17. Juli die Freiluftveranstaltung, die daraufhin in festen Räumlichkeiten abgehalten werden mußte; Sylter Archiv, Politische Polizei, Bürgermeister Kapp an Ldr. vom 1. 8. 1932; über den Altonaer „Blutsonntag" Kopitzsch, S. 31 ff.
303 LAS 301/4693, OP an PMI vom 17. 8. 1932.
304 NfR vom 18. 7. 1932.
305 NfR vom 29. 7. 1932.
306 Bezüglich einer Parteiveranstaltung in Humptrup hieß es: „Die Versammlung war recht gut besucht, doch waren in der Besucherziffer gewisse Müdigkeitserscheinungen nicht zu verkennen"; NfR vom 21. 7. 1932.
307 Zur Bedeutung der Wahl Bracher, Die Auflösung der Weimarer Republik, S. 71.
308 Martin Broszat, Zur Struktur der NS-Massenbewegung, in: VfZ 31 (1983), S. 52–76, hier S. 71.

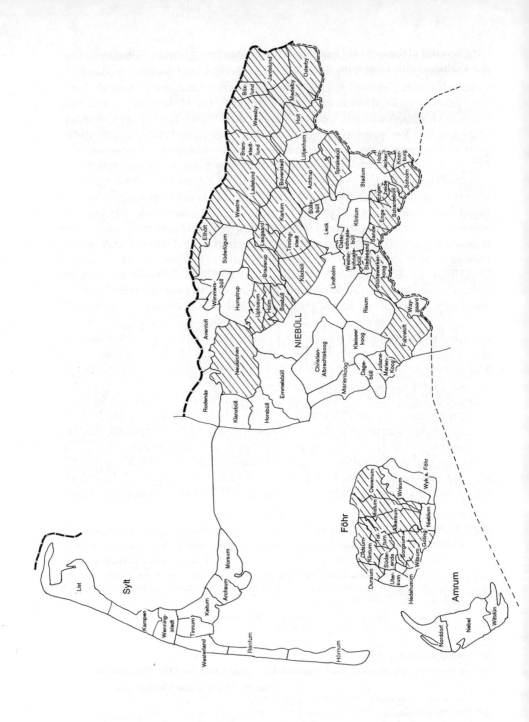

*Karte 7: Gemeinden mit einem NSDAP-Stimmenanteil von über 85 % bei der
Reichstagswahl vom 31. Juli 1932*

burg bereits bei dieser Wahl leichte Verluste hinnehmen mußte.[309] Insgesamt bot das Wahlergebnis folgendes Bild[310]:

Tabelle 17: Die Reichstagswahl vom 31. 7. 1932
(Angaben in %; in Klammern die Veränderungen gegenüber 1930 in Prozentpunkten)

Parteien	Deutsches Reich	Schleswig-Holstein	Kreis Südtondern
SPD	21,6 (− 2,9)	26,2 (− 3,6)	12,1 (− 0,7)
NSDAP	37,3 (+19,0)	51,0 (+24,9)	64,5 (+39,2)
KPD	14,3 (− 1,2)	10,7 (+ 0,1)	3,1 (+ 0,5)
Zentrum	12,5 (+ 0,7)	1,2 (+ 0,2)	2,5 (+ 2,0)
DNVP	5,9 (− 1,1)	6,5 (+ 0,4)	10,9 (+ 4,4)
DVP	1,2 (− 3,3)	1,4 (− 5,8)	3,1 (− 5,8)
Staatsp.	1,0 (− 2,8)	1,4 (− 3,3)	2,1 (− 8,7)
Sonstige	6,2	1,6	1,7
Wahlbeteiligung	84,1	87,7	86,2

Die Übersicht gibt in Anbetracht der zahlreichen, von den Kurgästen auf den Inseln abgegebenen Stimmen ein verfälschtes Bild der politischen Lage wieder.[311] Tatsächlich ist damit zu rechnen, daß die NSDAP eine noch deutlichere Stärke gewonnen hätte, wäre etwa sechs Wochen früher gewählt worden. Ein Blick auf die vom Tourismus unbeeinflußten Gebiete erlaubt daher eine wesentlich bessere Analyse. Überall vermochte die NSDAP nochmals zuzulegen, wenngleich die Gewinne gegenüber der Preußenwahl nurmehr minimal ausfielen. Es deutete sich damit auch im Untersuchungsraum an, daß die Hitlerbewegung ihren Gipfelpunkt erreicht hatte. Die höchsten Stimmenanteile erreichte sie dabei aufgrund der Sozialstruktur im Bereich der festländischen Geest (ohne Leck) sowie in den Dörfern der Insel Föhr, wo allgemein über 80 % der Wähler den Nationalsozialisten ihre Stimme gaben und ganze Gemeinden geschlossen für Hitler votierten.[312] In Soholm etwa konnte die NSDAP einen im wahrsten Sinne des Wortes hundertprozentigen Erfolg erringen. Nicht ganz so einhellig war das Votum in der festländischen Marsch (ohne Niebüll), wo sich „nur" rund 73 % der Wähler für die Nationalsozialisten entschieden und der integrative Charakter der Partei nicht ganz so klar zum Ausdruck kam. Trotzdem war die Differenz hier nicht so stark ausgeprägt wie etwa in Dithmarschen, wo die Bewohner der Marsch in weit geringerem Maße dem Werben der NS-Propaganda erlagen als die der Geest.[313]

309 Dazu Heinacher, S. 367.
310 Zusammengestellt nach Statistik des Deutschen Reiches, Bd 434 (1935) und NfR vom 1. 8. 1932.
311 Die Zahl der abgegebenen Stimmen lag um rund 8000 höher als im April.
312 Siehe Karte Nr. 7.
313 Heberle, S. 58. In Dithmarschen lagen demzufolge über 20 Prozentpunkte zwischen den NS-Stimmenanteilen in der Marsch und auf der Geest.

Die übrigen Parteien spielten angesichts der gewaltigen Übermacht der NSDAP nur eine untergeordnete Rolle. Auch die SPD geriet nun zusehends unter Druck. Dennoch erreichten die Verluste, die in erster Linie der Hitlerbewegung zugute kamen[314], bei weitem nicht das Ausmaß des bürgerlichen Lagers, das nochmals trotz schon kaum mehr vorhandener Substanz Einbußen hinnehmen mußte. Komplettiert wurde der Erfolg der eigentlichen „Volkspartei" dadurch, daß jetzt sogar ein Teil der dänischen Minderheit in Südtondern die NSDAP wählte, um – wie es in einer Wahlanalyse des dänischen Konsuls in Flensburg heißt – in dieser schwierigen Situation nicht nutzlos zu wählen.[315]

In den Wochen und Monaten nach der Juli-Wahl kam es mit Ausnahme des schon erwähnten Wyker SA-Wehrsportfestes[316] zu keinerlei größeren Veranstaltungen von nationalsozialistischer Seite. Diese Inaktivität resultierte einerseits aus dem anstrengenden Wahlkampf, zum anderen – weit wichtiger – aus der mehr und mehr um sich greifenden Resignation in den Reihen der Mitglieder, von denen viele nach dem hinter den Erwartungen zurückgebliebenen Wahlergebnis offenkundig nicht mehr mit einem Machtwechsel rechneten.[317] Verstärkt wurde das Gefühl der Ohnmacht noch, nachdem sich Hitler am 13. August geweigert hatte, als Vizekanzler in einem Kabinett mitzuarbeiten und statt dessen an seinem totalen, unteilbaren Machtanspruch festhielt.[318] Die Lethargie wich erst wieder, als es im Oktober den fünften Wahlkampf des Jahres zu bestreiten galt, doch zeichnete ihn bei weitem nicht mehr solche Dynamik aus, wie dies noch im Frühjahr und Sommer der Fall gewesen war.[319] Zudem mußte nicht zuletzt aufgrund der durch die früheren Wahlkämpfe erneut arg strapazierten Parteikasse[320] verstärkt auf Redner zurückgegriffen werden, die im

314 Die Stimmenzahl der KPD blieb in den nicht vom Tourismus beeinflußten Gemeinden insgesamt völlig konstant gegenüber der Wahl vom 24. April. Die Bruttobewegung der Wählerstimmen, d. h. der Austausch der einzelnen Parteien untereinander ist dabei jedoch nicht berücksichtigt, wenngleich zu vermuten ist, daß die NSDAP genauso Stimmen an andere Parteien abgab, wie sie umgekehrt einstreichen konnte. Dieser Austausch ist aber angesichts der geschilderten Entwicklung als nur gering zu veranschlagen.
315 Rigsarkivet København, Udenrigsministeriets arkiv, 7.Y 5a, Pakke I, Mitteilung des dänischen Konsuls in Flensburg vom 2. 8. 1932.
316 S.o. Kap. XV.3.b).
317 Zur Stimmungslage in der Partei im Herbst 1932 Bracher, Die Auflösung der Weimarer Republik, S. 554 ff.
318 ebd., S. 536 ff. Entsprechend war es das Anliegen der Partei, Verständnis für den Verzicht Hitlers auf den Eintritt in die Regierung zu wecken. In einer Anweisung der Gaupropagandaleitung für die Gauredner heißt es bezüglich der Entscheidung Hitlers u.a.: „Es muß natürlich von allen Propaganda-Stellen in die Sprache des Volkes übersetzt werden und hat dementsprechend eine populäre Umprägung zu erfahren"; LAS 301/4561, Rundschreiben der Gaupropagandaleitung vom 21. 9. 1932.
319 Es liegen zwar keine amtlichen Berichte vor, doch läßt die geringere Zahl der in der Presse angekündigten Wahlveranstaltungen den Schluß zu, daß die Intensität des Frühjahrs nicht wieder erreicht wurde.
320 Bracher, Die Auflösung der Weimarer Republik, S. 555.

Kreise beheimatet waren. Neben Dr. Fröbe traten der Lehrer Wilhelm Jüppner aus Humptrup, ein Soholmer Parteimitglied und der Niebüller Zeichenlehrer Fritz Walter als Referenten auf.[321] Alle Redner bemühten sich dabei, der zunehmenden Wahlmüdigkeit der Stimmberechtigten zu begegnen, die als große Gefahr angesehen wurde. Entsprechend appellierte der Bauernbundgeschäftsführer eindringlich an die Versammelten, am 6. November unbedingt zur Wahl zu gehen und für die NSDAP zu votieren.[322]

Wie berechtigt die Befürchtungen der Hitlerbewegung im Hinblick auf den neuerlichen Urnengang waren, bewies das Ergebnis der zweiten Reichstagswahl des Jahres. Auf Reichsebene verlor die NSDAP zwei Millionen Stimmen, der prozentuale Anteil ging damit auf 33,1 % zurück. In Schleswig-Holstein büßten die Nationalsozialisten sogar überdurchschnittliche 5,3 Prozentpunkte und damit ihre absolute Mehrheit ein. Ursache dieser Wahlbewegung waren neben der Wahlmüdigkeit und der Resignation zahlreicher Hitleranhänger, die nicht länger einer „Alles oder Nichts-Haltung" zu folgen bereit waren, auch die ersten Anzeichen dafür, daß der absolute Tiefpunkt der wirtschaftlichen Entwicklung durchschritten war.[323] Im einzelnen erzielten die verschiedenen Parteien folgende Ergebnisse[324]:

Tabelle 18: Ergebnis der Reichstagswahl vom 6. November 1932
(Angaben in %)

Parteien	Deutsches Reich	Schleswig-Holstein	Kreis Südtondern
NSDAP	33,1	45,7	68,2
SPD	20,4	24,7	10,8
KPD	16,9	13,3	5,9
Zentrum	11,9	1,0	0,3
DNVP	8,5	10,3	7,8
DVP	1,9	2,1	4,5
Staatspartei	1,0	1,2	1,8
Sonstige	6,3	1,7	1,8
Wahlbeteiligung	80,6	84,9	79,9

Mit 68,2 % der abgegebenen Stimmen erreichte die NSDAP bei freilich spürbar gesunkener Wahlbeteiligung in Südtondern ein Ergebnis, das zu den besten im gesamten Reich gehörte. Lediglich in wenigen anderen Landkreisen des Reiches, die in ihrem sozialstrukturellen Aufbau dem Südtonderns nahezu glichen,

---

321 Siehe die Berichte im LA vom 21., 28. und 31. 10. 1932.
322 FZ vom 31. 10. 1932.
323 Vgl. Kap. XV. 1.
324 Zusammengestellt nach Statistik des Deutschen Reiches, Bd 434 (1935) und der NfR vom 7. 11. 1932. Auf die Angabe der Veränderungen gegenüber der Juli-Wahl wurde verzichtet, da sie für den Bereich Südtondern wegen der zahlreichen Kurgaststimmen keine Aussagekraft haben.

erhielt die Hitlerbewegung einen noch geringfügig größeren Zuspruch von Seiten der Wähler.[325] Das Resultat kann allerdings nicht darüber hinwegtäuschen, daß auch im Untersuchungsraum die Begeisterung für den Nationalsozialismus abzuflauen begann. Überall büßte die NSDAP im Durchschnitt fünf bis zehn Prozent der Stimmen ein, nur Soholm bekannte sich nach wie vor geschlossen zu ihr. Es ist somit davon auszugehen, daß bei der Juli-Wahl sich annähernd 75 % der in Südtondern beheimateten Wähler für die Hitlerpartei entschieden hatten. Nutznießer der sich andeutenden neuerlichen Umorientierung waren vor allem die Deutschnationalen, die DVP und besonders die KPD.[326] Letztere profitierte allerdings wohl mehr vom weiteren Abbröckeln des sozialdemokratischen Anteils und absorbierte damit im wesentlichen die ohnehin vergleichsweise geringe Zahl Arbeitsloser, ein Potential, das sich dem Zugriff der NSDAP weitgehend entzog.[327]

Ungeachtet der Verluste blieb die NSDAP auch im November 1932 die eindeutig dominierende politische Kraft in Südtondern, selbst wenn ein kleiner Teil der weit überwiegend bürgerlich-bäuerlichen Wähler der Partei aus Enttäuschung den Rücken gekehrt hatte. Festzuhalten bleibt, daß sich nach wie vor über zwei Drittel der Wähler mit dem Stimmzettel zum Nationalsozialismus bekannten: Das waren zu diesem Zeitpunkt mehr als in allen anderen Kreisen der Provinz.

Am Ende des Jahres 1932 konnten die Nationalsozialisten Südtonderns eine überaus positive Bilanz aus den vergangenen zwölf Monaten ziehen. Der besonders seit 1931 massive Ansturm auf den Kreis hatte sich nun auch in zählbarem Erfolg niedergeschlagen. Entsprechend begeistert wurde daher die „Machtergreifung" am 30. Januar 1933 von der Bevölkerung begrüßt. An zahlreichen Orten fanden aus diesem Anlaß wie im gesamten Reich Fackelzüge unter Beteiligung aller NS-Formationen statt.[328] Der in nationalsozialistischen Kreisen empfundenen Begeisterung entsprachen durchaus jene Worte, die der Wyker Ortsgruppenleiter Dr. Roeloffs im Sommerwahlkampf gefunden hatte[329]:

„Wir Nationalsozialisten wissen, welchen Weg wir zu gehen haben, denn dieser Weg ist uns von unserem Führer Adolf Hitler vorgezeichnet und wir werden mit ihm gehen durch dick und dünn. Unserem Führer Adolf Hitler: Heil! Heil! Heil!"

325 Es handelt sich dabei um das Amt Westerstede (Oldenburg), sowie zwei Landkreise in Mittelfranken und drei hessische Landkreise im Regierungsbezirk Vogelsberg. Hier erreichte die NSDAP ebenfalls Stimmenanteile von rund 70 %. Auch in diesen weit überwiegend protestantisch und landwirtschaftlich geprägten Gebieten dominierte der selbständige kleinbürgerliche Mittelstand bei einem nur geringen Arbeiterpotential und weit unterdurchschnittlicher Arbeitslosigkeit; vgl. die Daten bei Falter/Lindenberger/Schumann, S. 133.

326 Die Zahl der KPD-Stimmen stieg in den nicht vom Tourismus beeinflußten Gebieten von 320 am 31. Juli auf nunmehr 700.

327 Als Indiz hierfür ist u.a. zu werten, daß der Gründungsversuch einer NSBO-Zelle in Niebüll schon im Juli des Jahres gescheitert war; vgl. Kap. XV.3.c), Anm. 149.

328 Siehe hierzu die Berichte in der Lokalpresse vom 31. 1. bzw. 1. 2. 1933.

329 FZ vom 25. 7. 1932.

Klang hier schon blinde Führergläubigkeit an, so nahm sich dieser Akt freiwilliger Unterwerfung unter die Herrschaft eines einzelnen im Vergleich zur Reaktion des Kreisbauernbundes noch harmlos aus. Der Vorsitzende Jessen (Saidt) wies in seiner Eröffnungsrede zur Generalversammlung am 4. März 1933 bereits nachdrücklich darauf hin, „daß sich in den letzten Wochen große politische Umwälzungen vollzogen hätten. Mit aufrichtiger Freude habe die Landwirtschaft des Kreises Südtondern das Zustandekommen der nationalen Regierung begrüßt. Es gelte jetzt, diese Regierung der nationalen Erhebung mit allen Kräften zu unterstützen. Der Marxismus müsse restlos niedergekämpft werden."[330] Nachdem anschließend mit Nicolaus Detlefsen und Jens Thomsen (Enge)[331] einstimmig bzw. mit großer Mehrheit in einer Kampfabstimmung zwei weitere Parteigänger Hitlers in den Vorstand gewählt worden waren[332], billigten die 200 anwesenden Mitglieder der „unpolitischen" Standesvertretung genauso einmütig eine von Detlefsen verfaßte Grußbotschaft an den Reichspräsidenten. Der Text des Telegramms lautete folgendermaßen[333]:

„Der Kreisbauernbund Südtondern steht mit heißer Liebe zur Reichsregierung Hitler. Er bittet, gegen Mordbrenner und Vaterlandsverräter sofort mit Todesstrafe vorzugehen."

Berücksichtigt man die Tatsache, daß die einstimmige Beschlußfassung zur Vogelfrei-Erklärung des politischen Gegners in einer Phase erfolgte, in der die nationalsozialistische Gewaltherrschaft noch keineswegs fest etabliert war, mithin trotz der „Reichstagsbrandverordnung" nach wie vor ein wenn auch begrenzter politischer Spielraum bestand[334], so läßt sich die einmütige Zustimmung nicht mit dem Verweis auf den äußeren Druck erklären. Gegen eine solche These spricht vor allem die Tatsache, daß der Wortlaut nicht in der Presse veröffentlicht, die Bekanntgabe mutmaßlich wegen befürchteter Unruhe vermieden wurde. Ebenfalls vermag auch die immer noch katastrophale wirtschaftliche Lage das Gutheißen eines solchen Textes nicht begreiflich zu machen. Vielmehr ist festzustellen, daß dieses beschämende Dokument lediglich den Gipfelpunkt in der langen Tradition der Ablehnung des stärker linksorientierten politischen Gegners markierte, eine Ablehnung, welche nunmehr in offenem Haß ausartete.[335] Die so geartete Radikalität beschränkte sich natürlich keineswegs allein auf die Vertretung des Bauernstandes, sie entsprach mehr oder minder einer weitverbreiteten Auffassung. Wenig später zeigten sich dann bereits auch in Südtondern die angeblich von niemanden absehbaren Konsequenzen der

---

330 PBS, Generalversammlung vom 4. 3. 1933.

331 Thomsen kandidierte anläßlich der Kommunalwahl vom 12. 3. 1933 für die NSDAP.

332 Detlefsen wurde als Nachfolger für Thomas Ebsen (Ladelund) gewählt, der zu diesem Zeitpunkt seinen Rücktritt aus dem Vorstand erklärte; PBS, Generalversammlung vom 4. 3. 1933.

333 ebd.

334 Dazu Karl Dietrich Bracher, Stufen der Machtergreifung, Frankfurt am Main/Berlin/Wien 1960, S. 119 ff.; Martin Broszat, Der Staat Hitlers, München 1983[10], S. 99 ff.

335 Es sei in diesem Zusammenhang nochmals besonders an das Verhalten gegenüber dem Niebüller Schuldirektor Dr. Unterhorst und an den Ausschluß Karl Johannsens aus der Standesvertretung erinnert; vgl. Kap. XV.2.

inhumanen Übereinkunft, als die ersten Gegner des NS-Regimes verhaftet bzw. an den Pranger gestellt wurden[336] und eine oft auch von Neid und persönlicher Mißgunst geprägte Verdrängung unliebsamer Personen aus ihren Ämtern einsetzte.[337] Es bezeichnete dies jedoch nur den Anfang eines Weges, an dessen Ende millionenfacher Tod und unsagbares Leid standen. Im Bereich Südtonderns sollte für diesen Weg besonders das KZ-Außenlager Ladelund stehen, wo im Spätherbst 1944 zahlreiche Unschuldige umkamen.[338]

336 Die Maßnahmen richteten sich zunächst gegen die KPD auf Sylt, wo Anfang April 1933 die ersten Festnahmen erfolgten; LAS 309/22930, Bürgermeister Kapp an Ldr. vom 4. 4. 1933; ferner Voigt, Der Sylter Weg, S. 96 ff. Im Juli 1933 wurden weitere unliebsame Personen in die ersten „wilden" Konzentrationslager eingeliefert; NfR vom 5. 7. 1933. In Leck wurde Anfang Juli 1933 der Uhrmacher Max Nahnsen mit einem Schild um den Hals durch die Gemeinde getrieben, auf dem zu lesen war: „Ich bin der größte Lump, ich habe den Reichskanzler Adolf Hitler beleidigt"; NfR vom 4. 7. 1933. Ähnliches spielte sich auch auf Sylt ab; Voigt, Der Sylter Weg, S. 96.
337 Vgl. hierzu das wenige noch erhaltene Material in LAS 320/906 (betr. Leck), LAS 320/790 (betr. Horsbüll), LAS 320/564 (betr. Klanxbüll), LAS 320/779 (betr. Oldsum/F.), LAS 320/746 (betr. Nieblum/F.). Julius Momsen äußerte in seinen Erinnerungen Schadenfreude über all jene, die hofften, über die NSDAP in irgendeiner Form zum Erfolg gelangen zu können und es trotz aller Ränke nicht schafften; Erinnerungen, Teil I, S. 33.
338 Vgl. Jörn P. Leppien, „Das waren keine Menschen mehr. . ." Aus der Chronik der Kirchengemeinde – Pastor Johannes Meyer über das Konzentrationslager Ladelund, in: GFH 3 1983, S. 143185; siehe ferner die vom Grenzfriedensbund herausgegebene Aufsatzsammlung Zur Ausstellung KZ Ladelund 1944. Beiträge aus Grenzfriedenshefte 4/90 und 1/91, Flensburg 1991.

XVI. Zusammenfassung

Obwohl die NSDAP entsprechend dem allgemeinen Trend auch in Südtondern beträchtliche Einbußen bei der Reichstagswahl vom 6. November 1932 hinnehmen mußte, so bedeuteten die hier erzielten 68,2 % dennoch ein Ergebnis, das zu den besten im ganzen Reich gehörte. In Schleswig-Holstein stand Südtondern damit sogar an der Spitze aller Landkreise. Das Resultat erscheint um so erstaunlicher, als sich bei der Provinziallandtagswahl im November 1929 erst rund 600 Wähler per Stimmzettel zur NSDAP bekannt und der Untersuchungsraum bis ins Jahr 1931 hinein zu den von der NS-Gauleitung als „noch nicht befriedigend" eingestuften Regionen gehört hatte. Dabei waren die Voraussetzungen für das Gedeihen der nationalsozialistischen Saat hier besonders günstig.

Schon vor dem Ersten Weltkrieg lassen sich Strömungen feststellen, die der NSDAP später als Nährboden dienten und die angesichts der Dominanz der liberalen Parteien nur allzuleicht übersehen werden. So drangen wiederholt kulturpessimistische und antisozialistische Stimmen an die Öffentlichkeit, die darauf hinwiesen, daß der überwiegende Teil der Bevölkerung nicht an grundlegendem Wandel, sondern am Erhalt eines festen Ordnungsgefüges interessiert war. Die weitverbreitete Furcht vor der Sozialdemokratie und der Unmut über den Tourismusboom auf den Inseln waren genauso Indiz für die mangelnde Bereitschaft zur Hinnahme der gesellschaftlichen Veränderungen wie das staatlich sanktionierte Festhalten an den traditionellen und wenig flexiblen Strukturen in der Landwirtschaft. Gerade in diesem Bereich artikulierte sich die fehlende Beweglichkeit im Denken am deutlichsten. Obgleich die Industrie den Agrarsektor hinsichtlich der volkswirtschaftlichen Bedeutung längst überholt hatte, hielten die meisten Bauern an der Überzeugung fest, daß ihnen nach wie vor eine Vorrangstellung gebühre. Wahlerfolge des BdL in den wirtschaftlich schlechter gestellten Geestdörfern verliehen diesem Gefühl am nachhaltigsten Ausdruck. Zwar waren es in dieser Phase der Hochkonjunktur nur wenige, die sich im Sinne des BdL offen zu Totalitarismus und Antisemitismus bekannten, doch zeigten weit mehr ihre Bereitschaft zur kritiklosen Hinnahme solcher Überzeugungen. Stellvertretend dafür standen nicht zuletzt die Vermieter auf der Insel Sylt, die wiederholt judenfeindliche Werbung in ihren Prospekten duldeten.

Wenn somit auch bereits vor 1914 Stimmen laut geworden waren, die sich gegen eine demokratische Entwicklung gewandt hatten, so spielte die Phase des Umbruchs zwischen 1918 und 1920/21 eine sehr viel gewichtigere Rolle für die Bewußtseinsbildung weiter Bevölkerungskreise. Die Erleichterung über das Ende des Krieges wich rasch einem Unverständnis gegenüber der Niederlage und bangen Erwartungen für die Zukunft. Wohl brachte die erste Wahlentscheidung im Rahmen der neuen staatlichen Ordnung eine respektable Mehrheit für einen demokratischen Neuaufbau, doch war das überproportional gute Abschneiden der Deutschen Demokraten keineswegs das Zeichen eines fest verwurzelten Liberalismus. Ihren Erfolg verdankte die DDP nicht zuletzt der Kandidatur des nahe Tondern beheimateten Landwirts Cornelius Petersen, der allerdings wegen seines agrarromantisierenden Weltbildes der Schleswig-Holsteinischen Landespartei näherstand als den Demokraten. Weit mehr als dieses personenbezogene Kriterium wirkte sich jedoch die Hoffnung vieler Wähler aus, durch eine Stimmabgabe zugunsten der Linksliberalen die revolutionären Erschütterungen abfedern und den sozialistischen Einfluß auf die Geschicke der Politik eindämmen zu können. Dafür sprechen insbesondere der geradezu panikartige Ansturm auf die Mitgliedsbücher der DDP im Vorfeld der Wahl sowie ein erster Einbruch dieser Partei anläßlich der Wahl zur preußischen Landesversammlung am 26. Januar, d. h. eine Woche nach der Wahl zur Nationalversammlung. Gerade diese Verluste, die sich nicht auf den erst Monate später liegenden Versailler Vertrag zurückführen lassen, erhärten den Verdacht, daß ein Teil der linksliberalen Wähler vom 19. Januar schon jetzt mit dem Vertrauensentzug auf die sich anbahnende Kooperation zwischen Demokraten und Sozialdemokratie reagierte. Angesichts dieser Umstände und insbesondere unter Berücksichtigung des linksliberalen Debakels bei der Reichstagswahl im Februar 1921 wird deutlich, daß das „liberale" Bekenntnis substantiell nur wenig Qualität besaß. In der Vorkriegszeit war es aufgrund der guten Konjunktur nie ernsthaften Belastungen ausgesetzt gewesen, nach dem Umbruch von 1918 versagte die „liberale" Gesinnung schon bei der ersten Bewährungsprobe.

Zu einer besonders schweren Hypothek gestalteten sich die Auswirkungen des Versailler Vertrages. Die im Zuge der Abstimmungszeit aufschäumenden nationalistischen Wogen zeigten, zu welch blinder Einseitigkeit der Überzeugung sich größere Teile der Bevölkerung des Kreises hinreißen lassen konnte: Schon Stimmen, die zur Mäßigung aufriefen, wurden in die Nähe von Volksverrat gerückt. Auch in den nachfolgenden Jahren blieb das Verhältnis zum nördlichen Nachbarstaat und den um Versöhnung bemühten Kräften gespannt. Zwar verlor die Grenzproblematik in der zweiten Hälfte der zwanziger Jahre – besonders seit dem rapiden wirtschaftlichen Niedergang – an unmittelbarer Bedeutung, doch trug die gesamte Auseinandersetzung dazu bei, ein Klima zu schaffen, in dem demokratisches Miteinander kaum gedeihen konnte. Insofern zählte der Grenzkampf mittelbar zu jenen Faktoren, die den Aufstieg des Nationalsozialismus ermöglichten.

Als markantes Zeichen für die mangelhafte innere Bewältigung des Kriegsgeschehens und der anschließenden Umwälzungen in Deutschland muß das Erscheinen diverser rechtsgerichteter, antirepublikanischer Verbände gewertet werden. Ihnen gelang es im Schatten der nationalistisch aufgeheizten Atmosphäre, organisatorisch Fuß zu fassen. Zu den radikalsten ihrer Art gehörten der Alldeutsche Verband und der Völkisch-soziale Block; zum mitgliederstärksten entwickelte sich der Jungdeutsche Orden, doch überstieg die Breitenwirkung die personelle Stärke insgesamt erheblich. Allen gemeinsam waren neben Antisemitismus und kulturpessimistischen Tendenzen der Wille zur Abkehr vom modernen, pluralistisch geprägten Staat zugunsten eines autoritären Systems mit fest gegliederter Gesellschaftsstruktur sowie die Überwindung des kapitalistischen Einflusses im alltäglichen Leben. Hatte schon der Erfolg der Landespartei 1919 und 1921 Neigungen in dieser Richtung erkennen lassen, so erst recht die großen deutschnationalen Wahlerfolge 1924, die nicht zuletzt auf der Hochkonjunktur all dieser militanten Verbände beruhten. Ganz gewiß waren die militanten Gruppierungen mitverantwortlich für die Popularisierung jenes Gedankenguts, das die Kernaussagen im nationalsozialistischen Weltbild ausmachte.

Eine ganz entscheidende Rolle für die endgültige Abkehr von der Weimarer Republik spielte zweifelsohne die sich seit 1929 dramatisch zuspitzende wirtschaftliche Lage. Wie die vorliegende Studie allerdings gezeigt hat, läßt sich die ökonomische Entwicklung nicht vom politischen Weltbild der Wählerschaft trennen. Das Fremdenverkehrsgewerbe auf den Inseln erlebte bis 1914 einen geradezu stürmischen Aufschwung, der mit dem Beginn des Krieges jäh unterbrochen wurde und zwischen 1918 und 1933 besonders aufgrund einer erheblich größeren Konkurrenz im In- und Ausland nie wieder eine derartige Blüte erlebte. Ähnlich verhielt es sich im Bereich der von Rinderzucht und -mast geprägten Landwirtschaft, wo bis 1914 unter dem Schutz hoher Zollmauern besonders in der Marsch ein nicht unbeträchtlicher Wohlstand erwirtschaftet werden konnte, der aber insgesamt auf tönernen Füßen stand und in den Nachkriegsjahren unter dem Druck internationalen Wettbewerbs zusammenbrach. In beiden Wirtschaftszweigen fehlte die Einsicht in die tieferen Ursachen der Krise. Die Schuld an Inflation und Wirtschaftskrise wurde nicht jenen Kräften angelastet, die für die Dauer des Krieges und die ruinöse Wirtschaftspolitik verantwortlich zeichneten, sondern ausschließlich den Nachkriegsregierungen und dem Versailler Vertrag. Gerade die Vertreter der Landwirtschaft verwiesen immer wieder auf die Friedensbestimmungen als Wurzel allen Übels; zu selbstkritischer Einsicht in die strukturellen Defizite, die sich schon vor 1914 herausgebildet hatten und die nicht im Zusammenhang mit dem Versailler Frieden standen, waren sie nicht fähig. Statt dessen hielt sich das längst überkommene Selbstwertgefühl, demzufolge das Bauerntum als „Volksernährer" nach wie vor den materiellen und ideellen Schutz des Staates verdiene. Ihren extremen Niederschlag fand diese überzogene Selbsteinschätzung in Gestalt der Landvolkbewegung, die in Südtondern große Sympathien genoß und nicht einfach nur als wirtschaftlich motivierter Protest begriffen werden kann. Es handelte sich dabei vielmehr um einen spontanen Sturm gegen den modernen (demokratischen) Geist der Zeit, der insbesondere auch vom friesischen Bevölkerungsteil als zersetzend empfunden wurde und dem man sich hilflos ausgesetzt sah. Von daher wirkte die Krise auf dem Agrarsektor auch weniger als ursächliches sondern vor allem als auslösendes Moment für die Radikalisierung, eine These, die vor allem darin ihre Stütze findet, daß mit dem Landwirt Ernst Bossen nicht zufällig ein BdL-Funktionär der Vorkriegszeit an der Spitze der Landvolkbewegung stand. In jedem Falle war die Landvolkbewegung ein unzweideutiger Wegbereiter des Nationalsozialismus, der sich selbst als schärfster Gegner des liberalen Zeitgeistes begriff und sich als unbedingter Garant agrarischer Interessen innerhalb eines klar gegliederten, konfliktfreien Staates darzustellen verstand. Aus der geschichtlichen Entwicklung ergibt sich, daß die Agitation der NSDAP den Boden vorfand, der für einen raschen und umfassenden Siegeszug unbedingte Voraus-

setzung war. Maßgebliche Grundpositionen des nationalsozialistischen Weltbildes hatten schon lange vor dem eigentlichen Aufkommen der NS-Massenbewegung in dieser oder jener Weise Verbreitung in einer sozial weitgehend
homogenen Bevölkerung gefunden, die nicht so starken ideellen Bindungen
verhaftet war, wie dies nach wie vor für die katholischen Gebiete des Reiches zu-
traf. Dennoch vollzog sich die endgültige Loslösung von den Formen demokratischen Zusammenlebens bemerkenswert spät, dann aber in einem geradezu
atemberaubenden Tempo. Es lag dies u. a. an dem bis zum Jahr 1930 geringen
Engagement der Gauleitung, die bis zu diesem Zeitpunkt nicht zuletzt aufgrund
der schwierigen finanziellen Lage auf nennenswerte Propaganda im Kreis Südtondern verzichtet hatte, obwohl die Reichstagswahl 1928 die Entstehung eines
politischen Vakuums signalisiert hatte. Ferner dauerte es bis 1931, ehe sich ein-
flußreiche Persönlichkeiten wie Bauernbundgeschäftsführer Dr. Fröbe offen zu
Hitler bekannten und damit eine Vorreiterrolle übernahmen. Auch die zeitweise
bestehende Resonanz auf die Volksnationale Reichsvereinigung wirkte sich bis
zum Sommer 1930 sehr hemmend auf die Ausbreitung der NSDAP aus, ein Indiz dafür, daß die Suche nach einem Weg aus dem Weimarer System heraus
nicht zwangsläufig zum Nationalsozialismus führen mußte. Erst das Scheitern
dieser Aufbruchbewegung und die wirtschaftlichen Erschütterungen machten
schließlich den Weg zum Sieg der NS-Bewegung frei, die aufgrund ihres kompromißlosen Kurses und ihrer unvergleichlichen Propagandamaschinerie eine
große Anziehungskraft ausübte. Dabei war die Sogkraft der NSDAP in dem engen, klein- und mittelbäuerlich geprägten Dorfgemeinschaften erheblich größer
als z. B. auf der Insel Sylt oder in dem kleinen Fischerdorf Aventoft, wo sie aufgrund der abweichenden Sozialstruktur über vergleichsweise schwache Ergebnisse nicht hinauskam – ein klares Zeichen dafür, daß der NS-Erfolg nicht ausschließlich von der prekären wirtschaftlichen Lage abhing.

Abschließend bleibt festzustellen, daß der rasche und umfassende Siegeszug
der NS-Bewegung keineswegs als plötzliche Reaktion einer Bevölkerung bewertet werden kann, die der demokratisch verfaßten Weimarer Republik zu Beginn
Vertrauen entgegengebracht hatte. Den politischen Weg nach 1918 kennzeichnete vielmehr ein für Schleswig-Holstein insgesamt typischer, schnell wachsender Widerwille gegen den tiefgreifenden Wandel in Wirtschaft und Gesellschaft, den man ohnehin kaum durchschaute. Insofern war der Erfolg der
NSDAP extremer Ausdruck für die Sehnsucht nach Überwindung eines Systems, das schlichtweg als Symbol des Niedergangs galt. Die Weltwirtschaftskrise beschleunigte die endgültige Abkehr von der Demokratie in starkem
Maße, ohne in diesem Zusammenhang ursächlich zu wirken.

Kausale Bedeutung hatte neben einer Reihe anderer Faktoren wie Wirt-
schafts-, Sozial- und Siedlungsstruktur in breitem Umfang auch ein weitverbrei-
tetes antidemokratisches Denken, ohne dessen Berücksichtigung die Beurteilung der Entwicklung seit 1930 unvollständig bleiben muß. Als besonders drastische Beispiele sei an dieser Stelle nochmals an die Bezeichnung des Films „Im
Westen nichts Neues" als „Sudelfilm", die Vertreibung des Niebüller Schulleiters Dr. Unterhorst und insbesondere die Zustimmung zur Vogelfreierklärung

des politischen Gegners durch den „unpolitischen" Kreisbauernbund kurz nach der „Machtergreifung" genannt.[1] Solche Äußerungen lassen sich nicht auf die materielle Not der Bewohner zurückführen, sie verdeutlichen vielmehr die geistige Situation jener Jahre, in denen demokratischer Pluralismus von vielen nicht als Reichtum, sondern einzig als Zeichen der Zersetzung und des Verfalls begriffen wurde. Nicht zuletzt in diesem Klima der Intoleranz konnte die Hitlerbewegung wachsen und zum beherrschenden Faktor innerhalb einer Bevölkerung aufsteigen, die mit der neuen Demokratie kaum etwas anzufangen wußte.

1 Vgl. S. 340 ff und S. 391.

Abkürzungen

AfS	Archiv für Sozialgeschichte
BAK	Bundesarchiv Koblenz
BArchP	Bundesarchiv, Abteilungen Potsdam
BDC	Berlin Document Center
DDP	Deutsche Demokratische Partei
DNVP	Deutschnationale Volkspartei
DVP	Deutsche Volkspartei
DSchl	Der Schleswiger
DSchTB	Deutschvölkischer Schutz- und Trutzbund
FLA	Föhrer Lokal-Anzeiger
FVz	Flensburger Volkszeitung
FZ	Föhrer Zeitung
GFH	Grenzfriedenshefte
GG	Geschichte und Gesellschaft
GStAPK	Geheimes Staatsarchiv Preußischer Kulturbesitz, Berlin
GStAPK Abt. Merseburg	Geheimes Staatsarchiv Preußischer Kulturbesitz, Abteilung Merseburg
GWU	Geschichte in Wissenschaft und Unterricht
HZ	Historische Zeitschrift
JbNI	Jahrbuch des Nordfriesischen Instituts, Bredstedt
JbSG	Jahrbuch für die Schleswigsche Geest
KANF	Kreisarchiv Nordfriesland, Husum
KGN	Kriminal- und Grenzkommissariat Niebüll
LAS	Landesarchiv Schleswig-Holstein, Schleswig
LAÅ	Landsarkivet for de sønderjyske landsdele, Åbenrå (Landesarchiv für die süderjütischen Landesteile, Apenrade)
Ldr.	Landrat
LKPF	Landes-Kriminalpolizeistelle Flensburg
NEKA	Nordelbisches Kirchenamt, Kiel, Archiv
NfJb	Nordfriesisches Jahrbuch, Neue Folge
NfR	Nordfriesische Rundschau
NfWb	Nordfriesisches Wochenblatt
OP	Oberpräsident / Oberpräsidium, Kiel
PBS	Protokollbuch des Bauernvereins, Kreisgruppe Südtondern (1924-1933)
Pg.	Parteigenosse
PMI	Preußischer Minister des Innern / Preußisches Innenministerium
RkÜöO	Reichskommissar für die Überwachung der öffentlichen Ordnung
RP	Regierungspräsident / Regierungspräsidium, Schleswig
SGKN	Staatliches Grenzkommissariat Niebüll
SHB	Schleswig-Holsteiner-Bund
SHBL	Schleswig-Holsteinisches Biographisches Lexikon / Biographisches Lexikon für Schleswig-Holstein und Lübeck
SHLB	Schleswig-Holsteinische Landesbibliothek, Kiel
SHT	Schleswig-Holsteinische Tageszeitung

398

SI	Sylter Intelligenzblatt
SøÅ	Sønderjyske Årbøger
SZ	Sylter Zeitung
TZ	Tondernsche Zeitung
VB	Völkischer Beobachter
VfZ	Vierteljahrshefte für Zeitgeschichte
VR	Volksnationale Reichsvereinigung
VSB	Völkisch-sozialer Block
ZSHG	Zeitschrift für Schleswig-Holsteinische Geschichte

Quellen- und Literaturverzeichnis

a) Ungedruckte Quellen

1. Bundesarchiv Koblenz (BAK)

NS 22	Reichsorganisationsleiter der NSDAP
NS 26	Hauptarchiv der NSDAP
Sammlung Schuhmacher	
R 43 I	Akten der Reichskanzlei
R 134	Reichskommissar für die Überwachung der öffentlichen Ordnung und Nachrichtensammelstelle des Reichsministeriums des Innern
R 161	Jungdeutscher Orden
ZSg. 1.128	Jungdeutscher Orden
Z 42	Spruchgerichtsakten der britischen Besatzungszone

2. Bundesarchiv, Abteilungen Potsdam (BArchP)

61 Sti 1	Deutsche Stiftung
15.01	Reichsministerium des Innern
Stahlhelm, BdF	

3. Politisches Archiv des Auswärtigen Amtes, Bonn

   Friedensabteilung: Schleswig a

4. Geheimes Staatsarchiv Preußischer Kulturbesitz, Berlin (GStAPK)

I/Rep. 77	Preußisches Ministerium des Innern
I/Rep. 90	Preußisches Staatsministerium

5. Geheimes Staatsarchiv Preußischer Kulturbesitz, Abteilung Merseburg (GStAPK Abt. Merseburg)

Rep. 77	Preußisches Ministerium des Innern
Rep. 87	Preußisches Ministerium der Justiz
Rep. 151	Preußisches Ministerium der Finanzen
Rep. 169 D	Landtag 1913-1918 und 1920-1933

6. Berlin Document Center, Berlin (BDC)

   Personalakten

7. Landesarchiv Schleswig-Holstein, Schleswig (LAS)

Abt. 301	Oberpräsidium
Abt. 309	Regierungspräsidium
Abt. 320 Südtondern	Akten des Landratsamtes

| Abt. 354 | Staatsanwaltschaft Flensburg |
| Abt. 399 | Nachlässe |

8. Schleswig-Holsteinische Landesbibliothek, Kiel (SHLB)

   Nachlaß Karl Alnor

9. Kreisarchiv Nordfriesland, Husum (KANF)

Abt. A 3	Inselarchiv Föhr
Abt. C 3	Amt Osterland-Föhr
Abt. C 5	Amt Westerland-Föhr

10. Sylter Archiv, Westerland / Sylt

    diverse Materialien

11. Museumsarchiv Wyk / Föhr

    | Abt. Ed 161 | Protokollbuch des Osterlandföhrer Kriegervereins |

12. Gemeindearchiv Ladelund

    Datenübersicht zur Geschichte der Gemeinde

13. Archiv des Kirchenkreises Südtondern, Leck

    | Abt. SI, 2 | Propsteisynode 1926 |
    | Abt. C | Kirchengemeinde N.N. |

14. Nordelbisches Kirchenamt, Archiv, Kiel (NEKA)

    Personalakten
    Archiv der Bekennenden Kirche in Schleswig-Holstein

15. Landsarkivet for de sønderjyske landsdele, Åbenrå (LAÅ)

    Tønder landrådsarkiv

16. Rigsarkivet København, Reichsarchiv Kopenhagen

    Udenrigsministeriets arkiv, Grp. 7: Slesvigske Spørgsmål

17. Chroniken diverser Kirchengemeinden Südtonderns

18. In Privatbesitz

    Julius Mommsen, Aus meinem Leben, Manuskript
    Protokollbuch des Bauernvereins – Kreisgruppe Südtondern (1924–1933)

19. Informationsgespräche mit:

Theodor Atzen, Rodenäs
Walter Bamberger, Niebüll
Andreas Bossen, Holt
Max Bossen, Leck
Isa Carstensen, Niebüll
Ludwig Carstensen, Uphusum
Heinrich Christiansen, Osterby
Thomas Christiansen, Medelby
Hans Christian Davidsen, Bramstedtfeld
Dr. August Fröbe, Niebüll
Theodor Godbersen, Klanxbüll
Jakob F. Hansen, Aventoft
Anna Hasselbrink, Hesbüll
Hans Christian Holländer, Oevenum / Föhr
Peter Jacobsen, Klixbüll
Anni Jensen, Braderup
Heinrich Jensen, Braderup
Arnold Jessen, Tinningstedt
Otto Johannson, Leck
Dr. Brar Johannsen, Leck
Katharina Knudsen, Rodenäs
Emil Kufallt, Emmelsbüll
Jens Ludwig Martens, Wyk / Föhr
Margot Melfsen, Galmsbüll
Bahne Nissen, Stedesand
Paul Petersen, Hesbüll
Peter Ludwig Petersen, Oster-Ohrstedt
Theodor Sönnichsen, Rodenäs
Lorenz Steensen, Stedesand
Dr. Harald Voigt, Westerland / Sylt
Johann Voß, Klanxbüll
Fritz Walter, Kronshagen b. Kiel
F.L.F, N.
N.N., Wyk / Föhr

20. Bildnachweis

Abb. 1 - 7 :	Privatbesitz
Abb. 8 :	„Der Schleswiger" vom 12.7.1929
Abb. 9 :	Privatbesitz
Abb. 10 :	„Sylter Zeitung" vom 11.9.1935
Abb. 11-13 :	Privatbesitz
Abb. 14-18 :	entnommen aus Egon Petersen / Hugo Hinrichsen, 300 Jahre Wyker Geschichte, Wyk 1938

402

b) Gedruckte Quellen

1. Statistische Materialien

Beiträge zur historischen Statistik Schleswig-Holsteins, Kiel 1967
Die Bevölkerung der Gemeinden in Schleswig-Holstein 1867–1970 (Historisches Gemeindeverzeichnis), Kiel 1972
Einwohnerbuch Südtondern, Niebüll 1929
Gemeindelexikon für den Freistaat Preußen, Bd IX: Provinz Schleswig-Holstein, Berlin 1930
Handbuch des Grundbesitzes im Deutschen Reich, Provinz Schleswig-Holstein, Berlin 1912
Niekammers Landwirtschaftliche Adreßbücher, Bd XXI: Schleswig-Holstein, Leipzig 1927
Preußische Statistik, Bde 170 ff., Berlin 1901 ff.
Statistik des Deutschen Reiches, Bde. 209 ff., Berlin 1907 ff.
Statistisches Jahrbuch für den Freistaat Preußen, Bde. 16 ff., Berlin 1920 ff.
Vierteljahrshefte zur Statistik des Deutschen Reiches, Berlin 1892 ff.

2. Geschäftsberichte, Jahrbücher, Protokolle u. ä.

Bericht des Synodalausschusses erstattet zur 5. ordentlichen Synode der Propstei Südtondern am 27. September 1932, Leck 1932
Bericht über die 38. Konferenz der Vorstände der preußischen Landwirtschaftskammern am 21. Juli 1925 in Elmshorn, Berlin 1925
Handbuch für die Provinz Schleswig-Holstein, Kiel 1925, 1927, 1929, 1936
Jahresbericht der Handwerkskammer zu Flensburg 1925–1928, Flensburg 1925–1928
Jahresbericht (Geschäftsbericht) der Landwirtschaftskammer für die Provinz Schleswig-Holstein für die Rechnungsjahre 1900–1930, Kiel 1900–1930
Nationalsozialistisches Jahrbuch 1927
Die Nordmark. Jahrbuch des Jungdeutschen Ordens Ballei Nordmark 1925, Flensburg o.J. [1925]
Organisationsbuch des Reichslandbundes 1930, Berlin 1930
Predigt'n un Redn holn op'n Fresendag in Niebüll-Deezbüll an'n 10. August 1919, Flensburg 1919
Reichslandbund 1929, Berlin 1929
Schleswig-Holsteinisches Jahrbuch 1921, hrsg. von Ernst Sauermann, Hamburg 1921
Vertraulich. Geschäftsbericht 1919 und Organisationsverzeichnis der Deutschen Volkspartei Schleswig-Holstein [Bordesholm 1920]
Verwaltungsbericht des Kreises Südtondern 1926–1929, Leck 1927–1930
Wirtschaftsbericht für die Jahre 1900–1932, hrsg. von der Industrie- und Handelskammer Flensburg, Flensburg 1901–1933
Wirtschaftsergebnisse von 741 bäuerlichen Betrieben der Rechnungsjahre 1928–1933, hrsg. von der Buchführungs- und Steuerberatungsstelle der Landwirtschaftskammer für die Provinz Schleswig-Holstein, Kiel 1928–1933

3. Zeitungen und Zeitschriften

Der Deutschnationale, Monatliches Nachrichtenblatt. hrsg. vom Kreisverein Kiel der DNVP 1925–1930

Flensburger Volkszeitung 1918 ff.
Föhrer Lokalanzeiger 1918 ff.
Föhrer Zeitung 1918 ff. und einzelne frühere Nummern
Friesen-Courier (in Auswahl)
Husumer Nachrichten (in Auswahl)
Der Jungdeutsche (in Auswahl)
Das Landvolk 1929 ff.
Lecker Anzeiger 1918 ff. und einzelne frühere Nummern
Neu-Deutschland. Halbmonatsschrift der großdeutschen Freiheitsbewegung 1924–1925
Nordfriesische Rundschau 1918 ff. und einzelne frühere Nummern
Nordfriesisches Wochenblatt 1918–1923
Der Schleswiger 1921 ff.
Der Schleswig-Holsteiner. Monatsschrift für Politik und Kultur, hrsg. vom Schleswig-
    Holsteiner-Bund 1920 ff.
Schleswig-Holsteinische Landeszeitung (in Auswahl)
Schleswig-Holsteinische Tageszeitung 1929 ff.
Schleswig-Holsteinische Volkszeitung (in Auswahl)
Südtondernsche Zeitung (in Auswahl)
Sylter Intelligenzblatt 1918–1923
Sylter Nachrichten (in Auswahl)
Sylter Zeitung 1918 ff. und einzelne frühere Nummern
Tondernsche Zeitung (in Auswahl)
Völkischer Beobachter (in Auswahl)

c) Darstellungen, Dokumentationen, Untersuchungen, Memoiren
und zeitgenössische Publikationen

ABELSHAUSER, Werner / FAUST, Anselm / PETZINA, Dietmar (Hg.), Deutsche Sozial-
    geschichte 1914–1945. Ein historisches Lesebuch, München 1985
DERS. (Hg.), Die Weimarer Republik als Wohlfahrtsstaat, Stuttgart 1987
AEREBOE, Friedrich, Der Einfluß des Krieges auf die landwirtschaftliche Produktion,
    Stuttgart / Berlin / Leipzig 1927
DERS., Agrarpolitik. Ein Lehrbuch, Berlin 1928
ALBERTIN, Lothar, Liberalismus und Demokratie am Anfang der Weimarer Republik,
    Düsseldorf 1972
ALNOR, Karl, Handbuch zur schleswigschen Frage, Bde II und III, Neumünster
    1926–1941
ALTER, Peter, Nationalismus, Frankfurt / M. 1985
ANDERSEN, Niels Bøgh, Fiskersøn fra Aventoft, København 1975[2]
ARENDT, Hannah, Elemente und Ursprünge totaler Herrschaft, Frankfurt / M. 1962[2]
ASMUS, Walter, Die verkehrs- und wirtschaftsräumliche Entwicklung Schleswig-Hol-
    steins 1840–1914. Ein Beitrag zur Industrialisierung agrarischer Räume, in: Ingwer E.
    Momsen (Hg.), Schleswig-Holsteins Weg in die Moderne, Neumünster 1988, S. 43 ff.
AUERBACH, Helmut, Hitlers politische Lehrjahre und die Münchener Gesellschaft 1919-
    1923. Versuch einer Bilanz anhand der neueren Forschung, in: VfZ 25 (1977), S. 1–45
AY, Karl Ludwig, Die deutsche Revolution 1914–1948. Bemerkungen über gesellschaftli-
    chen Wandel und Epochenbegriff, in: Zeitschrift für bayerische Landesgeschichte 36
    (1973), S. 877–896
BÄSTLEIN, Klaus, Die Judenpogrome am 9. / 10. November 1938 in Schleswig-Holstein.

Eine organisatorische Skizze, in: Jüdisches Leben und die Novemberpogrome in Schleswig-Holstein, hrsg. vom Grenzfriedensbund, Flensburg 1988, S. 9–54

BALLE, Hermann, Die propagandistische Auseinandersetzung des Nationalsozialismus mit der Weimarer Republik und ihre Bedeutung für den Aufstieg des Nationalsozialismus, Diss., Stuttgart 1963

BARKEI, Abraham, Wirtschaftliche Grundlagen und Ziele der NSDAP, in: Jahrbuch des Instituts für Deutsche Geschichte Tel-Aviv 1978, Bd. 7, S. 355 ff.

LE BARS, Michelle, Le Mouvement paysan dans le Schleswig-Holstein 1928–1932, Bern / Frankfurt am Main / New York 1986

BAUMGART, Winfried, Vom Europäischen Konzert zum Völkerbund. Friedensschlüsse und Friedenssicherung von Wien bis Versailles, Darmstadt 1987

BEHREND, Hanna, Die Beziehungen zwischen der NSDAP-Zentrale und dem Gau-Verband Süd-Hannover 1921–1933. Ein Beitrag zur Führungsstruktur der nationalsozialistischen Partei, Frankfurt / M. 1981

BENNECKE, Heinrich, Hitler und die SA, München 1961

BENZ, Wolfgang / GEISS, Immanuel, Staatsstreich gegen Preußen. Der 20. Juli 1932, Düsseldorf 1982

BERGHAHN, Volker R. Der Stahlhelm. Bund der Frontsoldaten 1918–1935, Düsseldorf 1966

BERGMANN, Klaus, Agrarromantik und Großstadtfeindlichkeit, Meisenheim am Glan 1970

BERGSTRÄSSER, Ludwig, Geschichte der politischen Parteien in Deutschland, München 1965

BESSEL, Richard, Militarismus im innenpolitischen Leben der Weimarer Republik. Von den Freikorps zur SA, in: Klaus-Jürgen Müller / Eckardt Opitz (Hg.), Militär und Militarismus in der Weimarer Republik, Düsseldorf 1978, S. 199–222

BEYER, Hans, Die Landvolkbewegung Schleswig-Holsteins und Niedersachsens 1928–1932, in: JbSG 1958, S. 173–202

DERS., Die Agrarkrise und die Landvolkbewegung in den Jahren 1928–1932, Wedel 1962

BICKELMANN, Hartmut, Die deutsche Überseeauswanderung in der Weimarer Zeit, Wiesbaden 1980

BIELFELDT, Johann, Der Kirchenkampf in Schleswig-Holstein 1933–1945, Göttingen 1964

BLAICH, Fritz, Der Schwarze Freitag. Inflation und Wirtschaftskrise, München 1985

BÖHNKE, Wilfried, Die NSDAP im Ruhrgebiet 1920–1933, Bonn-Bad Godesberg 1974

BOELCKE, Willi A., Wandlungen der deutschen Agrarwirtschaft in der Folge des Ersten Weltkrieges, in: Francia 3 (1973), S. 498 ff.

BOLDT, Hans, Der Artikel 48 der Weimarer Reichsverfassung, in: Michael Stürmer (Hg.), Die Weimarer Republik, Königstein / Ts. 1980, S. 288–309

BORCHARDT, Knut, Zwangslagen und Handlungsspielräume in der großen Wirtschaftskrise der frühen dreißiger Jahre. Zur Revision des überlieferten Geschichtsbildes, in: Michael Stürmer (Hg.), Die Weimarer Republik, Königstein / Ts. 1980, S. 318–339

BORN, Karl Erich, Von der Reichsgründung bis zum Ersten Weltkrieg: Gebhardt. Handbuch der deutschen Geschichte, Bd 16, München 1983[8]

BRACHER, Karl Dietrich, Die Auflösung der Weimarer Republik, Villingen 1971[5]

DERS., Die deutsche Diktatur. Entstehung, Struktur, Folgen des Nationalsozialismus, Frankfurt / Berlin / Wien 1979[6]

DERS., Zeit der Ideologien. Eine Geschichte des politischen Denkens im 20. Jahrhundert, Stuttgart 1982

DERS., Deutschland zwischen Demokratie und Diktatur, Bern / München / Wien 1984

DERS./FUNKE, Manfred/JACOBSEN, Hans-Adolf (Hg.), Die Weimarer Republik 1918–1933. Politik, Wirtschaft, Gesellschaft, Düsseldorf 1987

BRACKER, Jochen, Einwohnerwehren in Schleswig-Holstein, in: ZSHG 96 (1974), S. 255-269.

BRAMWELL, Anna, Richard Walter Darré and Hitler's Green Party, Abbotsrock/Buckinghamshire 1985

BRANDENBURG, Hans-Christian, Die Geschichte der HJ, Köln 1968

BRANDT, Otto, Geschichte Schleswig-Holsteins. Ein Grundriß, Kiel 1981[8]

BRAUER, Andreas, Studien zur Auswanderung von der Insel Föhr nach Nordamerika unter besonderer Berücksichtigung des Zielraumes Kalifornien, in: NfJb 1979, S. 47–70

BROSZAT, Martin, Der Nationalsozialismus. Weltanschauung, Programm und Wirklichkeit, Stuttgart 1960

DERS., Der Staat Hitlers, München 1983[10]

DERS., Zur Struktur der NS-Massenbewegung, in: VfZ 31 (1983), S. 52–76

DERS. u. a. (Hg.), Deutschlands Weg in die Diktatur. Internationale Konferenz zur nationalsozialistischen Machtübernahme im Reichstagsgebäude zu Berlin. Referate und Diskussionen. Ein Protokoll, Berlin 1983

BUCHHEIM, Karl, Die organisatorische Entwicklung der Ludendorffbewegung und ihr Verhältnis zum Nationalsozialismus, in: Gutachten des Instituts für Zeitgeschichte, Bd 1, München 1958, S. 356–370

BÜSCH, Otto/FELDMAN, Gerald D. (Hg.), Historische Prozesse der deutschen Inflation 1914–1924, Berlin 1978

CALLESEN, Gerd, Sozialdemokratie und nationale Frage in Nordschleswig um die Jahrhundertwende, in: AfS 9 (1969), S. 267–320

DERS., Die Schleswig-Frage in den Beziehungen zwischen dänischer und deutscher Sozialdemokratie von 1912–1924. Ein Beitrag zum sozialdemokratischen Internationalismus, Åbenrå 1970

CHILDERS, Thomas, The Nazi-Voter. The Social Foundations of Fascism in Germany 1919-1933, Chaple Hill and London 1983

DERS., Interest and Ideology: Anti System Politics in the Era of Stabilization 1924–1928, in: Gerald D. Feldman (Hg.), Die Nachwirkungen der Inflation auf die deutsche Geschichte 1924–1933, München 1985, S. 1–18

Die Christian-Albrechts-Köge (hrsg. vom Sielverband der Christian-Albrechts-Köge), Galmsbüll 1982

CHRISTIANSEN, Julius, Sylt in agrarhistorischer Sicht, mss. Diss., Hamburg 1923

CLAUSEN, Volker, Der Linksliberalismus in Schleswig-Holstein 1890–1910 mit besonderer Berücksichtigung der Stadt Kiel, mss. Examensarbeit, Kiel 1967

CONZE, Werner/RAUPACH, Hans, Die Staats- und Wirtschaftskrise des Deutschen Reiches 1929/33, Stuttgart 1967

DERS.,Die Krise des Parteienstaates in Deutschland 1929/30, in: Gotthard Jasper (Hg.), Von Weimar zu Hitler 1930– 1933, Köln 1968, S. 27–57

DERS. Die Reichsverfassungsreform als Ziel der Politik Brünings, in: Michael Stürmer (Hg.), Die Weimarer Republik, Königstein/Ts. 1980, S. 340–348

DÄHNHARDT, Dirk, Revolution in Kiel. Der Übergang vom Kaiserreich zur Weimarer Republik 1918/19, Neumünster 1978

DAHM, Karl-Wilhelm, Pfarrer und Politik, Köln/Opladen 1965

DANKER, Erwin, Die Verschuldung der schleswig-holsteinischen Landwirtschaft in ihrer regionalen Bedingtheit unter besonderer Berücksichtigung der bäuerlichen Betriebe, Diss., Kiel 1931

DANNENBERG, Gerd, Schicksal hinter goldenen Lettern. Pastor Reinhard Wester

1932–1947, mss. Manuskript, Westerland/Sylt 1987

DEGN, Christian, Südschleswig als Problemregion, in: ZSHG 104 (1979), S. 287–297

DIEDERICHS, Urs Justus/WIEBE, Hans-Hermann (Hg.), Schleswig-Holstein unter dem Hakenkreuz, o. O. 1986

DEIST, Wilhelm, Die Politik der Seekriegsleitung und die Rebellion der Flotte Ende Oktober 1918, in: VfZ 14 (1966), S. 341–368

DEUERLEIN, Ernst (Hg.), Der Reichstag, Bonn 1963

DIEHL, James, Paramilitary Politics in Weimar Germany, Bloomington/London 1977

DERS., Von der „Vaterlandspartei" zur „nationalen Revolution": Die „Vereinigten Vaterländischen Verbände Deutschlands (VVVD)" 1922–1932, in: VfZ 33 (1985), S. 617–639.

DROBISCH, Klaus, Schutzstaffel (SS) 1925–1945, in: Lexikon zur Parteiengeschichte 1789-1945, Bd. 4, S. 118–127

ELLIOTT, Christopher, The Kriegervereine and the Weimar Republic, in: Journal of Contemporary History, Januar 1975, S. 109–129

ERDMANN, Karl Dietrich, Die Frage des 14. März 1920: Volksabstimmungen im Landesteil Schleswig 1920–1970, in: Ansprachen bei der Gedenkstunde ..., Neumünster 1970, S. 13–31

DERS./SCHULZE, Hagen (Hg.), Weimar – Selbstpreisgabe einer Demokratie, Düsseldorf 1980

DERS., Die Weimarer Republik: Gebhardt. Handbuch der deutschen Geschichte, Bd. 19, München 1983[4]

ERGER, Johannes, Der Kapp-Lüttwitz-Putsch. Ein Beitrag zur deutschen Innenpolitik 1919/20, Düsseldorf 1967

ERKELENZ, Anton, Zehn Jahre deutsche Republik. Ein Handbuch für republikanische Politik, Berlin 1928

EVANS, Richard J./GEARY, Dick (Hg.), The German Unemployed, London/Sydney 1987

EWALD, Emil, Um den Kreis Südtondern verdiente Männer, in: Kreis an Grenze und Meer. Chronik von Südtondern 1969, S. 78–81

FABIAN, Friedrich, Die Verschuldung der deutschen Landwirtschaft vor und nach dem Kriege, Barby 1930

FALLADA, Hans, Bauern, Bonzen und Bomben, Berlin 1931

FALTER, Jürgen W./LINK, Andreas/LOHMÖLLER, Jan Bernd/DE RIJKE, Johann/SCHUMANN, Siegfried, Arbeitslosigkeit und Nationalsozialismus. Eine empirische Analyse des Beitrages der Massenerwerbslosigkeit zu den Wahlerfolgen der NSDAP 1932 und 1933, in: Kölner Zeitschrift für Soziologie und Sozialpsychologie 35 (1983), S. 525–554

DERS./LINDENBERGER, Thomas/SCHUMANN, Siegfried, Wahlen und Abstimmungen in der Weimarer Republik, München 1986

DERS./HÄNISCH, Dirk, Die Anfälligkeit von Arbeitern gegenüber der NSDAP bei den Reichstagswahlen 1928–1933, in: AfS 26 (1986), S. 179–216

DERS., Wahlen und Wählerverhalten unter besonderer Berücksichtigung des Aufstiegs der NSDAP nach 1928, in: Karl Dietrich Bracher/Manfred Funke/Hans Adolf Jacobsen (Hg.), Die Weimarer Republik 1918–1933. Politik, Wirtschaft, Gesellschaft, Düsseldorf 1987, S. 484 ff.

FELDMAN, Gerald D., Gegenwärtiger Forschungsstand und künftige Forschungsprobleme, in: Otto Büsch/Gerald D. Feldman (Hg.), Historische Prozesse der deutschen Inflation 1914–1924, Berlin 1978, S. 3–21

DERS. (Hg.), Die deutsche Inflation. Eine Zwischenbilanz, Berlin/New York 1982

DERS., Vom Weltkrieg zur Weltwirtschaftskrise, Göttingen 1984

DERS., (Hg.), Die Nachwirkungen der Inflation auf die deutsche Geschichte 1924–1933,

München 1985

DERS., The Weimar Republic: A Problem of Modernization? In: AfS 26 (1986), S. 1–26

DERS. / HOLTFRERICH, Carl Ludwig / RITTER, Gerhard A. / WITT, Peter Christian (Hg.), Die Anpassung an die Inflation, Berlin / New York 1986

DIES. (Hg.), Konsequenzen der Inflation, Berlin 1989

FENSKE, Hans, Bürokratie in Deutschland. Vom späten Kaiserreich bis zur Gegenwart, Berlin 1985

FEST, Joachim C., Hitler. Eine Biographie, Berlin 1973

FINK, Troels, Geschichte des schleswigschen Grenzlandes, Kopenhagen 1958

DERS., Da Sønderjylland blev delt, 3 Bind, Åbenrå 1978/79

DERS., Nach sechzig Jahren – Die Teilung Schleswigs 1920, in: GFH 2 (1980), S. 79–85.

FINKER, Kurt, Jungdeutscher Orden (Jungdo) 1920–1933, in: Lexikon zur Parteiengeschichte 1789–1945, Bd 3, S. 138–148

DERS., Tannenberg-Bund. Arbeitsgemeinschaft völkischer Frontkrieger- und Jugendverbände (TB) 1925–1933, in: Lexikon zur Parteiengeschichte 1789–1945, Bd. 4, S. 180–183

FISCHER, Fritz, Griff nach der Weltmacht, Düsseldorf 1964[3]

DERS., Krieg der Illusionen. Die deutsche Politik von 1911 bis 1914, Düsseldorf 1969

FLECHTHEIM, Ossip K., Die KPD in der Weimarer Republik, Frankfurt / M. 1969

FLEMMING, Jens, Landarbeiter zwischen Gewerkschaften und „Werkgemeinschaft". Zum Verhältnis von Agrarunternehmern und Landarbeiterbewegung im Übergang vom Kaiserreich zur Weimarer Republik, in: AfS 14 (1974), S. 351–418

DERS., Landwirtschaftliche Interessen und Demokratie. Ländliche Gesellschaft, Agrarverbände und Staat 1890–1925, Bonn 1978

DERS. Die Bewaffnung des „Landvolks". Ländliche Schutzwehren und agrarischer Konservatismus in der Anfangsphase der Weimarer Republik, in: Militärgeschichtliche Mitteilungen 2, Freiburg 1979, S. 7–36.

DERS. et al., Sozialverhalten und politische Reaktionen von Gruppen und Institutionen im Inflationsprozeß, in: Otto Büsch / Gerald D. Feldman (Hg.), Historische Prozesse der deutschen Inflation 1914–1924, Berlin 1978, S. 230–263

FRANKE, Berthold, Die Kleinbürger. Begriff, Ideologie, Politik, Frankfurt am Main / New York 1987

FRAENKEL, Ernst, Historische Vorbelastungen des deutschen Parlamentarismus, in: Burghard Freudenfeld (Hg.), Stationen deutscher Geschichte 1919–1945. Internationaler Kongreß zur Zeitgeschichte, München 1962, S. 93–113

FREI, Norbert, Nationalsozialistische Eroberung der Provinzpresse. Gleichschaltung, Selbstanpassung und Resistenz in Bayern, Stuttgart 1980

FREY, Bruno S. / WECK, Hannelore, Hat Arbeitslosigkeit den Aufstieg des Nationalsozialismus bewirkt? In: Jahrbuch für Nationalökonomie und Statistik, Bd 196 / I (1981), S. 1–31

FRICKE, Dieter / BRAMKE, Werner, Kyffhäuserbund der deutschen Landeskriegerverbände, in: Lexikon zur Parteiengeschichte 1789–1945, Bd. 3, S. 325–344

FRÖHLICH, Elke / BROSZAT, Martin, Politische und soziale Macht auf dem Lande. Die Durchsetzung der NSDAP im Kreis Memmingen, in: VfZ 25 (1977), S. 546 ff. Wahrheiten und Notwendigkeiten, Leipzig 1912

FÜHRER, Karl, Der deutsche Reichskriegerbund Kyffhäuser 1930–1934. Politik, Ideologie und Funktion eines „unpolitischen" Verbandes, in: Militärgeschichtliche Mitteilungen 36 (1984), S. 57–76

FUNKE, Manfred / JACOBSEN, Hans-Adolf / KNÜTTER, Hans-Helmuth / SCHWARZ, Hans-Peter (Hg.), Demokratie und Diktatur. Geist und Gestalt politischer Herrschaft in Deutschland und Europa. Festschrift für Karl Dietrich Bracher, Düsseldorf 1987

GAY, Peter, Hunger nach Ganzheit, in: Michael Stürmer (Hg.), Die Weimarer Republik, Königstein/Ts. 1980, S. 224–236

GEIGER, Theodor, Panik im Mittelstand, in: Die Arbeit 7 (1930), S. 637–654

GESSNER, Dieter, Agrarverbände in der Weimarer Republik. Wirtschaftliche und soziale Voraussetzungen agrarkonservativer Politik vor 1933, Düsseldorf 1976

GIES, Horst R., NSDAP und landwirtschaftliche Organisationen in der Endphase der Weimarer Republik, in: VfZ 15 (1967), S. 341–376

GLÜCKSMANN, Robert, Fremdenverkehrskunde, Bern 1935

GOLECKI, Anton, Der Vertrag von Versailles und die Entstehung der deutsch-dänischen Grenze 1918–1920. Karl Dietrich Erdmann zum 80. Geburtstag am 29. April 1990, in: ZSHG 115 (1990), S. 255–285

GONDESEN, Hans Werner, Wer war denn Adolf Hitler? In: JbSG 1984, S. 206–211

DERS.,Die Not der Mergelverbände auf dem Höhepunkt der Weltwirtschaftskrise, in: JbSG 1984, S. 192–205

DERS., Zur Entstehung der schleswig-holsteinischen Landvolkbewegung, in: JbSG 1986, S. 8–32.

DERS., Die Landvolkbewegung 1929, in: JbSG 1987, S. 48–73

DERS., Der Niedergang der Landvolkbewegung 1930 und 1931, in: JbSG 1988, S. 155–176

DERS., Ende der Weimarer Republik, Ende des Landvolkes, in: JbSG 1989, S. 7–27

GORDON, Harold J., Hitlerputsch 1923 – Machtkampf in Bayern 1923–1924, Frankfurt/M. 1971

GOTTWALD, Herbert, Volksbund für Freiheit und Vaterland (VfFV) 1917–1920, in: Lexikon zur Parteiengeschichte 1789–1945, Bd 4, S. 414–419

GREBING, Helga, Arbeiterbewegung. Sozialer Protest und kollektive Interessenvertretung bis 1914, München 1985

GREIVE, Hermann, Geschichte des modernen Antisemitismus in Deutschland, Darmstadt 1983

HAMEL, Iris, Völkischer Verband und nationale Gewerkschaft. Der Deutschnationale Handlungsgehilfenverband 1893–1933, Frankfurt/M. 1967

HANSEN, Christian P. Chronik der friesischen Uthlande, Garding 1877

HANSEN, Christine, Die deutsche Auswanderung im 19. Jahrhundert – ein Mittel zur Lösung sozialer und sozialpolitischer Probleme?, in: Günter Moltmann (Hg.), Deutsche Amerikaauswanderung im 19. Jahrhundert – Sozialgeschichtliche Beiträge, Stuttgart 1976, S. 9–61

HANSEN, Nico (Hg.), Amrum. Geschichte und Gestalt einer Insel, Itzehoe 1964

DERS. (Hg.), Sylt. Geschichte und Gestalt einer Insel, Itzehoe 1967

DERS./HANSEN, Margot (Hg.), Föhr. Geschichte und Gestalt einer Insel, Münsterdorf 1971

HARTENSTEIN, Wolfgang, Die Anfänge der Deutschen Volkspartei, Düsseldorf 1962

HARTWIG, Edgar, Alldeutscher Verband (ADV) 1891–1939, in: Lexikon zur Parteiengeschichte 1789–1945, Bd. 1, S. 13–47

HATTENHAUER, Hans, Geschichte des Beamtentums, Köln/Berlin/Bonn/München 1980

HAVERKAMP, Ludwig, Die Nordseeinsel Sylt. Ihr Erwerbsleben und ihre sozialen Verhältnisse historisch betrachtet, Berlin 1908

HEBERLE, Rudolf, Landbevölkerung und Nationalsozialismus. Eine soziologische Untersuchung der politischen Willensbildung in Schleswig-Holstein 1918–1933, Stuttgart 1963

HEGEDO (DOLL), Herbert G./KOESTER, Georg, 750 Jahre Leck. Zahlen – Daten – Fakten, Husum 1981

409

HEIBER, Helmut, Die Republik von Weimar, München 1977[10]

HEIDRICH, Wilhelm, Geschichte der Friedrich-Paulsen-Schule in Niebüll (1922–1967), Otterndorf/Niederelbe o. J. [1967]

HEIM, Susanne, Die Landvolkbewegung in Schleswig-Holstein, mss. Diplomarbeit, Hamburg 1980

HEINACHER, Peter, Der Aufstieg der NSDAP im Stadt- und Landkreis Flensburg (1919-1933), Flensburg 1986

HEINEMANN, Ulrich, Die verdrängte Niederlage. Politische Öffentlichkeit und Kriegs-schuldfrage in der Weimarer Republik, Göttingen 1983

DERS., Die Last der Vergangenheit. Zur politischen Bedeutung der Kriegsschuld- und Dolchstoßdiskussion, in: Karl Dietrich Bracher/Manfred Funke/HansAdolf Jacobsen (Hg.), Die Weimarer Republik 1918–1933. Politik, Wirtschaft, Gesellschaft, Düsseldorf 1987, S. 371–386

HENNING, Friedrich W., Landwirtschaft und ländliche Gesellschaft, Bd 2 (1750–1976), Paderborn 1978

HESS, Jürgen C., „Das ganze Deutschland soll es sein". Demokratischer Nationalismus in der Weimarer Republik am Beispiel der Deutschen Demokratischen Partei, Stuttgart 1978

HEUER, Jürgen, Zur politischen, sozialen und ökonomischen Problematik der Volksab-stimmungen in Schleswig, Kiel 1973

HILLGRUBER, Andreas, Unter dem Schatten von Versailles – Die außenpolitische Bela-stung der Weimarer Republik: Realität und Perzeption bei den Deutschen, in: Karl Dietrich Erdmann/Hagen Schulze (Hg.), Weimar – Selbstpreisgabe einer Demokratie, Düsseldorf 1980, S. 51–67

HINRICHSEN, H. C., Beiträge zur Auswanderung von Föhr und Amrum nach Amerika, in: JbNfI 1961, S. 225–243

HINRICHSEN, Joachim, Ein Föhrer blickt zurück (hrsg. von Volkert Faltings), Bredstedt und Amrum 1988

HITLER, Adolf, Mein Kampf, München 1933[18]

HOCH, Gerhard, Später Nachruf auf einen Nachruf – Dr. Wilhelm Hahn, in: Info Nr. 13, hrsg. vom Arbeitskreis zur Erforschung des Nationalsozialismus in Schleswig-Hol-stein, Kiel 1988, S. 64–67

HÖHNE, Heinz, Die Geschichte der SS, Gütersloh 1967

HOFFMANN, Erich, Die Abstimmung 1920 – und wo stehen wir heute? In: GFH 2 (1980), S. 63–67

DERS., Ein Lösungsversuch des Nationalitätenproblems in Schleswig, in: GFH 4 (1980), S. 179–186 und GFH 1 (1981), S. 24–32

DERS., Historische Voraussetzungen für die Herausbildung der heutigen deutsch-däni-schen Staatsgrenze, in: ZSHG 106 (1981), S. 9–29

DERS., Der „Schleswiger" und sein Heimatbewußtsein, in: Wolfgang Riedel (Hg.), Hei-matbewußtsein, Husum 1981, S. 185–195

DERS./WULF, Peter (Hg.), „Wir bauen das Reich". Aufstieg und erste Herrschaftsjahre des Nationalsozialismus in Schleswig-Holstein, Neumünster 1983

HOFFMANN, Herbert, Untersuchung über Umfang, Struktur, Bedeutung und Entwick-lung des Fremdenverkehrs in Schleswig-Holstein, München 1970

HOLL, Karl, Krieg und Frieden und die liberalen Parteien, in: ders./Günther List (Hg.), Liberalismus und imperialistischer Staat. Der Imperialismus als Problem liberaler Par-teien in Deutschland 1890–1914, Göttingen 1975, S. 72–88

HOLL, Karl/LIST, Günther (Hg.),Liberalismus und imperialistischer Staat. Der Imperia-lismus als Problem liberaler Parteien in Deutschland 1890–1914, Göttingen 1975

HOLTFRERICH, Carl Ludwig, Die deutsche Inflation 1914–1923, Berlin/New York 1980

DERS., Amerikanischer Kapitalexport und Wiederaufbau der deutschen Wirtschaft 1919-1923 im Vergleich zu 1924–1929, in: Michael Stürmer (Hg.), Die Weimarer Republik, Königstein/Ts. 1980, S. 131–157.

DERS., Die konjunkturanregenden Wirkungen der deutschen Inflation auf die US-Wirtschaft in der Wirtschaftskrise 1920/21, in: Gerald D. Feldman (Hg.), Die deutsche Inflation. Eine Zwischenbilanz, Berlin/New York 1982, S. 207234

HOLZ, Karl A. Die Diskussion um den Dawes- und Young-Plan in der deutschen Presse, Frankfurt/M. 1977

HOPP, Peter, Bodenkampf und Bauernbewegung. Von der Anfangsphase der Kreditanstalt Vogelgesang bis zum Ende der Sammlungsbewegung. Ein Beitrag zur Geschichte der deutschen Minderheit in Nordschleswig, in: ZSHG 100 (1975), S. 217–323

DERS., Bemerkungen zum „Ostersturm" 1933, in: Erich Hoffmann/Peter Wulf (Hg.), „Wir bauen das Reich". Aufstieg und erste Herrschaftsjahre des Nationalsozialismus in Schleswig-Holstein, Neumünster 1983, S. 189–208

HORN, Wolfgang, Führerideologie und Parteiorganisation in der NSDAP (1919–1933), Düsseldorf 1972

HORNUNG, Klaus, Der Jungdeutsche Orden, Düsseldorf 1958

HUNZIKER, W./KRAPF, K., Grundriß der allgemeinen Fremdenverkehrskunde, Zürich 1942

INGWERSEN, Carsten, Die Gemeinde Lütjenhorn, in: JbSG 1980, S. 76–86

JÄCKEL, Eberhard, Hitlers Weltanschauung. Entwurf einer Herrschaft, Stuttgart 1981

JÄCKLE, Renate, Die Ärzte und die Politik. 1930 bis heute, München 1988

JAENICKE, Klaus, Die Saisonabhängigkeit des Fremdenverkehrs in den Seebädern, Frankfurt/M. 1955

Jahrbuch zur Arbeiterbewegung und Demokratie in Schleswig-Holstein, Bd III, Kiel 1988

JAMES, Harold, Die Währungsstabilisierung 1923/24 in internationaler Perspektive, in: Werner Abelshauser (Hg.), Die Weimarer Republik als Wohlfahrtsstaat, Stuttgart 1987, S. 63–79

DERS., Deutschland in der Weltwirtschaftskrise 1924–1936, Stuttgart 1988

JASPER, Gotthard (Hg.), Von Weimar zu Hitler 1930–1933, Köln 1968

JELLINEK, Walter, Albert Hänel und Schleswig-Holstein, in: ZSHG 49 (1919), S. 344–355

JENSEN, Johannes, Nordfriesland in den geistigen und politischen Strömungen des 19. Jahrhunderts (1797–1864), Neumünster 1961

DERS., Geschichte der Insel Amrum, in: Nico Hansen (Hg.), Amrum. Geschichte und Gestalt einer Insel, Itzehoe 1964, S. 55–106

JENSEN, Judith, Zum Kirchenkampf der evangelischen Kirche – dargestellt am Beispiel der Propstei Südtondern, mss. Examensarbeit, Flensburg 1984

JESSEN, Franz v., Haandbog i det Slesvigske Spørgsmåls Historie 1900–1937, 5 Bind, København 1938

JOCHIMSEN, Hanno, Wirtschaftspolitik im Grenzland. Vergleich der deutschen und dänischen wirtschaftspolitischen Maßnahmen in Schleswig seit 1920. Grundlagen ihrer Orientierung und Alternativen für die Zukunft, Meisenheim am Glan 1964

JOCHMANN, Werner (Hg.), Nationalsozialismus und Revolution. Dokumente, Frankfurt/M. 1963

DERS., Die Ausbreitung des Antisemitismus, in: Werner Eugen Mosse (Hg.), Deutsches Judentum in Krieg und Revolution 1916–1923, Tübingen 1971, S. 409–510

JÜRGENSEN, Kurt, „Deutsche Abende – Flensburg 1914". Ein Beitrag zum Verhältnis von Volk, Staat und evangelischer Kirche nach Ausbruch des Ersten Weltkrieges, in: GWU 20 (1969), S. 1–16

KALTEFLEITER, Werner, Wirtschaft und Politik in Deutschland. Konjunktur als Bestimmungsfaktor des Parteiensystems, Köln 1966

KATER, Michael, Bürgerliche Jugendbewegung und Hitlerjugend in Deutschland von 1926–1939, in: AfS 17 (1977), S. 127–174

KESSLER, Alexander, Der Jungdeutsche Orden in den Jahren der Entscheidung 1928–1933, 2 Bde, München 1974 und 1976

DERS., Der Jungdeutsche Orden auf dem Wege zur Deutschen Staatspartei, München 1980

KIEHL, Hans-Georg, Albert Hänel und der Linksliberalismus im Reichstagswahlkreis Kiel-Rendsburg-Plön 1867–1884. Ein Beitrag zur politischen Parteiengeschichte Schleswig-Holsteins im 19. Jahrhundert, Diss., Kiel 1966

KINDLEBERGER, Charles P., Die Weltwirtschaftskrise 1929–1939, München 1984[3]

KLINKSIEK, Dorothee, Die Frauen im NS-Staat, Stuttgart 1982

KLOSS, Heinz, Grundfragen der Ethnopolitik im 20. Jahrhundert, Wien/Stuttgart 1969

KLUGE, Ulrich, Die deutsche Revolution 1918/19. Staat, Politik und Gesellschaft zwischen Weltkrieg und Kapp-Putsch, Frankfurt/M. 1985

KLUKE, Paul, Der Fall Potempa, in: VfZ 5 (1957), S. 280 ff.

KNÄUPER, Margot/Korte, Detlef, Bibliographie zum Nationalsozialismus in Schleswig-Holstein, Kiel 1987

KOCH, Hansjoachim, Geschichte der Hitlerjugend, Percha 1975

KOCKA, Jürgen, Klassengesellschaft im Krieg. Deutsche Sozialgeschichte 1914–1918, Göttingen 1973

KÖNNEMANN, Erwin, Einwohnerwehren und Zeitfreiwilligenverbände. Ihre Funktion beim Aufbau eines neuen imperialistischen Militärsystems (November 1918 bis 1920), Berlin-O 1971

DERS., Organisation Escherich, in: Lexikon zur Parteiengeschichte 1789–1945, Bd 3, S. 555 ff.

KOESTER, Georg, Der Jungdeutsche Orden in Leck, in: JbSG 1985, S. 8–24

KÖSTER, Adolf, Der Kampf um Schleswig, Berlin 1921

KOLB, Eberhard, Die Arbeiterräte in der deutschen Innenpolitik 1918 bis 1919, Düsseldorf 1962

DERS. (Hg.),Vom Kaiserreich zur Weimarer Republik, Köln 1972

DERS., Die Weimarer Republik, München/Wien 1984

DERS., Internationale Rahmenbedingungen einer demokratischen Neuordnung in Deutschland 1918/19, in: Karl Dietrich Bracher/Manfred Funke/Hans-Adolf Jacobsen (Hg.), Die Weimarer Republik 1918–1933. Politik, Wirtschaft, Gesellschaft, Düsseldorf 1987, S. 257–288

KOOPS, Heinrich, Kirchengeschichte der Insel Föhr, Husum 1987

KOPITZSCH, Wolfgang, Politische Gewalttaten in Schleswig-Holstein in der Endphase der Weimarer Republik, in: Erich Hoffmann/Peter Wulf (Hg.), „Wir bauen das Reich". Aufstieg und erste Herrschaftsjahre des Nationalsozialismus in Schleswig-Holstein, Neumünster 1983, S. 19–39

KORTUM, Gerhard, Sozialgeographische Aspekte der Auswanderung von den nordfriesischen Inseln in die USA unter besonderer Berücksichtigung des Zielraumes New York, in: NfJb 1977, S. 9–48

DERS., Untersuchungen zur Integration und Rückwanderung nordfriesischer Amerikaauswanderer, in: NfJb 1978, S. 45–91

DERS., Migrationstheoretische und bevölkerungsgeographische Probleme der nordfriesischen Amerikarückwanderung, in: Kai Detlev Sievers (Hg.), Die deutsche und skandinavische Amerikaauswanderung im 19. und 20. Jahrhundert, Neumünster 1981, S. 111-201

KRAFT, Heinrich, Der Kleiseerkoog 1727–1977, Rendsburg 1978[2]

KRUCK, Alfred, Geschichte des Alldeutschen Verbandes 1890–1939, Wiesbaden 1954

KRÜGER, Peter, Die Außenpolitik der Republik von Weimar, Darmstadt 1985

KRUEDENER, Jürgen Freiherr v., Die Entstehung des Inflationstraumas. Zur Sozialpsychologie der deutschen Hyperinflation, in: Gerald D. Feldman/Carl Ludwig Holtfrerich/Gerhard A. Ritter/Peter Christian Witt (Hg.), Konsequenzen der Inflation, Berlin 1989, S. 213–286

KÜHNL, Reinhard, Die Weimarer Republik, Reinbek 1985

KUNZ, Andreas, Inflation als Verteilungskampf? Eine Bilanz der neueren Forschung, in: Werner Abelshauser, (Hg.), Die Weimarer Republik als Wohlfahrtsstaat, Stuttgart 1987, S. 171–184

LANGENHEIM, Konrad, Das Absatzproblem der Fettweidewirtschaft der schleswig-holsteinischen Marschen, Berlin 1931

LAQUEUR, Walter, Die deutsche Jugendbewegung. Eine historische Studie, Köln 1962

LAVIES, Ralf Rainer, Nichtwählen als Kategorie des Wahlverhaltens, Düsseldorf 1973

LASSEN, Aksel, Valg mellem tysk og dansk, Åbenrå 1976

LEHMANN, Hans-Dietrich, Der „Deutsche Ausschuß" und die Abstimmungen in Schleswig, Neumünster 1969

LEPPIEN, Jörn P., „Das waren keine Menschen mehr..." Aus der Chronik der Kirchengemeinde – Pastor Johannes Meyer über das Konzentrationslager Ladelund, in: GFH 3, 1983, S. 143–185

LEPPERT-FÖGEN, Annette, Der Mittelstandssozialismus der NSDAP, in: Frankfurter Hefte 29 (1974), S. 656–666

LEPSIUS, Rainer M., Parteiensystem und Sozialstruktur. Zum Problem der Demokratisierung der deutschen Gesellschaft, in: Gerhard A. Ritter (Hg.), Die deutschen Parteien vor 1918, Köln 1973, S. 56–80

Lexikon zur Parteiengeschichte 1789–1945 (hrsg. von Dieter Fricke), Bde 1–4, Leipzig 1985 ff.

LIEBE, Werner, Die deutschnationale Volkspartei von 1918–1924, Düsseldorf 1956

LOHALM, Uwe, Völkischer Radikalismus. Die Geschichte des Deutschvölkischen Schutz- und Trutzbundes, Hamburg 1970

LOHSE, Hinrich, Der Nationalsozialismus und die deutsche Landwirtschaft, in: Nationalsozialistisches Jahrbuch 1927, S. 140–145

LUCKEMEYER, Ludwig, Die Deutsche Demokratische Partei, Marburg/L. 1975

LUDENDORFF, Erich und Mathilde, Die Judenmacht. Ihr Wesen und Ende, München 1939

LÜTGE, Friedrich, Deutsche Wirtschafts- und Sozialgeschichte, Ein Überblick, Berlin/Heidelberg/New York 1979[3]

LUETGEBRUNE, Walter, Neu-Preußens Bauernkrieg, Hamburg 1931

LUTZHÖFT, Hans-Jürgen, Der nordische Gedanke in Deutschland 1920–1940, Stuttgart 1970

MAI, Gunther, Die Nationalsozialistische Betriebszellenorganisation. Zum Verhältnis von Arbeiterschaft und Nationalsozialismus, in: VfZ 31 (1983), S. 573–613

DERS., Das Ende des Kaiserreiches. Politik und Kriegführung im Ersten Weltkrieg, München 1987

MAHLKE, Bernhard, Stahlhelm – Bund der Frontsoldaten (Stahlhelm) 1918–1935, in: Lexikon zur Parteiengeschichte 1789–1945, Bd 4, S. 145–158

MAHRAUN, Arthur, Das Jungdeutsche Manifest, Berlin 1928[2]

413

MASER, Werner, Die Frühgeschichte der NSDAP. Hitlers Weg bis 1924, Frankfurt 1965

MATTHIAS, Erich/MORSEY, Rudolf (Hg.), Das Ende der Parteien 1933, Düsseldorf 1960

DIES., Die „Deutsche Staatspartei", in: Erich Matthias/Rudolf Morsey (Hg.), Das Ende der Parteien 1933, Düsseldorf 1960, S. 31–97

MATTHIESEN, Martin, Erinnerungen, Meldorf 1980

MAUCH, Hans-Joachim, Nationalistische Wehrorganisationen in der Weimarer Republik. Zu Entwicklung und Ideologie des „Paramilitarismus", Frankfurt/M. 1982

MEYER, Gerd, Die Reparationspolitik. Ihre außen- und innenpolitischen Rückwirkungen, in: Karl Dietrich Bracher/Manfred Funke/Hans-Adolf Jacobsen (Hg.), Die Weimarer Republik 1918–1933. Politik, Wirtschaft, Gesellschaft, Düsseldorf 1987, S. 327–342

MICHALKA, Wolfgang, Deutsche Außenpolitik 1920–1933, in: Karl Dietrich Bracher/Manfred Funke/Hans-Adolf Jacobsen (Hg.), Die Weimarer Republik 1918–1933. Politik, Wirtschaft, Gesellschaft, Düsseldorf 1987, S. 303–326

MILATZ, Alfred, Wahlrecht, Wahlergebnisse und Parteien des Reichstages, in: Ernst Deuerlein (Hg.), Der Reichstag, Bonn 1963, S. 33–53

DERS., Wähler und Wahlen in der Weimarer Republik, Bonn 1965

MILLER, Susanne, Burgfrieden und Klassenkampf. Die deutsche Sozialdemokratie im Ersten Weltkrieg, Düsseldorf 1974

DIES., Sozialdemokratie und Liberalismus – ein historisches Bündnis?, in: Manfred Funke/Hans-Adolf Jacobsen/Hans-Helmuth Knütter/Hans-Peter Schwarz (Hg.), Demokratie und Diktatur. Geist und Gestalt politischer Herrschaft in Deutschland und Europa. Festschrift für Karl Dietrich Bracher, Düsseldorf 1987, S. 60–79

MÖLLER, Horst, Weimar. Die unvollendete Demokratie, München 1985

DERS., Parlamentarismus-Diskussion in der Weimarer Republik. Die Frage des „besonderen Weges" zum parlamentarischen Regierungssystem, in: Manfred Funke/Hans-Adolf Jacobsen/Hans-Helmuth Knütter/Hans-Peter Schwarz (Hg.), Demokratie und Diktatur. Geist und Gestalt politischer Herrschaft in Deutschland und Europa. Festschrift für Karl Dietrich Bracher, Düsseldorf 1987, S. 140–157

MOELLER, Robert G., Winners and Loosers in the German Inflation: Peasant Protest over the Controlled Economy, in: Gerald D. Feldman (Hg.), Die deutsche Inflation. Eine Zwischenbilanz, Berlin/New York 1982, S. 255–288

MOGENSEN, Carsten R., Dansk i hagekorsets skygge, Flensburg 1981

DERS., Forbudet mod den tysksprogede danske presse i Sydslesvig 1923–1924, in: SøÅ 1981, S. 157–192.

MOHLER, Armin, Die konservative Revolution in Deutschland 1918–1932, Darmstadt 1989[3]

MOLTMANN, Günter (Hg.), Deutsche Amerikaauswanderung im 19. Jahrhundert – Sozialgeschichtliche Beiträge, Stuttgart 1976

MOMMSEN, Hans/PETZINA, Dietmar/WEISBROD, Bernd (Hg.), Industrielles System und politische Entwicklung in der Weimarer Republik, Düsseldorf 1974

DERS., Die verspielte Freiheit. Der Weg der Weimarer Republik in den Untergang 1918-1933, Frankfurt am Main/Berlin 1989

MOMMSEN, Wilhelm, Deutsche Parteiprogramme, München 1964[2]

MOMMSEN, Wolfgang J., Wandlungen der liberalen Idee im Zeitalter des Imperialismus, in: Karl Holl/Günther List (Hg.), Liberalismus und imperialistischer Staat. Der Imperialismus als Problem liberaler Parteien in Deutschland 1890–1914, Göttingen 1975, S. 109–147

MOMSEN, Ingwer E. (Hg.), Schleswig-Holsteins Weg in die Moderne, Neumünster 1988

MORDHORST, Johann, Eine kleine Kriegschronik des Kirchspiels Medelby, Leck o. J. [1919]

414

MORITZEN, Johannes, Aventoft – das Dorf an der Grenze, Husum 1977

MOSSE, Werner Eugen (Hg.), Deutsches Judentum in Krieg und Revolution 1916–1923, Tübingen 1971

MOTSCHMANN, Jens, Kreuz und Hakenkreuz. Kirchenkampf in Schleswig-Holstein 1933–1945, in: ders. (Hg.), Kirche zwischen den Meeren. Beiträge zur Geschichte und Gestalt der Nordelbischen Kirche, Heide/Holst. 1981

MÜLLER, Klaus-Jürgen/OPITZ, Eckardt (Hg.), Militär und Militarismus in der Weimarer Republik, Düsseldorf 1978

MUNGARD, Nann Peter, Der Friese Jan. Lebenserinnerungen eines Sylter Kapitäns (hrsg. von Hans Hoeg), Amrum 1989

MUTH, Heinrich, Die Entstehung der Bauern- und Landarbeiter-Räte im November 1918 und die Politik des Bundes der Landwirte, in: VfZ 21 (1973), S. 1–31

NAGEL, Frank N., Die Entwicklung des Eisenbahnnetzes in Schleswig-Holstein und Hamburg unter besonderer Berücksichtigung der stillgelegten Strecken, Wiesbaden 1981

NEEBE, Reinhard, Großindustrie, Staat und NSDAP 1930–1933. Paul Silverberg und der Reichsverband der deutschen Industrie in der Krise der Weimarer Republik, Göttingen 1981

NERONG, Ocke C., Die Insel Föhr, (Selbstverlag) 1903

NEUMANN, Siegmund, Die Parteien der Weimarer Republik, Stuttgart 1977[4]

NETZBAND, Karl-Bernhard/WIDMEIER, Hans Peter, Währungs- und Finanzpolitik in der Ära Luther, Tübingen 1964

Niebüll. Junge Stadt mit Tradition (hrsg. von der Stadt Niebüll), Niebüll 1986

NIEHUSS, Merith, Lebensweise und Familie in der Inflationszeit, in: Gerald D. Feldman/Carl Ludwig Holtfrerich/Gerhard A. Ritter/Peter Christian Witt (Hg.), Die Anpassung an die Inflation, Berlin/New York 1986, S. 237–264

NIPPERDEY, Thomas, Die Organisation der deutschen Parteien vor 1918, Düsseldorf 1961

NOACK, Johan Peter, Det danske mindretal i Sydslesvig, Åbenrå 1989

NOAKES, Jeremy, Conflict and Developement in the NSDAP 1924–1927, in: Journal of Contemporary History 1 (1966), S. 23–36

NORDFRIESLAND. Heimatbuch für die Kreise Husum und Südtondern (Hg. Lorenz C. Peters), Husum 1929

NOWAK, Kurt, Evangelische Kirche und Weimarer Republik. Zum politischen Weg des deutschen Protestantismus zwischen 1918 und 1932, Weimar 1981

DERS., Protestantismus und Weimarer Republik. Politische Wegmarken der evangelischen Kirche 1918–1932, in: Karl Dietrich Bracher/Manfred Funke/Hans-Adolf Jacobsen (Hg.), Die Weimarer Republik 1918–1933. Politik, Wirtschaft, Gesellschaft, Düsseldorf 1987, S. 218–237.

NUßER, Horst G., Konservative Wehrverbände in Bayern, Preußen und Österreich 1918-1933 mit einer Biographie von Forstrat Escherich (1871–1940), München 1973

OESTREICH, Hans, Der Fremdenverkehr der Insel Sylt, Bredstedt 1976

ORLOW, Dietrich, The History of the Nazi Party, Bd. 1 (1919–1933), Pittsburgh 1969

OSMOND, Jonathan, Peasant Farming in South and West Germany during War and Inflation 1914 to 1923: Stability or Stagnation? In: Gerald D. Feldman (Hg.), Die deutsche Inflation. Eine Zwischenbilanz, Berlin/New York 1982, S. 289–307

OSTERROTH, Franz, 100 Jahre Sozialdemokratie in Schleswig-Holstein, Kiel 1963

PANZER, Arno, Das Ringen um die deutsche Agrarpolitik von der Währungsstabilisierung bis zur Agrardebatte im Dezember 1928, Diss., Kiel 1969

PETERS, Christian, Die Entwicklung der landwirtschaftlichen Kreditorganisation in der Provinz Schleswig-Holstein in der Nachkriegszeit, Diss., Kiel 1931

415

PETERS, Lorenz Conrad (Hg.), Nordfriesland. Heimatbuch für die Kreise Husum und Südtondern, Husum 1929

PETERSEN, Cornelius, Die Schleswigsche Frage vom Standpunkt eines Bauern, Flensburg 1919

DERS., Entgegnung ... auf die Flugschrift des Herrn Dr. Tedsen, Flensburg: Uwe Jens Lornsen ein Däne?", Tondern 1920

PETERSEN, Egon/HINRICHSEN, Hugo, 300 Jahre Wyker Geschichte 1638–1938, Wyk 1938

PHELPS, Reginald H., Hitler als Parteiredner im Jahre 1920, in: VfZ 11 (1963), S. 274–330

POHL, Hans (Hg.), Die Auswirkungen von Zöllen und anderen Handelshemmnissen auf Wirtschaft, Staat und Gesellschaft vom Mittelalter bis zur Gegenwart (Vierteljahrsschrift für Sozial-und Wirtschaftsgeschichte, Beiheft Nr. 80), Stuttgart 1987

PRESSEL, Wilhelm, Die Kriegspredigt 1914–1918 in der evangelischen Kirche, Göttingen 1967

PUHLE, Hans-Jürgen, Agrarische Interessenpolitik und preußischer Konservatismus im wilhelminischen Reich (1893–1914), Hannover 1966

DERS., Der Bund der Landwirte im wilhelminischen Reich. Struktur, Ideologie und politische Wirksamkeit eines Interessenverbandes in der konstitutionellen Monarchie (1893–1914), in: Walter Rüegg/Otto Neuloh (Hg.), Zur sozialen Theorie und Analyse des 19. Jahrhunderts, Göttingen 1971, S. 145–162

DERS., Von der Agrarkrise zum Präfaschismus. Thesen zum Stellenwert der agrarischen Interessenverbände am Ende des 19. Jahrhunderts, Wiesbaden 1972

DERS., Radikalisierung und Wandel des deutschen Konservatismus vor dem Ersten Weltkrieg, in: Gerhard A. Ritter (Hg.), Die deutschen Parteien vor 1918, Köln 1973, S. 165–186

DERS., Aspekte der Agrarpolitik im „organisierten Kapitalismus". Fragen und Probleme vergleichender Forschung, in: Hans-Ulrich Wehler (Hg.), Sozialgeschichte heute. Festschrift für Hans Rosenberg zum 70. Geburtstag, Göttingen 1974, S. 543–564

REGLING, Heinz Volkmar, Die Anfänge des Sozialismus in Schleswig-Holstein, Neumünster 1965

REMARQUE, Erich Maria, Im Westen nichts Neues, Berlin 1929

REUMANN, Klauspeter (Hg.), Kirche und Nationalsozialismus. Beiträge zur Geschichte des Kirchenkampfes in Schleswig-Holstein, Neumünster 1988

RIEDEL, Wolfgang (Hg.), Heimatbewußtsein, Husum 1981

RIETZLER, Rudolf, „Kampf in der Nordmark". Das Aufkommen des Nationalsozialismus in Schleswig-Holstein, Neumünster 1982

DERS., Von der „politischen Neutralität" zur „Braunen Synode". Evangelische Kirche und Nationalsozialismus in Schleswig-Holstein, in: ZSHG 107 (1982), S. 139–153

DERS., „Die Blutnacht von Wöhrden". Zur nationalsozialistischen Propaganda der Gewalt, in: Journal für Geschichte, H. 1 (1983), S. 4–7 und S. 58

DERS., Gegründet 1928/29: Die Schleswig-Holsteinische Tageszeitung. Erste Gauzeitung der NSDAP, in: Erich Hoffmann/Peter Wulf (Hg.), „Wir bauen das Reich". Aufstieg und erste Herrschaftsjahre des Nationalsozialismus in Schleswig-Holstein, Neumünster 1983, S. 117–134.

RITTBERGER, Volker (Hg.), 1933 – Wie die Republik der Diktatur erlag, Stuttgart 1983

RITTER, Gerhard, Staatskunst und Kriegshandwerk. Das Problem des „Militarismus" in Deutschland, Bde 1–4, München 1959 ff.

DERS., Die Niederlage der Militärs, in: Eberhard Kolb, (Hg.), Vom Kaiserreich zur Weimarer Republik, Köln 1972, S. 44–64

RITTER, Gerhard A., Kontinuität und Umformung des deutschen Parteiensystems

1918–1920, in: Eberhard Kolb (Hg.), Vom Kaiserreich zur Weimarer Republik, Köln 1972, S. 244–278

DERS. (Hg.), Die deutschen Parteien vor 1918, Köln 1973

DERS., Die deutschen Parteien 1830–1914, Göttingen 1985

ROELOFFS, Brar C., Von der Seefahrt zur Landwirtschaft. Ein Beitrag zur Geschichte der Insel Föhr, Neumünster 1984

ROHE, Karl, Das Reichsbanner Schwarz Rot Gold, Düsseldorf 1966

ROHKRÄMER, Thomas, Der Militarismus der „kleinen Leute". Die Kriegervereine im Deutschen Kaiserreich 1871–1914, München 1990

ROLOFF, Ernst August, Braunschweig und der Staat von Weimar, Braunschweig 1964

ROMIG, Gabriele, Pastor Heinrich Kähler. Ein schleswig-holsteinischer Theologe im Spannungsfeld zwischen nationaler und kirchlicher Erneuerung während der Zeit des Ersten Weltkrieges, der Weimarer Republik und des Nationalsozialismus, Diss., Kiel 1988

RÜEGG, Walter / NEULOH, Otto (Hg.), Zur sozialen Theorie und Analyse des 19. Jahrhunderts, Göttingen 1971

SALEWSKI, Michael, Das Weimarer Revisionssyndrom, in: Aus Politik und Zeitgeschichte 32 (1980), S. 14–25

SAUER, Wolfgang W., Der Sprachgebrauch von Nationalsozialisten vor 1933, Hamburg 1978

SCHAAP, Klaus, Der Freistaat Oldenburg in der Endphase der Weimarer Republik (1928-1933), Düsseldorf 1978

SCHÄTZEL, Johannes, Die Landwirtschaft, in: Lorenz C. Peters (Hg.), Nordfriesland. Heimatbuch für die Kreise Husum und Südtondern, Husum 1929, S. 603–644

Festgabe Anton Schifferer, Breslau 1931

SCHILDT, Gerhardt, Die Arbeitsgemeinschaft Nord-West. Untersuchungen zur Geschichte der NSDAP 1925/26, Diss. Freiburg 1964

SCHMEIßER, Felix, Die Landschaft unserer Westküste, in Lorenz C. Peters (Hg.), Nordfriesland. Heimatbuch für die Kreise Husum und Südtondern, Husum 1929, S.1–38

SCHMIDT, Johannes, Von Wodder nach Kopenhagen – von Deutschland nach Europa, Flensburg 1951

SCHMIDT, Peter, Aus der Geschichte der SA auf den Nordseeinseln Föhr und Amrum, in: Egon Petersen / Hugo Hinrichsen, 300 Jahre Wyker Geschichte 1638–1938, Wyk 1938, S. 134–138

SCHNEIDER, Jürgen, Die Auswirkungen von Zöllen und Handelsverträgen sowie Handelshemmnissen auf Staat, Wirtschaft und Gesellschaft zwischen 1890 und 1914, in: Hans Pohl (Hg.), Die Auswirkungen von Zöllen und anderen Handelshemmnissen auf Wirtschaft, Staat und Gesellschaft vom Mittelalter bis zur Gegenwart (Vierteljahrsschrift für Sozial- und Wirtschaftsgeschichte, Beiheft Nr. 80), Stuttgart 1987, S. 293–327

SCHNEIDER, Werner, Die Deutsche Demokratische Partei in der Weimarer Republik 1924–1930, München 1978

SCHOLDER, Klaus, Die Kirchen und das Dritte Reich, Bd 1: Vorgeschichte und Zeit der Illusionen 1918–1934, Berlin 1977

SCHREIBER, Gerhard, Hitler – Interpretationen 1923–1983, Darmstadt 1988[2]

SCHULZ, Gerhard, Aufstieg des Nationalsozialismus. Krise und Revolution in Deutschland, Berlin 1975

SCHULZE, Hagen, Weimar – Deutschland 1917–1933, Berlin 1982

SCHUMACHER, Martin, Mittelstandsfront und Republik 1919–1933. Die Wirtschaftspartei – Reichspartei des deutschen Mittelstandes 1919–1933, Düsseldorf 1972

DERS., Land und Politik. Eine Untersuchung über politische Parteien und agrarische Interessen 1914–1923, Düsseldorf 1978

SCHWABE, Klaus, Der Weg der Republik vom Kapp-Putsch 1920 bis zum Scheitern des Kabinetts Müller 1930, in: Karl Dietrich Bracher / Manfred Funke / Hans-Adolf Jacobsen (Hg.), Die Weimarer Republik 1918–1933. Politik, Wirtschaft, Gesellschaft, Düsseldorf 1987, S. 95–133

SCHWAN, Alexander, Deutscher Liberalismus und nationale Frage im 19. Jahrhundert, in: Manfred Funke / Hans-Adolf Jacobsen / Hans-Helmuth Knütter / Hans-Peter Schwarz (Hg.), Demokratie und Diktatur. Geist und Gestalt politischer Herrschaft in Deutschland und Europa. Festschrift für Karl Dietrich Bracher, Düsseldorf 1987, S. 46–59

SCHWENNSEN, Broder, Der Schleswig-Holsteiner-Bund 1918–1933. Ein Beitrag zur Geschichte der nationalpolitischen Verbände im deutsch-dänischen Grenzland, mss. Diss., Kiel 1991

SEEBER, Gustav / HOHBERG, Claudia, Nationalliberale Partei, in: Lexikon zur Parteiengeschichte 1789–1945, Bd 3, S. 405–436

SERING, Max, Erbrecht und Agrarverfassung in Schleswig-Holstein auf geschichtlicher Grundlage, Berlin 1908

DERS., Agrarkrisen und Agrarzölle, Berlin / Leipzig 1925

SHEEHAN, James, Der deutsche Liberalismus, München 1983

SIEFERLE, Rolf Peter, Fortschrittsfeinde? Opposition gegen Technik und Industrie von der Romantik bis zur Gegenwart, München 1984

SIEMS, Giesela, Friedrich Andersen, Bund für deutsche Kirche – ein Wegbereiter des Nationalsozialismus in der Stadt Flensburg, in: Klauspeter Reumann (Hg.), Kirche und Nationalsozialismus. Beiträge zur Geschichte des Kirchenkampfes in Schleswig-Holstein, Neumünster 1988 S. 13–34

SIEVERS, Kai Detlev, Die Köllerpolitik und ihr Echo in der deutschen Presse 1897–1901, Neumünster 1964

DERS., Fünf Jahrhunderte Wanderungsbewegungen der Föhringer, in: Zeitschrift für Volkskunde 68 (1972), S. 217 ff.

DERS. (Hg.), Die deutsche und skandinavische Amerikaauswanderung im 19. und 20. Jahrhundert, Neumünster 1981

SÖRENSEN, Christian M., Die NSDAP im Kreis Husum bis 1933, in: NfJb 1982/83, S. 55–108

DERS., Bürgerliches Lager und NSDAP in Husum bis 1933, in: Erich Hoffmann / Peter Wulf (Hg.), „Wir bauen das Reich". Aufstieg und erste Herrschaftsjahre des Nationalsozialismus in Schleswig-Holstein, Neumünster 1983, S. 73–116

DERS., Der Aufstieg der NSDAP in Husum. Zur politischen Entwicklung einer Kleinstadt 1918–1933, Bredstedt 1983

SONTHEIMER, Kurt, Antidemokratisches Denken in der Weimarer Republik, München 1968[2]

STACHURA, Peter D. Deutsche Jugendbewegung und Nationalsozialismus, in: Jahrbuch des Archivs der deutschen Jugendbewegung 12 (1980), S. 35–52

STEENSEN, Thomas, Die Insel Föhr in der Abstimmungszeit, in: NfJb 1984, S. 111–142

DERS., Die friesische Bewegung in Nordfriesland im 19. und 20. Jahrhundert, Neumünster 1986

STEGMANN, Dirk, Die Erben Bismarcks. Parteien und Verbände in der Spätphase des Wilhelminischen Deutschlands. Sammlungspolitik 1897–1918, Köln / Berlin 1970

DERS., Zum Verhältnis von Großindustrie, Staat und NSDAP 1930–1933. Ein Beitrag zur Geschichte der sog. „Machtergreifung", in: AfS 13 (1973), S. 399–482

DERS. / WENDT, Bernd Jürgen / WITT, Peter Christian (Hg.), Deutscher Konservatismus im 19. und 20. Jahrhundert, Bonn 1983

DERS., Vom Neo-Konservatismus zum Proto-Faschismus: Faschismus, Konservative Partei, Vereine und Verbände 1895–1920, in: ders./Bernd Jürgen Wendt/Peter Christian Witt (Hg.), Deutscher Konservatismus im 19. und 20. Jahrhundert, Bonn 1983, S. 199–231

STEIN, Peter, Die NS-Gaupresse, Dortmund 1986

STOLTENBERG, Gerhard, Politische Strömungen im schleswig-holsteinischen Landvolk 1918–1933, Düsseldorf 1962

STOKES, Lawrence D. Kleinstadt und Nationalsozialismus, Neumünster 1984

STRIESOW, Jan, Die deutschnationale Volkspartei und die Völkisch-Radikalen 1918–1922, Diss., Hamburg 1981

STÜRMER, Michael, Koalition und Opposition in der Weimarer Republik 1924–1928, Düsseldorf 1967

DERS.(Hg.), Die Weimarer Republik, Königstein/Ts. 1980

SUSEMIHL, Wilhelm, 25 Jahre Provinzial-Kriegerverband Schleswig-Holstein, Kiel 1926

TÄGIL, Sven, Deutschland und die deutsche Minderheit in Nordschleswig. Eine Studie zur deutschen Grenzpolitik 1933–1939, Stockholm 1970

TIEMANN, Dieter, Der Jungdeutsche Orden und Frankreich, in: Francia 12 (1984), S. 425-455

THIMME, Anneliese, Flucht in den Mythos. Die deutschnationale Volkspartei und die Niederlage von 1918, Göttingen 1969

THOLUND, Jakob, Wyk. Die Stadt auf der grünen Insel Föhr, St. Peter-Ording 1985

THOMSEN, Ernst, Landwirtschaftliche Wanderarbeiter und Gesinde in Schleswig-Holstein 1880–1914, Kiel 1982

THORN, Eduard, Die erste Teilung Schleswigs 1918–1920, Kiel 1921

THYSSEN, Thyge, Bauer und Standesvertretung. Werden und Wirken des Bauerntums in Schleswig–Holstein, Neumünster 1958

TILTON, Timothy A., Nazism, Democracy and the Peasantry: Nazi-Success and Nazi-Failure in rural Schleswig-Holstein, mss. Diss., Cambridge/Mass. 1972

TONNESEN, Johannes, Volk und Boden. Ein Beitrag zur Bauernbewegung, in: Festgabe Anton Schifferer, Breslau 1931, S. 83–93

TORMIN, Walter, Geschichte der deutschen Parteien seit 1848, Stuttgart 1968[3]

TRAULSEN, Hermann, Wirtschaftserfolg und Intensitätsgrenzen bäuerlicher Veredelungsbetriebe in Schleswig-Holstein, Kiel 1931

TYRELL, Albrecht, Vom „Trommler" zum „Führer". Der Wandel von Hitlers Selbstverständnis zwischen 1919 und 1924 und die Entwicklung der NSDAP, München 1975

VAAGT, Gerd, Die Volksabstimmungen im Landesteil Schleswig. Weg und Wandel deutsch-dänischen Ringens um die Grenze 1920–1970, Neumünster o. J. [1970], S. 9–72

DERS., Der 14. März als nationales Erlebnis, in: ZSHG 96 (1971), S. 279–308

Die Verschuldung und Kreditlage der deutschen Landwirtschaft in ihrer Entwicklung von der Währungsreform bis Ende 1928, Berlin 1930

VITZTHUM, Stephan Graf, Linksliberale Politik und materielle Staatsrechtslehre – Albert Hänel 1833–1918, Freiburg 1971

VOGELSANG, Thilo, Reichswehr, Staat und NSDAP. Beiträge zur deutschen Geschichte 1930–1932, Stuttgart 1962

VOGT, Martin, Die Entstehung des Young-Plans, dargestellt vom Reichsarchiv, Boppard 1970

DERS.,Parteien in der Weimarer Republik, in: Karl Dietrich Bracher/Manfred Funke/ Hans-Adolf Jacobsen (Hg.), Die Weimarer Republik 1918–1933. Politik, Wirtschaft, Gesellschaft, Düsseldorf 1987, S. 134–157

419

VOIGT, Harald, Geschichte der Insel Sylt, in: Nico Hansen (Hg.), Sylt. Geschichte und Gestalt einer Insel, Itzehoe 1967, S. 34–81

DERS., Die Ausübung des Strandrechts auf Sylt 1918–1933 als Spiegelbild der wirtschaftlichen Verhältnisse, in: NfJb 1975, S. 65–71

DERS., Biikebrennen und Petritag. Ein Volksbrauch im Spiegel der Zeiten, in: Nordfriesland 10 (1976), S. 133–136

DERS., Der Sylter Weg ins Dritte Reich, Münsterdorf 1977

DERS., 50 Jahre Hindenburgdamm, Münsterdorf 1977

WEDEMEYER, Manfred / VOIGT, Harald, Westerland. Bad und Stadt im Wandel der Zeit, Westerland 1980

WEDEMEYER, Manfred, „Nichtchristliche Gäste verboten". Der Antisemitismus auf Sylt, in: Die Heimat (1983), S. 9–11

WEHLER, Hans-Ulrich (Hg.), Sozialgeschichte heute. Festschrift für Hans Rosenberg zum 70. Geburtstag, Göttingen 1974

WEINBERG, Gerhard L., Hitlers Zweites Buch. Eine Dokumentation aus dem Jahr 1928, Stuttgart 1961

WEIßBECKER, Manfred, Deutschvölkische Freiheitspartei (DVFP) (1922–1933), in: Lexikon zur Parteiengeschichte 1789–1945, Bd 2, S. 550–556

WERNECKE, Klaus, Der Wille zur Weltgeltung. Außenpolitische Öffentlichkeit im Kaiserreich am Vorabend des Ersten Weltkrieges, Düsseldorf 1970

DERS., Die Provinzpresse am Ende der Weimarer Republik. Zur politischen Rolle der bürgerlichen Tageszeitungen am Beispiel der Region Osthannover, in: Presse und Geschichte II. Neue Beiträge zur historischen Kommunikationsforschung [Studien zur Publizistik, Bremer Reihe, Bd 26], München / London / New York / Oxford / Paris 1987, S. 365–404

WERNER, Andreas, SA und NSDAP. SA: „Wehrverband", „Parteitruppe" oder „Revolutionsarmee"? Studien zur Geschichte der SA und der NSDAP 1920–1933, Diss., Erlangen / Nürnberg 1964

WESTPHAL, Alfred, Das deutsche Kriegervereinswesen, Berlin 1889[2]

WINKLER, Heinrich A., Mittelstand, Demokratie und Nationalsozialismus, Köln 1972

DERS., Vom linken zum rechten Nationalismus. Der deutsche Liberalismus in der Krise von 1878/79, in: GG 4 (1978), S. 5–28

DERS., Von der Revolution zur Stabilisierung. Arbeiter und Arbeiterbewegung in der Weimarer Republik 1918–1924, Berlin / Bonn 1984

DERS., Der Schein der Normalität. Arbeiter und Arbeiterbewegung in der Weimarer Republik 1924–1930, Berlin / Bonn 1985

DERS., Der Weg in die Katastrophe. Arbeiter und Arbeiterbewegung in der Weimarer Republik 1930–1933, Berlin / Bonn 1987

DERS., Spielräume der Sozialdemokratie – Zur Rolle der SPD in Staat und Gesellschaft der Weimarer Republik, in: Volker Rittberger (Hg.), 1933 – Wie die Republik der Diktatur erlag, Stuttgart 1983, S. 61–65

DERS., Die verdrängte Schuld. Angst vor dem „Wahrheitsfimmel": Das Versagen von 1914 blieb unbewältigt, in: „Die Zeit" vom 17. 3. 1989

WITT, Peter Christian, Staatliche Wirtschaftspolitik 1918–1923: Entwicklung und Zerstörung einer modernen wirtschaftspolitischen Strategie, in: Gerald D. Feldman (Hg.), Die deutsche Inflation. Eine Zwischenbilanz, Berlin / New York 1982, S. 151–179

WODE, Heinrich, Rentabilitätsfragen der Marschwirtschaften in Schleswig-Holstein, Kiel / Berlin 1932

WOLF, Heinrich, Die Entstehung des Jungdeutschen Ordens und seine frühen Jahre, München 1970

DERS., Der Jungdeutsche Orden in seinen mittleren Jahren 1922–1928, 2 Bde, München 1972 und 1978

WULF, Peter, Die politische Haltung des schleswig-holsteinischen Handwerks 1928–1933, Diss., Kiel 1967

DERS., Ernst Oberfohren und die DNVP am Ende der Weimarer Republik, in: Erich Hoffmann/Peter Wulf (Hg.), „Wir bauen das Reich". Aufstieg und erste Herrschaftsjahre des Nationalsozialismus in Schleswig-Holstein, Neumünster 1983, S. 165–188.

DERS., Entstehung und Aufstieg der nationalsozialistischen Bewegung in Schleswig-Holstein, in: Urs Justus Diederichs/Hans-Hermann Wiebe (Hg.), Schleswig-Holstein unter dem Hakenkreuz, o. O. 1986, S. 29–41

ZIMMERMANN, Hansjörg, Wählerverhalten und Sozialstruktur im Kreis Herzogtum Lauenburg 1918–1933. Ein Landkreis zwischen Obrigkeitsstaat und Demokratie, Neumünster 1978

ZIMMERMANN, Harm Peer, „Der feste Wall gegen die rote Flut". Kriegervereine in Schleswig-Holstein 1864–1914, Neumünster 1989

Personenregister

Ortsregister